엘리아데의
신화와 종교

⑫ 신화 종교 상징 총서

엘리아데의 신화와 종교
Myth and Religion in Mircea Eliade

지은이/ 더글라스 알렌
옮긴이/ 유요한
펴낸이/ 강동권
펴낸곳/ (주) 이학사

1판 1쇄 발행/ 2008년 8월 8일
1판 2쇄 발행/ 2022년 3월 15일

등록/ 1996년 2월 2일 (신고번호 제1996-000015호)
주소/ 서울시 종로구 율곡로13가길 19-5(연건동 304) 우03081
전화/ 02-720-4572 · 팩스/ 02-720-4573
홈페이지/ ehaksa.kr
이메일/ ehaksa1996@gmail.com
페이스북/ facebook.com/ehaksa · 트위터/ twitter.com/ehaksa

한국어판 ⓒ (주) 이학사, 2008. Printed in Seoul, Korea.
ISBN 978-89-87350-26-4-04100(세트)
   978-89-6147-115-2-94200

Myth and Religion in Mircea Eliade by Douglas Allen
Copyright ⓒ Douglas Allen, 1998
All rights reserved.

Korean Translation Copyright ⓒ 2008 by Ehak Publishing Co., Ltd.
All rights reserved.
Korean edition is published by arrangement with Routledge Inc., part of
Taylor & Francis Group, LLC. through Bestun Korea Agency, Korea.

이 책의 한국어판 저작권은 (주) 이학사가 가지고 있습니다.
저작권법에 의해 한국 내에서 보호를 받는 저작물이므로 무단 전재와 무단 복제를 금합니다.

12 신화 종교 상징 총서

Myth and Religion in
Mircea Eliade

엘리아데의
신화와 종교

더글라스 알렌 지음 유요한 옮김

이학사

일러두기

1. 이 책은 Douglas Allen, *Myth and Religion in Mircea Eliade*(Routledge, 2002)를 우리말로 옮긴 것이다.
2. 외국 인명, 도서명, 주요 용어는 처음 나올 때 한 번 원어를 병기하는 것을 원칙으로 하였다(단 주요 용어는 문맥 이해에 필요할 경우 원어 병기를 두 번 이상하거나 한자 병기를 하기도 하였다). 외국 인명, 지명 등은 현행 외래어 표기법을 기준으로 표기하는 것을 원칙으로 하였으나, 표기 원칙이 정해지지 않은 것은 일반적으로 통용되고 있거나 굳어진 표현을 사용하였다.
3. 원서의 이탤릭체는 고딕체(단 이탤릭체 중 도서명은 『 』)로, " " 중 논문명은 「 」로 표기하였다.
4. 주석은 각주로 처리하였다. 지은이의 주석은 원서에 준하여 1) 2) 3)으로, 옮긴이의 주석은 별표(*, **)로 표시하였다.
5. 찾아보기는 원서에 준하여 '내용'으로 찾는 것과 '단어'로 찾는 것이 섞여 있다. 특히 사항 찾아보기 중 쉼표가 들어간 표제어는 병기한 원어를 참조하여 내용으로 찾기 바란다.
6. 부호의 쓰임은 다음과 같다.
   『 』: 도서명
   「 」: 논문명
   〈 〉: 그림명
   ( ): 본문에서의 지은이의 부연 설명
   [ ]: 인용문에서의 지은이의 부연 설명 및 본문에서의 옮긴이의 부연 설명
   [*]: 인용문에서의 옮긴이의 부연 설명

차례

한국어판 서문	9
로버트 시갈 서문	15
서문	19

1장 엘리아데의 반환원주의 — **31**
- 새로운 절차의 필요성 — 34
- 성스러움의 환원 불가능성 — 40

2장 환원주의 시각의 비평가들과 엘리아데 — **63**
- 모든 연구 방법은 환원론적이다 — 64
- 논점을 회피하는 비환원주의 — 71
- 환원주의와 엘리아데 이론에 대한 기술적 분석 — 89

3장 성스러움의 변증법 — **113**
- 성스러움과 초월 — 115
- 성스러움의 변증법 — 128
- "통로"로서 종교 — 157

4장 자연, 우주 그리고 종교적 편견 — **159**
- 자연과 우주 — 160
- 특유의 종교적 편견? — 166
- 엘리아데의 개인적인 신앙과 그의 학문 — 185

5장	**상징의 언어와 구조**	**195**
	상징체계: 신화와 종교의 언어	196
	상징체계와 구조주의	211
6장	**상징체계의 특징과 기능**	**221**
	상징체계의 특징과 기능	222
	원형	240
	"중심"의 상징체계	251
7장	**신화의 구조**	**259**
	신화의 정의	264
	성스러움과 상징적인 것	268
	신화의 일반적 구조와 기능	273
	우주 창조 신화	282
	기원 신화	290
	종말론적 신화	295
	신화적인 갱신	298
8장	**엘리아데의 반역사적 태도**	**301**
	시간과 역사에 대한 엘리아데의 개인적 태도	302
	엘리아데가 반역사적이라고 주장하는 학자들	323

9장	**비역사적인 구조의 최우선적 지위**	**333**
	신화와 종교의 반역사적이고 비시간적인 본질	334
	비역사적인 구조	344
	구조와 의미 대 조건 형성과 설명	353
	규범적인 반역사적 판단	363
	역사적인 것과 비역사적인 것의 상호 작용	366
10장	**현대의 범속함 속에 위장한 성스러움**	**373**
	현대의 범속함 내에서의 성스러움의 위장	380
	현대의 무의식	389
	현대 서구의 편협한 지역주의	396
11장	**문화적이고 정신적인 갱신**	**405**
	현대 인류의 갱신	406
	정치적인 면과 영적인 면	432
	철학의 갱신	441

참고 문헌		459
옮긴이의 말		483
찾아보기		491

한국어판 서문

　나는 『엘리아데의 신화와 종교』의 영어판 서문에서 미르체아 엘리아데는 생전에 종종 세계에서 가장 뛰어난 종교, 상징, 신화 학자로 평가되었다고 썼다. 그러나 그는 항상, 특히 사회과학적 연구 방법을 사용하는 학자들에게 논쟁의 대상이었고, 지금도 여전히 논쟁을 유발하는 종교사학자이자 종교현상학자이다. 사실 그의 영향력은 1950년대와 1970년대에 걸친 절정기 이후로 상당히 약해졌다고 결론짓는 것이 옳을 것이다.

　엘리아데에 관한 나의 첫 번째 책이며, 철학적 현상학에 대한 배경 지식을 엘리아데의 학문에 적용하려 시도했던 『종교의 구조와 창조성』을 썼던 1970년대를 회고하는 것은 뜻 깊은 일이다. 그 당시에 엘리아데와 그의 시카고 종교학파는 종교 연구 분야의 방향을 결정하는 주도적인 유력자들로 종종 간주되었다. 수많은 연구에서 엘리아데는 그의 지지자들과 비평가들 모두에 의해 중심적인 논의의 대상이 되었다. 그러나 대부분의 종교학자들이 점차로 엘리아데의 학문을 주류에서 몰아내거나 무시하면서 이러한 상황은 바뀌었다. 또한 엘리아데가 사망한 1986년 이래로 그나마 줄어든 엘리아데 연구 중 많은 부분이, 신화와 종교에 대한 그의 학문 연구에 대해서가 아니라, 1930년대와 1940년대를 중심으로 한 엘리아데의 개인적인 삶 및 그와 연관된 정치적인 논쟁에 대해 초점을 맞춰온 것도 사실이다.

최근에는 이러한 쇠락이 변하고 있는지도 모른다. 2007년과 2008년에는 1907년 3월 9일에 루마니아 부쿠레슈티에서 태어난 미르체아 엘리아데의 탄생 100주년을 기리는 학회가 열렸고 저술이 출간되었다. 엘리아데 탄생 100주년 행사는 나와 다른 학자들이 엘리아데의 유산을 반추하는 기회였다. 엘리아데의 연구 방법과 학문이 시대에 뒤떨어지며 종교적 경험, 상징체계, 신화 그리고 다른 종교현상들에 대한 현대의 연구에 부적절한가? 엘리아데의 어떤 부분이 신화, 상징체계, 종교, 그리고 이와 연관된 21세기의 종교적, 비종교적 문제들을 이해하는 데 여전히 가치가 있는가?

『엘리아데의 신화와 종교』의 출판 이후로, 이 책의 중심적인 주제와 관심사가 현대 세계에 더 중요해지고 더 적절해진 것 같다. 엘리아데가 종종 썼듯이, 계몽주의 전통의 합리적, 자연주의적, 과학적 지향성의 산물인 "현대의" 인류는 의식적으로 비종교적이고 비신화적인 방식으로 자신을 정의하거나, 혹은 적어도 그런 방식으로 삶을 살아간다. 그러나 우리가 신화적인 것과 종교적인 것을 이해하지 못한다면 현대의 무의식, 꿈, 환상, 향수, 민족주의와 외국인 혐오, 정치적·경제적·문화적 이데올로기, 근본주의의 흥기, 폭력과 전쟁, 영화, 소설, 세계화globalization의 범위, "위장한 채로" 우리에게 계속 영향을 끼치는 상징적 구조와 의미, "타자"와의 만남과 대화와 갈등, 그리고 현대의 다른 현상들을 제대로 이해할 수 없다. 너무도 많은 면에서, 엘리아데의 종교현상학, 방법론, 해석학적인 해석의 틀, 철학적인 전제, 판단, 그리고 성찰은 현대의 학문에 그리고 우리가 현대 인류와 현대 세계를 이해하는 데에 있어서 여전히 중요하다.

그래서 나는 서울대학교의 젊은 종교학자 유요한 교수가 2006년 가을, 내게 처음 연락하여 『엘리아데의 신화와 종교』를 번역해서 한국어판으로 새롭게 출판하겠다고 제안했을 때 매우 기뻤다. 지난 18개월 동안 나는 유요한 박사와 자주 서신 교환을 했으며, 우리의 협력적인 관계를 매우 고맙게 생각하고 즐거워했다. 학문적인 논의를 할 때는 물론 개인적인 대화를 할 때도 그가 보여준 주의 깊고 세심한 학문적 작업과 관대하고 사려 깊으며 친절한 태도에 나는 큰 감명을 받았다.

나는 작년에 몇몇 출판물에 썼듯이, 더 비판적이고 선택적이고 재구성된 엘리아데의 유산의 일부로서 엘리아데의 연구 방법은 현대의 학문에 이의를 제기하는 데 많은 공헌을 한다고 믿는다. 엘리아데의 유산은, 현재 널리 통용되는 많은 학문이 너무도 편협하고, 너무도 위험을 감수하기를 꺼리며, 고지식하게 경험주의적이고 부적절하게 실용주의적인 전제와 방법들을 사용하며, 도구적인 이성의 부적절한 견해와 실제 서구의 지역적 편협성을 표출하는 현대 서구의 억지 이론의 부적절한 견해를 포함하고 있음을 비판하는 데 유용하다. 그러한 학문은 정말로 본질적이고 창조적이며 중요한 학문적 쟁점과 관심사를 스스로 부과한 편협한 학문 분야의 경계에서 벗어나는 것으로 혹은 검증이라는 편협한 방법을 충족시키지 못하는 것으로 종종 평가절하하거나 제쳐버린다.

이런 면에서, 창조적 해석학이라는 엘리아데의 풍요로운 개념을 발전시키는 데에 그의 유산은 여전히 큰 가치가 있다. 신화와 종교를 연구하는 학문은, 현대 인류의 속성과 처한 상황을 이해하고, 점차 세계화되는 globalized 세계에서 우리의 상호 관계성과 역동적인 상호 연결을 이해하고, 상이한 문화적, 종교적, 신화적, 그리고 비종교적, 비신화적 전통과 지향성 사이에 생겨나는 불가피한 상호 작용과 긴장을 이해하고, 우리의 과거 영적인 역사에서 무엇이 가장 중요하며 가장 가치 있는지를 구체화하는 의미의 새로운 세계를 향한 질적인 돌파구를 제공하는 중요한 문화적 갱신의 중요성을 이해하는 데 결정적인 역할을 한다. 엘리아데가 신화와 종교를 연구하는 학문의 이러한 역할에 참여한 것은 큰 가치가 있다.

내가 개인적으로나 저술을 통해서 엘리아데를 만났던 많은 경험을 통해 볼 때, 신화-종교 학자는 다수의 다양한 타자의 의미의 세계에 열려 있을 필요가 있다. 이는 한편으로는 부정적일지도 모르나 긍정적인 면이 분명히 있는 엘리아데의 유산이다. 우리가 엘리아데의 본질화되고 보편화시키는 이론과 연구 방법의 약점을 가볍게 볼 수는 없지만, 많은 현대 학자의 오만함을 비판한 엘리아데의 관점은 옳았다. 그들은 비학문적이고 위험한 편협성을 지녔고, 의미를 닫아버려 인류 역사의 대부분이 지녔던 종교적, 신화적 삶-세계를 고정관념으로 정형화하고 배제했다. 엘리아데는 비범한 호기심과 위험을 기꺼이 무릅쓰는 태도를 가지고 종종 학문적 흐름에 저항했고, 혐오스럽고, 미신적이며, 혹은 진지한 학문적인 조사의 가치가 없다고 종종 배제된 농민의 종교성이나 다른 현상들에서 예기치 않은 구조와 의미를 발견했다.

이런 점에서 우리는 정당한 종교적, 신화적 타자를 구성하는 것에 관해 스스로 부과한 학문적 한계를 무너뜨려 열어준 엘리아데에게 빚을 지고 있는 셈이다. 이것은 물론 샤머니즘, (아드바이타 베단타의 엘리트적인 철학적 일원론과, 서구 철학자들이나 특정한 상의하달식의 계급적으로 특권화된 브라만의 입장이 선호하는 고상한 주제들에 반대되는) 인도 농민들의 종교성, (기독교 철학, 신학, 변론, 역사적 종교, 그리고 계급적 교회 구조에 반대되는) 루마니아의 비역사적인 농민 종교성의 우주적 기독교, 그리고 다른 신화, 상징체계, 종교에 대한 그의 연구에 분명히 드러난다. 문학적 저술과 학문적 저술 전반에 걸쳐, 엘리아데는 인지되지 않는 타자의 목소리를 조명하기 위해서, 숨겨지고 위장된 상징적이고 신화적인 구조들이 드러날 필요가 있다고 강조한다. 또한 엘리아데는 여러 저술에서, 우리 자신의 개인적 역사와 과거 인간의 영적 역사 내에 있는 다양한 타자를 드러내기 위해 우리 자신의 무의식 속에 숨겨지고 억압된 상징적, 신화적 구조들을 어떻게 연구해야 하는지를 강조한다. 그리고 만남, 대화, 대면에 대한 설명에서, 엘리아데는 그러한 역동적인 상호 작용들이, 새로운 신화적, 상징적 자아, 타자, 그리고 자아-타자의 학문적, 문화적 관계의 구성과 더불어 새로운 창조적 입장과 이해로 이끌 수 있을 것이라고 반복해서 강조한다.

간단히 말해 비록 엘리아데가 종종 다소 경직되고 비역사적이고 전형적인 본질주의자인 것처럼 보일지라도, 그가 우리에게 남긴 귀중한 유산은 학문 분야의 경계와 스스로 부과한 폐쇄성을 약화시키는 개방성, 호기심 그리고 포괄성을 강조하기도 한다. 또한 그의 유산은 불가해한 것, 모호한 것, 그리고 처음에는 사소하거나 연구의 가치가 없는 것으로 보일 수 있는 것을 받아들이며, 우리가 다양한 타자의 의미의 무진장한 세계들을 인식하기 위해, 내부적인 그리고 외부적인, 명백한 그리고 숨겨진, 모든 종류의 상징적, 신화적 구조를 연구할 것을 촉구한다.

엘리아데의 공헌이 매우 선택적으로 수용되고 다양한 비非엘리아데적 연구 방법들과 통합되면 여전히 큰 의미와 중요성을 지닌다는 것이 내 결론이다. 여러 면에서 엘리아데의 유산은—그의 신화적인 그리고 다른 종교적 현상들에 대한 연구 방법에 매력을 느낀 사람들에게 그리고 그의 연구 방법을 거부하는 사람들에게조차—새로운 창조적인 방식으로 우리의 입장을 재고하도록 촉진하는 촉매제 역할을 할 수 있다.

그래서 나는 이 책이 한국어로 번역되어 출판되는 것이 기쁘다. 이 한국어판 책의 독자들이 학문적인 측면에서뿐 아니라 개인적인 삶의 질의 향상이라는 측면에서도 엘리아데와 만날 수 있기를 기대한다. 바로 내가 그랬듯이 말이다.

미국 메인 주 오로노에서
2008년 4월
더글라스 알렌

로버트 시갈* 서문

   신화 이론은 항상 문학, 사회, 정신 등 신화 자체보다 더 큰 무언가를 다룬다. 신화를 이론으로 설명하는 것은, 이러한 더 큰 이론을 신화의 경우에 적용하는 작업이다. 신화 이론들은 인문학과 사회과학 전반에 걸친 학문 분야에서 나온다. 미르체아 엘리아데Mircea Eliade의 신화 이론은 종교학 분야의 신화 이론들 중에서 단연코 가장 큰 영향력을 지녀왔다. 사실상 그의 이론은 현대 종교학의 이론으로는 유일하게 종교학 외부에도 큰 영향을 끼쳤다.

   더글라스 알렌Douglas Allen은 엘리아데에 관하여 매우 권위 있는 학자로 널리 존경받고 있다. 이 책에는 엘리아데의 전체 저작들은 물

---

* 이 책은 루트리지Routledge 출판사가 펴낸 "신화 이론가들" 시리즈 중의 한 권이며, 로버트 시갈Robert Segal은 이 시리즈의 편집자이다. 그는 현재 영국 아버딘대학University of Aberdeen의 교수로 있다.

론, 엘리아데와 관련된 많은 학문적 평가에 대한 알렌의 폭넓은 지식과 깊은 이해가 잘 드러나 있다. 알렌의 입장은 엘리아데를 다루는 전형적인 저술가들과 다를 뿐만 아니라, 매우 독특하다고까지 할 수 있을 것이다. 그는 엘리아데의 추종자도 아니고 적대자도 아니다. 그는 엘리아데 해설자이다. 다시 말해 엘리아데의 이론을 지지하거나 비난하지 않고, 더 근본적으로 그것을 재구성한다. 알렌은 엘리아데 신화 이론에 깔린 기본 입장을 풀어낸다. 이 입장은 엘리아데의 종교 이론의 기초이기도 하다. 알렌이 엘리아데의 신화 이론을 종교 이론과 연결시킨 것 자체를 독특하다고 할 수는 없다. 하지만 신화 이론의 철학적 뿌리를 해명하려는 노력은 알렌만의 독특한 점이다. 알렌은 엘리아데를 옹호하고 나서기도 한다. 그러나 이것은 엘리아데의 철학이 도전받을 때가 아니라, 엘리아데의 이론이 그저 잘 구상된 철학 정도로 다루어지거나 단지 엘리아데의 개인적 종교성의 표현으로 치부될 때 이를 바로잡으려는 것이다. 저자가 그저 엘리아데에게 동의하지 않는 사람들의 생각에 반박한다고 보는 것은 옳지 않다. 알렌은, 엘리아데가 목표로 하는 바를 알지도 못하면서 이의를 제기하는 사람들의 주장을 일축한다. 그가 결코 엘리아데의 모든 견해에 동의하는 것은 아님을 기억해야 한다.

저자가 엘리아데에 관해 이전에 썼던 책들에서도 이 책에서처럼 엘리아데의 철학적 기본 논점들을 몇 가지 다루고 있으나, 신화라는 주제에 접근하는 것은 바로 이 『엘리아데의 신화와 종교』뿐이다. 알렌은 엘리아데의 신화 이론을 더 포괄적인 종교 이론과 연결시키는 것만큼이나, 엘리아데의 종교에서 신화적인 요소들을 분명하게 구별한다. 본문에서 계속 언급하고 있듯이, 엘리아데에게 모든 신화적인 것들은 종교적이지만, 모든 종교적인 것들이 신화적인 것은 아니다.

알렌에 따르면 엘리아데에게 있어 신화는 모든 인간이 열망하는 부류의 삶을 성취하는 데 필수적인 요소이다. 그래서 엘리아데는 신화에 적대적이지는 않다 하더라도 신화에 관심이 없다고 말하는 사람들 사이에서조차 신화의 흔적을 찾아내려고 노력하는 것이다. 신화가 인간에게 필수적이라는 것은 신화가 어디에나 있다는 사실로 확인할 수 있다. 모든 신화 이론가들이 신화를 전근대적이고 구시대적인 현상으로 간주하는 것은 아니나, 엘리아데는 신화를 전 인류적인 것으로 가장 열렬히 주장하는 사람들 중의 하나이다. 엘리아데만큼 신화의 영속성을 확신하는 주요한 이론가들로는 조셉 캠벨Joseph Campbell과 아마도 칼 융Carl G. Jung 정도를 꼽을 수 있을 것이다.

아울러 엘리아데가 신화와 종교를 연관시키고 있다는 사실도 중요하다. 엘리아데가 매우 합리적이고 과학적인 현대인들도 여전히 신화를 버리지 않았다고 주장할 때에는, 그들이 종교 역시 포기하지 않았다고 주장하는 것이다. 캠벨과 융은 종교와 신화의 연관성을 부정한다는 점에서 엘리아데와는 다르다. 알렌은 엘리아데의 관점들이 지닌 함의를 신중하게 다루면서, 엘리아데가 종종 비난받는 것처럼 "원시인들"과 현대인들 사이의 차이를 소멸하려고 한 것은 아니라고 단언한다. 그러나 다시 한 번 말하지만 알렌은 엘리아데의 입장을 옹호하기보다는 정확히 이해하고자 하는 것이다. 이 책이 중요한 이유는 많이 있지만, 무엇보다도 바로 이 점에서 알렌은 신화와 종교의 이론가로서 엘리아데에 대하여 탁월한 개관을 제시하고 있다.

서문

미르체아 엘리아데는 1907년에 루마니아 부쿠레슈티Bucharest에서 태어나 1986년 미국 시카고에서 죽었다. 여러 학자들과 대중매체는 종종 그를 세계에서 가장 영향력 있는 종교학자이자, 세계에서 가장 뛰어난 상징과 신화의 해석자로 꼽았다. 예를 들어『타임Time』지는 엘리아데에 대해 "아마도 현재 세계 제일의 영적인 신화와 상징의 해석자일 것"이라는 기사를 실었고, 『주간 피플People Weekly』의 한 기사는 "엘리아데는 세계에서 가장 뛰어난 살아 있는 종교학자이자 신화학자이다"라고 주장했다.[1] "엘리아데는 세계에 종교가 무엇을 의미하는지를 소개한 가장 중요한 사람이었다"라는, 엘리아데의 옛 제자

---

1) 다음의 기사들을 보라. "Scientist of Symbols", *Time* 87(11 February 1966): 68; Giovanna Breu, "Teacher: Shamans? Hippies? They're All Creative to the World's Leading Historian of Religions", *People Weekly* 9(27 March 1978): 49.

인 유명 종교학자 로렌스 설리반Lawrence Sullivan의 주장도 당연하게 느껴진다.[2] 엘리아데는 자신이 종교학자이자 문학 작가라는 "이중의 천직"을 가졌다고 말한 바 있다. 그는 종교학자로서, 또한 문학작품의 작가로서 풍부한 저서를 남겼다.[3] 그가 문학작품을 쓴 언어는 루마니아어였다. 1949년에 출판된 『종교형태론Patterns of Comparative Religion』과 『영원회귀의 신화The Myth of Eternal Return』에서 1983년에 나온 『세계종교사상사A History of Religious Ideas』 3권에 이르기까지, 그의 주요한 학문적인 저술들은 프랑스어로 쓰였다. 그는 또한 1987년 16권으로 구성되어 출판된 『종교 백과사전The Encyclopedia of Religion』의 대표 편집자였다.

엘리아데는 신화와 종교를 연구하는 학자로서 영향력이 컸던 만큼이나 대단히 큰 논란을 불러일으키기도 했다. 사실 많은 학자, 특히 사회과학 분야의 여러 학자는 엘리아데를 완전히 무시하거나 그의 신화와 종교에 대한 학문이 방법론적으로 무비판적일뿐더러, 주관적이며 비과학적이라고 격렬하게 공격해왔다. 비평가들은 엘리아데가 무비판적인 보편적 일반화에 대해 책임이 있다고 비판하며, 모든 종류의 "심오한" 신화적이고 종교적인 의미를 그의 자료 속에서 간파해내려 했다고 비꼬아 말한다. 또한 엘리아데가 엄격한 학문적인 검증 절차를 무시했으며, 그의 학문적 작업에는 온갖 타당성 없는 개인적,

---

2) 델리아 오하라Delia O'Hara가 엘리아데와 인터뷰를 하면서 인용한 말을 재인용했다. Delia O'Hara, "Mircea Eliade"(interview of Eliade by Delia O'Hara), *Chicago* 35, no. 6(1986): 147을 보라. 이 글의 서론에서 오하라 역시 엘리아데가 세계에서 가장 뛰어난 종교학자라고 말하고 있다.
3) 1978년까지 엘리아데가 저술하였거나 엘리아데를 주제로 하는 저작들은 Douglas Allen and Dennis Doeing, *Mircea Eliade: An Annotated Bibliography*(New York: Garland, 1980)를 보라.

형이상학적, 존재론적 전제와 판단이 들어 있다고 공격하기도 한다.

엘리아데의 학문이 논쟁의 대상이 된 것은 연구의 방식과 내용의 탓도 있다. 비평가들이 진지한 학자들에게 흔히 기대하는 것과는 달리, 엘리아데는 자신의 절충적인 접근법을 고칠 생각을 하지 않았고, 저술 내의 상충하는 내용들에 개의치 않았다. 그는 또한 특정한 학문 연구들을 논쟁의 여지가 아주 큰 개인적인 주장이나 규범적인 판단과 구별하지 않았고, 이에 대해 별 신경을 쓰지도 않았다. 신화와 종교를 연구하는 전문가라면 스스로 제한된 접근법을 취하는 것과 달리, 엘리아데는 그의 연구 주제가 인류의 영적인 역사 전체라고 여긴다. 종종 그는 다른 많은 것을 동시에 하고, 그의 학문을 단순하게 분류하는 것을 거부하며, 자신을 "보고 배운 본보기가 없는 저자"라고 묘사한다.[4]

엘리아데는 다른 학자들의 연구 방법을 주저하지 않고 비판한 반면, 비평가들이 자신을 공격하는 데 항변할 필요는 전혀 느끼지 못한 것으로 보인다. 이 점 역시 엘리아데의 신화와 종교에 관한 학문이 논쟁의 대상이 되는 데 일조를 했다. 엘리아데는 내 책 『종교의 구조와 창조성Structure and Creativity in Religion』의 서문에서, "나는 언젠가 나를 비판하는 사람들 중 책임감과 신념이 있는 사람들이 제기한 문제들을 논의하는 것에 전념하려고 계획 중이다. 대답할 가치가 없는 사람들의 비판은 신경 쓰지 않겠다"[5]라고 썼다. 그러나 말년에 그의 종교학의 개념에 대한 "방법론적" 비판이 늘어났다는 것을 알게 된

---

4) Mircea Eliade, *Journal IV, 1979~1985*, trans. Mac Linscott Ricketts(Chicago: University of Chicago Press, 1990), p. 41을 보라.
5) 엘리아데가 나의 책 *Structure and Creativity in Religion: Hermeneutics in Mircea Eliade's Phenomenology and New Directions*(The Hague: Mouton Publishers, 1978), p. vii 에 쓴 「서문」이다.

후에는, "잘못은 부분적으로 내게 있다. 나는 비판들에 대해 답변을 했어야 했지만 그렇게 하지 않았다. 언젠가 나는, '진행 중인 작업이 끝나서 시간이 날 때' 짧은 이론적 논문을 써서 나를 비판하는 근거인 '혼동과 착오들'에 대해 설명해야 하겠다고 생각했다. 지금은 내가 그 글을 쓸 시간이 있을지 의심스럽다"[6] 라고 말한다.

나는 원래 엘리아데의 신화 이론에 전적으로 초점을 맞춘 첫 책을 써서 엘리아데의 학문에 관한 이러한 혼동과 논쟁의 일부를 다루고자 했다. 이 계획을 추진할 마음을 먹게 되는 데는 적어도 세 가지의 중요한 점들이 작용했다. 첫째, 신화에 대한 일반적인 관심이 매우 고조되었고 엘리아데가 주도적인 신화 해석자로 종종 간주되어왔지만, 아직까지 누구도 엘리아데의 신화 연구 방법에 대한 책을 쓰지 않았다는 놀라운 사실이다.

둘째, 내가 연구하는 철학 분야의 관점에서 보면, 1925년부터 1946년 사이에 에른스트 카시러Ernst Cassirer의 저술들이 출판된 이후로, 신화에 관한 책을 쓴 철학자들이 매우 드물다는 점 역시 주목할 만하다. 신화에 관한 자료집들을 보면, 인류학, 사회학, 문학, 역사학, 종교학 등 다양한 분야의 학자들의 글을 포함하고 있으나, 철학자들의 글은 거의 찾을 수 없다. 전통적인 철학이 신화를 철학 이전의 것, 철학적이지 않은 것으로 분류하여 배제한 것은 부정할 수 없다. 그러나 리처드 로티Richard Rorty를 비롯하여 포스트모더니즘과 관련된 것으로 여겨지는 여러 학자의 영향력 있는 작품들에 나타나듯이, 최근의 철학은 진리, 객관성, 합리성에 대한 전통적인 연구 방법을 무너뜨리려는 시도를 해왔다. 예를 들어 철학과 문학 사이의 경계가 불분명해졌으며, 서술적 담론에 대한 관심이 증대되었다. 그러

---

6) *Journal IV, 1979~1985*, p. 143.

나 신화를 다루는 최근의 주요 저술들 중에는 철학자가 쓴 것은 하나도 없다.

셋째, 엘리아데에 관한 내 연구를 접한 사람들은 내가 그의 신화 이론에 이미 주목했다고 오해할 수도 있다는 점이다. 그러나 나는 연구 범위의 설정을 위해서, 엘리아데의 신화 이론에 관한 나의 견해를 의도적으로 무시하거나 강조하지 않았다. 특히 몇몇 글에서는 이 부분이 빠져 있다는 것이 눈에 띄게 드러난다. 따라서 나는 이 책을 통해 이전에는 제대로 다루지 못했던 엘리아데의 신화 이론에 대한 종합적인 분석과 평가를 제시하고자 하는 것이다.[7]

연구를 진행하면서 "신화"에만 초점을 맞추기는 어렵다는 것이 곧 분명해졌다. 이 책의 범위는 점차 확장되어 "신화와 종교"를 아우르게 되었다. 엘리아데에게 모든 신화는 종교적 신화이며, 신화는 종교적 구조를 가지고 있고 종교적 기능을 수행하기 때문에, 복잡한 종교 이론을 이해하지 못한다면 그의 신화 이론을 파악할 수 없다. 따라서 성스러움, 성과 속의 변증법, 우주적 종교 그리고 종교 일반 이론의 다른 측면들에 관한 두 장을 포함시키게 되었다.

또한 이 책의 초점이 엘리아데의 상징이론을 강조하는 데까지 확장되어야 한다는 것도 분명해졌다. 엘리아데에게 신화는 상징적인

---

[7] 이 책에서는 엘리아데의 신화 이론을 검토함으로써 보다 더 종합적인 분석을 제시하는 대신, 이전에 썼던 책들에서 중요하게 다루어진 주제들을 빼야만 했다. 예를 들어 *Structure and Creativity in Religion*이나 *Mircea Eliade et le phénomène religieux*(Paris: Payot, 1982) 등의 책에서는, 엘리아데의 현상학적 방법론에 대해 구체적으로 분석했다. 엘리아데의 해석학적 틀과 의미 해석의 과정들, 현상학적 귀납법의 특정한 의미, 기술記述적인 방법과 규범적인 방법의 전통적인 이분법을 극복하려는 시도들, 현상학적 연구 방법에 있어서 의미의 다양한 차원의 구별 등을 밀도 있게 다루었다. 이전 책에서 중심이 되었던 이러한 분석이 이 책의 중심적인 관심사는 아니다. 단 필요할 때는 때때로 주석을 덧붙여 참조하도록 하였다.

이야기이며 신화의 언어는 반드시 상징적이다. 따라서 엘리아데의 신화 이론을 제대로 알기 위해서는 그의 상징이론을 이해해야 한다. 언뜻 보아서는 알 수 없는 상징적인 구조들을 서로 연결시키는 해석학적 틀을 파악하지 않고서는 신화 구조들의 의미를 식별하고 해석할 수 없는 것이다.

마지막으로 엘리아데의 반환원주의 시각에 대한 자세한 분석을 포함시키게 되었다. 신화적인 것의 환원 불가능성에 대한 특정한 주장들뿐 아니라, 성스러움의 환원 불가능성에 대한 일반적인 전제들과 판단들은 엘리아데의 신화 이론의 중심이다. 엘리아데의 신화 이론을 이해하려면, 환원주의에 관한 뜨거운 논쟁을 반드시 알아야 한다. 엘리아데의 반환원주의적 주장은 물론 그에 대한 환원주의 비판자들의 공격도 검토해야 한다.

『종교의 구조와 창조성』과 『미르체아 엘리아데와 종교현상Mircea Eliade et le phénomène religieux』 등의 이전의 엘리아데 연구에서 나의 독창적인 업적은, 엘리아데의 종교사학과 종교현상학의 기초에는 강력하지만 잘 드러나지 않는 함축적인 **체계**가 있다고 주장한 점일 것이다. 엘리아데는 그를 지지하는 사람들이 칭송하듯이 단지 명석하고, 체계를 뛰어넘은, 직관적인 천재도 아니고, 그의 비판자들이 공격하듯이 방법론적으로 무비판적이고, 비체계적이며, 대책 없이 비과학적인 허풍선이도 아니다. 나는 엘리아데의 기본적 체계를 서로 영향을 미치는 두 개의 개념들로 공식화했다. 첫째는 엘리아데가 종교현상들을 식별할 때 기준으로 삼는 보편적 구조인 성과 속의 변증법이고, 둘째는 엘리아데가 종교현상들의 의미를 해석할 때 기준으로 삼는 종교적 상징들의 일관성 있는 구조적 체계로서 종교적 상징체계이다. 상징적 구조라는 본질적이고 보편적인 체계는, 성스러움의 변증법이라는 본질적이고 보편적인 구조와 통합될 때, 엘리아데의 해석학적 틀의 주요 구성 요소가 되고, 그의 현상학적 연구 방법의 토대로 역할을 할 수 있다고 봐야 한다.

몇 명의 다른 학자도 엘리아데의 연구를 이해하는 데 필수적인 단서로서 그 기저에 있는 하나의 체계를 강조해왔다.[8] 브라이언 레니 Bryan Rennie의 『엘리아데 재구성하기Reconstructing Eliade』는 이 점에서 가장 중요한 책이다. 레니는 대부분의 학자들이 엘리아데의 종교 연구의 근저에 복합적이고 일관된 함축적인 이론 체계가 있다는 것을 파악하지 못했다고 정확히 지적한다. 엘리아데는 명확한 정의를 거부하는 경향이 있으며, 자신의 생각을 전체적으로 체계화하려고 하지 않았다. 그럼에도 "엘리아데의 사상은 체계적이어서, 그 내적인 요소들은 다른 요소들과 서로 연관되어, 다른 요소에 의해 지지되기도 하고 이를 지지하기도 한다"는 레니의 주장은 옳다. 종종 전 반성적인prereflective 수준에서 작용하는 엘리아데의 함축적인 체계를 재구성하려는 시도 없이는 엘리아데의 신화와 종교 연구 방법을 이해할 수 없는 것이다.[9]

엘리아데의 신화-종교 이론의 특정한 체계적 속성에 관하여 내가 강조하는 내용은 엘리아데의 저술에 관한 대부분의 해석자들의 입장

---

8) 예를 들어 쿨리아노Ioan Couliano는 그가 엘리아데와 함께 쓴 『엘리아데가 안내하는 세계 종교들The Eliade Guide to World Religions』(San Francisco: HarperCollins Publishers, 1991)의 서문을 「하나의 체계로서의 종교」라고 이름을 붙였고, 엘리아데가 "종교는 하나의 **독자적 체계**"라고 본다고 주장한다(p. 1).
9) Bryan S. Rennie, *Reconstructing Eliade: Making Sense of Religion*(Albany: State University of New York Press, 1996), pp. 1~6을 보라. 나는 11장까지 모두 탈고한 후에야 이 중요한 책을 읽게 되었다. 내 책의 여러 부분에 레니의 적절한 분석으로부터 인용한 내용을 덧붙였다. 그러나 만약 레니가 좀 더 일찍 책을 출판했더라면, 엘리아데가 자신만의 독특한 의미로 "역사"를 사용하였다는 것과 같은 여러 중요한 주장들이 더 깊이 있게 다루어졌을 것이다.

과 다를 뿐 아니라, 이 책을 읽는 독자들에게도 약간의 혼란을 일으킬지도 모른다. 데카르트René Descartes의 『방법서설Discourse on Method』에 소개된 순서에 따라, 대부분의 학자들은 단순한 구성 요소에서 시작하는 것이 필수적이라고 본다. 기본적인 용어들을 명확히 정의한 후, 합리적이고 단선적인linear 진행의 구조를 통해 자신의 논제(주장, 분석, 제안)를 발전시키는 것이다. 그러나 사회과학자들을 비롯한 여러 독자가 엘리아데의 저술에서 명확한 정의와 단선적 진행 과정을 찾으려 하면, 대개 실망하고 말 것이다.

엘리아데는 모호하고 불가해하며 모순된 것들이 합리적이고 체계적인 분석을 통해 제거되어야만 하는 문제라고 보지 않는다. 오히려 그 반대이다. 엘리아데는 종종 모호하고 모순되는 것들을 신화적이고 영적인 생활에 필수적인 것으로 수용하고 승인한다. 엘리아데는 명확한 정의나 분석의 대상이 되기 어려운 자신만의 색다른 주제어들을 사용한다. 성스러움은 그 자신을 나타내면서 동시에 감춘다. 엘리아데는 합리적, 과학적, 실증적, 역사적, 자연주의적, 환원주의적인 다른 연구 방법들을 토대로 명확한 정의와 단선적 논의 전개만을 주장하는 학자들을 자주 비판한다. 이러한 방법들은 특정한 지향성을 무시하고 신화적, 종교적 세계의 속성을 파괴하는 속성을 지녔다는 것이다.

나의 설명 방식에도 반영된 것처럼, 엘리아데의 체계적 연구 방법은 전체적이고, 유기체적이며, 변증법적이다. 전체는 그 부분들의 총합 이상이다. 어떠한 요소도 다른 중심 요소들과 상호 작용하는 역동적인 관계를 고려하지 않고 분리시켜 이해할 수 없다. 새로운 구조와 의미는 분리된 구성 요소에서는 발견될 수 없는 역동적 관계를 통해 드러나게 되어 있다. 분명하고 단선적으로 논의를 진행하는 분석적인 본보기보다는, 비록 한계가 있을지라도 여러 요소를 짜맞추는 식의 이미지가 엘리아데의 연구 방법을 이해하는 데 잘 들어맞는다. 그러므로 처음에는 약간의 혼동을 일으킨다고 하더라도, 엘리아데의 주요 용어나 입장에 엘리아데식이 아닌 분명한 정의나 분석을 겹쳐 놓는 일은 피하려고 하였다. 그후에 이어지는 내용에서 서로 연관되는 새로운 용어들과 분석들을 소개할 것이고, 이를 통해서 이전의 개념과 입장들을 더 명확하고 깊이 있게 이해할 수 있을 것이다.

 이 책은 엘리아데의 신화와 종교에 관한 논의를 총 11장으로 구성했다. 이 열한 개의 장은 반환원주의의 원리, 종교 이론, 상징이론, 신화의 속성, 신화·종교·역사(혹은 시간과 역사), 신화·종교·현대 세계라는 여섯 개의 일반적인 주제로 엮을 수 있다. 첫 두 장은 환원주의라는 주요 방법론적 논점에 초점을 맞춘 것이다. 1장은 엘리아데의 신화와 종교에 관한 반환원주의적 연구 방법을 제시하고, 2장에서는 엘리아데와 그의 비판자들이 반대 입장에서 말하게 되는 이유에 관해 설명하고 엘리아데 학문에 대한 다양한 환원론적 공격들을 정리하였다. 다음의 두 장은 엘리아데의 일반적인 종교 이론에 대한 것이다. 3장은 엘리아데가 말하는 성스러움의 기본 개념과, 성화 聖化의 필수적이고 보편적 구조로서의 성스러움의 변증법에 대한 설명을 주로 다룬다. 4장에서는 엘리아데가 자연, 우주, 우주적 종교를 강조하는 것을 보이고, 그의 종교 이론이 시원적 종교archaic religion와 인도 종교와 같은 특정한 종교적 시각에서 비롯된 편견을 반영하는지 여부를 점검하여, 엘리아데의 종교 연구에 대한 분석을 전개할 것이다. 5장과 6장은 엘리아데의 일반적인 상징이론에 초점을 맞춘 것이다. 먼저 상징체계는 신화와 상징의 언어이며 상징 구조의 중심성을 드러낸다고 여기는 엘리아데의 견해를 다루고, 다음에는 상징의 본질적인 특성과 기능을 설명하고 "원형"이라는 혼란스런 개념을 명확히 할 것이다.

이 여섯 장 모두가 엘리아데의 신화 이론을 파악하는 데 꼭 필요하지만, 신화를 본격적으로 설명하는 것은 7장부터이다. 7장에서는 엘리아데의 신화의 특정한 속성, 구조, 기능 등을 분석하고, 우주 창조 신화와 기원 신화의 중요성에 대한 엘리아데의 주장들을 다룬다. 다음의 두 장은 신화와 종교에 관한 엘리아데의 이론에서 역사(그리고 시간)에 관한 논쟁적인 해석들을 검토한다. 8장은 엘리아데의 반역사적 태도를 다룬다. 엘리아데의 학문이 반역사적인 경향이 있다고 주장한 학자들의 주장을 살피고, 엘리아데의 자서전에 나타난 태도와 그의 개인적인 학문의 해석 작업을 점검할 것이다. 이어지는 9장은 엘리아데의 시간과 역사에 대한 학문적인 해석을 자세히 살핀다. 엘리아데는 신화와 종교의 비역사적인 구조에 주목하고, 이들의 반역사적이고 비시간적인 본질에 초점을 맞추고 있는 것으로 보인다. 또한 그는 강력하게 반역사적인 판단을 내린다. 그러나 역사적인 것과 비역사적인 것 사이의 복잡한 변증법적 상호 작용을 강조하기도 한다.

마지막으로 엘리아데의 신화와 종교에 관한 이론이, 현대 인류와 세계가 당면한 주요 실존적 위기와 쟁점들에 대한 분석과 어떤 관련을 맺고 있는지를 살필 것이다. 이전 장들에서는 엘리아데가 대개 전통적으로 그리고 분명하게 신화적이고 종교적인 것으로 간주하는 현상들에 주목하는 모습을 보였다. 여기서는 신화적이고 종교적인 것이 항상 분명하게 거부되고 있는 현대 세계의 현상에 대해 엘리아데가 고찰하는 내용을 다룬다. 10장은, 성스러움이 현대의 세속적인 것들 속에서 완전히 소실되었다기보다는 종종 위장되어 있고, 그래서 인지할 수 없는 것이라는 엘리아데의 주장을 중심으로 논의를 전개한다. 엘리아데는, 현대인들이 숨겨진 성스러움을 인식하지 못하기 때문에 자멸할 정도로 위험한 서구의 편협성에 고통 당하는 것이라고 비난한다. 11장은 급진적인 문화적, 영적 갱신을 통해 현대인의 불안, 무의미, 편협성 등을 극복하자는, 엘리아데의 보다 건설적인 제안을 다룬다. 엘리아데는 이러한 갱신이 현대인 자신의 상징적이고 신화적인 구조를 재발견하게 하고, "타자"의 신화적, 종교적 세계와 진정으로 다시 만나도록 하는 창조적 해석학을 통해서 가능할 것이라고 보고 있다.

나는 엘리아데의 신화와 종교에 관한 연구에 공감하는 동시에 비판적이기도 하다. 내가 예전에 썼던 글들을 평가하면서, 엘리아데를 가장 강력하게 비판하는 몇몇 사람은 나를 엘리아데 지지자로 낙인찍었고, 엘리아데의 지지자들은 내가 다른 비판자들보다는 좀 낫지만 그래도 비판자들 중의 하나라고 분류했다. 이 책 전체에 나타나 있듯이, 나는 엘리아데가 현대의 세속적인 삶의 많은 부분을 구성하고 있는 신화-종교적인 구조들을 드러낸 일과, 전통적인 신화와 종교를 이해하는 데 큰 영향을 준 것에 감명을 받았다. 동시에 엘리아데의 학문적 성과에 대한 여러 적절한 비판을 다루기 위해서는 그의 신화와 종교의 해석 내용과 방법이 종종 수정되어, 다시 체계적으로 구성되고, 보충되어야 한다는 것을 인정한다.

이 책의 몇 장은 내가 이전에 출간했던 내용들을 이용하여 구성하였다. 특히 엘리아데의 성스러움의 변증법과 상징이론을 설명하면서, 내가 이전에 냈던 『종교의 구조와 창조성』과 『미르체아 엘리아데와 종교현상』에 나오는 부분들을 개정하거나 확장하여 포함시켰다. 엘리아데의 역사 이해에 대한 부분은 내가 쓴 논문 「엘리아데와 역사」에 나오는 내용을 이용했다.[10] 또한 엘리아데를 강력하게 지지하는 사람들의 견해를 요약할 때와 그의 개인적 삶과 저술에 나오는 정치적인 면과 정신적인 면에 대한 최근의 논의 중의 일부를 설명하면

10) Douglas Allen, "Eliade and History", *Journal of Religion* 68(1988): 545~65.

서는, 「최근의 엘리아데 옹호자들」에 나오는 내용을 사용하였다.[11]

루트리지Routledge 출판사의 "신화 이론가들" 시리즈 편집자인 로버트 시갈Robert Segal에게 특별히 감사하고 싶다. 그는 귀중한 제언들을 주었을 뿐 아니라 지원을 아끼지 않았다. 여러 해 동안, 시갈 교수와 다른 학자들이 내 글에 보여준 반응과, 그들이 엘리아데의 종교학을 다양하게 해석하고 평가한 것이 내게 매우 유익했다. 테일러와 프란시스Taylor & Francis 출판사의 필리스 코퍼Phyllis Korper가 보여준 인내와 지원에도 감사한다. 테일러와 프란시스의 척 바틀트Chuck Bartelt는 첫 인쇄 원고를 준비하면서 발생한 문제점들을 해결하는 데 큰 도움을 주었다. 내가 이 책을 쓰기 시작한 미네소타 주 칼리지빌Collegeville에 있는 교회 통합 및 문화 연구소the Institute for Ecumenical and Cultural Research에서 일하는 분들의 도움에도 감사한다. 이 책을 준비하면서 생긴 비용에 대한 재정적 지원을 담당해준 메인대학교 University of Maine의 교무처장실 직원들에게도 감사한다. 끝으로 내가 이전의 책들을 냈을 때와 마찬가지로, 학문적 작업으로 인해 생기는 창조적 스트레스와 별난 행동들을 견디며 살아온 일즈 피터슨스Ilze Petersons의 지원, 배려, 귀중한 의견 그리고 사랑에 깊이 감사한다.

---

11) Douglas Allen, "Recent Defenders of Eliade: A Critical Evaluation", *Religion* 24(1994): 333~51.

1장
엘리아데의 반환원주의

미르체아 엘리아데가 신화를 비롯한 종교에 관해 쓴 글들을 읽으면, 현대 "환원주의" 형식의 해악에 대하여 강박관념에 가까운 우려를 표하는 것을 쉽게 알 수 있다. 현대 학문적 연구 방법에는 물론, 일반적인 삶의 많은 부분에 나타나듯이, 환원주의는 우리가 신화와 종교의 성질, 기능, 중요성, 의미 등을 제대로 이해하는 것에 걸림돌이 되고, 심지어 이것들을 알아보는 것조차도 방해한다는 것이다. 종교학* 분야에서 긴급히 요청되는 적절한 "창조적 해석학"의 정의에

---

* 종교학을 가리키는 여러 표현 중 history of religions는, 학문적인 연구 방법에 근거한 종교 연구 분야를 가리키기 위해 엘리아데가 사용한 말이다. 간혹 '종교현상학'에 대응하여 종교학의 한 분야를 가리키는 표현으로 사용되는 경우에는 '종교사宗敎史'로 번역될 것이다. 종교학이 태동될 무렵 종교가 과학적으로 연구될 수 있음을 강조하기 위해 사용된 Religionswissenschaft(Science of Religion)이라는 명칭도 '종교학'으로 번역하는 것을 원칙으로 하되, 학문 분야로 종교학을

서 볼 수 있는 바와 같이, 엘리아데는 사람들이 신화적인 것을 다시 수용하도록 하고 현대 학문과 동시대인들의 삶을 새롭게 하는 것이 자신의 사명이라고 생각했다. 그리고 환원할 수 없는 성스러운 신화의 세계를 비롯한, "성스러움의 환원 불가능성"을 지향하는 "반환원주의" 태도를 통해 이 사명을 이룰 수 있다고 여겼다.

엘리아데가 "반환원주의"라는 용어를 종종 사용한다는 것은 이미 소개했다. 로버트 시갈과 같이 종교적인 것을 환원할 수 없다는 방법론적인 전제를 비판하는 사람들뿐 아니라, 옹호하는 사람들도 주로 "비환원주의"라는 용어를 사용하고 기본 대립 구도를 환원주의 대 비환원주의로 제시한다. 종교사를 비롯한 여러 종교 연구들 내부에서 사용되듯이, "비환원주의"는 오직 종교적인 견지에서만 종교적인 자료들을 분석할 수 있다는 접근 방법을 가리킨다. 반면 "환원주의"는 세속적 시각에서 종교적 자료를 분석하는 것을 뜻한다. 이런 점에서 엘리아데는 비환원주의적 방법론과 종교적 신화의 해석을 채택할 것을 주장한다.

더 강하고 단정적인 "반환원주의"의 의미는 엘리아데의 입장을 더 잘 나타낸다. 엘리아데는 널리 퍼진 부적절하고 억압적인 환원주의 설명을 격렬히 비판하고 비난했다. 또한 환원할 수 없는 신화적인 것을 제대로 해석해야 한다고 주장했을 뿐 아니라, 종교학이 최근 위협을 받고 있기는 하지만 독자적 학문 영역으로서 대체할 수 없는 중요성을 지니고 있다고 주장했다. 심지어 성스러움을 잃고 피폐해진 현대의 환원주의적인 서구 문화를 신화적이고 영적으로 갱신해야 한다고까지 생각했던 것이다.

의미하는 history of religions와 나란히 사용된 경우 '종교의 과학적 연구'로 풀어서 번역했다.

환원주의와 신화에 대한 엘리아데의 일반적인 접근에 관해서, 종교적인 것 혹은 성스러운 것의 환원 불가능성과 신화적인 것의 환원 불가능성이라는 두 가지의 연관된 주장들을 구별해서 생각할 수 있을 것이다. 첫째, 엘리아데에게 신화는 종교적 신화라는 것을 기억하자. 자료의 환원할 수 없는 신화적 차원을 침해하는 가장 흔한 방식은 그것의 환원할 수 없는 종교적 구조와 기능을 어떤 비종교적 준거 지평과 설명으로 환원해버리는 것이다. 1장과 2장에서는 이러한 종교적인 것의 환원 불가능성에 초점을 맞추게 될 것이다. 3장에서는 신화적 자료들의 환원할 수 없는 종교적 속성을 규정하는 성스러움의 변증법의 보편적 구조에 대한 엘리아데의 주장을 검토한다.[1] 둘째, 환원할 수 없는 종교적 속성에 관한 주장을 넘어서는 신화적인 것의 환원 불가능성에 관한 주장들이 있다. 모든 신화적 자료가 종교적이기는 하지만, 모든 종교적 자료가 신화적인 것은 아니다. 7장은, 신화는 비종교적 현상들로부터는 물론 다른 종교현상들로부터도 구별되며, 이는 신화의 구조, 기능, 세계 내 존재 방식 등 독특하고 환원할 수 없는 신화의 성질에 기인한다는 것을 설명한다.

"환원주의"에 대한 엘리아데의 우려 때문에 여러 복잡한 문제가 발생한다. 환원주의는 많은 학문 분야에서 중심적인 방법론적이고 이론적인 초점이었고 지금도 그렇다. 따라서 엘리아데의 반환원론적 분석을 환원주의에 대한 더 큰 이론적 논쟁의 일부에 위치시키는 것이 중요하다. 첫째, 엘리아데가 환원주의의 문제점들에 집중하는 것과, 신화에 대한 환원할 수 없는 종교적 접근법을 고집하는 데 기여

---

[1] 환원주의에 관한 이 장 전체에서 계속 사용될 "성스러움the sacred"이라는 엘리아데의 용어는, 3장에 가서 그 특징과 구조에 관한 해석을 중심으로 자세히 다루게 될 것이다.

했던 동기들과 관심사들을 알아볼 것이다. 1장에서는 성스러움의 환원 불가능성에 대한 엘리아데의 설명을 살펴보고, 2장에서는 종교학계 내부와 종교를 사회과학적으로 접근하는 분야에서 생겼던 엘리아데의 반환원주의에 대한 비판 중 몇몇을 고찰하도록 하겠다.

새로운 절차의 필요성

엘리아데는 신화와 다른 종교현상들을 반환원론적으로 연구해야 한다고 주장함으로써 '원시인'과 '고대인'의 신화적 세계를 중시하는 '낭만적' 학자라고 비판받았고, 같은 내용으로 칭송을 받기도 했다.2) 앞으로 보게 되겠지만, 그는 "근대성"의 많은 것을 정의해온 서구 계몽사상의 주요 특징들에 매우 비판적이었다. 따라서 이반 스트렌스키Ivan Strenski와 같은 학자들이 엘리아데의 신화 연구에는 현대적인 엄격한 학문적 방법론이 결여되어 있으며, 비합리적 전통주의와 민속적이고 신낭만주의적인 원시주의를 칭송하고 있다고 규정하는 것

---

2) 예를 들어 다음 두 권의 책을 보라. Robert D. Baird, *Category Formation and the History of Religions*(The Hague: Mouton, 1971), 특히 pp. 86~87, 152~53; Thomas J. J. Altizer, *Mircea Eliade and the Dialectic of the Sacred*(Philadelphia: Westminster Press, 1963), 특히 pp. 17, 30, 36, 41, 84. 엘리아데에 대한 여러 비판을 요약한 내용은 다음의 저술들에 나와 있다. R. F. Brown, "Eliade on Archaic Religions: Some Old and New Criticisms", *Sciences Religieuses* 10(1981): 429~49; Seymour Cain, "Mircea Eliade", *International Encyclopaedia of the Social Sciences Biographical Supplement*, vol. 18(New York: Macmillan, Free Press, 1979), pp. 166~72; Guilford Dudley III, *Religion on Trial: Mircea Eliade and His Critics*(Philadelphia: Temple University Press, 1977); John A. Saliba, *"Homo Religiosus" in Mircea Eliade: An Anthropological Evaluation*(Leiden: Brill, 1976); Douglas Allen, *Mircea Eliade et le phénomène religieux*(Paris: Payot, 1982); 그리고 Bryan S. Rennie, *Reconstructing Eliade: Making Sense of Religion*(Albany: State University of New York Press, 1996).

은 놀라운 일이 아니다.[3]

그럼에도 불구하고 엘리아데는 전통적이고 신화적인 세계관의 많은 부분의 진가를 인정하고 심지어 옹호하면서도, 그의 신화에 대한 반환원론적 접근을 자신과 종종 비교되는 이전의 학문적 해석들보다 더 진보된 것으로 만들려고 생각했다. 그는 자신이 과거의 이론들의 방법론적 문제점들을 피하고 있으며, 신화의 의미에 대하여 새롭고 더 적절한 해석을 제기하고 있다고 주장했다. 또한 자신의 이론이 개인적인 위기나 인류가 당면한 지구적 위기를 대처할 수 있는 창조적이고 미래지향적인 대답을 제공하고 있다고 했다. 신화를 연구하면서, 엘리아데는 현대의 해석학적 상황이 이전의 해석자들의 상황과는 크게 다르다는 것을 깨닫는다. 학문 분야로서 종교학Religionswissenschaft의 입장에서 신화를 연구하면서, 그는 자신의 작업을 신학이나 종교철학과 같은 규범적인 분야는 물론, 이전 세대인 타일러Tylor나 프레이저Frazer와 같은 학자들의 매우 주관적이고 규범적인 이론들과 구별했다.[4]

엘리아데는 종교를 학문적으로 연구하는 학자로서, 신화와 다른 종교현상들에 "경험적"으로 접근하고 있다고 반복해서 주장했다. "종교학자historian of religions는 경험적인 방법을 사용한다. 그는 자신이 이해하고자 하고 남들에게 이해시키고자 하는 종교-역사적인 사실들에 관심을 가진다."[5] 현대의 학자는 해석이 필요한 신화를 비롯

---

3) Ivan Strenski, *Four Theories of Myth in Twentieth-Century History: Cassier, Eliade, Lévi-Strauss and Malinowski*(Iowa City: University of Iowa Press, 1987), pp. 95, 126 및 여러 곳.
4) 예를 들어 Mircea Eliade, *Images and Symbols: Studies in Religious Symbolism*, trans. Philip Mairet(New York: Sheed and Ward, 1961), pp. 175~76을 보라.
5) Mircea Eliade, "Methodological Remarks on the Study of Religious Symbolism" in

한 종교적 문서, 즉 경험적 사실들을 수집하는 것으로 작업을 시작한다.6) 그는 신화를 사실적이고 경험적인 현상으로 연구한다. 1960년 제10차 국제종교학회의의 소위 마르부르크Marburg 선언에 서명한 츠비 베르블로브스키R. J. Zwi Werblowsky 등의 학자들의 편에서, 엘리아데는 다음의 내용에 동의했다. "종교 연구자로서 종교 연구자들이 동의해야 하는 공통의 입장은 초월의 경험과 누미노스적인 것의 자각은 (이런 경험과 자각이 종교에 존재하는 곳에서), 그것들[*초월의 경험과 누미노스적인 것의 자각]이 다른 어떤 것이건 간에, 의심할 여지없이 인간의 경험과 역사의 경험적인 사실들이라는 것을 깨닫는 것이다. 이것들은 적절한 방법들을 따라, 다른 모든 인간의 사실들과 똑같이 연구되어야 한다. 따라서 다양한 종교의 가치 체계들 역시 사실적이고 경험적인 현상의 필수적인 부분을 형성하며, 우리 연구의 적법한 대상이 된다."7)

대부분의 현대 학자들이 자신들의 연구 방법을 신화적 자료들의 환원할 수 없는 역사적 속성을 무시했던 이전의 해석들과 구별하려고 시도하는 것은 현대 해석학적 상황이 이전과 다른 근본적인 차이점이다. "거의 알아채지도 못한 채, 종교학자는 자신이 막스 뮐러Max

---

Mircea Eliade and Joseph M. Kitagawa, eds., *The History of Religions: Essays in Methodology*(Chicago: University of Chicago Press, 1959), p. 88. 이 논문은 엘리아데의 책 *Mephistopheles and the Androgyne: Studies in Religious Myth and Symbol*(New York: Sheed and Ward, 1965)의 5장에 "Observation on Religious Symbolism"이라는 제목으로 실렸다. 이 책은 *The Two and the One*이라는 제목으로도 출판된 바 있다.

6) 예를 들어 Mircea Eliade, *The Myth of the Eternal Return*, trans. Willard R. Trask (New York: Pantheon Books, 1954), pp. 5~6을 보라(앞으로 이 책은 *Eternal Return*으로 인용할 것이다).

7) Annamarie Schimmel, "Summary of the Discussion", *Numen* 7(1960): 234~35, 236~37.

Müller와 타일러, 심지어 프레이저나 매럿Marrett의 문화적 환경과는 매우 다른 환경에 처해 있다는 것을 알게 되었다. 이것은 니체Nietzsche, 맑스Marx, 딜타이Dilthey, 크로체Croce 그리고 오르테가Ortega에 의해 형성된 새로운 환경이다. 이 환경에서 유행하는 상투어구는 자연이 아닌 역사이다."[8] 현대 학자들은 신화를 연구할 때 그들이 역사적 자료만을 가지고 작업한다는 것을 깨닫는다. 엘리아데가 여러 곳에서 확인하듯이, 그의 출발점은 인류의 신화적인 그리고 다른 종교적인 경험들을 표현하는 역사적 자료이다. 현상학적 연구 방법을 통하여 그는 경험적, 역사적, 신화적 자료를 해독하고자 한다. 엘리아데는 종교적 인간homo religiosus의 신화적인 세계를 구성하는 현상들을 기술하고, 그 종교적 의미를 해석하려고 한다.

비록 엘리아데가 그의 신화 연구 방법이 경험적이고 역사적 속성을 지녔다고 주장하고, 때로는 이전 연구 방법들의 신학적, 형이상학적, 주관적, 비경험적, 비역사적 그리고 "비과학적인" 속성과 자신의 연구를 무리하게 구별하기도 하지만, 많은 비평가는 엘리아데 자신의 연구 방법이 비경험적이고 비역사적이며, 심지어 반역사적이라고 주장한다.[9] 사실 어떤 비판자들은 엘리아데의 연구 방법을 엘리아데 자신이 거부하고자 했던 여러 무비판적인 19세기의 아마추어 척척박사의 접근과 비교하기도 한다. 그들은 "엘리아데는 프레이저처럼 종

---

8) Mircea Eliade, "The Quest for the 'Origins' of Religion", *History of Religions* 4(1964): 166. 이 논문은 Mircea Eliade, The Quest: *History and Meaning in Religion*(Chicago: University of Chicago Press, 1969)의 3장이기도 하다(앞으로 이 책은 *The Quest*로 인용할 것이다).
9) 3장과 4장에서 종교의 보편적 구조에 대한 엘리아데의 분석이 "자연"을 강조하고 "역사"의 중요성을 깎아내리고 있는 것처럼 보인다는 것을 다룰 것이다. 8장과 9장에서는 엘리아데의 신화와 역사의 분석에 본질적으로 반역사적인 부분이 있다는 것을 보도록 하겠다.

교적 신앙들과 행위들을 문화적이고 역사적인 상황과 차이들을 무시하는 비교의 방식으로 묶는다"고 주장하고, "제임스 프레이저 경과 그의 동시대인들이 비난받아온 모든 방법론적 오류가 여기에 가장 명확한 형태로 드러난다"고까지 비난한다.10)

엘리아데는 그의 신화 연구 방법을 이전의 비경험적이고 비역사적인 이론가들의 연구 방법과 차별화하려 했을 뿐만 아니라, 20세기의 "과학적" 경험주의자나 역사주의자 등의 전문가들의 연구 방법과도 차별화하려고 하였다. 그는 신화 및 다른 종교현상들의 의미를 해석하기에 보다 적합한 새로운 이론적 접근법, 새로운 해석학이 필요하다고 계속 주장한다.

내가 생각하기에, 신화와 신화적 사고, 상징들, 본원적 이미지들 그리고 특히 동양과 소위 "원시" 문화들에 나타나는 종교적 산물들에 대하여 정확히 분석해야만 서구의 지성을 열어 새로운 세계적인 인본주의를 도입할 수 있다. 신화, 상징들, 성상聖像들, 명상 기술 등의 영적인 기록들은 19세기 박물학자들naturalists[*혹은 자연주의자들]이 곤충들을 연구했던 식으로 냉담하고 무관심한 태도로 연구되어왔을 뿐이다. 그러나 이러한 기록들이 존재론적 상황을 표현하고 있다는 것과 따라서 인간 정신의 역사의 중요한 부분을 형성하고 있다는 것을 이제 막 깨닫게 되었다. 따라서 영

---

10) Saliba, *"Homo Religiosus" in Mircea Eliade*, p. 111, and Edmund Leach, "Sermons by a Man on a Ladder", *New York Review of Books* 7(October 20, 1966): 28. 이와 비슷한 엘리아데에 대한 비평을 찾으려면, W. A. Lessa, *American Anthropologist* 61(1959): 122~23과 Lord Raglan, *Man* 59(March 1959): 53~54 등의 서평을 보라. Northrop Frye, "World Enough Without Time", *The Hudson Review* 12(1959): 426~27과 Altizer, *Mircea Eliade and the Dialectic of the Sacred*, pp. 41, 42 등도 보라.

적인 자료들의 의미를 이해하는 적합한 절차는 박물학자들의 소위 "객관성"이 아니라, 해석자의 지적인 공감이다. 바꾸어야 하는 것은 절차 자체인 것이다. 왜냐하면 가장 낯설거나 가장 혐오스러운 형태의 행위도 인간의 현상으로 간주되어야 하기 때문이다. 이것을 동물학적 현상이나 기형적 형태의 연구 대상으로 해석해서는 안 된다. 이러한 확신은 신화의 의미와 기능, 종교 상징들의 구조, 그리고 일반적으로 성과 속의 변증법에 대한 내 연구의 방향을 제시하였다.[11]

인용된 부분은 엘리아데의 저작 전체에 걸쳐 나타나는 전형적인 주장으로, 매우 중요한 설명이다. 학문적 "초연함"과 "객관성"이라는 "비인간적" 모델들을 주장하는 이전의 연구 방법과는 질적으로 다른 새로운 해석학적 절차의 필요성을 주장하면서, 엘리아데는 대개 "환원주의"에 대한 비판의 일부로 그리고 "성스러움의 환원 불가능성"을 촉구하는 방식으로 자신의 주장을 표현했다.

고대 전통 사회들에 나타나는 양극성, 반목, 적대 등을 어떻게 이해해야 하는지를 다룬 글에서, 엘리아데는 세속적 탈신비화demystification를 고집하지 말고 해석학적인 시도를 할 필요가 있다고 말한다. "신화이건 신학이건, 공간 구분 체계건 두 적대적 집단에 의해 행해지는 의례이건, 신성한 이원성이건 종교적 이원론이건, 우리의 자료들은 그 특정한 존재 양식들에 따라 수많은 인간 정신의 창조물들을 구성

---

11) Mircea Eliade, *No Souvenirs: Journal, 1957~1969*, trans. Fred H. Johnson, Jr.(New York: Harper & Row, 1977), p. xii(앞으로 이 책은 *No Souvenirs*[『일기2』]로 인용할 것이다). 이 책은 Mircea Eliade, *Journal II, 1957~1969*(Chicago: University of Chicago Press, 1989)로 재출판되었다.

한다.""우리는 그것들을 그 본질, 즉 영적인 창조물이 아닌 다른 무 언가로 환원할 권리가 없다. 따라서 이해되어야 하는 것은 그 의미와 함의와 중요성이다."[12] 간단히 말해 엘리아데는 신화적 자료들의 환원할 수 없는 성스러운 차원을 무시하는 과거와 동시대의 해석자들을 환원주의자라고 종종 공격한 것이다.

본 도입 부분에서는, 엘리아데가 자신이 신화를 연구할 때 경험적 방법을 사용하며, 신화적 자료의 역사적 성질을 인지하고 있고, 묘사하고 해석할 필요가 있는 현상을 표현하는 신화-종교적 자료를 수집한다고 주장하는 내용을 간략히 살펴보았다. 그러나 그가 어떤 자료들을 수집하고, 어떤 현상들을 묘사하고 해석해야 하는지를 어떻게 알았을까라는 문제가 남는다. 이와 같은 문제들에 대답하기 위해서는 엘리아데가 종교현상들을 구별해내기 위해 사용한 몇몇 방법론적 원리들을 소개할 필요가 있다. 엘리아데의 가장 중요한 원리들은 종교적인 것의 환원 불가능성과 성과 속의 변증법으로 요약될 수 있다. 이 장에서는 신화와 다른 종교현상들을 환원론적으로 접근하는 연구방법에 대한 엘리아데의 비판을 소개하고, 그가 성스러움의 환원 불가능성을 견지하면서 제시하는 방법론적 대안을 다룬다. 3장에 가면, 종교적 현상과 비종교적 현상을 식별하는 엘리아데의 보편적인 구조적 기준들에 대한 설명에 초점을 맞추게 될 것이다.

성스러움의 환원 불가능성

엘리아데의 입장을 이렇게 소개함으로써, 그가 "환원주의"를 비판

---

[12] Mircea Eliade, "Prolegomenon to Religious Dualism: Dyads and Polarities", in *Quest*, pp. 132~33.

한 것과 "성스러움의 환원 불가능성"을 주장한 것을 보았고, 이는 엘리아데 자신의 설명을 반영한 것이다. 나는 엘리아데의 연구 방법을 포함한 모든 연구 방법들이 넓은 의미에서 반드시 환원적이라고 보기 때문에, 때때로 엘리아데의 "성스러움의 환원 불가능성이라는 방법론적 전제"와 그의 "소위 반환원주의 원리"와 같은 다른 표현들도 사용할 것이다.[13] 그러나 모든 환원적 연구 방법들이 필수적인 것은 아니며 학문적 근거로 정당화될 수 있는 것도 아니다. 핵심적인 문제는, 종교적인 것과 신화적인 것의 환원 불가능성이라는 전제와 같은 엘리아데의 환원주의가 다른 환원적 연구 방법들보다 더 적절하게 신화의 기능, 구조, 의미, 함의 및 중요성 등을 해석할 수 있다고 판명되는가 하는 것이다.

그의 옹호자나 비판자 모두가 인용하곤 하는 반환원주의에 관한 가장 유명한 진술에서 엘리아데는 다음과 같이 주장한다. "종교적 현상은 그 자체의 수준에서 파악되어야만, 다시 말하면 종교적인 무언가로 연구될 때에만 종교현상 자체로서 인식된다. 그러한 [종교적] 현상의 본질을 생리학, 심리학, 사회학, 경제학, 언어학, 예술 혹은 다른 연구의 수단을 통해 이해하려고 하는 것은 잘못된 것이다. 이러한 시도는 종교현상에 있는 독특하고 환원될 수 없는 것, 즉 성스러움의 요소를 놓치게 만든다."[14] 여기서 우리는 엘리아데뿐 아니라 루돌프

---

13) 나는 여기서 "환원적"이라는 용어를 넓은 의미에서 사용하고 있다. 과학철학이나 자연과학에서 사용되는 좁은 의미의 매우 기술적인 의미가 아니다.
14) Mircea Eliade, *Patterns in Comparative Religion*, trans. Rosemary Sheed(New York: World Publishing Co., Meridian Books, 1963), p. xiii(앞으로 이 책은 *Patterns*로 인용할 것이다). 엘리아데가 자신의 반환원주의와 자신이 "그릇된" 것이라고 공격한 환원적 연구 방법 사이의 관계를 어떻게 이해했을 것인지를 해석하면서, 엘지Elzey는 *Patterns*에 나오는 이 부분에서 "그릇된"이라는 단어에 대한 네 가지 다른 해석을 제시한다. Wayne Elzey, "Mircea Eliade and the Battle Against Reductionism",

오토Rudolf Otto, 헤라르뒤스 판 데어 레이우Gerardus van der Leeuw, 요아힘 바흐Joachim Wach 등 20세기의 여러 반환원주의적 주장을 볼 수 있다. 즉 신화를 비롯한 종교현상의 연구자는 종교현상들의 환원할 수 없는 종교적 속성을 존중해야만 한다는 것이다.[15]

루마니아의 뿌리

맥 린스콧 리켓Mac Linscott Ricketts은 엘리아데의 삶과 사상에는 루마니아의 뿌리가 있다는 데 주목하였다. 리켓은 엘리아데가 20세 때 학문적 방법의 주요 방향의 체계를 이미 세웠고, 그가 인도로 떠나기 전에 쓴 그의 "영적인 여정" 시리즈와 다른 청년기 루마니아어 작품들에서 그의 근본적인 방법론적 원리들 대부분을 다루었다고 주장한다.[16] 리켓은 엘리아데의 삶 전체에 걸쳐 그의 생각의 방향을 이끈

in *Religion and Reductionism: Essays on Eliade, Segal, and the Challenge of the Social Sciences for the Study of Religion*, ed. Thomas A. Idinopulos and Edward A. Yonan (Leiden: E. J. Brill, 1994), pp. 82~87을 보라.

15) 가장 유명하고 영향력 있는 반환원주의적 태도들 중의 하나로는, 정신의 혹은 지적 능력의 선천적이고 환원할 수 없는 종교적 범주를 근거로 하는 종교경험만의 독특한 신비스러운 본질에 대한 오토의 주장을 보라. Rudolf Otto, *The Idea of the Holy*, trans. John W. Harvey(New York: Oxford University Press, A Galaxy Book, 1958), pp. 3~4, 132, 175 및 여러 곳을 보라.

16) Mac Linscott Ricketts, *Mircea Eliade: The Romanian Roots, 1907~1945*(Boulder: East European Monographs, No. 248, 1988), vol. 1, pp. 188, 520; vol. 2, p. 1205(앞으로 이 책은 *Eliade: Romanian Roots*, 1과 *Eliade: Romanian Roots*, 2로 인용할 것이다). "영적인 여정" 시리즈는 1927년 9월부터 11월까지 *Cuvântul*이라는 신문에 실린 열두 개의 기사로 이루어졌다. 나는 *Journal of the American Academy of Religion* 60(1992)에 실린 *Eliade: Romanian Roots*에 대한 서평과, 좀 더 길게는 논문 "Recent Defenders of Eliade: A Critical Evaluation", *Religion* 24(1994): 333~51 등에서, 리켓이 엘리아데의 청년기 저작들의 학문적 원리들의 독창성을 매우 과장했다는 것을 지적했다. 이 초기의 저작들은 엘리아데의 스승 나에 이오네스쿠Nae Ionescu의 입장을 종종 반영한 것이며 당대의 여러 다른 사람들의 입장

이러한 청년기의 원리들 중 가장 기본적인 것이 독자적인 "실재의 지평"이라는 원리이며, 이는 종교가 독자적이고 환원될 수 없는 실재로서 연구되어야 한다는 반환원주의 원리와 관련된 것이라고 생각한다. 이 원리는 엘리아데의 개인적인 철학에 가장 큰 영향을 끼쳤으며 그의 『자서전Autobiography』에 가장 많이 언급되는 인물인 나에 이오네스쿠Nae Ionescu에게 배운 것이다.[17]

이오네스쿠는 각각이 그 자체의 독특한 인식 방법을 요구하는 실재의 세 가지 환원될 수 없는 차원이 존재한다고 전제했다. "인식의 질서에는 실재의 과학적 차원, 철학적 차원 그리고 종교적 차원이 존재한다. 각각은 독립적이며, 서로 환원될 수 없는 그 자체의 방법들을 가지고 있다." 이러한 "존재의 차원들" 혹은 "영역들"("질서들", "세계들" 등) 각각을 위해서는 "특별한 연구의 방법들을 사용해야만 한다." "이오네스쿠의 가장 큰 '죄'라면 차원들을 혼동한 것이다. 그는 실재의 어느 한 수준을 이해하는 데에 다른 차원에 적절한 방법들을 이용하려고 했다."[18]

1926년과 1927년 이오네스쿠가 발간한 신문 『쿠반툴Cuvântul』에

을 공유하고 있다. 게다가 만약 엘리아데의 성년기 이후 학문적 방법론이 기본적으로 이러한 청년기의 매우 개인적이고 미숙한 저작들에 이미 반영되었다고 한다면, 리켓은 자신도 모르게 엘리아데를 그의 학문에 대한 비판에 더 쉽게 노출시킨 것이다. 이러한 점들은 4장의 "우주적 기독교"와 "엘리아데의 개인적 신앙과 그의 학문" 부분에서 좀 더 발전시키도록 하겠다.

17) Ricketts, *Eliade: Romanian Roots*, 1, pp. 91~126.
18) Nae Ionescu, *Roza vânturilor*(Bucharest: Ed. Cultura Nationala, 1937), pp. 12, 60; Ricketts, *Eliade: Romanian Roots*, 1, pp. 98~99. 엘리아데는 이오네스쿠의 신문 기사 모음집인 이 책 *Roza vânturilor*를 편집했고 후기를 쓰기도 했다. 실재의 환원할 수 없는 세 차원에 대한 이오네스쿠의 특정한 분석들, 그가 환원주의를 "지평의 혼동"이라고 비판한 것, 형이상학과 종교에 대한 동방정교회적 시각, 반동적, 반유대인적, 파시스트적 정치적 견해 등은 다루지 않겠다.

실린 기사에서 시작하여, 엘리아데는 분리된 "실재의 지평들"의 원리에 대해 그리고 종교적 차원을 독자적 세계 혹은 실재로서 연구해야 할 필요성에 대해 종종 글을 썼다. 종교적 차원은 그 자체의 방법에 의해 알 수 있는 것으로, 인식을 위한 나름의 독특한 도구들을 지닌 다른 차원들의 기준에 의해 환원되거나 "설명"되지 말아야 한다는 것이다.

이 원리를 수용한 것은 실증적 과학과 같은 다른 "차원들"로부터 발생한 비판들에서 종교가 벗어나게 하는 실제적인 결과를 낳았다. 이를 통해 엘리아데는 종교와 같은 복잡한 문화 현상을 죽은 사람에 대한 두려움과 같은 "기원들"을 근거로 판단하는, 그가 "구르몽식의 방법Gourmontine method"이라고 부른, 오류를 범하지 않을 수 있었다. 종교는 그 자체로 연구해야 하며, 다른 것으로 "환원"하여 "탈신비화"시켜서는 안 된다는, 그가 평생토록 고집해온 주장의 철학적 근거가 여기에 있는 것이다. 더군다나 이 원리는 엘리아데가 종교현상 뒤에 있는 실재의 **본질**을 그 **자체**의 차원에서 존재하는 것으로 볼 수 있도록 했으며, 여러 시대와 장소에서 나타난 현상들을 그들의 공통적 본질을 근거로 비교할 수 있도록 해주었다.[19]

루마니아 신문 기사를 비롯하여, 엘리아데가 매우 개인적인 생각을 표출하곤 했던 초기의 글 중 몇몇에는 엘리아데가 소위 반환원주의 원리에 대해 설명한 부분이 나온다. 이 부분은 여러 현대 학문적 논쟁의 대상이 되고 있다. 종교적인 현상이나 다른 현상들을 그 자체의 차원에서 연구할 때, 학자들은 그 차원의 실재를 "믿어야만" 하는

---

19) Ricketts, *Eliade: Romanian Roots*, 2, pp. 1205~6.

가? 만약 그렇다면 그러한 "신자"가 된다는 것은 무엇을 의미하는가? 일부 현상학자들과 다른 신화학자들은 해석자가 신화적 현상들을 진지하게 받아들인다는 점에서 그 현상들의 실존을 믿어야 한다는 데 동의할 것이다. 이들은 신화적 인간들에게 신화는 진실이라는 것을 인정하며, 적어도 학문의 입장에서는 신화와 그 실재가 주장하는 것이 신화적 인간에게 어떤 의미가 있는지만을 강조하여 다루고자 노력한다.

엘리아데 역시 그러한 학문적 입장을 수용한다. 그의 후기 학문적 저작에서, 그는 학자들의 역할은 신화-종교현상들을 그 자체의 차원에서 접근하는 것이며 **종교적 인간**에게 진실인 것을 해석하는 것이지, 무엇이 진실인지 허위인지에 대한 학자 자신의 견해를 드러내는 것이 아니라는 입장을 나타냈다. 예를 들면 학자들은 성스러움이 환원될 수 없는 것이며 궁극적으로 신화적 인간에게 있어서 진실된 것이라고 가정해야 하며, 이러한 태도는 개별 학자들이 개인적으로 그 성스러운 실재를 믿는지 여부에 상관없이 신화적 현상들의 의미와 함의를 해석하는 데 적용되어야 한다는 것이다. 그렇지 않으면 세속적 학자들은 신화를 비종교적이고 비신화적인 의미와 함의로 환원시키게 될 것이며, 환원될 수 없는 종교적, 신화적 본질을 이해하지 못하게 될 것이다.

그러나 청년기에 루마니아에서 쓴 "지평의 혼동"에 관한 일부 글들, 몇몇 후기의 종교사와 현대 세계에 관한 개인적인 반환원론적 의견들, 그리고 그의 학문적 저작 전체에 산재해 있는 내용을 살펴보면, 엘리아데는 "신자"로서의 학자에 대한 주장을 더 강하게 표출한다. 신화-종교적 현상들이 신자들의 환원될 수 없는 종교적 견지에서 이해되어야 할 뿐 아니라, 신자인 학자 스스로도 그러한 현상들에 대한 적절한 해석을 내릴 수 있어야 한다는 것이다. 이러한 구절들을 인용하여, 많은 비평가와 일부 지지자는 학자인 엘리아데가 이면의 동기, 숨겨진 목적, 그리고 신화와 종교에 대한 매우 개인적인 규범적 입장을 지녔다고 주장해왔다. 이들은 이 규범적 입장이 그의 자서전과 문학작품은 물론 학문적 저술의 방향을 결정했다고 여긴다.

엘리아데의 초기 루마니아 저술에는, 신화-종교적 현상들을 그 자체의 차원에서 이해하고 평가하기 위해서는 신화적인 것과 종교적인 것에 대한 개인적인 경험적 지식을 가져야만 한다는 내용이 나온다. 오토는 『성스러움의 의미 The Idea of the Holy』에서, 만약 독자가 이미 신비로운 종교경험을 하지 않았다면 이 책에 나오는 종교적 본질에 대해 기술된 것을 이해할 수 없을 것이며 따라서 더 이상 이 책을 읽지 말아야 한다고 주장한 바 있다.[20] 이 주장은 대단히 논란의 소지가 많으며 종종 공격을 받기도 하지만, 엘리아데는 이에 동의한다. 엘리아데는 종교적 혹은 형이상학적 현상들을 판단하기 위해서는 "종교적이고 형이상학적 차원들의 **실존을 믿어야만 한다**"라고 말한다. "비전문인"이 도덕적 근거로 문학과 예술을 평가할 자격이 없는 것과 마찬가지로, 비신자들은 신화-종교적 신앙에 대하여 무언가를 이야기할 자격이 없는 비전문인이라는 것이다. 엘리아데는 "영적인 실재에 대해 알지 못하고는 그것을 평가할 수 없으며, 그 자체의 존재의 차원에서 성찰하지 않고서는 그것을 알 수도 없다"라고 주장한다. 단지 "초감각적 실재들을 사랑하는 것(즉 그들의 실존과 독립성을 믿는 것)에 의해서만 형이상학, 교리, 신비적 경험 등을 평가하고 수용하거나 거부할 수 있다"는 이야기이다.[21]

---

20) Otto, *The Idea of the Holy*, p. 8.
21) Mircea Eliade, "Religia în via;alta spiritulu", *Est-Vest* 1, no. 1(January 1927): 28; Mircea Eliade, "Profanii", *Vremea*, December 11, 1936, 이 책은 Mircea Eliade, *Fragmentarium*(Bucharest: Vremea, 1939), pp. 86~89로 다시 출간되었다; Ricketts, *Eliade: Romanian Roots*, 2, pp. 866~67.

후기 학문적 저술에 나오는 이와 유사한 개인적 외침을 비롯한 글을 보면, 엘리아데가 신자들의 신화적 관점을 해석하고 기술할 뿐 아니라 사실상 이를 지지하고 있다고 여러 비평가가 공격하게 된 경위를 이해할 수 있다. 그는 학자들 자신이 종교의 기원, 기능, 의미, 진실성, 신화와 성스러움의 실재 등을 믿어야 한다고 주장하고 있는 것이다.[22]

반환원주의 주장들

성스러움의 환원 불가능성이라는 방법론적 전제는 엘리아데가 과거의 환원주의적 입장을 종종 비판한 것에서 유래한다고 볼 수 있다. 엘리아데에 따르면 예전의 학자들은 대개 합리주의나 실증주의 등 전제된 규범들을 이용하여 자신들의 자료를 단선적이고 진화론적인 틀에 끼워 맞췄다. 그는 20세기의 인류학자, 사회학자, 심리학자 그리고 역사학자들이 성스러움의 새로운 차원을 열었다는 점을 인정한다. 그러나 그들이 종교적인 것의 의미를 인류학적, 사회학적, 심리학적 혹은 역사적 분석으로 환원시킨 점을 비판한다.

엘리아데의 비판의 요지는 "학자들은 종교현상을 '그 자체의 준거 지평'을 토대로 종교적인 무언가로 이해하려고 노력해야 한다"는 반환원주의 주장으로 표현될 수 있을 것이다. 신화의 해석을 사회학적, 심리학적, 경제학적 등의 어떤 비종교적 준거 지평으로 환원하면, 신

---

[22] 여기에 대한 예를 위해서는 시갈Segal의 다음 두 논문을 보라. Robert A. Segal, "In Defense of Reductionism", *Journal of the American Academy of Religion* 51(1983): 97~124, 이 논문은 개정되어 Segal, *Religion and the Social Sciences: Essays on the Confrontation*(Atlanta: Scholars Press, 1989), pp. 5~36에 실렸다. Segal, "Are Historians of Religions Necessarily Believers?" republished in *Religion and the Social Sciences*, pp. 37~41.

화가 지향하는 바를 무시하게 되며 그 독특하고 환원할 수 없는 요소인 성스러움을 파악하지 못하게 된다는 것이다.

비록 종교사가들과 종교현상학자들이 심리학이나 사회학 관점의 환원주의에 반대하여 신화가 "환원할 수 없는 실재, 성스러움의 경험"을 드러낸다고 종종 주장하기는 하지만, 그들은 "이 경험의 속성에 관해서조차도 의견이 일치하지 않는다." "그들 중 어떤 이에게 '성스러움' 자체는 역사적 현상이며, 특정한 역사적 상황에서 특정한 인간의 경험의 결과인 것이다. 반대로 다른 사람들은 '기원'의 문제를 열어둔다. 그들에게 성스러움의 경험은, 그러한 경험을 통해서 인간이 세계에서 자신의 특정한 삶의 방식을 자각하게 되고, 따라서 심리학적 혹은 사회-경제학적 견지에서는 설명할 수 없는 책임들을 떠맡게 된다는 의미에서 환원할 수 없는 것이다."[23]

엘리아데는 "종교현상들이 환원할 수 없는 종교적인 것으로 이해되어야 하며 그 자체의 준거 지평을 근거로 이해하려는 노력이 요구된다"는[24] 반환원주의적 주장을 통해 자신의 학문 분야의 독자적 성격을 분명히 하고자 했다. 대부분의 인류학자, 사회학자, 심리학자 등 과거의 연구자들과는 달리, 종교학자들은 종교학자로서 자신의 독특한 시각을 규정하려고 한다. 어떤 환원할 수 없는 방식mode에 의해 신화-종교적 경험들과 그것들에 대한 표현이 주어진다면, 우리의 "이해를 위한 방법method은 그 방식이 주어지는 것에 상응해야 한다."[25]

---

23) Mircea Eliade, "Historical Events and Structural Meaning in Tension", *Criterion* 6, no. 1(1967): 30.
24) Eliade, "A New Humanism", in *Quest*, p. 4. 이 논문은 "History of Religions and a New Humanism", *History of Religions* 1(1961) 1~8에 처음 실렸다. Mircea Eliade, *Myths, Dreams and Mysteries*, trans. Philip Mairet(New York: Harper & Row, Torchbooks, 1967), pp. 13~14.

성스러움의 환원 불가능성에 대한 엘리아데의 분석의 모든 측면을 이러한 설명들을 통해 전부 이해할 수는 없다. 이미 인용했던 『종교형태론』(p. xiii)과 다른 수많은 저작들에서, 엘리아데는 무엇보다 먼저 환원주의적 설명들을 "그릇된 것"이라고 공격한다는 점을 고려해야 한다. 현상학적인 관점에서, 그는 환원주의적 설명들로는 신화적 자료들을 통해 표현되는 독특하고 환원할 수 없는 종교적 구조의 의미를 파악할 수 없다고 주장한다. 그러한 잘못되고 부적절한 연구 방법과 이에 따른 그릇된 설명에 대한 엘리아데의 강한 비판은 때때로 현상학적 근거를 넘어서, 개인적이고 존재론적이고 규범적인 관심을 수반한 것으로 보일 수 있다.

앞서 인용한 『일기2No Souvenirs』[주석 11 참조]의 발췌 부분을 비롯한 여러 저술에서, 엘리아데는 또한 환원주의적 연구 방법이 종교적인 신화적 현상들의 "인간적" 차원을 공정히 평가하지 못한다고 비판한다. 환원주의 방법은 "살아 있는" 자료를 비인격적인 "죽은" 자료로 환원하며, "객관성"이라는 부적합한 모델을 제공한다는 것이다. 해석자는, 신화적 자료들이 의도하는 중심 주제에 초점을 맞춘 본질적인 인격적 차원과, 인간의 작용, 그리고 인간의 특정한 존재 방식과 인간이 성스럽고 의미 있는 신화적 세계를 특정하게 구성하는 것을 공정히 평가해야 한다. 이런 것들을 그저 중요하지 않은 것으로 변명하듯 설명해서는 안 된다.

성스러움의 "복잡성" "전체성" "모호함" 그리고 "인지 불가능성" 등을 제대로 평가하지 못하고, 대신에 신화적인 것을 부분적이고 과도

---

25) Charles H. Long, "The Meaning of Religion in the Contemporary Study of Religions", *Criterion* 2(1963): 25. 또한 Joachim Wach, *The Comparative Study of Religions*, ed. Joseph M. Kitagawa(New York: Columbia University Press, 1961), p. 15도 보라.

하게 단순화된, 편파적이며 불완전한 시각으로 환원하는 환원주의적 해석과 설명에 대한 비판이 엘리아데의 저작에 많이 담겨 있다. 예를 들면 엘리아데가 신화를 비롯한 성스러움에 대한 표현들은 본질상 상징적이라고 주장하는 것이 보인다. 복잡하고 다면적 가치를 지닌 무한한 종교적 상징에 대하여 프로이트Freud와 다른 환원주의자들은 오직 하나의 제한된 가치 평가에만 초점을 맞추고 있으면서도 자신들의 좁은 해석이나 설명이 충분한 것처럼 주장한다고 비판하는 것이다. 엘리아데의 여러 반환원주의 설명은, 신화적 성스러움의 복잡성과 모호성, 역설적이고 모순된 측면들, 그리고 위장되고 숨겨진 속성 등을 제대로 보지 못하고, 종교적 상징체계나 신화 언어의 다면가치성과 다른 기능과 구조들을 적절히 평가하지 못하는 연구 방법들을 비판하는 것에서 출발하는 것으로 볼 수 있겠다.

엘리아데는 "척도가 현상을 만든다"라는 원리를 이용하여 자신의 반환원주의 주장을 반복해서 표현한다. 그는 "현미경을 통해서만 코끼리를 연구해본 동물학자가 코끼리에 대해 적절한 지식을 가지고 있다고 생각할 수 있겠는가?"라는 앙리 푸앵카레Henri Poincaré의 비꼬는 질문을 인용한다. 엘리아데의 말을 좀 더 살펴보자. "현미경은 세포들의 구조와 조직을 드러낸다. 이 구조와 조직은 모든 다세포 생물에게 완전히 똑같은 것이다. 코끼리는 분명히 다세포 동물이다. 그러나 이것이 코끼리에 대해 모든 것을 설명하는가? 현미경의 척도로는 대답을 망설이게 된다. 적어도 코끼리를 동물에 관한 현상으로 볼 수 있는 인간 시각의 척도로는 그 대답을 하는 데 주저할 필요가 없다."[26]

---

26) Mircea Eliade, "Comparative Religion: Its Past and Future", in *Knowledge and the Future of Man*, ed. Walter J. Ong, S.J.(New York: Holt, Rinehart and Winston, 1968), p. 251. 또한 *Patterns*, p. xiii과 *Myths, Dreams and Mysteries*, p. 131도 보라.

성스러움의 환원 불가능성이라는 방법론적 전제는 종교학자의 역할에 대한 엘리아데의 견해에서 생긴 것으로 볼 수 있다. 엘리아데가 이 전제를 정당화하는 근거는, 현상학자들이 적어도 첫 단계에서 해야 하는 작업이 어떤 경험을 했던 사람과 마찬가지로 그 경험을 이해하려고 노력하는 것이라는 생각이었다. 그가 신화적 자료들을 통해 드러낸 것은 어떤 사람들은 자신들이 종교적이라고 간주하는 경험을 해왔다는 것이다. 따라서 현상학자는 무엇보다도 신화적 자료로써 표현되는 원래의 의도된 바를 존중해야만 한다. 즉 이러한 신화를 종교적인 무언가로 이해하려고 해야 한다는 것이다. 학자들의 연구 방법은 연구 주제의 성격과 상응해야 한다. **종교적 인간은 성스러움을 그 자체의 어떤 것으로 경험한다.** 엘리아데가 다른 사람들의 신화적 현상에 참여하고 공감적으로 이해하려고 한다면, 그의 척도는 신화적 타자의 척도와 상응해야 한다. 그가 신화를 비롯한 환원될 수 없는 다른 종교적 현상들을 가장 적절히 이해하기 위해서 환원될 수 없는 종교적 척도를 고집하는 이유가 바로 여기에 있다.

이 해석학적 원리가 엘리아데에게 최종적으로 함의하는 바를 이해하기 위해서, 그가 제시한 네 가지 사례를 살펴보면 도움이 된다. 오스트레일리아 원주민 주술사의 높은 지위, 샤먼이 동물의 소리를 모방해서 내는 이상한 소리, 종교 전문인들이 "광기"를 표현하는 것, 인간들이 금gold에 부여한 엄청난 가치 등의 네 가지 예를 하나씩 보도록 하자.

첫째, 오스트레일리아 원주민 주술사의 엄청난 위세와 다양한 기능과 의무들을 어떻게 이해할 수 있을까? 주술사가 되는 신화적 본보기들이나 입문의례와 같은 엘리아데의 자료를 보면, 오스트레일리아 원주민들은 이러한 경험들을 종교적 맥락 안에 위치시킨다는 것을 알 수 있다. 엘리아데는 "종교적 척도"를 이용하여 "그들 자신의 준거 지평"에서 이러한 현상들을 이해하려고 시도한다. 그는 다음과 같이 말한다. "단지 주술사만이 자신의 인간 조건을 초월하는 데 성공하며, 따라서 그는 영적인 존재처럼 행동할 수 있다. 다시 말해 영적인 존재의 존재 양태를 공유할 수 있는 것이다." 주술사의 "속성 변화"와 "엄청난 실존적 조건" 때문에 주술사는 병자를 치료할 수 있고, 주술로 비를 내릴 수 있으며, 주술적 공격에 대항하여 자신의 부족을 방어할 수 있는 것이다. 간단히 말해 그의 "사회적 위신, 문화적 역할, 정치적 우월성은 궁극적으로 주술-종교적 '힘'에서 나온 것이다."[27]

둘째, 샤먼이 동물 소리를 이상하게 모방하는 것은 어떻게 이해할 것인가? 많은 학자들은 이 현상을 병리적으로 '사로잡힌' 것이며 샤먼의 정신이상의 명백한 증거라고 해석했다. 그러나 우리는 규범적 판단을 뒤로하고, 먼저 종교적 타자들에게 샤먼의 경험이 어떤 종교적 의미를 갖는지 이해하려고 시도해야 한다. 이러한 종교적 척도의 견지에서, 엘리아데는 샤먼이 동물들과 우의友誼를 맺고 그들의 언어를 아는 것이 신화적 "낙원 신드롬"을 드러낸다고 생각한다. 그가 가장 좋아하는 종교적 시나리오들 중 하나의 일부로, 엘리아데는 동물들과 대화하고 우의를 맺는 것이 본원적 인류의 낙원 상황을 부분적으로나마 회복하는 것이라고 해석한다. 이 축복과 자발성은 "타락" 이전, 그 시간에in illo tempore에 존재했고, 우리의 일반적인 성스럽지 못한 상태에서는 여기에 접근할 수 없다. 이러한 종교적 관점에서 엘리아데는 "이상한 행위"가 "실제로는 대단한 고결함을 지닌 일관성 있는 관념의 일부"라는 것을 이해하게 된다. 이 "낙원의 열망"이라는

---

[27] Mircea Eliade, "The Medicine Men and Their Supernatural Models", in *Australian Religions: An Introduction*(Ithaca: Cornell University Press, 1973), pp. 128~64, 특히 129, 157, 158.

관념에 의해 엘리아데는 샤먼의 중심적 몰아沒我 경험의 특수한 변형들과 이와 연관된 샤머니즘의 다른 현상들의 의미를 해석할 수 있게 된 것이다.[28]

　엘리아데가 단순히 정신병리학적 상황으로 치부될 수 있을 현상들을 해석하기 위해 종교적 척도를 사용하는 세 번째 사례는 여러 맥락에서 나타나는 종교 전문인들의 "광기"에서 찾을 수 있다. "어떤 예언자들은 미쳤다고 비난받기조차 했다. (호세아의 경우가 그렇다. '선지자가 어리석었고 신에 감동하는 자가 미쳤나니'[호세아 9:7]) 그러나 이 경우를 정신병이라고 말할 수는 없다. 그보다는, 신이라는 무서운 존재와 예언자가 지녔던 사명의 막중함 때문에 야기된 정서적 충격이었다고 봐야 한다. 이 현상은 샤먼들의 '입문 시기의 병'에서부터* 모든 종교에서 볼 수 있는 위대한 신비주의자들의 '광기'에 이르기까지 잘 알려진 것이다." "디오니소스 신이나 그와 관련된 제의를 특별하게 하는 것은 [그리스 신들에 의해 야기된 다른 경우의 광기와 달리] 이러한 정신병적 위기가 아니라, 그것들이 신에게서 받은 처벌로서든 은혜로서든 간에 **종교경험으로서 가치가 설정된다**는 사실이다."[29]

---

28) Mircea Eliade, *Shamanism: Archaic Techniques of Ecstasy*, trans. Willard R. Trask (New York: Pantheon Books, 1964), pp. 96~99(앞으로 이 책은 *Shamanism*으로 인용할 것이다). 그리고 Mircea Eliade, "The Yearning for Paradise in Primitive Tradition", *Daedalus* 88(1959): 258, 261~266. 이 논문은 *Myths, Dreams and Mysteries*의 3장에 "Nostalgia for Paradise in the Primitive Traditions"라는 제목으로 수록되었다. 이 핵심적인 샤먼의 무아경 경험에 대한 엘리아데의 해석이 간결히 정리된 것으로는, Mircea Eliade, *Journal I, 1945~1955*, trans. Mac Linscott Ricketts(Chicago: University of Chicago Press, 1990), pp. 180~81(앞으로 이 책은 *Journal 1*로 인용할 것이다)을 보라.

* 무병巫病 혹은 신병神病으로 이해할 수 있다.

29) Mircea Eliade, *A History of Religious Ideas*. Vol. 1: *From the Stone Age to the Eleusinian Mysteries*, trans. Willard R. Trask(Chicago: University of Chicago Press, 1978), pp. 343,

오스트레일리아 주술사의 신화, 시베리아 샤먼의 입문의례, 디오니소스 의례의 소란한 무아경, 혹은 성경에 나오는 예언자들의 "광란" 등의 의미를 해석하려고 할 때면, 성스러움의 환원 불가능성을 전제하는 것이 필수적이지는 않더라도 유용하다고는 인정할 수 있을 것이다. 그러나 엘리아데의 가장 흥미로운 해석들 중 일부는 대개 비종교적이라고 간주되는 현상을 해석하기 위해 종교적 척도를 사용한 작업과 관련되어 있다는 점도 고려해야 할 것이다.[30]

예를 들면 엘리아데는 선사시대에서부터 현재에 이르기까지 인류가 금을 찾는 데 열중해온 이유가 무엇인지, 왜 이 특별한 금속에 그렇게도 엄청난 가치를 부여해왔는지 연구하기 위해 종교적 척도를 사용한다. 적어도 한 가지 점에서는 엘리아데가 칼 맑스Karl Marx의 『자본론Capital』 1권의 분석에 동의할 것이다. 맑스는 금을 (혹은 다른 열광적으로 숭배되는 상품도) "탈신비화"시키고 본다면 고유한 교환가치가 없으며, 금의 계량될 수 있는 가치는 역동적인 사회관계를 표현한다는 것을 보인 바 있다. 물론 엘리아데는 이 가치 관계가 주로 금 상품의 생산에서 구체화된 사회적으로 필요한 노동시간의 양과 다른 경제적 요소에 의해 일차적으로 결정된다는 것에는 동의하지 않는다. 그렇기는커녕 그는 이 가치 관계가 주로 종교적 인간에 의해 형성된 신화적이고 성스러운 관계라고 진술한다.

366(앞으로 이 책은 *History 1*로 인용할 것이다). p. 366의 주석 15번에서 엘리아데는 다음과 같이 덧붙인다. "샤먼이 정신병자와 다른 이유는, 그가 [그의 샤먼의 입문의례와 다른 종교경험을 통해] 자신을 치유하는 데 성공하며 공동체의 다른 사람들보다 더 강력하고 더 창조적인 인격을 소유할 수 있게 된다는 데 있다." 또한 *Shamanism*, pp. 14, 23~32와 Eliade, "Recent Works on Shamanism: A Review Article", *History of Religions* 1(1961): 155도 보라.

30) 이 책의 10장에서 엘리아데가 현대 서구의 "세속적" 현상들을 종교-신화적으로 해석한 것을 다루도록 하겠다.

금에 부여된 엄청난 가치를 해석하면서, 엘리아데는 자연 세계를 처음으로 확고하게 정복한 것과 연관되는, **도구를 만드는 인간의*** 장엄한 신화 체계가 있다는 데 주목한다. "그러나 금은 **도구를 만드는 인간**의 신화 체계에 속한 것이 아니다. 금은 **종교적 인간**의 창조물이다. 이 금속은 오로지 상징적이고 종교적인 이유로 가치가 설정된다. 금은 도구나 무기로 사용될 수는 없으나 인간에 의해 처음 사용된 금속이다. 기술 혁신의 역사에서, 즉 석기 기술에서 동기銅器 산업으로, 다음에는 철기로 마지막으로 강철로 전이하는 과정에서, 금은 어떠한 역할도 하지 않았다. 더군다나 금을 채굴하는 것은 다른 어떤 금속의 채굴보다 어렵다는 점도 고려해야 한다."31)

엘리아데는 해석 작업을 위한 종교적 척도를 사용하여, 금을 귀하게 여기는 현상을 이해하도록 해주는 **종교적 인간**의 신화 체계는 모든 광물이 지구의 뱃속에서 "자란다"는 믿음을 포함하고 있다고 말한다. 금 혹은 완전함은** 자연의 최종적 목표이기 때문에, 충분한 시간이 주어진다면 모든 금속이 지구의 뱃속에서 자연히 금으로 변한다는 것이다. "이 금속[*금]의 본원적인 상징적 가치는 자연과 인간존재가 계속 탈신성화desacralization되고 있음에도 불구하고 무효화될 수 없었다." 이 본원적인 상징적 가치는 "금은 영원한 존재이다"라는 관념을 포함하고 있다. 그러므로 연금술사들은 불로장생의 영약이나 현자의 돌*** 등을 사용하여 자연의 일을 완수하려고 하였다. 금속의

---

* 흔히 공작인工作人으로 번역되는 *homo faber*.
31) Mircea Eliade, "The Myth of Alchemy", *Parabola* 3(1978): 12.
** 엘리아데는 금을 완전한 형태의 금속으로 여겨온 전통들을 소개하기도 했다. 『대장장이와 연금술사The Forge and the Crucible』(주석 32 참조) 등의 책을 보라.
*** 연금술사들이 흔한 쇠붙이들(비금속卑金屬)을 금으로 바꿀 수 있는 힘이 있는 것으로 믿었던 신비의 돌.

"성숙"을 가속화함으로써 흔한 쇠붙이들을 "치료"할 뿐 아니라 최종적으로는 금으로 변화시키고자 한 것이다. "연금술사들은 한 걸음 더 나아갔다. 자신들의 불로장생약이 인간들도 치료하거나 회춘시킬 수 있는 것으로 여겼으며, 인간의 수명을 무한히 연장하여 결국 불사의 존재로 만들어준다고 생각했던 것이다."[32]

엘리아데가 "초의식적인 것the transconscious"을 독특하고 환원할 수 없는 종교적 의식의 상태라고 명백히 언급한 부분은 흔하지 않다. 하지만 엘리아데가 이 "더 높은" 종교적 의식意識을 설정함으로써 때로는 일반적인 반환원주의적 태도를 표출하기도 하기 때문에, 여기서 짧게나마 언급할 필요가 있다.[33] 엘리아데가 "초의식"이라는 말을 어떤 의미로 사용한 것인지는 분명하지 않다. 그는 이 단어를 사용한 대부분의 경우에 본질적인 상징과 이미지에 초점을 맞추고 있다. 비록 엘리아데는 이 단어가 심리학적인 것 이상의 무언가를 의도하고 있다고 암시하지만, 몇몇 구절에서는 융Jung의 통찰력을 언급하기도 한다. 리켓은 초의식적인 것의 개념이 오토의 거룩함이라는 **선천적 범주**를 더 적절히 표현하기 위한 엘리아데의 시도에서 비롯된 것이라고 분석한다. 그는 "엘리아데는 종교경험 속에서만 활동하는, 다른 모든 것과 구별된 정신의 구조와 능력을 나타내기를 원한다"고 주장한다.[34]

---

32) Ibid.[앞의 논문], pp. 12~14. Mircea Eliade, *The Forge and the Crucible*, trans. Stephen Corrin(New York: Harper & Brothers, 1962), pp. 50~52, 114~15 및 여러 곳을 보라.

33) *Patterns*, pp. 450, 454; *Images and Symbols*, pp. 17, 37, 119~20; *The Forge and the Crucible*, p. 201; Mircea Eliade, *Yoga: Immortality and Freedom*, trans. Willard R. Trask(New York: Pantheon Books, 1958), pp. 99, 226(앞으로 이 책은 *Yoga*로 인용할 것이다)을 보라.

34) Mac Linscott Ricketts, "The Nature and Extent of Eliade's 'Jungianism'", *Union Seminary Quarterly Review* 25(Winter 1970): 229.

엘리아데에게 초의식적인 것은—이것을 본질적인 것, 종교적인 것, 정신의 상태, 능력, 기능, 범주, 혹은 구조 등 무엇으로 설명하건 간에—보편적이고, 문화 초월적이며, 비역사적 지위를 지닌 것이다. 몇몇 구절에서, 초의식적인 것의 개념은 모든 종교경험의 필수적인 기준으로 사용된다. 다시 말해 신화-종교적인 현상을 비종교적인 현상과 구별하기 위한 기준인 것이다. 이런 의미에서 성스러움의 지향성intentionality과 성스러움의 변증법의 독특하고 보편적인 구조는 "더 높은 차원의", 아니면 적어도 독특한, 환원할 수 없는 종교적인 의식의 구조를 요구한다. 엘리아데가 의식의 초의식적 "지대zone" 혹은 상태는 오직 요가, 샤머니즘, 신비주의, 그리고 그 외 "가장 높고", "가장 고양된" 신화적이고 다른 종교적 상태의 영적 자각을 하는 경우에만 작용한다고 주장하는 것처럼 보이는 구절들도 있다. 내가 다른 곳에서도 말한 바와 같이, 엘리아데가 이처럼 독특하고 환원할 수 없는 종교적 초의식을 신화-종교적 현상들의 환원할 수 없는 종교적 속성을 확립하는 방법으로 단정하는 것은 기술記述적인 역사학과 종교현상학의 범위를 훨씬 넘어서는 것으로, 가정된 존재론적 관점으로의 방향 전환과 규범적 판단들에 근거한 것이다.[35]

완전히 종교적이기만 한 현상은 없다

성스러움의 환원 불가능성이라는 엘리아데의 해석학적 원리는, 과학과 다른 형태의 환원주의의 위협이라고 느껴진 것에 대해 반발한 20세기 학문적 방법들과 일치한다고 볼 수 있을 것이다. 이러한 연구

---

35) Douglas Allen, *Structure and Creativity in Religion: Hermeneutics in Mircea Eliade's Phenomenology and New Directions*(The Hague: Mouton, 1978), pp. 218~22 및 여러 곳을 보라.

방법들은 그 자체의 전문화된 해석과 설명을 필요로 했다. 이들을 주창한 사람들은 종종 그 방법 자체의 독특한 주제를 개척하고 이를 독자적인 것으로 만들려고 시도했다. 확실히 엘리아데는 환원할 수 없는 종교적 주제를 환원주의적 방법으로 부적절하게 설명하는 것을 꺼렸고, 종교적 주제가 환원주의의 방법을 통해 중요하지 않은 것으로 변명하듯 설명하는 식으로 설명되고 말까 봐 염려했다. 그러나 종교적 현상을 종교적으로 해석하려고 했던 다른 종교학자들과는 달리, 엘리아데는 편협하고 매우 전문화되고 종교적으로 고립된 학문적 방법과 그러한 학문 분야에는 관심이 없었다.36) 이것은 그가 "완전히" 종교적이기만 한 현상은 없다고 자주 주장하는 데에서, 그리고 그가 반환원주의의 일환으로 통합과 종합을 강조하는 데에서 나타난다.

성스러움의 환원 불가능성이라는 방법론적 원리는 학자들이 완전히 종교적인 현상들에만 초점을 맞추어야 한다는 것을 의미하지는 않는다. "완전히 종교적이기만 한 현상은 없다는 것은 명백하다. 전적으로 그리고 배타적으로 종교적인 현상은 존재할 수 없다. 종교는 인간의 것이라는 바로 그 이유로 인해 사회적이고, 언어적이며, 경제적인 무엇일 수밖에 없다. 인간을 언어와 사회와 구분해서 생각할 수는 없지 않은가. 그러나 인간존재를 말하는 또 하나의 방식일 뿐인 이러한 기본적인 기능들 중 하나의 관점에서 종교를 설명하려고 한다면 절망적이다. 이는 『보바리 부인Madame Bovary』을 사회적, 경제적, 정

---

36) 곧 명확히 설명하겠지만 엘리아데는 정반대의 비판을 받을 여지가 있다. 종교적인 것의 환원 불가능성에 대해 주장하거나 폭넓고 거대한 보편적인 목표를 제시할 때, 엘리아데는 환원할 수 없는 종교를 기술記述, 해석, 설명하는 자신의 작업을 단순히 옹호하는 것에 그치지 않는다. 그는 종교현상에 대한 세속 환원주의적 설명의 학문적 범위와 관점의 한계뿐 아니라 그 정당성 자체를 공격하기도 하는 것이다.

치적 요소들의 목록을 통해 설명할 수 있으리라고 생각하는 것만큼이나 무익한 것이다. 〔*이 요소들이〕 아무리 사실을 바탕으로 했다고 해도, 문학작품으로서의 이 책에 영향을 끼치지는 않는다." 이어서 엘리아데는, 몇몇 자신의 글에서 종교현상들을 다양한 다른 각도에서 접근하는 것의 유용성을 최소화하거나 부정한 것은 사실이지만, 다양한 각도의 종교 연구가 유용하다는 것을 부인하려는 것은 아니라고 주장한다.[37] 그러고는 종교현상은 "무엇보다도 그 자체로, 즉 그것에 속한 것만으로 관찰되어야 하며, 다른 어떠한 관점에서도 설명될 수 없다"는 결론이 전형적으로 이어진다.[38]

엘리아데가 완전히 종교적이기만 한 현상은 없다는 것을 인정한 다음에 성스러움의 환원 불가능성에 초점을 맞춘 해석이 정당하고 우월하다고 주장하는 일반적인 공식화는 때때로 모든 자료는 "역사적"이라는 견해를 수용한다는 말로 표현된다.

> 물론 이것은 종교적 현상이 그 "역사" 밖에서, 즉 그 문화적, 사회경제적 맥락 외부에서 이해될 수 있다는 것은 아니다. 역사 외부에 있는 "순수한" 종교적 자료와 같은 것은 없다. 인간의 자료이면서 동시에 역사적 자료가 아닌 것은 없기 때문이다. 모든 종교경험은 특정한 역사적 맥락에서 표현되고 전달된다. 그러나 종교경험의 역사성을 인정하는 것은 종교경험이 비종교적 행위의

---

37) 비록 엘리아데는 그가 다른 관점들의 가치를 부정하지는 않는다고 썼으나, 한편으로는 성스러움의 환원 불가능성을 존중하지 않는 해석과 설명들은 부당하거나 그릇된 것이라고 주장한다. 환원론적 연구 방법들에 대하여 이러한 부정적 판단을 내릴 때, 엘리아데는 때때로 종교사나 종교현상학의 관점의 한계를 넘어서서 매우 개인적이고 형이상학적인, 신학적인 견해들을 제시한다. 이에 관한 내용은 앞으로 더 자세히 다룰 것이다.
38) *Patterns*, p. xiii.

형태로 환원될 수 있다는 것을 의미하지는 않는다. 종교적 자료가 항상 역사적 자료라고 말하는 것은, 이것이 경제적, 사회적, 정치적 역사와 같은 비종교적 역사로 환원될 수 있다는 뜻은 아닌 것이다. 우리는 척도가 현상을 만든다는 현대 과학의 근본 원리 중의 하나를 잊지 말아야 할 것이다.[39]

완전히 종교적이기만 한 현상은 없기 때문에, 엘리아데는 인류학자, 심리학자, 사회학자, 역사학자 등 대개 성스러움의 환원 불가능성을 전제로 하지 않는 학자들의 연구에 의존해서 자료를 수집하고 일부 해석과 설명의 근거를 얻어낸다. 종교적인 것의 환원 불가능성을 전제로 하는 "독자적인" 종교학이라고 해서 자신을 고립시키고 자급자족을 주장할 수는 없다. 종교학은 특정한 신화-종교적인 자료들에 대하여 환원할 수 없는 종교적인 해석을 제공할 뿐 아니라, 다른 전문화된 연구 방법들의 공헌을 종교학의 넓고 일관되며 유의미한, 환원할 수 없는 종교적 틀 안에 통합하고 종합하는 특별한 역할을 지니고 있는 것이다.

비교 연구와 일반화의 필요성을 강조하면서, 엘리아데는 그의 동료들이, 심지어 성스러움의 환원 불가능성을 인정하는 사람들조차도, 전문화된 영역 내에 스스로를 제한하고 있다고 비판했다. 그리고 대담하고 창조적이며 상상력이 풍부한 종합이야말로 필수 불가결한 기능을 하며 이러한 종합이 긴급히 필요하다고 주장했다.[40] 엘리아

---

39) *Quest*, p. 7. 또한 Eliade, "Comparative Religion: Its Past and Future", pp. 250~51 도 보라.
40) 리켓은 *Eliade: Romanian Roots*, 2의 마지막 장에 "종합을 위한 경험"이라는 제목을 붙였다(pp. 1204~16). 그는 "어떤 견지에서 본다면, 영적인 경험에 근거하여 개인적이고 문화적인 종합을 촉진하겠다는 이 목표가 엘리아데의 모든 작업에

데의 해석학에 대한 생각과 종교적 자료의 지향성과 의미에 대한 해석 모두 종합, 통일, 조화로운 총체, 가치의 재설정, 상동화相同化, 질서화 등과 같은 통합하는 용어들을 포함한다. 예를 들어 종교적 상징체계는 다양하고 분화된, 다면 가치적이며, 때로는 모순된 경험의 양상들이 응집되고 유의미한 영적인 총체들 속에서 종합되는 통합의 기능을 한다고 여겨지는 것이다. 또한 엘리아데가 현대의 탈신성화된 문화를 비판하는 내용의 많은 부분은 이러한 종합하는 창조적 힘이 결여된 것이라는 그의 주장에 근거하고 있다. 엘리아데는 『탐구The Quest』에 수록된 글에서 환원할 수 없이 종교적인 종교학은 "창조적 해석학"의 방법을 가지고, 종합적 해석학의 창조적 힘에 기초를 둔 "총체적 학문"이 되어야 한다고 주장한다. 이 학문 분야의 접근법은 창조적, 지구적, 종합적 대결 및 종합에서 생겨나는 "새로운 인간주의"와 "문화적 갱신"을 일으키는 데 필수적이라는 것이다.

다시 한 번 정리하자. 창조적 종합이라는 해석학적 과정을 거쳐야 하는, 다른 연구 방법들의 기여에 의존한 작업을 종교학에서 수행하는 것은 사실이다. 그렇다고 해서 엘리아데가 주장한 환원할 수 없는 종교적인 해석의 필요성을 덜 강조하게 되는 것은 아니다. 종교학의 "사명은 민족학, 심리학, 사회학의 결과들을 종합하는 것이다. 그러나 그 과정에서 그 자체의 연구 방법이나 종교학을 특정하게 정의하는 관점을 포기하지 않을 것이다. …… 마지막 분석 과정에서, 종교학자들은 샤머니즘의 특정한 측면들에 대한 모든 연구를 통합해내야 하고, 이 복잡한 종교현상의 역사이자 형태론이 될 포괄적 견해를 제시해야 하는 것이다."[41]

서 통합적인 원리라고 볼 수 있다"고 주장한다(p. 1209).
41) *Shamanism*, p. xiii.

2장
환원주의 시각의 비평가들과 엘리아데

　청년기의 신문 칼럼과 감상적 자서전에서부터 후기의 학문적 저서에 이르기까지, 엘리아데의 글은 "환원주의"에 대한 공격과 "성스러움의 환원 불가능성"에 대한 반환원론적 옹호로 가득하다. 이 장에서는 종교사history of religions라고 불리기도 하고 종교의 과학적 연구Religionswissenschaft(science of religion)라고 불리기도 하는 종교학 분야와 종교에 대한 사회과학적 연구 내부에서 발생했던 엘리아데의 반환원주의에 대한 비판 중 일부를 검토하고자 한다. 먼저 좀 더 일반적이고 비기술적인nontechnical 비판을 검토한 다음에, 환원주의에 대한 좀 더 기술적이고technical 이론적인 분석들을 다루겠다. 기술적 분석은 과학철학, 물리학 등의 분야에서 발생했던 것으로, 일부 신화-종교학자들이 엘리아데와 그들 자신의 분야에 적용했다. 그러한 분석이 어떤 방식으로 엘리아데의 작업에 대한 설명을 돕는지, 어떻게 그의 신화와 종교에 대한 반환원론적 접근을 무비판적이고 비과학적인 것으로 폄하시키고 있는지, 또는 이 분석이 어째서 그의 반환원주의에 대한 주요 관심과 그 근거들을 고찰하는 데 대체로 부적절한지 밝히는 일이 중요할 것이다.

모든 연구 방법은 환원론적이다

20세기 과학철학의 "환원주의" 논쟁과 최근 수십 년간 종교학 내부의 여러 논쟁은 이론과 설명의 기술적인 분석에 초점을 맞추고 있다. 가장 유명한 모델을 예로 든다면, 여러 환원주의자는 생물학 같은 하나의 이론적 영역에서 나타난 현상들이 다른 이론적 영역, 이를테면 물리학으로 번역되고 이에 의해 설명될 수 있도록, 자료를 단계적 방법으로 배열할 수 있다고 주장했다.

종교적인 것의 환원 불가능성에 대한 주장을 비판하는 환원주의적 접근을 개략적이고 비기술적으로 옹호하는 예가 또 하나 있다. 반환원주의에 대한 이런 공격을 더 기술적인 분석과 연결시킬 수도 있을 것이다. 그러나 이런 식의 환원주의에 대한 옹호는 전문적인 문헌을 모르더라도 수용하거나 거절하는 것이 가능하다. 존 펜턴John Fenton은 엘리아데와 그의 지지자들을 비판의 표적으로 삼았다는 점에서 이러한 일반적 접근을 보여주는 데 적합할 것이다.

펜턴은 성스러움의 환원 불가능성을 주장하는 반환원론적 입장을 비판할 때 "신학주의theologism"라는 용어를 사용하여, "주로 신학적 맥락에서 생겨나고 사용되었으며 신학적 맥락에 적합한 개념이지만, 종교의 세속적 학문 연구와 같은 다른 영역으로 전이된 개념"을 묘사한다. 펜턴은 이렇게 전이된 개념에서도 신학적인 잔여물은 없어지지 않았다고 주장한다. 다음으로 펜턴은 신학주의 중 하나를 공격하며 다음과 같이 비판한다. "그 자체로서의 종교, 즉 그 자체의 견지에서만 이해될 수 있는 1차적 전제 사항으로서의 종교의 개념은, 신학의 영역에서 종교에 대한 환원주의적 설명이 완전히 틀렸다는 추론적 결론으로 자연스럽게 이어지는 것이 다반사였다. "종교의 세속적 연구는 신앙을 옹호할 필요에 의해서, 혹은 종교학의 신학적 잔여물인 소위 '종교학'의 반환원론적인 그 자체 성격을 옹호할 필요에 의해 더 이상 제한되어서는 안 된다."[1)

"현상을 이해하려는 모든 체계적인 시도들은 현상을 환원한다." 신화나 종교 등의 현상을 연구할 때, "체계적인 해석은 반드시 현상을 학문적 용어로 번역하고, 단순화하며, 관점을 제한한다." 펜턴은 엘리아데와 같은 학자들을 염두에 두고 다음과 같이 주장한다. "종교의 환원론적 연구에는 아무런 잘못된 것도 없다. 연구자가 스스로 자신이 환원주의적이라는 것을 자각한다면, 환원론적 학자가 그의 분야만이 종교현상의 본질을 부수적인 것들로부터 분리시킬 수 있을 것이라고 믿지 않는다면, 자신의 방법을 정당한 범위를 벗어나도록 과도하게 확장하지 않는다면 말이다."[2) 환원주의적 학자가 자신의 연구 방법이 완전한 설명을 제공하지 못하며 따라서 그 현상에 대한 다른 설명도 용인해야 한다는 것을 자각하는 한, 환원은 신화와 같은 현상의 설명에서 합리적이고 필수적인 형태이다.

이러한 성격의 반환원주의에 대한 펜턴의 기본적 비판은 옳은 것이다.[3) 아주 근본적인 면에서, 모든 방법론적 접근들은 특정 관점에 의거한 것이고 제한되어 있으며, 반드시 환원론적이다. 성스러움의

---

1) John Y. Fenton, "Reductionism in the Study of Religions", *Soundings* 53(1970): 62.
2) Ibid., pp. 63, 64. 이어서 펜턴은 여러 환원적 종교 연구들의 가치를 주장하고(pp. 64~67), 종교가 종교적인 무언가로 연구되어야 한다는 견해에 도전한다(pp. 67~71).
3) Allen, *Structure and Creativity in Religion*, pp. 98~101을 보라.

환원 불가능성이라는 엘리아데의 전제는 어떤 현상들을 엄밀하게 신화적인 것으로서 연구할 것인지, 그러한 신화적 현상의 어떤 측면들을 기술할 것인지, 그리고 어떤 신화적 의미를 해석할 것인지를 제한한다.[4] 펜턴이 "신학주의"와 신앙에 대한 신학적인 방어에 주목한 것은 확장될 수 있다. 성스러움의 환원 불가능성을 전제로 주장하는 모든 연구 방법은, 다양한 종교적 관점들을 특별하게 대우하는 반면 다른 관점들이나 자료의 다른 측면들은 평가절하하거나 배제한다는 점에서 환원론적이다. 환원할 수 없는 종교적인 해석의 틀 내에 종합하고 통합시키려고 노력하면서, 엘리아데는 성스러움의 환원 불가능성을 전제로 하지 않는 인류학적, 사회학적, 심리학적, 경제학적 연구 방법 등을 공정하게 평가하지 못했다. 엘리아데는 다른 연구 방법들의 결과를 그 자신의 환원할 수 없는 종교의 틀로 번역하며, 자신의 관점을 우선시하지 않고 해석하고 설명하는 다른 척도들의 측면을 단순화하고 배제했다.

여러 비평가와 학자가 엘리아데의 입장을 "비환원론적"이라고 규정하지만 실제로 펜턴이 제기한 넓은 의미에서 보면 이것도 **일종의 환원주의**이다. 엘리아데의 "비환원론적" 환원주의는 종교적인 것의 환원 불가능성을 전제로 하고 특정한 종교적 관점을 중시한다. 그는 자신이 종교적이라고 해석하는 현상을 해석과 설명의 비종교적 척도로 환원하는 것을 거부한다. 이 과정에서 엘리아데는 반드시 현상들의 복잡성을 그의 종교적 준거 지평으로 환원하게 되는 것이다.

이렇게 넓은 의미에서 모든 연구 방법이 환원론적이라는 것은 인정하면서도, 현상학적 근거를 바탕으로 종교적인 것은 환원할 수 없

---

[4] Douglas Allen, "Phenomenology of Religion", in *The Encyclopedia of Religion*, vol. 11(New York: Macmillan, 1987), p. 283을 보라.

다는 입장의 방법론적 우월성을 주장할 수도 있다.[5] 성스러움의 환원 불가능성을 인정하면서도 소위 반환원주의라는 문제가 될 만한 특징들을 피하는 태도는, 일종의 현상학적 에포케epoché[판단중지]의 필요성에 호소한다. 또 다른 사람들은 종교-신화적 경험을 했다고, 종교적 신화들을 믿는다고, 그러한 신화에 근거한 종교적 행위들에 참여한다고 주장한다. 학자가 이 사람들의 자료의 의미를 기술하고 해석하고자 한다면, 적어도 방법론적 절차의 초기 단계에서는, 그 자료들이 실제인지 허구인지 혹은 종교적 속성을 지녔는지 비종교적 속성을 가지고 있는지, 더 깊이 설명 가능한 원인이 있는지 등에 대한 자기 자신의 가치판단을 일시 중지하는 것이 이치에 맞다. 비종교적인 설명을 제시하는 학자들은 종종 **선천적으로** 환원론적 설명을 하며, 따라서 신자들이 이야기할 수밖에 없는 그들의 신화적 경험을 듣는 일에 관심이 없는 것처럼 보인다. 기본적인 기술적, 현상학적 수준에서는 그들의 환원적 설명은 현상의 지향성과 주어진 것givenness을 종교-신화적 인간들이 경험하는 것으로서 공정하게 평가하지 않는다. 그러므로 신화적 인간이 종교적인 것의 환원 불가능성을 전제로 하고 그들 자신의 자료들을 종교적 준거 지평에서 이해한다면, 학자들이 타자의 신화적 자료를 정당하게 평가하는 기술과 해석의 종교적 척도를 취하는 것이 타당하다.

---

5) 윌러드 옥스토비Willard G. Oxtoby는 종교학Religionswissenschaft 내의 현상학이 종교적인 사람들의 신앙을 지지하였으며 그 자체가 과학적이라기보다는 종교적인 것이 되었다고 주장했다. Willard G. Oxtoby, "Religionswissenschaft Revisited", in *Religions in Antiquity: Essays in Memory of Erwin Ramsdell Goodenough*, ed. Jacob Neusner(Leiden: E. J. Brill, 1968), pp. 560~608. 종교학 내의 종교현상학 연구자로 인정되는 여러 학자가 그러한 종교적 지향성을 지녀왔던 것은 사실이지만, 나는 철학적 현상학에 더 잘 부합되는 방법론적 접근이라면 신앙에 대한 신학적 옹호와 같은 것을 피할 수 있을 것이라고 말하고 싶다.

일종의 종교적 비환원론에 대한 이러한 현상학적 정당화가, 엘리아데로 대표되는 소위 반환원주의자들이 모든 비종교적 환원주의 설명이 **선천적으로** "**틀린**" 것이라고 주장하는 근거가 되지는 못한다. 다시 말해 신화적 타자의 종교적 준거 지평의 관점으로부터 더 적절한 현상학적 기술과 해석을 제시할 필요가 있다고 해서 우리가 특정 환원적 설명의 약점과 장점을 성급히 판단할 수는 없다. 학자들은 **종교적 인간**의 관점에서 신화적 자료의 속성, 의미, 기능, 함의 등을 기술한 후, 종교적이건 비종교적이건, 모든 종류의 해석과 설명을 발전시킬 수도 있을 것이다. 어떤 경우에는 계급 지배, 압제, 빈곤, 고통 등의 경제적, 물질적 조건들이나 두려움, 범죄, 억압의 심리적 조건들을 드러내는 비종교적인 환원적 설명이 성스러움의 환원 불가능성에 대한 반환원론적 주장보다 훨씬 더 효과적인 설명이 될 수 있다.

성스러움의 환원 불가능성을 방법론적으로 중시한다고 해서, 모든 연구 방법이 필연적으로 환원론적이라는 앞서 말한 주장을 부정하는 것은 결코 아니다. 적어도 학문적 절차의 초기 단계에서 자료가 실제인지 허구인지 그리고 종교적 속성을 지녔는지 아닌지에 대한 자기 자신의 가치판단을 유보하는 것이 타당하다는 것을 방금 언급했다. 그러나 성스러움의 환원 불가능성을 전제로 하고 신화적 자료를 조사하는 주체로서 **종교적 인간**의 범주를 근본적으로 중시하면서, 엘리아데는 모든 가치판단을 완전히 유보하지는 않았다. 그는 모든 비종교적 원인들, 조건들, 설명들이 그의 자료들의 구조와 기본적 속성을 기술하고 해석하는 데 있어 이차적이거나 완전히 부적합하다고 **선천적인** 판단을 내렸다. 게다가 엘리아데는 성스러움의 실재성과 그 신화적 세계에 관해 온갖 종류의 추정을 하고 가치판단을 내리기도 한다. 여기에 대해서는 앞으로 더 자세히 다루게 될 것이다.

현상학적 에포케는 단순히 정신병을 다루듯 처방하거나 신비스럽게 불러낼 수 있는 것이 아니다. 마치 엘리아데는 직관적으로 감정을 이입하는 데 천재이고 일반인은 그쯤 해두고 말아야 한다는 식으로 생각해서는 안 된다. 현상학적 "괄호 치기"가 학문적 가치를 지니려면, 자기비판적 태도, 방법론적 절차와 해석학적 틀, 상호주관적인 intersubjective* 점검 그리고 검증의 방법이 수반되어야 한다. 성스러움의 환원 불가능성, 성과 속의 변증법을 통한 신성화의 보편적 과정, 종교 상징의 구조적 체계의 보편적인 해석학적 틀을 전제로 하면서, 엘리아데는 신화의 연구에서 종교적인 것을 특별한 위치에 두었을 뿐 아니라, 종교적인 것의 특정한 해석 방법을 특별 취급했다. 그러므로 신화의 비종교적 측면뿐 아니라 그의 방법론적 틀에 맞지 않는 다른 종교적 설명들을 평가절하하거나 노골적으로 배제하는 작업이 현상학적인 근거로 정당화될 수 있는 것처럼 여겨지며, 성스러움의 환원 불가능성이라는 그의 전제의 일부를 이루는 것이다.

적어도 신화와 여타 종교적 현상을 연구하는 초기 단계에서는 성스러움의 환원 불가능성을 전제로 하는 현상학적 근거를 방법론적으로 특별히 우위에 두는 것이 논쟁의 여지가 전혀 없어 보일 수도 있다. 곧 보게 되겠지만 엘리아데의 반환원주의를 가장 강력하면서도 지속적으로 비판해온 로버트 시갈Robert Segal은, 가장 강경한 태도를 지닌 환원주의자조차도 종교적인 것의 환원 불가능성을 출발점으로 수용할 필요성을 부인하지는 않는다고 인정한다. 해석의 "명시적" 수준에서** 종교 신자들의 종교적 관점을 기술하고 이해하기 위해서

---

* "상호주관적인" 혹은 "공동주관적인"으로 번역되는 intersubjective는 원래 완전히 주관적이지도 완전히 객관적이지도 않은 것을 가리키는 말이다. 판단 주체가 여럿인 경우 어떤 대상에 대한 판단에 폭넓게 동의할 수 있는 상태를 나타낸다.
** manifest level은 "명시적 수준"으로 해석되며, 겉으로 드러나는 단계를 의미한다. 반의어 latent level은 묵시적 수준, 즉 겉으로 드러나지 않는 심층의 수준을

는 이러한 종교적 관점이 필요한 것이다.

그럼에도 불구하고 이처럼 초기에만 종교적인 것의 환원 불가능성을 인정하는 제한된 태도 역시 비판을 받기도 한다. 로살린드 쇼Rosalind Shaw의 주장이 그 좋은 예이다. "종교 그 자체로서의 속성이라는 개념은 또한 종교의 탈맥락화를 수반한다. 종교학 주류에서 '고유하게 종교적인 것'은, 대개 정말로 '종교'로 간주되는 것을 정의하면서 사회적이고 정치적인 내용을 배제하거나 주변화하는 것을 통해 이해된다."[6] 반환원주의자들은 탈사회화된, 환원할 수 없는 종교적인 것이 그 자체의 견지에서 해석되어야 한다고 주장하며, 전형적으로 권력과 불평등의 문제를 비껴가고 사회적, 정치적 분석을 환원적이라고 폄하한다. 종교 그 자체의 속성이라는 개념을 "자신들의 담론의 중심에 놓음으로써 종교학자들은 페미니스트 연구의 근거가 되는 관점과 특권에 관한 불편한 문제들로부터 효과적으로 벗어날 수 있었다."[7]

쇼의 분석은 학자들이 신자들의 환원할 수 없는 종교적인 관점을 해석하고 설명하려 할 때, 더 심층적인 수준의 분석에 분명히 적용된 가리킨다.

---

[6] Rosalind Shaw, "Feminist Anthropology and the Gendering of Religious Studies", in *Religion and Gender*, ed. Ursula King(Oxford: Blackwell, 1995), p. 68. 다른 페미니스트들의 엘리아데 연구를 보려면, Valerie Saiving, "Androcentrism in Religious Studies", *Journal of Religion* 56(1976): 177~97과 Carol Christ, "Mircea Eliade and the Feminist Paradigm Shift", *Journal of Feminist Studies* 7(1991): 75~94 등을 보라.

[7] Shaw, "Feminist Anthropology and the Gendering of Religious Studies", pp. 69, 70. 주류 종교사와 종교현상학이 이런 식의 기능을 했다는 것에는 동의하지만, 모든 형태의 현상학적 에포케가 반드시 관점, 권력, 특권의 문제와 분리된다는 데에는 동의할 수 없다. 현상학적 연구 방법은, 다른 방법들과 통합되어, 쇼가 말하는 "아래로부터의 견해"를 시작하도록 하는 데 매우 유용하게 이용될 수 있다. 또한 경험들의 특정한 지향성과 주관성들, 그리고 억압받고 착취당한 민족들의 강요당한 침묵의 소리를 되살리고 공정히 평가하는 데에도 아주 유용할 수 있다.

다. 그러나 이 분석은 신화-종교적 현상들을 신자들이 이해하는 것과 같이 이해하려고 하는 초기의 명시적인 수준에도 적용된다. 복잡하고 다양화된, 종종 모순되기도 하는 종교 신앙과 행위의 명시적 수준이 성스러움의 환원 불가능성이라는 핵심 전제를 통해서만 구성되는 것이 아니다. 종교인들의 종교적 현상들은 사회계층, 세습 계급, 성, 인종, 특권 등의 관계에 대한 전제들을 통해서도 구성된다. 만약 어떤 학자가 불평등과 권력의 관계를 배제하고 주변화하는 시각, 즉 종교 그 자체의 속성이라는 환원할 수 없는 종교적인 시각을 전제로 가지고 있다면, 분석의 첫 수준에서 선정되어 기술되고 해석된 자료들에 그러한 편견이 드러나게 될 것이다. 자료들의 비종교적 측면뿐 아니라 상당히 종교적인 측면도 평가절하되거나 종교적 현상을 기술하는 데서 배제될 것이다. 학자들의 전제와 해석학적 틀로 종교인들의 경험과 종교적 관점을 공정하게 평가할 수 없기 때문에, 많은 종교적 목소리들이 배제되거나 완전한 침묵을 강요당할 것이며, 왜곡되기도 할 것이다.

지금 여기서 이러한 심각한 문제들을 제기하는 것은 엘리아데식의 환원주의에 치명적인 비판을 가하기 위해서가 아니다. 결정해야 할 문제는 성스러움의 환원 불가능성이라는 종교적으로 "비환원적인" 전제에서 볼 수 있는 엘리아데 특유의 환원주의가 신화의 속성, 의미, 함의 및 중요성을 이해하는 데 있어 설명하는 힘을 지니고 있는지 여부이다.

논점을 회피하는 비환원주의

지난 20년 동안 일군의 종교학자들과 사회과학자들은 여러 유수 저널에서 환원주의에 대한 활발한 논쟁을 벌였다. 이 논쟁은 『미국종교학회지Journal of the American Academy of Religion』, 『종교Religion』, 『종교 저널Journal of Religion』, 『종교 전통들Religious Traditions』, 『종교 연구Religious Studies』, 『종교의 학문적 연구를 위한 저널Journal for the Scientific Study of Religion』, 『자이곤Zygon』, 『스코틀랜드 종교 연구 저널Scottish Journal of Religious Studies』 그리고 『종교 연구의 방법론과 이론Method and Theory in the Study of Religion』 등의 학술지에서 여전히 진행 중이다. 대개의 경우 한 학자가 논문 한 편을 쓰면 다음 학자가 답변을 내고, 첫 학자는 다시 이에 대한 답변을 정리하는 식으로 진행되어, 결국 종교와 환원주의에 관련된 논의가 활발히 전개된 것이다. 이 논문들은 주로 엘리아데를 공격 대상으로 했다. 그러나 대니엘 팰스Daniel Pals와 몇몇 다른 비환원론자들을 제외하면, 엘리아데를 가장 강력히 지지하는 학자들 혹은 "종교주의자들religionist"은 자신들의 연구 방법에 대한 논쟁과 비판을 단순히 무시해왔다. 그 결과 그들의 환원적 연구 방법들 간의 차이점에 대해 논쟁해온 환원주의자들이 환원주의와 종교에 대한 논쟁을 주도하게 된 것이다.[8]

이러한 학자들 중에서도 로버트 시갈은 환원주의와 종교에 대하여 가장 많은 글을 써 왔다.[9] 그는 비환원주의자들 일반, 특히 엘리아데

---

[8] 마찬가지로 엘리아데가 비록 "환원주의자들"을 공격하고 성스러움의 환원 불가능성을 주장할 필요성에 사로잡혀 있었지만 환원론적 관점을 지닌 반대자들과의 논쟁에 결코 연루되려 하지 않았다는, 처음에는 놀랍게 느껴지기도 하는 사실은 매우 중요한 의미가 있다. 대부분 그는 단순히 자신의 반환원주의를 주장하고 자신의 연구에 대한 비판을 무시했다. 다음 절에서 엘리아데가 환원주의에 대한 기술적인 방법론 논쟁에 관심이 없었던 것으로 보이는 이유들을 제시하겠다.

[9] Robert A. Segal, "In Defense of Reductionism"(1장 주석 22번에서 인용)을 보라. 여기서는 증보 개정하여 출판한 그의 책 *Religion and the Social Sciences*를 이용하였다. 시갈이 쓴 13편의 논문들과 평론 모음집인 이 책에는 환원주의에 초점을 맞

를 반복해서 공격하는 한편, 종교를 사회과학적인 환원론의 방법으로 접근하는 것이 가능할 뿐 아니라 필수적이라는 주장을 제기했다. 시갈의 환원주의에 대한 글이 매우 광범위하여 전부 다루기도 힘들 뿐더러, 이 책의 초점은 엘리아데의 입장이기 때문에, 나는 여기서 시갈의 전체적인 견해를 다 다루지 않으려 한다. 대신 엘리아데와 종교주의자들에 대한 그의 주요 비판들 중 하나에 초점을 맞춘 후에 엘리아데의 견해에 도전하는 그의 주장 중 몇몇을 다루는, 선택적인 작업을 하겠다.

시갈의 주장을 단순화하면, 엘리아데를 비롯한 종교주의자들은 성스러움의 환원 불가능성을 전제로 하면서, 설명해야 할 것을 단순히 전제하는 것으로 짧게 요약될 수 있겠다. 이들이 종교현상 그 자체로서의 환원할 수 없는 종교적 속성을 독단적으로 선언하면서, 종교의 속성, 기원, 기능, 의미, 목적, 실체 등에 대한 기본 질문을 회피한다는 것이다.

시갈에 따르면 가장 강한 환원주의자들조차도 종교 신자들이 그들의 신화-종교적 신앙의 대상, 혹은 지시 대상referent인 성스러움의 진실성을 믿는다는 것을 부인하지는 않는다. 종교인들이 종교현상들의 기원, 기능, 의미의 종교적 기반을 수용한다는 것은 종교 자료를 통해 명백히 나타난다. 그러나 종교인들이 종교적인 것의 환원 불가능성을 수용하는 것은 기술과 해석의 명시적 수준에서이다. 이는 환

춘 글이 여러 편 수록되어 있다. 그의 논문 10편을 수록한 두 번째 모음집인 Robert A. Segal, *Explaining and Interpreting Religion: Essays on the Issue*(New York: Peter Lang, 1992)도 있다. 논문 "In Defense of Reductionism"과 엘리아데의 연구 방법에 대한 비판 등의 시갈의 글들은 Thomas A. Idinopulos와 Edward A. Yonan 이 편집한 *Religion and Reductionism: Essays on Eliade, Segal, and the Challenge of the Social Sciences for the Studies of Religion*이라는 책의 중심을 이루고 있다.

원주의자들을 포함하는 학자들의 정당하고 심지어 필수적인 출발점이지만, 분석의 최종 목적지는 아니다.[10]

환원주의 학자들에게 남은 것은 묵시적 혹은 심층적 수준의 분석과 설명의 필요성이다. 종교인들이나 비종교인들이 어떤 것을 진실로 믿는다고 해서 그것이 자동으로 진실이 되는 것은 아니다. **종교적 인간이 성스러움에 대한 강한 욕구와 향수를 품고 있다는 엘리아데의 말은 옳다.** 보다 심층적 분석의 수준에서는 환원론적 입장의 학자들은 종교적 관점에서 표현된 그러한 욕구들의 원인과 조건을 심리학적으로 혹은 다른 방식으로 설명할 권리가 있다. **종교적 인간이 성스러움을 초월적이고 궁극적인 실재로 받아들인다는 엘리아데의 말은 맞다.** 보다 심층적 분석의 수준에서는, 성스러운 실재에 대한 그러한 믿음의 근거와 결과를 환원론적 학자들이 사회학적으로나 다른 방식들로 설명할 권리가 있는 것이다. 환원론적 관점의 학자들은 또한 그러한 믿음을 정당화하는 종교적 시도들에 대해 비판적인 의견을 제기할 권리도 있다. 신자들의 명시적 수준에서 성스러움의 환원 불가능성이, 해석과 설명의 심층적 수준에서도 성스러움의 환원 불가능성으로 존중되어야 한다고 단순하게 전제하면서, 엘리아데를 비롯한 종교주의자들은 임의적이고 독단적으로 자기 이익만 도모하여 자신들을 고립시켰고, 중대한 학문적 관심들을 부당하다고 선언하여 배제하고, 학문적으로 분석할 필요가 있는 수많은 질문들을 회피했다.

시갈에 따르면 종교의 환원적 분석의 적절성은 "닫힌 질문이 아니라 열린 질문이며, **선천적**이라기보다는 경험적인 질문"이다. 엘리아

---

10) Segal, "In Defense of Reductionism", p. 28과 Robert A. Segal and Donald Wiebe, "Axioms and Dogmas in the Study of Religion", republished in Segal, *Explaining and Interpreting Religion*, pp. 45~47을 보라.

데는 "종교의 환원론적 해석은, 종교의 환원할 수 없이 종교적인 의미에 대한 신자들 자신의 견해를 비껴가기 때문에 부적절하거나 이차적이라고 계속 주장한다. 그러나 그렇게 함으로써 엘리아데는 종교의 의미에 대한 신자 자신의 견해가 그 신자에게 종교의 진정한 의미인지, 또 그 견해 자체로 종교의 진정한 의미라고 할 수 있는지를 묻는 핵심 문제에 대답하지 않고 이를 회피한다."[11] "사회과학이 종교보다는 정신, 문화, 사회를 연구한다고 **선천적으로** 주장하는 것은 종교의 속성은 무엇인가라는 질문을 분명히 회피하는 것이다."[12]

다른 많은 환원주의자들도 엘리아데가 반환원주의적 관점에서 환원론적 접근들을 거부한 것을 공격하면서, 그가 중대하고 정당한 질문들을 단지 회피한다는 식의 주장을 제기했다. 예를 들면 이반 스트렌스키는 앞서 인용했던 엘리아데의 반환원주의적 설명 부분(*The Quest*, pp. 132~33)을[13] 인용한다. 그는 학자들이 신화-종교적 자료들을 "그 본질, 즉 영적인 창조물이 아닌 다른 무언가"로 환원할 권리가 없다는 엘리아데의 주장을 반박한다. "물론 엘리아데는 여기서 뻔뻔하게 문제를 회피한다. 문제가 되는 것은 바로 소위 종교현상의 **정체성**이기 때문이다. 종교 개념의 지성사知性史에 관한 내 생각이 맞는다면, 그 개념은 지난 수백 년간 이미 몇 차례나 바뀌었다. …… 그러나 …… 엘리아데는 자신의 '영성주의적spiritualist' 입장에 맞서는 어지간한 경쟁자들과의 교류를 거부한다. 대신 그는 '종교현상이 어떤 것인지……'에 호소하여 종교현상의 정체성을 주장한다. 그러나 '종교의 본질'은 열린 문제이고 또한 열린 문제이어야 한다. 엘리아데의 (대체

---

11) Segal, "In Defense of Reductionism", pp. 12~13, 24.
12) Segal, "Reductionism in the Study of Religion", in *Religion and Reductionism*, ed. Idinopulos and Yonan, p. 5.
13) *Quest*, pp. 132~33을 보라.

에 의한) 반환원주의 입장은 대안들을 고려하지 않고 제쳐놓는다."[14]

엘리아데의 비환원주의가 종교학자들이 당면한 중대한 문제들을 어떻게 회피하는지에 대해 분석하면서, 시갈은 엘리아데의 연구 방법에 대해 많은 비판을 제기한다. 시갈의 주장들 중 중요한 두 가지를 살펴보자. 첫째는 엘리아데의 비환원주의가 종교를 종교 신자들의 (의식적) 관점에서 해석한다는 것이고, 둘째는 신자와 동일시되는 비환원주의자(신자=비환원주의자)와, 회의론자/비종교인과 등식화될 수 있는 환원주의자(회의론자/비종교인=환원주의자) 사이에 기본적인 이분법이 있다는 것이다. 시갈의 이 주장들을 설명하고 여기에 도전하는 작업을 통해 엘리아데의 반환원주의에 대한 이해의 폭을 넓힐 수 있을 뿐 아니라, 신화와 종교에 대한 엘리아데의 일반적인 견해 역시 더 잘 이해할 수 있을 것이라고 본다.

시갈은 「환원주의에 대한 변호 In Defense of Reductionism」라는 논문을 비롯한 수많은 글에서, 엘리아데의 비환원주의의 특성을 학자들이 신화-종교적인 현상들을 "신자들 자신의 견지에서", 즉 "신자들의 관점"에서 해석해야 한다는 주장으로 요약한다. 엘리아데가 때로는 신자들의 의식적인 이해를 벗어난다는 것을 간략히 보인 다음, 전형적으로 시갈은 엘리아데에게 있어서 비환원주의라는 말은 종교 신자들의 의식적인 관점을 의미하는 것으로 전제하겠다고 단언한다.[15]

---

14) Ivan Strenski, "Reduction without Tears", in *Religion and Reductionism*, ed. Idinopulos and Yonan, p. 101. Shaw, "Feminist Anthropology and the Gendering of Religious Studies", pp. 69~70도 보라. 일반적인 환원주의 연구 방법에 대해서는 시갈의 주장에 동의하지만, 이 질문 회피에 대한 주장에 대해서는 비판적인 입장을 나타내는 Donald Wiebe, "Beyond the Sceptic and the Devotee: Reductionism in the Scientific Study of Religion", in *Religion and Reductionism*, ed. Idinopulos and Yonan, pp. 111~12를 보라.

15) 예를 들면 Segal, "In Defense of Reductionism", pp. 6~13을 보라. 이 논문의 개

다음으로 종교 신자들의 환원할 수 없는 종교적 관점을 주장하는 반환원주의 입장에 대해 많은 비판을 쏟아 붓는다. 시갈은 엘리아데가 어떻게 질문을 회피하는지를 가장 강력히 공격함으로써 엘리아데가 신자들의 견지에서 종교를 추정하고 설명할 뿐 아니라 신자들의 관점을 지지한다고 반복해서 주장한다.[16]

엘리아데가 종교인들의 환원할 수 없는 종교적 준거 지평을 공정히 평가해야 한다고 주장하기는 하지만, 그의 연구는 의식적으로 표현되었건 무의식적으로 표현되었건, 신자들 자체의 특정 종교적 견지에 제한되어 있지 않으며, 심지어는 관심을 두지 않을 때도 많다. 유일한 "종교적 진실"은 "신자들의 신앙"이며 종교현상의 가치는 "신자 자신들에게 있어서의 가치"라고 봤던[17] 브레데 크리스텐센W.

> 정판에서 "신자들의 관점"에 대한 그의 정리를 보류하고 이 관점을 신자들의 "의식적" 관점으로 설명하면서, 다음과 같은 주석을 붙인다. 즉 그는 이제 "엘리아데가 종교의 환원 불가능성을 신자들에게 있어서의 종교의 환원 불가능성과 동일시하지 않는다는 것과, 사실상 신자들에게 엘리아데는 단지 부차적인 관심이 있을 뿐이라는 것을 깨닫게 되었다. 엘리아데는 종교 자체와 그 자체로 발생하는 것의 환원 불가능성에 주로 관심을 두고 있다."(p. 6 n. 2)

16) 예를 들어 Segal, "Are Historians of Religions Necessarily Believers?", pp. 37~41과 Segal, "In Defense of Reductionism", pp. 8~12 등을 보라. 이 책의 논의를 좀 더 전개한 후, 시갈의 책 *Explaining and Interpreting Religion* 9장에 개정 수록된 "How Historical Is the History of Religions?"라는 논문을 다루게 될 것이다. 시갈은 퀸튼 스키너Quinton Skinner의 글을 읽은 후에 엘리아데의 주된 의도가 "신자들의 견지에서" 종교현상들에 대한 해석을 제시하는 것이라고 생각했던 것이 잘못이었다는 것을 깨달았다고 한다. 시갈은 이제 "엘리아데는 실제로 신자들에게 있어서 종교의 의미에 호소하고 있는 것이 아니라, 종교 자체의 의미, 혹은 더 엄밀하게는 함의에 호소하고 있다"(p. 143)는 것을 깨닫는다. 나 역시 *Structure and Creativity in Religion*에서 같은 주장을 여러 차례 제기했다. "종교적 인간에게 있어서 의미와 엘리아데에게 있어서 의미"를 구별하는 부분(pp. 208~12)과 종교 신자들의 이해를 넘어서고 때로는 여기에 모순되기까지 하는 엘리아데의 해석들과 규범적 판단을 다룬 부분들을 보라.

Brede Kristensen의 극단적인 기술記述 중심의 현상학을 엘리아데는 지지하지 않았다. "종교 신자들에 의해 승인될 수 없다면 종교에 관한 어떤 진술도 타당하지 않다"는[18] 주장과 같은 윌프레드 캔트웰 스미스Wilfred Cantwell Smith의 방법론적 권고들에 엘리아데가 동의한 것도 아니다.

엘리아데는 신자들에게 종교현상이 갖는 의미를 해석하는 데 주된 관심을 두지 않았다. 어떤 종류의 현지 조사 방법을 통해서 신자들과 인터뷰를 한 것도 아니다. 신자들의 증언이 환원할 수 없는 종교적 해석에 대한 경험적 증거를 제공하는 것처럼 보일 때 개별 인류학자들의 현지 조사를 선별적으로 인용한 것뿐이다. 그의 경험적 자료의 주된 출전은 신화나 다른 종교적 문헌들 자체였다. 사실 인류학자들은 엘리아데가 종교적 의미를 자신이 개인적으로 자료의 의미를 해석한 다른 것으로 간주하고 실제 신자들의 이해를 훨씬 벗어나는 다른 것으로 간주한다고 종종 비판한다. 이러한 비판들이 엘리아데가 실제로 했던 작업을 종종 간과한 것도 사실이지만, 타당한 면도 있다. 엘리아데는 신자들의 관점을 벗어날 뿐 아니라 이와 모순되기까지 한 해석들을 많이 제시했다. 엘리아데는 비신자들과 신자들이 깨닫지 못할 때조차도 상징적이고 신화적인 구조와 의미가 "존재한다"라고 주장한다. 이것은 뒤에서 좀 더 자세히 보도록 하자.

---

17) W. Brede Kristensen, *The Meaning of Religion*, trans. John B. Carman(The Hague: Martinus Nijhoff, 1960), pp. 2, 6, 14.

18) Wilfred Cantwell Smith, "Comparative Religion: Whither — and Why?" in *The History of Religions: Essays in Methodology*, ed. Mircea Eliade and Joseph M. Kitagawa(Chicago: University of Chicago Press, 1959), p. 42. 신자들의 관점을 존중할 필요성에 대한 스미스의 입장은 그가 쓴 다음 책들에 잘 나타나 있다. *The Meaning and End of Religion*(New York: Macmillan, 1963), *The Faith of Other Men*(New York: Mentor Books, 1963), and *Faith and Belief*(Princeton: Princeton University Press, 1979).

여기서는 엘리아데의 비환원주의가 종교를 신자들의 (의식적) 관점에서 해석한다는 주장을 거부해야 하는 몇몇 주요 이유를 간단히 서술하겠다. 먼저, 신자들의 의식적인 견해에 초점을 맞추기는커녕, 엘리아데는 해석 작업을 하면서 무의식적인 면을 매우 강조한다. 그는 심층심리학, 문학적·예술적 창조성, 동양의 정신 수행 등 무의식을 탐구하는 접근들에 깊은 영향을 받았다. 또한 19세기 이후 환원주의자들이 종교에 접근하면서 무의식적인 면을 무시하거나 과도하게 단순화했다고 비판하기도 한다. **종교적 인간**은 무의식적인 면을 포함하는 "총체적 인간"이라고 확언하며, 현대의 세속적인 삶 속에서 성스러움은 무의식적인 차원에 살아남아 있다고 주장하는 것이다.

둘째, 우리의 첫 관찰의 특별히 중요한 측면으로서, 엘리아데는 종교인들이 자각하지 못할 때조차도 상징과 신화는 그 의미를 전달한다고 주장한다. 중요한 점은 신화의 구조와 의미는 그것들이 이해되건 안 되건 간에 존재한다는 사실이다. 이 주장은 엘리아데의 신화와 종교 연구에서 특히 중요하게 간주될 것이다. 이 주장이 없으면, 신화적 구조와 의미를 해석하는 그의 해석학적 틀이 붕괴된다. 엘리아데가 종교사와 종교현상학의 가장 급박하고 중요한 책무는 대담하고 창조적인 해석학의 체계화라고 생각했다는 점 또한 확인하게 될 것이다. 학자들은 현대 서구의 의식적으로 속된 세계 내 존재 방식에서 무의식적인 수준에서 기능하는 심층적이며, 숨겨지고 위장된 상징적이고 신화적인 성스러운 구조들과 의미들을 드러내고 해석해야 한다.

이 작업은 학자들이 "지평들의 혼동"을 피하고 종교인들의 경험에서 성스러움의 환원 불가능성을 존중해야 한다는 엘리아데의 반환원주의 주장과 배치되는 것으로 보일 수 있다. 방금 본 바와 같이, 엘리아데는 자신들이 비종교적이라고 의식적으로 확언하는 현대 세속적 인간들도 더 깊은 의미에서 실제로는 종교적이라고 주장한다. 혹은 공공연한 세속적 존재들에 대해 많은 것을 해석하고 설명하도록 도와주는, 숨겨지고 위장된, 인간 상상의, 무의식적인 성스러움의 구조와 의미들을 드러낼 수 있다고 주장한다. 그러나 엘리아데는 프로이트, 맑스 그리고 다른 환원주의자들의 연구 방법과 유사해 보이는 접근을 용인하고자 하지 않는다. 그들은 종교적 인간들이 자신을 종교적이라고 확언하는 것을 인정하지만, 그후에는 공공연히 종교적인 존재들에 대해 많은 것을 해석하고 설명하려는 시도의 일환으로, 숨겨진 심리적 혹은 경제적인 구조와 의미를 드러내려 한다. 이미 살펴본 것처럼 엘리아데는 그러한 접근들을 환원주의적이며 "틀린 것"으로 여겨 배제한다.

셋째, 엘리아데가 종교 신자들의 관점에 관심이 있다는 것을 인정한다 할지라도, "어떤 신자들인가?"라는 질문은 반드시 물어야 하는 문제로 남는다. 엘리아데의 반환원론적인 신화 연구에서는 모든 신자가 다 중요한 것은 아니다. 선택하는 원리들과 가장 기본적인 수준의 기술description 속에는, 어떤 신자들과 어떤 종교현상들이 중요한지를 평가하는 온갖 판단 기준이 들어 있다.[19] 예를 들면 신비주의자, 샤먼 등 모든 종류의 "종교 전문인들"은 매우 중요하다. 그들의 자료에는 심오하며 다면 가치적이고 보편적이며 본질적인 신화의 구조와 이해가 나타나 있다. 반대로 많은 종교 신자는 엘리아데가 "유아기적이며" "미성숙한" "확실치 않은" 혹은 "가짜" 등으로 평가하는 신앙을 가지고 있으며, 엘리아데는 본질적인 신화의 구조와 의미를 드러내지 않는 이러한 자료들에 별 관심이 없는 것이다.

넷째, 엘리아데는 종종 **종교적 인간**으로서 신자들을 해석하는 데 관

---

[19] *Structure and Creativity in Religion*에서 나는 엘리아데의 연구 방법에 나타난 "기술적 평가들"의 많은 수준들을 밝히고 분석하려고 시도한 바 있다.

심을 가지고 있다고 주장했으나, 이 말이 무엇을 의미하는지는 분명하지 않다. 종교적 인간을 역사적으로 특정한 현실 속의 개별 종교 신자들과 동일시하면 안 된다. 종교적 인간은 환원할 수 없는 성스러움을 종교적으로 경험하는 주체가 될 수 있다. 그러나 이는 인간 속성의 유형, 범주, 본질, 견해이다. 본질적인 상징적, 신화적 구조에 대한 설명에서와 마찬가지로, 종교적 인간에 대한 체계적 정리에서도 엘리아데는 상상을 통한 이상화idealization라는 복잡한 과정을 매우 추상적으로 다룬다. 그는 이러한 이상화되고 본질화된 신화적 경험의 주체들을 소개하고 이들을 변론한다. 비평가들은 본질적인 성스러운 구조와 의미의 이상화된 추상성이 주로 엘리아데의 머릿속에 존재하며, 실제로 종교인들의 경험적이고 역사적인 자료와는 대체로 거리를 두고 있다고 공격한다. 조나단 스미스Jonathan Z. Smith는 종교적 인간으로서의 인간이라는 개념이 엘리아데의 부적절한 선천적 존재론에 근거를 둔 것이라고 비판한다.[20] 이러한 도전들에 맞서려면, 엘리아데는 이 본질화된 종교적 인간에 대한 그의 해석, 그리고 환원할 수 없는 종교적, 신화적, 상징적 구조에 대한 그의 해석이 실제 종교 신자들의 종교적 삶을 이해하는 데 도움을 주는 설명적 가치가 있다는 것을 입증해야만 한다.

가장 중요한 다섯째 이유는, 엘리아데가 신화와 종교의 일반 이론을 체계화하는 것에 주된 관심을 두고 있었지, 신자의 관점에서 종교를 소개하는 데에는 별 관심이 없었다는 것이다. 이 과정에서 엘리아데는 반환원주의 관점을 전제로 했고, 자신의 일반 이론의 용어와 원리들을 체계화했다. 엘리아데의 주요한 이론적 용어와 원리로는, 신화와 종교경험의 초월적 지시 대상으로서의 보편적인 성스러움, 신

---

20) Jonathan Z. Smith, *Map Is Not Territory*(Leiden: E. J. Brill, 1978)를 보라.

성화의 일반적 구조로서의 성스러움의 보편적인 변증법, 보편적이고 일관되며 구조화된 종교 상징들의 체계를 통해 표현되는 신화의 언어, 신화의 속성·기능·구조에 대한 일반 이론, 신화의 전체적인 구조와 의미를 드러낼 때 우주 창조 신화의 최우선적 중요성 등을 꼽을 수 있겠다. 이 용어들은 엘리아데의 것이지 종교 신자들이 사용하는 것이 아니다.[21]

종교인들이 성스러움을 비롯한 엘리아데의 용어를 사용하는지, 혹은 신자들이 그들의 관점 아래에 있는 심오한 신화적 구조와 의미를 자각하고 있는지 여부는 실제로 중요하지 않다고 엘리아데가 종종 주장한 이유가 여기에 있다. 물론 실제 신자들의 용어와 견해를 넘어서거나, 종종 무시하고 심지어 반박하면서, 엘리아데는 그 해석이 임의적이고 독단적이며 주관적이라는 공격을 받기도 한다.[22] 만약 그의 반환원론적 접근이 중요한 학문적 장점을 가지고 있다면, 그는 자신의 신화-종교에 대한 일반 이론이 신화-종교현상들의 속성, 구조, 의미, 함의, 중요성 등을 해석하고 설명하는 데에 적합하다는 것, 혹은 대안적 방법들보다 더 적합하다는 것을 입증해야 한다.

시갈의 두 번째 주장은, 신자와 동일시되는 비환원주의자[신자=비

---

21) Thomas A. Idinopulos, "Must Professors of Religion be Religious? Comments on Eliade's Method of Inquiry and Segal's Defense of Reductionism", in *Religion and Reductionism*, ed. Idinopulos and Yonan, pp. 75~77을 보라.
22) 나는 *Structure and Creativity in Religion*, 특히 7장 "Descriptive Evaluations and Levels of Meaning"에서 이 문제들 중 여럿을 분석했다. 예를 들어 "종교적 인간의 의미 대vs. 엘리아데의 의미"라는 제목을 붙인 섹션에서, "종교적 인간에게 있어서 의식적 의미" 대 "종교적 인간에게 있어서 총체적 의미"와 같은 이분법을 재구성했다. 그러한 재구성은 신자들의 관점에서 멀리 벗어나는 것처럼 보이는 엘리아데의 해석들을 이해하는 데 도움이 된다. 그러나 엘리아데가 때때로 존재론적으로 전제하고, 규범적 판단을 내리고, 종교적 인간의 관점의 범위에서 벗어나는 해석을 제시한다는 것 역시 이 책에서 설명했다.

환원주의자)와, 회의론자/비종교인과 등식화될 수 있는 환원주의자(회의론자/비종교인=환원주의자) 사이의 기본적인 이분법이다. 학자들이 환원할 수 없는 종교적인 해석의 척도를 채택할 것을 주장하면서, 엘리아데는 어떻게 이것이 가능한가 하는 기본적인 문제를 필경 회피해버렸다. 시갈은 이것이 비신자들에게는 불가능한 일이라고 반박한다. 환원주의적 해석이 엘리아데와 같은 신자들에게는 불가능한 반면, 환원주의적 종교 설명은 신앙이 없는 학자들에게만 가능하다는 것이다.

그가 쓴 여러 글에서, 시갈은 수많은 학자에 의해 체계화된 분명한 학문적 이분법을 채택한다. 한편에는 기술적이고, 해석을 제공하며, 의미와 함의를 해석하고, 자신의 해석을 신자들이 믿는 것에 제한시키려고 하는 주로 인문학 분야 출신의 종교학자들이 있다. 다른 한편에는 주로 사회과학 출신인 종교학자들이 있다. 이들은 자료를 분석하고, 설명을 제시하고, 원인과 결과를 설명하며, 왜 신자들이 믿는지 설명하고, 이러한 신앙의 진실 여부를 평가하려 한다.[23]

이 점에서 엘리아데는 신화와 종교의 의미를 해석하는 데 주된 관심이 있다. 그는 반환원주의에 대한 여러 설명에서 철학적 현상학자

---

[23] 시갈은 몇몇 글에서, 이렇게 분명한 해석 대 설명의 이분법이 다른 많은 것을 의미할 수 있으며, 종종 과도하게 단순화되고 그릇된 상황을 강요할 수 있다고 정확하게 지적하였다. 예를 들어 엘리아데는 분명히 성스러움의 의미와 중요성 및 함의를 해석하는 것을 가장 우선으로 여겼지만, 그는 종종 신화-종교적 현상들의 속성, 출처, 기능 등을 종교적 견지에서 설명하려는 시도도 한다. 예를 들면 Segal, "Reductionism in the Study of Religion", pp. 6~10; Segal, "Fending Off the Social Sciences", in Segal, *Explaining and Interpreting Religion*, pp. 29~31 그리고 Segal, "Misconceptions of the Social Sciences", in *Explaining and Interpreting Religion*, pp. 11~13 등을 보라. 또한 J. Samuel Preus, *Explaining Religion*(New Haven: Yale University Press, 1987), p. ix도 보라.

들과 해석학적 이해 방법의* 옹호자들이 했던 주장을 강조한다. 이 주장은, 역사적이고 시간적인 조건들을 드러내고 분석하거나 현상들의 심리적, 경제적, 과학적 인과관계의 설명을 제시하는 것은 이러한 현상들의 의미와 함의를 해석하는 것과는 다르다는 내용으로 요약된다. 엘리아데는, 종교현상들에 대한 인과관계를 통한 환원주의적 설명이 완성된 후에도, 신화 자료의 종교적 의미와 함의에 대한 반환원론적 해석을 제공하는 종교사가와 종교현상학자의 주 임무는 여전히 남아 있다고 주장한다.

　비신자인 학자들이 환원주의자가 되어야 한다고 시갈이 주장하는 이유는 무엇인가? 엘리아데를 비롯한 종교주의자들에게 반대하는 자신의 주장 중 가장 중요한 점에만 초점을 맞춘 시갈은, 논리를 구실로 하여, 환원주의적 비신자들이 엘리아데의 비환원주의를 따를 수 없는 주요 이유가 그들이 종교 대상의 의미, 진실성, 실재 등을 "수용"할 수 없기 때문이라고 주장한다. 그렇지 않다면 그들은 사실상 신자들일 것이다. "비신자들이 성스러움의 실재를 신자들에게 있어서 종교의 **의식적인**conscious 의미라고 받아들일 수 있느냐 없느냐의 문제가 아니다. 비신자들이 성스러움의 실재를 신자들에게 있어서 종교의 **참된** 의미라고 받아들일 수 있는지가 문제이다. 또한 비신자들이 종교의 의미, 기원 혹은 기능에 대한 신자들의 견해를 **기술할** 수 있는지의 여부가 문제가 아니다. 비신자들이 그 견해가 신자들에게 있어서 종교의 **참된** 의미, 기원 혹은 기능이라는 것을 **받아들일** 수 있는지가 문제인 것이다." "어떻게 비신자들이 자신들은 그 실재를

---

* 본문에 나온 "이해"를 의미하는 독일어 Verstehen을 풀어 번역한 것. 해석학자 빌헬름 딜타이Wilhelm Dilthey는 설명을 요구하는 자연과학과는 달리 인간 행위의 연구는 직관적으로 이해하는 방법을 사용해야 한다고 주장했다.

수용하기를 거부하면서 신자들에게는 성스러움의 실재가 있다고 받아들일 수 있겠는가?"[24) 비신자들은 환원주의적 분석과 설명을 하면서 반드시 신자들의 종교적 신앙은 그른 것이라고 추정한다. 성스러움은 환원할 수 없는 종교적이고, 초월적이며 그리고 궁극적으로 진실이라는 신자들의 주장을 부정하게 되는 것이다.

엘리아데를 반박하는 시갈의 이 주장은 그다지 설득력이 없어 보인다. 이 주장은 신자와 비신자를 뚜렷이 대립시키면서 오해를 자주 불러일으키고, 때로는 반환원주의적 논제를 수용하면서 너무 많은 것을 용인하고 (그러고는 종종 거기에 반대하고), 심리학적, 형이상학적, 신학적 쟁점들을 불필요하게 포함한다. 환원할 수 없는 종교적이며 초자연적인 성스러움, 다시 말해 합리적 분석을 초월하는 성스러움이 실제로 존재한다는 것을 신자가 믿는다면, 그리고 환원주의적 회의론자는 성스러움의 진짜 속성을 이해하기에 충분한 합리적이거나 과학적인 분석을 제공한다고 주장한다면, 이 두 입장들 사이에는 명백한 모순이 있다. 그러나 성스러움의 환원 불가능성이라는 엘리아데의 전제와 연관된 기본적인 방법론적 문제들을 분석할 때, 성스러움이 궁극적으로 참인지 여부와 신자들의 종교적 주장들이 궁극

---

24) Segal, "In Defense of Reductionism", p. 21. 이 외에도 pp. 20~25를 잘 보라. 그는 "부록"(pp. 27~28)에서 위브와 팰스가 자신의 입장에 대하여 제기한 비판들에 대한 짧은 대답들을 나열한다. 여기에 나오는 몇몇 대답은 시갈이 이전에 제기한 강한 주장들을 약화시키거나 혼란스럽게 하고, 심지어 이전의 주장들과 서로 모순이 되기까지 한다. 그는 "결정적인 문제는 [비신자들이] 신자들에게 있어서의 종교[의 대상]의 **실재성**을 인정[즉 수용]할 수 있는지 여부이다"라고 재차 단언한다. 위브와 팰스가 시갈을 비판하는 내용은 Donald Wiebe, "Beyond the Sceptic and the Devotee: Reductionism in the Scientific Study of Religion", *Journal of the American Academy of Religion* 52(1984): 157~65와 Daniel Pals, "Reductionism and Belief: An Appraisal of Recent Attacks on the Doctrine of Irreducible Religion", *Journal of Religion* 66(1986): 18~36을 보라.

적으로 진실인지 여부는 그다지 주된 학문적 관심사가 아니다.

놀랍게도 시갈의 주장은 종교 신자인 학자에 대한 엘리아데의 가장 논쟁의 여지가 있는 주장들과 많은 면에서 일치하는 것으로 보인다. 즉 신자인 학자만이 신화를 비롯한 종교현상들의 환원할 수 없는 종교적 의미를 이해하고 해석할 수 있다는 것이다. 물론 시갈은 성스러움의 환원 불가능성을 수용할 수 없는 비신자들의 환원주의 방법을 옹호한다는 점에서 엘리아데와는 의견이 다르다.

방법론상에서 볼 때, 최고 우위의 학문적 관심이 성스러움의 진실성 혹은 거짓성에 초점을 둔 신자-비신자의 구별이라는 것은 중대한 실수이다. 종교현상들에 대한 대부분의 학문적 연구들에서, 학자가 개인적으로 신자냐 비신자냐 여부는 부차적이거나 완전히 부적절한 문제이다. 예를 들어 우리는 앞에서 신화-종교현상들이 종교인들에게 무엇을 의미하는지에 대하여 더 적합한 설명을 제공할 때 종교적인 것의 환원 불가능성에 부여하는 방법론적 우위를 설명했다. 과거의 연구들을 검토해보면, 특정한 신자들뿐 아니라 많은 비신자 학자가 종교적 타자들의 신화-종교현상들의 기원, 기능, 의미, 함의, 중요성 등의 속성을 꽤 잘 서술해왔다는 것을 알 수 있다. 또한 다수의 회의론자뿐 아니라 많은 신자인 학자가 심리학적, 형이상학적, 신학적 등의 이유로, 종교적 타자들의 경험과 신앙을 공정히 평가하는 설명을 제공하지 못한 것 역시 알 수 있다.

한편으로는 많은 종교 신자가 타자들의 환원할 수 없는 종교현상들을 왜곡하고 거절했다. 잘 알려진 예로 신-칼빈주의Neo-Calvinist 학자 헨드릭 크래머Hendrik Kraemer를 들 수 있다. 크래머는 종교 연구가 신학에 기초를 두어야 하며, "성서적 실재론"의 절대적 계시를 통해서만 신을 "알 수" 있다고 주장하고, 성서적 기독교는 역사적 기독교를 포함한 모든 종교를 부정적으로 판단할 수 있도록 하는 절대적 기준을 제공한다고 단언하기까지 한다.[25] 이러한 편협한 방법론적 접근은 성스러움의 환원 불가능성을 전제로 하면서 "타자"의 이해를 왜곡시키는 편협한 규범적 해석을 낳는다. 이와 비슷하게 많은 기독교와 이슬람 근본주의 학자들은 세속적 환원주의를 비판할 뿐 아니라, 자신들의 특정한 신앙적 자세에 동의하지 않는 기독교와 이슬람 내 다른 사람들의 신앙과 다른 종교들의 환원할 수 없는 종교적 주장도 공격한다. 이들은 타자의 환원할 수 없는 종교적 주장들을 공정히 평가하는 척도 하지 않는다. 나아가 엘리아데의 반환원주의 연구 방법 중 많은 부분이 개인적으로 불쾌할뿐더러, 신학적 이유로 틀린 것이라고 여긴다. 예를 들어 엘리아데가 계시를 항상 제한되고, 상대적이며, 부분적이고, 위장된 것으로 본다는 것과, 이러한 계시의 본질적 구조의 견지에서 성스러움의 보편적 변증법을 설명하는 것은 이들에게는 거슬리는 일이다.[26]

다른 한편으로는 비신자들이 방법론적 의미에서 신자들의 환원할 수 없는 종교적 주장을 이해하고 "수용"할 수 없을 것이라고 **선천적으로** 전제할 아무 이유가 없다. 개인적으로 신자이건 비신자이건 간에, 연구자들은 자기비판적 태도, 순수한 지적 호기심, 타자의 현상에 감

---

25) 예를 들어 Hendrik Kraemer, *Religion and the Christian Faith*(Philadelphia: Westminster Press, 1956), pp. 50~53과 Hendrik Kraemer, *The Christian Message in a Non-Christian World*(London: James Clarke, 1956), pp. 61 이하를 보라.
26) 이러한 예들을 통해 엘리아데가 신자들의 견지에서 종교를 해석하는 데 주된 관심을 두지 않았다고 앞에서 언급했던 점 역시 설명할 수 있다. 그는 이러한 근본주의자들이, 대부분의 기독교인들과 이슬람교인들과 마찬가지로, 그들의 종교적 신앙을 배타적이고 절대적인 진리 주장의 관점에서 표현한다는 사실을 알고 있었다. 반면 엘리아데는 같은 종교적 표현들을 복잡하고, 다면 가치적이며, 보편적인 상징체계들의 제한되고, 상대적이며, 부분적인 가치 설정이라고 해석했다.

정이입하고자 하는 욕구와 능력, 경직된 전제들과 개인적 입장의 속박으로부터 벗어난 상상력, 그리고 타자의 현상들의 의미와 함의를 이해하는 데서 나오는 만족감 등을 필요로 한다. 물론 이러한 태도는 성스러움의 환원 불가능성을 적절하게 기술하고 해석하기에 충분하지는 않다. 개인적으로 신자이건 비신자이건, 학자에게는 방법론적 절차, 상호주관적인 자세의 점검, 환원할 수 없는 종교적 해석들을 입증할 수 있는 수단 등도 필요하다.

그러므로 신자들이 신화-종교적인 것으로 받아들이는 현상들의 의미와 함의를 기술하고 해석하려 할 때나, 신자들이 의식적으로나 무의식적으로나 이해할 수 없을지도 모르는 신화와 상징의 구조들의 종교적 의미를 해석하려 할 때, 비신자들 역시 성스러움의 환원 불가능성을 전제할 수 있다. 비신자들은 이러한 학문적 성취에 만족할 것이다. 어떤 신화적 현상의 갈피를 잡지 못하게 되면, 학자들은 상상력에 근거해서 신화적 세계의 종교적 의미를 재창조하고 해석함으로써 자신들의 지적 호기심을 충족시킨다. 사실 엘리아데도 자신이 이용한 신화-종교 자료들 중 어떤 것은 그것이 사실이라는 주장에 대해 개인적으로는 회의적이었다. 그러나 그는 신화적 인간이 무엇을 믿는지, 왜 신화들이 인간 삶을 지배하는 힘을 갖는지를 이해하기 위하여 신화의 구조를 드러내고 신화의 의미를 해석하고자 하는 엄청난 호기심과 욕구를 가지고 있었다.

대부분의 비신자들이 개인적으로나 지적으로 종교적 설명에 만족하지 못할 것이라는 것과 신자들의 관점과 환원할 수 없는 종교적인 신화 해석을 넘어서기를 원한다는 것을 부정하기 위해 이러한 대답을 제시한 것은 아니다. 비신자들이 종교적 설명과 해석에 만족하지 못할 때는, 엘리아데를 비롯한 종교주의자들은 사회과학, 자연과학, 철학, 기타 학문 분야의 환원주의적 해석과 설명이 틀린 것이라고 선천적으로 주장할 권리가 없다.

환원주의와 엘리아데 이론에 대한 기술적 분석

엘리아데가 환원주의에 대한 공격을 체계화하는 것과 동시에 과학철학 분야에서는 복잡하고 세련된 이론적 연구 보고서가 등장했다. 과학철학적 관점에서 "환원"과 "환원주의"에 대한 기술적인 정의와 분석을 한 것이다. 일부 비평가들이 그랬던 것처럼 엘리아데의 환원주의 비판이 과학적 근거에서 정당화될 수 있는지를 결정하기 위해 그러한 철학적 분석을 그의 반환원주의 이론에 적용하는 것은 매력적인 일이다.

여러 비평가에게는 실망스러운 말이겠으나, 나는 과학철학 분야에서 환원주의에 대한 몇몇 기술적 논쟁에 관하여 토론하는 것이나 다양한 기술적 모델과 분석을 엘리아데의 환원주의 설명에 연관시키는 것이 엘리아데의 신화를 이해하는 데에 도움이 되지 않는다고 본다. 만약 그러한 기술적 이론 분석을 엘리아데의 설명에 적용한다면, 엘리아데의 반환원주의가 모호하고, 애매하며, 무비판적이고, 비과학적이고, 옹호할 여지가 없다는 결론을 내리게 될 것이 뻔하다.

전형적인 예는 엘리아데 이론을 노골적으로 매도한 토머스 리바 Thomas Ryba에게서 볼 수 있다. 리바는 환원의 가능성을 뒷받침하는 근거들을 조사하는 데에 중요한 근본적인 질문들을 나열한 후, 다음과 같이 주장한다. "이러한 질문을 할 때, 엘리아데의 반환원주의적 접근은 요점을 벗어난 것으로 보인다. 엘리아데의 연구 방법은 자연과학자들이나 사회과학자들이 하는 것과 같은 과학적 학문 연구와 상관이 없기 때문이다. 이 연구를 가리키는 용어로 종교 지혜religiosophy라는 신조어를 하나 만들어 사용하는 것이 더 좋을 듯 하다. …… 종교주의자들이 제시한 이론들 대부분의 엄밀성에 대한 내 입장은 내가 엘리아데에 대해 어떻게 언급했는지 보면 알 수 있다. 이미 뻔히 드러났을지도 모르지만, 내 입장은 그들이 멍청하다는 것이다."[27] 도날드 위브Donald Wiebe도 마찬가지로 전형적인 주장을 한다. 오직 환원주의적 방법만이 과학적scientific 학문 연구의 기준을 충족시키고 "종교의 과학적 연구에 적합하다"는 것이다. 따라서 비과학적 근거들에 입각한 엘리아데의 반환원론적 설명이 맞는지 틀리는지를 어떻게 평가하는가와 상관없이, 그의 연구 방법은 신화와 종교의 "과학적" 조사와 아무런 관련이 없는 것이다.[28]

환원주의에 대한 과학적 분석을 엘리아데의 연구에 적용하려고 하면, 뭔가 잘못되었다는 확실한 느낌이 생긴다. 엘리아데와 과학적 환원주의를 추구하는 학자들은 서로의 의도를 오해하며 이야기를 하고 있는 것이다. 비록 그들 각자의 어휘가 "환원하다", "환원", "환원주의"와 같은 용어들을 강조하고 있지만, 이들은 다른 언어를 말하고 있다고 하는 것이 더 적절하겠다. 엘리아데가 과학철학 분야 내의 환원주의에 대한 기술적인 논쟁을 알고 있었다는 증거는 없다. 예를 들어 엘리아데가 과학철학 분야의 방법론적 절차인 과학적 환원의 공식적, 논리적 조건들이 신화 연구에 적합한지 여부를 논쟁하는 것은 상상조차 할 수 없다. 사실 엘리아데는 환원주의에 대한 이런 과학적 논쟁에 전혀 관심이 없었을뿐더러, 과학적 유형과 기준의 견지에서 자신이 "비과학적"이라고 간주되는지 여부에도 거의 상관하지 않았다.[29]

---

27) Thomas Ryba, "Are Religious Theories Susceptible to Reduction?", in *Religion and Reductionism*, ed. Idinopulos and Yonan, pp. 17~18.
28) Donald Wiebe, "Postscript: On Method, Metaphysics, and Reductionism", in *Religion and Reductionism*, ed. Idinopulos and Yonan, pp. 120~21.
29) 엘리아데가 신화와 종교를 환원론적으로 연구하는 것을 종종 비판했지만, 그는

그러므로 신화와 종교에 대한 엘리아데의 반환원주의적 접근에 대해 결론을 내려야 하는 이 시점에서 기술적이고technical 과학적인scientific 모델들을 설명하지는 않을 것이다. 대신 세 주제에 초점을 맞추도록 하겠다. 첫째, 복잡한 것을 단순한 것으로 환원한다라는, 환원주의의 가장 일반적이고 널리 알려진 정의를 이용하여 엘리아데의 연구를 조명해보겠다. 둘째, 몇몇 이론서에서 제기된, 이론과 현상 혹은 자료의 관계에 대한 주장 하나를 검토하고, 이를 엘리아데의 연구와 연관시켜 생각하도록 하겠다. 마지막으로, 비록 엘리아데는 과학철학 분야의 환원주의에 대한 과학적 논쟁에 관심이 없었으나, 환원주의를 다루는 아주 다른 종류의 문헌 하나에 매료되었다는 것을 보이도록 하겠다.

복잡한 것을 단순하게 하는 것으로서 환원

가장 일반적이고 폭넓게 수용되는 "환원주의"의 의미는 "복잡한 자료들이나 현상들을 더 단순한 의미로 축소시키는 절차나 이론"이다.[30]

> 환원주의자들이나 자신의 종교학을 비판하는 다른 사람들에 대응할 필요를 느끼지 못했다. 70세에 쓴 글에서 그는 다음과 같이 언급한다. "나는 언젠가 나를 비판하는 사람들 중 책임감과 신념이 있는 사람들이 제기한 문제들을 논의하는 것에 전념하려고 계획 중이다. 대답할 가치가 없는 사람들의 비판은 신경 쓰지 않겠다." 내 책 *Structure and Creativity in Religion*, p. vii에 실린 엘리아데의 서문을 보라. 그는 거의 모든 환원주의 비평가들이 대답할 가치가 없는 사람들이라고 여겼던 것으로 보이며, 결국 성실하며 책임감 있는 비평가들에게 대답하지도 못했다.

30) *Webster's Ninth New Collegiate Dictionary*(Springfield, Mass.: Merriam-Webster, 1987), p. 988, or *Webster's Third New International Dictionary of the English Language* (Springfield, Mass.: Merriam-Webster, 1959), p. 1905. Ryba, "Are Religious Theories Susceptible to Reduction?" p. 19 and p. 19 n. 12와 Arvind Sharma, "What Is Reductionism?" in *Religion and Reductionism*, ed. Idinopulos and Yonan, p. 128을 보라. 리바는 많은 다른 정의들과는 달리, 이 일반적 정의가 가장 "가치중립적"이라고 말한다. 샤마Sharma는 『웹스터 사전』의 이 정의가 "과도한 단순화"라는

대니엘 팰스는 다음과 같이 말한다. "기본적인 의미에서, 환원은 설명의 한 형태이다. 복잡성을 대면했을 때 단순성을, 다수의 것을 만났을 때 단수의 상태를 추구하는 모든 과학의 본질적 (그리고 매우 훌륭한) 욕구로부터 나온 것이다. …… 이렇게 특정하게 정의된 수준에서, 환원은 모든 과학의 가장 중요한 원리라고 불리는 것도 당연할 것이다. 그 목적은 관련을 맺는 것에 의해 설명하고 단순화하는 것이다."[31]

이런 기본적인 의미에서, 성스러움의 환원 불가능성이라는 엘리아데의 반환원론적 전제는, 펜턴의 비평에서 본 바와 같이, 신화-종교적 현상들의 복잡성을 단순화하는 것에 의한 환원의 과정을 수반한다. 엘리아데는 초자연적이거나 초월적인 존재들과 실재들을 가리키는 매우 다양한 신화적 표현들이 수없이 많다는 것을 알고 있었다. 엘리아데의 신화-종교 이론과, 자료들에 대한 현상학적 접근의 관점에서 보면, 그는 성스러움의 보편적 범주 혹은 구조를 통해 신화적 현상들을 연결시켰고, 그래서 신화적 자료들의 복잡성을 단순화했다. 사실 환원주의적 비평가들은 엘리아데가 자료의 복잡성을 몇몇의 단순한 이론적 원리와 용어로 극단적으로 환원함으로써 엄청나게 지나친 단순화의 오류를 범했다고 비판하곤 했다.

신화-종교현상들의 복잡성을 단순화 과정을 통해 환원시키는 것을 지나치게 강조한다면 엘리아데 연구가 가지고 있는 정반대의 성

의미도 포함시키고 있어서, 현상들을 단순화하는 목적을 가리킬 뿐 아니라 이들을 과도하게 단순화시키는 위험성도 지적하고 있다고 주장한다.
31) Daniel L. Pals, "Is Religion a *Sui Generis* Phenomenon?" *Journal of the American Academy of Religion* 55, (1987): 261~62. 팰스는 다음과 같이 덧붙인다. "설명이 단일한, 명확하게 정의된 경험 영역에서 자료들을 연결시키는 것을 넘어, 자료의 전체적인 한 영역을 사실 다른 영역에 속한 것으로 설명하려는 더 야심적인 목표로 이동하고 나서야 비로소, 환원은 그 고전적이고 더 논쟁을 불러일으키는 의미를 획득하게 된다."

향을 가리는 위험에 빠질 수 있다. 이미 언급했듯이 엘리아데는 프로이트 등의 환원주의자들이 복잡한 신화-종교 자료들을 단순하고 편협하게 설명한다고 종종 비판한다. 더군다나 엘리아데는 신화 자료를 더 적절하고 일관되며 의미 있게 해석하기를 원하는 한편, 환원적 단순화와는 맞지 않는 역설, 모순, 신비, 불가사의, 복잡한 것들도 즐겨 다루었다. 그는 경쟁 관계의 해석들 중에서 선택해야 할 때 오컴의 면도날*을 사용하는 것을 그다지 좋아하지 않았다. 과학적 환원주의, 단순화, 이론 번역 가능성 등의 기준들에는 관심을 보이지 않은 반면, 문화적 창조성의 환원할 수 없는 복잡성을 중시하는 문학적, 미학적, 신비주의적 접근에는 큰 관심을 가지고 있었다. 엘리아데가 때때로 "종교의 과학적 연구science of religion"라는 용어를 쓰기도 하지만, 그에게 이 용어는 환원적 단순화라는 지배적인 서구의 과학적 양식을 모방하지 말아야 하는 독창적인 학문적 종교 연구를 의미했다. 1장에서 강조했듯이 엘리아데의 반환원주의는 복잡성을 단순성으로 환원하는 것보다는 종교현상들을 비종교적 현상들로 환원하는 것을 대상으로 한 경우가 훨씬 더 많다.

이론과 종교현상 혹은 종교 자료

과학적 환원주의의 형태를 사용하는 종교학자들의 글에서 가장 많이 등장하는 주제들 중 하나는 환원 이론과 실제 종교현상들, 사실들, 혹은 자료들 사이를 확실히 구별하는 데 관련된 것이다. 이 학자들의 주장에 따르면 과학적 환원주의는 이론적 수준에서 작용한다.

---

* 14세기 영국의 철학자 오컴William Ockham이 제시한, "설명을 제시할 때 필요 없이 많은 것을 가정해서는 안 된다"는 규칙을 가리킨다. 필요 없는 보편 개념을 함부로 사용하지 말아야 한다는 의미로 종종 사용된다.

이는 이론들에 관한 이론들, 어떻게 이론들이 다른 이론들로 환원될 수 있는지에 대한 이론들, 그리고 과학적 지식의 개념 변화를 설명하는 이론적 설명 등을 수반한다는 것이다. 이론들은 환원될 수 있으나 현상이나 자료는 환원될 수 없다.

이 주장을 가장 설득력 있고 꾸준하게 제기한 학자는 한스 페너Hans Penner이다. 페너는 에드워드 요난Edward Yonan과 함께 "환원은 현상, 자료, 혹은 현상의 속성에 대한 것이 아니라, 진술들의 이론이나 체계와 관련이 있는 것이다"라고 주장한다. 과학적인 환원주의 학자들은 "환원은 설명하고 있는 현상이나 자료를 파괴하거나, 무너뜨리거나, 혹은 가치를 떨어뜨린다"는 식의 주장을 하지 않는다. "이와 반대로, 과학적 연구에서 환원은, 어떤 **이론**을 **설명**할 때 같은 분야의(혹은 다른 분야로부터 가져온) 다른 이론을 사용하는 것을 의미한다. 환원의 유일한 목적은 적절한 이론적 설명을 제공하는 것이고 과학적 지식의 지속적인 발전을 산출하는 것이다." 환원주의라는 이 방법론적 쟁점에 대한 엘리아데의 애매한 "대중적 개념"은 "완전히 틀린 것이다."[32]

페너는 엘리아데를 비롯한 종교주의자들이 환원주의를 완전히 오해하고 있다고 본다. 이들은 환원주의가 종교와 신화-종교 자료들을 훼손하고, 축소하고, 중요하지 않은 이유를 늘어놓는 식으로 설명한다고 생각하기 때문이다. 엘리아데가 그릇되게 환원주의를 거부하면서 성스러움이 환원할 수 없는 종교적이고 초월적인 근원이고 종교의 본질이며 "이론의 대상이 아니다"라고 주장한다면, 그래서 올바른 종교 연구가 "이론 사이의 환원으로부터 면제"되어야 한다고 주장한다면, 그러한 연구는 엄밀한 학문적인 과학적 종교 연구와는 아무런 상관이

---

32) Hans H. Penner and Edward A. Yonan, "Is a Science of Religion Possible?", *Journal of Religion* 52(1972): 130~31.

없는 것이다.33) 이미 언급했듯이 이제 엘리아데의 반환원주의는 형편없이 애매하고, 무비판적이고, 비과학적이라고 치부될 수 있게 된다.

엘리아데의 반환원주의가 오해에 기인한 것이고 엘리아데가 환원으로 인해 종교의 존재 자체가 위협받을 것이라고 염려했다는 비판은 대개 방향이 잘못 설정된 것이다. 본론에서 약간 벗어난 이야기로, 여러 군데에서 엘리아데는 서구 종교의 지배적인 형태가 이미 품위를 잃었고 경화硬化되었으며 죽었다고 주장하는 등 극심한 적의를 보였다. 사실상 엘리아데의 반환원주의 설명의 대부분에 나타나는 중심적인 관심은, 그가 환원할 수 없는 종교-신화 현상들을 공정히 평가하는 데 필수적이라고 보는 반환원주의 이론, 방법, 학문 분야가 환원주의적 설명에 의해 위협받는 것에 대한 염려이다.

다른 환원주의자들이 이와 유사하게 엘리아데를 설명하고 비판한 것을 더 이상 검토하지는 않겠다. 여기서는 몇몇 환원주의자들이 다소 오만하고 독단적으로 추정하는 것보다 상황이 훨씬 더 복잡하며 논쟁의 여지가 있다는 것만 언급하겠다. 어떤 환원주의자들은 데이비드 흄David Hume의 영향력 있는 저작들 이래 20세기 여러 철학자의 연구들에까지 이어진 고전적 경험주의의 틀 내에서 움직이고 있는 것 같다. 즉 (객관적 자료인) 기본이 되는 감각인상과,* (감각여건

---

33) Hans H. Penner, *Impasse and Resolution*(New York: Peter Lang, 1989), pp. 23, 25. William E. Paden, "Before 'The Sacred' Became Theological: Rereading the Durkheimian Legacy", in *Religion and Reductionism*, ed. Idinopulos and Yonan, pp. 198~200도 보라.

* sense impression ; 흄은 색이나 소리 같은 감각인상이 관념의 기원이 되며, 인식의 기본적인 재료를 구성한다고 보았다. 본문에서 바로 뒤에 언급되는 감각여건 sense data은 실제와는 다를 수 있는, 감각되는 그대로의 현상으로, 감각소여sense given와 구별하지 않고 사용되기도 한다. 감각인상이 감각여건을 수용하여 인식을 시작한다.

을 근거로 하였으나 종종 주관적이고 입증할 수 없는) 생각, 개념, 이론들 사이에 분명한 이분법을 보이는 경험주의를 따르는 것이다. 많은 현대 철학은 객관적 자료, 사실, 소여들과 같은 순진한 경험주의적 견해를 비판하고 거부해왔다. 마찬가지로, 어네스트 나겔Ernest Nagel의 유명한 '이론 간 환원의 파생적 유형'에 잘 나타나듯이, 과학적 환원주의에 대한 많은 기술적 연구서도 철학자들이 더 이상 그다지 수용하지 않는 신-실증주의의 지배적인 철학적 틀을 전제로 하고 있다.

간단히 말하면 "현상", "자료", "사실", "이론"의 속성과 상태, 그리고 이론과 종교현상(혹은 자료) 간의 관계는 매우 복잡할뿐더러, 결말이 난 문제가 아니라는 것이다. 일부 환원주의자들은, 엘리아데가 "비과학적"이라고 심각하게 비판하는 것을 중시하며 이론적 환원이 현상이나 "사물"과 아무 상관이 없다는 것을 깨닫지 못하는 사람은 누구나 완전히 틀렸다고 주장하는 데에 좀 더 신중해야 한다. 이론과 현상 혹은 자료의 관계를 분석하는 데 필수적인, 기술적-규범적, 객관적-주관적, 사실-이론의 구별과 같은 전통적인 명확한 이분법에 도전하는 여러 분석을 조사하고자 하는 것은 아니다. 여기서는 엘리아데의 반환원주의 연구에 적절한 두 개의 일반적인 의견을 소개할 것이다.

첫째, 환원주의적 이론들이 설명 대상인 종교현상들에 항상 아무런 영향도 끼치지 않는지는 분명하지 않다. 앞에서 종교적인 것의 환원 불가능성에 부여했던 초기 작업의 방법론적 우월성과 일치하는 기본적인 의미에서, 어떤 학자가 대개 기술적인 명시적 차원에서 종교적 자료들의 종교적 속성을 존중한다고 하자. 그러고는 그 학자는 자료의 환원주의적이고 비종교적인 설명을 체계화할 것이다. 그 학자의 이론은 다른 이론들을 대신하게 될지도 모른다. 그러나 종교적 인간이 환원할 수 없는 종교적인 것으로 경험하는 기본적인 종교현상이나 자료는 학자의 이론적 설명의 영향은 받지 않은 채로 남아 있다.

그러나 환원은 분명히 이론들에 적용되지만, "이론들은 결국 사물에 대한 것이다"라는 팰스의 적절한 지적 역시 기억해야 할 것이다. "페너와 요난은 이론적 환원과 같은 것이 있기 때문에 존재론적 환원 같은 것은 없다고 말하는 듯하다. 설명에 관한 최근의 문헌은 그러한 생각에 찬성하지 않는다. 존재론적인 것과 이론적인 것이 **구별**되는 것은 사실이나, 비록 그 정확한 속성까지 확연히 일치하지는 않더라도 양자 간에는 연결점이 분명히 있다고 본다."[34]

대학생들에게서 종종 발생하는 경우처럼, 종교적인 사람들이 종교의 환원적 설명을 공부할 때 실제로 발생하는 일을 조사해보면, 이론과 사물의 관계의 문제는 매우 복잡해진다. 엘리아데가 비판하는 주요 대상이자 시갈이 아주 좋아하는 환원주의자들인 프로이트와 맑스의 환원론적 설명에 대해 간략하게 생각해보자. 프로이트의 『환상의 미래 The Future of an Illusion』를 읽을 때, 종교적인 학생들은 아주 거슬리는 설명을 접하게 된다. 종교가 미성숙한 신경증적 상황으로 분석되는 것이다. 종교 신자는 자연의 위협적인 힘에 대처할 수 없으면, 독단적으로 사리 분별이나 증거에는 별 신경을 쓰지 않고 상상의 욕구 충족의 결과로 만들어진 환상들을 믿게 된다는 것이다. 이러한 환상들은 그 종교적인 사람이 아버지에 의지했던 아동기의 욕구 충족의 경험으로 퇴행한다는 의미로 설명된다. 프로이트의 이 설명은 심리적으로 성숙한 합리적인 어른이라면 종교를 가질 필요가 없을 것이라는 의미를 분명히 함축하고 있다.[35]

---

[34] Daniel Pals, "Reductionism and Belief: An Appraisal of Recent Attacks on the Doctrine of Irreducible Religion", *Journal of Religion* 66(1986): 23~25.
[35] Sigmund Freud, *The Future of an Illusion*, trans. W. D. Robson-Scott(New York: Liveright, 1961), chap. 8.

맑스의 글, 「헤겔 『법철학』 비판을 위하여: 서설Contribution to the Critique of Hegel's *Philosophy of Right*: Introduction」을 읽을 때, 학생은 인간의 무력함과 소외의 좀 더 기본적인 부정적 조건의 증상으로서 종교를 분석하는 내용을 접한다. "전도된 세계 의식"으로서 종교는 소외, 고통, 억압의 실제 세계로부터 발생했고 이 세계를 반영하는 상상의 투사라는 것이다. 소외의 진짜 원인들을 다루는 대신에, 종교적인 사람들은 긍정적인 모든 것, 소외된 현실 세계에는 없는 모든 것을 상상 속의 비현실적인 초자연적 세계에 투사함으로써 종교적인 환상을 만들어낸다. 여기서도 역시, 분명한 메시지는 합리적이고 소외되지 않은 인간들은 종교적 환상으로부터 자유로우며, 인류를 괴롭히는 착취와 불의의 실제 원인들에 대처한다는 것이다.[36)]

환원주의적 설명들을 연구하는 것과 종교적인 학생의 삶에서 종교적 현상들을 축소시키거나 완전히 제거하는 것 사이에 필연적인 관계가 없는 것은 명백하다. 대부분의 종교적인 학생은 프로이트와 맑스의 설명을 거부한다. 많은 다른 학생은 이 설명들이 이론적으로 설득력 있다고 생각하면서도 종종 모순되는 두 세계에서 그럭저럭 살아간다. 종교는 깊은 욕구를 계속 충족시켜주기 때문이다. 그러나 이 이론적 설명들이 설득력 있다고 생각하고 혼란, 불안, 위기, 개인적 상실감 등을 경험하는 학생들도 있다. 어떤 경우에는 그들의 종교적 현상들이 "중요하지 않은 것으로 설명되어버릴" 수도 있다. 이들은 의미 있는 종교 신화로 생각했던 것을 더 이상 진지하게 받아들이기 어려울 수도 있으며, 과거에는 중요하게 여겼던 종교 의례에 더 이상

---

36) Karl Marx, "Contribution to the Critique of Hegel's *Philosophy of Right*: Introduction", in *The Marx-Engels Reader*, ed. Robert C. Tucker(New York: W. W. Norton, 1972), pp. 11~12.

신실한 믿음을 가지고 참여할 수 없을지도 모른다.[37]

마찬가지로 엘리아데가 완전히 혼동하고 있던 것은 아니며, 아무런 이유 없이 환원주의적 접근들에 의해 종교학history of religions(종교학Religionswissenschaft) 분야가 위협을 받고 있었다고 느낀 것도 아니다. 그가 틀렸을지는 몰라도, 프로이트나 맑스 등의 역사적·과학적 환원주의는, 환원할 수 없는 종교적 지향성을 지닌 그의 "독자적" 학문 분야를 필요로 하는 환원할 수 없는 종교현상들을 "변명하는 식으로 설명할 것"이라고 우려할 만한 소지가 없지 않았다.

엘리아데의 반환원주의를 다른 것으로부터 격리하거나, 모든 환원주의적 설명이 선천적으로 틀린 것이라는 주장을 수용하려는 의도로 이러한 문제점들을 제시한 것은 아니다. 사실 프로이트와 맑스는 종교의 많은 부분을 이해하기 위하여 강력한 설명 이론을 제공한다. 이들의 환원주의적인 설명을 진지하게 받아들이지 않는 학생은 진지한 종교학도가 아니다. 때때로 이론-자료 혹은 이론-현상의 관계가 이야기된 것보다 더 복잡하다는 것을 지적하고자 하는 것이다.

둘째, 훨씬 더 근본적인 문제로, 이론적 해석 및 설명과 무관할 만큼 기본적인 종교 "자료"나 "현상"이 있다는 것이 분명하지 않다. 이는 종교-신화적 사람들이 현상을 해석하고 설명하는 수준에 적합할 뿐 아니라, 신화와 종교 연구자들이 하는 해석과 설명의 묵시적 수준에도 적합하다. "직접적인" 지각과 감각의 명시적 수준에서도 전통적

---

37) 어떻게 환원주의가 재기술再記述redescription을 수반하는지, 어떻게 재기술된 사람들이 특정 조건 아래서 실제 상실을 경험하는지에 대한 논의로는, Tony Edwards, "Religion, Explanation, and the Askesis of Inquiry", in *Religion and Reductionism*, ed. Idinopulos and Yonan, pp. 174, 180을 보라. 단 이 글은 "환원주의 주제들이 진실을 위협하지 않는다"와 "재구성으로 인해 지위의 변화가 생기지 않는다"는 결론을 내리는 것을 주의하라.

인 현상들의 분류를 완전히 해석되지 않고 설명되지 않은, 가치중립적이며, 이론이 적용되지 않은, 있는 그대로의 자료로 받아들이기를 주저할 것이다. 단순한 현상, 자료, 혹은 "사실"로 보였던 것들조차도 엄청나게 복잡할뿐더러, 그 복잡한 정도도 다양하다. 또한 이들은, 적어도 어느 정도는, 구성하고 종합하는 주체들의 결과일 수도 있다.

환원주의자들이 종종 제기하는 사례들 중 가장 논쟁의 소지가 적은, 경험되는 고통과 같은 단순한 감각이나 달의 주기의 변화를 인지하는 것 같은 단순한 지각들에 대해 간단히 검토해보자. 이런 현상들을 설명하려고 시도하는 어떠한 과학적 이론도 고통이나 변하는 달의 주기 같은 기본적 경험을 결코 부정하거나, 하찮게 치부하거나, 거기에 영향을 미치지 않는다는 헴펠Hempel이나 나겔 등의 주장이 옳게 보일 것이다.

고통이나 이와 유사한 경험들의 주관적 측면들을 인식한 고전 철학자들이 이 측면들을 사물의 주된 특질로 분류하기를 거부한 것은 그럴 만한 이유가 있어서였다. 종교학에서 금욕주의와 같은 현상들을 다룰 때 단지 얼마나 다양하게 "고통"이 해석되고, 설명되고, 인내되고, 정당화되었는지뿐 아니라, 어떻게 고통이 그렇게 급격히 다른 방식으로 경험되었는지도 생각하게 된다. 어떤 경우에는 "단순한 고통"의 여건들은 고통으로 경험되지 않을 수도 있다. 간단히 말해 단순해 보이는 것이 매우 복잡할 수도 있는 것이다. 신화적 신앙, 이론적 해석과 설명, 종교적 전제, 그리고 문화적 사회화의 복잡한 과정은 처음에는 단순히 주어진 감각으로 보이는 것들의 통합적인 구성의 측면들일 수도 있다.

"단순한 지각"의 경우는 성과 속의 변증법이나 상징적, 신화적 구조의 기능에 대한 엘리아데의 여러 주장을 더 잘 드러낼뿐더러, 더 적절하다. 현대인들은 달을 바라보는look at 것이지, 신화적 인간들이 관찰하는 것을 그저 "보는see" 것은 아니다. 이것은 같은 달의 주기를 관찰하는 현대의 종교적인 사람들religious persons과 비종교적인 사람들의 경우에만 한정되지 않는다. 같은 지각적 자료에서 시작하여 이 현상의 종교-신화적 의미를 출생, 죽음, 재생의, 주기적으로 반복하는 무한한 삶의 끝없는 주기를 드러내는 것으로 해석하는 종교적 인간에게도 해당된다. 헴펠이나 나겔 등이 주장하는 것처럼 관찰의 언어와 이론적 언어를 분명히 양분하여 모든 이론적 내용과 상관없이 관찰에만 입각한 진술들의 특질을 집어낼 수는 없는 것이다. 신화적 신앙들과 기타 이론적 내용, 특정한 종교의 습득과 언어의 습득, 특정한 종교적 동인들과 기타 동인들, 종교적 전제들과 기타 전제들, 문화적 사회화의 기타 측면들 때문에, 신화-종교적인 사람은 달을 관찰할 때, 종종 전 반성적prereflective이고 무의식적인 수준에서 다른 현상들, 구조들, 의미들을 실제로 직관하고 지각한다

이러한 고찰은 경험적 차원에서 신화-종교적인 사람뿐 아니라, 신화-종교현상들을 설명하려 하는 종교학자들에게도 해당된다. 명백히 학문적인 해석과 설명을 체계화하기도 전에, 연구자가 무엇에 초점을 맞추며 해석할 필요가 있는 적합한 종교 자료로 무엇을 선정하는지와, 학자가 해석되지 않은 기본 현상들을 어떻게 기술하는지가, 이론의 영향을 받지 않은 현상으로 여겨질 수는 없다. 널리 수용되지 않는 전제들, 암묵적인 규범적 판단들, 그리고 신화와 종교에 대한 이론적 견해들을 근거로, 엘리아데는 다른 학자들이 인식하지 못하고 거부하는 모든 종류의 종교현상들, 구조들, 의미들을 "본다"고 주장했다. 반면 다른 학자들은 엘리아데가 인식하지 못하고 거부하는 것을 다룬다고 주장했다.

예를 들면 신화적인 사람들만 그런 것이 아니라 학자로서 엘리아데도 라이트 밀스C. Wright Mills의 "동기의 어휘들"에 대한 분석의 일

부를 확장하여 어떤 종교적 동기를 비난하며, 이를 단순히 기술하는 데 머무르지 않는다.[38] 동기의 지배적인 종교 어휘의 관점에서, 엘리아데는 인간의 관계와 인간 상호 작용의 신화-종교적 세계를 이해하려고 시도한다. 반환원주의자라는 특정한 부류의 학자로서, 엘리아데는 그의 기술과 해석들이 성스러움이라는 관점에서 동기의 특정한 언어에 의해 좌우되는 방식으로 사회화되었다. 엘리아데는 종교적 동기의 주요한 어휘를 전제로 하고 우선시하면서 그의 기본 자료나 현상들을 특정한 방식으로 기술할 수 있었던 반면, 다른 학문적 방법의 복잡한, 구성된, 기술적記述的 현상들에 필수적인 동기의 대안적 어휘들은 평가절하하거나, 제쳐두거나, 인정하지 않을 수밖에 없었다.

엘리아데는 종종 복잡한 이론-현상의 관계에 관해서는 지나치게 순진해 보이는 방식으로 그의 반환원주의와 현상학적 방법을 제시한다. 자신은 해석할 필요가 있는 경험적, 종교적 사실들과 자료들을 단순히 수집하는 것이라고 주장하기도 한다. 사실 엘리아데의 신화-종교적 경험들에 대한 견해가 이 받아들이기 어려운 명백한 이분법적 구분을 결합시킨다는 데 공감하는 사람들이 많이 있다. 앞으로 보게 되겠지만, 엘리아데는 대개 성스러움이 그 자체를 나타내며, 본질적인 상징과 신화의 구조들이 특정한 의미를 드러낸다는 것 등을 주장했다. 현상학적으로 그리고 존재론적으로, 대부분의 전통적인 종교적 설명에서 발견되는 표현과 다르지 않게, 엘리아데는 종종 존재에 앞서는 본질의 특정한 의미를 전달한다. 이 본질적이며 형이상학

---

[38] C. Wright Mills, "Situated Actions and Vocabularies of Motive", *American Sociologist Review* 5(1940): 904~13. "동기와 종교의 어휘들"을 다룬 뛰어난 글로는, Lorne Dawson, "Human Reflexivity and the Nonreductive Explanation of Religious Action", in *Religion and Reductionism*, ed. Idinopulos and Yonan, pp. 158~60을 보라.

적인 성스러운 실재는 존재론적 소여given로 여겨지며, 실제로 존재하는 인간은 이미 있는 이 소여를 발견하고, 찾고, 경험한다. 따라서 엘리아데가 말하는 **종교적 인간**은 단순하게 자신에게 보이는 종교현상들을 경험한다는 점에서 다소 수동적이며, 그의 언어, 전제, 신앙이 현상들이 구성되는 방식과 현상을 구성하는 것에 결정적 역할을 하는 역동적이고 구성적인 주체는 아니라는 느낌을 종종 준다.

몇몇의 아주 분명한 예외를 제외하고는, 칸트 이래로 대부분의 서양철학은 경험, 현상, 의미를 구성한다는 점에서 역동적이고 통합적인 주체로서의 자아의 불가결한 역할을 강조해왔다.[39] 전제, 신앙, 이론의 영향을 받지 않는, 가치중립적인 데다가 해석되지 않으며 객관적인, 주어진 자료, 사실, 현상 등의 존재를 전제로 하는 경험주의나 실증주의 등 다른 전통적 접근들은 순진하며 부적절한 것으로 거부된다.

『종교의 구조와 창조성』에서 나는 이러한 방법론적인 어려움들을

---

[39] 나는 맑스가 「포이어바흐에 관한 테제Theses on Feuerbach」에서 철학적 관념론자들에 대한 비판을 전개하고 있다고 해석한다. 맑스에 따르면 철학적 관념론자들이 능동적인, 생각하는, 상상하는, 구성하는 그리고 경험하는 주체나 주체적 자아들에 초점을 맞추어왔지만 이들은 객관적 실재에 대하여 전혀 모르고 있다는 것이다. 다른 한편으로는 포이어바흐와 같은 유물론자들과 자연주의적 과학적 모델에 공감하는 철학자들은 감각적 실제 행위들과 연관된 주체의 역할을 무시했다. 대신 그들은 주어진 객관적 사실들과 자연법칙들을 고찰하고 드러내는 비인격적, 초연한, 수동적 주체에 대한 설명을 제시했다. 두 철학적 접근들 모두 일방적이며 부적절하다. 주관과 객관이 변증법적으로 통합될 필요가 있다. 이를 통해서, 실제의 객관적이며 주어진 세계(즉 본질화된 소여가 아니라 그 속성과 의미가 접착적으로 구성되는 세계)와, 실제의 구체화되고 독창적이 인간 주체나 행위자(이들의 실천적이며 비판적 행위가 사실들과 현상들의 의미 있는 세계를 구성하는 방법을 이해하는 데 꼭 필요한) 사이의 역동적이며 복잡한 상호 작용의 관계들을 공정히 평가할 수 있는 것이다. Karl Marx, "Theses on Feuerbach", in *The Marx-Engels Reader*, ed. Tucker, p. 107을 보라.

다루기 위해 엘리아데의 현상학적 방법을 재구성하고 때때로 다시 설명하려고 노력했다. 예를 들어 나는 "**구성된 소여**constituted given"라는 개념을 상당히 많이 이용했다.[40] 현상학적으로 종교적인 사람들이나 비종교적인 사람들은 자기 자신이 만든 현상이 아닌, 이미 주어진, 이미 구성된 현상의 세계들을 만나게 된다. 이렇게 주어진 것givenness이라는 감각은 경제 관계의 생산과 체계의 특정 방식, 언어 획득의 형태, 정치적·법적 제도들, 계급과 성 등의 지배 관계를 포함하는 사회구조, 문화적이고 이데올로기적으로 지배적인 형태들, 군대 등의 강제력, 윤리와 인간 속성의 견해에 대한 체계들, 종교적 신화, 의례, 제도 등을 포함한다. 이러한 주어진 것의 감각은 필수적이기는 하지만, 종교적인 현상들과 세속적인 현상들의 실제 경험적 세계를 이해하는 데는 충분하지 못하다. 이 주어진 것의 실제 감각은 권한을 제한하는 동시에 부여한다. 신화 현상들의 실제 세계는 인지하는, 자발적인, 느끼는, 상상하는, 개념화하는, 종합하는, 구성하는 주체들이 주어진 것과 연관되는 방법을 수반한다. 이 주체들이 의식적으로나 무의식적으로 무엇을 수용하거나 거절하는지, 어떤 상징적 가능성들이 적합하며 이들의 가치가 어떻게 재설정되는지, 그리고 어떻게 신화 현상들이 신화적 혹은 비신화적 현상들로 재구성되는지 등의 문제들도 신화 현상들의 실제 세계와 연관되어 있다. 달리 말하면 구성된 소여들로서 신화-종교적인 현상들은 (다른 현상들과 마찬가지로) 매우 복잡하며, 이론과 현상 사이의 엄격한 양분의 관점에서 이해될 수 없는 것이다.

---

40) 예를 들면 Allen, *Structure and Creativity in Religion*, pp. 181~90을 보라.

과학적 환원주의와 엘리아데의 다른 관심들

환원주의에 대한 기술적technical 연구서, 특히 과학철학 분야의 연구서를 읽을 때면, 환원주의의 반대자라는 말은 물론 환원주의의 지지자라는 말이 종교학에서 무엇을 의미하는지가 늘 분명하지 않다. 『종교와 환원주의Religion and Reductionism』에 기고한 여러 학자는, 심지어 로버트 시갈이 "환원주의"라는 말을 정확히 무슨 뜻으로 사용하는지가 분명하지 않다는 것을 지적한다. 그중에는 시갈의 환원주의 옹호를 충실하게 지지하는 사람들도 포함되어 있다.

여러 환원주의 이론은 서로 매우 다르며 종종 경쟁 관계에 있다. 예를 들어 토머스 리바는 다니엘 보네박Daniel Bonevac이 자연과학과 수학에서 환원을 크게 여섯 가지로 분류한 것을 소개한다. 나겔의 '이론 간 환원의 파생적 유형'은, 연결 가능성과 파생 가능성이라는 두 개의 필요조건과, 환원은 다양한 논리적 함의entailment라는 전제와 더불어 가장 유명하다.[41] 에드워드 요난은 아서 피콕Arthur Peacocke이 방법론적, 존재론적, 인식론적으로 분류한 세 종류의 환원주의를 소개한다. 다음으로 그는 이와 유사하지만 더 발전된 사호트라 사르카 Sahotra Sarka의 환원의 세 가지 양식에 따른 분류를 제시한다. 여기에는 이론적 환원(나겔-샤프너Schaffner 유형을 포함하며, 방법론적 환원주의와 유사), 설명적 환원(인식론적 환원주의를 의미), 구성적 환원(존재론적 환원주의에 해당) 등 세 양식이 있으며, 각각은 환원주의의 몇몇 유형에 의해 예증된다.[42]

---

[41] Daniel Bonevac, *Reduction in the Abstract Sciences*(Cambridge: Hackett, 1982), pp. 7~59; Ryba, "Are Religious Theories Susceptible to Reduction?" pp. 19~30; Ernest Nagel, *The Structure of Science*(New York: Harcourt, Brace and World, 1961), chap. 11. 또한 Carl Hempel, *Philosophy of Natural Science*(Englewood Cliffs, N.J.: Prentice Hall, 1966)도 보라.

다른 분류를 하나만 더 언급하자면, 이반 스트렌스키가 환원주의의 "종류들", "방향들" 그리고 "해석들"에 따라 환원의 "주요 부류들 primary classes"을 제시한 것을 들 수 있겠다. "대체에 의한" 환원의 "해석들"의 부류를 설명하기 위해 파울 파이어아벤트Paul Feyerabend를 * 이용한 것이 가장 재미있는 점이다. 스트렌스키가 종교의 학문적 연구의 현 상황에 적합하지 않다고 보는 나겔의 "연역법에 의한" 환원의 "해석"과는 달리, 이〔대체에 의한 환원의〕해석은 지식의 성장, 사물의 새 패러다임이나 본보기의 관점에서 이론적 변화나 환원, 한 이론을 완전히 버리고 다른 것으로 대체하는 것 등에서 나타나는 불연속성을 강조한다. 스트렌스키에 따르면 엘리아데가 (그 자신은 대체에 의한 극단적인 환원을 하고 있으면서) 실제로 염려했던 것이 바로 이 대체에 의한 환원이다. 비종교적인 본보기에 의해 환원할 수 없는 종교적 "그림"을 완전히 대체하는 것을 우려한 것이다.[43]

과학철학의 입장에서 환원주의에 대한 이론적 설명과 논쟁들을 종교학에 적용하는 것이 어느 정도 가치가 있을 수 있다. 그러나 이러

---

42) Arthur Peacocke, ed., *Reductionism in Academic Disciplines*(Worcester, England: Billing & Sons Ltd., 1985), pp. 3~4 and 7~16; Sahotra Sarkar, "Models of Reduction and Categories of Reductionism", *Sythese* 91(1992): 167~94; Edward A. Yonan, "Clarifying the Strengths and Limits of Reductionism in the Discipline of Religion", in *Religion and Reductionism*, ed. Idinopulos and Yonan, pp. 45~47.

* 과학이 국가와 분리되어야 한다고 주장한 오스트리아 태생의 아나키스트 과학철학자(1924~1994).

43) Paul Feyerabend, "Explanation, Reduction, and Empiricism", *Minnesota Studies in the Philosophy of Science*, vol. 3, ed. Herbert Feigl and Grover Maxwell(Minneapolis: University of Minnesota Press, 1962), pp. 28~97; Strenski, "Reduction without Tears", pp. 98~103. 또한 Lorne Dawson이 자신의 책 *Reason, Freedom and Religion: Closing the Gap Between the Humanistic and the Scientific Study of Religion*(New York: Peter Lang, 1988), pp. 161~79에서 환원의 종류들에 대해 논의한 것도 보라.

한 작업을 통해 엘리아데의 환원주의 비판을 이해하려고 한다면 요점을 대부분 놓치게 될 것이다. 예를 들면 젊은 엘리아데는 매우 열심히 독서를 했고, 과학 특히 어원학에 큰 관심이 있다고 말했다. 그러나 그의 많은 반환원론적인 글에는, 청년기의 엘리아데가 종교적 대상에 대한 모든 진술을 과학적 진술로 옮길지도 모르는 러셀Russell의 기술적technical 환원에 위협을 받았다는 증거는커녕, 이런 환원을 알고 있었다는 증거도 보이지 않는다. 마찬가지로 엘리아데가 1930년대와 1940년대에 쓴 글에는 그가 환원주의의 위험에 대한 우려를 표하는 부분이 반복해서 나온다. 그러나 엘리아데가, 카르납Carnap의 기술적 환원에 위협을 느꼈다는 증거는 말할 것도 없고, 이것을 알고 있었다는 증거도 없다. 카르납의 환원이 구성할 수 있는 논리 체계는 엘리아데의 종교적 설명을 번역할 수 있는 것은 물론 그것의 무의미성을 보일 수도 있는 것이다. 물론 엘리아데는 실증주의, 유물론, 역사주의를 호되게 비판—때로는 다소 무비판적으로 이들을 환원주의에 대한 공격의 범위 안에 묶어놓기도 한다—하지만, 그는 과학철학의 환원주의에 대해 기술적인 설명을 하는 데에는 아무런 관심이 없었다.

마찬가지로 제2차 세계대전 후 수십 년간, 엘리아데는 자연과학의 이론 간 환원의 파생적 유형들이나 후기의 환원의 조건법적 유형들에 관심을 보이지 않았고 심지어 알고 있지도 못했다. 이러한 이론적 설명, 분석, 논쟁을 엘리아데의 설명에 적용하려는 시도를 할 수는 있을 것이다. 예를 들면 어떤 학자는, 엘리아데가 한 이론(말하자면 종교 이론)이 다른 이론(말하자면 사회과학 분야 중 하나)으로 환원되거나 이것에 의해 설명된다는 환원의 파생적 유형에 가장 큰 위협을 느꼈다고 볼 수 있을 것이다. 아니면 어떤 학자는 엘리아데가 사실상 두 이론 사이(말하자면 종교적 이론과 세속적 이론)에 근본적으로 상반된 논리가 있다는 데는 동의했던 반면, 환원을 허용하는 특별한 조항들을 추가하는 데는 반대했다는 의견을 진술할 수 있다. 또 어떤 학자는 엘리아데가 "대체에 의한 환원"에 가장 위협을 느꼈다고 말할 수도 있다. 그러나 파울 파이어아벤트나 롬 하레Rom Harré와 같은 과학철학자들의 기술적technical 이론 없이도 이러한 주장을 하는 것이 가능하다.

간단히 말해 방법론적, 인식론적, 존재론적 환원주의에 대한 이러한 기술적인technical 논쟁들은 엘리아데가 대책 없이 비과학적이었다고 주장하는 데 사용될 수 있는 반면, 엘리아데의 신화와 종교에 대한 반환원론적 연구 방법을 이해하는 데에는 그러한 노력이 제한된 설명의 가치가 있을 뿐이라는 것이다. 기술적인 과학적 이론들에 초점을 맞춘 그러한 노력들은, 엘리아데의 입장을 이해하는 데 더 도움이 될 수 있는, 환원주의에 대한 그의 견해에 큰 영향을 끼친 다른 요소들이 있었다는 것을 무시한다.[44]

증거서류를 제시하거나 다양한 영향을 끼친 수많은 요소를 열거하지 않아도, 엘리아데가 독서와 개인적인 관계를 통해, 현대 서구인의 삶에 부정적인, 후기-계몽주의의, 환원주의적인 영향을 받았다고 여겨지는 것들에 반대하는 학자나 문학가 등의 인물에게 항상 마음이 끌렸다는 사실을 지적하는 것만으로 충분하다. 이들[환원주의적 영향에 반대하는 학자와 문학가]이 현대 서구인에게 부정적 영향을 끼친 것으로 평가하는 것에는, 상상력과 비합리적인 현상들을 무시하거나 평가절하하는 환원주의의 과도한 합리주의적 형태, 존재와 인식 작

---

44) 엘리아데의 반환원주의에 영향을 끼친 매우 다른 요소들과 관심에 대한 단서는 많은 설명 어구의 어조에서도 찾을 수 있다. 엘리아데의 글들은, 기술적technical이고 과학적인 환원주의에 대한 설명에서 예상할 수 있는 냉정하고 객관적인 분석이라기보다는, 종종 매우 감정적이고 열정적이며, 환원주의 연구 방법의 위험성과 폐단에 대한 개인적인 비판도 포함하고 있다.

용의 다른 방식들을 무시하거나 평가절하하는 과학적·기술적 환원주의의 칭송, 영적, 신화적, 미학적 현상 등을 무시하거나 평가절하하는 환원주의의 편협한 세속적 형태 등이 있다.

엘리아데에게 반환원주의적 영향을 끼친 초기의 주요한 요소는 나에 이오네스쿠의 글들과 개인적 예들을 통해 나타난다. 그는 부쿠레슈티대학의 논리학과 형이상학 교수였지만, 자신이 말하는 반환원주의를 통해 "직접 경험한 것"에 "비합리주의적"으로 접근해야 한다고 강조했다. 또한 매우 개인적이며 참여를 수반하는 "진정성"의 실존철학, 동방정교회의 기독교 형이상학을 인식의 본질적 도구로서 사랑과 결합시키는 신비적이고 영적인 지향성 등도 강조했다.

엘리아데의 자서전과 일기 등에는, 지배적인 현대의 환원주의적 철학, 문화, 과학 등의 서구 전통의 외부에서 비판을 제기하는 학자들의 기여를 높이 평가하는 대목들이 아주 많이 등장한다. 그는 이들의 형이상학적이며 종합하는 영적인 지향성이 더 높은 수준의 의식과 상위의 지식, 새로운 과학, 철학, 그리고 미래의 인본주의를 의미한다고 믿었다. 중요하고 영향력 있는 인물들의 목록을 길게 나열하는 것도 가능하다. 이들 중 다수는 주로 낭만주의, 신비주의, 연금술, 비학秘學 등과 깊은 연관이 있어 보인다. 이 목록에서 몇 명만 뽑아본다면, 괴테Goethe, 하스데우B. P. Hasdeu, 발자크Balzac, 파피니G. Papini, 마치오로V. Macchioro, 부오나이우티E. Buonaiuti, 치오란E. M. Cioran, 이오네스쿠, 블라가L. Blaga, 투치G. Tucci, 앙리 코르뱅Henry Corbin, 쿠마라스와미A. Coomaraswamy, 슈타이너R. Steiner, 게농R. Guénon, 에볼라J. Evola, 뮈스P. Mus,* 그리고 스위스 아스코나Ascona에서 열린 에라

---

* 여기에 언급된 사람들 중, 괴테와 발자크를 제외한 나머지는 대부분의 독자들에게 낯선 인물들일 것이다. 이들은 대부분 19세기와 20세기 초에 활동한 사람들

노스 학회와* 연관된 여러 다른 학자를 열거할 수 있을 것이다.[45]

비록 엘리아데는 거의 인정하지 않지만, 그가 신화의 구조와 의미의 반환원주의적인 현상학적 방법과 반환원주의적인 형태론적 분류를 체계화하는 데에 철학적 현상학이 큰 영향을 끼쳤다는 점이 중요하다.[46] 1920년대에는 철학을 배우는 학생이었고 1930년대에는 철학을 가르쳤던 엘리아데가 에드문트 후설Edmund Husserl과 후기 현상학자들이 "심리주의"나 "과학주의" 등 현대 환원주의의 형태들을 강력히 비난했던 것을 몰랐을 리가 없다. 엘리아데의 반환원주의 방법은 후설의 "초월적 현상학"의 영향은 그다지 크게 받지 않았던 반면, 프랑스나 다른 유럽 저자들의 "실존적 현상학"과, 특히 마르틴 하이

이다. 이들에 대한 자세한 설명은 불필요할 것으로 생각하여, 다음과 같이 간략히 소개하도록 하겠다. 하스데우: 루마니아의 언어학자, 구비문학 연구자. 파피니: 이탈리아의 시인이자 소설가, 평론가. 마치오로: 이탈리아의 신화학자. 부오나이우티: 이탈리아의 근대주의 가톨릭 신학자. 치오란: 루마니아 출신의 프랑스 수필가. 이오네스쿠: 루마니아 출신의 프랑스 극작가. 블라가: 루마니아의 시인, 극작가, 철학자. 투치: 이탈리아의 티베트 연구가이자 불교학자. 앙리 코르뱅: 프랑스 신비주의 연구가, 철학자. 쿠마라스와미: 인도의 미술사가. 슈타이너: 독일의 인지철학자, 교육사상가. 게농: 프랑스의 문화 비평가, 종교 사상가. 에볼라: 이탈리아의 전통학파 철학자, 사상가. 뮈스: 프랑스의 동남아시아 불교 및 비교언어학자.

* Eranos Conference: C. G. 융을 주축으로 1933년부터 시작된 종교학자들의 모임.
45) 엘리아데는 근대성의 환원주의에 반대하는 그의 대응 때문뿐만 아니라, 현대의 편협한 전문화專門化 경향에 반대하는 입장 때문에도 이러한 학자들에게 매력을 느꼈다. 엘리아데는 항상 대담하고 종합적인 다작가多作家와 다형질의 작품을 창작하는 "보편적인" 저자들에게 마음이 끌렸다. 이러한 저자들은 종종 신화적이고 영적인 것을 역사적이고 과학적인 것과 통합시키고 종합하려고 한다. 또한 엘리아데는 라파엘 페타초니Raffaele Pettazzoni 같은 자신의 성스러움의 환원불가능성 주장에 동의하지 않는 학자들을 포함하여 다양한 학자들을 좋아했다.
46) Allen, "Phenomenology of Religion", pp. 272~85와 Allen, *Structure and Creativity in Religion*, 특히 pp. 107~13, 190~200, 201~3, 231~32, 240~43을 보라.

데거Martin Heidegger와 폴 리쾨르Paul Ricoeur 같은 철학자들의 "해석학적 현상학"과 더 많은 공통점을 가졌다. 철학적 현상학에서 온 주요 특징들은 엘리아데가 자신의 신화-종교의 반환원론적 해석을 생각하는 방법들에서 모두 중요한 위치를 차지한다. 현상 자체를 공정하게 평가하는 매우 기술적記述的인 학문이나 연구 방법을 지향하며, 모든 형태의 환원주의에 반대하는 반환원주의 접근을 채택해야 한다고 주장하고, 현상들의 지향성이나 의도적 구조에 초점을 맞추며, 연구자의 입장에서 "괄호 치기" 혹은 현상학적 에포케의 필요성을 강조하고, 본질적 구조와 의미를 파악하기 위한 직관적 시각이나 통찰력을 달성할 수 있는 방법을 채택하는 것 등이 철학적 현상학의 주요 특징이라고 하겠다.

요약하면 엘리아데에게 영향을 끼쳤으며, 20세기 과학철학 내의 환원주의 논쟁들과는 대개 혹은 전혀 상관없이 존재해온 반환원주의 언어를 사용하는 많은 전통들이 존재해왔다. 이는 엘리아데가 종종 반환원론적 설명을 할 때 무비판적이라는 것과 그가 다른 연구 방법들을 강하게 비판하는 것으로 인해 역공을 당했다는 것을 부인하기 위한 것이 아니다. 그러나 신화와 종교의 반환원론적 해석을 제공하려고 한 그의 노력을 평가하려면, 과학철학의 기술적인technical 논쟁들에 사로잡히지 않은 영향들과 관심들을 밝히는 것이 필수적이다.

3장
성스러움의 변증법

엘리아데에게 신화는 "종교적인 신화"를 의미한다. 엘리아데는 신화적 행위를 논할 때마다 어떤 종류의 종교적 행위를 보여준다. 7장에서 신화가 환원할 수 없는 종교적 구조와 기능을 가지고 있다는 엘리아데의 주장에 대해 다룰 것이며, 8장과 9장에서는 신화적 시간은 성스러운 시간이며 신화의 역사는 성스러운 역사라고 설명하는 것을 보일 것이다. 물론 모든 종교현상들이 "신화"라는 범주 아래 놓일 수는 없다. 엘리아데 역시 비신화적인 종교 자료들도 연구하였다. 엘리아데는 종교적 상징체계와 종교 신화에 나타나는 이 체계의 상징적인 표현에 특별한 관심을 가지고 있었다. 5장과 6장에서는 모든 종교적 표현이 반드시 상징적이라는 것을 설명하겠다. 그중에서도 신화는 종교적 상징 표현의 특별한 유형으로 해석될 것이다.

한편으로 엘리아데는 신화가 종종 다른 종교 자료들의 의미와 함의를 이해하는 기초를 제공한다고 주장한다. 예를 들어 먼저 그가 특정한 약초를 의례적으로 바르면 병을 치료할 수 있다고 믿는 "대중적인" 농민 신앙과 같은, 약초의 주술적 가치에 대한 민속 신앙을 검토한다고 하자. 종종 대부분의 "현대" 독자들은 이러한 주술-종교적 신앙과 행위들이 유치하고, 시대에 뒤떨어져 있고, 미신적이라는 생각이 들 것이다. 그러나 다음으로 엘리아데는, 주술-종교적 신앙과 행위가 더 큰 숨겨진 신화의 맥락에 놓일 때 이러한 신앙과 행위의 더 심층적인 구조와 의미가 어떻게 드러나는지를 보일 것이다. 또한 이러한 농민의 현상들이 약초의 기원에 관한 신화들과 어떻게 연관을 맺고 있는지, 그러한 기원 신화들이 우주 창조론 신화와는 어떠한 연관이 있는지, 어떻게 성스러운 시간과 역사의 신화적 구조가 이 농민들의 방향을 설정하여주며, 그래서 이 농민들이 (질병의 핵심 요소인) 퇴보하고 닳아 빠지고 고갈된 형태들을 제거하고, 치료에 필수적인 성스러운 시간과 역사를 재생시키기 위해 신화적 기원으로 신화적 복귀를 완전히 이루어내는지를 보여줄 것이다.[1]

다른 한편으로 엘리아데는 종교가 신화를 이해하기 위한 기초를 제공한다고 주장한다. 엘리아데에게 모든 신화는 종교적 신화이다. 그는 성스러움의 근본적인 경험에 대한 구조적인 분석에 기초한 종교의 특별한 개념을 가지고 있다. 신화는 주된 성스러움의 경험을 가능하게 하며 동시에 이 경험들을 표현한다. 그가 설명한 성과 속의 변증법에 나타나듯이, 엘리아데는 신성화라는 보편적인 과정에 의거

---

[1] 예를 들면 엘리아데는 어떤 약초의 효능이 기독교의 신화적 신앙에 근거를 두고 있는 것을 보여준다. 이 신화에 따르면 이 약초는 "성스러운 갈보리 언덕 위의 지구의 '중심'에 처음(즉 근원이 되는 때에) 자랐으며 그 원형이 갈보리 산 위의 결정적인 우주적 순간에(그 시간에) 발견되었다." 이와 비슷하게 인도 등지에서도 "약초는 신들이 처음 발견했다는 사실로 인해 그 치료의 효능을 가지게 된다." *Eternal Return*, pp. 30~31을 보라.

하여 성스러움이 신화-종교현상들을 통해 종교적인 사람들의 경험에 그 자체를 현현顯現하는 구조를 이해한다.

성스러움과 초월

종교적인 것의 환원 불가능성이라는 반환원주의 전제와 일관되게, 엘리아데는 다음과 같이 기록한다. "'종교학history of religions〔*종교의 역사〕'이라는 학문 분야 명칭에서 강조해야 할 부분은 역사가 아니라 종교라는 단어이다. 기술의 역사부터 인간 사상의 역사에 이르기까지 역사를 연구하는 수많은 방식이 있지만, 종교에 접근하는 방식은, 다시 말해 종교적 사실들을 다루는 방식은 단 하나가 있을 뿐이기 때문이다. 무언가를 역사로 구성하기 전에, 그 자체로서 그것이 무엇인지를 적절히 이해해야 한다."2)

『인간과 성스러움Man and the Sacred』에서 로제 카유아Roger Caillois가 분석한 내용을 따라, 엘리아데는 주장한다. "지금까지 나온 종교현상에 대한 모든 정의는 한 가지 공통점이 있다. 즉 모든 정의가 각기 그 나름대로의 방식으로 성스러움과 종교적 삶은 속됨과 세속적 삶의 반대임을 보여준다는 것이다." 카유아는 성과 속의 이 구별이 종교현상을 정의하는 데 언제나 충분한 것은 아니라는 것을 인정하면서, 그러나 이 대립이 종교의 모든 정의에 등장한다고 진술한다. 엘리아데가 썼듯이, "성과 속의 이분법적 구분은 인간의 종교적 삶에서 특히나 불변의 것이다."3)

---

2) *Images and Symbols*, p. 29. 8장과 9장에서 엘리아데의 "역사" 연구를 자세히 검토하도록 하겠다.
3) *Patterns*, p. 1; Mircea Eliade, *The Sacred and the Profane: The Nature of Religion*, trans. Willard R. Trask(New York: Harper & Row, Torchbooks, 1961), p. 10(앞으로 이

엘리아데가 주장하는 성과 속의 이분법의 중심적 역할에 대하여 모두 동의하는 것은 아니다. 예를 들면 존 살리바John Saliba는 성과 속의 이분법은 보편적인 것으로 여겨질 수 없으며 엘리아데의 "종교 정의는 너무 폭이 좁다"라고 주장한다. 니니안 스마트Ninian Smart는 엘리아데의 "기본적인 양극성兩極性"은 "더 포괄적인 것의 한 예"일 수 있다고 한다. 어떤 것이 "긍정적인 정서적 가치"를 지니고 있든지 아니든지 말이다. 그는 "궁극적인 것으로서의 성과 속의 양극성에서 시작할 필요가 없고, 대신 정서적 가치와 이에 의례적으로 수반되는 것들의 더 넓은 이론 속에서 봐야 할 것"이라고 제안한다.[4] 곧 보게 되겠지만 많은 학자들은 엘리아데의 분명하고 대립적인 종교 개념은, "시원적인archaic" 종교현상들의 의미를 파악하는 데 유용한 경우라도, 소위 "역사적 종교들"(유대교, 기독교, 이슬람)의 혁신적인 요소나 "현대" 종교현상들을 이해하는 데 부적합하다고 비판한다.

성스러움에 대한 엘리아데의 해석은 종교의 경험적 근거를 강조한다. 종교는 실존적 위기로부터 발생하며, 세계 내에 존재하는 인간의 방식을 표현하는 것으로 이해된다. "종교학의 가장 큰 장점이라고 할 수 있는 것은, 어떤 '사실'이 역사적 시간과 그 시대의 문화적 양식에 의해 좌우된다 하더라도 그것을 가능하게 한 실존적 상황을 사실 내

책은 *Sacred and Profane*으로 인용할 것이다); Mircea Eliade, "Structures and Changes in the History of Religions", trans. Kathryn K. Atwater, in *City Invincible*, ed. Carl H. Kraeling and Robert M. Adams(Chicago: University of Chicago Press, 1960), p. 353; Roger Caillois, *Man and the Sacred*, trans. Meyer Barash(Glencoe, Ill.: Free Press, 1959), pp. 13, 19.

4) Saliba, *"Homo Religiosus" in Mircea Eliade*, pp. 150~55; Ninian Smart, "Beyond Eliade: The Future of Theory in Religion", *Numen* 25(1978): 174~76. 곧 분명히 설명하겠지만 엘리아데는 스마트의 비판을 뒤집어, 그러한 "정서적 가치들"은 더 포괄적인 성-속의 틀의 특정한 측면들이라고 주장할 것이다.

에서 해독하려 노력한다는 것이다."⁵⁾ 엘리아데에 따르면 종교는 "반드시 신, 신들, 정령에 대한 신앙을 의미하는 것이 아니라, 성스러움의 경험을 가리키며, 따라서 존재, 의미, 진리의 개념과 연관이 있는 것이다." 성스러움은 의미 있고, 실재적이며, 진실로 경험되는 것이다. 이는 "의식의 역사 속의 한 단계가 아니라, 의식의 구조 내의 한 요소"이다. 성스러움과 속됨은 "세계 내 존재의 두 방식, 역사의 과정 속에서 인간이 취하는 두 실존적 상황"을 구성한다.⁶⁾

자신의 저술 전체에 걸쳐 종교 일반에 대해 기술한 것과 같은 방식으로 시원적 종교를 요약한 글에, 엘리아데는 다음과 같이 쓰고 있다.

> 종교는 초인간적 세계, 가치론적axiological 가치의 세계를 향한 "통로"를 유지한다. …… 신화는, 신의 세계이건 조상들의 세계이건, 다른 세계, 초월의 세계에 대한 의식을 각성시키고 이를 유지하는 가장 일반적이고 효율적인 수단이다. 이 "다른 세계"는 초인간적인 "초월적" 차원, 즉 **절대적 실재**의 차원을 나타낸다. 무언가가 **정말로 존재한다**는 개념, 따라서 인간을 지도하고 인간존재에 의미를 부여할 수 있는 절대적 가치가 있다는 개념을 태동시킨 것은 성스러움에 대한 경험, 즉 초인간적 실재와의 만남이다. 성스러움의 경험을 통해서 실재, 진리, 함의 등의 개념이 처음 시작

---

5) Eliade, "Methodological Remarks", p. 89.
6) Mircea Eliade, "Preface", *Quest*, p. v; *History 1*, p. xiii; *Sacred and Profane*, p. 14. *No Souvenirs*에는(p. 313) 다음과 같이 기록했다. "첫 주장: '성스러움'은 의식의 구조의 한 요소이며, 의식의 역사의 한 순간이 아니다. 다음 주장: 성스러움의 경험은 의미 있는 세계를 구성하기 위한 인간의 노력과 확고히 연결되어 있다." Ira Progoff, "Culture and Being: Mircea Eliade's Studies in Religion", *International Journal of Parapsychology* 2(1960): 53도 보라.

되고, 나중에 형이상학적 성찰에 의해 다듬어지고 체계화된다.[7]

따라서 의미 있고, 중요한, 실재하는 세계는 "성스러움의 현현이라고 불릴 수 있는 변증법적 과정의 결과이다." 엘리아데는 인간은 "무질서chaos〔혹은 혼돈〕" 속에서는 살 수 없다고 주장했다. 현대 세계의 많은 사람들의 경우처럼 "무질서" 속에 사는 것은 단절되고 의미 없는 비인간화된 존재를 낳게 된다. "인간의 삶은 초자연적 존재들을 통해 드러나는 전형적인 본보기를 모방함으로써 의미를 얻게 된다. 초인간적 본보기를 모방하는 것은 '종교적' 삶의 주요 특징들 중 하나, 즉 문화나 시대와 무관한 구조적인 특징을 구성한다."[8] "전형적인" 것들, "초인간적 본보기들"은, 중심이 잡혀 있고, 일관성 있게 구조화된, 의미 있는 우주에 인간이 자신들을 위치시키도록 해주는 신화를 통해 드러난다.

종교의 가장 특징적인 점은 종교가 성스러움에 집착하고 있다는 것이다. 종교는 성스러움을 속됨과 구별한다. 몇몇 사례를 보면 성과 속의 관계를 이해하는 데 도움이 될 것이다. 엘리아데에 따르면 "내적인 빛"의 신비한 경험은 "항상 영적 존재의 현현을 표현한다. 이러한 경험은 주체를 일상적인 우주로부터 다른 우주 속으로 보내며, 급격하게 그의 존재론적 지위를 바꾸며, 그에게 영적 존재의 가치를 인식시킨다." 이러한 경험은 "인간을 속세의 우주 혹은 역사적 상황으로부터 데리고 나와, 그를 질적으로 다른 우주, 전적으로 다른, 초월적이고 거룩한 세계로 보낸다"는 점에서 종교적이다.[9] 가면의 종교

---

7) *Myth and Reality*, p. 139. 엘리아데가 쓴 Thomas N. Munson, *Reflective Theology: Philosophical Orientations in Religion*(New Haven: Yale University Press, 1968)의 서문 ("Preface", pp. viii~ix)도 보라.
8) *Quest*, p. vi.

적 의미는 "시간의 개념과 항상 연결되어 있다." "가면을 쓴 사람은 속세의 시간"과 "개인적 시간의 정체성"을 "초월하며", 따라서 ("가면이 그 자신의 초상화일 때조차도") "다른" 어떤 존재가 된다.[10] "디오니소스와 관련된 광기적이고 무아경의 제의", 특히 유리피데스Euripides의 『바쿠스의 시녀들Baccahe』에 묘사된 "디오니소스의 광란 축제"는 "비밀 의식"의 종교적 의미가 "디오니소스 신의 총체적인 현현에 바쿠스 여성 사제들이 참여하는 것"에 있음을 보여준다. "디오니소스 축제의 무아경은 무엇보다도 인간 조건의 초월, 총체적인 해방의 발견, 그리고 인간들이 접근할 수 없는 자유와 자발성의 획득을 의미한다."[11]

엘리아데의 성스러움에 대한 수없이 많은 기술을 고려하면, "종교는 **초월성**의 어떤 측면을 항상 수반한다"라는 변하지 않는 요소가 도출된다는 것을 알 수 있다. 이는 현상학적인 "불변식不變式"이며, 본질적이고 보편적인 성스러움의 구조이다. 엘리아데는 『일기』에서 종교학의 목표는 "인간 경험에서 초월적인 것의 존재를 식별하는 것"이라고 쓰고 있다. 이 부분은 엘리아데가 맑스와 프로이트를 "현대" 환원주의자로 비난하는 대신, 이들의 혁명적인 연구 방법의 본질적인 특질을 자신이 종교와 성스러움의 연구에서 추구하는 것과 비교하고 있

---

9) Mircea Eliade, *Autobiography, Volume II: 1937~1960, Exile's Odyssey*, trans. Mac Linscott Ricketts(Chicago: University of Chicago Press, 1988), pp. 188~89(앞으로 이 책은 *Autobiography 2*로 인용할 것이다); *Mephistopheles and the Androgyne*, p. 76과 이 책의 "Experiences of the Mystic Light"(pp. 19~77) 부분을 보라. 또한 Eliade, "Spirit, Light, and Seed", in *Occultism, Witchcraft, and Cultural Fashions: Essays in Comparative Religions*(Chicago: University of Chicago Press, 1976), pp. 93~119도 보라.
10) Mircea Eliade, "Masks: Mythical and Ritual Origins", in *Encyclopedia of World Art*, vol. 9, col. 524(London and New York: McGraw-Hill, 1964). 이 논문은 Mircea Eliade, *Symbolism, the Sacred, and the Arts*, ed. Diane Apostolos-Cappadona(New York: Crossroad, 1986), pp. 64~71에 다시 실렸다.
11) *History 1*, pp. 363~68.

다는 점에서 매우 흥미롭다. "몇 년 동안 또 다른 생각이 나를 붙잡고 있다. 만약 맑스가 사회적 무의식을 분석하고 드러냈던 것과 프로이트가 개인적 무의식에 동일한 일을 했던 것이 사실이라면, 따라서 정신분석학과 맑스주의가 '상부구조superstructures'를 꿰뚫고 나와 진정한 원인과 동기들에 도달하는 법을 가르쳐준다는 것이 사실이라면, 내가 이해하는 종교학은 이들과 똑같은 목표를 가지고 있다. 즉 인간 경험에서 **초월적인 것의 존재를 식별하는 것**, 무의식이라는 거대한 덩어리에서 **초의식적인**transconscious 것을 구별해내는 것이다." 엘리아데는 자신이 결코 "종교학의 분석적인 기능, 일상생활 속에서 초월적인 것과 초역사적인 것의 존재를 드러내도록 도와주는 방법"을 설명한 적은 결코 없었다고 덧붙인다.[12)]

성스러움의 경험의 초월적인 구조에 대한 강조는 『성과 속The Sacred and the Profane』에서 엘리아데가 현대의 비종교적인 세계 내 존재 양태와 전통적인 종교의 지향성을 대조하는 인상적인 구절에 명백히 드러난다.

> 비종교적인 사람은 초월을 거절하고, "실재"의 상대성을 수용하며, 존재의 의미마저 의심하게 될지도 모른다. 현대의 비종교적

---

12) *No Souvenirs*, p. 83. 1959년 12월 5일에 쓴 이 매혹적인 일기는 극적이면서 정확하게 엘리아데가 성스러움의 초월적 속성에 초점을 맞추고 있음을 강조하고 있지만, 맑스와 프로이트에 대한 "관대한" 해석은 엘리아데의 글에서는 아주 보기 드문 것이다. 엘리아데는 맑스와 프로이트가 종교경험은 물론 소위 "근대", "세속적", "역사적" 현상들의 "진정한 원인들과 동기들"에 도달하지 못했다고 주장한다. 게다가 엘리아데가 "원인들"과 "설명들"에 대해 언급한 내용들은 2장의 논점 중 하나를 확인해준다. 즉 해석(엘리아데)과 설명(환원주의자)의 분명한 이분법적 구별은 종종 엘리아데와 같은 학자들이 실제로 했던 것을 과도하게 단순화하고 왜곡한다는 것이다.

인 사람은 새로운 존재론적 상황을 가정한다. 그는 자신만이 유일한 역사의 주체이며 행위자라고 간주하며, 초월성에 호소하기를 완전히 거부한다. 달리 말해 그는 인간 조건 외부에 있는 인류의 본보기를 다양한 역사적 상황 속에서 볼 수 있는 것으로서 받아들이지 않는다. 인간은 **자신을 만들며**, 그는 자신과 세계를 탈신성화시키는 만큼 완전하게 자신을 만든다. 성스러움은 인간의 자유에 주된 장애물이다. 그는 전적으로 탈신비화될 때에만 자기 자신이 될 것이다. 그는 마지막 남은 신을 죽이고 난 후에야 비로소 진정으로 자유롭게 될 것이다.[13]

종교적인 사람들처럼 엘리아데도 초월적인 성스러움을 "신", "신성한", "초자연적인", "절대적 실재", "궁극적 실재", "존재", "영원한", "초역사적인", "무한한", "생의 근원", "힘", "지복至福" 등의 용어로 묘사해왔다. 그러나 엘리아데의 의도는 초월의 이 의미가 종교의 **보편적인** 구조로 간주되도록 하는 것이었다. 그토록 많은 선교사들, 신학자들, 인류학자들 등이 해왔던 것처럼, 초월의 의미를 어떤 특정한 신화-종교적 기술이나 내용에 한정시키는 것은 이를 개별화하고 제한하는 것이다. 모든 표현은 너무 특정하다. 엘리아데에게 종교는 모든 속된 양식과 급격한 분리를 수반한다. 초월은 언제나 동일하게, 상대적이고 역사적이며 "자연적이고" "통상적인" 경험의 세계 "너머로" 우리 시선을 이끈다. 사실 엘리아데는 신화와 "종교의 주요한 기능"은 인간존재가 "초월적" 가치의 "초인간적" 세계를 향해 "열려 있도록" 만드는 것이라고 주장하기까지 한다.[14]

---

13) *Sacred and Profane*, pp. 202~3. *Myths, Dreams and Mysteries*, p. 236도 보라.
14) "Structure and Changes in the History of Religion", p. 366. *Sacred and Profane*, p.

이 지점에서 엘리아데는 초월적인 성스러움의 궁극적 실재를 승인하는 형이상학적이거나 존재론적 입장에 대해서는 언급하지 않는다. 성스러움에 대해 기술하고 해석하는 대부분의 글에서 엘리아데는 종교경험에서 드러나는 지향적인 구조를 지적하고 있다. 초월적인 것으로 경험되는 성스러움과 독특하고 환원할 수 없는 지향적인 관계를 맺고 있는 세계 속에서, 종교는 인간존재 양태를 수반한다. 브라이언 레니가 말했듯이, "엘리아데는 아리스토텔레스Aristotle의 **질료**hyle나 칸트의 본체noumenal 개념과 같은 존재론적 실체substratum를 논하고 있지 않다. 인식하고 경험하는 주체의 의식에 의해 실재로서 **감지되는** 심리-현상학적 실재에 대해 논의하고 있는 것이다."[15] 엘리아데는 "인간의 개입과 관계없이 존재하는 존재론적 범주를 전제로 하지" 않는다. "성스러움"에 대응하는 형이상학적 지시 대상을 전제로 하지 않는 것이다. "엘리아데의 성스러움은 존재론적 명제라기보다 체계적인 명제이다." "성스러움"이라고 할 때, 그는 그저 종교학에서 종교적인 사람들이 "실재"로서 인지하고 간주해온 것을 가리키고 있는 것이다.[16]

레니의 해석은 엘리아데가 "성스러움"의 범주를 사용할 때마다 그가 형이상학적이고 존재론적 입장을 지닌 것으로 간주하는 학자들의 경향에 반대한다는 점에서 가치가 있다. 이 경향은 엘리아데의 신화와 종교 연구, 그리고 자료에 대한 특정한 기술과 해석을 오해하는 결과에 이르게 한다. 그러나 레니 역시 엘리아데를 재구성하고 옹호

28도 보라. *Myth and Reality*, p. 139에도 유사한 설명이 나온다.
15) Bryan S. Rennie, *Reconstructing Eliade: Making Sense of Religion*(Albany: State University of New York Press, 1996), p. 20.
16) Ibid., pp. 21~24 및 여러 곳. Paden, "Before 'The Sacred' Became Theological", p. 208도 보라.

하는 과정에서 너무 지나친 점이 있다. 실제로 존재론적 전제를 포함하는 엘리아데 사상의 전체 구조에 단지 하나의 요소만이 있다고 주장하는 데까지 나간 것이다.[17] 앞에서 본 것처럼 또한 갈수록 더 분명해지겠지만 엘리아데가 존재론을 다룬 많은 저술을 비롯한 자신의 학문을, 종교적인 사람들의 실제 지각 작용과 인식으로 항상 제한한 것은 아니었다. 그는 성스러움, 상징체계, 신화의 변증법의 보편적 구조를 설명할 때 존재론적인 전제를 하고 존재론적인 판단을 내린다. 또한 그의 존재론적 전제와 판단은, 인간 조건 그 자체를 구성하는 것으로서 성스러움의 구조를 주장할 때, 비역사적인 구조를 우월한 것으로 판단할 때, 현대 존재 양태를 비인간적인 데다가 존재론적 위기를 풀지 못하는 것으로 비판할 때 나타난다.

엘리아데가 존재론적 전제와 판단을 하지 않는다고 주장하면서, 레니는 매우 한정된 "존재론"의 정의를 제시한다. 존재론은, 실재가 인간의 지각 능력, 인식, 인지, 관여 등과 완전히 독립적으로 존재한다고 보는 견해라는 것이다.[18] 나는 존재에 대한 연구인 "존재론"을 그러한 좁은 의미로 제한시키지 않는다. 내가 레니에게 동의할 수 없는 부분 중 하나가 바로 이것이다. 20세기 유럽 철학에서 존재론에 관한 가장 유명한 저작 두 편으로는 마르틴 하이데거의 『존재와 시간 Being and Time』과 장 폴 사르트르Jean-Paul Sartre의 『존재와 무Being and Nothingness: An Essay in Phenomenological Ontology』를 꼽을 수 있을 것이다.[19] 사르트르는 존재의 의미에 대한 하이데거의 존재론적 해석

---

17) 예를 들면 Rennie, *Reconstructing Eliade*, p 40을 보라.
18) "존재론"을 이렇게 좁게 정의한다고 해도, 레니는 엘리아데의 저작에 나오는 수많은 어구들을 무시해버리거나 비엘리아데적인 방식으로 재구성해야만 자신의 주장을 타당한 것으로 성립시킬 수 있을 것이다.
19) Martin Heidegger, *Being and Time*, trans. John Macquarrie and Edward Robinson

학적 분석을 현존하는 인간존재("세계-내-존재")의 관점에서 발전시킨다. 근년에는 『존재와 다르게 혹은 본질 저편Otherwise Than Being or Beyond Essence』 그리고 『전체성과 무한Totality and Infinity』 등의 저술에 잘 나타나는 엠마누엘 레비나스Emmanuel Levinas의 존재론에 대한 분석이, "제1철학"으로서의 윤리학과 존재론에 선행하는 윤리학과 더불어, 큰 주목을 받아왔다.[20] 이러한 실존적, 해석학적, 현상학적 저작들 모두에서, 우리는 구성적 주체constituting subject의 역할을 무시할 수 없으며, 존재론은 인간 의식이나 인간의 개입involvement과 완전히 별개로 이해되지 않는다.[21]

엘리아데는 성스러움의 경험, 항상 초월의 의미를 드러내는 존재 양태와 의식의 구조를 기초로 종교의 개념을 제시한다. 그러나 우리는 아직 성스러운 현현을 감지하는 것에 대한 방법론적 원리들과 해석학적 틀을 검토하지 않았다. 엘리아데는 성스러움의 현현을 위한 조건을 상상력을 바탕으로 재창조해야 했다. 그 과정에서 그는 자료

(New York: Harper, 1962); Jean-Paul Sartre, *Being and Nothingness: An Essay in Phenomenological Ontology*, trans. Hazel E. Barnes(New York: Philosophical Library, 1956).

20) Emmanuel Levinas, *Otherwise Than Being or Beyond Essence*, trans. Alphonso Lingis (The Hague: Martinus Nijhoff, 1981); Levinas, *Totality and Infinity*, trans. Alphonso Lingis(Pittsburgh: Duquesne University Press, 1969).

21) 이 점은 데카르트와 많은 근대 철학이 독자적인 구성적 자아를 절대적으로 혹은 극단적으로 강조하는 것에 대한 그러한 실존적이고 해석학적인 현상학의 비판을 부정하기 위한 것이 아니다. 훗날 인본주의를 거부하기도 전에 하이데거가 『존재와 시간』에서 인식론보다 존재론을 강조한 것은, 데카르트의 영향을 받은 철학과 후설의 초월적 자아에서, 감지하고 생각하고 알고 구성하는 주체를 과도하게 강조하는 것과 대조된다. 레비나스는 "남이라는 성질alterity"과 타자의 우월성을 강조함으로써 독자적 주체로서의 자아를 강조하는 근대 철학의 경향에 급진적으로 도전한다.

의 지향성에 초점을 맞춘 현상학적 방법을 채택한 것으로 보인다. "진정으로 현상학적 태도 속에서 세계는 더 이상 우리에게 객관적인 자료의 총체로 보이는 것이 아니라, 지향성의 실존적인 움직임의 과정에서 탄생하고 의미를 획득하는 '지향적인 구조물intentional configuration〔의미 구조물Sinngebilde〕'로 보이게 된다."[22] 엘리아데가 자신의 종교 자료들을 조사할 때, 이 자료들은 어떤 성스러운 지향성을 정말로 드러낸다. 그는 **종교적 인간**의 특정한 실존적 지향성을 표현하는 "지향적인 형상"을 상상력을 근거로 재창조하려 하였다.

앞에서 살펴본 것처럼 엘리아데의 신화-종교 이론은 **종교적 인간**으로서의 인류의 개념을 수반한다. 종교적 인간은 존재의 환원할 수 없는 성스러운 차원을 궁극적인 실재로 경험하며, 그의 의식은 초월의 성스러운 구조를 드러낸다. 그의 실존적 지향은 세계에서 환원할 수 없는 종교적인 존재 양태를 규정하는 근본적인 성스러움과 본질적인 관계를 나타낸다. 비록 **종교적 인간**이라는 개념이 엘리아데의 종교 이론의 핵심적인 부분이기는 하나, 엘리아데가 이 용어를 정확히 무슨 의미로 사용했는지가 항상 분명한 것은 아니다. 2장에서 본 것처럼 엘리아데는 역사적으로 특정적이고 개별적인 신자를 가리킬 때 **종교적 인간**이라는 용어를 사용하지 않았다. 성스러움을 경험하는 이상화되고 본질화된 주체로서 **종교적 인간**은 추상적인 속명屬名〔혹은 포괄적인 명칭〕의 기능을 한다. 이 말은 초월적인 궁극적 실재와 관련된 진정한 인간이 된다는 것이 무엇인지를 구성하는 종교의 독특한 방식에 수반되는 특정한 종교적 유형, 범주, 혹은 본질을 가리킨다.

그레고리 알레스Gregory Alles는 **종교적 인간**의 세 가지 일반적 의미를

---

22) Stephen Strasser, *The Soul in Metaphysical and Empirical Psychology*(Pittsburgh: Duquesne University Press, 1962), p. 3.

구별한다. 그는 "종교 지도자"로서 종교적 인간의 보다 특정한 의미를 논의한 후, 두 개의 포괄적 의미를 제시한다. "인간homo은 개인을 가리키는 것이 아니라 린네Linnaeus가 말한 것처럼 인류 전체humanity를 가리킨다. 첫 용법에서 이 용어는 모든 인류에 대한 일반적인 호칭이며, 특정하게 인간을 다른 존재들과 구별하는 인류의 구성적 측면으로서의 종교를 가리킨다. 이 용법은 모든 인간의 근본적인 통일성과, 이 통일성이 단지 생물학적인 이유에 근거하지 않는다는 생각을 전제로 한다. 이 용법을 지지하는 사람들은 구체적인 종교현상들보다 인간 조건에 대해 더 많이 이야기한다."[23] 엘리아데가 때로는 "종교적인 인류"의 의미로, 그리고 모든 인류를 가리키기 위해 종교적 인간이라는 용어를 사용하는 것은 사실이다. 그러나 알레스는 엘리아데를 종교적 인간을 현대인homo modernus과 구별하는 다른 일반적인 의미를 선호하는 사람으로 간주하는데, 이는 적절한 이해이다.

"두 번째와 마찬가지로 세 번째 의미에서 종교적 인간은 속명으로 사용되지만 전 인류로 확장되지는 않는다. 대신 이 명칭은 현대의 세속적 의식이 도래하기 이전의 인간존재 양태의 특성을 나타낸다."

〔엘리아데는〕 세계를 경험하고 세계에 존재하는 구별된 두 양식을 대조한다. 그가 말하는 종교적 인간은 존재에 대한 갈망에 의해 움직이는 반면, 현대인은 생성becoming의* 지배하에 산다. 종교적

---

23) Gregory D. Alles, "*Homo Religiosus*", in *The Encyclopedia of Religion*, vol. 6(New York: Macmillan, 1987), p. 443. 알레스는 헤라르뒤스 판 데어 레이우와 빌헬름 뒤프레가 이러한 "종교적 인류"로서 종교적 인간의 포괄적 용법을 사용했다고 주장한다.

* 철학에서 존재와 생성의 개념에 대한 논의는 다양하고 복잡하게 전개되었다. 간단하게 "존재"가 불변과 영원의 함의를 지니는 반면, "생성"은 변화 혹은 운동의 개념을 내포한다는 것 정도로 알아두자. 생성을 강조하는 철학자들은 이를 비존

인간은 성스러움의 모습을 지닌 존재를 갈망한다. 그는 세계의 중심에, 신들과 가까이에, 그리고 범속의 지속을 가능하게 하는 전형적인 신화적 사건의 영원한 현재 속에서 살고자 한다. 시간과 공간에 대한 그의 경험은 성과 속의 불연속을 특징으로 한다. 반면 현대인은 그러한 불연속을 경험하지 못한다. 그에게 있어 시간이나 공간은 구별된 가치 설정을 할 수 없다. 그는 모든 역사의 사건들과 비존재성nothingness에 수반되는 위협에 의해 무차별적으로 결정지어진다. 이로 인해 그의 깊은 불안감이 생기는 것이다.[24]

이 책의 마지막 두 장에서 보게 되겠지만, 엘리아데는 **종교적 인간**과 **현대인**의 완전한 단절을 거부한다. 현대인들은 여전히 그들의 전근대적, 영적, 신화적 역사에 의해, 그리고 현대의 무의식 속에 묻힌 **종교적 인간**과 신화와 상징의 구조에 의해 영향을 받는다. 그럼에도 불구하고 엘리아데는 이렇게 말한다. "시원적 실재와 현대의 유물 사이에는 큰 차이가 있다. **종교적 인간**에게는 인식된 구조들이 전 세계와 전 인간을 결정한다. 현대인에게는 이러한 구조들이 인식되지 않으며, 특정적이고 사적이며 억압되었거나 혹은 부차적인 행위들로 격하되었다."[25]

재가 존재로 되어가는 과정이라고 보며, 따라서 존재보다 앞선 것이라고 한다. 반면 존재철학은 생성을 부정한다. "생성은 비존재의 존재를 허용하는 불합리를 포함한다"는 이유로 생성을 부정한 고대 존재철학자 파르메니데스가 대표적이다. 엘리아데는 종교적 인간이 파르메니데스와 같이, 불변과 영원의 존재를 갈망했다고 주장한다.

24) Ibid., p. 444.
25) Ibid.

종교경험은 고유하면서도 보편적인 종교적 구조를 갖는다. 신성화의 독특한 구조의 관점에서 보면, 신화-종교현상들을 비종교적 현상으로부터 구별할 수 있다. 종교적인 현현의 지향적인 양태의 본질적 조건들을 재창조하기 위해, 이제 성스러움의 변증법의 구조를 설명할 차례이다.[26]

성스러움의 변증법

성과 속의 이분법적 구분과 성현의 대상

엘리아데는 대립하는 성과 속의 이분법적 구분과 속을 초월하는 성스러움의 구조를 드러내는 것을 강조하고 있으나, 그는 또한 성스러움이 속에서 현현되는 것에도 주목하고 있었다. 그는 ("성스러운"의 의미를 지닌 그리스어 *hiero*-와 "보여주기"의 의미를 지닌 *phainein*이 결합된) "성현聖顯hierophany"이라는 용어를 사용하여 성스러움의 현현을 가리킨다.[27]

인간이 성스러움을 감지하게 되는 것은 그것이 속됨과 완전히 다른 어떤 것으로 자신을 명시하고 보여주기 때문이다. 성스러움이 나타나는 행위를 가리키기 위해서 나는 **성현**이라는 용어를 사용할 것을 제안해왔다. 성현은 그 이상 다른 의미를 함축하고 있지 않다는 점에서 꼭 적합한 용어이다. 이 용어는 **성스러운 무언가가 우리에게 자신을 보여준다**라는 어원상의 내용에 함축된 바로 그것을

---

[26] 나는 "성스러움의 변증법", "성과 속의 변증법" 그리고 "성현의 변증법"을 같은 의미로 사용한다.
[27] Mircea Eliade and Lawrence E. Sullivan, "Hierophany", in *The Encyclopedia of Religion*, vol. 6(New York: Macmillan, 1987), pp. 313~17을 보라.

표현한다. 가장 원시의 것에서 가장 발전된 형태에 이르기까지, 종교들의 역사는 아주 많은 수의 성현들에 의해서, 즉 성스러운 실재의 현현에 의해서 구성된다고 이야기할 수 있을 것이다. 돌이나 나무와 같은 평범한 사물에 성스러움이 드러나는 것 같은 가장 초보적인 성현으로부터, (기독교인에게 예수 그리스도 안에 신이 육화(肉化)되는 것을 의미하는) 최고의 성현에 이르기까지, 철저한 단절이 존재한다.* 어느 성현의 경우에나 우리는 같은 신비한 행위와 맞닥뜨린다. 즉 우리의 세계에 속하지 않은 실재이자 전적으로 다른 질서의 어떤 것이 "속된" 자연 세계의 핵심적인 부분인 사물 속에서 드러난다는 것이다.[28]

엘리아데는 "성스러움이 자신을 우리에게 보여준다(나타낸다, 드러낸다)"는 견지에서, 특정하게는 성현들을, 일반적으로는 신성화의 과정을 다룬다. 레니는 엘리아데의 이러한 설명이 오해를 일으키는 번역에 근거하여 심각하게 잘못 해석되어왔다고 주장한다. 그는 『성과 속』에서 발췌한 위의 구절 중에서 "인간이 성스러움을 감지하게 되는 것은 그것이 속됨과 완전히 다른 어떤 것으로 자신을 명시하고

---

* 원문의 "there is no solution of continuity"로, 국내『성과 속』의 번역서들이 "성현들 사이에 연속성이 있다"는 식으로 잘못 번역한 부분이다. 엘리아데의 논지에 들어맞는 말이기는 하지만, 이 문맥에서 엘리아데가 의도하는 바는 아니다. 모든 성현에는 성스러움과 속됨 사이에 연속성이 나타나지 않고, 양자 사이에는 철저한 불연속성, 단절이 존재한다는 말이다. 성이 속을 통해 나타나지만 양자가 단절되어 있다는 역설적인 구조의 성현에 연속성을 위한 합리적인 해결책을 제시하는 것 예를 들면 정도의 차이로 양자를 비교하며, 공통의 기준에서 성은 속보다 더 우월한 것이라고 규정하는 것은 성현의 속성을 파괴하는 결과를 낳게 된다.

[28] *Sacred and Profane*, p. 11. 엘리아데는 *Traité d'histoire des religions*(Paris: Payot, 1949; trans. *Patterns in Comparative Religion*)에서 "성현"이라는 용어를 처음 사용했다. *Patterns*, p. 7과 1장 전체, *Myths, Dreams and Mysteries*, p. 124를 보라.

보여주기 때문이다"(p. 11)라는 부분을 인용한다. 이어서 레니는 다음과 같이 말한다. "『성과 속』을 불어에서 영어로 번역한 윌러드 트래스크Willard Trask는 엘리아데가 1920년대의 공식적인 불어에서 배웠을 수동태를 피하기 위해 일상적인 불어의 (그리고 루마니아어의) 재귀용법에 다소 주의를 기울이지 않았던 것으로 보인다는 점이 지적되어야 한다. 원어에서 "le sacré se manifeste"는 '성스러움이 자신을 분명히 나타낸다the sacred manifests itself'보다는 '성스러움이 분명히 보여진다the sacred is manifested'로 번역되어야 한다는 것이다. 대안으로 제시한 표현에서는 성스러움을 능동적인 주어로 보지 않고, 구절의 목적어로 볼 수 있게 된다."[29] 한편으로는 "성스러움이 보여진다"로 번역함으로써 레니는 종교적인 사람들의 편에서 능동적인 구성주의의 태도를 강조할 수 있게 된다. 엘리아데는 종교 이론을 전개하면서 신성성의 인식과 성스러움의 지각을 강조한다. 다른 한편으로는 "성스러움이 자신을 분명히 나타낸다"라는 말은 오해를 일으키기 쉽다. 종교적 인간의 편에서는 수동성의 의미가 잘못 부여된 것이며, 엘리아데가 성스러움에 대한 존재론적 이해를 하고 있다는 많은 잘못된 해석의 근거로 사용되었다. 레니에 따르면 엘리아데는 규범적 판단과 존재론적 개입 없이, 심리학적-현상학적 설명을 제시하고 있다.

   레니의 원문 해석을 통해, 우리는 종교적 인간을 수동적 수용자로 변형시켜버리고 오로지 성스러움의 객관적 구조에만 주목하는 많은 접근을 막아내는 이점을 얻을 수 있다. 내가 이전의 저작들과 이 책에서 계속 주장해왔듯이, 종교적 인간이 지각하고, 상상하고, 구성하는 주체로서 능동적으로 참여하지 않는다면 신화-종교적 경험은 있을 수 없다. 그러나 나는 레니의 논제와 관련해서 보류해야 할 두 가

---

[29] Rennie, *Reconstructing Eliade*, p. 19. 이 밖에도, pp. 13~15, 69, 194 등을 보라.

지 주요한 사항이 있다고 본다.[30] 첫째, 엘리아데는 영어를 매우 유창하게 구사했고, 따라서 그가 그러한 잘못되거나 오해의 소지가 있는 수천 개의 설명들을 그의 저작들에 그대로 내버려뒀다는 것은 믿기 어려운 일이다. 또한 단지 무신경한 번역자만 그런 표현을 사용한 것은 아니었다. 엘리아데 자신도 "성스러움이 자신을 분명히 나타낸다"와 같은 어구를 만년까지 계속해서 사용했다.

둘째, 더 수동적인 구성은 실제로 중대한 현상학적 논점에 도달한다. 많은 실존적 현상학자들은 수동적으로 주어진 것의 최초의 의미를 드러내는 것으로 경험의 분석을 제시했다. 하이데거가 『존재와 시간』에서 주장했듯이, 현상은 의식의 산물인 어떤 것이 아니라 인간 의식에 자신을 드러내고 보여주는 어떤 것이다. 메를로퐁티, 리쾨르 등에게는 "구성된 소여", "그 자체로서 우리를 위한 것"의 관념이 있다. 우리는 주어진 구조와 우리에게 드러난 의미의 세계를 경험한다. 그러나 이 세계는 항상 미완성의 상태이며, 능동적인 구성 주체로서 우리의 참여를 요구하는 방식으로 주어진다. 나타나는 것은 인간 의식의 철저한 지향성이다. 보편적 구조들이 주어지기는 하지만, 지각하는 주체를 위해서 주어진 것으로만 경험된다.[31] 이것은 존재에 앞서는 본질과 자신을 우리에게 드러내는 성스러움에 대한 엘리아데의 강조로 이어지며, 가치를 다시 설정하고 재구성할 수 있는 방식으로 우리에게 주어지는 비시간적, 비역사적, 본질적, 신화적, 상징적 구조와 의미들에 대한 엘리아데의 강조로 이어진다.

---

30) 게다가 방금 설명한 것처럼 그리고 계속 더 분명해지겠지만, 나는 성스러움에 대한 엘리아데의 설명 대부분을 현상학적 기술과 해석으로 여겨야 한다고 주장하면서도, 그가 규범적 판단과 존재론적 전제와 주장을 하지 않았다는 데에는 동의하지 않는다.
31) Allen, *Structure and Creativity in Religion*, pp. 188~89를 보라.

종교적 인간의 관심을 끄는 것은 성현들이다. 이 성스러움의 나타남은 중재되지 않는 법이 없다. 성스러움은 항상 하늘, 땅, 물, 사람, 소리 혹은 이야기 같은 자연의, 역사적인, 보통의 속된 어떤 것을 통해 드러난다. 종교적 인간에게 속됨은 그것이 성스러움을 드러내는 한에서만 의미를 지닌다. 엘리아데는 다음과 같이 말한다. "적절하게 말한다면 외부 세계의 사물들이나 인간의 행위들은 어떠한 독자적인 내재적 가치를 갖지 못한다. 사물이나 행위들은 가치를 획득하고, 그럴 때에야 실재하게 된다. 이들은 이런저런 방식으로 그들을 초월하는 실재에 참여하기 때문이다."[32]

신성화의 과정은, 성현이 일어나는 사물, 즉 성스러움을 드러내는 것이 다른 모든 것들로부터 "철저히 존재론적으로 분리"되는 것을 수반한다. 어떤 돌은 그 크기나 모양, 혹은 하늘에서 떨어진 기원 때문에, 이것이 죽은 자를 보호하거나 언약의 장소이기 때문에, 이것이 신현神顯theophany을 표상하고 신화적 행위를 기념하거나 혹은 "중심"의 이미지이기 때문에 현저하게 두드러져왔다. 주술사는 신들이나 영들에 의해 선택되었기 때문에, 그 혈통의 계승 때문에, (신경질환과 같은) 다양한 신체적 결함 때문에, 혹은 (번개, 유령, 꿈 같은) 이례적인 사고나 사건 때문에 현저하게 두드러져왔다.[33]

엘리아데에 따르면 그러한 종교현상들이 다른 현상들과 분리된 것은 단순히 이상한 자연적, 역사적 특성들 때문만은 아니다. 중요한 것은 항상 예외의 무엇, 다른 무엇이 있다는 것이다. 다른 것과 구별되는 것은 그것이 성스러움을 드러내기 때문에 "선택"된다. 종교에

---

32) *Eternal Return*, pp. 3~4. 엘리아데는 시원적 종교인들the archaic의 지향성에 대해 이야기하고 있으나, 이 내용은 전반적으로 모든 종교적 인간에 대한 그의 분석들에 적용될 수 있다.
33) *Patterns*, pp. 216~38; *Eternal Return*, p. 4; *Shamanism*, 특히 pp. 31~32를 보라.

대한 기존 인식과는 달리, 엘리아데는 종교적인 사람들이 돌이나 나무를 돌이나 나무 자체로 경배하는 것으로 보지 않는다. 만약 큰 바위 하나가 선택된다면, 이는 단지 그 바위의 장엄한 자연적인 크기 때문이 아니라, 그 인상적인 외관이 영원성, 힘, 불안정한 인간존재와는 다른 절대적인 존재 양태 등의 초월적인 어떤 것을 드러내기 때문이다. 주술사가 다른 사람들과 구별된다면, 이는 그의 독특한 특성이 무언가 초월적인 것의 "징후"이기 때문이다. 그는 인간적인 것과 범속한 것을 초월하며 성스러움과 접촉하고 이를 조종할 수 있는 능력을 지니고 있는 것이다.

엘리아데는 성현을 알아보는 것이 얼마나 어려운 일인지를 강조한다. 현대인들은 우리 조상들이 성현을 본 곳에서 자연물 자체만을 보는 경향이 있다. 엘리아데는 "원시인들에게 자연은 결코 순전히 '자연적이지' 않았다"고 말했다.[34] 그러나 엘리아데가 성현을 알아보기가 어렵다고 한 것은, 존재의 성스러운 차원을 의식적으로 감지하지 못하는 서구인의 실존적이고 역사적인 상황에서 발생한 현대의 현상을 말한 것만은 아니다. 그 어려움은 단지 현대의 세속적인 사람들에게 더 과도한 것이다. "전통적인" 사회들이 성현을 알아보는 데 어려움을 겪지 않을 것이라고 생각한다면 잘못이다. 앞으로 보게 되겠지만 그들의 신화는 그들도 성스러움에 쉽게 접근하지 못하게 된 "타락한" 존재라는 것을 보여준다. 게다가 전통적인 종교적 사회에서도 계시의 변증법은 항상 동시에 "은폐와 위장"의 변증법이다.

엘리아데에 따르면 모든 현상은 잠재적으로 성현의 가능성이 있다. "우리는 심리적, 경제적, 정신적, 사회적 생활의 모든 영역에서 성현의 인식이라는 생각에 익숙해져야 한다. 사실 우리는 인간 역사

---

34) *Patterns*, p. 38.

의 어느 때에도 어디서도 성현으로 변형된 적이 없었던 어떤 것이—물체, 운동, 심리적 기능, 존재, 심지어 게임조차도—있다고 확신할 수 없다. 그 특정한 것이 왜 성현이 되었는지, 왜 어느 순간에 성현이기를 멈추었는지 알아내는 것은 전혀 다른 문제이다. 그러나 인간이 다루고 느끼고 접촉하고, 혹은 사랑했던 어떤 것도 성현이 될 수 있다는 것은 아주 확실하다."[35]

몇몇 맥락에서 엘리아데는, "시원적" 종교 신봉자들을 비롯한 전통적인 종교인들이 성현을 봤던 곳에서 세속적인 서구의 과학적 현대인들이 자연물을 보게 되는 과정에 유대교와 기독교가 끼친 영향이 매우 크다고 주장한다. 전통적인 종교적 인간에게, 자연은 "징후들과 성현들로 가득 차 있었다." "현대 과학은 유대-기독교 전통이 아니었다면 가능하지 못했을 것이다. 유대-기독교 전통은 성스러움의 우주를 텅 비게 만들었고, 그래서 신성을 없애고 평범하게 만들었다. 탈신성화되고 신들이 제거된 자연이 없었다면 과학은 존재할 수 없었을 것이다."[36] 이 분석은 자연과 우주, "우주적 종교cosmic religion", 역사와 자연, 현대의 인간과 현대 세계 등에 대한 엘리아데의 연구에 적절하다고 간주될 것이다.

여기서 우리는 엘리아데의 성현에 대한 견해가 과거와 현재의 자연주의적 종교현상들에 대한 많은 해석에 도전한다는 것을 알아챌 수 있을 것이다. 우리 현대인들은 종교적인 사람들이 성현을 봤던 곳에서 자연물을 보는 경향이 있기 때문에, 성스러움의 변증법을 현현의 "자연적인" 방식으로 해석하는 경향이 있다. 그러나 이렇게 해석하는

---

35) Ibid., p. 11.
36) *No Souvenirs*, p. 71. Mircea Eliade, "The Sacred and the Modern Artist", *Criterion* 4(1965): 23도 보라.

것은 성스러움의 현현의 진정한 지향성을 파악하지 못하는 것이다.

이제 우리는 성현의 변증법에 의해 드러난 성스러움과 범속함 사이의 관계를 검토해야 한다. 이 변증법적 관계는 많은 혼동과 잘못된 해석을 유발해왔다는 것을 염두에 두자.

역설적 관계

토머스 알타이저Thomas J. J. Altizer는 "성스러움은 범속의 반대"라는 논점이 엘리아데의 "가장 중요한 원리"이며 그의 현상학적 방법을 해석하는 단서라고 이해한다. 그는 이 양자의 반대되는 관계를 성과 속이 상호 배타적이고 논리적으로 모순된다는 의미로 받아들인다. 이 "가장 중요한 원리"로부터 알타이저는 "단일한 순간은 동시에 성스러우면서 범속할 수 없다"라는 "부정의 변증법"의 견지에서 엘리아데의 연구에 대한 단서를 본다. 예를 들어 신화의 이해는 "범속의 언어의 부정을 통해서만" 가능하다. "성스러움의 의미는 현대인의 범속한 선택이 만들어낸 현실을 전도顚倒함으로써 파악될 수 있다." 간단히 말해 성스러움을 이해하기 위해서는 범속을 완전히 부정해야 하며, 범속을 이해하기 위해서는 성스러움을 완전히 부정해야 하는 것이다.[37]

불행히도 이 해석은 종교적 방식의 현현이 갖는 변증법적 복잡성을 파괴하고 엘리아데의 현상학적 방법을 지나치게 단순화하고 왜곡하는 결과를 낳는다.[38] 엘리아데는 이 해석을 비판하여 말한다. "알타이저는 내가 성스러움의 변증법을 성현으로 이해하는 것에 대해 가장 신랄하게 비판한다. 그는 이를 **범속한 사물 속에서 자신을 드러**

---

37) Altizer, *Mircea Eliade and the Dialectic of the Sacred*, 특히 pp. 34, 39, 45, 65.
38) Mac Linscott Ricketts, "Mircea Eliade and the Death of God", *Religion in Life*(Spring 1967): 40~52와 Rennie, *Reconstructing Eliade*, pp. 27~31을 보라.

내는 성스러움이 그 범속한 사물을 폐지한다는 의미로 해석한다. 그러나 나는 예를 들어 성스러운 돌은 돌이기를 그치지 않는다고 반복해서 지적해왔다. 달리 말하면 돌은 우주의 환경 속에 그 장소와 기능을 보존하는 것이다. 사실 성현은 범속한 세계를 폐지할 수 없다. 왜냐하면 이해할 수 없고 무서운 무정형의 혼돈을 질서와 조화를 이룬 우주로 변형시키는 것, 즉 세계를 설립하는 것은 바로 성스러움의 현현이기 때문이다."[39]

엘리아데는 성과 속이 양립할 수 없다고 보는 것이 아니라, 양자가 **역설적인 관계로 공존한다고** 본다. 이 과정은 구조를 구성하고 성스러움의 현현의 근원에 놓인 성현의 개념이다. "성스러움의 변증법을 기억해야 한다. 어떤 사물이건 역설적으로 성현, 즉 성스러움이 머무는 곳이 될 수 있으면서, 여전히 그 자체의 우주적인 환경에 참여한다. (예를 들어 **성스러운 돌**은 다른 돌들처럼 계속 돌인 상태로 있게 된다.)" "우리는 성현의 변증법을 기억하기만 하면 된다. 어떤 사물은 그 상태 그대로 있으면서 **성스럽게 된다.**" 성스러움의 변증법은 "성스러움이 자신이 아닌 다른 무언가로 자신을 표현한다"는 사실로 이루어져 있다. "그것은 사물들, 신화들, 상징들에 출현하지만, 결코 완전히 나타나거나 직접 나타나지는 않는다." "모든 경우에 성스러움은 제한되고 구체화*되어 자신을 보여준다." "성현을 가능하게 하는 것이 바로 이 구체화라는 역설이다."[40]

---

39) Eliade, "Notes for a Dialogue", in *The Theology of Altizer: Critique and Response*, ed. J. B. Cobb(Philadelphia: Westminster Press, 1970), p. 238.
* 본문의 incarnation으로 권화勸化로도 해석될 수 있다. 성스러움의 본질이 구체적인 현상이나 사물을 통해 나타난다는 것.
40) *Images and Symbols*, pp. 84~85, 178; *Patterns*, p. 26.

사실상 성과 속, 존재와 비존재, 절대와 상대, 영원과 생성 등의 이러한 역설적인 합일은 모든 성현이, 가장 기본적인 성현조차도 드러내는 것이다. …… 모든 성현은 성과 속, 영혼과 물질, 영원과 비非영원 등 모순된 본질들의 공존을 보여주고 분명히 한다. 성스러움이 물질 속에서 나타난다는 성현의 변증법이 중세 신학과 같은 복잡한 신학에서도 연구 대상이었다는 사실은 어떤 종교에서건 이것이 **바로** 가장 중요한 문제라는 것을 입증하는 듯하다. …… 역설적인 것, 우리의 이해를 넘어선다는 것은 성스러움이 돌이나 나무에서 명시될 수 있다는 것이 아니라, 이것이 어디에서나 명시될 수 있고, 따라서 제한되고 상대적일 수 있다는 것이다.[41]

따라서 우리는 모든 종교 신화에서 성스러움과 속됨의 변증법에 의해 드러난 역설적 공존이 있음을 알게 된다. 합리적이고 논리적인 사람에게 역설적이고 이해될 수 없는 것은, 나무나 강이나 사람 같은 평범하고 유한한 역사 내의 것이, 자연 그대로 있는 동시에 무한하고 초역사적이며 초자연적인 어떤 것을 드러낼 수 있다는 것이다. 거꾸로 말하면 역설적인 것은 초월적이고 초자연적이며 무한하고 초역사적인 것이 돌이나 동물 같은 상대적이고 유한하며 자연 발생적이고 역사적인 것들에 자신을 분명히 나타냄으로써 자신을 제한한다는 것이다.[42]

---

41) *Patterns*, pp. 29~30. *Myths, Dreams and Mysteries*에서 "바로 성스러움이 자신을 드러내며 그럼으로써 자신을 제한하고 절대적이지 않게 된다는 이러한 역설적인, 즉 이해될 수 없는 사실은 항상 남는다"라는 부분도 보라(p. 125).
42) 이러한 역설적 공존의 구조 외에도, 엘리아데는 이와 관련된 여러 다른 측면에서 신화와 종교의 역설적 성격을 강조한다. 성과 속의 변증법의 모든 측면은 다

변증법적 움직임

지금까지의 내용을 요약해보자. 모든 신화-종교현상에서 성스러움의 변증법은 성과 속의 구별, 성현이 이루어지는 대상의 존재론적 분리, 성과 속을 합치는 역설적인 관계 등을 드러낸다. 이러한 성과 속의 역설적 공존은 어떤 정적인 관계가 아니다. 이것은 오히려 **변증법적 긴장과 움직임**으로서 자신을 표현한다. 이제 우리는 성스러움이 구체적인 것으로 이동하는 역동적인 구조, 성스러움이 자신을 "역사화"하고 "제한"하는 과정을 검토해야 한다. 동시에 이 과정은 역사적이고, 시간적이고, 자연적이며 제한된 사물이 초역사적이고, 영원하고, 초자연적이며 절대적인 것을 구체화하고 드러내는 과정이다.

신성화의 과정은 두 개의 반대되면서도 서로 영향을 끼치는 과정들의 역동적 긴장과 움직임을 보여준다. 한편으로는 본질적이고 비역사적인 구조이자, 비시간적인 본보기인 성스러움으로부터 특정하고 역사적이며 조건부적인 현현으로의 움직임이다. 성스러움은 어떤 중재되지 않은 "완벽한 형태"로 표현되지 않는다. "가장 위대한 신비는 **성스러움이 명백하게 보여진다는 바로 그 사실에 있다. 성스러움은 자신을 명백하게 나타내면서 자신을 제한하고 '역사화'하기 때문이다.**"[43] 모

른 맥락들에서 역설적으로 이야기된다. 예를 들어 신성화의 보편적 구조에서 성스러움은 자신을 숨기고 위장하는 동시에 자신을 보여주고 드러낸다. 종교적 상징체계의 특성과 기능이라는 이름으로 현실의 역설적이고 모순된 측면들의 상징적 표현에 대한 엘리아데의 강조가 분명해질 것이다. 상징들의 논리와 다가적인 상징들의 동질화에 근거를 둔 통합의 상징적 기능을 통해, 종교적 인간은 현실의 역설적이고 모순된 측면들을 구조적으로 일관된 전체에 통합시킬 수 있다. 게다가 엘리아데는 신화와 상징 구조의 특정한 역설적 속성에 특히 관심을 가졌다. 예를 들면 여성과 남성, 달과 태양 등의 평범한 상징적 양극의 대립 쌍들에 통일성-총체성이 존재한다는 역의 일치 coincidentia oppositorum와 같은 것이다.

43) *Myths, Dreams and Mysteries*, p. 125.

든 성현에서 성스러움은 이러한 철저한 조건화의 과정을 거친다. 성스러움은 분해되고 개별화된다. 새로운 물질들 속에 구체화되며 새로운 형태를 취하는 것이다.

만약 이 구체화의 움직임이 그 변증법적으로 상호 관계된 것을 전적으로 지배한다면, 성스러움의 구조는 붕괴되고, 초역사적인 것이 역사적 대상에 의해 압도되며, 성스러운 혹은 초월적인 의미를 전혀 자각할 수 없게 될지도 모른다. 엘리아데는 가장 조건부적이고 제한된 그리고 상대화된 성현들을 "낮은 수준의" 현상들, 혹은 덜 영적인 현상들로 평가하는 것처럼 보인다.[44]

다른 한편으로는 "성스러움에서 구체화된 형태로의 움직임, 즉 원형에서 특정한 현현으로의 움직임은, 구체화된 형태, 곧 새로운 대상이 그 원형적이고 보편적인 의미를 현실화하는 경향 속에서 변증법적 상호 관계를 갖는 움직임이다."[45] 엘리아데는 이 "역으로 된" 구체화의 움직임을 여러 구절에서 설명한다. 예를 들어 "일단 그것이 '현실화'될 때, 즉 '역사화'될 때, 종교적 형태는 시간과 공간의 조건들로부터 떨어져 나와 보편화되고 원형으로 돌아가는 경향이 있다."[46]

모든 종교적인 형태는 그 진정한 원형에 가능한 한 가까이 가려고 시도한다. 다시 말해 자신으로부터 "역사적" 첨가물과 퇴적물들을 제거하려고 한다. 모든 여신은 원형적인 위대한 여신Great Goddess에게 속하는 모든 속성과 기능을 자신이 수용하여 위대한 여신이 되는 경향이 있다. 그러므로 우리는 종교적인 것들의 역사에서

---

44) Allen, *Structure and Creativity in Religion*, pp. 212~16을 보라.
45) Dudley, *Religion on Trial*, p. 54. 이 외에도 pp. 55~57, 81도 보라.
46) *Images and Symbols*, p. 121.

다음과 같이 이중적인 과정을 식별해낼 수 있는 것이다. 한편으로는 성현이 되풀이하여 짧게 나타나는 것으로, 우주에서 성스러움의 현현이 점점 더 단편화되는 결과를 가져온다. 다른 한편으로는 성현들이 원형을 가능한 한 완벽하게 구체화하려 하고 자신의 속성을 완전하게 하려는 내재적인 경향을 지니고 있기 때문에 그러한 성현들의 통일이 나타난다.[47]

초역사적인 것, 보편적인 것, "완벽한 형태"를 향한 "두 번째" 변증법적 움직임은 엘리아데의 일반적 종교 개념을 위해서뿐 아니라, 특히 신화의 속성에 대한 엘리아데의 설명에 있어서도 필수적이다. 종교적인 사람들은 "주기적으로 원형들, '정결한' 상태를 향한다. 따라서 첫 순간으로 돌아가려는 경향, 처음부터 있었던 것을 반복하려는 경향이 있다. 회귀, 반복 그리고 다시 시작하는 것의 '단순화하고' '원형화하는' 기능을 이해하지 못한다면, 우리는 어떻게 종교경험과 신성한 형태들의 지속이 가능한지, 한마디로 어떻게 '종교'에서 역사와 형태를 가진다는 것이 가능한지를 이해할 수 없을 것이다."[48] 기원, 회귀 그리고 반복의 중심성은 엘리아데의 신화 이해에 접근하는 단

---

[47] *Patterns*, p. 462. 이 "두 번째" 변증법적 움직임은 엘리아데의 방법론에서 결정적으로 중요하다. *Images and Symbols*(p. 121)에서 그는 다음과 같이 주장한다. "종교학을 가능하게 하는 것은 바로 원형을 향하며 완벽한 형태를 복구하려는 한결같은 경향이다. 어떠한 신화나 의례 혹은 신성은 이 완벽한 형태의 변형에 불과하며, 종종 생기를 잃어버린 변형이다. 이것이 없다면 주술적-종교적 경험은 계속해서 신, 신화, 교리의 일시적이고 덧없는 형태들을 만들어내게 될 것이다. 그리고 연구자들은 정리가 불가능한 수많은 새로운 유형들을 대면하게 되었을 것이다." Eliade, *Shamanism*, p. xvii도 보라. 이러한 비역사적인 본질적 구조들 혹은 "완전한 형태들"이 엘리아데의 현상학적 방법의 기초에 있다.

[48] *Journal 1*, p. 20

서로 간주될 것이다.

만약 이 두 번째 변증법적 움직임이 전적으로 그 변증법적 상관관계를 주도한다면, 초역사적인 성스러움의 구조나 모범적인 형태는 그것이 구체화된 특정한 역사적, 실존적 상황으로부터 떨어져 나오거나 자유롭게 될 수 있다. 만약 성스러움이 너무 "거리가 멀어서", 너무 초월적이라서 더 이상 역사적으로 내재하는 것으로 경험될 수 없다면, 성현은 종교적인 사람들의 특정한 실존적 위기에 상응하도록 경험되지 않을 것이다.

이 구체화의 긴장과 움직임의 훌륭한 사례는 고대사회나 다른 전통 사회의 구비문학과 민속에 대한 엘리아데의 연구에 나타난다. 이 집단 창작물의 변증법적 과정은 두 개의 모순된 방향으로 움직인다. 첫째, 비역사적, 보편적, 신화적 구조들의 지역화, 종족화, 역사화 그리고 "격하"가 일어나 이들이 더 특정하고 조건적이며 역사적이고 개인적인 사건이 되는 것이다. 둘째, 특수한 역사적이고 개인적인 사건들이 초역사적인 모범적인 형태나 보편적인 본보기로 재신화화되거나 동화되는 것이다.[49]

1960년 2월 6일의 일기에서 엘리아데는 이 신성화라는 역동적인 구체화 과정의 중대한 발견을 논한다. 이 구체화의 과정에서, 본질적

---

49) 엘리아데의 다음 논문을 보라. Eliade, "Les livres populaires dans la littérature roumaine", *Zalmoxis* 2(1939): 63~78; "Littérature orale", in *Histoire des littératures*. Vol. 1: *Littératures anciennes orientales et orales*, ed. R. Queneau(Paris: Gallimard, 1956), pp. 3~26. 다음의 자료들도 보라. Mircea Eliade, *Zalmoxis, The Vanishing God: Comparative Studies in the Religions and Folklore of Dacia and Eastern Europe*, trans. Willard R. Trask(Chicago: University of Chicago Press, 1972); Eliade, "History of Religions and 'Popular' Cultures", *History of Religions* 20(1980): 1~26; Douglas Allen and Dennis Doeing, *Mircea Eliade: An Annotated Bibliography*(New York: Garland, 1980), sec. B.

인 종교의 구조를 드러내는 성스러움의 근본적 경험은 그 완전한 의미와 함의를 표현하는 데 필연적으로 부적합한 특정 신화-종교적 형태들을 통해 항상 표현된다.

> 나는 "역사적-종교적 형태들"은 어떤 근본적 종교경험들의 무한하게 다양한 표현들일 뿐이라는 것을 이해하게 되었다. 종교적 인간이 하늘이나 땅의 신성성을 발견할 때, 그는, 천상의 성스러움이든 지상의 성스러움이든, 성스러움이 가리키는 것을 정확하게 혹은 총체적으로 번역해내지 못하는 형태들(신상, 상징, 신화 등)로써 자신이 발견한 것을 표현한다. 바로 이것이 다른 표현들이 그 형태들을 대체하는 이유이다. 마치 이들이 불완전하고 대략적이며, 어떤 의미에서는 그들이 대신 지위를 차지하고 있는 어떤 것들과 다른 것처럼 말이다. 만약 이 모든 표현을 분석하면, 종교적인 우주의 **구조**들을 보기 시작하고, 이러한 신성한 표상들의 본보기인 원형들을 발견한다. 이 원형들은 완전히 현실화되고 소통되려고 시도하지만, 그럼에도 불구하고 단지 새로운 "표현" 만을 지배한다. 현실화되고 구체적으로 표현되는 모든 것은 필연적으로 역사에 의해서 조건이 규정되기 때문이다. 따라서 모든 종교적 표현은 단지 완전한 경험이 훼손된 것이다.[50]

엘리아데에 따르면 연구자는 성스러움의 역사적 현현의 표현인 경험적 자료에서 출발해야 하므로, 방법론적 접근은 성현의 과정의 두 방향 중 하나와 일치하여, 즉 본질적인 신화-종교적인 구조들의 증거로 받아들여진 특정한 역사적 현현에서부터 진행되어야만 하는 것

---

50) *No Souvenirs*, p. 91.

으로 보인다. 그러나 이 접근은 엘리아데의 해석학적 방법론을 지나치게 단순화하고 잘못 해석한 것이다. 성과 속의 변증법은 두 개의 모순되면서도 반드시 서로 영향을 끼치는 과정들의 긴장과 움직임을 필요로 하므로, 엘리아데의 현상학적 방법은 사실과 본질의, 즉 특정한 역사적 현현과 그 모범적인 신화 구조의 역동적인 상호 작용을 강조한다.

위기, 평가 그리고 선택

〔성과 속의〕 역설적인 공존에서, 그리고 모든 신화와 종교 고유의 변증법적 긴장과 움직임에서 확인한 것처럼, 종교 자료들은 단순히 성과 속 사이의 구별만을 드러내는 것이 아니다. 성스러움의 변증법은 **종교적 인간**이 "실존적 위기"에 처해 있다는 것을 보여준다. 성현과 마주쳤을 때, 종교적인 사람은 존재의 두 질서의 가치를 평가하고 선택을 해야만 한다. 성스러움을 우월하고 의미 있고 모범적인 것으로 평가하고 선택한다고 말할 때, 엘리아데는 종교적인 사람들이 범속한 존재의 실재성을 완전히 부정함으로써 범속을 거부한다는 의미로 말한 것이 아니다. 성스러움은 범속함을 통해서만 명시될 수 있으며, 모든 종교현상은 성과 속의 역설적 공존을 드러낸다.

"평가"와 "선택" 같은 용어들은 단지 지적이거나 합리적인 뜻으로만 사용되지는 않는다. **종교적 인간**은 합리적인 측면뿐 아니라 정서적이고 의지적인 측면도 포함하는, 의식적인 행위뿐 아니라 무의식적인 행위도 포함하는 총체적인 인간을 아우른다. 위기 발생과 이후의 판단과 선택은 총체적인 실존적 지향성, 즉 세계 내의 총체적인 존재 양태의 부분이다. 많은 종교경험에서 합리적인 검토와 선택의 차원은 아예 존재하지 않는 것으로 보인다.

찰스 롱Charles Long은 다음과 같은 방식으로 평가가 지니는 의미를 기술한다. "인간의 세계는 자신의 환경의 한계나 조건으로서 존재한다. 이 조건이나 한계는 동시에 비평이다. 인간의 세계는 의미의 질서화된 세계이다. 그러나 구성하는 원리는 인간의 일상생활 외부에 있는 근원에서 온 계시로 해석된다. 이 근원은 주어지는(계시되는) 것이고, (이것이) 인간존재의 모든 미래의 가능성을 규정한다."[51]

성현의 변증법을 경험하면서 종교적 인간은 "실존적 위기"를 맞는다. 사실 어떤 종교적 인간에게는 자신의 존재 자체가 문제시될지도 모른다. 성과 속의 역설적 공존에서 드러난 것처럼, 성과 속의 이분법적 구분 때문에 구별, 가치, 심지어 의미조차도 모두 그의 존재 속으로 들어온다.[52] "실재와 의미 있는 세계의 인식은 성스러움의 발견과 밀접한 관계가 있는 것이다. 성스러움의 경험을 통해 인간 정신은 실재적이고 강력하며 귀중하고 의미 있는 것으로 자신을 드러내는 것과 그렇지 않은 것—즉 사물들의 무질서하고 위험한 변화, 그것들의 우발적이고 무의미한 출현과 소멸—사이의 차이를 파악한다."[53] 간단히 말해 존재의 한 차원이 더 의미 있는 것으로, 완전히 다르며 강력하고 궁극적인 것으로, 넘쳐나는 의미를 포함하는 것으로, 존재를 판단할 때 전형적이며 규범적인 것으로 간주되는 것이다.

엘리아데는 대개 종교적인 사람의 선택과 평가를 "부정적으로" 묘사한다. 성현의 변증법은 자연적인 평범한 존재의 영역을 뚜렷이 두

---

51) Charles H. Long, *Alpha: The Myths of Creation*(New York: George Braziller, 1963), pp. 10~11. *Religion on Trial*에서 더들리Dudley는 이렇게 쓰고 있다. "엘리아데에게 인간의 유한성은 비존재가 존재에 부여한 한계이다. 종교적 인간의 목표는 그가 유한한 상태에서 자신에게 부과된 조건들을 무한하게 초월하는 것이다."(p. 88)
52) *Myth and Reality*, p. 139와 G. Richard Welbon, "Some Remarks on the Work of Mircea Eliade", *Acta Philosophica et Theologica* 2(1964): 479를 보라.
53) *Quest*, p. v.

드러지게 한다. 성스러움과 범속함의 "단절"이 일어난 후에는, 그 사람은 평범한 자연적 존재를 "타락"으로 평가한다. 그는 이제 궁극적이고 실재적인 것으로 간주되는 것과 분리되었다고 느낀다. 자연적이고 역사적인 범속한 존재 양태를 초월하여 성스러움 속에서 영원히 살기를 갈망한다.

이 성스러움의 변증법의 본질적 구조는 엘리아데의 해석학에서 매우 중요하다. 엘리아데는 그가 『세계종교사상사』를 쓰는 목적이 "종교 사상과 신앙의 역사에 주요한 공헌들을 조명하는 것"이라고 말한다. 이러한 위대한 공헌들을 확인하면서, 그는 "광범위하게 나타나는 위기들과, 무엇보다도 다른 전통들의 창조적인 순간들"을 강조한다.[54] 사실 성과 속의 단절, 자연적인 존재에 대한 "타락"이라는 부정적 평가, 그리고 초월적인 것에 대한 갈망과 같은 위기와 평가의 구조가 없다면, 종교경험 역시 없었을 것이고, 따라서 종교도 존재하지 않게 되었을 것이다. "사실 종교는 '타락', '망각', 근원적인 완벽한 상태의 상실의 결과이다. 아담이 낙원에 있을 때는 종교경험이나 신학, 즉 신의 원칙을 전혀 알지 못했다. '죄' 이전에는 **종교도 없었다**."[55] 우리가 6장에서 보게 되겠지만 고대의 인류가 우주 속에서 그들의 장소가 근원적인 통합과 완벽함의 상태로부터 분리된 것을 처음으로 인식함으로써 세계 내에서 그들의 인간적 조건들에 대한 반응들로서 종교와 신화가 구성되었다.

정리해보자. 성현의 변증법을 통해 속은 뚜렷이 두드러지게 되고, 종교적인 사람은 "성스러움"을 선택하며, "평범한" 존재 양태를 부정적으로 평가한다. 동시에 이 평가와 선택을 통해 인류는 의미 있는

---

54) *History 1*, p. xiv.
55) *No Souvenirs*, p. 67.

판단과 창조적인 행위와 표현의 가능성을 얻게 된다. 범속함을 부정적으로 평가하는 것의 긍정적인 종교적 가치가, 성스러움과 의미 있는 소통을 향한, 그리고 종교적 인간의 의식의 구조로 나타나는 종교적 행위를 향한 지향성에서 표현되는 것이다.

위기, 평가, 선택이라는 구조는 종교경험이 실제적이고 구원론적이며 인간의 변형을 산출한다는 사실을 강조한다. 아리스토텔레스 이후의 서구 철학사에 흔히 나타나는 것과 달리, 성스러움의 변증법에서 지식은 지식 자체를 위해 존재하지 않는다. 인식론적인 것은 존재론적인 것과 구별될 수 없다. 사람은 성스러움을 알게 될 때, 자신의 진정한 존재로 변형되는 것이다.

인간존재를 타락한 상황에 처해 있으며 근원적 완벽함을 상실한 것으로 간주하는 엘리아데의 종교 해석은, 그의 종교현상학, 특히 신화 분석이 종종 잘못 해석되는 문제를 유발한다. 여러 해석자, 특히 비평가는 "타락"이라는 엘리아데의 "개인적 교의"를 그의 종교 연구의 중심적인 개념으로 파악해왔다. 아마도 엘리아데가 현대의 세속화를 "타락"이라고 여기는 것은 오직 그의 "신학적 전제들" 때문이며,[56] 엘리아데는 짐작하건대 역사가 "타락"이라고 믿으며 "인간의 타락해버린 상태가 진짜라고 주장하는" 낭만주의자라는 것이다.[57] 좀

---

56) Kenneth Hamilton, "*Homo Religiosus* and Historical Faith", *Journal of Bible and Religion* 33(1965): 214~16을 보라. 이어지는 논의 역시 엘리아데가 "기독교적 [혹은 종교적] 관점에서 볼 때" 현대의 무종교 상황은 새로운, 혹은 제2의 "타락"에 해당하며, 현대 인류의 "무의식적인 것"만이 여전히 종교적이라고 말할 수 있다고 종종 주장한 것에 적용될 수 있다. 예를 들면 *Sacred and Profane*, p. 213; "Archaic Myth and Historical Man", *McCormick Quarterly* 18(1965): 35~36; *No Souvenirs*, p. 156.

57) Altizer, *Mircea Eliade and the Dialectic of the Sacred*, pp. 84, 86, 88, 161; Altizer, "Mircea Eliade and the Recovery of the Sacred", *The Christian Scholar* 45(1962): 282~83. Eliade, *Images and Symbols*, p. 173; *Eternal Return*, p. 162도 보라.

더 최근에는, 리켓이 엘리아데의 종교와 다른 문제들에 대한 개인적인 견해를 밝히기 위해 엘리아데의 청년기의 노트, 일기, 신문 칼럼 등 출판되지 않은 루마니아 기록들을 수백 페이지에 걸쳐 다루었다. 리켓은 엘리아데의 "원숙한" 학문 업적들을 이해하는 데는 그의 젊은 시절의 태도들과 열렬한 관심들이 필수적이라고 반복해서 주장한다.[58]

이와 같은 수많은 해석의 문제점은, 이러한 해석을 한 학자들은 종종 충분히 진지하게 엘리아데 자신을 근거로 엘리아데를 생각하지 않는다는 것이다. 어떤 사람들은 "타락"에 대한 엘리아데의 신학적 입장을 비판하는 신학자들이다. 어떤 사람들은 엘리아데의 신학적인 그리고 다른 규범적인 판단에 공감하는 지지자들이다. 나는 결코 엘리아데나 다른 학자들이 "가치중립적인" 해석을 제공한다고 주장하고자 하지 않는다. 엘리아데 자신의 위기, 평가, 선택이, 성스러움의 변증법에 나타나는 위기, 평가, 선택이라는 보편적 구조에 대한 그의 체계적 설명에 부적절한 것은 아니다. 엘리아데는 종종 인정하지 않지만, 신화-종교적인 현상들과 비종교적인 현상들에 대한 그의 방법론과 해석을 구조화하는 기본적 전제, 규범적 판단 그리고 존재론적 관점으로의 방향 전환이 있다는 것을 곧 설명할 것이다.

그러나 엘리아데는 적어도 그의 학문적 저작들 전체에서 자신이 종교사가이자 종교현상학자라고 자처한다. 그의 학문적 주장은 그가 어떤 개인적 견해나 신학적인 "타락"의 교의에 좌우되는 것이 아니라, 신화 자체가 신화적 인간들이 그러한 종교적 지향성을 가져왔다고 드러낸다는 것이다. 예를 들면 엘리아데는, 근원적 존재들이 자유, 불멸, 신들과의 쉬운 의사소통 등을 향유한 어떤 시대에 대하여 이야기하는 것이 "낙원의 신화들"이라고 여긴다. 불행하게도 이들은

---

58) 요약된 내용으로는 Ricketts, *Eliade: Romanian Roots*, 2. pp. 1205~11을 보라.

"타락", 즉 성과 속의 단절을 유발한 근원적 사건 때문에 이 모든 것을 잃어버렸다. 이러한 신화들은 종교적인 사람들이 현재의 "타락한" 자신들의 존재를 이해하고 "타락해버린" 낙원을 향한 "향수"를 표현하도록 도와준다.[59] 만약 종교적 인간에게 역사가 "타락"이라면, 이는 역사적 존재가 "초역사적인"(절대적인, 영원한, 초월적인) 성스러움과 분리되고 이보다 열등한 것으로 간주되기 때문이다.

그러므로 무엇보다도 엘리아데의 학문적 주장들 자체를 진지하게 고찰하는 것이 중요하다. 그는 종교적인 (그리고 비종교적인) 사람들의 신화들과 다른 현상들의 의미를 기술하고 해석하고자 하는 종교사가이자 종교현상학자라는 것을 고려해야 한다. 우리는 또한 엘리아데의 개인적인 전제들과 판단들은 그의 종교 자료들에 대한 해석을 이해하는 데 부적합하지는 않다는 것과, 엘리아데가 때로는 종교적 인간의 기록들에 대한 학문적인 해석을 훨씬 넘는 문제들에도 관심을 가졌다는 것을 설명할 것이다.

은폐와 위장

신화를 구조화하는 데 있어서 성과 속의 변증법은 앞서 나온 분석이 제시하는 것보다 훨씬 더 미묘하고 복잡하다. 성스러움은 자신을 역사화하고 구체화하고 제한할 수 있는 범속함을 통하지 않고서는 자신을 드러낼 수 없다는 것은 이미 설명했다. 성스러움이 종교적인 사람들의 편에서는 평가와 선택의 대상이 된다는 것도 보였다. 이제 그러한 종교적 드러남과 반응이 단순하고 명확하고 기계적인 견지에서 분석될 수 있는 방식으로 진행되지 않았다는 것을 덧붙여야겠다.

---

[59] 이러한 신화적 해석들은 엘리아데의 저작 전체에서 찾아볼 수 있다. 예를 들면 *Myths, Dreams and Mysteries*, pp. 59~72를 보라.

자신을 보여주는 바로 그 행위에서, 성스러움은 "자신을 숨기고 위장하는 것이다."[60]

엘리아데는 『자서전』에서 루마니아를 떠난 후 포르투갈의 루마니아 공사관에서 자리를 맡기 전인 1940년 영국에서, 『종교형태론』의 "토대가 되는 생각"을 가지고 있었다고 기록한다. "성현들, 즉 성스러움이 우주적인 실재들(속의 세상에 속한 사물들이나 과정들)에 드러나는 것은 역설적 구조를 갖는다. 왜냐하면 이들은 신성성을 **보여주고** 동시에 이를 **위장하기** 때문이다."[61] 새로운 대상들을 통해 자신을 명시하면서 그리고 다른 형태를 취하면서, 동시에 성스러움은 자신을 "감추거나" 혹은 "숨긴다". "성스러운 어떤 것이 자신을 명시할 때(성현), 동시에 어떤 것은 자신을 '숨기고', 비밀스럽게 된다. 바로 여기에 진정한 성스러움의 변증법이 있다. 즉 자신을 **보여준다는** 단순한 사실에 의해 성스러움은 **자신을 숨긴다는** 것 말이다."[62]

---

60) "은폐와 위장"의 이 구조는 엘리아데의 일기와 문학작품들 그리고 몇몇 신화 연구에 가장 분명히 나타난다. 이러한 신화 연구로는 "Survivals and Camouflages of Myths", *Diogenes* 41(1963): 1~25(*Myth and Reality* 9장으로 다시 출판)가 있다. 이 구조를 잘 아는 해석자들은, 그의 루마니아어로 된 문학작품이나 그 번역본에 다년간 초점을 맞춰온 리켓과 몇몇 다른 서구학자뿐 아니라, 엘리아데의 문학작품을 잘 아는 칼리네스쿠, 이에룬카 등 루마니아 사람들이다. 예를 들어 다음의 문헌들을 보라. Matei Calinescu, "Imagination and Meaning: Aesthetic Attitudes and Ideas in Mircea Eliade's Thought", *Journal of Religion* 57(1977): 1~15; Matei Calinescu, "Introduction: The Fantastic and Its Interpretation in Mircea Eliade's Later Novellas", in Mircea Eliade, *Youth Without Youth and Other Novellas*, ed. Matei Calinescu, trans. Mac Linscott Ricketts(Columbus: Ohio State University Press, 1988), pp. xiii~xxxix.
61) *Autobiography 2*, p. 84.
62) *No Souvenirs*, p. 268. 엘리아데는 이어서 말한다. "우리는 종교현상을 완전히 이해했다고 절대 주장할 수 없다. 어떤 것들은—아마도 존재마저도—우리에게는 나중에 이해되고 타자들에게는 즉시 이해될 것이다."

엘리아데는 그의 학문 저작들과 문학작품들이 "초월적인 것의 인지 불가능성", 혹은 "역사에서 자신을 위장하는" 초역사적 성스러움이라는 동일한 문제로 귀결된다고 쓰고 있다. "문학에서 환상적인 것이라는 나의 개념은 …… '기적들의 인지 불가능성' 이론, 혹은 초월적인 것은 구체화된 후에 세계나 역사에서 위장되고 따라서 '인지 불가능'하게 된다는 내 이론에 뿌리를 두고 있다." "궁극적으로 진짜 문제는 겉모습 속에 위장된 실재를 어떻게 인식하느냐이다."[63]

『금지된 숲The Forbidden Forest』의 서문에서, 엘리아데는 이 소설을 끝낸 후에야 자신에게 드러난 여러 에피소드의 "숨겨진" 의미들을 언급한다. 그는 "소설의 '역사적 프레스코화' 유형의 이야기에서 의식적으로나 고의적으로 위장하지 않았던" 상징적 의미들을 언급한다. "이러한 의미들은 문학적 상상력의 과정 자체가 나에게 부과한 것이다." 그는 덧붙인다. "실제로는, 가장 흔한 이야기에서조차, 어떤 사건이든지(만남, 독서, 평범한 대화의 수집 등) 주인공들과 독자들이—적어도 어떤 유형의 독자들은—알아채지 못하는 의미나 메시지를 숨기고 있다. 일상적 현실의 칙칙한 진부함이야말로 가장 완벽하게 '초월적인' 의미들을 위장한다."[64] 『자서전』에서도 비슷한 내용을 쓰고 있다.

> 무의식적으로 그리고 의도적인 계획 없이, 『큰 뱀Şarpele』에서 나는 종교철학과 종교사 연구에서 나중에 발전시키게 될 어떤 것을 "보이는" 데 성공했다. 즉 "성스러움"은 "범속함"과 **명백히 다르지**

---

63) *No Souvenirs*, pp. 31, 191 및 여러 곳; "Bucureşti, 1937", in *Fiinţa Românască* 5(1967), p. 64; "Fragment autobiographic", in *Caete de Dor* 7(1953).
64) Mircea Eliade, "Preface", *The Forbidden Forest*, trans. Mac Liscott Ricketts and Mary Park Stevenson(Notre Dame: University of Notre Dame Press, 1978), p. ix.

않다는 것, "환상적인 것"은 "현실적인 것" 속에 위장된다는 것, 세계는 자신을 무엇이라고 보여주는 그대로인 동시에 하나의 암호라는 것이다. 이와 똑같은 변증법이 ……『금지된 숲』 역시 지탱하고 있다 ……. 이번에는 우주의 심오한 의미의 문제가 아니라 역사적 사건들의 "암호"의 문제라는 차이가 있을 뿐이다. 일상적으로 일어나는 일들 속에 위장된 "환상적인 것"이라는 주제는 『집시여인의 집에서La Țigănci』(1959년 작)나 『다리Podul』(1964년 작)와 같은 훨씬 더 최근에 쓴 중편소설들에도 다시 등장한다. 어떤 의미에서 이 주제는 내가 성숙해진 후에 쓴 모든 저작을 이해하는 단서가 된다고 할 수 있을 것이다.[65]

마테이 칼리네스쿠Matei Calinescu는 아마도 엘리아데 저작을 해설한 사람들 중 위장 구조들의 중요성과 "기적의 인지 불가능성"의 중심 주제를 가장 많이 강조한 사람일 것이다. 좀 더 명확히 말하면 칼리네스쿠는 "알 수 없는 것과 인지할 수 없는 것 사이의 대립"을 주장한다. "궁극적 실재는 알 수 없다는 불가지적不可知的 명제는 여기서 상기想起anamnesis라는 플라톤적 원리의 변형인 인지 불가능성의 가설로 대체된다. 처음 보기에는 이 두 접근이 별 차이가 없는 것으로 보이겠지만, 사실 이 둘은 아무 상관도 없다. 따라서 불가지론의 경우에 주된 관심은 (지식의 상대주의적 이론을 적용한) 인식론적 타당

---

65) Mircea Eliade, *Autobiography, Volume I: 1907~1937, Journey East, Journey West*, trans. Mac Linscott Ricketts(San Francisco: Harper & Row, 1981), p. 32.2(앞으로 이 책은 *Autobiography 1*로 인용할 것이다); Mircea Eliade, *Şarpele*(*The Snake*; Bucharest: Naţională Ciornei, 1937). Virgil Ierunca, "The Literary Work of Mircea Eliade", in *Myths and Symbols: Studies in Honor of Mircea Eliade*, ed. Joseph M. Kitagawa and Charles H. Long(Chicago: University of Chicago Press, 1969), p. 347도 보라.

성인 데 반하여, 두 번째 경우에는 참지식은 원칙적으로 그것을 인지할 수 있는 사람(플라톤Plato에 따르면 그것을 기억할 수 있는 사람)은 누구나 얻을 수 있다는 점을 강조하겠다. 사고에 대한 후자의 방식은 구조적으로 상징적이며, 그 주요 관심은 우리의 의식을 구성하는 수많은 표상들의 실제적 의미를 발견하는 것이다."66)

우리는 엘리아데의 저작들에서 이러한 은폐와 위장의 많은 예를 발견할 수 있다. 우리는 성스러움에 대한 연구를 가장 인상적이거나 볼 만한 것으로 생각되는 신화들에만 제한하면 안 된다. 모든 자연현상은 잠재적으로 성현적이다. 그 결과 성스러움은 어떤 형태로든 나타나거나 숨을 수 있다. 엘리아데의 가장 창조적인 해석들은, 일반적으로 주목할 만한 가치가 없다고 여겨졌거나 종교인들과 비종교인들 모두 종교적이지 않다고 여긴 신화-종교현상들에 대한 것이었다.

예를 들면 성스러움은 성性적인 것에도, 영성이 넘쳐날 듯한 고상한 사랑의 표현들뿐 아니라 가장 육체적이고, 경박하고, 음탕한, 심지어 혐오스런 것으로 판단되는 사랑에도 숨겨져 있을 수 있다. "여기에는 성욕에 대한 종교적 정당화가 있다. 이는 아프로디테가 불러일으킨 것으로, 심지어 성적인 무절제나 비행도 신성한 기원을 지닌 것으로 인식되어야 한다." "그녀가 고취하고 칭송하며 옹호하는 것은 관능적인 사랑, 육체적인 결합이다." 이 "비합리적이고 억제할 수 없는 성적 충동"은 "작가들과 조형미술가들에 의해 이용되었다." "우리는 아프로디테의 표상 아래 번창한 이러한 예술을 육체적 사랑의 극단적인 탈신성화로 간주하고 싶어지기도 한다. 그러나 사실 이는 그리스의 천재의 많은 다른 창작물에서 보이는 것들과 같은 것으로, 의미의 측면에서 모방할 수 없고 풍부한, 하나의 위장이다. 경박한 신

---

66) Matei Calinescu, "Imagination and Meaning", p. 4.

성으로 보이는 것 아래에는 가장 심오한 종교경험의 근원들 중 하나가 숨어 있다. 즉 성욕이 초월과 신비로서 드러나는 것이다."[67]

현대 세계의 존재 양태와 관련해서 중요한 다른 고전적인 예로, 운명과 인간 조건을 비극적이고 염세적인 방식으로 생각하고 인간존재의 불안정성과 한계를 인식하면서 사는 고대 그리스인들의 성향을 들 수 있겠다. 죽음은 아무것도 해결하지 못하고, 오직 현재의 삶만이 있으며, 그 너머를 보는 것은 아무런 소용이 없다. 현생에서 완전하고 고상하게 살 필요성을 강조하는 이러한 견해는 초월에 대한 모든 감정을 배제하는 것처럼 보인다. 종교적 초월에 호소하는 것을 의도적으로 거부한 알베르 카뮈Albert Camus와 같은 세속적 실존주의자들에게는 이러한 입장이 틀림없는 사실이다. 그러나 엘리아데가 볼 때 "이 비극적인 견해는 그리스의 종교적 천재의 창조적 힘을 금지하기는커녕, 인간 조건의 가치를 역설적으로 재평가하는 결과를 낳았다." 이 가치의 재설정은 신들이 인간들로 하여금 인간의 한계를 넘지 못하도록 했다는 자각을 받아들여 "**완벽함과 그 결과로 이어지는 인간 조건의 신성화**"를 인간이 깨닫게 되는 것으로 마무리되었다. 따라서 "강조해야 하는 것은 무엇보다도 현재의 종교적인 가치 설정이다. **존재하는 것, 시간 속에 사는 것**이라는 단순한 사실이 종교적 차원을 구성할 수 있다. 이 차원이 항상 분명한 것은 아니다. 신성성은 어떤 의미로는 현재 속에서, '자연'과 일상 속에서 위장되기 때문이다. 그리스인들이 발견한 삶의 즐거움은 범속한 형태의 향락이 아니다. 그것은 삶의 즐거움은 존재한다는 행복감, 다시 말해 삶의 자발성과 세계

---

67) *History 1*, p. 283. 남녀 양성 소유자 신화가 현대에 탈신성화된 것에 대한 아주 재미있는 연구로는 *Mephistopheles and the Androgyne*, pp. 98~100 및 여러 곳을 보라. 성적인 것에 숨겨진 성스러움이라는 주제는 특히 탄트라 요가를 강조한 엘리아데의 요가 관련 저술들과 여러 소설들의 특징이다.

의 장엄함 속에—덧없게라도—참여하는 더 없는 행복을 가리킨다. 그들 이전과 그들 이후의 많은 다른 사람처럼, 그리스인들은 시간으로부터 벗어나는 가장 확실한 방법은 언뜻 보아서는 생각조차 할 수 없는 풍요로운 삶의 순간을 이용하는 것임을 배웠다."[68]

엘리아데에 따르면 겉보기에는 세속적인 서구 문명의 많은 현상들은 숨겨진, 위장된 형태의 성스러움의 구조를 드러낸다.[69] 『이미지와 상징Images and Symbols』의 서문에서는 상징들과 신화들은 비록 위장되고 훼손되고 지위가 하락되었을지는 모르지만, 정신 속에서는 사라지지 않았다고 주장한다. 『신화와 현실Myth and Reality』, 『신화, 꿈, 신비Myths, Dreams and Mysteries』 등의 연구에서 엘리아데는 현대사회의 중심에 어떤 위장된 신화가 살아남아 있음을 인지한다.

예를 들어 엘리아데는 성스러움이 현대 예술에서 완전히 사라진 것은 아니라고 확언한다. "그러나 그것은 인지할 수 없게 되었다. 명백히 '범속한' 형태, 목적, 의미로 위장되어 있기 때문이다." 우리는 잠재적인 계시이기도 한 이 은폐를 감지할 수 없다. "현대인은 종교를 '잊

---

68) *History 1*, pp. 259~63. 이러한 분석은 현대 서구인들의 상황에 매우 적절할 뿐 아니라, 겉보기에 탈신성화된 세계에서 의미를 찾으려고 했던 엘리아데의 노력과도 관계된다. 엘리아데는 다음과 같이 말하면서 결론을 내린다. "인간의 유한성과 평범한 존재의 진부함을 신성화하는 것은 종교사에서 비교적 자주 등장하는 현상이다. 그러나 특히 기원후 첫 천 년 동안 중국과 일본에서, '한계'와 '상황'의 신성화는—그것이 어떤 속성이건—뛰어난 수준을 달성했고, 각 문화들에 깊은 영향을 끼쳤다."(p. 263)
69) *History 1*의 서문 p. xvi에서 엘리아데는, 『세계종교사상사』 3권의 마지막 장에서 "현대 서구 세계의 유일한, 그러나 중요한 종교적 창조물을" 검토하겠다고 썼다. "나는 탈신성화의 마지막 단계를 말하고 있는 것이다. 이 과정은 '성스러움'의 완벽한 위장, 더 정확히는 성스러움이 '범속함'과 동일시되는 것을 보여준다는 점에서, 종교학자에게 매우 재미있다." 그러나 엘리아데는 건강 악화로 인해 이 작업을 마무리하지는 못했다.

었다', 그러나 성스러움은 그의 무의식에 묻힌 채 살아남았다." 현대 예술의 특정한 성격들을 살펴본 후, 엘리아데는 다음과 같이 결론을 내린다. "구조적인 관점에서 우주와 생명에 관련된 예술가의 태도는 '우주적 종교' 속에 함축된 관념을 어느 정도까지 생각나게 한다."[70]

칼리네스쿠에 따르면 성스러움을 "인지 불가능"하게 만드는 은폐와 위장의 이 구조는 "의미의 위장, 변이, 유추적 세분화에 관심을 둔 해석 혹은 해석학 이론을 이끌어낸다." "의미는 축소되고, 말하자면 의미 없는 외형적 현상들 뒤로 숨는다. 아무도 더 이상 읽어낼 수 없는 의미의 표상들이 일상생활의 하찮은 일들 사이에(그 아래가 아니라) 숨어 있다. 이러한 관점에서 의미의 상실된 세계들을 회복하는 임무를 지닌 해석학은 인지의 과학으로 단순하게 정의될 수 있을 것이다."[71]

우리는 힘으로 드러남의 변증법에 대한 (동시에 숨는 것의 변증법이기도 한) 엘리아데의 접근을 현대 서구와 전 세계에서 가장 널리 퍼진 최근 종교 성장의 형태에 대한 그의 강조와 대조함으로써 더 잘 이해할 수 있을 것이다. 기독교, 이슬람 그리고 다른 종교들의 다양한 교파나 종파는 명백하고 무조건적인 방법으로 신이나 다른 성스러운 실재에 접근할 수 있게 해준다고 주장하여 수백만의 개종자들을 얻었다. 1970년대, 1980년대 그리고 1990년대에 미국에서는 종종 성경의 문자적인 해석에 근거를 둔 매우 보수적인 "근본주의"를 이용한 교회들의 신도 수가 가장 많이 증가했다. 모호함, 염려, 소외, 불안정 등으로 특징지어지는 시대에, 이러한 교회들의 성공은 상당 부분 이들이 제공하는 독단적이며 명쾌한, 심지어 기계적이기도 한 대답들의 덕으로 볼 수 있을 것이다. 감춰지지 않고 위장되지 않은

---

70) "The Sacred and the Modern Artist", pp. 22~24.
71) Calinescu, "Imagination and Meaning", pp. 4~5.

상태로 성스러움에 접근하는 기회를 제공하는 종교들이 호소력을 얻는 것을 보면, 엘리아데가 강조한 현대 세계에서 성스러움을 인지하는 어려움이 확인된다고 할 수 있다.

이러한 경향과는 대조적으로 엘리아데는 신비하고 역설적인 것, 복잡성, 모호성, 제약 없는 풍부함, 유기체적 상호 관계, 종교경험의 무제한적 창조성 등에도 큰 관심을 가졌다. 역의 일치 coincidentia oppositorum를 표현하는 것과 같은, 엘리아데가 선호했던 종교의 상징적이고 신화적인 구조는 신비의 심오한 의미를 보존하면서 극도로 복잡한 실존적 상황을 표현하는 것이다. 엘리아데는 종교현상의 복잡성을 단순하고 하나의 의미만을 가진 설명으로 환원하는 경향이 있는 모든 해석을 거부했다. 마찬가지로 엘리아데가 가장 "고양된" 혹은 가장 영적인 것으로 평가한 현상들은, **종교적 인간이** 그 모든 복잡성 속에서 성스러움의 다양한 가능성들을 탐구하면서 "보편적 생활을 하도록" 가장 잘 도와주는, 신비경험과 같은 종교경험들이다.

성스러움의 변증법에 대한 엘리아데의 해석은 종교현상들의 엄청난 복잡성을 밝혀냈다. 이를 다음과 같이 정리할 수 있다. 첫째, 모든 것은 잠재적으로 성현을 이룰 수 있다. 둘째, 성스러움은 역설적으로 모든 종교적 현현에서 범속함과 공존한다. 셋째, 성스러움은 끊임없이 자신을 새로운 대상 안에 역사화하고 제한하며 새로운 형태를 취하는 한편, 동시에 자신을 자유롭게 하고 그 본질적 구조를 실현하고자 한다. 넷째, 성스러움은 자신을 드러내면서 자신을 숨기고 감춘다.

성과 속의 변증법의 은폐와 위장의 구조에서 본 것과 같은 그 복잡성을 알게 됨으로써 엘리아데는 경전을 문자적으로 이해할 것을 주장하는 종교적 근본주의자들 등의 전형적인 접근과 확연히 대조되는 신화와 다른 종교현상들에 대한 태도를 취하게 되었다. 엘리아데는 종교적 실재가 단순하고 분명하며 결정적으로 드러난다고 주장하는 것은 성스러움의 변증법에 대한 다소 빈약한 상상력과 초보적인 관점을 드러내는 것으로 생각했다. 우리는 성스러움이 어떻게 그 복잡성, 모호성, 심오함 속에서 자신을 드러낼 수 있는지 더 이상 알 수 없다. 오직 은폐의 변증법에 비추어 보아야만, 드러난 것 뒤에 숨어 있는 것의 광대함과 그 숨겨진 잠재력을 창조성과 의미의 무한한 근원으로 인정하는 것이 가능해진다. 간단히 말해서 바로 이 성스러움의 숨겨짐, 그 드러남을 구성하는 구조가 종교경험에 깊이와 생명력을 부여하는 것이다.

"통로"로서 종교

우리는 엘리아데가 종교와 신화의 주요한 기능이 초인간적 혹은 초월적 세계를 향한 "통로"를 유지하는 것이라고 믿었다는 것을 살펴보았다. "한편으로는 성스러움은 궁극적으로 인간이 아닌 다른 것—개인의 한계를 초월한 것, 초월적인 것—이다. 또 한편으로는 따라야 하는 형태들을 수립한다는 점에서 성스러움은 모범적인 것이다. 성스러움은 초월적이면서 모범적이기 때문에, 종교적인 사람이 개인적인 상황에서 벗어나고 우연한 것과 특수한 것을 뛰어넘으며 일반적인 가치와 보편적인 것을 따르도록 만든다."[72] 신화는 성스러움을 초월적 "타자"로 드러낸다. 그리고 신화는 따라야 하는 모범적인 근본적인 형태를 수립하는 주요한 원천이다.

이제 성현의 변증법이 어떻게 이 "통로"를 유지하는 데 도움을 주고 있는지를 이해할 수 있을 것이다. 신성화의 이 과정에 의해서 "닫혀진" 범속한 세계가 "터져 열린다." 나무와 같은 자연물은 나무로 남

---

[72] *Myths, Dreams and Mysteries*, p. 18. *Quest*, p. ii도 보라.

아 있으면서 "다른" 어떤 것을 드러낸다. "어떠한 나무와 식물도 단지 나무와 식물로서 성스러운 것은 아니다. 이들이 성스럽게 되는 것은 초월적인 실재에 참여하며 그 초월적인 실재의 의미를 나타내기 때문이다. 신성한 속성에 의해, 개별적인 '범속한' 식물 종의 실체가 변화된다. 성스러움의 변증법에서 일부(나무, 식물)가 전체(우주, 삶)의 가치를 가지고, 범속한 것이 성현이 된다."73) 예를 들면 샤머니즘에는 특정한 수의 홈이 새겨진 어떤 나무에 올라가는 의례가 있다. 단지 신화적 주제들이 "자연적" 나무가 "세계목World Tree"으로서 가치가 있으며 거기에 파진 홈들은 여러 하늘을 의미한다는 것을 보여주기 때문에, 우리는 바로 그 자연적 나무에 오른 것을 샤먼이 천상으로 상승한 것, 여러 하늘 너머로의 무아경의 여행으로 해석할 수 있는 것이다.74) 이러한 종교적 "통로"를 알지 못하면, 샤먼이 성스러움을 경험한 것의 의미는 이해할 수 없는 것으로 남게 된다.

  신화-종교현상들에 명백히 보이는 신성화의 과정이 성현에 의한 "직접적인" 성화에 의존한다면, 엘리아데의 연구 범위는 매우 제한되었을 것이다. 하늘로의 상승이라는 위의 예증으로부터 신성화의 과정에서 상징체계가 갖는 중요성을 이미 감지한 사람이 있을지도 모르겠다. 5장에서는, 성스러움의 변증법을 더 확장시키는 것이 신화의 언어인 상징체계의 주된 역할이라고 간주될 것이다. 범속함은 상징체계를 통해서 "다른" 어떤 것을 드러내기 위해 "터져 열리게" 된다.

---

73) *Patterns*, p. 324.
74) *Shamanism*, 특히 pp. 117~27.

4장
자연, 우주 그리고 종교적 편견

앞 장에서는 엘리아데가 성스러움의 근본적인 경험에 대한 자신의 구조적 분석을 근거로 하는 자신의 특유한 종교 개념을 갖고 있다는 것을 다루었다. 신화는 성스러움의 경험을 드러내고 성과 속의 변증법이라는 보편적 구조를 표현한다. 엘리아데의 성스러움의 변증법에 나타나듯이, 신성화의 보편적 구조를 통해 엘리아데는 신화-종교현상들을 비종교적 현상들과 구별할 수 있었다.

이번 장에서는 엘리아데가 사용한 "자연nature"과 "우주cosmos" 개념을 탐구하여 엘리아데의 분석을 밝혀나갈 것이다. 자연과 우주는 종교, 성현, 성스러움의 변증법, 상징체계, 그리고 신화의 구조와 기능 등에 대한 엘리아데의 개념과 분석에서 매우 중요하게 부각되기 때문이다. 그리고 나서 많은 비평가와 몇몇 지지자의 주장을 채택하여, 엘리아데가 가졌던 종교와 성스러움의 변증법의 개념이 그의 신화-종교현상 분석의 해석에 반영된 특별한 종교적 편견을 드러내는지를 검토하겠다. 엘리아데는 시원적 종교archaic religion나 동유럽 농민의 "우주적 기독교"를 특별히 중요하게 생각하는가? 엘리아데의 학문적 해석들을 이해할 때, 그의 개인적인 전제들, 신앙들, 헌신들을 학문의 근본적인 부분으로 포함시켜야 하는가?

자연과 우주

『종교형태론』을 비롯한 주요 저작들에서, 엘리아데는 성현, 시원적 종교, 우주적 종교cosmic religion, 종교 일반, 종교적 상징체계, 종교적 신화 등을 해석할 때 "자연"과 "우주"를 더없이 강조한다. 엘리아데는, 종교적인 사람들이 종교와 신화를 통해 자연현상들이나 자연의 리듬과 일체가 되고 조화를 이루며, 자신들을 질서 정연하고 의미 있는 우주의 부분으로 통합시키려 했다고 해석하는 것이다.

"자연"과 "우주"는 엘리아데의 종교사 및 종교현상학에서 중심적이므로, 그가 이 용어들을 사용할 때 그 의미가 매우 모호하며 혼동의 가능성도 다분히 있다는 것을 아는 것이 중요하다. 이 모호성은 상당 부분 이 단어들의 의미가 막연하며 때때로 모순되기까지 한 데서 비롯되었다. 그 의미들 중 단지 몇 가지만 구별해본다면, "자연"은 학자 등이 인간들이나 신화창조 같은 그들〔인간들〕의 행위와 상관없이 존재하는 물질적인 혹은 "자연 그대로의" 세계를 가리키는 것으로 가장 빈번하게 사용된다. 나무, 산, 강, 동물 등과 같은 "자연계의" 존재하는 것들을 아우르는 "자연"의 이러한 의미는 "우주" 전체와 그것〔우주 전체〕의 알려진 혹은 추정되는 모든 현상을 포함하는 데까지 확장되기도 한다. 둘째, 때때로 "자연"은 모든 "자연계의" 존재하는 현상들을 아우르는 것으로, 인류를 포함하는 것으로 여겨진다. 우리는 자연의 일부이다. 셋째, "자연"은 또한 "신화의 특질" 혹은 "인간의 속성"

의 지시 내용에서처럼, 고유하거나 본질적인 특징 혹은 독특한 특질을 가리키는 데 사용된다. 이러한 의미에서 인간 속성은 자연계의 필수적인 부분 혹은 자연현상들과 독특하게 그리고 본질적으로 구별된 것으로 분석될 수도 있다.

존 스튜어트 밀John Stuart Mill은 "자연nature"과 "자연의natural"라는 말의 정치적인 이용과 악용에서 모호성, 혼동, 비합리성의 주요한 원인을 지적하면서, 이 용어들이 "때로는 인간의 개입 없이 사물이 존재하는 방식을 의미하기 위해, 때로는 사물이 당연히 그렇게 되어야 하는 방식을 의미하기 위해 마치 이 두 의미가 그럭저럭 동의어인 것처럼 사용된다"는 것에 주목한다. 이 분명한 혼동은 "그릇된 분별력, 그릇된 철학, 그릇된 도덕성, 심지어 악법의 가장 많은 원인들 중 하나"가 되었다.[1] 엘리아데도 때때로 이 두 구별된 의미들이 결합하여 일어날 수 있는 혼동을 무심코 야기한다. 종종 그는, 예를 들면 음력 주기나 자연의 계절적 순환을 가리킬 때, 이 용어들을 보다 기술記述적인 방식으로 사용한다. 그러나 다른 맥락에서는, 엘리아데는 규범적인 차원을 도입하기도 한다. 그 예로 인류가 자연의 주기나 순환의 "메시지"를 무시하거나 위반하면, 인류는 진짜 자연으로부터 소외되고 의미 있는 인간존재의 실현을 위한 삶의 방식으로부터 멀어진다고 주장하는 경우를 들 수 있다. 이런 면에서 인류는 신화적 존재이며, 신화는 우리가 자연을 일관되고, 의미 있고, 중요한 자연계와 우

---

[1] John Stuart Mill, "Nature", from *Three Essays on Religion, in The Philosophy of John Stuart Mill*, ed. Marshall Cohen(New York: Random House, 1961), pp. 445, 487; John Stuart Mill, "The Subjection of Women", in *Collected Works of John Stuart Mill*, ed. J. M. Robson, vol. 21(Toronto: University of Toronto Press, 1984), pp. 269~70, 276~82; Susan Moller Okin, *Justice, Gender, and the Family*(New York: Basic Books, 1989), pp. 37~38.

주의 필수적인 부분으로 자각하도록 해준다.

"우주cosmos"는, 비록 학자들이 때때로 단순히 알려지거나 추정된 모든 사물 혹은 현상의 우주universe를 가리키기 위해서도 이 단어를 사용하기는 했지만, 좀 더 구체적으로는 정돈되고 조화로운 총체 혹은 체계로 간주되는 세계나 우주universe를 가리키는 데 가장 자주 사용된다. "우주cosmos"는 여기서 "혼돈chaos"과 구별되는 개념이다. 성스러움의 변증법, 상징체계, 신화는 파편화되고, 구조적이지 않고, 의미 없는 현상들을 일관되고, 구조화되고, 의미 있는 전체로 변형시킨다는 의미에서 "우주화하고cosmicize", 혹은 어떤 것을 우주cosmos로 만든다. 엘리아데의 신화와 종교 이론은 그의 현상학적 방법과 무관하지 않다. 엘리아데는 현상학적 방법으로 (달, 해, 물, 식물 등) 상징적인 연상 의미들의 일관성 있는 체계의 총체적인 해석학적 틀 안에 특정한 신화나 의례와 같은 종교현상의 의미를 위치시킴으로써 그 종교현상의 의미를 해석한다. 이해될 수 없던 것이 구조화된 전체의 일부로서 의미를 갖게 되고 의미를 나타내게 된다. 이러한 의미에서 엘리아데의 방법과 이론 모두 우주화의 과정을 표현한다.

때때로 엘리아데는 "자연"과 "우주", "자연의"와 "우주의"를 서로 바꿔가며 쓰기도 한다. 매우 빈번하게, 자연현상의 성현화, 자연의 상징화를 통한 성스러움의 변증법의 확장, 인간이 자연과 조화로운 관계를 실현하도록 하는 신화적 변형 등을 통해 혼돈이 우주로 변형되기 때문이다.

존재론적이고 형이상학적인 전제들과 판단들로 가득 찬 중요한 설명에서, 엘리아데는 다음의 방식으로 종교의 미래에 대한 질문에 답변한다.

사람들은 아무것도 예언할 수 없다. 그러나 나는 어떤 본원적인 드러남은 결코 사라지지 않는다고 믿는다. …… 우리에게 여전히 밤과 낮, 여름과 겨울이 있는 한, 나는 인간이 바뀔 수 없다고 생각한다. 우리가 원하건 원하지 않건, 우리는 우주의 주기 운동의 일부이다. 사람들은 가치를 바꿀 수는 있다. 여름, 밤, 씨앗과 같은 농경 사회의 종교적 가치들은 더 이상 우리들의 것이 아니다. 그러나 빛과 어둠, 밤과 낮이라는 주기는 여전히 남아 있다. 살아 있는 가장 무종교적인areligious 사람도 여전히 그 우주의 주기적 반복 속에 존재하는 것이다. …… 물론 우리는 경제적, 사회적 구조들에 의해 조건 지어지고, 우리의 종교경험의 표현은 우리의 언어, 사회, 관심에 의해 항상 조건 지어진다. 그럼에도 불구하고 우리는 여전히 인간의 조건은 그 주기적인 반복과 순환이 불가항력적으로 주어지는 여기 이 우주 안에 있다고 생각한다. 따라서 우리는 그 근본적인 실존적 조건을 근거로 인간의 조건을 추정한다. 우리는 겉으로 보기에 어떻든지 간에 "근본적인" 인간 존재를 "종교적"이라고 할 수 있을 것이다. 왜냐하면 우리는 삶의 의미에 대해 이야기하기 때문이다.[2]

몇몇 널리 알려진 "자연"과 "우주"의 의미들의 윤곽을 그리고, 이것들을 엘리아데의 종교와 신화 연구의 독특한 특징들과 연관시켰으므로, 우리는 이제 엘리아데의 글에서 "자연"과 "자연의"라는 단어의 일반적인 용법의 특색을 알 수 있을 것이다. 방금 인용한 가장 흔한 용법에서처럼, 엘리아데는 종종 자연을 인간의 시간, 역사, 문화의 외부에서 인간의 개입과 독립적으로 존재하는 것이라고 간주한다. 그

---

[2] Mircea Eliade, *Ordeal by Labyrinth: Conversation with Claude-Henri Rocquet*, trans. Derek Coltman(Chicago: University of Chicago Press, 1982), pp. 116~17.

는 자연을 그 자체의 리듬, 형태 그리고 "존재 양식"을 지닌 것으로 묘사한다. 독립적으로 존재하는 자연은 인간에게 "말을 건네며", 세계 속에서 우리 자신의 존재 양태에 대한 진실을 종종 우리에게 보여주기도 한다. 인간 운명에 대한 진실을 드러내는 달의 주기처럼 말이다. "세계가 인간에게 '말을 건다.' 그 언어를 이해하기 위해서는 신화들을 알고 상징들을 해독하기만 하면 된다. 달의 신화와 상징을 통해 인간은 일시적인 것, 탄생, 죽음과 부활, 성적 특질, 다산多産, 비〔雨〕, 식물 등이 신비롭게 일체를 이루고 있는 것을 이해한다. 세계는 더 이상 임의로 모인 사물들의 불명료한 덩어리가 아니라, 명확하고 의미 있는, 살아 있는 우주Cosmos인 것이다. 요컨대 세계는 언어로서 자신을 드러낸다. 세계는 그 자체의 존재 양태를 통해서, 그 구조와 주기를 통해서 인간에게 말을 거는 것이다."[3]

때로는 이 "말 걸기" 혹은 자연의 계시는 세계 속에서 우리 인간의 존재 양태와 너무도 밀접하게 연관되어 있어서, 엘리아데는 독립적으로 존재하며 인간과 분리된 자연의 의미를 중시하지 않고 인간과 자연의 "상동화相同化"의 의미를 좀 더 많이 제시하게 된다. 인간은 자연이며, 자연의 필수적인 부분이다. 우리가 자연의 근본적인 진리를 직관하고 해독할 때, 우리는 동시에 인간의 속성과 세계 내의 우리의 존재 양태의 속성의 본질적인 진리들을 이해하는 것이다. 이러한 의미에서 엘리아데는 현대의 인간이 외부의 자연으로부터 소외되었고 동시에 우리 자신의 속성으로부터도 소외되었다고 주장한다.

좀 더 상호 작용론적인 의미에서 엘리아데는 종종 인간과 자연 사이의 분명한 분리를 인정하면서 시작한다. 이 분리는 세계 내에서 우리의 "타락한" 인간존재 양태나, 시간과 역사 내의 "범속한" 우리의

---

3) *Myth and Reality*, p. 141.

조건으로 표현된다. 그러고 나서 우리의 영적인 신화의 기획은 우리와 완전히 상동의 관계가 아닌 자연과의 창조적이고 역동적인 상호 관계를 수반한다. 독립적으로 존재하는 자연이 인간존재와 상호 작용하고, 인간존재를 수정하고 개조하며, 함의와 의미를 부가한다. 동시에 인간 역시 자연과 상호 작용하고, 수정하고 개정하며, 자연에 함의와 의미를 부가한다. 일종의 "언어적인 교량"으로서 상징의 역할은 이러한 자연과 인간의 상호 작용에 매우 중요하다. 하늘, 땅, 물 등의 자연 상징이 종종 "주어진 것", 인간에게 "이야기하는" "암호들" 혹은 의미를 드러내는 무한한 원천 등으로 해석되는 엘리아데식의 관념이 있다. 그러나 그러한 상징이 인간의 언어이며, 이것이 인간 의식의 기본 구조와 인간이 세계에 자신을 위치시키는 방식을 드러내고, 혼돈에서 벗어난 우주의 인간 구성을 위한 필수적인 수단이라는 의견도 있다. 인간 속성의 상호 작용이라는 관념은 "구성된 소여所與"로 특징지을 수 있다.

마지막으로 엘리아데는 사용하지 않지만, "자연"의 흔한 용례가 있다. 홉스Hobbes나 프로이트 등의 많은 "근대"사상가들은 "자연 상태the state of nature"나 "인간 속성human nature"은 난폭할뿐더러 인간의 생존을 위협하므로, 억제하고 통제해야 한다고 생각했다. 이러한 자연의 "부정적인" 용례는, 타락하고 죄 있는 속성과 신의 은총을 종종 구분한 아우구스티누스Augustine와 같은 신학자들이 사용했던 분명한 신학적인 전례가 있다. 어떤 맥락에서는 엘리아데는 자연에 대한 다소 "낭만적"이고 고상한 견해를 보이는 반면, 다른 저작들에서는 자연을 좀 더 "중립적인" 방식으로 기술한다. 그러나 엘리아데의 학문적 견해는 물론 그의 태도, 가치, 인격의 면에서도, 일반적인 신학적 용법이나 근대적 용법처럼 자연을 "악"으로 보는 견해와는 거리가 멀다.

특유의 종교적 편견?

3장에서 신성화의 보편적 구조와 종교현상을 구별하는 엘리아데의 보편적 기준을 설명한 바 있다. 엘리아데는 모든 신화가 종교적이라고 주장하기 때문에, 성과 속의 이분적 구별과 성스러움의 변증법은 모든 신화에 나타나야 한다. 예를 들어 모든 신화는 초자연과 자연, 영원한 것과 일시적인 것, 초역사적인 것과 역사적인 것의 역설적인 공존에 의해 구성되며 동시에 이 공존을 드러낸다. 신화의 이야기는 신들을 비롯한 성스러운 실재를 구체화하고 제한하며 그 조건을 규정하는 한편, 동시에 그 구체화된 신화적 형태로부터 스스로를 벗어나게 하며, 그 모범적이고 완벽하며 전형적인 구조를 실현한다. 또한 성스러운 역사는 무진장한 성스러운 의미들과 함의들을 드러내는 동시에 위장하고 감춘다.

전체주의화와 보편화를 목표로 하는 모든 시도에 대한 해체주의자, 포스트모더니스트, 실용주의자, 상대주의자 등의 비판이 최근에 활발히 전개되고 있지만, 우리는 그렇다고 반드시 그러한 시도가 잘못된 것이라는 결론이 내려졌다고 보지는 않는다. 우리는 신화 및 다른 종교현상들을 식별하는 보편적인 기준을 설정하려는 시도가 고려할 만한 가치가 있다고 여길 것이다. 달리 말하면 성과 속의 변증법의 보편적 구조를 체계화하려는 엘리아데의 시도는 반드시 높은 수준의 추상화를 수반한다는 것과, 이 추상화가 고유한 신화-종교현상의 문화적, 역사적 경계를 정하는 계급, 성, 인종, 종족 등의 특정한 변수들을 공정히 평가하지 않는다는 것을 인정하면서도, 이러한 보편적 구조의 체계화가 여전히 종교 자료의 의미와 함의를 밝혀내는 설명적 가치가 있는지를 고려할 수 있다는 것이다.

성현의 보편적 변증법을 체계화하려는 엘리아데의 시도가 특유의 종교적 편견을 나타내는가?⁴⁾ 그가 모든 보편화에 필수적인 추상화의 수준을 넘어서 특정 종류의 종교를 선호하기까지 하는가? 성스러움의 변증법이 특정 종류의 신화들은 우선시하면서 다른 것들은 평가절하하고 무시하고 왜곡하는가? 비평가들과 몇몇 지지자는 엘리아데가 "시원적 종교"를 선호하고, "시원적 존재론"을 전제로 하며, 시원적 종교인 the archaic을 자신이 종교적이라고 믿는 것의 본보기로 이해한다고 주장해왔다. 보다 소수인 다른 사람들은 엘리아데가 기독교의 규범적이고 신학적인 입장을 취한다고 생각하여, 그 때문에 엘리아데를 비판하거나 때로는 지지하기도 했다. 많은 사람들은 엘리아데가 반역사적인 종교를 선호했고, 또한 역사적 성격을 지닌 유대교와 기독교의 독특한 특징에는 맞지 않는 연구 방법을 택했다는 이유로 그를 공격하거나 칭송했다. 나는 『종교의 구조와 창조성』에서 엘리아데가 시원적 종교를 선호하고, 서구 종교보다는 동양 종교의 특징을 지닌 종교현상을 우선시하며, 힌두 영성spirituality에서 가장 분명히 나타나는 신비적 표현들을 가장 "고상한" 혹은 가장 "고양된" 영적인 현상으로 평가하는 전제와 규범적 판단을 한다는 해석에 찬성한 바 있다.

   이러한 관심들은 뒷장에서 특히 엘리아데가 신화 일반의 특징을 설명하기 위해 전형적으로 "시원적 신화"를 사용하는 것에 주목하여 우리가 신화의 속성과 기능을 검토할 때, 그리고 특히 엘리아데가 그의 보편적 설명의 일부로 철저히 반역사적인 본보기를 지지하는 것을 바탕으로 우리가 성스러운 역사로서 신화적 역사를 고려할 때 고

---

4) "특유의 종교적 편견"은 특별한 종교들이나 특별한 종류의 종교경험을 선호하는 종교적 편견을 뜻한다. 엘리아데가 종교에 대한 종교적 해석과, 앞으로 보게 되겠지만 현대 비종교에 대한 종교적 해석을 선호하는 일반적인 편견 성향을 가지고 있었다는 점에 대해서는 의심의 여지가 없다.

찰할 것이다. 지금은 시원적 종교, 우주 종교, 인도 종교, 그리고 우주적 기독교와 동방정교회를 포함한 기독교에 대한 엘리아데의 분석을 설명하는 것이 좋겠다. 이 연구를 통하여 엘리아데의 신화-종교 이론이 이러한 종류의 종교들과 종교현상들을 우선시하는지 여부를 주목하는 것이 중요할 것이다.

시원적 종교와 인도

엘리아데가 학문적 작업에서 인용한 대다수의 사례들은 시원적 종교들로부터 가져온 것이었다. 엘리아데는 자신이 시원적 종교현상들에 가장 많은 주의를 기울였다는 것을 인정한다. 그는 자신의 초점에 대해 아주 재미있는 개인적인 설명을 몇 차례 제시한다. 예를 들어 많은 글에서 그는 일찍이 루마니아와 서구의 "편협성"에 불만을 가졌던 것과, "보편적인 것"을 추구하는 것에 대해 논의한다. 이탈리아 르네상스 철학, 특히 피코 델라 미란돌라Pico della Mirandola, 조르다노 브루노Giordano Bruno, 그리고 캄파넬라T. Campanella의 철학에 대한 "석사 학위 논문"을 위해 1928년 이탈리아에서 엘리아데가 연구한 것은 신화적이고 영적인 의미의 더 넓은 세계로 나가는 통로였다. 가장 결정적인 것은 그후 인도에서 보낸 3년이다. 그가 종교적 상징체계의 의미, 신화의 언어, 그리고 인도의 농민 종교와 민속에서 일종의 종교성을 발견한 것은 바로 인도에서였다. 이 발견을 통해 루마니아나 다른 지역 농민의 "우주적 종교"에 나타나는 신화, 의례 등의 종교현상을 제대로 이해하게 된 것이다. 10년 동안 그는 인도의 영성을 통해 보편적인 것을 이해하게 되기를 계속 소망했지만, 결국은 그 영적인 지평마저도 너무 좁다는 것을 깨달았다. 그후 그는 종교현상 연구의 범위를 넓혀, 신화의 학문적 연구의 주안점이었던 농민의 시원적 종교와 민속에 초점을 맞춘다.[5]

엘리아데는 인도에서 했던 경험의 결정적인 영향에 대해 『미로의 시련Ordeal by Labyrinth』의 "인도의 세 교훈"이라는 부분에서 가장 명확히 설명한다.[6] 첫째, 엘리아데는 다른 학자들이 무시했던 아리안 이전의 시대에서 기원한 인도의 철학 혹은 인도의 영적인 차원을 발견했다고 주장한다. 여러 저술에서 그는 이를 인도가 "구체적인 것을 지향하는 경향"이라고 기술하고, 이것이 그의 "최초의 통찰력"이라고 주장한다. 이는 그가 박사 논문을 위해 1929년부터 1931년까지 인도에서 했던 연구와, 1935년에 완성하여 『요가: 인도 신비주의 기원에 대한 논문Yoga: Essai sur les origins de la mystique indienne』이라는 제목으로 1936년에 출판한 박사 학위 논문의 맨 처음 논제이기도 했다. 인도철학을 연구한 대부분의 서구 학자와는 달리, 엘리아데는 우파니샤드—인도의 고전적인 정통 힌두 철학의 베다 경전 자료—나 영향력 있는 베단타Vendānta의 일원론 철학에 관심을 갖지 않았다. 그는 추상적이고 내세적이며 현세 부정적인 인도에 매력을 느끼지 못했던 것이다. 그는 인도의 두 번째 종교 전통인 박티bhakti, 즉 종교적 헌신이라는 대중적 전통에도 끌리지 않았다. 대신 그는 상키야Sāmkhya*나 요가와 같은 형태로 표현되는 제3의 접근을 발견했다. 이 접근에 따르면 "인간, 세계 그리고 삶은 환영이 아니다. 삶은 실재이며, 세계도 실재이다. 그리고 사람들은 세계를 정복하며 삶을 통제할 수 있다."

---

5) 예를 들어 *Autobiography 1*, p. 204와 *No Souvenirs*, pp. 17~18을 보라.
6) *Ordeal by Labyrinth*, pp. 54~60. 22세가 되기 전에 인도에 도착한 엘리아데는 다음과 같이 말한다. "그 이후의 3년은 내 인생에서 불가결한 것이었다. 인도는 내 교육이었다. 내가 거기서 배웠던 결정적인 교훈이 무엇인지 오늘 설명한다면, 그것이 세 부분으로 이루어졌다고 할 것이다."(p. 54)
* 인도 육파철학六派哲學 중 가장 오래된 학파. 심신과 세계의 문제를 근본 원인 프라크리티prakṛti로 설명하고 이를 통해 해결하고자 하는 이원론적 사상을 발전시켰으며, 요가학파에 가장 큰 영향을 끼쳤다.

게다가 그는 "인도가 인간이 삶을 즐길 수 있도록 하며 동시에 이를 통제할 수 있는 심리학적 기술을 가지고 있다는 것을 발견했다. 삶은 신성한 경험에 의해서 변형될 수 있는 것이다." 그러한 기술과 방법은 인간의 삶이 변형되는 구체적인 것들을 지향하는 경향을 표현하며, 삶과 자연의 재신성화를 고려한다.[7]

얼핏 보면 이 "발견"은 더 일반적인 두 번째와 세 번째의 "교훈들"과는 대조적으로 인도 영성에 대한 엘리아데의 전문화된 연구에 제한되는 것으로 보일지도 모른다. 이 주제는 『요가: 불멸성과 자유Yoga: Immortality and Freedom』 등 요가에 대한 책들, 그리고 인도에 초점을 맞춘 수많은 논문들과 문학작품들에 분명히 나타난다.[8] 이것은 탄트리즘Tantrism,* 연금술, 민속 등에서 가져온 구체적인 예증들과 더불어, 전통적인 요가를 강조하는 대부분의 서양 연구들과 엘리아데의 해석이 구별되는 점이다. 그럼에도 불구하고 내가 볼 때는, 이 제한된 발견은 신화와 종교에 대한 엘리아데의 전체 학문 연구로 확장된다. 삶의 변형을 고려하는 구체적인 정신생리학적 기술에 맞춘 초점, 이론과 변형시키는 의례 및 실천의 구체적인 통합, 그리고 자연과 우주의 구체적인 신성화와 상동화는 엘리아데의 신화와 종교의 주요한

---

7) Ibid., pp. 54~55.
8) 중요한 논문 하나는 엘리아데가 처음 영어로 출판한 "Cosmical Homology and Yoga", *Journal of the Indian Society of Oriental Art* 5(1937): 188~203. 캘커타에서 출판된 이 논문에서 엘리아데는 인도 영성에 나타나는 구체적인 것들을 지향하는 성향에 대한 자신의 해석을 확언할 뿐 아니라, 자신의 독특한 성과 속의 용법을 소개하고, 우주적 상징체계와 모든 수준의 실재를 상동화하고 통합하고 우주화하는 기술에 대한 그의 분석을 전개한다.
* 밀교, 특히 불교와 연관된 밀교 전통으로 많이 해석되지만, 여기서는 좀 더 포괄적인 의미로, 인간 본래의 우주적 생명력을 강조하는 힌두교의 비의秘儀적 수행 및 신앙 체계를 가리키는 것으로 봐야 한다.

해석에 불가결하다. 예를 들면 이는 『샤머니즘: 몰아沒我의 시원적 기술Shamanism: Archaic Techniques and of Ecstasy』 등의 많은 샤머니즘 연구와, 『대장장이와 연금술사The Forge and the Crucible』 등의 연금술에 대한 여러 연구에 분명히 나타난다. 사실 구체적 신성화의 역동적 과정에 대한 이 발견에서, "성현"과 "성과 속의 변증법적 구조"라는 엘리아데의 후기 주요 개념들의 뿌리들 중 하나를 찾을 수 있다.

인도에서 엘리아데의 "두 번째 발견"은 "상징의 의미"에 대한 것이다. 엘리아데는 루마니아에서는 자신이 "그다지 종교에 매력을 느끼지 않았다"고 하고, "내 눈에는 모든 성화상聖畫像들 때문에 교회가 다 뒤죽박죽이 된 것처럼 보였다"라고 말한다. 엘리아데는 벵갈 지역의 어느 마을에서 사는 동안, 여인들과 소녀들이 시바신의 링감lingam의 상징과 어떤 연관을 맺고 있는지를 보게 되었다. "이미지와 상징에 종교적으로 사로잡히게 되는 이런 가능성—그것이 나에게 영적인 가치의 전체적인 세계를 열어주었다." "전통 문화에서 종교적 상징체계의 중요성을 발견한 것—그래요, 종교학자로서 나의 훈련 과정에서 그 중요성을 당신도 상상할 수 있을 겁니다."[9] 이것은 엘리아데의 방법론과 신화-종교 해석에서 가장 중요한 "발견"이었다. 종교의 언어는 상징적이며, 상징체계는 신화의 언어이다. 그리고 상징체계는 신성화의 과정을 표현하고 스스로 그 과정을 확장한다. 엘리아데의 해석의 틀은 대부분 종교 상징의 구조적 체계로 이루어져 있다. 5장과 6장은 엘리아데의 상징체계 이론을 집중적으로 다룰 것이다.

인도에서 얻은 엘리아데의 "세 번째 발견"은 보편적이며 농민적인 시원적 종교성에 대한 그의 해석에서 매우 중요한 요소이다. 그는 이 발견을 "신석기인의 발견"이라고 부를 수 있을 것이라고 말한다. 루

---

9) *Ordeal by Labyrinth*, p. 55.

마니아로 돌아가기 직전, 그는 인도 중부의 산탈족Santal 토착민들과 함께 몇 주 동안 머물렀다. 거기서 그는 아리안 이전의 문화의 뿌리를 발견했다. 엘리아데에게 이 뿌리는 영적인 삶의 본보기를 구성하는 자연의 주기를 종교적, 신화적으로 보는 시각을 지닌, 농업을 기반으로 한 신석기 문명이었다. 다음으로 그는 루마니아와 발칸 지역의 농민 민속 문화의 중요성과, 기저의 영적 통합, 즉 농업의 주기와 신비를 기반으로 하는 보편적이고 시원적인 신화적 종교를 깨닫는다. "인도에서 나는 내가 나중에 '우주적 종교의 감정'이라고 부르게 될 것을 발견한다." 그는 많은 학자가 그러한 시원적인 농민적 종교를 그다지 존중하여 다루지 않았다는 사실을 알게 된다. 그러나 인도에서 "우주적 종교"의 현상이 여전히 살아 있는 것으로 여기는 사람들과 살았던 엘리아데는 다음과 같이 말한다. "[*우주적 종교현상들이] 나에게 출발점을 제공했다. 그래서 나는 종교들의 일반 역사에서 그것들의 중요성을 이해할 수 있었다. 간단히 말해 '이방 종교'라고 불리는 것의 영적인 가치와 중요성을 드러내는 문제였다."10)

토착의 인도에서 신석기 농업에 기반을 둔 우주적 종교를 발견한 것은, 『잘목시스: 사라져가는 신Zalmoxis: The Vanishing God』을 비롯한 주요 저작들에 표현된 것처럼, 훗날 엘리아데가 "루마니아 문화의 구조"를 이해하는 데 도움을 준다. 게다가 나중에 그는 이 발견을 통해, 보편적, 시원적, 주기적, 신화적 영성이 일반적이고 상징적으로 구조화되었으며 유기적인 통합을 이루고 있다고 주장할 수 있었다. 이처럼 농민을 기반으로 한 시원적 종교는 엘리아데의 학문적 작업에서 주요한 초점이 되었다.11)

---

10) Ibid., pp. 55~57.
11) Ibid., pp. 57~60; *Autobiography 1*, p. 204-6. *Autobiography 1*에서 엘리아데는

여러 글에서 엘리아데는 자신이 시원적 종교에 주목하기로 한 개인적인 결정은 종교적 지향성과는 아무런 상관이 없다고 주장한다. 그의 결정은, 다른 연구자들이 시원적 신화와 종교의 심오한 구조 및 의미를 무시하거나 평가절하하고 혹은 왜곡했다는, 종교사 연구 실정에 대한 평가에 근거한 것이었다. 따라서 그는 시원적 종교인들의 종교적 생활과 세계를 해석하고 현대 서구 사회가 이를 이해하도록 만드는 것을 자신의 주요한 해석학적 과업으로 삼았다. 엘리아데는 또한 자신이 시원적 종교를 현대사회의 본보기로 삼거나 현대인들이 시원적 존재 양태로 "돌아가야" 한다고 제안하는 것은 결코 아니라고 종종 주장한다.

시원적 종교의 본질적인 특질은 신성화의 보편적 구조를 다루면서 이미 서술했다. 엘리아데는 『영원회귀의 신화』 등의 저술에서, "시원적 존재론"의 기저에 깔린 주요 측면들을 제시한다. 모범적인 신화적 본보기를 모방하고 반복함으로써 하나의 사물이나 행위가 실재적으로 되고 범속한 시간과 역사가 제거된다. 그러한 모범적인 신화적 본보기가 없는 모든 것은 의미가 없을뿐더러 실재하지 않는다. 이 원형적이고 반역사적인 존재론은, 역사적 시간으로부터 탈출하고, 이 시간을 없애거나 초월하고자 하는, 그래서 모범적인 신화적이고 성스

다음과 같이 말한다. "대부분의 우리 루마니아 문화가 공유하는 농민적인 뿌리로 인해 우리는 민족주의와 문화적 편협주의를 초월하여 '보편주의'를 목표로 하는 것이다. 인도, 발칸 그리고 지중해 지역의 민속 문화의 공통적인 요소들을 근거로 나는 바로 여기에 유기적인 보편주의가 존재하며 이것이 추상적인 구성이 아니라 공통의 역사(농민 문화의 역사)의 결과라는 것을 입증할 수 있었다." (p. 204) 그러한 공통적인 시원적 농민적 뿌리로 인해 동유럽인들이 서양과 아시아 사이의 가교 역할을 할 수 있었던 것이다. 엘리아데는 "1932년과 1940년 사이 루마니아에서의 활동의 대부분은" 인도에서 "1931년 봄과 여름에 했던 이러한 직관들과 관찰을 그 출발점으로 한다"고 말한다.

러운 차원을 의미 있고 실재하는 것으로 경험하고자 하는 시원적 종교적 인간의 욕구를 드러낸다.12)

엘리아데는 이 시원적 종교와 그 특유한 존재론을 "원시적인" 혹은 미개한 사회들에 제한하려고 하지 않았다. 동양 종교들의 현상은 그의 해석에서 매우 중요하다. 시원적 존재론이 원시적인 종교의 기초 단계에서 동양의 종교경험, 가장 전형적으로 힌두교의 종교경험에서 가장 발전된 표현을 받아들인다고 엘리아데가 믿었다는 것은 의심의 여지가 없다.13) 범속한 시간과 역사를 제거하려고 시도하면서, 인도 신비주의자들은 자연의 주기를 비롯한 우주 현상들의 드러남을 근거로 세계의 "통일"과 "우주화"가 불완전한 혹은 "중간의 단계"를 이룬다는 것을 깨달았다. "우주의 조건 그 자체를 초월하기" 위해서는 그러한 초기의 시원적 경험을 넘어서야 한다. 그러한 무우주적acosmic 종교는 제한된, 유한한, "평범한", "세속적인", "사회적인" 그리고 "인간적인" 모든 것의 초월, 즉 "우주에는 존재하지 않는" 절대적인 자유의 의식 ("초월의식superconsciousness", "초의식transconsciousness")을 표현한다.14)

엘리아데가 자신이 미개한 사회에서 관찰하였으며 인도 영성과 여러 다른 반역사적 신비주의에서 모범적인 형태에 도달한 시원적 종교에서 본보기를 취하여 이로부터 그의 보편적인 규범을 종합했는지 아닌지에 대한 문제가 남는다. 신화와 종교의 그러한 설명이 서구의

---

12) 예를 들어 *Eternal Return*, pp. 34~35를 보라.
13) 어떤 전통이 가장 깊은 영향을 주었는지에 대한 질문에 대하여, 엘리아데는 "나는 내 자신이 인도 전통에 의해 가장 깊이 영향을 받았고, 거의 '형성되었다'고 혹은 '만들어졌다'고 생각한다"고 대답한다. "Sacred Tradition and Modern Man: A Conversation with Mircea Eliade", *Parabola: Myth and the Quest for Meaning* 1(1976): 80을 보라.
14) *Yoga*, pp. 95~100; *Images and Symbols*, pp. 85~91.

"역사적 종교"나 "현대" 신화 현상들을 해석하는 데 충분한가? 그의 보편적인 본보기가 반역사적인 "우주적 기독교"를, 그리고 농민 사회에서나 서구를 비롯한 전 세계의 다양한 형태의 신비주의에서 찾을 수 있는 다른 형태의 "우주적 종교"를 선호하는가? 엘리아데가 시원적인 현상들과 자신이 시원적 존재론이라고 부르는 것을 틀림없이 강조한다는 점에서, 그가 시원적인 지향성을 우선시하고 시원적 종교로부터 종교 일반으로 포괄적인 추론을 한다는 것은 하나의 가능한 결론일 것이다.

엘리아데의 저작에 나타나는 상당한 증거를 근거로 다른 결론을 내릴 수 있다. 엘리아데가 인간다운 것이 무엇인지, 참되고 의미 있는 존재로 산다는 것이 무엇인지에 대한 특정한 개념을 전제하고, 우선시하며, 그 본질을 말한다는 것이다. 그러한 본질화된 개념은 엘리아데의 보편적인 설명을 통해, 그리고 **종교적 인간**, **상징적 인간**homo symbolicus, 신화적 존재로서의 인간에 대한 그의 주장을 통해 표현된다. 예를 들어 6장의 "원형"에 대한 부분에서 우리는 "원형적 직관"에 대한 엘리아데의 중요하고 논쟁의 여지가 있는 존재론적이며 형이상학적이고 근본적인 주장 몇 가지를 주목할 것이다. 즉 인류가 처음으로 우주에서 그들의 위치를 인식하게 되는 순간, 다시 말해 **종교적 인간**이 성스러움의 구조를 우주에서 진정한 인간의 위치를 드러내는 것으로 처음 경험하는 순간에 대한 주장들 말이다. 엘리아데는 그러한 원형적인 직관이 영구적이고 보편적이며 초문화적이고 초역사적인 지위를 지니며, 이 직관이 인간 조건 자체에 대한 본질적인 어떤 것을 드러낸다고 주장하는 것으로 보인다.

그러므로 이 두 번째 해석에서, 시원적 신화 구조와 시원적 존재론에 대한 엘리아데의 몇몇 주장은 비시원적nonarchaic 현상들에 적용된다. 그러나 이는 추정된 시원적 지향성에서 종교 일반으로의 어떤 일반화 때문은 아니다. 오히려 시원적 종교인은 배타적으로 정의하지 않고도 신화, 종교, 인간 속성에 대한 자신의 보편적이고 본질화된 이론을 설명하기 때문에, 엘리아데가 시원적 종교인들에 대해 말하는 내용이 종종 다른 신화-종교현상에 적용된다는 결론을 내려야 한다.

우주적 기독교

엘리아데의 종교에 대한 설명, 특히 성과 속의 변증법에 의해 드러나는 신성화의 보편적 과정은 시원적 종교와 종교 일반의 세계에서 "자연"과 "우주"의 중심적인 중요성을 강조한다. 이와 대조적으로 현대의 비종교적 인간은 자연에서 소외되어, "비우주화되고" 단편화된 이질적인 "혼돈" 속에 존재한다. 시원적 종교는 대개 순환적이고 주기적이며 자연 지향적인 "우주적 종교"이다. "구체적으로 말하면 농업 종사자의 특징인 우주적 종교성은 성스러움의 가장 기초적인 변증법, 특히 신이 우주적인 사물이나 주기 속에서 구체화되거나 혹은 자신을 드러낸다는 믿음을 유지했다."[15] 엘리아데의 관심을 가장 많이 끈 기독교는 농업을 기반으로 하고 자연 지향적이며 반역사적인 동유럽 농민들의 "우주적 기독교"이다.

많은 저술에서, 엘리아데는 유럽 농민들, 특히 남유럽과 남동 유럽의 농민들의 "대중적인 살아 있는 종교들"이 어떻게 수백 년간 기독교에 저항하다가 마침내 기독교화되었는지 보여준다. 엘리아데에 따르면 유럽 농민 종교는, 기독교가 우주적 전례liturgy로 이해되고, 종말론과 구원론에 우주적 차원이 부여되는 새로운 종교적 창조물로서 기독교화된 것이다.[16]

---

15) *History 1*, p. 354.
16) *Myth and Reality*, pp. 159~60, 170~74.

농민들은 우주에서 자신들의 존재 양태 때문에, "역사적인" 그리고 도덕적인 기독교에는 매력을 느끼지 않았다. …… 기독론의 Christological 신비도 또한 우주의 운명과 연관되었다. "모든 자연은 부활을 기다리며 한숨을 쉰다"는 것은 부활절 전례에서뿐 아니라 동유럽 기독교의 종교적 민속에서도 중심적 주제이다. …… "자연"은 죄의 세계가 아니라 신의 작품이다. 그리스도의 성육신 成肉身 이후 세계는 그 원래의 영광을 다시 확립했다. 이것이 그리스도와 교회에 그렇게도 많은 우주적 상징들이 부여된 이유이다. …… 훨씬 더 중요한 점은, 시원적 사람들의 신화에서 지고신至高神이 물러난 신deus otiosus이 되기 전에 흔히 그랬던 것처럼, 그리스도가 여전히 우주의 지배자이면서도 땅에 와서 농부들을 방문한다는 것이다. 이 그리스도는 "역사적"이지 않다. 대중적인 사고는 연대기에도, 사건의 정확성과 역사적 인물의 진실성에도 관심이 없기 때문이다.[17]

여러 독자들에게는 상당히 부자연스럽게 느껴지겠으나, 자신의 신화-종교 해석과 개인적으로 선호하는 것을 분명히 보여주는 주장을 계속하면서, 엘리아데는 "복음서와 교회의 그리스도 이미지와 종교적 민속의 그리스도 이미지 사이에는 모순되는 것이 없다"고 말한다. 이 대중적이고 민속적인 "시골 사람들의 우주적 기독교는 예수의 존재에 의해 신성화된 자연에 대한 향수에 지배된다." 이제 엘리아데는 이 우주적 기독교를 그가 좋아하는 두 가지 시원적인 우주적 신화의 주제와 연관시킬 수 있게 된다. 하나는 "낙원에 대한 향수"이고, 하나는 "역사의 공포"에 대한 저항과 이로부터 보호를 표상하는 변형된

---

17) Ibid., pp. 171~73.

자연이다.[18]

역사와 현대 서구 사회에 대한 엘리아데의 태도와 해석을 고려할 때, 넓게는 우주적 종교에 대한, 좁게는 우주적 기독교에 대한 그의 연구 방법은 서구 "역사적" 기독교에 대한 연구 방법과 날카로운 대조를 이룬다는 것이 더 분명해질 것이다. 기독교와 다른 서구 종교들의 합리적인, 신학적인, 윤리적인, 역사적인 차원들은 엘리아데의 학문적인 연구에서는 대개 무시되거나 강조되지 않는다. 다른 학자들이 대개 무시하는 자연 지향적이고 우주적이며 반-역사적인 기독교 현상이 강조된다. 예를 들어『세계종교사상사』에서 엘리아데는 성 토마스 아퀴나스St. Thomas Aquinas와 그의 유명하고 영향력 있는 토미즘 신학Thomistic theology에는 두 페이지도 안 되는 분량을 할애하는 반면, 동유럽 농민의 크리스마스 의례 노래들과 (기독교 이전의 잔류물을 드러내는) "카타르시스적 춤들"을 소개할 때는 매우 자세한 세부 사항들과 더불어 신화-종교적 의미와 함의에 대한 해석까지 제공한다.

엘리아데의 일기와 다른 개인적인 글들은 "서구 기독교 정신으로부터 내가 얼마나 거리감을 느끼는지"를 반영하는 감정들로 가득 차 있다. 또한 서구 기독교의 독단주의, 죄와 악에 대한 집착, 그리고 유대교, 기독교, 이슬람이라는 서구 역사 종교들이 "화석화"되고 "무용지물"이 된 신화-종교경험들의 형태들을 표현한다는 확신도 나타난다. 대조적으로 그는 "세계가 선하다는 것과, 세계가 구세주의 성육신, 죽음, 부활 후의 (*선한) 상태로 회귀했다는 것을 믿는" 루마니아 기독교인 농민들의 우주적 종교의 "낙관론"에 찬성하고, 심지어 공감하기까지 한다. 이것은 "역사적 요소가 무시되고 독단적 요소가 거의

---

18) Ibid., pp. 173~74.

드러나지 않는" 우주적 기독교인 것이다. 사실 "기독교 일반, 그중에서도 '기독교 철학'은 우주적 기독교를 발전시킨다면 혁신할 수 있는 능력이 있다."[19] 이런 이례적인 강조와 선호로 인해 신화와 종교를 기술적이고 보편적으로 설명하고 있다는 엘리아데의 주장이 왜곡되는가?

여러 학자는 엘리아데의 종교사와 종교현상학이 기독교의 지배적인 형태와는 별 관계가 없다고 결론 내렸다. 예를 들면 토머스 알타이저는 엘리아데의 연구 방법이 시원적 존재 양태로의 회귀를 선호하며, 따라서 그의 "기독교적 입장"과는 상반된다고 주장한다. 케네스 해밀턴Kenneth Hamilton은 엘리아데의 연구 방법이 신학적이라고 간주하고, 그가 말하는 **종교적 인간**은 지배적인, 신앙 지향적인, "종교 없는religionless" 기독교 신학을 이해하는 데는 부적합하다고 주장한다. 길포드 더들리Guilford Dudley는 엘리아데가 역사적 기독교를 거부하며 "진정한" 기독교의 본질이 반역사적인 시원적 존재론이 되는 것이라고 믿는다고 주장한다.

동시에 소수의 학자는, 비록 시원적 종교가 여러 기독교 이전의 태도와 구조를 지닌 농민을 기반으로 하는 우주적 기독교를 포함한다고 하더라도, 엘리아데가 시원적 종교를 선호하여 기독교를 무시하는 것은 아니라고 주장해왔다. 이들은 엘리아데가 종교의 일반적인 해석에서도 기독교에 호의를 가지고 있었다고 주장한다. 예를 들어 존 살리바는 엘리아데가 "인간은 천성상 기독교인이라고 확언한다"고 주장한다. 스티븐 리노Stephen Reno는 엘리아데의 연구 방법이 기독교적 근거에 가장 분명한 찬성을 표명하면서, 그의 성스러움의 변증법이 본질적으로 기독교 신학적 기초에 근거한 성현의 "발전적인 이해"를 드러낸다고 주장한다.

---

19) *No Souvenirs*, pp. 110, 189, 261; *Ordeal by Labyrinth*, pp. 116~17.

엘리아데가 규범적인 기독교의 입장을 취하고 있는가 하는 문제에 대한 혼란과 논쟁 중 어떤 것은 엘리아데의 저술에 보이는 모호성에서 비롯된 것이다. 엘리아데의 신화와 종교에 대한 전체적인 설명과 연결시키지 않고 따로 본다면 기독교를 더 우월한 종교로 평가하는 것처럼 보이는 몇몇 구절들이 있다.[20] 대부분의 이런 구절에서 엘리아데는 가장 단순하고 기초적인 성현으로부터 예수 그리스도 안에 신이 성육신되는 "최고의 성현"까지 모든 성현 사이에는 연속성이 있다고 강조하고 있다. 즉 신성화 과정의 구조가 보편적이라는 것이다. 『성과 속』에서 엘리아데는 "기독교인에게" 이것이 "최고의 성현이다"라고 말함으로써 자신의 주장을 분명히 한정시킨다.[21] 몇몇 다른 저작에서도 그가 특별한 종교적 관점에서 혹은 특정한 종교적 맥락에서 그러한 평가를 내리고 있다는 것이 분명하게 나타난다. 그럼에도 불구하고 엘리아데가 기독교의 성육신이 최고의 성현 혹은 신현이라고 단순하게 주장하는 구절들도 있다.

스티븐 리노는 엘리아데가 가장 기초적인 것에서부터 예수 그리스도라는 최고의 성육신까지 서열식으로 배열된 성스러움의 현현의 견지에서 종교를 해석한다고 주장한다. 성현의 그러한 "발전적인 이해"는 기독교 신학의 입장에 근거한 것이며, 엘리아데가 기독교 신학에 호소하여 성육신의 역설의 신비를 풀어내려고 (성공적이지 않게)

---

20) 예를 들어 다음을 보라. *Patterns*, pp. 26, 29, 30 n.1; *Sacred and Profane*, p. 11; *Images and Symbols*, pp. 169~70; *Myths, Dreams and Mysteries*, pp. 153~54; *Eternal Return*, pp. 160~62; Mircea Eliade, *A History of Religious Ideas*. Vol. 2: *From Gautama Buddha to the Triumph of Christianity*, trans. Willard R. Trask (Chicago: University of Chicago Press, 1982), pp. 408~9(앞으로 이 책은 *History 2*로 인용할 것이다).

21) *Sacred and Profane*, p. 11.

시도한다는 것이다.[22] 리노는 『종교형태론』에 나오는 다음의 부분을 근거로 전체적인 주장을 제기한다. "모든 성현은 성육신의 기적을 단순히 예표豫表하는 것이며, 신과 인간의 합일의 신비를 드러내기 위한 헛된 시도라고 심지어 이야기할 수 있을지도 모른다."[23] 엘리아데는 계속해서 말한다. "그러므로 원시적인 성현의 속성을 기독교 신학에 비추어 연구하는 것이 전혀 불합리해 보이지 않는다. 신은 어떠한 형태로든—심지어 돌이나 나무와 같은 형태로도—자신을 마음대로 드러낸다." "우리는 기독교 성육신에 대한 일련의 예표로서의 중요성을 보임으로써 기독교 가르침에 비추어 성육신의 기적보다 앞섰던 성현들을 옹호하려고 할 수 있을 것이다. 따라서 우리는 이교도의 종교적 방식들(주물이나 우상 등)을 틀린 것으로 그리고 죄로 타락한 인류의 종교적 감정의 변질된 단계로 생각하지 말고, 성육신의 신비를 예표하려는 필사적인 노력이라고 볼 수도 있다. 이런 관점에서 볼 때, 성현의 변증법으로 표현되는 인류의 전체적인 종교적 삶은 단지 그리스도를 기다리고 있는 중일지도 모른다."[24]

---

22) Stephen J. Reno, "Eliade's Progressional View of Hierophanies", *Religious Studies* 8(1972): 153~160.
23) *Patterns*, p. 29.
24) Ibid., pp. 29, 30 n.1. 엘리아데는 논쟁의 소지가 있는 이 구절에서도 그의 해석이 종교 일반 이론을 위한 것이 아니라 규범적인 기독교의 관점에서 이루어진 것임을 분명히 한다. 내가 엘리아데를 처음 만났을 때, 나는 『종교형태론』의 이 구절을 인용하여, 특히 "기독교의 관점"에서 내린 판단으로 제한하지 않았던 곳에서 어떻게 기독교 성육신의 최고 우위를 정당화할 수 있는지 그에게 물었다. 엘리아데는 그러한 진술이 신학적이나 규범적인 판단을 뜻하는 것이 아니라고 대답했다. 어떤 맥락에서는 엘리아데가 말하는 "최고의 성현"은 기독교의 성현이 역사를 의미 없고 비실재인 것으로 거부하기보다는 역사적 사건을 신성화하여 "더 많은 것을 포함"하려고 시도했다는 사실에 대한 인식 정도를 의미한다. *Images and Symbols*, pp. 169~71을 보라.

엘리아데가 호의를 가지고 있었고 신화와 종교에 대한 그의 보편적인 설명을 가장 많이 형성한 기독교는 그의 고향 루마니아의 동방정교회라고 주장하는 학자들도 있다. 그중에서도 맥 린스콧 리켓이 『미르체아 엘리아데: 루마니아의 뿌리, 1907~1945Mircea Eliade: The Romanian Roots, 1907~1945』에서 이런 주장을 가장 강력하게 제시한다.25) 한편으로는 동방정교회의 성화상에 대한 해석, 인간의 "신성시" 그리고 자연에 대한 강조 등은 분명히 엘리아데의 성현과 성스러움의 변증법의 견해와 잘 어울린다. 엘리아데의 『자서전』과 『일기』에는 그가 동방정교회에 매력을 느끼고 있음을 표현하는 구절들이 드문드문 있어, 서방기독교를 포함하는 서양 종교들에 대한 그의 반감과 종종 대조된다. 예를 들면 그는 때때로 자신이 신학적인 "악의 문제"에 결코 큰 관심을 가져본 적이 없으며, 죄와 비관론에 대한 서방교회의 관념에서 종종 발생하는 "열등감을 경험해본 일이 없고", 교회에 반대하여 자신을 옹호해야 한 적도 없다고 밝힌다.26) "루마니아

---

25) 1장에서도 언급했듯이, 리켓은 엘리아데의 종교에 대한 기본적인 전제와 원리가 사춘기 때와 학부 시절에 이미 형성되었다고 주장한다. 1장의 주석 16에서 말했듯이, 나는 이 점에 대하여 리켓의 의견에 동의하지 않는다. 그는 종교에 대한 이 청년기 견해의 독창성에 대해 지나치게 과장한다. 엘리아데의 젊은 시절의 견해는 스승 나에 이오네스쿠의 입장을 종종 반영한 것이며, 당시에 많은 다른 사람들도 같은 의견을 갖고 있었다. 엘리아데를 뛰어난 종교사가이자 종교현상학자로 두드러질 수 있게 한 것들, 즉 그의 종교적 상징체계와 신화의 의미와 특징에 대한 해석, 성현과 성스러움의 변증법에 대한 해석, 요가, 샤머니즘, 연금술 등의 심층적 구조와 의미에 대한 해석 등은, 인도에서 보낸 3년 동안, 1930년대 루마니아에서 연구하면서, 그리고 제2차 세계대전 직후 10년간 학문적 저술을 하면서 그가 "발견"했다고 봐야 한다.
26) 예를 들면 *Autobiography 1*에서 자신의 소설 『이사벨과 악마의 물Isabel și Apele Diavolului』에 대해 논하면서 엘리아데는 다음과 같이 주장한다. "나는 결코 악마의 존재를 믿어본 적이 없었고, 죄에 대한 강박관념으로 고통을 겪은 일이 없었다. 나는 '악의 문제'에 무관심했다······"(pp. 167~68)

에서 내 세대의 아이들과 젊은이들은 이러한 족쇄로부터 풀려났다. 종교는 내가 속한 문화의 여러 요소 중 하나였고, 나는 종교를 매우 자연스럽게 받아들였다. 동방 형태의 기독교, 즉 정교회는 루마니아 민족의 역사 자체와 밀접하게 연결되어 있었다." 이어서 엘리아데는 동방정교회의 이런 루마니아의 맥락에서 아무런 위험 요소 없이 자유롭게 자기 자신이 비판을 제기하고, 판단을 내리고, 거절할 수 있었다고 말한다. "이런 완전하고 전적인 자유 덕분에 나는 객관성을 갖게 되고 종교현상에 공감을 보이게 되었다. 이런 자유로 인해 나는 아무런 편견 없이 종교학자가 될 수 있었다."27)

다른 한편으로는 엘리아데의 『자서전』이나 『일기』를 비롯한 개인적인 글의 여러 부분에서 중요한 것을 볼 수 있다. 이런 글에서 엘리아데는, 청년기 시절에 자신이 "영적인 것의 우위"를 주장했고 영적인 실험에 대하여 훌륭하면서도 염려스러운 개인적인 집착을 가지고 있었다고 강조하는 반면, "내가 전혀 겪어보지 못한 '정교회 경험'은 말할 것도 없고, 동방 기독교와 루마니아 종교 전통에 관해 얼마나 무지했는지" 인정한다. "개인적으로, 비록 내가 이 [루마니아] 전통에 매력을 느낀다고 할지라도, 나는 그것을 삶에서 실천하지 않는다." 사실 규율에 충실하고 단호한 의지는 강조하지만, 은혜에 대한 개념은 전혀 없는 엘리아데 자신의 영적인 실험은 동방정교회 종교경험이라기보다는 "주술"과 같은 종교현상에 가까웠다.28) 젊은 엘리아데는

---

27) Mircea Eliade, *Journal III, 1970~1978*, trans. Teresa Lavender Fagan(Chicago: University of Chicago Press, 1989), p. 159(앞으로 이 책은 *Journal 3*으로 인용할 것이다). 민족적 국수주의, 반유대주의, 반민주적 가치 등을 포함하는 루마니아 동방정교회의 역사를 잘 아는 사람들은 엘리아데의 어구 중 "객관성"에 의문을 나타낼지도 모른다.

28) *Autobiography 1*, pp. 132~33. 루마니아를 떠나 인도로 갈 때 엘리아데가 젊은

"영적인 것"에 종종 집착했던 반면, 자신이 개인적으로 지향하는 것과 조화를 이루지 못한 동방정교회의 특유한 신화-종교적 특질들에 대해서는 잘 알지 못했다.

엘리아데가 상징체계의 종교적 언어의 속성과 의미, 그리고 자신이 루마니아와 동방정교회 농민들의 민속과 우주적 종교성을 이해하는 데 도움을 준 일종의 농민의 "우주적 종교"를 발견했다고 주장하는 것은 훗날 인도에서였다. 나중에 1930년대에 엘리아데가 "루마니아주의"와 루마니아의 정신적, 문화적 갱신의 필요성을 주목했을 때, 그는 전통적인 종교적 농민들과, 자신이 주도적 역할을 했던 새로운 지적, 문화적 엘리트가 두 혁명적인 세력이라고 생각했다.

비록 엘리아데가 제도적 종교와 농민 종교에 참여하거나 그것을 깊이 이해한 것은 아니지만, 동방정교회 사회 내의 성장 과정이 그가 인도에서 상징체계, 신화, 요가, 탄트라, 구체적 신성화의 힌두교, 농민의 우주적 종교성을 해석하고 싶은 마음을 갖게 되는 데 어느 정도 영향을 끼쳤는지는 확실히 알 수 없다. 분명해 보이는 것은 인도에서의 신화-종교현상에 대한 그의 경험이 그가 루마니아에서, 특히 1930년대 후반에, 루마니아의 영성에 대해, 좀 더 일반적으로는 시원적 전통적인 우주적 영성의 신화와 상징에 대해 쓴 많은 글에 중대한 영향을 끼쳤다는 것이다.

성과 속의 보편적인 변증법의 견지에서 엘리아데가 종교에 대해 설명한 것이 기독교를 지향하는 규범적인 편견을 반영하지 않는다고 결론을 내릴 수 있을 것이다. 그가 기독교를 비롯한 서구 전통들에서 가장 공감한 종교현상은, 시원적 우주적 종교와 구조적으로 가장 유

시절에 정교도였다는 언급이 『자서전』에 거의 나타나지 않는다는 것은 의미심장하다.

사한 종교적 창조물들과, 힌두교 등 동양 종교에서 가장 두드러진 반역사적 신비주의였다. 그렇다면 심각한 문제는 엘리아데의 종교에 대한 보편적인 기술記述이 기독교에 호의적인지 여부에 대한 것이 아니라, 유대교와 이슬람교는 물론 전통적인 서구 기독교의 고유한, 때때로 독특한 특징들을 제대로 평가하고 있는지에 대한 것이다. 문제는 엘리아데가 시원적 존재론과 시간적이고 역사적인 것을 평가절하하는 특정한 동양의 영성을 모든 종교에 대한 그의 본질적인 본보기로서 보편화하고 있는지에 대한 것이다. 엘리아데는 시원적인, 우주적인, 힌두교 등 동양 전통의, 비역사적인 종교적 뿌리, 영향 그리고 구조에 우호적인 기독교의 해석을 제시하는가?

엘리아데의 개인적인 신앙과 그의 학문

루마니아에서 쓴 초기 저작들의 논쟁의 여지가 있는 주장들 중 몇몇에서, 엘리아데가 신화-종교 연구자들은 개인적으로 종교경험을 해본 적이 있고 종교 신자이어야 한다는 견해를 보인다는 것을 1장에서 다루었다. 엘리아데를 가장 신랄하게 비판하는 여러 비평가는, 엘리아데가 자신의 학문적 해석을 특징짓고 왜곡하는 숨겨진 개인적인 종교적 지침을 가지고 있다고 항상 의심했고, 때로는 비난했다. 2장에서 이미 환원주의적 비평가들이 엘리아데를 공격하는 전형적인 방식을 다루었다. 이들은 엘리아데가 자기 자신의 개인적이고 주관적인 신학적 지침을 갖고 있으며, 신앙을 변명조로 옹호하는 것에 해당하는 비과학적인 학문적 태도를 지녔고, 자신의 종교적 헌신에 도전하는 학문적 연구 방법들을 독단적으로 거부하고, 자신의 자료에서 온갖 종류의 개인적인 종교의 의미와 함의를 읽어낸다고 비난한다.

여러 비평가는 물론 엘리아데 자신도 때때로 학문적 부담으로 여겼던 것을 수많은 엘리아데의 지지자가 미덕으로 전환시킨 것으로 보이는데, 이는 흥미로운 일이다. 그의 옹호자들 중 몇몇은 엘리아데의 개인적 삶과 문학적, 학문적 공헌이 모두 동질적인 것이며 그의 개인적인 종교적 및 다른 신앙과 헌신에 대한 이해 없이는 그의 학문도 이해할 수 없다고 주장하는 책을 썼다. 맥 린스콧 리켓은 엘리아데 학문의 핵심을 그가 일찍이 루마니아에서 겪은 종교경험 및 다른 경험과 당시 쓴 저술에서 찾을 수 있다고 주장한다. 칼 올슨Carl Olson은 엘리아데의 학문이 본질적으로 신학적이고 철학적이라고 설명하며, 데이비드 케이브David Cave는 엘리아데의 학문이 본질적으로 새로운 인간주의에 대한 엘리아데의 정신적인 미래상未來像이라고 해석한다. 여기서는 엘리아데의 기독교가 그의 학문의 핵심적인 부분이라는 그들의 주장에만 초점을 맞추도록 하겠다.[29]

지금까지 본 것처럼 리켓은 엘리아데의 초기 루마니아의 관점이 훗날 학문적 저작들을 해석하는 데 단서가 된다고 주장한다. 엘리아데 청년기의 문학 출판물과 학문 연구는 물론 노트와 출판되지 않은 글들, 수백 개의 신문 칼럼, 라디오 좌담 등 쉽게 구할 수 없는 루마니아 자료를 이용하여, 리켓은 엘리아데의 발전하는 개인적 신앙을 종교적, 철학적 신념들과 함께 재구성하기로 결심한다. 예를 들면 청년기 자전적인 저작과 여러 신문 기사를 바탕으로 리켓은 동방정교회에 대한 엘리아데의 개인적 견해들을 재구성한다. 엘리아데가 기독교의 삶의 철학이라고 인정한 "남성다움"과 영웅주의의 철학에 집착하는 모습도 적어도 몇 군데에서 찾을 수 있다. 그리스도는 기독교의 위대한 영웅이다. 엘리아데는 "그리스도는 믿지만 신이나 은총은

---

[29] 다음에 이어지는 내용의 대부분은 내가 쓴 "Recent Defenders of Eliade: A Critical Evaluation", pp. 333~51에 언급되었던 것이다.

믿지 않는다." 기독교는 그에게 비극적 인간의 삶의 유일한 대안이 되었다. 그는 정교회 기독교가 "그리스도-신비주의", 사랑과 단호한 인간 의지를 통해서 그리스도를 모방하는 것이라고 생각했다.[30]

몇 년 뒤, 나에 이오네스쿠 등이 정교회 기독교에 대한 엘리아데의 견해를 비판한 후(특히 권력을 향한 그의 극단적인 의지와, 절대자를 종교적으로 경험하기 위해 은총이 꼭 필요하다는 것을 그가 거부하는 것을), 그리고 엘리아데가 인도에서 돌아온 후, 리켓은 엘리아데의 개정된 "개인적 종교"와 "개인적 철학"이 일치하게 된다고 주장한다. 이제 루마니아 농민들의 "우주적 기독교"에 매력을 느껴, 엘리아데는 (이전의 비극적 영웅주의가 아닌) 삶의 즐거운 향연, 자연의 조화로운 신성화, 역사로부터 개인의 초연함에 대한 믿음을 확언한다.[31]

엘리아데에 대한 이런 식의 접근 방식은 꽤 많은 것을 드러내기는 하지만, 그 신빙성이 매우 의심스럽다. 예를 들면 리켓은 엘리아데가 매우 많은 글을 쓴 1932년과 1933년의 신문기사 두 편만으로 그의 "개인적 종교"와 철학을 재구성했다. 이 시기에 엘리아데는 자신의 개인적 신앙을 표현하는 데 전혀 관심을 표하지 않은 수백 편의 기사를 썼다. 게다가 그의 후기 저술들과 내가 그를 만났던 경험을 통해 보면, 엘리아데는 개인적 삶에서나 학문에서나 그의 초기의 태도와 헌신이 기독교 정교회 신앙에 정반대되는 것으로 기술되는 점을 분명하게 부인하지 않는 것이 사실이다. 예를 들면 우리 중 몇몇은 엘리아데가 죽기 직전까지 글을 쓰고 출판을 하는 데 집착하는 것에 놀랐고, 때로는 슬픔을 느끼기도 했다. 이러한 굳은 결의 덕분에, 극도로 고통스럽고 무기력하게 하는 관절염과 점점 나빠지는 시력으로

---

30) Ricketts, *Eliade: Romanian Roots*, 1, pp. 227~29, 261~94.
31) Ibid., "Personal Religion", pp. 602~4.

인해 괴로워하던 여러 해 동안에도 그는 믿을 수 없을 정도로 많은 글을 계속해서 쓸 수 있었다. 그러한 태도가 그를 살아 있게 했다. 그는 자신의 학문 작업이 끝나지 않았기 때문에 죽지 않으려 했다. 특히 『일기 4, 1979~1985 Journal IV, 1979~1985』에 기술된 내용과 같은, 자신의 생애 마지막 몇 해 동안에 대한 설명을 읽는 것은 괴롭고, 고통스럽고, 슬프다.[32] 엘리아데는 우울, 자기 연민, 자기비판, 그리고 지속적인 불만으로 가득 차 있었다. 77세와 78세에도, 이 세계적으로 유명한 학자는 자신의 소위 "개인적 종교"와 삶의 철학을 무시할 수도, 긍정할 수도 없었다. 신앙 지향적인 농민처럼 단순히 삶의 즐거움을 긍정하는 것은 별로 중요하지 않다. 인간 실존의 비극적인 심정을 가지고도 영웅적으로 성공하려고 몸부림치는 인간의 의지를 부정할 필요도 없으며, 그의 삶을 결정하는 데에 신의 의지와 은총을 수용하는 것도 별 가치가 없다. 이러한 종교적, 철학적 견해들은, 1970년대에 쓴 여러 편의 후기 중편소설을 비롯한 엘리아데의 많은 문학작품의 인물들을 통해 분명히 드러난다. 그러나 이 견해들은 자신의 삶, 특히 학문에 대한 엘리아데의 일반적인 태도에는 잘 나타나지 않는다.

  우리의 목적을 위해 가장 중요한 것은, 엘리아데의 개인적 신앙을 재구성하려고 하는 연구 방법이 때로는 통찰력이 있기도 하지만, 그의 방법론과 종교-신화의 학문적 해석을 해석할 때는 매우 위험하다는 것이다. 우선 올슨과 케이브가 엘리아데의 기독교에 대하여 해석한 것을 언급한 후에, 개인적인 것과 학문적인 것 사이의 구별을 무너뜨리는 일의 위험성에 대해 다시 다루도록 하겠다.

---

32) Mircea Eliade, *Journal IV, 1979~1985*, trans. Mac Linscott Ricketts(Chicago: University of Chicago Press, 1990), (앞으로 이 책은 *Journal 4*로 인용할 것이다).

지금으로서는 엘리아데가 후기의 "성숙한" 학문적 저작에서는 예전 루마니아에 있을 당시의 여러 의견에 대해 언급하지 않으며, 이야기하는 것을 피하거나 극도로 주저하는 것이 우연으로 보이지 않는다는 사실에 주의하는 것이 중요하다. 많은 개인적 입장들은 나중에 일기, 자서전, 인터뷰의 출판물에 언급되지만, 거기서도 이 문제에 대해서는 침묵하거나 말하기를 피하고 있다. 『미로의 시련』에서 클로드-앙리 로케Claude-Henri Rocquet가 개인적인 종교적, 철학적 신념들을 밝혀달라고 재촉했을 때, 엘리아데는 으레 하듯이 다음과 같이 대답한다. "나는 오래전에 내가 개인적으로 무엇을 믿는지 믿지 않는지에 대해 일종의 신중한 침묵을 지키기로 결정했다. 그러나 나는 평생 동안 특별한 것들을 믿는 사람들—마이스터 에크하르트Meister Eckhart나 아시시의 성 프란체스코Saint Francis of Assisi 같은 위대한 성자들은 물론, 샤먼, 요가 수행자, 오스트레일리아 원주민 등—을 이해하려고 노력해왔다. 그래서 나는 당신의 질문에 종교학자로서 대답할 것이다."[33]

한 친구의 영적인 경험을 기술한 일기의 구절에 대한 로케의 질문에 대답하며 엘리아데는 이렇게 말한다. "우리가 사실로 받아들여야 하는 어떤 초인간적인 경험들이 있다. 그러나 우리는 어떤 수단을 통해 그 속성을 알 수 있는가?" 이어서 그도 비슷한 일을 겪었는지 질문을 받았을 때 엘리아데가 한 대답은 "그 질문에 대답하기 곤란하다"가 전부였다.[34] 나중에 로케는 엘리아데가 꺼리는 것을 미리 감지하여 그에게 신에 대해 질문하는 것을 유보했다고 말했다. 이 시기에 이미 70대였던 엘리아데는 이렇게 대답한다. "어떤 질문들은 내 자

---

33) *Ordeal by Labyrinth*, p. 132.
34) Ibid., p. 147.

신의 실존과 그리고 그 질문들에 깊은 관심을 가진 독자들에게 아주 중요해서, 그 질문들을 대화 중에 끄집어내는 것이 적합하지 않은 것이 사실이다. 신성에 대한 질문은 매우 중대해서 내 자신이 가볍게 이야기하고 싶지 않은 것이다. 언젠가는 완전히 개인적이고 일관된 방식으로, 글을 써서 이 질문과 씨름하고 싶다."35)

엘리아데의 학문에 대한 최근의 해석들은 그가 개인적인 종교적 신념에 대해 말하기를 그렇게도 꺼린 것에 대한 그럴듯한 이유를 제시하는가? 리켓이 엘리아데의 후기 학문의 전개에서 본질적인 것이라고 주장하며 인용한 젊은 시절의 종교적 및 다른 견해들을, 왜 엘리아데는 글에서나 대화에서 부인했는가? 엘리아데가 청년기의 개인적인 신문 칼럼이나, 자신의 성적인 욕망, 자기 선생들에게 보복하고 옛 세대를 전복하려는 의지 등을 쓴 자전적인 글들에 보이는 일부 내용이 엄격한 학문적 연구에 포함되기에는 부적합하고 심지어 부끄럽기까지 하다는 것을 깨달았다고 보이지 않는가? 40세나 50세의 엘리아데는 자신의 스무 살 젊은 시절의 일부 표현들을 거북하게 느꼈을 수도 있지 않을까? 그리고 때때로 자신의 개인적인 정신적 입장이라고 말했던 루마니아 민족주의, 파시즘, 철위단鐵衛團Iron Guard,* 독재 등에 대한 이전의 문화적, 정치적 시각들이 미국과 서구의 맥락에서 드러난다면 수치스러운 것으로 판명되며, 다른 학자들이 엘리아데의 옛 견해가 신화와 종교에 대한 그의 학문적 작업을 해석하는 데 필수적이라고 결론짓는다면 그것 또한 위험한 일이지 않겠는가? 간단히 말해 엘리아데의 개인적인 삶과 종교적 신념 사이에 강한 연관성이 있다고 생각하거나 양자를 연관시킬 때는 매우 주의를 기울

---

35) Ibid., p. 188. *Journal 3*, p. 275도 보라.
* 루마니아 파시스트들의 전투적 단체로 1930년 결성되었으며 1944년 해체되었다.

여야 하는 많은 이유가 있는 것이다. 그 이유들은 그의 초기 루마니아에서의 저작들과, 원숙기의 종교사와 종교현상학을 통한 종교와 신화에 대한 학문적 작업 둘 다에 드러난다.

『엘리아데의 신학과 철학: 중심을 찾아서The Theology and Philosophy of Eliade: A Search for the Centre』에서 칼 올슨은 엘리아데가 "시간의 폐지를 요청한 것은 그가 우주적 기독교라고 부르는 것으로의 회귀에 대한 향수 어린 소망"이라고 분석한다. 올슨에 따르면 우주적 기독교는 엘리아데가 루마니아 등지의 동유럽 농민들의 종교에 대하여 설명할 때 사용될 뿐 아니라 엘리아데 자신의 개인적인 종교적 탐색을 나타내기도 한다. 올슨은 "엘리아데가 주창하는 현대인들의 전형적 본보기와 실존의 중심은 우주적 기독교이다"라고 제안한다.[36]

올슨은 몇 군데에서 우주적 기독교가 전형적 본보기이며 현대 인류를 위한 "해결책"이라고 보는 엘리아데의 견해를 비판한다. "그의 세계주의적 배경, 문화적 편협주의에 대한 비판 그리고 실존적 상대주의 때문에, 엘리아데의 신학적 성찰과 루마니아 농민의 우주적 기독교에 대한 향수에는 수상쩍은 낌새가 있으며, 그 자신의 신학적 입장에 대한 위장일 가능성도 있다. 엘리아데의 정신과 육체는 20세기에 있지만 그의 마음은 시원적 종교의 그 시간에 있다."[37] 올슨은, 우주적 기독교와 그 "신화에 구현된 원초적 역사로의 영원한 회귀에 의한 시간의 폐지"를 주창함으로써 "역사의 공포를 해결"한다는 엘리아데의 입장이 진보와 의미를 설명하지 못한다고 비판한다. 올슨이 보기에 "현대 인류에게 더 나은 대안"은 역사적 진보에 더 긍정적인 가

---

36) Carl Olson, *The Theology and Philosophy of Eliade: A Search for the Centre*(New York: St. Martin's Press, 1992), pp. 55~59, 153, 167~70.
37) Ibid., p. 59.

치를 부여하고 "역사와 자연을 통합하려 노력하는 것"이다.[38]

올슨은 특정 구절들에는 초점을 맞추고 다른 것들은 무시하면서 엘리아데의 동유럽 농민의 우주적 기독교에 대한 공감을 과장한다. 더군다나 전근대의 신화적인 농민의 우주적 기독교가 현대 인류의 실존적 위기를 위한 단순한 종교적 본보기이자 해결책이라고 제시할 정도로 엘리아데는 그렇게 편협하고, 순진하고, 낭만적이지 않았다. 엘리아데는 절충하고 종합하며 보편화하는 사상가였다. 그의 종교적 지향성은 비서구 시원 종교의 현상들, 힌두교 등의 아시아 영성, 우주적 기독교를 포함하는 "우주적 종교" 그리고 성스러움의 다른 표현들이 결합된 것에 영향을 받았다. 삶에서나 학문에서나, 엘리아데와 루마니아의 우주적 기독교의 관계가 그 가치에 대한 깊은 이해를 나타내는 것은 사실이나, 종종 복잡하고 모호하며 모순된다.

『새로운 인간주의를 위한 미르체아 엘리아데의 비전Mircea Eliade's Vision for a New Humanism』에서 데이비드 케이브도 역시 엘리아데가 기독교에 호감을 가지고 있다고 주장한다. 그러나 그는, 올슨이나 리켓 등이 강조한 역사성이 없는 우주적 기독교가 아니라, 가장 역사적인 종교로서 기독교의 우위를 강조한다고 보고 있다. 역사의 문제가 그의 저작의 중심 주제이기 때문에, 엘리아데는 "필연적으로 예수 그리스도를 다른 모든 성현들보다 우월한 성현으로 가치를 부여하게 된다." 그의 새로운 인간주의는 "결정적으로 기독교적인 성향을 지녔다. 왜냐하면 기독교는 가장 완벽하게 성스러움을 역사화하기 때문이다."[39] 이 해석을 기반으로 하여, 엘리아데의 가장 강력한 지지자

---

38) Ibid., p. 156.
39) David Cave, *Mircea Eliade's Vision for a New Humanism*(New York: Oxford University Press, 1993), pp. 40, 53. 8장과 9장에서 엘리아데가 역사에 주안점을 두었고 역사적 기독교에 호의를 갖고 있었다고 주장하는 소수의 해석이 왜 타당성이 없는

중의 하나인 케이브는 그의 새로운 인간주의가 너무나 한정된 것이라고 비판한다. "엘리아데가 역사 문제에 주목한 것과 성현의 가치를 설정한 것은 그의 형태론을 기독교적 지향성으로 제한시킨다. 기독교는 역사와 가장 밀접히 관련된 '성스러움'의 구체화를 자랑하기 때문이다."[40)

비평가들의 공격에는 물론, 리켓, 올슨, 케이브 등 지지자들의 저술에서도 보이는 이런 식의 연구 방법은 문제가 있다. 이러한 학자들은 학문적인 것과 개인적인 것, 객관적인 것과 주관적인 것, 기술적인 것과 규범적인 것 사이에, 유연하기는 하지만 정당한 구별이 존재한다는 사실을 무시하는 경향이 있다는 것이다.[41) 이들은 종종 엘리아데가 학자로서 마땅히 가기를 거부한 곳으로 그를 밀어 넣는다. 어떻게 엘리아데의 학문이 본질적으로 그의 개인적 종교적 신념과 연결되는지를 강조하면서 그들은 정당한 구별을 무너뜨린다. 우리는 해석의 서로 다른 수준을 구별해야 한다. 어떤 것은 상대적으로 기술적이고 다른 것들은 분명히 규범적이고 신학적이며 형이상학적이다. 해석은 서로 다른 기준의 검증을 요구하며 서로 다른 정도의 확실성을 제공한다. 이 지지자들은 자신도 모르게 엘리아데의 학문에 더 많은 학문적 비판이 초래되도록 한 것이다.

이들 중 누구도 학문적인 것과 개인적인 것의 구별, 즉 신화와 종교를 해석하는 학자 엘리아데와 감정, 신념, 헌신을 가진 인간 엘리

지 보이겠다. 내가 쓴 "Eliade and History", *Journal of Religion* 68(1988): 545~65도 보라.

40) Cave, *Mircea Eliade's Vision for a New Humanism*, p. 195. 케이브는 또한 엘리아데의 새로운 인간주의가 엘리트적이며, 상부 중심적이고, 매우 남성 지향적이라고 비판한다(p.139).

41) Allen, "Recent Defenders of Eliade", pp. 346~48을 보라.

아데의 분명한 구별을 승인하려 하지 않는다. 엘리아데의 전제, 신념, 우선순위를 드러내고 분석하지 않는다면 그의 학문적 연구 방법과 신화와 종교의 해석을 이해할 수 없다. 이것은 일반적으로는 엘리아데가 종교적인 것을 우선시한 것에, 특별하게는 성스러움에 대한 그의 특정 이론에 적용된다. 게다가 엘리아데의 신화, 종교, 세속적 삶에 대한 해석에 필수적인 온갖 종류의 전제, 규범적 판단, 존재론적 관심을 향한 움직임이 있다. 이중 어떤 것은 종교사와 종교현상학이라는 학문 분야의 관점의 한도를 벗어나기도 한다. 그러나 우주적 기독교나 루마니아 동방정교회를 개인적으로 지지하는 것과 같이 대개는 숨겨진 개인적 신념에서 엘리아데 학문의 단서를 찾는 것은, 그의 개인적 삶과 더 중요하게는 종교에 대한 그의 학문적 해석을 지나치게 단순화하고 잘못 전달하는 것이다.

5장
상징의 언어와 구조

 엘리아데의 상징체계 이론을 이해하는 것은 그의 신화 이론을 이해하는 데 필수적이다. 상징체계는 적어도 세 가지 주요한 이유에서 엘리아데의 연구 방법을 분석하는 데 대단히 중요하다. 첫째, 엘리아데에게 있어서 종교의 언어는 반드시 상징적이다. 신화는 종교적 신화이므로, 신화의 언어도 반드시 상징적이다. 그러므로 신화를 이해할 때 그 상징적 표현의 종교적 의미를 해석해야만 한다. 둘째, 7장에서 보게 되겠지만 신화는 상징들이 성스러운 실재를 드러내는 "진짜" 이야기 혹은 역사를 제시하기 위해 이야기의 형태로 조합된 특정한 종류의 종교현상이다. 엘리아데의 종교사와 종교현상학의 중심에 있는 현상들의 환원할 수 없는 종교적 속성과 신화적 속성을 파악하기 위해서는 상징체계를 반드시 이해해야 한다. 셋째, 엘리아데의 전체적인 학문 연구 방법과 종교사와 종교현상학의 방법론적 기초를 이해하기 위한 가장 중요한 요소는 종교적 상징체계로 이루어진 그의 해석학적 틀이다. 그는 빈번히 특정한 신화-종교적인 표현들의 의미를 상징적 연상 관계나 적절한 상징체계의 일관된 구조적 체계 내에 위치시키거나 "재통합시킴"으로써 해석한다.[1)]

5장과 6장은 상징체계와 신화에 초점을 맞춘다. 먼저 상징체계를 신화의 언어로 보는 엘리아데의 기본적 분석을 제시하는 데서 시작하여, 그가 종교적 상징에 매혹된 것, 인간이 종교적 인간이자 **상징적 인간**이라고 본 것, 그리고 종교적 상징체계가 그의 신화 이론에서 핵심적인 이유들을 살핀다. 다음에는 엘리아데의 신화-종교현상의 분석에서 "구조"의 역할, 특히 종교 상징의 구조적 체계의 중심 역할을 점검한다. 6장에서는 상징체계의 주요 특징과 기능에 대한 엘리아데의 분석을 설명한다. 이것이 신화의 의미에 대한 엘리아데의 해석을 이해하는 중요한 열쇠이기 때문이다. 다음에는 엘리아데가 상징체계와 신화의 분석에서 사용하는 모호하고 때때로 오해되는 "원형archetype"과 "원형의archetypal"의 용법을 명확히 하려는 시도가 이어진다. 마지막으로 "중심"의 보편적 상징체계라는 사례를 사용하여, 엘리아데의 신화 해석의 바탕에 깔린 종교적 상징의 체계적인 해석학적 틀이 가진 의미를 전달하도록 하겠다.

상징체계: 신화와 종교의 언어

엘리아데는 종종 세계적으로 뛰어난 종교적 상징체계 해석자들 중 하나로 묘사되어왔다. 예를 들면 "상징의 과학자"라는 제목의 한 기

---

1) 나는 이것을 예전에 *Structure and Creativity in Religion*과 *Mircea Eliade et le phénomène religieux*에서 중심 주장으로 매우 상세하게 다루었다. 상징체계 연구의 역사에 대해서는 James W. Heisig, "Symbolism", in *The Encyclopedia of Religion*, vol. 14(New York: Macmillan, 1987), pp. 198~208을 보라.

사에서는 엘리아데를 "아마 살아 있는 세계 제일의 영적인 신화와 상징체계의 해석자"라고 기술하였다.[2] 엘리아데는 항상 종교적 상징에 매혹되었다. 이 사실은 그의 학문적 연구, 문학적 창조성 그리고 개인적인 글에 분명히 반영된다. 1937년 여름방학에 노트에 썼고 나중에 『자서전』안에 다시 실리게 되는 글에서, 엘리아데는 자신이 "모양과 수량에 대해" 얼마나 "대단치 않은 기억력"을 갖고 있는지 인정한다. "그러나 이는 아마도 이러한 것들 중 어느 것도 제1순위의 실재로서 내 관심을 끌지 못하기 때문일 것이다." 자신을 유럽의 문화적 맥락에 위치시키면서도 자신의 연구 방법을 동시대인들 대부분의 문화적 창조성과는 구별하면서, 엘리아데는 이렇게 덧붙인다. "모든 유럽의 민족주의자들처럼 나도 형태, 선, 비율이 문화의 유일한 범주가 아니라고 믿는다. 폴 발레리Paul Valéry나 에우헤니오 도르스Eugenio d'Ors같은* 사람들을 사로잡은 이러한 형태의 세계 너머에, 더 순전한 영성의 더 '깨끗한' 세계, 즉 **상징**의 세계가 존재한다. 오랫동안 디자인을 담고 있을 수 없는 내 눈은 재빨리 형태와 선의 뒤에 있는 것, 즉 **상징**을 찾아보고 발견한다."[3]

거의 어느 곳에서나 무한한 상징들과 심오한 상징의 의미를 "보는 것"에 매혹되었다는 이유로 엘리아데는 많은 비판을 받아왔다. 비평가들은 종종 그들이 자료를 바라볼 때 "숨겨진" 상징들, 상징적 "재평가" 그리고 "심오한" 상징의 의미들을 보지 않는다고 주장한다. 엘리아데는 그의 머릿속에 이미 존재하고 있는 상징들을 자료 속에 "밀

---

2) *Time*(February 11, 1966); 68, 70.
* 폴 발레리(1871~1945): 프랑스의 시인이자 비평가. 에우헤니오 도르스(Eugenio d'Ors y Rovira, 1882~1954): 스페인 카탈루냐의 고전주의 계열의 철학자, 수필가이자 미술평론가.
3) *Autobiography 2*, pp. 36~37.

어 넣고", 신화-종교의 표현들에서 온갖 종류의 상징의 의미들을 "읽어낸다".

개인적인 글에서뿐 아니라, 성스러움의 "은폐와 위장"과 "창조적 해석학"의 필요성에 대한 토론 등에서도 엘리아데는 자신이 종종 남들은 간과하는 온갖 종류의 상징들을 "본다"고 인정한다. 예를 들면 1945년 11월의 『일기』에서, 그는 이렇게 쓰고 있다. "슈테판 루파슈쿠Ştefan Lupaşcu는* 내가 어떤 그림에 흥미를 가지고 있다는 것에 놀란다. 그가 말하기를 나는 그 그림에서 사물들—남들이 보지 않는 상징들을 '본다'고 한다. 나는 그 상징들이 거기에 있기 때문에 그것들을 본다고 대답한다. 다른 사람이 보지 못한다고 해서 그것들이 존재하지 않는다는 것이 아니라, 단지 그가 그것들을 보지 못한다는 것을 뜻할 뿐이다."[4]

엘리아데가 인식론적이고 형이상학적인 관념론자라고 쉽게 결론 지을 수도 있을 것이다. 종종 "유물론"을 공격하는 것에서 분명히 알 수 있듯이, 그는 분명히 형이상학적인 관념론자였다. 그러나 이 일기의 기록을 비롯한 여러 글을 통해 본다면, 그는 상징체계나 신화 같은 현상들이 인간 정신을 구성하는 작용에 의해 완전히 설명된다고 분석하는 일종의 인식론적 관념론을 지지하지 않은 것이 분명하다. 여러 면에서 엘리아데는 인식론적 실재론을 지지한다. 플라톤이 자신의 비물질적 형상이 개별적인 직관하는 정신과 구별되는 객관적인 존재론적 지위를 지닌다고 주장하는 것처럼, 엘리아데는 종교의 상징과 신화적이고 우주적인 구조와 의미를 "본다"고 주장한다. 이는 자신이 상상을 통해 고안하거나 창조해내서가 아니라 그것들이 "객

---

* 엘리아데와 동시대에 살았던 루마니아 출신의 프랑스 사상가, 평론가.
4) *Journal 1*, p. 8.

관적인" 실재성을 지녔기 때문이라고 한다. 그것들은 "실제로 거기에" 있다.

동시에 종교적인 사람들이 "실제로 거기 있는" 종교적 상징 구조를 찾고 고찰하는 데 수동적이라고 엘리아데가 주장하는 것으로 해석해서도 안 된다. 엘리아데는 감지하고 상상하는 창조적 주체의 역동적인 역할과, 구성적 주체와 본질적인 상징 구조 사이의 필수적인 상호작용을, 플라톤보다 훨씬 더 강조한다. **종교적 인간**은 본질적인 객관적 구조와 의미의 현실 세계를 경험하지만 이것은 항상 무한한 가능성의 미완성의 세계이다. 그 특유의 의미와 함의가 능동적으로 구성되어야만 하는 세계인 것이다.

인간을 **종교적 인간**으로 정의하려는 엘리아데의 노력은 이미 다루었다. 3장에서는 **종교적 인간**이 초자연과 무한으로 경험된 것을 역설적으로 표현하기 위해서 자연의 제한된 신화-종교의 표현들을 이용하는 성스러움의 변증법을 분석했다. 그러한 종교의 언어는 반드시 상징적이다. 그러므로 엘리아데가 좁게는 **종교적 인간**, 넓게는 본질적인 인간을 **상징적 인간**으로 종종 정의하는 것은 놀라운 일이 아니다. "인간은 **상징적 인간**이며 그의 모든 행위가 상징체계와 관련되어 있기 때문에, 모든 종교적 사실들은 상징적 특징을 갖게 된다. 이것은 우리가 모든 종교적 행위와 제의가 메타 경험적* 실재를 목표로 하고 있다는 것을 깨닫게 되면 확실하게 맞다. 나무가 제의의 대상이 될 때, 숭배되는 것은 **나무**로서가 아니라 **성현**, 즉 성스러움의 현현으

---

* Meta는 인식론에서 "그 자체의 범주에 대한"의 의미로 사용된다. 말하자면 "메타 경험적인 것"은 경험한 것에 대해 경험하는 것을 의미한다고 할 수 있다. 본문에서 엘리아데가 사용한 예를 메타 경험의 개념으로 표현하면, "나무가 제의의 대상이 될 때, 이는 성스러움의 현현으로 경험된 나무를 경험하는 것이다"라고 할 수 있겠다.

로서이다. 모든 종교적 행위는 초자연적인 가치나 존재를 가리키기 때문에, 그것이 종교적이라는 단순한 사실에 의해 최후에 '상징적'인 의미를 부여받는다."5)

상징적 인간이라는 개념은 엘리아데의 신화적 존재에 대한 시각뿐 아니라, 세계에 위치한 인간의 본질에 대한 일반적 연구에 대한 그의 입장에도 가장 잘 적용된다. 그는 1950년대에 "상징으로서의 인간L'Homme comme symbole"이라는 제목으로 책을 쓰고 싶다고 말한 바 있다. 그는 이렇게 말한다. "인간이 상징, 원형에 따라 살아갈 필요성을 보여주고 싶다. 나는 상상력이 정신적인 기술, 성취, 평정, 비옥함의 기능을 갖고 있다는 것을 주장하고자 한다."6) 엘리아데는 종종 인간의 이미지를 상징적 인간으로 나타냈다. 상징적 인간은, 경험의 다른 차원들에 있는 현상들을 통합하고, 세계 속에 구조화된 의미 있는 지향성을 수립하며, 시간적, 역사적 조건들의 한계를 "터뜨려 여는"것에 의해 그리고 초월적인 것을 향해 "펼쳐 여는 것"에 의해 자신을 창조적으로 새롭게 하는 살아 있는 상징이다.

상징적 인간으로서의 인류라는 이 새로운 견해의 일부로, 엘리아데는 우리가 독특하게 인간적인 것으로 인식하는 것을 창조하거나 구성하는 것이 바로 종교적 상징체계라고 진술한다. 종교학자로서 엘리아데는, 신화와 인류에 대한 그의 이해에 매우 중요한 주장으로 가득한 어떤 구절에서, 신은 여전히 우리에게는 "신석기시대의 지배자"로 나타난다고 한 테야르 드 샤르댕Teihard de Chardin의* "이중으로 잘못된" 성찰을 비판한다.

---

5) "Methodological Remarks", p. 95. *Mephistopheles and the Androgyne*, p. 199도 보라.
6) *Journal 1*, pp. 107~8.
* 과학과 신앙의 조화를 추구한 프랑스 가톨릭 사제이자, 지질학자, 고생물학자, 사상가(1881~1955).

무엇보다도, 이 "신석기시대의 지배자"의 이미지는 상대적으로 최근의 것으로, 단지 만이천 년에서 만오천 년 정도만 거슬러 올라간다. "하늘의 주인"인 신의 이미지나 선사시대 사냥꾼인 "짐승들의 지배자"의 이미지와 같이, 이보다 훨씬 더 오래된 다른 이미지들이 있다. 더 심각한 문제는, 인간에게 종교의 역사는 그러한 이미지와 더불어 시작되는 것이 아니라 성스러움의 경험과 더불어, 세계를 구성하고 그 의미들을 주입하는 다양한 성현들과 더불어 시작된다는 것이다. 결국 인간을 창조한 것, 인간을 다른 영장류로부터 구별한 것은 종교적 상징체계이다. 이것을 깨달으려면, "친숙한 공간"에 있는 영장류의 행동과 인간 세계를 수립하는 제의인 **근본적인 방향 설정***을 비교해보는 것으로 충분하다.7)

상징적 신화는 **상징적 인간**이 인간존재의 본질을 구성해온 근본적인 방식들을 드러내며, 인간이 의미 있고 정합적이고 인간적인 세계에서 자신의 방향을 정하도록 하는 전형적 본보기를 제공한다.

엘리아데의 상징체계 이론이 그의 신화 연구 방법을 이해하는 데 반드시 필요한 세 가지 일반적인 이유를 약술하면서 이 장을 시작했다. 먼저 종교의 언어는 반드시 상징적이고 따라서 신화의 언어도 상징적이라는 것을 설명했다. 또한 신화는 특별한 종류의 상징적 이야기의 표현이며, 엘리아데가 신화를 연구하는 방법론은 종교적 상징체계의 해석학적 틀에 근거를 두고 있다는 것도 지적했다. 이제 종교

---

* 본문의 orientatio를 "근본적인 방향 설정"으로 번역했다. 엘리아데는 이 용어를 인간이 우주에서 방향을 잡는 종교적 행위라는 의미로 사용했으며, 이 행위의 뿌리는 성스러운 공간의 경험이라고 생각했다. 『세계종교사상사』 1권 1장의 첫 페이지를 참조하면 엘리아데가 이 용어를 사용하는 맥락을 알 수 있다.

7) *Journal 3*, p. 186.

적 상징체계가 엘리아데의 종교적 신화에 대한 특정한 이론에 있어서 매우 중대한 이유를 세 가지 덧붙이도록 하겠다. 첫째, 신화의 표현에서 성스러움의 지시 대상과 인간이 "메타-경험적 실재"와의 관계를 수립할 필요성 때문에 종교적 상징체계의 사용이 요구된다. 둘째, 신화의 경험과 표현은 의식적인 인식의 한계에 의해 제한되는 것이 아니라, 전 반성적인 것, 무의식적인 것 그리고 초의식적인transconscious 것을 포함하는 "총체적 인간"으로서의 종교적 인간을 수반한다.[8] 셋째, 성스러움의 변증법에 나타나듯이, 상징체계는 신화화 같은 신성화의 모습들의 확장에서 본질적인 부분이다.

종교는 항상 성스러움과 관련되어 있고 신화적인 종교적 표현들은 항상 초월적이고 초자연적인 가치와 존재를 가리킨다는 엘리아데의 주장을 3장에서 살펴보았다. 상징체계에 대한 대표적인 저술가 폴 틸리히Paul Tillich는 "모든 상징들의 1차적이고 가장 중요한 특징은 자기 너머의 무언가를 가리킨다는 것이다"라고 말한다. 상징은 "비유적인 특질"을 가지고 있다. "일상적인", "보통의", "문자 그대로의" 의미가 아닌 것을 알려주는 간접적인 수단이라는 것이다. 폴 리쾨르는 "이중적 지향성"이라는 말로 "너머의 무언가를 가리키는" 상징의 특질을 분석한다. "1차의, 문자 그대로의, 분명한 의미 자체는 유비 작용에 의하여 그 속*에서와 다르지 않게 주어지는 2차의 의미를 가리키게 된다." 리쾨르는 "문자적인 의미와 상징적인 의미 사이의 유비적인 연관 관계를 이해"하려고 시도한다.[9] 엘리아데는 성스러움의

---

8) 엘리아데가 "초의식적transconscious"이라는 용어를 사용하는 것에 대해서는 1장의 주석 33, 34, 35를 보라.
* "1차 의미 속"을 의미한다. 리쾨르는 상징의 2차 의미를 1차 의미와 독립시켜 생각할 수 없다고 주장한다. 상징에서 2차 의미는 1차 의미에 의해서, 그 1차 의미를 넘어 2차 의미를 지니게 된다는 것이다.

속성과, 그로 인한 모든 신화 현상들 때문에, **종교적 인간은** 자기 "너머의 무언가를 가리키며", 직접적이지 않고, 문자 그대로가 아닌, 혹은 평범하지 않은 의미를 전달하는 상징적 표현들을 사용해야 한다고 종종 강조한다.

엘리아데가 종교적 표현의 지시 대상이 초월적인 어떤 것으로 경험된다는 사실 때문에 상징체계가 필요하다는 것을 흔히 강조하지만, 성스러움의 지시 대상은 반드시 중재된다. 성과 속 사이의 역설적 관계와 역동적인 변증법적 움직임에서 신화-종교적인 경험이 생기려면, 초월적이고 초자연적인 "타자"는 인간이 접근할 수 있고 유의미하게 되어야만 한다. 제약과 조건 아래에 놓인 인간이, 제한된 시간적, 공간적, 자연적, 문화적 세계 내에 위치하면서도 무한한, 절대적인, 초자연적인, 초월적인 무언가와 연결되는 것이 어떻게 가능한가?

여기서 엘리아데와 다른 상징체계 이론가들은 상징체계가 일종의 다리 역할을 하도록 하는 종교적 상징의 특수성을 강조한다. 즉 상징은 특정적이고 구체적인 "자연의" 현상들을 사용하여 표현되며, **종교적 인간이** 자신의 특별한 실존적 상황과는 "다른" 것과 관련을 맺을 수 있는 것이다. 상징은 "타자의 실재가 쉽게 접근될 수 있고, 자유로운 참가와 교제가 가능하도록 만든다." "종교 상징은 그 특수성 때문에 자신 속으로 종교적인 사람의 지역적 환경의 일부인 실재들을 가져오지만, 상징의 배열에서는 지역적 요소들이 자연적인 것 이상의 의미를 가지게 된다."[10]

---

9) Paul Tillich, "The Meaning and Justification of Religious Symbols", in *Religious Experience and Truth*, ed. Sidney Hook(New York: New York University Press,1961), p. 4; Tillich, "The Religious Symbol", in *Religious Experience and Truth*, ed. Sidney Hook, p. 301; Paul Ricoeur, *The Symbolism of Evil*, trans. Emerson Buchanan(New York: Harper & Row, 1967), pp. 10~18.

상징체계는 엘리아데가 종교경험의 전 반성적인, 무의식적인 그리고 초의식적인 차원을 강조하기 때문에 그의 신화 이론에서 매우 중요하다. 서양철학과 최근 철학, 문화, 종교, 종교학의 경향에서 합리성에 기초한 가치에 대해 간략히 언급함으로써 엘리아데의 연구 방법의 위치를 더 잘 정할 수 있을 것이다.

플라톤과 아리스토텔레스의 고전 그리스철학 이래로 대부분의 서양철학자들은 인간의 개념이 본질적으로 "합리적 동물"이라는 견해를 취하는 경향을 보여왔다. 우리를 다른 동물들과 구별하고 이들보다 우월하게 "높이는" 것은 합리성이라는 능력이다. 인간은 종종 합리적이지 않은 방식으로 행동하지만, 이것은 우리의 "동물적 본능"과 "더 하위의" 혹은 덜 완전히 발달된 수준의 인간 행동을 반영하는 것이다. 플라톤의 『국가The Republic』에 나오는 "선분Divided Line"은* 이러한 전통적인 철학의 계층적 지향성을 보여준다.[11]

인간 본성에 대한 이런 개념을 거부한 철학자들과 다른 학자들이 언제나 있었다. 엘리아데는 19세기 현대 과학적 종교 연구(종교학

---

10) Long, *Alpha*, pp. 8, 10. John E. Smith, *Reason and God*(New Haven: Yale University Press, 1967), p. 229도 보라.
* 플라톤이 『국가』 6권에서 감각계感覺界(혹은 가시적 세계可視的 世界)와 예지계叡智界(혹은 가사유적 세계可思惟的 世界) 사이에 성립하는 유비 관계를 설명하는 데 사용한 "선분의 비유Analogy of the Divided Line"를 가리킨다.
11) 계층적인 선분의 비유는 인식의 4단계와 함께 『국가』 6권 509~511에 나온다. 지식과 실재를 향한 계층적 지향성의 덜 추상적이고 비수학적인 설명은 『국가』 7권 514~521의 그 유명한 동굴의 비유—때때로 동굴의 신화라고 불리는 것에 나온다. 선분과 동굴의 비유는 『국가』의 수많은 번역본, 플라톤의 대화편 그리고 다른 저술 모음집에 등장한다. 예를 들어 다음을 보라. Plato, *The Republic of Plato*, trans. Francis MacDonald Cornford(New York and London: Oxford University Press, 1945), or Plato, *The collected Dialogues of Plato*, ed. Edith Hamilton and Huntington Carins(New York: Pantheon Books, Bollingen Series LXXI, 1963).

Religionswissenschaft)의 태동을 무엇보다 먼저 특징짓는 계몽사상의 합리주의적 영향보다는, 독일과 루마니아 등의 낭만주의나 동양 등의 신비주의에 확실히 더 가깝다. 거의 모든 종교적 지향성은 합리성의 한계를 초월하는 영적인 각성의 수준에서 인식되어왔다. 그러나 가장 영향력 있는 기독교 신학자인 성 아우구스티누스와 성 토마스 아퀴나스조차 합리적 이해를 초월하는 신앙의 여지를 남겨놓으면서도 합리성이라는 인간의 능력에 엄청난 가치를 부여한다. 이는 엘리아데가 주류 서구 기독교 철학과 신학의 역사로부터 그렇게도 거리가 멀다고 말한 여러 이유 중 하나임에 틀림없다.

인간을 합리적 동물로 보는 견해에 대한 비판이 20세기에 널리 퍼졌다. 대량 학살로 이어지는 파괴적인 전쟁과, 소위 합리적 과학자와 학자들이 나치의 대학살 당시 유대인 등의 민족 집단 학살 시도에 기여하고 이 시도를 정당화한 "비합리적" 행위로 인해, 합리성에 대한 신뢰는 종종 흔들렸다. 인류 생존을 위협하는 핵무기 등의 개발과, 환경을 파괴하고 더 큰 압제, 착취, 빈곤, 지배, 고통을 만들어내는 것으로 보이는 다양한 과학 기술의 산출 등도 합리성에 대한 신뢰를 약화시켰다.

엘리아데에게 큰 영향을 끼쳤던 심층심리학은 억압과 전 개념적preconceptual, 무의식적, 본능적 필요와 욕구의 전 반성적 수준에 초점을 맞추었다. 실존주의와 현상학은 전 반성적인 것, 감정들 그리고 상상력의 지향성에 주목하여 전통적인 철학이 지향했던 바를 거부했다. 여성주의, 해체주의, 포스트모더니즘은 근대성을 강하게 비판해왔다. 이들은, 합리성을 이론적으로 우월하게 보는 태도 때문에 성, 인종, 계급 등의 다른 "목소리들"이 배제되었고 지배적 권력관계의 이데올로기적 정당화가 이루어졌다고 분석한다. 음악, 예술, 공연 등이 이루어놓은 20세기의 많은 문화적 혁신들은 합리적이고 개념적인 분석을 거부하고, 부조리, 허무주의, 부조화, 불연속 등을 찬양한다.

종교 내부에서는 신정통주의나 보수주의 신학 측에서, 자유주의 신학의 인간 합리성과 진보에 대한 확신을 거부하는 극적인 반발이 있었다. 최근 수십 년간, 매우 감정적이고 비합리적인, 혹은 심지어 반합리주의적인 신앙 지향성을 가진 카리스마적이고 근본주의적 집단이 극적으로, 종종 투쟁적으로 다시 세력을 얻는 현상이 발생했다. **종교적 인간은 본질적으로 합리적인 동물로 생각되지 않는다. 오히려 반대이다.** 인간 합리성의 확언은 종종 인간의 오만함과 죄성罪性이 표현되는 것으로 간주된다.

종교사학자와 종교현상학자 역시 예전의 합리적 동물로서의 인간의 개념을 거부하는 경향을 보여왔다. 19세기 현대 과학적 종교 연구의 개척자들은 계층적인 합리적 규범을 전제로 하는 경향이 있었다. 합리적으로 규정된 가치 설정이 이들의 신화-종교현상의 기술에 영향을 끼쳤다. 편협한 합리주의적 해석을 근거로, 타일러, 밀러, 프레이저 등의 학자들은 종교와 신화가 인간 진화의 전 합리적prerational, 전 철학적prephilosophical, 전 과학적prescientific 단계를 반영하는 것으로 해석했다. 이와 대조적으로 엘리아데는 시카고대학 종교학과의 전임자인 요아힘 바흐Joachim Wach의 의견에 동의했다. 바흐는 "경험이 궁극적 실재에 대한 전 존재全存在의 총체적 반응으로 이해되어야 한다는 말은, 정신, 감정 혹은 의지뿐 아니라, 전체를 빠짐없이 갖춘 사람이 요구된다는 것을 의미한다"고 말했다. 바흐는 이전의 많은 신학자들과 철학자들이 종교가 전체적인 통합적 인간과 관련된다는 것을 깨닫지 못하고 종교의 "자리"에 대해 논의해왔다고 주장한다. "슐라이어마허Schleiermacher에서부터 제임스James, 화이트헤드Whitehead, 오토까지는 감정에서, 헤겔Hegel과 마티노Martineau*에서부터 브라이트만Brightman까지는 지성에서, 그리고 피히테Fichte에서부터 라인홀

드 니버Reinhold Niebuhr까지는 의지에서, 종교의 자리를 찾으려 하였다."12)

비록 엘리아데의 신화 연구가 위에 언급된 20세기의 여러 소산에 매우 비판적이었지만, 그는 인간을 본질상 합리적 동물이라고 생각하려는 시도가 너무 편협하고 너무 환원주의적이며 너무 "시야가 좁다"는 데에는 전적으로 동의한다. **상징적 인간으로서의 종교적 인간**이 신화-종교경험의 전 반성적이고 무의식적이며 초의식적인 차원을 가장 잘 깨닫는다.

헤겔의 이성의 간계List der Vernunft(Cunning of Reason) 개념을 상징과 영적인 생활에서 상징의 기능에 대한 개념과 비교하면서, 엘리아데는 "상징은 개인이 의식적으로나 자발적으로 이해할 수 없는, 개인의 한계를 초월한 가치와 사건을 경험의 실재 속으로 도입한다"고 주장한다. 단지 상징 덕분에 "영적 생활은 개인의 의식적 정신보다 무한히 더 재미있다"고 강조함으로써 엘리아데는 "현대 세계에서 신화의 (혹은 신화가 남긴 것의) 중요성"의 진가를 인정할 수 있다.13) "참인간은 **총체적** 인간이며, 무의식적인 것은 역할과 중요성을 지닌다. 무의식적인 것은 인간 속의 **삶**과 **속성**을 나타낸다. 상징, 이미지 그리고 갈망은 극적인 사건들과 무의식의 드러남에서 발생한다. 그리고 이 극적인 사건들과 무의식의 드러남을 통해 인간은 자연, 우주적 총체와 활발한 의사소통을 하게 된다."14) 엘리아데는 다음과 같이 강조한다.

---

* 영국의 여류 소설가이자, 사회, 경제, 역사 저술가, 무신론적 종교사상가였던 해리엇 마티뉴Harriet Martineau(1802~1876)를 가리킨다.
12) Joachim Wach, *The Comparative Study of Religion*(New York: Columbia University Press, 1961), pp. 32, 33.
13) *No Souvenirs*, p. 87.
14) Ibid., p. 286.

"성현과 종교 상징은 전 반성적인 언어를 구성한다. 하나의 특별한, 독특한 언어의 경우에서처럼, 그것은 적합한 해석학을 요청한다."15)

그러므로 합리적 분석은 신화가 드러나는 많은 차원을 이해할 때 매우 제한된 정도로 사용된다. 많은 학자가 그랬던 것처럼 신화 현상을 단순히 전 합리적 혹은 비합리적이라고 치부하는 것은 신화의 속성, 기능, 의미를 이해하고자 하는 우리의 목적에 그다지 도움이 되지 않는다. 신화의 무의식적 근원의 구조와 의미에서 발생하고 이들을 드러내는 것이 바로 종교 상징이다. 종교 상징은 전 반성적 신화의 의미를 해석하는 데 필수적인 "적합한 해석학"을 위한 틀을 제공한다.

마지막으로 성스러움의 변증법에 대한 엘리아데의 견해를 설명하면서 이야기했듯이, 신화화와 신성화 과정이 단지 "직접적인" 성현에만 의존한다면 그 정도가 매우 제한될 것이다. 종교 상징은 범속함을 "터뜨려 여는 것"에 의해 확장되어 다른 어떤 것을 드러내게 된다. 엘리아데는 상징이 "우선은 성현화의 과정에서 계속될 수 있기 때문에, 특히 때때로 그 자체가 성현이기 때문에—그 자체가 다른 현현이 드러낼 수 없는 성스럽거나 우주적인 실재를 드러내기 때문에…… 인류의 주술-종교적 경험에" 중요한 역할을 한다고 주장한다. 이어서 그는 "상징의 진정한 속성과 기능은, 상징을 성현의 연장이자 계시의 독자적인 형태로서 더 면밀하게 연구함으로써 가장 잘 이해될 수 있다"고 말한다.16) 상징체계는 "사물을 속된 경험에서 보이는 존재와는 다

---

15) Ibid., p. 313. 1968년 6월에 쓴 이 일기에서 엘리아데는 이어서 말한다. "나는 이 해석학을 정밀하게 다듬어내려고 노력해왔다. 그러나 나는 그것을 문헌을 근거로 하여 실제적인 방식으로 예증해왔다. 나나 다른 사람이 이 해석학을 체계화하는 작업을 해야 한다." *Structure and Creativity in Religion*과 *Mircea Eliade et le phénomène religieux*에서 나는 엘리아데의 해석학을 특히 성과 속의 변증법과 종교 상징의 구조적 체계의 해석학적 틀에 의해 체계화하려고 노력했다.
16) *Patterns*, pp. 446~47, 448.

른 어떤 것으로 변형시킴으로써 성현의 변증법을 한층 더 확장한다."17)

엘리아데는 연금술 연구에서 종교 상징의 이러한 기능에 대한 예시를 제공한다. 그의 연금술에 대한 연구는 1920년대에 쓴 기사들에서 시작하여 1930년대 세 권의 책과 전공 논문들로 이어지며, 1956년 『대장장이와 연금술사』에서 최고조에 이른다.18) 엘리아데에 따르면 연금술은 초보적인 무비판적 과학이나 화학 이전의 것이 아니라, 우주론, 입문의례 그리고 구원론과 연관된 전통의 영적인 기술이다. 속성을 바꾸려고 시도하는 물리적인 작용이 있었지만, 그 목표는 물질의 성현화에서 비롯되었으며 자연의 과학적인 정복 같은 것보다는 연금술사의 변형과 구원을 포함하고 있었다.

연금술 신화와 의례의 의미를 해석하면서, 엘리아데는 물질과 생명을 변형할 때의 물질들의 "수난", "죽음", "결혼"에 주목하고, 현자의 돌이나 불로장생의 영약이라는 목표들에 초점을 맞춘다. 그러한 해석에서는, 물질과의 관계에 대한 특별한 주술-종교적 경험에서 발생한 성스러움의 변증법을 더 확장함으로써 상징의 역할이 분명히 보인다. 엘리아데는—연금술사나 아니면 광물질에 적용되는 연금술의 작용인—죽음에 대한 양면 가치적인 연금술의 상징체계가 **연금술 작업**opus alchymicum 전체에 가득한 것으로 보고 여기에 초점을 맞춘다. 그는 "**제1질료**materia prima로, **최초의 물질**massa confusa로, 즉 우주론적 차원에서 혼돈에 해당하는 유동적이고 형태가 없는 덩어리로의 물질의 환원"이 나오는 문헌들에 주목하고, "죽음은 무정형으로의 복

---

17) Ibid., p. 452. 엘리아데는 상징의 "기능"을 다음과 같이 기술한다. "이는 어떤 사물이나 행위가 속의 경험의 견지에서 볼 때 나타나는 것과 다른 무언가로 이 사물이나 행위를 변형시키는 것이다."(p. 445)
18) 엘리아데는 자신의 독창적이면서 논쟁의 여지가 있는 연금술에 대한 해석이 나중에 보편적으로 수용되었다고 느꼈다. *Autobiography 1*, pp. 56, 294를 보라.

귀, 혼돈의 회복을 나타낸다"고 말한다. 이것이 물과 관련된 종교적 상징체계가 연금술 과정에서 두드러진 이유이다. "연금술에서 물질이 유동적 상태로 복귀하는 것은 우주론에서 원초적 혼돈의 상태에, 그리고 입문의례에서 입문자의 '죽음'에 해당한다." 엘리아데는 이어서, 연금술에서 제1질료로의 환원이 "출생 이전의 상태로의 복귀, **자궁으로의 복귀**regressus ad uterum", "다른 모든 시간 밖으로의 '투사projection'에 해당하는, 달리 말해 근원적 상황의 회복에 해당하는 영적인 경험"을 상징적으로 드러내는 것으로 해석될 수 있다는 것을 보여준다.

용해와 혼돈의 회복은 어떤 맥락에서건, 적어도 두 개의 상호 의존적인 함의를 지니는 작용이다. 하나는 우주론적인 것이고, 다른 하나는 입문의례적인 것이다. 모든 "죽음"은 우주적 밤과 전 우주론적pre-cosmological 혼돈의 회복이다. …… 입문의례의 죽음과 신비한 어둠도 우주론적 함의를 가진다. 이들은 "처음 상태", 물질의 배태기 상태를 의미하며, "부활"은 우주적 창조에 해당된다. …… 이런 면에서 연금술사는 혁신자가 아니다. 그는 제1질료를 얻으려고 노력하는 한편, 물질을 그 전 우주 창조론pre-cosmogonic 상태로 환원시키는 것을 추구했다. 그는 시간에 의해 이미 손상된 "형태"를 출발점으로 사용하면 변형을 획득할 수 없다는 것을 알았다. 입문의례의 맥락에서, "용해"는 입문자가 자신의 범속한, 손상된, 타락한 존재에 관한 한 "죽고 있음"을 의미했다. 우주적인 밤이 자궁으로의 복귀뿐 아니라 죽음(어둠)에 비유되었다는 것은 종교사와 연금술 문헌 둘 다에서 확인할 수 있다.[19]

---

19) *The Forge and the Crucible*, pp. 8~11, 152~57.

연금술의 신화-의례적 의미에 대한 엘리아데의 해석을 간략히 살펴보았다. 이를 통해, 물질의 직접적인 성현화에서 생기는 성스러움의 변증법이, 복잡하고 다면 가치적인 방식으로, 우주론적인, 입문의례, 물과 관련된, 성적인, 이외의 여러 상징체계를 통해 확장되어 왔음을 분명히 볼 수 있었을 것이다.

상징체계와 구조주의

엘리아데는 자신이 종교의 "구조들"에 최고의 중요성을 부여한다는 것에 대해서, 그리고 구조들이 자신의 방법론의 기초에 어떻게 자리하고 있는지, 구조들이 어떻게 종교와 신화에 대한 자신의 해석에 틀을 제공하는지에 대해서 글을 종종 썼다. 여기서 말하는 "구조"는, 엘리아데가 신화-종교현상에 나타나는 무한하고 혼란스러울 정도로 다양한 변수들을 조사할 때, "상수들", 즉 지향적인 구성 형태와 관계, 혹은 적어도 영속성의 개념이 있는 형태들을 탐지했다는 것을 의미한다. 그는 구조를 통해 의미를 해석한다.

엘리아데는 이러한 신화와 종교의 구조들 중 일부가 보편적, 초문화적, 초역사적 지위를 지닌 것이라고 주장한다. 그러한 근본적 구조에 대한 예증은 성과 속의 변증법, "중심의 상징" 그리고 "상승의 상징"에 대한 엘리아데의 분석에서 볼 수 있다. 다른 신화적 구조들은 특별한 생산양식, 사회경제적 조직체, 혹은 다른 집단의 정복이나 피정복과 같은 특정적, 지역적, 문화적, 역사적 변수들에 훨씬 더 많이 의존한다. 전통적인 경제적, 문화적 관계가 파괴되었을 때나 군사적 패배를 막기 위해 신화적 영웅의 본보기에 호소한 것이 명백히 허사로 돌아갔을 때와 같이, 이러한 특별한 변수들이 급격히 바뀔 때, 이에 상응하는 신화의 구조는 신화적 민족들에게 실존적 가치와 설명의 힘을 상실한다. 이와 대조적으로 삶, 죽음, 주기적 재생이 끝없이 규칙적으로 순환하는 달의 근본적인 구조와 같은 더 보편적인 구조들은, 신화적 민족들이 비극적이고 모순적인 역사적, 문화적 발전에 대처하거나 적어도 이를 견뎌낼 수 있도록, 새롭고 창조적인 상징의 재평가를 준비한다.

엘리아데의 노트, 어원학적이거나 다른 "과학적" 연구들 그리고 젊은 시절의 다른 글들을 보면, 그가 구조에 매혹되어 있었음을 알 수 있다. 예를 들어 자신이 가장 좋아하고 존경하는 교수일 뿐 아니라 신화와 종교에 대한 초기 연구 방법의 형성에 주된 영향을 끼쳤던 사람인 나에 이오네스쿠 밑에서 치른 구술 논리학 시험에 대한 엘리아데의 설명은 의미심장하다. 이오네스쿠는 뉴턴의 만유인력이라는 보편적인 법칙의 발견에 대해서 물었다. "어떤 종류의 논리적 작용이 그의 머릿속에 생겨서, 그가 하나의 사과, 그러니까 특정한 대상이 보편적인 법칙을 보여줄 수 있다는 것을 이해하게 되었는가?" 잠깐 망설인 후에, 엘리아데는 자신이 최근에 읽은 루치안 블라가의 책에서 "자연이나 문화에서 통합의 요소를 보는 사람들은 본질적이고 근본적인 것을 보고, 이것이 그들로 하여금 구조를 발견하게 해준다"는 내용에 감명을 받았다고 대답했다. 시험은 이오네스쿠가 "그게 정답이네!"라며 엘리아데의 말을 끊으며 끝났다. "**구조**의 문제야. 논리의 작용이 뉴턴의 생각에 영향을 끼쳐서 이런 일을 한 것이네. 그것이 보편적 만유인력 현상의 구조를 파악했지."[20]

엘리아데의 종교 연구 방법은, 그의 현상학적 **에포케**에 대한 관념

---

20) *Autobiography 1*, p. 112. *Structure and Creativity in Religion*에서 내 주된 관심은 엘리아데의 방법론과 해석학적 틀에 있는 보편적, 상징적, 종교적 구조들의 1차적 지위를 분석하는 것이다. 그 예로 이 책의 pp. 157~77, 195~99, 210~12를 보라.

과 더불어, 모든 형태의 환원주의에 반대하고 있다. 무엇이 "실재적"인지에 대한 자신의 해석을 유보하여, 이 현상학자는 종교적 존재들의 경험에 반응하고 그들의 종교 신화 현상의 의미를 기술하려고 공감하는 자세로 노력했다.

그러한 "괄호 치기" 자체는 엘리아데에게 신화 경험의 근본적인 구조와 의미에 대한 통찰력을 제공하기에 충분하지 않았다. 20세기 초에, 프란츠 보아스Franz Boas 등의 인류학자들은 문화적 상대주의와 다원주의를 주장했고 "공통적 구조"를 인정하기를 꺼렸다. 더 최근에는 "차이"를 주장하는 데리다Derrida 계열의 해체주의자들, 온갖 종류의 반본질주의적 상대주의자들, 그리고 실용주의자들이 문화적 다원주의와 다양성을 주장했다. 공통적 구조에 대한 주장은, 지배의 주도권을 잡은 기획을 드러내는 종족 중심적, 유럽 중심적, 계급주의적, 인종차별주의적, 성차별적 및 기타 관계들을 정당화하려는 이데올로기적 시도라고 종종 비판된다. 그러므로 엘리아데와 다른 신화 종교 이론가들이 신화 자료의 환원 불가능성을 존중하고 다른 신화적 존재의 경험을 재현하려 한다고 주장하는 것은, 다양한 신화-종교적 삶의 세계들의 수가 무한히 많아지는 결과로 이어질 것이며, 이 삶의 세계들은 특정 시간, 공간, 문화에 따라 다른, 매우 개별화된 구조와 환원할 수 없는 차이들을 드러낼 것이다.

엘리아데를 무비판적인 척척박사이자 박식한 사람이라고 공격하는 것으로 종종 설명되는, 그의 연구 방법에 대한 이러한 전형적인 반대들에 엘리아데가 어떻게 대응했는지를 이해하려면, 그가 신화 경험의 본질적 구조와 의미에 대한 통찰력을 얻기 위해 어떠한 노력을 했는지 조사해야 한다. 이 작업은 엘리아데의 현상학적 연구 방법의 구조주의적 속성에 대한 설명을 필요로 한다.

데이비드 라스무센David Rasmussen은, 엘리아데가 "주어진 형태나 구조의 현상이 체계로 향하는 경향이 있다고 말한다"고 바르게 지적한다. "초기의 구조는 구조가 연상되는 것들의 더 큰 맥락으로 향하는 경향이 있다."[21] 형태론적 분석은 타일러 등의 인류학자나 종교학자들의 저술에 나오는 "역사-진화론적 가설"을 대신하는 엘리아데의 "해석학적 대안"이다. 형태론적 분석과 분류를 통해서 엘리아데는 "구조적 유사성을 지닌 현상들과 그렇지 않은 현상들을 구별하려고" 시도한다. 라스무센은 구조언어학을 참조하여, 페르디낭 드 소쉬르 Ferdinand de Saussure의 『일반언어학 강의Course in General Linguistics』에 나오는 통시-공시의 구별이 "구조주의에 근거한 해석학을 가장 잘 설명하는 비유"를 제공하는 것으로 인용한다. 그는 다음과 같이 말한다. "엘리아데는 총체적인 공시적 체계 내의 종교현상의 위치에 관한 구조적인 질문을 던져왔다. 이는 종교현상이 체계를 향하는 경향이 있다는 기본적인 판단으로 이어진다. 이 경향은 모든 개개의 성스러운 현현의 지향적인 양태이다. 이 전제하에서 형태론적 분석은 필수적인 것으로 여겨진다. 그 결과는 외형으로부터 이해로 옮겨 가는 것이다." 그러므로 엘리아데는 구조주의에 입각한 독특한 "현상학적 절차"를 가지고 있다. "이해는 개별 현상의 재구성에 의해서 생겨나는 것이 아니라, 형태론과 구조주의의 사용을 통해, 연상되는 것들의 체계 내에 그 현상이 재통합됨으로써 생겨난다."[22]

이러한 현상학적 절차는 종교 상징의 속성 때문에 상당한 지지를 받는다. 그러한 절차는 신화-종교 자료에 임의적으로 덧붙여진 것이 아니라, 주로 종교 상징의 구조적 체계의 속성에서 나온 것이다. 성

---

21) David Rasmussen, "Mircea Eliade: Structural Hermeneutics and Philosophy", *Philosophy Today* 12(1968): pp. 141~42.
22) Ibid., p. 143. Mircea Eliade, "The Sacred in the Secular World", *Cultural Hermeneutics* 1(1973): 104~6에서 "Synchronicity[*공시성]"라는 제목의 부분을 보라.

스러움의 다양한 양식을 조사하면서 엘리아데는 다른 인간의 실존적 상황들과 인간이 세계에 위치하는 다른 방식들을 주시한다. 신화와 여타 문화적 창조물들을 분석하면서, 엘리아데는 이것들이 고립되거나 임의적인 표현이 아니라 다른 구조적 체계의 양상들로 간주되어야 한다는 것을 발견한다. 이러한 구조적 체계를 이해하는 열쇠는 상징체계에 대한 엘리아데의 해석에 있다. 엘리아데가 찾아내는 것은 달이나 물 등의 종교 상징의 구조적 체계이며, 이러한 상징체계는 그가 개별적인 신화의 표현의 의미를 해석하는 이론적 틀을 제공한다.

엘리아데가 체계를 지향하는 경향을 찾아낸다면, 이것은 주로 경험에서 다른 층위와 수준을 "통합"하는, 즉 고립된 조각들이 전체 체계의 부분이 되도록 하는 "상징의 기능" 때문이다. 그의 형태론적 분석은 "상징의 다양한 의미들이 서로 연결되고, 말하자면 체계 내에서 상호 연관된다"는 것을 보여주며, 엘리아데는 그러한 "구조적으로 정합적인 총체"를 위해 "상징체계symbolism"라는 용어를 마련해둔다.[23] 엘리아데가 찾아내는 것은 다음과 같다. "우리는 하늘 상징체계, 혹은 땅, 식물, 태양, 공간, 시간 등 각각의 상징체계와 마주친다. 성현들이 개별적인, 지역적인 그리고 잇따라 일어나는 방식으로 나타내는 것을, 이러한 다양한 상징체계들은 더 분명하게, 더 완전하게 그리고 더 정합적으로 나타낸다는 점에서, 이 상징체계들은 독자적인 '체계'로 간주할 충분한 이유가 있는 셈이다. 그래서 나는 해당하는 증거가 허락할 때마다, 그 가장 깊은 함의를 발견하기 위해 적절한 상징체계에 비추어 주어진 성현을 해석하려고 애써왔다."[24] 현상이 "연상되는 것들의 체계" 속에 "재통합"될 때 신화를 이해하게 된다면,

---

23) *Patterns*, pp. 451~53; *Images and Symbols*, p. 163; "Methodological Remarks", p. 96.
24) *Patterns*, pp. 449~50.

이는 엘리아데의 해석학이 상징의 연상들의 "독자적인", "정합적인", "보편적인" 체계에 기반을 둔 것이기 때문이다.

엘리아데는 종교적 상징체계의 일관된 체계를 구성하는 상징들 사이의 구조적 관계를 강조한다. 에드먼드 리치Edmund Leach 등의 비평가들은 엘리아데가 개별 상징을 강조하고 있으며 이 문제에 있어 일관성이 없다고 공격해왔다.[25] 그러나 엘리아데의 모든 저술을 검토한다면, 그의 현상학적 연구 방법에서 가장 중요한 것은 개별 상징이 아니라 전체 상징체계의 구조라는 것이 명백해진다. 어떤 현상학자가 개별적인 것을 구조적 체계의 많은 가능한 상징적 "가치 설정들" 중 하나로 보지 않는다면, 그는 신화 속에서 특정한 상징의 표현의 의미를 파악할 수 없게 된다. 여기에 대한 강조는 다음과 같은 주장에서 볼 수 있다. "그러나 우리는 상징을 그 자체의 역사 속에 '위치시키는 것'에 의해서나 상징의 어떠한 '특별한 버전version'에 의해서가 아니라, 상징체계 **전체**에 의해서 본질적인 문제—즉 우리에게 드러난 것을 아는 것을 해결할 수 있다." 엘리아데는 더 나아가 상징의 개별적 설명들 사이의 모순은 대개 "우리가 전체로서의 상징체계를 고려하고 그 구조를 식별하자마자 해결된다"고 주장한다.[26]

이어서 이 중대한 주장은, 세계의 "중심"에 있는 우주목宇宙木의 신화적 구조로 십자가의 새로운 가치 설정, 다른 사람의 영혼의 구원을 위해 (샤먼, 오르페우스, 예수 등이) 지옥으로 하강하는 신화 주제, (샤먼, 붓다, 마호메트, 그리스도 등의) 신비한 천상으로의 상승, (샤머니즘, 유대-기독교 등에서) 신비주의적 삶을 낙원 상태로의 복귀로 신화적으로 묘사하는 것과 같은 일련의 사례들을 통해 예증된다.

---

25) 예를 들면 Leach, "Sermons by a Man on a Ladder", pp. 30~31을 보라.
26) *Images and Symbols*, pp. 163~64.

엘리아데는 자신이 상징적 구조의 "상동 관계들"을 설명할 때 상징적, 신화적 구조들의 무수한 가치 설정들을 단순히 동일시하려는 것은 아니라고 주의를 준다. 이들은 환원할 수 없는 차이를 지닌 특정한 역사적, 문화적 내용들을 표현한다. 그럼에도 불구하고 엘리아데의 주된 강조점과 해석학적 공헌은, 개별적 신화 상징들과 겉보기에 혼란스럽고 모순되기도 하는 상징들의 버전들이 정합적이고 보편적인 상징체계의 가치 설정으로 해석될 때, 즉 상징과 신화의 본질적인 구조의 변형으로 해석될 때 가장 심오한 종교적 의미를 드러낸다는 점을 보인다는 것이다.[27]

엘리아데는 현상학적 연구와 해석학 전체에 걸쳐 구조적 관계들의 체계를 강조한다. 선사 자료의 "불투명성"을 논의하면서, 그는 연장, 도구, 특히 구석기인들의 무기를 둘러싼 신화-종교적 가치들에 대해 고찰한다. "하늘의 천장을 꿰뚫어 천계로 상승을 가능하게 하는 창, 구름을 뚫고 날아서 악마들을 찌르거나 하늘에 이르는 사슬이 되는 화살 등을 중심으로 형성된 신화 체계들을 생각해보기만 하면 된다." 그렇게 풍성한 신화 체계들은 "구석기인들의 석기가 우리에게 더 이상 알려줄 수 없는 모든 것"의 어떤 의미를 전달한다. "이들 선사 자료들의 의미론적 불투명성은 유별난 것이 아니다. 모든 자료는, 우리 자신 시대의 자료들조차도, 그것이 의미의 체계에 통합됨으로써 성공적으로 해독되지 않는 한 영적으로 불투명하다."[28] 성스러움의 변

---

[27] *Images and Symbols*, pp. 164~69를 보라. 여기에 나온 각 사례들은 *Shamanism*과 *Myths, Dreams and Mysteries* 그리고 *Quest* 등의 책에 매우 상세히 설명된다.

[28] *History 1*, pp. 5~8. 선사의 자료들이 너무나 "불투명"하기 때문에, 엘리아데는 도구와 무기들에만 초점을 맞추고 선사의 수렵인들의 신화와 의례에 대해 고찰하는 것을 피하는 일반적인 해석에 대해 경고한다. "도구를 만드는 인간homo faber은 동시에 유희의 인간homo ludens, 사유하는 인간homo sapiens이자 종교적 인간이었다. 그들의 종교적 신앙과 행위를 재구성할 수는 없기 때문에, 우리는 간접적

증법의 구조에 대해 앞서 설명한 것은 엘리아데가 개개의 신화를 개별적이고 분리된 종교현상으로 구별할 수도 없었다는 것을 분명히 해준다. 개개 신화의 현현은 구조적 관계의 독특한 종교 체계를 표현하는 것으로, 구조적으로 인식될 수밖에 없다.

나는 『종교의 구조와 창조성』에서, 엘리아데가 특별한 하나의 상징(뱀)을 단지 상징적인 연상들의 구조적 (달의) 체계의 일부로서만 해석할 수 있다는 것을 보여주는 확장된 실례 하나를 제시하였다. 뒤에서 나는 엘리아데의 현상학적 방법 일반을 밝히기 위해 이 실례를 사용할 것이다.[29] 개개의 상징으로서의 개개의 상징은 명확히 이해하기 어렵다. 여기서는 엘리아데의 해석학에서 총체적 상징체계의 구조의 방법론적 우선성을 보이기 위해 짧은 사례 하나를 검토하겠다.

화살의 상징체계에 대한 논의에서, 엘리아데는 신들, 문화영웅들, 샤먼들 그리고 주술사들이 화살의 사슬을 사용하여 천상으로 올라가는 많은 신화를 조사한다. 개개의 화살 상징 하나를 따로 생각해서는 이 신화들 중 어떤 것의 의미도 해석할 수 없다. 상승 상징의 여러 다른 사례와는 달리, 화살의 사슬이라는 이 특별한 상징체계는 신비적이거나 주술적인 비상飛上을 강조하지 않고, 대신 "'역설'을 통해 획득된 의사소통, 즉 대단히 부서지기 쉽고 날아가는 물체인 화살이 단단한 사슬로 변형되는 것"을 강조한다. 그러한 역설의 의미는 사슬-화살을 (심플레가데스Symplegades,* 면도날로 된 교량, 산들을 통과

으로라도 신화와 의례를 설명할 수 있는 [다른 수렵인들의 의미의 구조적 체계와] 유사한 사례들을 적어도 지적하기는 해야 하는 것이다."

29) Allen, *Structure and Creativity in Religion*, pp. 148~57, 190~200을 보라.
* 그리스신화에 나오는 한 쌍의 바위로, "충돌하는 바위"라고도 한다. 흑해 입구에 위치하여, 임의로 서로 부딪혀서 지나가는 배들을 파손시켰는데, 아르고선을 타고 항해하던 이아손Jason이 그 충돌을 멎게 했다.

해 지나가기 등) 역의 일치라는 상징의 일부로 이해할 때 분명해진다. 엘리아데는 이 신화들의 해석을 계속하여, "날아가는 화살이 안정되고 단단한 사슬로 역설적으로 변형되는 것을 통해, 우주목, 산, 사다리 등과 비견될 만한, 땅과 하늘 사이의 새로운 의사소통의 수단이 획득되었다"고 진술한다. 그러므로 화살의 사슬이라는 상징체계는, 엘리아데가 흔히 제시하는 **세계의 중심축**Axis Mundi이라는 상징체계에 대한 해석의 일부로 설명해야 한다.[30]

이 장에서 우리는 엘리아데가 **상징적 인간과 종교적 상징체계**를 강조한 것, 종교적 상징체계가 엘리아데의 신화 해석에서 얼마나 핵심적인지, 그리고 신화와 종교에 대한 엘리아데의 현상학적 접근이 구조, 특히 종교 상징의 구조적 체계에 어떻게 우선성을 부여하는지에 초점을 맞추었다. 다음 장에서는 상징체계의 주요 특징과 기능에 대한 엘리아데의 설명을 제시하여 이 분석을 발전시키도록 하겠다. 이를 통하여 엘리아데의 신화와 종교에 대한 해석의 기저에 있는 상징적, 해석학적 틀을 보다 잘 이해하게 될 것이다.

---

30) Mircea Eliade, "Notes on the Symbolism of the Arrow", in *Religion in Antiquity: Essays in Memory of Erwin Ramsdell Goodenough*, ed. Jacob Neusner(Leiden: E. J. Brill, 1968), pp. 471~72. 우리는 이 신화들에 대한 엘리아데의 해석에서 몇몇 다른 상징체계의 중요성을 볼 수 있다. 우리의 제한된 설명에서는, 화살의 상징체계라는 이렇게 다소 특정적인 예증에서도, 엘리아데는 개별적 상징이 아니라 상징적 연상 관계들의 구조적 체계들을 강조하고 있음을 보여주는 것으로 충분할 것이다.

6장
상징체계의 특징과 기능

엘리아데에 따르면 상징은 "정신의 창조"로 생기며, "실존적 긴장의 결과"로 구성되고, "독자적인 인식 양태"로 간주되어야 한다. "'독자적으로 창조적 행위'를 하는 정신은 자연현상을 힘과 거룩함의 상징으로 자유롭게 변형시킨다. 자연현상은 자신을 지켜보는 사람에게 힘과 거룩함을 드러낸다."[1] 신화-종교현상을 해석할 때 엘리아데는 종교 상징이 어떻게 기능하며 무엇을 드러내는지에 관해 주된 관심을 가졌다. 이런 면에서 그는 다음과 같은 결정적인 주장을 한다. 첫째, 상징적인, 따라서 신화적인 사상은 그 자체의 구조를 가지고 있는 인식의 독자적 양태이다. 둘째, 상징들은 그 자체의 "논리"를 가지

---

1) *Images and Symbols*, pp. 9, 177; "Methodological Remarks", p. 105. Robert Luyster, "The Study of Myth: Two Approaches", *Journal of Bible and Religion* 34(1966): 235 도 보라.

고 있으며, 일관된 구조적 체계를 구성하기 위해 서로 응집된다. 셋째, 모든 정합적인 상징체계는 보편적이다. 넷째, 상징적인 체계와, 그 상징체계와 결합하는 신화는 그것을 사용하는 사람의 이해 여부와 상관없이 그 구조를 유지한다.[2]

상징체계의 특징과 기능

가스통 바슐라르Gaston Bachelard의 『물과 꿈Water and Dreams』에 나오는 "물질적 상상력"에 대해 언급하면서, 엘리아데는 종교적 상징체계에 대한 자신의 몇몇 주요 주장을 다음과 같이 요약한다.

> 상상력은 인식의 도구를 구성한다. 우리에게 실재의 양태들을 지적이고 정합적인 형태로 드러내기 때문이다. …… 일단 구성되면, 상징에는 "실존적" 기능과 "인식적" 기능이 이중으로 부여된다. 한편으로는 상징은 다양한 실재의 부분들을 통합한다. (예를 들어 물의 상징체계는 물, 달, 생성, 식물, 여성스러움, 세균, 탄생, 죽음, 부활 등을 드러낸다.) 다른 한편으로는 즉각적인 경험에서는 "주어지지" 않는 (분명하지 않은) "초월적" 의미를 드러낼 수 있다는 점에서, 상징은 항상 열려 있다. 예를 들어 세례식은 생명 우주적인 것(탄생-죽음-부활)이 아닌 실재의 지평을 드러낸다. 세례식은 "영적인 탄생", 초월적 존재 양태로의 부활("구원" 등)을 드러내는 것이다. 물의 상징은 우주의 총체성 속에서 실재를 직관하는 수단이다. 우주의 근본적 통합을 드러내기 때문이다. 상징은 그 자체로 구성되는 순간 독자성을 가지게 되며, 그

---

[2] 예를 들어 *Patterns*, p. 450을 보라.

것의 다원자가多原子價는 우리 존재의 다른 양태들 사이에서 상동성相同性을 발견하도록 돕는다. 단순한 "물질적 상상력"이라면 이 상동성을 가능하게 만들 수 없었을 것이다.[3]

앞으로 살펴볼 종교적 상징체계의 일반적인 특징과 기능에 대한 설명에서, 엘리아데의 구조적 분석은 대개 종교적인 것과 비종교적인 것 둘 다를 포함하는 모든 상징체계와 관련된다. 예를 들면 특히 꿈, 환상, 미학적 상상, 민족적인 혹은 다른 정치적인 이데올로기, "정신병적" 창조성 등의 수준에서 작동하는 "상징의 논리"가 있기 때문에, 엘리아데가 종교-신화적 현상의 상징 구조를 다른 차원들의 현현에 대한 현상들과 "일치시킬" 수 있는 것이다. 10장에서 보게 되겠지만 이것은 엘리아데가 자신이 종교적 상징체계의 기능과 구조에 대한 통찰력을 지녔기 때문에 현대의 의식적으로 세속적인 현상들에서 숨겨진 상징적, 신화적 의미들을 찾아낼 수 있다고 주장할 수 있는 주요한 이유이다. 앞으로 말하게 될 구조적 특질들은 대부분 상징체계 일반을 가리키지만, 성스러움의 변증법의 구조와 연관될 때는 종교적 상징체계의 특질들로 나타난다. 상징은 종교적 맥락에서 기능할 때 종교적 상징이다. 모든 상징이 자신을 "넘어서 가리키지만", 종교적 상징은 그 표현에서〔종교적 상징의 표현에서〕특유한, 평범한, 한정된, 자연적인 현상들을 이용하는 한편, 자신을 넘어서 초월적인, 초자연적인, 초역사적인, 초인간적인 "무언가"를 가리킨다. 종교적 상징은 성스러운 의미를 가리키는 것이다.

신화적 성스러움은 상징을 통해 자신을 "말하거나" 혹은 "드러낸다". 이 상징적 드러냄은 "실용적이고 객관적인 언어"로 번역될 수 없

---

[3] *Journal 1*, pp. 3~4.

다. "이 [상징적] 드러냄의 깊이의 다른 양상들"을 열거하면서, 엘리아데는 종교적 상징체계 일반의 특징과 기능을 다음과 같이 기술한다. 첫째, 종교적 상징은 직접적인 경험의 수준에서는 명백하지 않은 세계의 구조를 드러낸다. 둘째, 종교적 상징체계는 다면 가치적이다. 셋째, 이러한 다가성 때문에, 종교적 상징은 다양한 의미들을 전체 혹은 체계로 통합시킬 수 있다. 넷째, 이러한 통합화 혹은 체계화할 수 있는 능력 때문에, 종교적 상징은 그렇지 않으면 표현될 수 없는 역설적 상황이나 기타 구조들을 표현할 수 있다. 마지막으로, 종교적 상징체계는 항상 "실존적 가치"를 가지고 있다.[4]

스티븐 리노는 "엘리아데 자신이 종교적 상징의 사용에 대해 체계적으로 언급한 것이 없음"에 주목한다. "성스러움의 상징 구조와 형태론에 관하여 간략하게 언급하는 「종교적 상징체계 연구에 대한 방법론적 논평」이라는 논문을 제외하면, 엘리아데 자신은 종교 상징을 해석하는 방법에 대해 명확히 진술하지 않았다."[5] 종교적 상징체계의 특징과 기능에 대한 앞으로의 논의에서는, 『종교학: 방법론에 대한 소론The History of Religions: Essays in Methodology』에 실린 「종교적 상징체계 연구에 대한 방법론적 논평」에서—이 논문은 『메피스토펠레스와 양성인Mephistopheles and the Androgyne』의 마지막 장으로 다시 출간된다—엘리아데가 다루는 내용이 그의 다른 저작들과 종교적 상징체계에 대해 지금까지 해온 논의에 나오는 연관된 의견들로 보충될 것이다. 다른 몇몇 글들도 언급할 수 있을 것이나,[6] 리노의 논점

---

4) "Methodological Remarks", pp. 97~103.
5) Reno, "Eliade's Progressional View of Hierophanies", p. 153.
6) 엘리아데가 종교적 상징체계에 대한 일반적인 이론을 설명하는 몇 개의 다른 논문들이 있다. 예를 들면 "Le symbolisme des ténèbres dans les religions archaïques" in *Polarités du symbole, Études Carmélitaines* 39[1960], pp. 15~28이 있다. 이 논문

은 분명한 근거가 있다. 보다 체계적인 설명을 제공하는 것은 우리가 할 일이다. 엘리아데의 종교적 상징체계의 핵심적인 방법론적 개념인 "상징의 논리"에서 시작하자.

"상징의 논리"

엘리아데에게 상징은 영혼의 임의적 창조물이 아니라 그 자체의 "논리적" 원리들에 따르는 기능이다. 다양한 상징들은 결합하거나 "서로 응집하여" 정합적인 상징적 "체계들"을 형성한다. 종교적인 사람은 상징체계를 통해 이질적인 현상들을 구조적으로 연결된 관계에 이르게 할 수 있다. 상징의 논리의 견지에서, 엘리아데는 "모든 종류의, 그리고 모든 수준의 상징은 항상 일관되고 체계적이다"라고 말한다. "적어도 어떤 집단의 상징들은 일관되며, 논리적으로 서로 연결된 것으로 판명된다. 한마디로 이 상징들은 체계적으로 설명되고, 합리적인 용어로 번역될 수 있는 것이다."[7]

폴 리쾨르는 엘리아데를 "전적으로 비교 현상학"의 주요 사례로 인용하면서 이러한 개념이 분석의 "1차 수준"에서 기능하는 것이라고 기술한다. 기술적記述的인 현상학의 이러한 수준은 "상징을 통해 상징을 이해하도록 자신을 제한한다". 이러한 분석은 "수평적인" 수준과 "개관적槪觀的인" 수준에 대한 것으로, 여기서 종교현상학자들은

은 "The Symbolism of Shadows in Archaic Religions" in Eliade, *Symbolism, the Sacred, and the Arts*, pp. 3~16에 영어로 번역되었다. *Patterns*의 대부분의 장은 종교적 상징들의 특정한 체계들에 대한 연구이고, 한 장 전체는 상징의 구조에 대한 것이다. *Mephistopheles and the Androgyne: Studies in Religious Myth and Symbol*과 *Images and Symbols: Studies in Religious Symbolism*과 같은 엘리아데의 몇몇 책은 종교적 상징체계에 대한 연구들을 수집한 것이다.

7) *Patterns*, p. 453; *Images and Symbols*, p. 37.

상징의 세계의 내적 정합성을 기술하고 "상징 자체의 차원에서 체계를 구축하는" 전체에 상징을 위치시키려 한다.8)

엘리아데의 "상징의 논리"는 내적 정합성의 수평적 차원에서 기능을 하지만, 더 높은 수준의 실재에도 명백히 나타난다. 바로 "가장 높은 수준의" 혹은 가장 "고상한" 상징 표현에 의해서 이 논리가 가장 잘 드러나고 상징적 체계 혹은 망상網狀 조직의 "중심"이 이해될 수 있다. 상징의 논리를 통해 엘리아데는 현현의 수준들을 구별할 뿐 아니라 특정한 수준을 "더 높은", "더 깊은", "성숙한", "고상한" 등으로 평가한다. 그러므로 엘리아데의 상징의 논리라는 개념은 내적 정합성의 기준에 호소하는 수평적 수준에서 기능할 뿐 아니라, 적절성의 기준에 호소하는 "수직적" 수준도 수반한다. 엘리아데에 대한 여러 비평가가 그렇게도 못마땅하게 여기는 것은 바로 이 수직적 유형이다. 이들 중 어떤 비평가들은 내부적으로 정합적인, 상징적으로 구조화된 총체 혹은 체계의 존재를 기꺼이 인정할지도 모른다. 그러나 그들은 실재의 상이한 상징적 수준의 수직적 평가로 인해 엘리아데가 기술적記述的 수준을 멀리 벗어나 미리 상정된 존재론적 입장을 근거로 매우 규범적 판단을 하게 된다고 주장한다.9)

---

8) Ricoeur, *The Symbolism of Evil*, p. 353.
9) 이것은 *Structure and Creativity in Religion*, 특히 7장 「기술적인 평가와 의미의 수준」에서 다루는 주요 관심사들 중의 하나이다. 나는 특정하게는 엘리아데의 상징의 논리 그리고 일반적으로는 그의 종교현상학이 상징적 표현의 서로 다른 수준들의 수직적인 차별화를 인식하는 것에 근거하고 있다는 것을 설명하고자 했다. 나는 또한 엘리아데의 연구 방법이 실재의 수준에 대한 엘리아데 자신의 주관적인 전제와 규범적인 판단에 근거했다고 거부하는 입장의 대부분은 엘리아데의 복잡한 방법론적 틀을 구성하여 대응할 수 있다는 것도 보이고자 했다. 이 틀 속에서 대부분의 판단은 종교적 상징체계와 그 상징의 논리에 대한 그의 이론에 근거한 "기술적記述的 평가"로 분석될 수 있다. 동시에 엘리아데가 상징적 현현의 수준을 "고상한 것" 혹은 "가장 높은 것"으로 판단하는 경우에는, 그가 기술적

엘리아데의 종교적 상징체계에 대한 분석의 거의 모든 다른 중요한 특징은 이러한 "상징의 논리"라는 개념에 의지한다. 단지 상징의 논리 때문에 엘리아데는 상징의 독자적인 인식 양태에 대해 이야기할 수 있다. 대개 그러한 상징의 논리를 근거로, 그는 상징이 특정한 역사적, 시간적 조건들과 상관없이, 그리고 그 의미가 의식적으로 이해되는지의 여부와 상관없이 그 구조를 보존하고 연속성과 보편성의 관념을 드러낸다고 주장할 수 있다. 단지 그러한 개념을 근거로 엘리아데는 상징체계가 다면 가치적이라고 분석할 수 있고 구조적으로 정합적인 의미들의 상징적 전체 혹은 체계로의 통합을 이해할 수 있다. 그러한 상징의 논리가 없다면, 그가 종교적 현현들의 다른 차원들을 구별할 수 없었을 것이며 특정한 수준을 "더 높은", "고상한" 혹은 상징체계의 "중심"에 있는 것 등으로 평가하지도 못했을 것이다. 간단히 말해 그러한 상징의 논리가 없다면, 엘리아데가 신화와 종교의 의미를 해석하는 주요 근거, 즉 상징적 연상 관계의 독자적이고 정합적인 구조적 체계로 구성되는 그의 해석학의 토대는 붕괴될 것이다. 그렇다면 그 근거는 기껏해야 매우 상상력이 풍부하고 창조적인 설명으로 간주되겠지만, 모든 학문적 접근에 요구되는 방법론적 엄밀함이나 객관성의 감각이 결여된 것으로 여겨질 것이다.

다가성

"종교적 상징은 직접적 경험의 수준에서는 분명하지 않은 세계의 구조나 실재의 양태를 드러낼 수 있다."[10] 이 견해는 엘리아데가 뱀

분석과 종교현상학의 한계를 넘어, 전제를 기초로 한 존재론과 철학적 인류학을 수반하고 있음을 인정해야 할 것이다.
10) "Methodological Remarks", p. 98.

을 달의 상징으로 해석하는 많은 신화들에 의해 예증된다. 직접적인 경험의 수준에서와 합리성에 대한 직관적인 호소의 견지에서, 특별한 뱀이나 큰 뱀serpent 상징의 의미를 달의 상징체계의 가능한 가치 설정으로 해석해야 하는지는 분명하지 않다. 그러한 뱀의 상징은 세계를 살아 있는 총체, 자신을 주기적으로 반복하는 무한한 삶으로 드러낸다.[11] 그러한 드러냄은 순전히 합리적이거나 반성적인reflective 지식의 문제가 아니라 세계를 "해독解讀"하는 직접적인 직관의 문제이다. 세계는 종교 상징을 통해 "이야기한다". 그러한 "파악들graspings"을 통해 신화적인 종교적 세계가 구성된다.

의미가 그렇게 드러나도록 해주는 것은 대부분의 경우 상징체계의 "다가성多價性"이며 "직접적인 경험의 수준에서는 연속성이 분명하지 않은 여러 의미를 동시에 표현하는 능력"이다. 달의 상징체계를 분석하면서 엘리아데는 이러한 종교적 상징체계가 달의 주기, "보편적인 생성의 법칙", 죽음과 부활 혹은 재생, 비와 물, 식물과 작물의 생명, 비옥肥沃, "여성적 원리", 인간 운명, 직물 짜기 등과 같은 "다수의 구조적으로 정합적인 의미들을 드러낼" 수 있다는 것을 보여준다. "최종 분석에서 달의 상징체계는 우주적 실재와 특정한 인간 실존 양식들의 다양한 수준 사이의 신비한 질서의 일치를 드러낸다. 이러한 일치는 직접적인 경험에서 저절로 명백해지는 것도 아니고 비평적인 반성을 통해서 명백해지는 것도 아님에 주의하자. 이는 세계에 '현존하는' 특정한 양태의 결과이다."[12]

종교적 상징체계의 다가성에 대한 강조는 엘리아데의 가장 중요한 현상학적 관심들 중 하나인, 모든 형태의 현대 환원주의에 대한 비판

---

11) *Patterns*, pp. 164~71, 182~83을 보라.
12) "Methodological Remarks", p. 99.

을 재차 확인하는 것이다. 달의 주기와 월경 사이의 관계와 같은 해석의 어떤 한 측면이 논리적이거나 합리적인 분석 방법에 의해 발전된 것으로 보일 수도 있지만, 달의 상징체계의 의미는 특정한 "합리적" 해석으로 환원될 수 없다. 달의 상징체계의 의미는 수많은 참조의 틀 중 하나로 환원될 수는 없다는 것이다. 예를 들어 관능적인 면이 달의 여러 가치 설정 중 하나인 것이 사실이며, 이것이 다양한 의례와 신화에서 그 자체의 "중심"과 관능적 상징들의 구조적 체계를 구성한다고 하더라도, 달의 상징체계가 관능적인 것으로 환원될 수는 없다. 엘리아데는 해석자들이 계속해서 "한쪽에 치우친, 그래서 비정상적인 상징의 해석"을 양산해낸다고 비판한다. 엘리아데에 따르면 그러한 환원은 종교적 상징체계와 상징적 신화에 대한 "편파적"이며 "불완전한" 해석이기 때문에 반드시 "틀린" 것이다. 그러한 환원주의는 "인식의 독자적 양태"로서 상징체계를 파괴한다. 다가적多價的이며 구조적으로 정합적인 의미들의 총체인 종교적 상징체계야말로 "참된" 것이다.[13]

엘리아데는 이 중요한 방법론적 논점을 프로이트를 통해 예증한다. 그는 프로이트가 성욕과 오이디푸스콤플렉스를 해석하면서 다가적인 "어머니의 이미지"에 보이는 성욕 상징체계의 다양한 기능을 제대로 이해하지 못하고 있다고 지적한다. 가장 의미심장한 것은 "프로이트가 사람들에게 이해하라고 하는 대로, **지금 그리고 여기에 있는 특정한 이 혹은 저 어머니**"를 향해 유아가 매력을 느끼는 것이 아니다. "우주론적이고, 인류학적이고, 동시에 심리적인, 어머니의 실재와 기능을 드러내는, 또한 이것을 드러낼 수 있는 유일한 어머니의 이미지*"

---

13) *Images and Symbols*, pp. 15~16을 보라.
* 원문의 the Image of the Mother를 번역한 것이다. Image와 Mother 둘 다 대문자

가 중요한 것이다. "자기 자신의 어머니를 소유하고자 하는 욕구와 같이 직접적이고 '구체적인' 수준에서 어머니에게 매력을 느끼는 것을 해석하려고 한다면, 어머니에게 매력을 느끼는 것은 표면적으로 이야기하고 있는 것 이상의 어떤 것도 알려줄 수 없다는 것을 기억하기만 하면 된다. 반면 문제가 되는 것은 어머니의 이미지라는 사실을 고려한다면, 이 욕구는 동시에 많은 것을 의미하게 된다. 이 욕구는 우주론적, 인류학적 등 모든 방향으로 발전이 가능한, 아직 '형성되지 않은' 살아 있는 물질의 환희 속으로 다시 들어가고자 하는 욕구이기 때문이다.[14] 왜냐하면 …… 이미지는 그 구조상 다가적이기 때문이다."[15]

종교적 상징체계의 "편파적인" 환원은 동굴과 관련된 다양한 신화의례의 주제들의 상징적 의미에 대한 엘리아데의 해석에서 볼 수 있다. "동굴은 저승뿐 아니라 전 우주를 표상하기도 한다. 우리가 동굴의 상징체계와 종교적 기능을 감지할 수 있는 것은, 동굴을 어두운, 따라서 지하에 있는 장소로 직접적이고 '자연적인' 가치 평가를 하는 것에 의해서가 아니다. 깃들어 있는 성스러움이 자신을 '총체적'으로 만드는 장소, 즉 세계 그 자체를 구성하는 장소에 들어감으로써 유발되는 경험에 의해서이다." 의례적인 동굴들의 상징적 의미의 사례들을 제시한 후에, 엘리아데는 다음과 같이 결론짓는다. "동굴과 비의秘儀 주거지의 우주적 의미가 하나의 가치, 다시 말해 죽은 사람들의 집과 토지의 비옥함의 원천으로 환원된 것은, 종교적 상징체계를 구체적,

---

로 시작하고 정관사를 붙여서, 특정한 어머니의 이미지가 아니라, 원형적 어머니의 이미지를 나타내고 있음에 유의해야 한다.
14) 프랑스어 원문 텍스트에는 이 문장 뒤에 "'물질'에 의해 '영혼'에 작용하는 매력, 원초적 통일성에 대한 향수, 그러므로 반대되는 것과 모순 등을 제거하고자 하는 욕구" 부분이 이어진다.
15) *Images and Symbols*, pp. 14~15.

물리적 표현들로 환원한 19세기 학자들이 '자연주의적' 해석을 한 이후부터 시작된 것이다."[16]

통일의 기능

"종교적 상징체계가 구조적으로 정합적인 다수의 의미를 드러내는 이러한 능력은 중요한 결과를 유발한다." "상징은 이질적인 실재들이 명확하게 표현되어 전체가 되는 혹은 통합되어 '체계'가 되는 관점을 드러낼 수 있다. 달리 말하면 종교 상징은 인간이 세계의 특정한 통일성을 발견하면서, 동시에 자신에게 세계를 완성하는 구성 요소로서 자신 특유의 운명을 드러내도록 한다."[17] 종교의 언어가 상징적이기 때문에, 이 설명이 성스러움의 변증법에 대한, 그리고 **종교적 인간과 자연 및 우주의 관계에 대한** 엘리아데의 분석과 매우 닮았다는 것은 놀라운 일이 아니다. 또한 신화는 종교적이고 신화적 언어가 상징적이기 때문에, 위의 설명에서 "상징"이 "신화"로 대체될 수 있다는 것은 놀랄 만한 일이 아니다. 다음 장에서 다루게 될 신화의 특징을 간단히 언급하도록 하자.

"실재의 다른 차원들을 동질화하려는 경향은 모든 시원적이고 전통적인 영성에 있어 본질적이다."[18] 종교적 상징체계는 동질화의 과정에서 가장 중요한 역할을 한다. 달의 주기에서 해독解讀되는 근본적 구조를 드러내는 이질적인 실재들과 상징이 어떻게 동질화되는지를 이해하기 위해서는 뱀을 생각해보기만 하면 된다. 먼저 전적으로 자연적이고 역사적 대상인 뱀을, 다음에는 종교적인 달의 상징으로

---

16) *Zalmoxis, The Vanishing God*, pp. 29, 30.
17) "Methodological Remarks", pp. 99~100.
18) *Yoga*, p. 123.

서 뱀을 생각해보면 된다.

이런 면에서 엘리아데의 현상학적 방법은 **상징적 인간**으로서 **종교적 인간**의 행위에 대한, 그리고 통합과 통일이라는 상징의 기능에 대한 그의 이해에 매우 충실하다. 그는 종교적 삶-세계의 속성에 감정을 이입하고 그 속성에서 자신의 연구 방법을 끌어내려고 한다. 현상학자는 "종교적 사실들의 상징적 의미를 그 사실들의 이질적면서도 구조적으로 상호 연결된 외양에서 파악해내려고 노력해야 한다." 엘리아데는 신화-종교적 현상들의 의미를 그가 미리 상정한 상징적 구조들로 환원함으로써 그 복잡성을 지나치게 단순화한다고 종종 비판받는다. 그러나 통합과 통일이라는 상징적 기능을 강조하면서, 그는 정반대의 절차를 따르고 있다고 주장한다. "그러한 절차는 모든 의미를 공통분모로 환원한다는 것을 의미하지 않는다. 상징의 구조를 탐색하는 것은 환원의 작업이 아니라 통합의 작업이라는 것은 아무리 강하게 주장해도 지나치지 않을 것이다. 상징의 두 표현을 하나의 기존 표현으로 환원하기 위해서가 아니라 구조가 풍부한 의미들을 지닐 수 있도록 하는 절차를 발견하기 위해서, 그 상징의 두 표현을 비교하거나 대조하는 것이다."[19]

달의 상징의 사례에서 상징은 이질적인 실재들이 하나의 "체계"로 통합되는 관점을 드러낸다는 것을 볼 수 있었다. 엘리아데의 "상징의 논리"와 구조적으로 정합적인 의미들이 어떻게 서로 어울려 달의 "망상網狀 조직"을 구성하는지에 대한 그의 견해도 살펴보았다. 달의 주기의 종교적 의미를 직관하고 파악하는 것은 존재의 다른 수준들이 동질화되도록 한다. 그 결과 **종교적 인간**은 세계의 어떤 통일성을 경

---

[19] "Methodological Remarks", p. 97. John E. Smith가 "The Structure of Religion", *Religious Studies* 1(1965): 65~66에서 분석한 내용도 보라.

험할 뿐 아니라, 자신의 존재 양태가 세계의 구성과 운명에 어떻게 참여하는지를 이해한다. 그러한 종교경험과 창조성은 신화를 통해, 예를 들어 달의 신화를 통해 상징적 표현을 발견한다.

실재의 역설적이고 모순된 측면들의 표현

종교적 상징체계는, 직접적 경험의 세계에서는 분명하지 않은 세계의 구조를 드러내는 능력을 지니고 있다. 엘리아데는 상징이 "다른 모든 지식의 수단들을 거부하는" 실재의 "가장 심오한 측면들"을 드러낸다고 주장함으로써 이러한 의견을 제시한다. 상징은 "어떤 필요에 응하며, 존재의 가장 내밀한 양상을 밝히는 기능을 완수한다."[20] 이러한 상징의 드러냄의 가장 심오한 측면들은 역설적이고 모순적인 것으로 종종 경험된다. 상징의 통일시키는 기능, 상징의 논리와 다가성에 근거한 동질화와 체계화의 과정을 통해, 종교적인 사람은 모순되고 역설적인 실재의 측면들을 의미 있고, 정합적인, 구조적 전체로 통합할 수 있게 된다.[21]

로버트 루이스터Robert Luyster는 상징의 드러냄에 대한 엘리아데의 논의 중 일부를 다음과 같이 요약한다. "게다가 상징은, 개념화하는 의식이 가장 무감각하고 명확히 표현하지 못하는 실재의 측면들을

---

20) *Images and Symbols*, p. 12.
21) 폴 틸리히도 종종 모든 상징의 일반적인 속성을 묘사할 때 비슷한 관찰을 한다. 상징은 "경험의 수준들이 우리 정신에 접근하도록 해준다. 상징이 아니라면 우리는 이러한 경험으로부터 차단되었을 것이며, 인식하지도 못했을 것이다. 이것은 상징의 위대한 기능이다. 상징은 자신이 가리키는 힘 속에서 자신을 넘어서며, 그렇지 않으면 차단되었을 실재의 수준들을 열어주고, 우리가 인식하지 못했을 인간 정신의 수준을 열어준다"(Paul Tillich, "Theology and Symbolism", in *RELIGIOUS SYMBOLISM*, ed. F. Ernest Johnson[New York: Harper & Brothers, 1955], p. 109). Tillich, "The Meaning and Justification of Religious Symbols", pp. 4~5도 보라.

성공적으로 표현한다. 그것은 사실 상징의 양면 가치성兩面價値性이 (혹은 더 적절한 말로 다가성이) 가장 잘 어울리는 우주의 모순되고 신비한 특질이다. 상징은 여러 의미가 동시에 부여되는 이미지이다. 그리고 바로 이 불확정성은—그것이 비록 어떠한 논리적 혹은 과학적 불리함을 가지고 있다고 하더라도—상징이 경험된 실재의 풍요함과 역설을 보존할 수 있도록 만든다."[22]

엘리아데에 따르면 **종교적** 인간에게 가장 큰 인상을 주는 것이자, 엘리아데가 종교적 상징체계 고유의 드러내는 능력을 강조하도록 한 것은, 바로—역설적이고 모순적이며 신비스러운—실재의 특질들이다. "아마도 종교적 상징체계의 가장 중요한 기능은—무엇보다도 이후 철학적 사유 내에서 수행하게 될 역할 때문에 중요한—상징체계가 아니면 접근될 수 없는 역설적 상황이나 궁극적 실재의 특정한 구조를 표현하는 능력에 있을 것이다."[23] 여기서 엘리아데가 강조하고자 하는 것은 "심플레가데스"나 역의 일치와 같은 상징체계이다. 그는 그러한 표현이 가장 창조적인 영적 경험과 가장 높은 종교적 성취를 드러낸다고 믿는다.

다양한 신화에서 큰 뱀과 독수리의 연결은 이 분석을 예증한다. 큰 뱀은 대개 지하의 어둠, 명백하지 않은 것, 지모신地母神의 비옥하게 하는 힘, "여성의 원리" 그리고 육지에 있는 물을 상징한다. 독수리는 대개 태양빛, 명백한 것, 하늘 아버지의 힘 그리고 남성적인 천상의 질서의 상징이다. 큰 뱀과 독수리는 "상징적인 대립자들의 원형적인 한 쌍"이다. 어떤 신화들에서는 독수리와 큰 뱀의 적대 관계가 강조된다. 예를 들면 호머의 『일리아드Iliad』의 한 장면을 인용하면서, 하

---

22) Luyster, "The Study of Myth", pp. 235~36.
23) "Methodological Remarks", p. 101.

인리히 짐머Heinrich Zimmer는 "큰 뱀을 파괴하는 하늘의 새[독수리]는 그[칼카스Kalchas,* 사제-예언자]에게 아시아와 트로이의 여성적 원리에 대한 그리스의 가부장적인, 남성적인, 하늘의 질서의 승리를 상징했다"고 말한다.24) 많은 다른 신화들에서, 이러한 상징적 대립자들이나 양극성兩極性의 원리들이 역설적으로 공존한다. 큰 뱀과 독수리의 역설적 연결을 통하여, 신화적 사람들은 "총체성", 신성, 혹은 절대성의 신비와 통일성을 표현하고자 한다.

그러한 역설적 표현은 창세기의 앞부분에 대한 엘리아데의 분석에서 볼 수 있다. "아담의 갈비뼈에서 여자가 창조된 것은 원초적 인간의 남녀 양성 소유를 가리키는 것으로 해석될 수 있다." "남녀 양성 소유자의 신화는 비교적 널리 퍼진 믿음, 즉 신화의 조상에서 확인되는 인간의 완벽함은 전체성이기도 한 통일성을 구성한다는 믿음을 보여준다." 엘리아데는 "신의 남녀 양성 소유는 대립되는 쌍의 결합이 의미하는 전체성/통일성을 가리키는 많은 문구들 중의 하나이다. 이 문구들에는 여성적-남성적, 가시적-비가시적, 하늘-땅, 빛-어둠뿐 아니라, 선-악, 창조-파괴 등이 있을 것이다. 이러한 대립자들의 쌍에 대한 여러 지역에서의 성찰은 신성의 역설적 조건과 인간 조건의 가치 재설정에 관한 대담한 결론을 내리도록 하는 결과를 가져왔다"라고 덧붙인다.25) 남녀 양성 소유자의 신화와, 대립되는 것들 간의 결합을 통한 통일성/전체성의 다른 상징화에 보이는 그러한 역설적이고 모순되는 표현들은, 요가와 인도 영성, 영지주의, 신비주의 등과 같은 종교현상에 대한 엘리아데의 해석에서 중심을 형성한다. 엘

---

* 트로이 정복에 큰 공헌을 한 그리스군의 최고 예언자.
24) Heinrich Zimmer, "The Serpent and the Bird", *Myths and Symbols in Indian Art and Civilization*, ed. Joseph Campbell(New York: Harper Torchbooks, 1962), pp. 72~76.
25) *History 1*, p. 165 and p. 165 n. 7.

리아데는 『메피스토펠레스와 양성인』에서 이러한 역설적이고 모순되는 표현들을 상세히 설명한다.

실재의 역설적이고 모순되는 측면들의 상징적 드러냄과 표현에 대한 또 하나의 사례는 엘리아데가 종교적인 사람이 해와 달을 통일시키려는 시도를 해석하는 데서 찾을 수 있다. 모든 경험을 해와 달의 주기에 대한 가치 설정과 동일시하는 사람이 있다. 그리고 나서 그 사람은 이러한 다양한 경험의 차원을 동질화하고 태양과 달의 주기를 자신의 살아 있는 몸 안에서 결합하려고 노력한다. 마지막으로 합리적인 혹은 개념적인 의식을 벗어나는 그러한 통일을 통해, 그 사람은 구별이 없던 원초적 상태, 최초의 통일성, 본래의 전체성을 깨달음으로써 우주를 초월하는 것을 지향한다.[26]

> 인간이 "부호"나 "말" 앞에 있는 자신을 발견하던 바로 그 식으로 자신이 세계 내에 존재하고 있음을 받아들이면서, 인간은 엄밀하며 동질적이라고 생각했던 실재나 "신성성"의 모순된 측면들의 신비와 마주치게 되었다. 특정한 종교 상징들을 통해 정반대의 요소를 가진 것들과 모순되는 것들이 통합되어 명확히 표현될 수 있다고 짐작했을 때, 인간은 인간 정신의 가장 중요한 발견들 중 하나를 순진하게 기대할 수 있게 되었다. 그 이후 우주와 신들의 부정적이고 불길한 측면들이 정당성을 찾게 되었을 뿐 아니라, 전체적인 실재나 신성성의 필수적인 한 부분으로 자신을 드러내 왔다.[27]

---

26) *Yoga*, pp. 236~41, 253~54, 267~73과 *Patterns*, pp. 178~81, 419~20을 보라.
27) "Methodological Remarks", p. 102.

"실존적 가치"

엘리아데는 신화-종교적 자료들을 검토하고 이러한 상징적 표현들을 태동시킨 종교경험의 속성과 의미를 해석하려 한다. 이런 면에서 그는 "종교적 상징체계의 **실존적 가치**, 즉 상징은 항상 실재 혹은 인간의 실존이 **연루된 상황**을 지향한다는 사실"을 강조한다. "종교적 상징은 실재의 어떤 구조나 실존의 한 차원을 밝힐 뿐 아니라, 같은 방식으로 인간 실존에 의미를 부여한다. 이것이 궁극적 실재를 지향하는 상징들도 연계하여 그 〔*상징의〕 메시지를 해독하는 인간에게 실존적인 드러남을 구성하는 이유이다."[28]

종교적 상징체계의 실존적 체계에 대한 엘리아데의 분석은 그가 성스러움의 변증법과 종교적 인간이 자연 및 우주와 맺는 관계를 서술하는 내용과 연관이 있다.

> 상징은 인간의 상황을 우주론적 용어로 번역한다. 또한 더 정확하게 말하여 상호적으로 상징은 인간 실존의 구조와 우주의 구조 사이의 상호 의존을 드러낸다. 이것은 원시의 인간이 우주와 "격리된" 것으로 느끼지 않았다는 것을, 그가 상징적으로 자신에게 "낯익은" 세계에 "열려" 있다는 것을 의미한다. 물론 이것은 반성의 문제가 아니라, 직관에 관한, 실재의 직접적인 파악에 관한 문제이다. …… 상징체계의 이러한 우주론적 가치로부터 중요한 결과가 생겨난다. 상징을 이해하는 우리는 외부의 물질적 세계에 우리 자신을 "드러낼" 뿐 아니라, 동시에 우리의 독특한 상황을 벗어나 보편적인 것에 대한 이해를 받아들일 수 있다.[29]

---

28) Ibid., pp. 102~3.
29) *Symbolism, the Arts, and the Sacred*, p. 13.

엘리아데는 계속해서 말한다. "상징은 어떤 특별한 조건을 모범적인 것으로, 즉 여러 각양각색의 맥락에서 무한히 반복되는 것으로 드러냄으로써 그 조건을 '파열시킨다'. 따라서 상징을 '경험하고' 메시지를 정확히 해독하는 것은 보편적인 것에 접근할 수 있게 되는 것과 같다. 개인적인 경험을 상징체계를 통해 변형하는 것은 개인의 경험을 신the Spirit에게 열어놓는 것과 같다."[30]

종교적 상징체계의 이런 실존적 차원은 상징체계가 특별한, 자연 세계의, 범속한, 실존적 상황의 직접적인 실재들을 어떻게 "부숴 여는지"에 대한 앞의 분석과 직접 관련된다. 상징은 자신 너머를 가리키며 실재의 숨겨진 차원이나 세계의 구조를 드러내는 "부호"로 경험된다. 종교 상징은 성스러움의 부호로 경험되며, 인간과 자연의 실존의 차원을 범속한 것을 "넘어서는" 혹은 범속한 것과는 "다른" 존재 양태와 관련시킨다. "일반적으로 상징체계는 보편적인 '침투성', 초물질적인 의미에 '열려 있는' 존재와 사물이 생기도록 한다."[31]

세계의 이러한 상징적 변형은 성현의 변증법에 대한 이전의 분석과 연결될 수 있다. 엘리아데는 달의 상징체계가 신화에 나오는 뱀에 새로운 가치와 의미를 덧붙이면서 그 직접적인 가치는 부정하지 않는다고 주장한다. 뱀은 자연 세계의 현상으로 계속 있으면서도, 달의 상징체계의 힘 아래서, 직접적인 경험의 차원에서는 명백하지 않은 심오한 실존적 의미의 여러 차원을 드러내도록 "폭발하거나" 혹은 "터진다". 뱀은 더 이상 완전히 단편화된 우주 속의 격리되고 조건화된 현상으로 경험되지 않는다. 이것은 달의 무한한 가치 설정들 중의 하나로 경험되며 달 주기의 구조를 드러내는 다른 현상들과 동질화

---

30) Ibid.
31) *Yoga*, pp. 250~51.

될 수 있다. "사물이나 행위에 적용될 때, 상징체계는 이들이 '열리도록' 한다. 상징적 사고는 최소화하거나 저평가하지 않고도 직접 연관이 있는 실재를 '부수고 연다'. 그러한 관점에서 볼 때, 우주는 닫혀 있지 않으며, 어떤 사물도 그 자체로 고립되어 존재하지 않는다. 모든 것은 서로 조화를 이루며 유사한 응축된 체계에 의해 결합되어 있다."[32]

우리는 보통의 자연 세계의 현상들을 종교적 상징체계에 의해 "부수고 여는 것"의 두 단계를 밝혔다. 첫째, 달의 상징체계는 성과 속의 변증법이 확장된 형태의 역할을 한다. 뱀은 범속한 존재에게 보이는 것과는 "다른 무언가"로 변형된다. 뱀은 종교적인 달의 상징으로서 성스러운 의미를 드러내는 것이다. 다음으로, 성스러운 초월적 실재의 상징이 됨으로써 뱀은 "자신의 물질적 한계를 없애며, 고립된 단편이 아닌 전체〔달의〕체계의 부분이 된다. 즉 차라리 위험하고 단편적인 속성에도 불구하고 자신의 속에〔*상징으로서의 뱀의 의미 속에〕당해當該 체계 전체를 구현하는 것이다."[33]

우리는 이러한 이중의 상징 변형의 과정에서 상징의 실존적 드러냄의 근본 구조를 볼 수 있다. 첫째, 개인적이고 범속한 실존적 상황은 영적인 경험으로 변형된다. 다음으로, "고립되고" 주관적이며 특별한 존재 양태로 경험되었던 것이, 이제는 통일되고 "낯익어" 보이는 세계에, "객관적"이고 보편적으로 인식되는 의미 있는 구조의 체계에 "활짝 열린다".

다가성, 통일 등 종교적 상징체계의 다른 측면들과 더불어, 이러한

---

32) *Images and Symbols*, p. 178. *Patterns*, p. 455도 보라.
33) *Patterns*, p. 452. 두 단계를 이렇게 구별하는 것은 분석을 위한 것이지 시간적 연속성을 가리키기 위한 것은 아니다.

실존적 차원은 성스러움의 변증법의 일부로 분석되는 "변증법적 움직임"과 연관될 수 있다.34) 엘리아데는 원형적 상징 혹은 본질적인 상징의 구조가, 자신을 개별 대상들 속에 구현함으로써 그리고 한정되고 상대적인 상징의 형태를 통해 자신을 표현함으로써 끊임없이 자신을 구체화하고 역사화한다고 종종 말한다. 동시에 성스러움은 특정적이고 상대적이며 역사적인 상징의 형태로부터 자신을 해방시키려고 부단히 시도하며, 그렇게 함으로써 그 본질적인 상징 구조에 가까워진다는 것을 지적한다. 종교적 상징체계의 이러한 변증법적 움직임은 "인간의 상황을 우주론적 용어로 번역하며, 또 우주론적 용어를 인간의 상황으로 번역한다. 더 정확하게 말하자면 그것은 인간 실존과 우주의 구조 사이의 연속성을 드러낸다." 이 드러냄은, 성스러움의 본질적 구조의 경험에 근거한 새로운 실존적 지향성의 신화적인 행위와 그것의 다른 행위들을 통해서, 종교적인 사람이 고립되고 주관적인 존재로서 경험한 것에서 벗어날 수 있도록 한다.35)

원형

엘리아데는 자신의 가장 영향력 있는 몇몇 저작에 "원형"에 대하여 그리고 "원형적" 상징, 이미지, 신화, 직관, 구조, 본보기, 주제, 형태에 대하여 쓰고 있다. 엘리아데는 이러한 용어들을 사용함으로써 상당한 혼동과 오해를 초래했다. 많은 독자들은 엘리아데에 대해 생각할 때, 즉시 그를 "성과 속"은 물론 "원형"과 관련지어 생각한다. 그러나 엘리아데는 자신의 저작들 중 단지 몇몇에서만 "원형"이라는 용어

---

34) Dudley, *Religion on Trial*, pp. 56~59, 62~63, 81~82를 보라.
35) "Methodological Remarks", p. 103.

를 폭넓게 사용한다. 이 단어는 1949년에 출판된 그의 주요한 학문적 저서 두 권에 자주 등장한다. 하나는 상징의 구조적 체계의 이론적 틀에 대하여 전반적으로 이해하는 데 가장 중요한 책인 『종교형태론』이다. 아마도 이 책을 통해서 엘리아데가 처음으로 국제적인 종교사학자이자 종교현상학자로서 자리 잡게 되었을 것이다. 다른 하나는 엘리아데가 가장 아꼈으며 아마도 가장 많이 논의되는 책인 『영원회귀의 신화』이다.[36] 원형과 관련된 용어는 『이미지와 상징』에 실린 몇몇 소론에도 두드러지게 나타난다. 엘리아데가 원형의 상징을 종종 언급했고 모든 원형은 상징적으로 표현되므로, 여기서 이 용어의 용법과 의미를 명확히 하는 것이 좋을 것이다.

엘리아데는 때때로 애매하고 모호하게 "원형"이라는 용어를 사용한다. 대부분의 경우 그의 저술에서 발견되는 두 가지 주요한 원형의 의미가 있다.[37] 첫째, 원형archetype과 원형의archetypal가 융의 용법이나 의미와 매우 유사하게 사용된 소수의 어구들이 있다. 엘리아데가

---

[36] *Autobiography 2*, pp. 125와 134를 보라. *Eliade: Romanian Roots* 2, pp. 1142, 1149~57에서 리켓은 엘리아데가 "원형"이라는 말을 루마니아에서 출판된 *Comentarii la legenda Meşterului Manole*(Bucharest: Publicom, 1943)에서 처음으로 자주 사용했던 것에 주목한다.

[37] 원형의 의미에 따라서 엘리아데의 신화-종교현상 연구의 방법론이 달라지는 결과가 생기기 때문에 이러한 모호성이 중요한 것이다. Allen, *Structure and Creativity in Religion*, 특히 pp. 145, 210~12를 보라. 엘리아데의 원형 개념에 대한 연구로는 다음과 같은 것이 있다. Ricketts, "The Nature and Extent of Eliade's 'Jungianism'"; Ricketts, *Eliade: Romanian Roots*, 2, esp. pp. 1149~57; Wilson M. Hudson, "Eliade's Contribution to the Study of Myth", in *Tire Shrinker to Dragster*, ed. Wilson M. Hudson(Austin: The Encino Press, 1968), p. 237; Ira Progoff, "The Man Who Transforms Consciousness", *Eranos-Jahrbuch* 1966, Band 35(1967): 126~30, 133. 데이비드 케이브가 *Mircea Eliade's Vision for a New Humanism*에서 원형과 관련하여 엘리아데를 언급하는 것을 보려면 이 장의 주석 48~50을 보라.

융의 글을 알게 되기 전에도 이따금 원형을 언급했다는 것은 분명하다. 게다가 그는 "집단 무의식collective unconscious"이라는 융의 특정한 개념을 결코 지지하지 않았다. 엘리아데는 "에우헤니오 도르스 Eugenio d'Ors처럼, '모범적 본보기'나 '전형'의 동의어로, 즉 요컨대 아우구스티누스적 의미에서" 이 용어를 정의하면서 자신의 용법과 융의 의미를 분명히 구별한다.[38] 그럼에도 불구하고 무의식에 남아 있는 무시간적atemporal, 역사에 무관심한ahistorical, 원형적, "원초의", "각인된", 상징적, 신화적 구조에 대해서 논의하는 엘리아데의 어구들에는 융의 시각을 반영하는 것도 있다. 나중에 엘리아데는 융의 입장에 근거한 잘못된 해석을 피하기 위해, "원형"이라는 용어의 사용을 중단한다.

둘째, 엘리아데가 원형과 원형의를 본질적인 구조와 의미, 모범적 본보기와 전형을 가리키는 의미로 사용하는 용례가 있다. 『영원회귀의 신화』에서 엘리아데는 본질적인 "'원시' 존재론의 개념"을 설명한다. "어떤 사물이나 행위는 원형을 모방하거나 반복하는 한에서만 실재적으로 된다. 따라서 실재는 반복이나 참여를 통해서만 획득된다. 모범적 본보기가 없는 모든 것은 '의미가 없다'. 다시 말해 그것은 실재가 결여된 것이다." 실재에 대한 이러한 견해가 "플라톤적인 구조"를 가진 것으로 볼 수 있다고 주장한 뒤에, 엘리아데는 "원형의 모방과 전형적인 몸짓"을 통한 "범속한 시간의, 지속되는 시간의, '역사'의 폐지"라는 "이 원시 존재론의 두 번째 측면"에 대해 설명한다.[39]

---

[38] Mircea Eliade, "Preface to the Torchbook Edition", *Cosmos and History: The Myth of the Eternal Return*(New York: Harper & Row, Torchbooks, 1959), pp. viii~ix. 이 서문에 부가된 내용을 빼면 *Cosmos and History*는 *The Myth of Eternal Return*과 똑같은 책이다.

[39] *Eternal Return*, pp. 34~35. "플라톤적 구조"에 대한 엘리아데의 언급이 신화, 원

플라톤 철학에서는 철학자가 실재를 구축하는 영원하고 불변하는 개념들에 대한 직관과 통찰력을 획득한다는 것을, 또한 플라톤 철학에서는 우리가 모범적이고 규범적인 본보기의 기능을 하는 이러한 원래의 온전한 형식을 "모방하고" 여기에 "참여하려고" 한다는 것을 생각해볼 때, 엘리아데의 원형 사용에 플라톤적 구조가 있다는 것이 분명하다.

엘리아데는, 아란다족Aranda 등이 가진 신화적이고 입문의례적인 오스트레일리아의 상기anamnesis 개념을 플라톤의 좀 더 철학적인 원리에 동화시키는 것을 경고하는 한편, 이론들이 "상당히 유사하다"는 것을 강조하고 "오스트레일리아 영성의 플라톤적 구조"를 지적한다.

오스트레일리아 사람들에게는, 아는 것은 기억하는 것을 의미한다. 입문의례는 상기의 긴 과정을 펼쳐낸다. 신참자는 모든 존재를 설명하고 정당화하는 비밀의 신화를 배울 뿐 아니라, 자기 자신을 발견하고, 자신이 환생한 화신인 신화적 조상 속에서 자신을 인지한다. 플라톤의 경우, 철학은 당신이 개념을 기억하는 것을 돕는다. 더 정확하게 말하자면 영혼이 개념에 대해 성찰하는 때인 선재先在와 후재後在의 영혼의 상황을 기억하는 것을 돕는다. 오스트레일리아 사람들에게는 입문의례는 이 장소에, 시간이 처음 생길 때에, "그 시간에" 당신이 이미 여기 있었다는 것을 보여준다. 당신은 이러이러한 문화영웅이었다. 이러한 신화의 등장인물은 본보기의 역할을 한다. 신참자는 그가 태초에 했던 것을 반복한다. 그러나 입문의례를 통해 당신은 이 신화 속의 인물이 맨

형, 종교에 대한 그의 해석을 잘 보여주는 반면, 플라톤의 철학적 지향성과 엘리아데의 신화-종교적 지향성 사이에는 중요한 차이점들이 있다.

처음 나타났던 **당신 자신**이라는 것을 발견한다. 궁극적으로 당신은 당신 자신의 반복이다―당신이 태초에 **모범적**이었듯이.[40]

위에서 본 "원시 존재론"의 측면들에서, 왜 엘리아데가 원형적 신화들에 대해 이야기할 수 있는지뿐 아니라 왜 신화 자체가 그러한 원형적 기능을 하는지 또한 분명해질 것이다. 다음 장에서 보게 되겠지만 신화는 상징적으로 성스러운 진리와 실재를 드러낸다. 신화는 (세계의 창조, 인간 조건의 창조 등과 같은) 최초의 전형적인 본보기들, 모방되어야 하는 모범적인 구조, 의례를 통해 신화적 실재를 재현하고 이에 참여하는 수단을 드러낸다. 엘리아데는 우주 창조 신화를 비롯한 기원 신화들이 나중의 조건화되고 제한된 인간이 창조한 모든 행위에 대하여 원래의 온전하고 모범적인 본보기를 보여주기 때문에, 그러한 원형의 기능을 제공하는 데 있어 특히 중요하다고 생각한다.

몇몇 대목에서 엘리아데는 모범적인 본보기와 본질적인 구조와 의미의 두 번째 주요한 의미를 좀 더 특정하고 좁게 변형시키면서 "원형"을 사용하여 논쟁의 소지가 매우 큰 존재론적, 형이상학적 주장을 하고자 한다. 즉 **종교적 인간**이 우주 속에서 진정한 인간의 자리를 드러내는 것으로서 성스러움의 구조를 처음 경험했을 때, 어떤 중대하고 근본적인 "원형적 직관"이 있었다는 주장이다. 그러한 원형적 직관은 초문화적이고 초역사적인 영원한 지위를 지니며, 인간 조건 그 자체에 대한 본질적인 어떤 것을 드러낸다.

---

[40] *No Souvenirs*, p. 182; *Australian Religions*, p. 59. 지금 인용한 부분은 앞서 언급했던 모범적이고 원형적인 본보기의 모방, 반복, 참여를 수반하는 "원시 존재론"의 플라톤적 구조에 주목할 뿐 아니라, 상기想起의 원리라는 견지에서 더 특정한 플라톤적 지향성을 제시한다. 이 부분은 앞 장에서 다루었던 신화의 여러 기본적인 기능과 구조를 예증하는 것이다.

이런 면에서 맥 린스콧 리켓은 주로 루마니아어 원전을 이용하여, 때때로 "원형적 직관"에 대한 언급과 연결되는 말인 "인간이 우주에서 자신의 위치를 처음 인식하게 된 순간"을 엘리아데가 쓰는 원형의 용법과 의미를 이해하기 위한 단서로서 주목한다. 엘리아데는 이렇게 쓰고 있다. "인간 경험의 모든 차원에서, 아무리 낮은 차원이라고 해도, 원형은 계속해서 존재의 가치를 설정하고 '문화적 가치'를 창출해낸다. …… 인간은 우주에서 자신의 위치를 감지하게 되었을 때 만들어진 자신의 원형적 직관에서 결코 벗어날 수 없다."[41] 이와 마찬가지로 엘리아데는 "인간은 다른 모든 것으로부터 자유로워질 수 있다고 해도, 그가 처음 우주에서 자신의 위치를 인식했던 그 순간에 형성된 자신의 원형적 직관에 영원히 갇혀 있다"고 주장한다.[42]

리켓은 엘리아데가 루마니아어로 출판한 『재통합의 신화Mitul Reintegrării』에서 "인간이 우주에서 처음으로 자신의 위치를 인식하게 된 순간"의 의미와 함의를 해석하는 단서를 찾는다. 이 책에는 다음과 같은 설명이 이어진다.

> 그의[*인간의] 극적인 사건과 형이상학 둘 다 우주에서 그의[*인간 자신의] 위치를 인식하는 것에서 유래한다. 이 인식은 어떤 면에서 "타락"이기 때문이다. 인간은 무언가로부터 "분리되었다고"

---

41) *Comentarii la legenda Meșterului Manole*, pp. 142~43. 엘리아데는 다음과 같이 쓰고 있다. "시원적 영성에 의해 전달된 본보기들은 사라지거나 재실행하는 능력을 잃지 않는다. 이것은, 이 본보기들이 원형적 직관이자 보편적인 원초적 시각이며, 인간이 우주에서 자신의 위치를 인식하게 되었을 바로 그때 그에게 드러났다는 단순한 이유에서이다."(p. 140) Ricketts, *Eliade: Romanian Roots*, 2, pp. 1124, 1151, 1156~57을 보라.

42) *Patterns*, pp. 433~34.

느끼며, 이 분리는 끊임없는 슬픔, 공포, 절망의 원인이다. 그는 약하고 외롭다고 느낀다. 반면 당신이 무엇이라 부르건 이 "무언가"는 강력하고 총체적이다 (이것은 인간이 아닌 모든 것, 인간과 다른 모든 것을 포함하기 때문에, "총체화된"이라고 해야 더 정확할 것이다). 그는 전체로서의 힘(신성)을, 침투할 수 없고 완벽하며 그 자체로 충분한 위대한 통일성으로서의 힘(신성)을 직관한다. 인간이 정합적이라고 생각하는 모든 것, 인간이 고의적으로 하는 모든 것은 우주에서 인간이 자신의 위치에 대해 인식하게 된 순간부터 다음과 같은 목적을 지향한다. 즉 그것은 그 "분리"의 제거, 원초적 통일성의 복구, "모든 것"(그것이 비인격적인 힘으로, 신으로, 혹은 무엇으로 인식되든 간에) 속에 자신을 재통합하는 것이다. 모든 종교적 행위는, 그것이 아무리 "원시적"(의례, 숭배, 전례 등)이라도 우주의 통일성을 복구하고 인간을 재통합하려는 시도이다.[43]

이 인용 부분에서 엘리아데는 인간이 "우주에서 인간의 위치"를 인식하는 것을 통해 우주로부터 분리된 존재에 대한 원형적인 직관에 도달하고, "자신도 전체에 속했던 것을 직관적으로 감지하기 때문에 **최초의 통일성을 복구하기를**" 열망하게 된다는 것을 명확히 말한다. "최초의 종교경험은 실재, 전체, 통일성으로 인지되는 우주로부터 분리된 존재에 대한 느낌이다. 따라서 모든 인간의 종교적 투쟁의 목표는 자신을 전체에 **재통합시키는 것이다**." 비록 엘리아데의 세계 내 인간 조건에 대한 설명이 그가 힌두교와 접했던 사실에 큰 영향을 받은 것으로 보이며 일종의 "자연 신비주의"를 나타내고 있음에도 불구하

---

43) Mircea Eliade, *Mitul Reintegrării*(Bucharest: Vremea, 1942), p. 62.

고, 그는 이 설명이 "모든 종교에 보편적으로 타당한 분석"이 되게 하려고 한다. "종교는 인간이 우주 속에서—고립된—자신의 위치를 인식하게 되었을 때 상실한 전체와의 일치를 회복하려는 다양한 시도이다."[44]

리켓은 엘리아데의 여러 루마니아어 출판물에서, 특히 『명인 마놀레 전설에 대한 언급Comentarii la legenda Meșterului Manole』에서 몇몇 구절을 인용한 후, 다음과 같이 결론짓는다. "엘리아데는 원형적인 사물, 신화, 상징, 몸짓 등에 대해 이야기할 수 있으나, **궁극적으로** 원형은 삶의 형이상학적 원리이며, 자신이 우주에서 처한 독특하고 불행한 입장을 인식하는 인간의 자각을 수반하는 '직관'이다. 궁극적 실재의 이러한 요소들이 '원형'이다. 왜냐하면 인간은 원형에 참여하고자 하며, 자신의 삶을 원형과 같게 하려고 애쓰기 때문이다."[45]

원형에 대한 이러한 통찰력 있는 해석은, 초월성이라는 성스러운 구조, 성과 속의 변증법(변증법적 움직임, 위기, 평가, 선택 등을 포함하여), 그리고 **종교적 인간**의 자연이나 우주와의 관계에 대한 설명에 도달한다. 또한 그것은 본질적 상징의 구조에 대한, 그리고 통합화라는 상징의 기능과 실재의 역설적이고 모순된 측면들을 표현하는 능력과 같은 상징체계와 신화의 특질에 대한 엘리아데의 분석과도 잘 어울린다. 리켓이 인용하는 글의 종류는 틀림없이 엘리아데의 글 전체에서 찾을 수 있는 설명들과 유사하다. 예를 들어 『영원회귀의 신화』에서 "원시 존재론"을 다루는 부분은 플라톤적 구조와 "낙원에의 향수"와 같은 신화적 주제들에 대한 연구를 포함하고 있다.[46]

---

44) Ricketts, *Eliade: Romanian Roots*, 2, pp. 1137~38.
45) Ibid., p. 1151.
46) 엘리아데의 *Yoga*에도 이런 설명들이 많이 실려 있다. 예를 들면 요가의 기술들은 "다수성과 단편화를 제거하고, 재통합하는, 통일을 이루는, 전체가 되는" 것

원형을 이렇게 해석함으로써 엘리아데는 보편적, 무無역사적, 존재론적 그리고 형이상학적 입장을 취하게 된다. 엘리아데가 단지 신화적인 자료와 같은 경험적 자료들에 근거한 귀납적인 과정을 통해서만 그러한 입장에 이르게 되었을 리가 없다. 나는 『종교의 구조와 창조성』에서 보편적인, 본질적인, 원형적인 종교적 구조에 대한 엘리아데의 주장이 "현상학적 귀납법"의 과정을 통해 수립된 것으로 분석하였다. 그러나 나는 또한 세계 속의 진정한 인간존재 양태와 인간 조건 그 자체에 대한 가장 논쟁의 여지가 많은 엘리아데의 주장들이 형이상학과 철학적 인류학의 차원에서 존재론적인 태도로 전환되며 규범적인 판단과 기능을 포함한다고 주장한다.[47]

원형적 상징, 신화, 구조에 대한 엘리아데의 모든 설명이, 진정한 인간의 우주 내 위치에 대한 원초적이고 원형적인 직관을 이렇게 특정하게 존재론적이고 형이상학적으로 해석하는 것은 아니다. 본질적인 구조와 모범적인 본보기로 원형을 설명하는 여러 부분은 각각 독

을 목적으로 한다(p. 97). "모든 역설적인 상태처럼, 삼매三昧samādhi는 단일한 양상―창조 이전의 미분화된 완벽함, 원초적 통일성―속에서 실재의 상이한 양상을 재통합하는 것과 같다."(pp. 98~99) 가장 높은 경지의 "미분화된 정지 상태"를 달성하는 요가 수행자도, 엘리아데에 따르면 "역사가 태동하면서부터 인간의 영혼을 사로잡아온 꿈을 실현한다. 이 꿈은 전체와 일치를 이루는 것, 통일성을 회복하는 것, 최초의 비이원성非二元性을 회복하는 것, 시간과 창조(즉 우주의 다수성과 이질성)를 제거하는 것, 그리고 특히 실재가 객체와 주체라는 두 요소로 분리된 것을 제거하는 것이다."(pp. 98~99)

47) 예를 들면 내 책 *Structure and Creativity in Religion*, pp. 190~200, 231~46 등을 보라. 엘리아데는 1930년대에 철학자 나에 이오네스쿠의 조교로서 가르치기 시작했고 부쿠레슈티대학에서 자신의 철학 강좌들을 개설해 가르쳤다. 〔엘리아데〕 자신이 했던 "과학적" 연구를 넘어서 엘리아데 자신의 철학적 입장을 제시하라는 다른 사람들의 재촉을 거부한 반면, 엘리아데는 때때로 그의 학문이 종교철학에서 특별한 가치가 있다고 말했다.

특한 특질들을 가지고 있다. 예를 들면 엘리아데는 주로 본질적 상징 구조의 보편적이고 정합적인 체계 내에서 개별 현상을 재해석함으로써 신화와 다른 종교현상들의 의미를 설명한다. 신화-종교적 의미를 가능한 한 완전히 해석하기 위해서 엘리아데는 상징의 원형 혹은 상징체계의 "중심", 즉 상징적 연상 관계의 복잡한 망상 조직이 만들어낸 본질적인 구조와 의미를 반드시 식별한다.

데이비드 케이브는 『새로운 인간주의를 위한 미르체아 엘리아데의 비전』에서 엘리아데의 연구 방법에 대한 다른 주요한 해석자들보다 "원형"의 우위를 아마 더 많이 강조하는 것 같다. 그는 "새로운 인간주의의 개념이 엘리아데의 저작들의 중심적 원형"이며 "새로운 인간주의는 원형 식물Urpflanze,* 엘리아데의 삶과 학문적, 문학적 전 작품의 '중심'"이라고 주장한다.48) 엘리아데의 새로운 인간주의는 "인간의 실존 그 자체의 질을 수정할 수 있는 총체성을 향한 영적, 인간주의적 지향성"이다. 그것은 "변증법적이고 구체화된 우주적 영성인데, 그 속에서는 모든 사람과 문화가 전체와의 관계에서 이해된다." 그것 [새로운 인간주의]의 "진짜가 변형된 원형"을 확장하면서, 그것의 본원적 원형은 실재를 이해하고 실재에 도달하도록 이끄는 구체적 경험들과 자유롭고 실존적인 만남을 갖는다.49)

---

* 엘리아데의 형태론에 큰 영향을 끼친 것으로 이야기되는 괴테의 『식물의 변형 The Metamorphosis of Plant』(1790)에 나오는 독일어로 원형적 식물archetypal plant에 해당하는 말이다.
48) Cave, *Mircea Eliade's Vision for a New Humanism*, pp. 105, 140, 192. 케이브는 "새로운 인간주의는, 괴테의 본원적 식물로 이해되며, 엘리아데의 일생의 작품 전체에 걸친 모든 변형들의 원형이다"(p. 23)라고 말한다.
49) Ibid., pp. 27~28, 32~33, 105. 대부분의 종교학자들은 그런 존재론적이고 형이상학적인 표현들이 엘리아데의 학문을 이해하는 데 반드시 필요하다고 여기는 것을 못마땅하게 생각할 것이 분명하다.

케이브의 책은 새로운 인간주의라는 중심적 원형에 대한 원형적 설명으로 가득하다. 엘리아데의 야망이나 목표를 나타내는 반복되는 개념들은 새로운 인간주의라는 본원적 원형에서 나온 원형의 변형들이다. 케이브는 진정한 존재로서의 인간, 자유로운 존재로서의 인간, 문화적인 존재로서의 인간, 그리고 중심 존재로서의 인간이라는 네 가지 원형적 목적을 추출해낸다. 새로운 인간주의에 있는 도전은 목적과 마찬가지로 그 자체가 원형이다. 케이브는 인간은 창조적이어야 하며, 인간은 새롭게 입문되어야 하고be initiated, 새로운 인간주의는 과학적으로 진행되어야 한다는 세 가지 원형적 도전들을 주목한다. 케이브는 새로운 인간주의의 형태론적 형식들 혹은 원형들을 상징, 신화, 진실성, 자유, 문화, 과학, 중심, 입문 그리고 창조성의 상이한 원형들이 조화된 것으로 소개한다.[50]

비록 그러한 원형의 해석이 종종 예민하게 그리고 독창적으로 체계화되고, 흥미진진하고 도발적인 독서에 도움이 되기는 하지만, 그 해석의 축적된 결과는 모호하고 혼란스러운 것일 수도 있다. 케이브가 엘리아데를 해석한 것과는 달리, 엘리아데 자신은 "원형"을 단지 몇몇 주요한 학문적 저작에서만 강조했고, 그후에는 그 용어를 의도적으로 피한 것으로 알려졌다. 대부분의 경우에는, 엘리아데의 예를 따라서, 신화와 종교에 대한 엘리아데의 해석을 원형적 설명들의 견지에서보다는 본질적 구조와 의미의 견지에서, 모범적인 본보기와 전형들의 견지에서 분석하는 것이 더 좋을 것이다.

---

50) Ibid., pp. 103~104, 169~170, 194.

"중심"의 상징체계

엘리아데의 신화와 종교 이론은 "중심"의 보편적 상징체계에 의존한다. 이 상징체계는 그가 성스러운 신화적 공간의 의미의 구조와 해석을 기술記述하는 데 필수적이다.[51] 이처럼 매우 복잡하고 다면 가치적인 상징체계의 측면들을 통합하지 않는 종교나 신화적 구성물은 없다.

신화적인 인간에게 공간은 동질적이지 않다. "공간의 비非동질성은 성스러운 공간, 즉 유일한 **실재**이며 **실제로** 존재하는 공간과 그것을 둘러싼 무정형으로 펼쳐진 다른 모든 공간 사이의 대립을 경험하는 데서 그 표현을 찾는다." "성스러움이 어떤 성현으로든 자신을 드러낼 때 공간의 동질성에 균열만 있는 것은 아니다. 광대한 주변 자리의 비실재성과 대립되는 절대적 실재의 계시도 있다." 성스러운 현현은 "존재론적으로 세계를 세우고", "절대적으로 고정된 지점, 즉 중심을" 드러낸다.[52]

신화의 종교적 세계에서 "모든 소우주, 모든 거주 지역은 '중심'이라고 부를 수 있을 만한 것을 가지고 있다." 이 "장소"는 "성스러운 공간"이며 "범속한, 동질적인, 기하학적 공간"이 아니기 때문에, 단일한 거주 지역 내에 많은 "중심들"이 있다고 해도 모순적이지는 않다. 중심의 상징체계는 성스러운, 신화적 지형을 가리킨다. "신화적 지형에서 성스러운 공간은 본질적으로 **실재하는 공간**이다. 원시 세계에서는 신화만이 실재이기 때문이다. 그것은 유일하게 확실한 실재, 즉 **성스러움**의 현현에 대해 이야기한다. 성스러움이 특정한 사물 속에서 물

---

51) 예를 들어 "Sacred Space and Making the World Sacred", in *Sacred and Profane*, pp. 20~65와 "Sacred Places: Temple, Palace, 'Centre of the World'", in *Patterns*, pp. 367~87을 보라.
52) *Sacred and Profane*, pp. 20~21.

질화되었건 혹은 성스러운-우주적 상징들(세계의 기둥, 우주목 등)에 나타났건, 사람이 성스러움과 직접 접촉을 하는 것도 그러한 공간에서이다. 하늘, 땅, 지옥이라는 우주의 삼계三界 개념이 있는 문화들에서 '중심'은 각 계의 접합점이 된다. 바로 여기에서 다른 차원으로 이동하는 것이 가능하며, 동시에 삼계三界 사이의 의사소통이 가능하다."[53]

엘리아데는 "중심"의 상징체계가 상호 연결되고 보완적인 세 가지 것을 통해 자신을 표현한다고 요약한다. 첫째, 하늘과 땅이 만나는 "성스러운 산"은 세계의 성스러운 중심에 위치한다. 둘째, 모든 사원이나 궁전은, 더 나아가 모든 성스러운 마을이나 주거지역은 성스러운 산과 동질화되고 따라서 중심이 된다. 셋째, **세계의 중심축**으로서 성스러운 사원이나 도시는 하늘, 땅 그리고 저승의 접점으로 간주된다.[54]

하나의 축을 따라서 성스러운 중심에 연결된 세 우주계宇宙界의 널리 퍼진 이미지에 주목하여, 엘리아데는 인도, 중국, 바빌로니아, 히브리, 기독교, 로마 등의 문명에서 가져온 신화적 사례들을 제시한다. 신화에서 "세계의 중심으로 간주되는 도시, 사원, 혹은 궁전은 모두 우주의 차원들을 지탱하는 우주산宇宙山, 세계목世界木, 중심의 기둥이라는 똑같은 고래古來의 이미지를 임의대로 표상하는 복제일 뿐

---

53) *Images and Symbols*, pp. 39, 40. 다음으로 엘리아데는, 그러한 의사소통의 손실을 자신이 가장 좋아하는 신화의 주제들 중 하나인, 어떤 잘못으로 인하여 상실된 원초적 낙원의 신화와 연결한다. "이전에는 하늘과의 의사소통이나 신과의 관계가 쉽고 '자연스러웠다'. 의례상의 잘못으로 이 의사소통은 단절되고 신들은 더 높은 하늘로 물러나버렸다. 오직 주술의呪術醫, 샤먼, 사제, 영웅, 혹은 군주 지도자들만 이제 하늘과 의사소통을 다시 수립할 수 있게 되었고, 그것도 그들 자신만이 사용할 수 있는 일시적인 방법으로만 가능했다."(pp. 40~41) 이 신화적 주제의 변형은 엘리아데의 저작 전반에 걸쳐 나타난다. 예를 들어 *Shamanism*, pp. 265~66; *Myths, Dreams and Mysteries*, pp. 59~72를 보라.
54) *Eternal Return*, p. 12; *Patterns*, p. 375.

이다." 엘리아데는 샤머니즘에서의 이러한 "본질적인 도식"을 다음과 같이 설명한다. "중심축에 의해 서로 연결되어 있기 때문에 잇따라서 가로지를 수 있는 세 개의 거대한 우주계宇宙界가 있다. 물론 이 축은 하나의 '틈', '구멍'을 통과해 지나간다. 이 구멍을 통해 신들이 땅으로 내려오고 죽은 자가 지하계地下界로 내려간다. 똑같은 구멍을 통해 샤먼의 영혼이 무아경 속에서 천상이나 저승을 여행하며 위로나 아래로 날아갈 수 있는 것이다."[55]

세계의 중심에 자리한 산, 나무, 기둥 등의 널리 분포된 상징들은 창조적이고 상징적인 가치 재설정의 무한한 가능성을 가지고 있다.[56] 이들은 중심의 상징체계의 본질적 구조를 재평가할 뿐 아니라 상징적 연상 관계의 다른 구조적 체계들에도 참여한다. 예를 들어 엘리아데는 중심의 상징체계의 가장 널리 분포된 변형인 신화적인 우주목 혹은 세계목을 연구하는 데 힘을 기울인다. 성스럽고 의례적인 나무와 기둥, 희생 제의 기둥, 그리고 신화적인 다리와 사다리는 우주의 중심에 있는 우주목의 본질적인 상징과 동질화될 수 있다. "무한히 자신을 새롭게 하는 **살아 있는 우주**"를 표상하는 성스러운 나무에 대한 엘리아데의 형태론적, 구조적 분류를 통해, 세계의 중심으로서의 나무뿐 아니라, 우주의 이미지, 우주의 신현, 삶의 상징, 인간과의 신비한 결속, 그리고 식물의 부활의 상징으로서의 나무를 볼 수

---

55) *Shamanism*, p. 259. "세 개의 우주 영역과 세계의 기둥"(pp. 259~66) 부분과 이 책 전체에 걸쳐서, 엘리아데는 이 도식의 수많은 사례를 제공한다. Mircea Eliade, *A History of Religious Ideas*. Vol. 3: *From Muhammad to the Age of Reforms*, trans. Alf Hiltebeitel and Diane Apostolos-Cappadona(Chicago: University of Chicago Press, 1985), pp. 6~8(앞으로 이 책은 *History 3*으로 인용할 것이다)도 보라.
56) 이러한 중심의 상징의 여러 예로는 *Patterns*, pp. 374~79; *Eternal Return*, pp. 12~17; *Images and Symbols*, pp. 37~56; 그리고 *Sacred and Profane*, pp. 36~47을 보라.

있다. 그러므로 어떤 신화에 나오는 성스러운 나무의 의미를 해석하기 위해서 해석자는 나무를 중심의 상징체계에 대한 특정한 가치 설정으로 인식해야 할 뿐 아니라 그 상징을 종교 상징의 다른 정합적인 체계 내에 위치시켜야 하는 것이다.[57]

결코 잘 드러나지 않는 중심의 상징체계의 한 사례는 중앙아시아와 북아시아의 샤먼이 사용하는 북이다. 엘리아데는 이 북을 세계의 중심에 있는 우주목의 복제물로 보며,[58] 다음과 같이 말한다.

> 샤먼이 몰아의 상태에 도달하는 것은 무엇보다도 북의 도움에 의해서다. 그 북이 바로 우주목의 나무로 만든 것임을 생각한다면 샤먼의 북소리의 상징체계와 종교적 가치를 이해할 수 있다. 또한 샤먼이 북을 칠 때, 그 자신이 몰아의 상태에서 우주목 가까이로 이동한 것으로 느끼는 이유를 알 수 있다. "중심"으로의, 따라서 가장 높은 하늘로의 신비한 여행을 여기서 볼 수 있는 것이다. 따라서 제의용 자작나무에 판 일곱 개나 아홉 개의 홈을 타고 올라가거나 단순히 북을 침으로써 샤먼은 하늘로의 여행을 시작하지만, 그는 단지 자신의 승천昇天을 가능하게 하고 몰아의 상태로 하늘을 통과해 날 수 있도록 하는 우주적 차원의 무아경에 이를 수 있을 뿐이다. 이는 그가 이미 세계의 중심에 있는 것으로 여겨지기 때문이다. 우리가 이미 살펴본 것처럼 땅, 하늘 그리고 저승 사이의 소통은 오직 그러한 중심에서만 가능한 것이다.[59]

---

[57] *Patterns*, pp. 266~71; *Shamanism*, pp. 269~74를 보라.
[58] *Shamanism*, pp. 145~88을 보라.
[59] *Images and Symbols*, pp. 46~47. 중심의 상징으로서의 샤먼의 북에 대한 이러한 해석의 더 자세한 분석과 여러 사례로는 *Shamanism*, pp. 168~76을 보라.

중심의 상징체계에 대한 이 특정한 샤먼의 사례는, 엘리아데의 여러 연구의 주제인 상승 상징의 보편적 체계와 같이 널리 퍼진 다른 상징체계를 분명히 보여준다.[60] 여기서 우리는 기둥, 기어오르는 사람, 끈, 거미집의 줄, 사다리, 계단 등의 상징적 변형들에 대한 샤먼 등의 의례와 신화에 대한 신화를 발견한다. 상승 상징체계의 이 신화들은 우주의 중심에 위치한 상징적 이미지와 더불어, 엘리아데가 가장 좋아하는 또 다른 상징체계들 중의 하나를 소개한다. 바로 입문식의 상징체계, **탄생과 재탄생(입문식의 의례와 형태)**이라는 주제이다.[61] 계단(혹은 샤먼의 북이나 나무)은 범속한 인간 조건을 초월하기 위한 상승의 행위나 입문식을 상징한다. 왜냐하면 그러한 신화적 상징은 성스러운 중심에 있다고 여겨지고, 따라서 실재의 다른 수준들 사이에 의사소통이 가능하도록 하며, "세 개의 우주계를 연결하는 신화적 사다리, 기어오르는 사람이나 거미줄, 우주목이나 우주의 기둥에 대한 구체적인 방식이 되기 때문이다."[62]

우리가 이러한 신화의 사례들에 대한 엘리아데의 해석을 더 넓게 이해하는 데 필수적인 신화의 확장과 변형을 전개하지 않고 여기서 멈춘다고 해도, 우리는 이미 엘리아데의 신화와 종교 해석의 기초가 되는 종교적 상징체계의 해석학적 틀을 어느 정도 이해한 셈이다. 신화가 샤먼의 북, 의례용 나무, 계단 등의 종교 상징을 통합할 때, 엘리아데는 때때로 개별 자료를 그 역사적, 문화적 특수성에 따라 공정하게 평가해야만 한다고 재차 시인하면서도, 계속해서 형태론적, 구

---

60) 예를 들면 *Myths, Dreams and Mysteries*, pp. 99~122; *Patterns*, pp. 102~8 등을 보라.
61) 여기서 다루는 샤먼의 사례와 직접 관련된 입문식에 대한 자세한 분석으로는 *Shamanism*, pp. 110~44와 *History 3*, pp. 11~15를 보라.
62) *Images and Symbols*, pp. 47~51.

조적 분류와 분석을 통해 신화를 해석한다. 우리는 그러한 개별 상징적 표현들의 역동적인, 복잡한, "논리적인", 정합적인, 다가적인, 통일된, 식물이나 상승 혹은 입문식 같은, 상징적 연상 관계의 구조적 체계 내에서 그러한 표현들을 재통합함으로써 그 의미를 해독할 수 있는 것이다.

엘리아데는 신화와 상징이 반드시 하나의 혹은 다수의 성스러운 중심들을 만들어낸다는 것을 알고 있다. 사람들은 핵심적인 성현, 의례적 구성물 등의 성스러운 드러냄과 소통을 그러한 신화적 중심에 위치시킨다. 세계의 중심에 위치한 북이나 나무나 계단은 세계목이나 우주목 같은 중심의 원형적 상징에 동화된다. 처음에는 고립되고 개별적인 신화의 이미지로 보이던 것이 이제는 상징의 의미의 풍성한 세계에 통합되는 것을 보게 된다. 이것을 통해 다른 우주계들이 통합되고 초월성의 구조가 나타나는 것이다.

중심의 상징체계의 불변의 핵심이나 본질적인 구조를 인식하고 특정한 상징들을 상징의 의미의 구조적 체계 내에 위치시킴으로써 북과 같은 개별적 변형들을 다음과 같이 해석할 수 있다. 즉 직접적인 경험의 수준에서 명백하지 않은 의미들을 드러내는 것으로, 다른 상징들과 어울려 논리적으로 정합적인 구조적 체계들을 형성하는 것으로, 실재의 다양한 측면을 통합하도록 하는 다가적 상징체계의 개별적인 변형이 되는 것으로, 신화적 존재가 표면상 역설적이고 모순된 실재의 측면들에 연관되도록 하는 것으로, 그리고 종교적인 사람들에게 세계 속의 특정한 상황과 성스러운 의미의 초월적 우주 사이에서 역동적인 상징적 상호 작용이 이루어지는 유의미한 실존적 지향성을 제공하는 것으로 해석할 수 있는 것이다.

마지막으로 지금까지 중심의 상징체계에 초점을 맞춘 내용과, 엘리아데의 신학과 철학의 핵심이 중심이라고 보는 칼 올슨의 야심찬 논점을 대조할 수 있을 것이다. "중심의 연구"라는 그의 책 부제에 나타나듯이, 올슨은 엘리아데의 학문에 대한 이해가, 의미에 대한 그리고 자신의 성스러운 중심에 대한 엘리아데의 내면적인 개인적 탐구와 연관되어야 한다고 주장한다. "[엘리아데는] 그의 창조적인 직업을 통해 자기 자신의 실존의 중심을 찾으려 했다. 그리고 실존의 의미 있는 중심에 대한 이러한 탐구는 그의 학문적, 문학적 저작들 전체에 나타나는 주제이다. …… 종교학 내에서 엘리아데가 했던 문학적, 학문적 작업은 개인적인 의미를 찾는 엘리아데 자신의 탐구의 일부분이었다."63) 올슨은 성스러움이 위치한 장소가 중심이라고 말한다. 또한 그는 엘리아데가 신화에 기초한 절대적인 진리가 가능하다고 확신했다고 주장한다. 다음으로 올슨은 엘리아데의 연구 방법의 개인적, 신학적, 철학적 속성에 대한 자신의 논점과, 엘리아데의 개인적인 탐구와 문학적, 학문적 연구들 사이의 연결에 관하여 다음과 같이 설명한다.

> 중심을 찾는 것과 중심에 위치한다는 것은 엘리아데에게 무엇을 의미하는가? 중심에 있다는 것은 모든 것을 서로 연결된 것으로 볼 수 있다는 것을 의미한다. 역사적인 변천에 전형적으로 나타나는 혼돈이 아니라 통합을 보는 것 혹은 질서 정연한 우주를 갖는 것이다. 어떤 사람이 우주의 차원들이 만나는 곳에서 중심적인 것을 찾을 때, 그는 하늘 가까이에 있으며, 그리고 하나의 우주계에서 다른 우주계로 이동할 수 있다. 이것은 절대적인 실재 내에 사는 것이다. 이제 역사의 공포로부터 벗어나 삶이 의미 있

---

63) Olson, *The Theology and Philosophy of Eliade*, p. 157. 이 밖에도 pp. ix, 1, 7, 161, 157~73을 보라.

다는 것을 깨닫는 것이 가능하다. 이 의미 있는 중심에 도달했다는 것은 시간의 시작으로 다시 옮겨 가는 것 그리고 성공적으로 그것을 제거했다는 것이다.[64]

만약 이러한 구절이 종교적인 신화적 사람들의 지향성에 대한 엘리아데의 해석을 다루고 있다고 올슨이 주장했다면, 여기에 놀란 독자들은 거의 없었을 것이다. 만약 그가 이러한 구절이 엘리아데 자신의 개인적 지향성을 나타낸다고 추정했다면, 상당히 많은 동의를 얻어냈을 것이다. 타자들의 신화-종교적 현상들에 대한 엘리아데의 학문적 연구가 엘리아데 자신의 개인적인 종교적 행로, 성스러운 중심에 대한 그 자신의 개인적 탐구, 그리고 그 자신의 신학적, 철학적 열의와 매우 밀접히 연결되어 있고 여기에 반드시 의지한다는, 올슨의 한 걸음 더 나간 주장이 논쟁거리가 되는 것이다. 정당한 학문적인 구별을 무너뜨리는 것과, 엘리아데의 신화-종교에 대한 학문적 해석을 개인적인 종교적 열의에 의지하는 것으로 여기는 것의 위험성에 대해서는 4장 말미에서 이미 다루었다.

---

[64] Ibid., p. 166.

7장
신화의 구조

앞의 장들에서는, 엘리아데의 신화 이론을 분석하는 많은 체계적 설명, 그리고 엘리아데의 환원주의, 종교, 상징체계에 대한 분석을 예증하는 신화의 여러 사례를 제시하면서, 신화에 계속해서 주목해 왔다. 지금까지 다루어온 내용의 대부분은 신화에만 국한되는 것은 아니었다. 예를 들면 엘리아데의 반환원주의적 연구 방법을 제대로 이해하지 못한다면 엘리아데의 신화 이론을 이해할 수 없다. 엘리아데가 신화에 관해서 쓸 때마다 성스러움의 환원 불가능성을 전제로 하고 있으며, 자기 자료의 특정한 종교적 차원에 주목하는 반면, 신화의 환원론적 이론가들이 강조해온 다른 측면들은 무시하고, 평가 절하하며, 때때로 공격하고 배제한다는 사실을 인식하는 것은 필수적이다. 그러나 엘리아데의 반환원주의는 신화에만 제한되지 않는다. 그는 성스러움의 환원 불가능성을 전제로 하며, 신화적 현상들뿐 아니라 비신화적 종교현상들도 반환원론적으로 해석해야 한다고 주장한다.

　엘리아데의 신화 이론을 이해하려면, 그의 일반적인 종교 이론을 이해하는 것이 반드시 필요하다. 엘리아데에게 있어서 신화는 종교적 신화이다. 비신화적 담론들이 때때로 신화와 닮았을 수도 있으나, 성스러움의 구조의 증거가 없다면, 그것들은 완전히 신화적이지 않다. 성현의 개념과 특히 신성화의 보편적 과정에 대한 엘리아데의 설명을 이해하지 못한다면 그의 신화 이론을 파악할 수 없다. 신화는 그 본질적 구조와 기능에서, 종종 복잡하고 숨겨진 방식으로, 성과 속의 변증법의 보편적 구조를 드러낸다. 그러나 엘리아데의 일반적 종교 이론은 신화적인 것에만 국한되지 않는다. 그가 신화를 주로 강조하고 있기는 하지만, 성스러움의 변증법은 신화적인 종교현상뿐 아니라 비신화적 종교현상을 포함하는 모든 종교현상과 관련이 있는 것이다.

　이와 마찬가지로 엘리아데의 일반적인 상징체계 이론을 이해하지 못한다면 그의 신화 이론을 이해할 수 없다. 엘리아데에게 있어서 신화는 상징적이고, 상징은 신화의 언어이다. 신화는 상징들이 모여서 성스러운 이야기를 형성하는 특정한 방식이다. 신화가 어떻게 다가적인지, 다른 차원의 경험에 관한 이질적인 현상들을 어떻게 통합하는지, 실재의 모순되고 역설적인 측면들을 어떻게 표현하는지, 종교 상징의 복잡하고 정합적인 구조적 체계를 어떻게 특정하게 가치 평가하는지를 제대로 이해하지 못한다면 신화의 구조와 기능을 파악할 수 없다. 그러나 엘리아데의 상징체계 이론은 신화에만 제한된 것이 아니다. 비록 그가 신화에 나타난 상징적 표현에 특히 매력을 느끼기는 하지만, 상징체계에 대한 엘리아데의 일반적인 설명은 신화적이건 비신화적이건 상관없이 모든 종교현상에 적용된다.

　엘리아데는 항상 이야기에 관심을 가졌다. 『일기』나 『자서전』 등의 개인적인 글에서 그는 소설가이자 학자인 "이중의 직업"에 대해 종종 논하고 있다. 국제적으로 유명한 신화와 상징체계의 학자로 인정받기 오래전에 엘리아데는 1930년대에, 특히 1933년 소설 『마이트레이Maitreyi』의 출판이 크게 성공을 거두고 논쟁을 불러일으킨 이후에, 고향 루마니아에서 문학계의 영향력 있는 인물로 등장했다. 전체 경력을 통틀어, 엘리아데는 자신이 종교적인 사람들의 성스러운 이야기인 신화를 해석하는 사람이라고 생각했을 뿐 아니라, 자기 자신의 이야기를 만들어내는 사람이라고 생각했다.

때로 엘리아데는 이야기를 문학적으로 창작하는 것과 이야기를 학문적으로 해석하는 것이 독자적이고 분리된 행위라고 강조한다. 그러나 어떤 경우에는, 이러한 관심들이 상호 보완적이며, 그의 "정신적인 균형"을 위해 필수적이고, 분리되었으나 똑같은 보편적인 문화적 창조성의 상호 의존적 부분들이라고 강조한다.[1] 신화에 대한 그의 학문적 작업을 규정하는 것으로 여겨진 여러 전제, 방법, 관심이 문학적 서술의 창조와 해석에 대한 그의 태도 역시 규정한다. 다시 말해 문학적 상상력의 독자적인 창조는 그 자체의 준거 지평에서 해석되어, 그 자체의 환원될 수 없는 구조와 의미를 지니고, 숨겨진 초역사적인 의미를 드러내면서 동시에 이를 감춘다. 사실 엘리아데는 구비문학과 기록문학 모두 신화 체계에서 나온 것이며 똑같은 신화적 기능을 수행한다고 여긴다.

엘리아데가 신화에 그렇게도 끌렸던 이유를 평가하면서, 사람들은 그가 성스러움과 상징적인 것을 매우 중요하게 여겼을 뿐 아니라 이

---

[1] 예를 들면 엘리아데는 자신의 책 *The Forbidden Forest*의 영어판 서문에 다음과 같이 쓰고 있다. "나는, 모든 창조성에 필수 불가결한 조건인 내 정신적인 균형이 과학적 속성에 대한 연구와 문학적 상상력 사이의 진동에 의해 보장된다고 마음속으로 생각했다."(p. vi)

야기에 놀랄 만한 지위를 부여했다는 사실을 인식하게 된다. "나는 「'새로운 소설'의 필요성에 대하여」라는 제목으로 긴 논문을 한 편 써서, 이야기하기의 독자적이고 영예로우며 환원될 수 없는 차원, 현대 의식에 재적응된 신화와 신화 체계에 대한 체계적 설명을 보여주어야 한다. 현대인도 시원적인 사회의 사람과 같이 신화가 없다면, 모범적인 이야기가 없다면 존재할 수 없다는 것을 보여주어야 한다."2)

25년 뒤에 엘리아데는 『금지된 숲』의 영어판 서문에서 "이야기하기의 필요성"에 대해 더 자세히 언급하고 싶었다고 『일기』에 쓰고 있다. "일기에서는 물론 강의를 통해서도 나는 '이야기'를 듣거나 읽을 **실존적 필요**를 이미 여러 번 암시했다. 이 이야기가 신화이건, 꾸며낸 이야기이건, 역사이건, 단편소설이건, 장편소설이건 상관이 없다." 몇 달 뒤, 엘리아데는 유행 중이던 "소설의 죽음"의 선언을 기껏해야 시대에 뒤진 소설의 유형이나 종류의 죽음을 가리키는 것이라고 말한다. "하지만 진정한 서사시적 문학―즉 소설, 이야기, 설화―그 자체가 사라질 수는 없다. 문학적 상상력은 신화 체계의 창조성과 꿈의 경험의 연장선에 있기 때문이다."3)

『금지된 숲』의 서문에서, 엘리아데는 REM(빠른 안구 운동 Rapid Eye Movement)이라고 불리는 수면의 단계에 대한 실험을 언급하고, 꿈꾸기, 신화 체계 그리고 이야기하기를 요청하는 "인간 특유의 기질적 필요"가 존재한다고 결론짓는다. "이야기하기에 대한 기질적 필요

---

2) *Journal 1*, p. 150. 엘리아데는 "심리분석가"나 "현실론자" 등의 주석가나 분석가들이 "형이상학적 존엄"과 "서술 자체에 의해 드러나는" 신학을 무시해왔다는 발언을 계속한다. 엘리아데는 이렇게 쓰고 있다. "다른 많은 경우에서와 마찬가지로, 나는 현대 세계에서 신화의 자리를 채우는 소위 새로운-소설, 이야기로 된 소설의 '대체 불가성'을 주장한다."(p. 145)
3) *Journal 3*, pp. 278, 283~84.

를 면밀히 분석하면 인간 조건 특유의 차원이 밝혀질 것이다." 즉 현대의 역사주의 철학의 의미에서가 아니라 신화적 이야기의 구조와 기능을 통해서 드러나는 신화적인 성스러운 역사들의 의미에서, 인간은 **탁월한** "역사적 존재"인 것이다.[4]

엘리아데의 주된 관심사가 성스러움, 상징적인 것 그리고 이야기라는 것을 알게 된다면, 그가 신화를 해석하는 데에 그렇게도 많은 책과 논문을 바친 것은 놀라운 일이 아니다. 엘리아데는 성스러운 상징적 이야기의 의미와 함의에 중심적인 우선성을 부여했기 때문에, 그의 저술 전체에 걸쳐 보이는 모든 신화의 주제들과 그 변형들을 다루는 것은 불가능할 것이다. 그 대신에 우리는 몇 가지 사례와 함께 본질적인 신화의 구조, 기능 그리고 일반적인 특징에 집중할 것이다.

성스러움의 환원 불가능성을 주장하면서, 엘리아데는 "척도가 현상을 만든다"는 원리를 종종 인용한다. 신화를 기술하고 해석하면서, 엘리아데는 종교학자라면 "자신의 문헌 자료의 가치론적 차이를 너무도 많이 인식해서 그 자료를 같은 수준으로 정리할 수 없을 정도가 되어야" 한다고 주장한다. "뉘앙스와 차이를 알고 있어서, 그는 위대한 신화들과 덜 중요한 신화들이 있다는 사실을 무시하지 못한다. 어떤 종교를 좌우하고 특징짓는 신화가 있는가 하면, 반복적이고 의존적인 2차적 신화도 있는 것이다. 예를 들면『에누마 엘리쉬Enuma Elish』는 여성 악마 라마슈Lamashu 신화와 같은 차원에서 생각해서는 안 된다. 폴리네시아의 우주 창조 신화는 식물의 기원 신화보다 앞서며 그 본보기가 된다는 점에서 같은 비중을 가진 것으로 볼 수 없다." 그러한 가치론적 척도의 견지에서 엘리아데는 서구 학자들이 신화적이고 전통적인 사회에 "**고유한** 가치척도에 무관심하다고" 비난한다. "우리가

---

4) "Preface", *The Forbidden Forest*, pp. vii~viii.

총체적으로 신화 체계를 고려하지 않고 그러한 신화 체계가 함축적으로나 분명하게 선언하는 가치척도를 고려하지 않는다면, 우리는 신화를 기반으로 하는 사회의 신화적 사고의 구조와 기능을 파악할 수 없을 것이다."[5] 그러므로 "총체적으로 신화 체계"를 고찰함으로써 신화를 정의하고 그 구조와 기능을 분석하면서, 엘리아데는 종교적인 것과 신화적인 것의 환원 불가능성을 전제로 할 뿐 아니라, 신화적인 것 내에 위계 서열적 가치척도가 있다는 원리를 따르고 있는 것이다. 이를 통해서 엘리아데가 우주 창조 신화의 주요한 존재론적 지위와 기원 신화의 핵심적인 중요성의 견지에서 신화의 본질적인 구조와 기능을 설명할 수 있다는 점이 무엇보다 중요하다.

신화의 정의

신화를 정의하려고 시도할 때, 엘리아데는 그리스신화 체계의 문헌을 중시하는 일반적인 서구의 전통에서 벗어난다.

> 플라톤과 퐁트넬Fontenelle에서부터 셸링Schelling과 불트만Bultmann에 이르기까지, 철학자들과 신학자들은 수많은 신화의 정의들을 제안해왔다. 그러나 이 모두가 그리스신화 체계의 분석을 기반으로 한 것이라는 공통점을 지니고 있다. 종교학자로서는 이러한 선택이 그다지 만족스럽지 못하다. 오직 그리스에서만 신화가 조형미술은 물론 서사시, 비극, 희극에 영감을 불어넣고 이끌었던 것은 사실이다. 그러나 특히 그리스 문화에서 신화가 오랫동안

---

5) "Cosmogonic Myth and 'Sacred History'", *Quest*, pp. 74~75. *Quest*에 실린 이 장은 *Religious Studies* 2(1967): 171~83으로 먼저 출판되었다.

철저히 분석되었고 그로부터 급속하게 "탈신화화"된 것 또한 사실이다. 모든 유럽어에서 "신화"라는 말이 "허구"를 뜻한다면, 이는 그리스인들이 25세기 전에 그렇게 선언했기 때문이다. 종교학자에게 더욱 심각한 것은, 우리는 그 의례의 맥락에서는 단 하나의 그리스신화도 모른다는 사실이다. 물론 이것은 고대 동양과 아시아의 종교들에는 해당되지 않으며, 특히 소위 원시종교들에도 해당되지 않는다.[6]

엘리아데는 다음과 같이 결론짓는다. "우리가 신화적 사고의 구조를 이해할 수 있는 가장 좋은 기회는 신화가 '살아 있는' 문화, 신화가 종교적 생활의 기초를 구성하는 문화, 달리 말해 신화가 **허구**를 가리키는 것이 아니라 **탁월한 진리**를 드러내는 것으로 여겨지는 문화를 연구하는 것이다."[7]

엘리아데가 신화를 정의하려고 시도하면서 참된 이야기와 거짓 이야기 사이를 중요하게 구별한다는 것은 이미 소개했다. 신화가 여전히 살아 있는 사회에서는 신화적인 사람들은 신화 혹은 "참된 이야기"를 "거짓 이야기"로 불리는 우화, 설화 그리고 전설과 구별한다. 신화는 참된 이야기이므로 오직 특정한 조건 아래에서만, 예를 들어 입문식을 거친 사람들에게만 혹은 단지 성스러운 기간 동안만 이야기될 수 있다. 신화적인 사람들에게는 참된 이야기와 거짓 이야기 둘 다 "역사"를 나타내고, 일상적이거나 범속하지 않은 세계의 행위자를 포함하는 이야기이다. 그러나 신화 신봉자들은 신화를 다른 이야기들과는 다르게 평가한다. "신화가 이야기하는 모든 것은 **그들과 직접**

---

6) *Quest*, pp. 72~73.
7) Ibid., p. 73.

관계가 있다. …… 즉 신화는 세계, 동물, 식물, 사람의 기원뿐 아니라 오늘날의 인간존재를 만든 그 모든 원초적 사건을 서술하는 것이다." 시원적인 사람에게, "신화는 가장 중요한 문제인 반면, 설화나 우화는 그렇지 않다. 신화는 그에게 실존적으로 그를 형성한 원초적 '이야기'를 가르친다. 그의 실존과 우주 내에서 그의 정당한 실존 양태와 연관된 모든 것은 그와 직접 관련이 있다."[8]

엘리아데의 신화에 대한 일반적인 정의를 제시하기 전에, 신화의 정의, 속성, 구조, 기능, 의미 또는 함의에 대하여 그리고 비신화적 현상과 신화의 관계에 대하여 학자들 간에 동의된 것이 없다는 사실을 지적하는 것이 중요하다. 이것은 신화에 대한 학문적인 저술 선집들을 검토해보면 명백해진다. 예를 들면 엘리아데를 포함한 22명의 학자들이 종종 상반되는 신화 연구 방법과 해석을 제시하는 『성스러운 이야기: 신화 이론 읽기 Sacred Narrative: Readings in the Theory of Myth』가 있다.[9] 여기서 윌리엄 배스컴 William Bascom은 신화, 전설, 민간 설화와 같은 산문 이야기를 구별하는 여러 형식적인 특징을 체계적으로 설명하려고 시도한다. 로리 혼코 Lauri Honko는 「신화를 정의하는 문제」를 분석하면서 열두 개의 현대 신화 연구 방법을 구별하는 간략한 분류를 제시한다. 커크 G. S. Kirk는 「신화 정의에 대하여」라는 연구에서, 엘리아데의 방법과 정의를 포함하여 각각의 이론적인 방법과 정의는 특정한 신화적 자료를 증거로 제시하지만 각각의 보편적인 설명은 해당되는 기원, 기능, 설명, 정의와 부합하지 않는 신화의 사례들을 인용하면 쉽게 부정된다고 주장하고, 모든 보편적인 신화 이

---

8) *Myth and Reality*, pp. 8~12.
9) *Sacred Narrative: Readings in the Theory of Myth*, ed. Alan Dundes(Berkeley: University of California Press, 1984).

론을 거부한다.[10]

엘리아데는 『신화와 현실』에서 가장 발전된 신화의 정의를 제시한다. 신화는 매우 복잡한 문화적 실체라는 것과 일반적으로 수용되는 신화의 정의를 발전시키기가 불가능하지는 않다고 해도 아주 어렵다는 것을 보여준 후, 그는 다음과 같이 신화의 정의를 시도한다.

> 내 생각에는, 가장 포괄적이기 때문에 가장 덜 부적합해 보이는 정의는 이렇다. 신화는 성스러운 역사를 이야기한다. 그것은 "태초"의 우화적인 시간, 원초적인 시간에 발생한 사건을 말한다. 달리 말하면 신화는 초자연적인 존재의 행위를 통해 실재가 어떻게 존재하게 되는지를 말해준다. 그것이 실재의 전체인 우주이든지 단지 실재의 부분—섬, 식물의 종류, 인간 행위의 특정한 종류, 제도—이든지 간에 말이다. 다음으로 신화는 항상 "창조"에 대한 설명이다. 어떻게 무언가가 생성되었는지, **존재하기** 시작했는지를 이야기한다. 신화는 **실제로** 일어난 것, 자신을 완전히 나타낸 것에 대해서만 말해준다. 신화의 행위자들은 초자연적 존재들이다. 그들은 주로 "태초"의 초월적인 시간에 그들이 했던 것으로 유명하다. 따라서 신화는 그들의 창조적 행위를 나타내고 그들이 한 일의 성스러움을 (혹은 단지 "초자연성"을) 드러낸다. 간단히 말해서 신화들은 성스러움이 (혹은 "초자연적인 것"이) 다양하게 그리고 때로는 극적으로 세계 속으로 돌파해 들어온 것이다. 세계를 실제로 **확립**하고 오늘날의 세계로 만든 것은 성스러움의 갑

---

[10] William Bascom, "The Forms of Folklore: Prose Narratives", in *Sacred Narratives*, pp. 5~29; Lauri Honko, "The Problem of Defining Myth", in *Sacred Narratives*, pp. 41~52; G. S. Kirk, "On Defining Myth", in *Sacred Narratives*, pp. 53~61.

작스런 돌출이다. 게다가 인간 자신이 죽음을 면할 수 없고, 성별이 있고, 문화적 존재인 오늘날의 인간의 모습도 초자연적인 존재가 간섭한 결과이다.[11]

이러한 신화의 정의와 이에 대한 상세한 설명에는, 이미 앞 장들에서 매우 자세히 분석했거나 제시한 다음과 같은 신화의 특징들이 있다. (초월적 구조, 초자연적 존재 등) 성스러움에 주된 초점을 맞춘 것, (성스러움이 세계를 수립하고 세계에서 드러나는) 역동적이고 창조적인 신성화의 과정, 성스러운 시간에 발생한 성스러운 역사의 이야기, 전체의 우주, 인류 혹은 특정한 현상 등 만물이 어떻게 창조되었는지에 대한 성스러운 설명, 가장 깊은 실재들을 드러내는 참된 이야기들, 인간 실존의 특정한 속성을 포함해 신화 신봉자들의 우주와 세계의 속성을 설명하고 정당화하는 전형적 본보기의 드러냄 등이다.

비평가들과 몇몇 옹호자가 실재에 대한 엘리아데의 개인적 전제와 신념을 그가 신화와 종교를 해석하고 기술하는 핵심이라고 강조함에도 불구하고, 이 단계에서는 위의 정의와 상세한 설명을 기술記述적이며 현상학적으로 의도된 것으로 수용하는 것이 가장 좋을 듯하다. 엘리아데는 **신화 신봉자들**에게 신화는 궁극적인 진리와 실재를 드러내는 성스러운 이야기라고 주장하고 있는 것이다.

성스러움과 상징적인 것

반복해서 강조했듯이, 엘리아데에게 신화는 환원될 수 없는 종교적인 것이다. 그의 신화 해석은, 종종 숨겨지고 위장되는, 성스러움

---

11) *Myth and Reality*, pp. 5~6.

을 신화적으로 드러내는 것의 심원한 구조와 의미를 식별하고 분석하는 것으로 이루어져 있다. 10장에서 보게 되겠지만 엘리아데는 현대의 "세속적 신화"에는 많은 시간을 쏟지 않았다. 그러나 그는 변함없이 현대의 세속적 신화를 성스러움을 향해 깊이 파묻힌 향수와 욕구에 반응하는 것으로, 숨겨지거나 억압된 종교의 구조와 의미를 드러내는 것으로, 완전히 신화적인 성스러움을 부적절하게 대체하는 것으로, 또는 추상적이고 일시적인 유사 종교적 창조물이라고 해석한다.

엘리아데가 성스러움에 주목하는 것에 대하여 너무도 많은 사례가 지금까지 이미 제시되었고 앞으로도 제시될 것이므로, 여기서는 성스러움과 신화의 전형적인 관련성을 간략하게 하나만 보여도 충분할 것이다. "신화의 위대함과 타락"에 대한 연구에서 엘리아데는, 시원적 인간에게 종교는 절대적인 가치를 지닌 성스러운 세계를 향한 "통로"를 보존해주며, 신화는 절대적이고 성스러운 가치의 전형적인 본보기를 지니고 있다고 쓰고 있다. "신화는 다른 세계, 저 너머의 세계에 대한 인식을 자각하고 이를 유지하는 가장 일반적이고 효율적인 수단이다. 다른 세계가 신의 세계이건 조상들의 세계이건 말이다. 이 '다른 세계'는 초인간적이고 '초월적인' 차원, 절대적 실재의 지평을 표상한다."[12]

엘리아데가 종교적 인간은 사르트르의 "실존이 본질에 우선한다"는 견해를 철저히 거부한다고 해석하는 것은 그의 종교 개념에 분명히 나타난다.[13] 시원적 전통이건, 아시아 전통이건 혹은 서구 전통이건

---

12) Ibid., p. 139.
13) 물론 장 폴 사르트르와 다른 실존주의자들은 엘리아데가 전통적, 종교적, 신화적인 사람들에게 "본질이 실존에 우선한다"고 해석한 것에 전적으로 동의할 것이다. 이들의 불일치는 정반대의 평가에서 비롯된 것이다. 세속적인 실존주의자들에게는 전통적이며 본질화된 형이상학적, 종교적 견해는 실체 없이 환상을

상관없이, 종교적인 사람들은 본질적인 성스러움이 그들의 실존보다 우선하며 성스러움이 실존에 의미, 함의, 실재를 부여한다고 믿는다. 어떻게 "본질적인 것이 실존에 우선하는지"에 대한 엘리아데의 해석은 신화가 "살아 있는" 문화들에서 어떻게 신화가 성스러움을 드러내는지에 대한 그의 분석에 나타난다. "태초부터 일련의 사건이 발생했기 때문에 인간은 오늘날의 인간이다. 신화는 인간에게 이러한 사건들에 대해 말해주고, 그렇게 함으로써 어떻게 그리고 왜 그가 이런 특별한 방식으로 구성되었는지를 그에게 설명한다. 종교적 인간에게 실재적이고 참된 존재는 본원적 역사가 그에게 말을 걸고 그가 그 결과를 수용하는 그 순간에 시작된다. 그것은 항상 성스러운 역사이다. 그 속의 행위자가 초자연적 존재이고 신화적 조상들이기 때문이다." 이어서 엘리아데는 본질적인 것의 내용은—원초적 시간에 결정되었고 인간 실존보다 우선하며 신화를 통해 드러나는—다른 종교적 견해에 따라 다양하다고 이야기한다.[14]

역시 반복해서 강조했듯이, 엘리아데에게 신화는 환원될 수 없는 상징적인 것이다. 상징체계는 신화의 언어이며 신화는 반드시 상징

불러일으키는 것이며, 인간의 자기 소외, 가짜 존재, 현실로부터의 도피를 표현하는 것이다. 실존이 본질에 우선한다는 사르트르의 가장 유명한 어구는 1945년 강의에 처음 등장하고 다음해 『실존주의는 휴머니즘이다L'Existentialisme est un humanisme』와 『실존주의와 휴머니즘Existentialism and Humanism』으로 출판되었다. 이 강의는 수많은 선집이나 편집된 책에 다시 수록되었다. 예를 들면 Jean-Paul Sartre, *Existentialism*, trans. Bernard Frechtman(New York: The Philosophical Library, 1947), pp. 14~38이 있다.

14) *Myth and Reality*, pp. 92~93. *The Myth of Eternal Return*에서 엘리아데는 다음과 같이 말한다. "전통적인 사회에서는 삶의 모든 중요한 행위를 태초부터 신이나 영웅들이 보여주었다는 것을 덧붙여야 한다. 인간은 단지 이러한 모범적이고 전형적인 몸짓들을 무한히 반복한다."(p. 32)

적이다. 상징의 구조는 엘리아데가 신화와 종교를 해석하는 해석학적 틀을 제공한다. 앞 장에서 밝힌 모든 상징체계의 특징들은 엘리아데의 신화 해석에 적용된다. 이러한 상징체계의 특징으로는, 상징이 모여서 정합적이고 구조적인 체계를 형성하도록 하는 "상징의 논리", 인식의 독자적인 방식으로서의 상징적인 것, 직접적인 경험의 수준에서는 명백하지 않은 구조와 의미를 드러내는 상징의 능력, 실재의 다른 수준들에서 구조적으로 정합적인 수많은 의미를 드러내는 상징의 다가성, 상징이 다른 차원의 실재와 동질화되도록 하며 정합적인 체계 혹은 전체 내에 통합되도록 하는 통일의 기능, 실재의 역설적이고 모순된 측면들을 표현하는 상징의 능력, 실재를 지향하며 실존의 의미를 드러내는 상징적인 것의 실존적 가치 등이 있을 것이다. 엘리아데는 신화의 기능, 구조, 의미 그리고 함의를 기술하고 분석할 때마다, 종교적 상징체계의 이와 같은 특징들을 완전히 인식하고 있었다.

엘리아데의 상징체계 이론은 그의 모든 신화 해석에 필수적이기 때문에, 신화 해석에서 상징체계의 주된 중요성을 강조하는 구절 하나를 그의 『일기』에서 인용하도록 하겠다.

> 인간 기원에 관한 신화는 인간이 (조물주나 초자연적 존재에 의해) 진흙, 돌, 나무와 같은 제1질료로부터 만들어졌다는 것이다. 이러한 제1질료는 분명히 각 문화의 구조들과 연관이 있다. 즉 거석 문화의 민족들은 돌을 강조하고 (그러나 그 신화는 어디서나 발견되기도 한다), 농경 민족들은 땅이나 흙(토양의 비옥성 등)을 강조한 것이다. 그러나 이 사실 자체가 중요한 것이 아니라, 이러한 물질들이 함축하는 상징체계가 중요한 것이다. 바위나 돌은 영속성의 창조적인 표현이다. 인간이 돌로부터 만들어졌을 (혹은 추출되었을) 때, 인간은 바위의 존재 양태의 성질을 지니

게 된다. 그는 지속성을 지녔고 죽음을 알지 못했다. 반면 주기적 이고 영원한 재생 속에서 삶의 연속성은 비옥한 땅과 나무들의 숲에 의해 표현된다.[15]

다가적 성격을 지닌 상징은, 실존의 전 반성적 수준에서 직접적인 경험에 사용되는 미개발된 "암호"에서부터 신비주의의 정교한 형태나 형이상학과 신학의 고도로 발전된 체계에서 찾을 수 있는 매우 복잡하고 세련된 상징적 표현에 이르기까지 경험과 실재의 모든 수준에서 기능을 한다. 상징의 논리, 다가성, 단일화 등의 속성 때문에, 엘리아데는 근본적이고 전 반성적인 상징의 발현에서부터 종교 신비주의라는 주요한 형태로 복잡한 상징의 설명을 정교화하는 것에 이르기까지 구조적인 연속성이 있다고 주장한다. 그러나 상징적인 성스러움은 실재의 매우 다른 수준에서 나타나고 표현된다는 것을 깨닫는 것이 중요하다. 정교한 존재론적 체계의 상징적인 설명은 성스러움의 근본적인 경험이라는 직접성에서 상당히 떨어져 있는 것이다.

이런 면에서 신화는 다소 복잡하고 세련된 상징의 표현이다. 참된 이야기들이 성스러운 시간에 발생한 사건들의 성스러운 역사를 드러내고 신화적 인간이 세계 내에서 자신의 존재 양태를 이해할 수 있게 하는 모범적 본보기를 제공하도록, 종교적 상징은 이야기의 형태로 모아진다. 신화적 상징은 신자들의 직접적 경험에 사용되는 한편, 상징적 부호의 전 반성적 수준으로부터 다양한 "거리"에 있는 신화의 수준에서 기능하는 성스러운 이야기들을 형성한다.

동시에 우리는, 제멋대로 또는 완전히 고의적이고 통제된 방식으로, 혹은 매우 합리적이고 지적인 과정을 통해, 신화적 인간이 종교

---

15) *No Souvenirs*, p. 208.

상징들을 이야기의 형태로 "조합한다"는 의미로 이러한 관찰을 해석하는 것도 경계해야 한다. 가장 세련되고 복잡하며 매우 정교한, 심지어 "합리적인" 상징적 신화는 경험의 전 반성적이고 비합리적인 수준에서 기능한다. 이러한 신화는 무의식적, 의식적, 초의식적 수준의 경험을 포함하는 "총체적 인간"을 수반한다. 상징적 신화는 완전히 합리적이거나 개념적인 분석으로 환원될 수 없다. 신화는 신화적 인간이 이해하지 못할 때조차도 그 자체의 환원될 수 없는 상징적 "논리"를 유지한다. 신화는 인식의 환원될 수 없는 상징적인 방식을 표현하며, 신화적인 것은 창조와 드러냄의 자율적 행위로 기능한다.16) 신화는 성스러움의 경험을 상징적으로 표현하는 성스러운 이야기일 뿐 아니라, 때로는 그 자체가 성현의 속성을 지녀서, 성스러운 의미를 형성하고 드러내며 신화화의 과정을 통해 성현화의 상징적 과정을 확장한다.

신화의 일반적 구조와 기능

신화의 가장 일반적인 구조와 기능에 대한 엘리아데의 설명에 나오는 주요한 논점들의 대부분은 이미 신화에 대한 그의 일반적 정의에서 살펴보았다. 그는 신화의 다섯 가지 특징을 다음과 같이 제시한다.

일반적으로 시원적 사회에서 경험되는 신화는 다음과 같다고 말할 수 있다. (1) 신화는 초자연적 존재들의 행위의 역사를 구성한다. (2) 이 역사는 (실재들과 관련되기 때문에) 절대적으로 **참**

---

16) 엘리아데가 신화를 창조와 계시의 자율적 행위로 분석하는 것의 예로는 *Patterns*, p. 426을 보라.

되며 (초자연적 존재들의 작품이므로) **성스럽다**. (3) 신화는 항상 "창조"와 연관이 있어서 무언가가 어떻게 존재하게 되었는지, 행위의 형태나 제도 그리고 노동 방식 등이 어떻게 수립되었는지를 말해준다. 신화가 모든 중요한 인간 행위의 전형을 구성하는 것은 이 때문이다. (4) 신화를 앎으로써 사람들은 사물의 "기원"을 알게 되고 따라서 그것을 마음대로 통제하고 조정할 수 있다. 이는 "외부적이고" "추상적인" 지식이 아니라, 의식儀式상으로 신화를 다시 설명함으로써 혹은 신화가 정당화하는 의례를 수행함으로써 의례적으로 "경험하는" 지식이다. (5) 회상되거나 재현된 사건의 힘을 찬미하면서 성스러움에 사로잡혀 있다는 의미에서, 사람들은 어떻게든 신화를 "경험한다".[17]

이렇게 신화를 "경험하는 것"은 완전히 "종교적인" 경험을 의미한다. "이 경험의 '종교성'은 사람들이 엄청나고 고귀하며 중요한 사건을 재현하며 초자연적인 존재의 창조적 행위를 다시금 목격한다는 사실 때문에 생긴다. 사람들은 일상의 세계에서 존재하는 것을 멈추고, 초자연적 존재로 충만하고 빛나는 변형된 세계로 들어간다." "간단히 말해 신화는 세계, 인간, 삶이 초자연적 기원과 역사를 가지고 있으며 이 역사는 중요하고 귀중하고 모범적이라는 것을 드러낸다."[18]

맨 마지막의 진술은 신화의 주요 기능에 대한 엘리아데의 설명을 가리킨다. "신화의 주요한 기능은 모든 의례와 모든 중요한 인간 행위의 모범적 본보기를 결정하는 것이다."[19] "신화의 기능은 본보기를

---

17) *Myth and Reality*, pp. 18~19.
18) Ibid., p. 19.
19) *Patterns*, p. 410. *Myth and Reality*에서 엘리아데는 "신화의 가장 중요한 기능은 모든 인간의 의례와 모든 중요한 인간 행위들—음식 섭취나 결혼, 일이나 교

드러내는 것이며, 그렇게 함으로써 세계와 인간의 삶에 의미를 부여하는 것이다. 신화를 통하여 …… **실재, 가치, 초월**의 개념이 천천히 이해되기 시작한다. 신화를 통하여 세계는 완벽하게 명확하고, 이해할 수 있으며, 의미 있는 우주로 파악된다. 어떻게 사물이 만들어졌는지 이야기할 때, 신화는 누구에 의해서, 왜, 어떤 조건하에 사물이 만들어졌는지를 밝혀준다. 이러한 모든 '드러냄'이 …… 성스러운 역사를 구성한다."[20]

앞 장에서 제시된 수많은 신화의 해석에서뿐만 아니라 엘리아데의 신화의 정의와 신화의 일반적 구조와 기능에 대한 설명에서 볼 수 있듯이, 시간과 역사는 그의 신화 이론에서 핵심적이다. 신화의 시간은 성스러운 시간이고 신화의 역사는 성스러운 역사이며, 중심의 상징 체계에 대한 설명에서 제시된 것처럼 신화적 공간은 성스러운 공간이다. 이 장의 다음 부분들과 8장, 9장에서는 신화, 시간, 역사에 대한 엘리아데의 해석을 더 상세하게 고찰하도록 하겠다.

여기서는, 종교인을 포함하여 많은 현대 서구인은 완전히 이해하기 어려울지도 모르는, 엘리아데의 신화적 시간과 역사에 대한 해석의 중심적인 특징 하나를 집중적으로 다루겠다. 신화의 속성, 구조, 기능, 의미에 대한 엘리아데의 해석에서, 신화 신봉자들은 자신들의 신화에 기술된 초자연적인 존재나 다른 성스러운 실재와 실제로 동시에 존재하게 된다. 논쟁의 여지가 적고 전형적인 비엘리아데적인non-Eliadean 해석과 엘리아데의 극적인 주장을 대조해도 좋을 것이다.

신화의 신봉자들이 그들의 신화가 신화적 시간, 공간 그리고 역사

육, 예술이나 지혜—의 모범적 본보기를 드러내는 것이다"(p. 8)라고 주장한다.
[20] *Myth and Reality*, pp. 144~45. *The Myth of the Eternal Return*에는 신화의 중요한 기능이 모든 의례와 모든 중요한 인간 행위들의 모범적 본보기를 드러내는 것이라고 주장하는 사례가 많이 들어 있다.

에서 발생했던 것으로 믿어지는 사건들을 "상징화하고", "표상하며", "기념한다"는 것을 인정하는 것은 어렵지 않다. 신화 신봉자들은 그렇게 표상된 신화적 실재와 복잡하고 넓게 분기된 관계를 수립하며, 그렇게 상징적으로 표현된 사건들을 "평범한" 시간과 역사에 다양한 방식으로 연결시킨다.

엘리아데가 철저히 역사에 관심이 없는, 반역사적이라고까지 해석한 신화 전통들을 검토해보면, 학자들이 초자연적 존재나 신화적 조상이 모범적 행위를 수행했을 때를 정확하게 확인하려고 하는 것은 어떤 시원적인 신화적 문화에는 부적절하거나 심지어 아무런 의미가 없을지도 모른다. 정확히 언제 그리고 어디서 폴리네시아의 이오Io가 우주를 창조하는 말을 발화하여 세계를 존재하도록 했는지를 정하려고 하는 것은 시간 낭비인 것으로 보인다. 언제 혹은 어디서 뉴기니의 데마Dema 형태의 신들이 신화적 조상들에 의해 살해되어 인간의 세계와 인간의 조건을 창조하는 결과를 낳았는지를 입증하는 것도 마찬가지이다. 이와 마찬가지로 정확히 언제 어디서 시Śiva 신이 태어났는지, 언제 어디서 『바가바드기타Bhagavad Gītā』에 나오는 유명한 전투가 일어났는지 혹은 정말 실제로 일어났는지, 그리고 『기타Gītā』에 나오는 것처럼 크리슈나Kṛṣṇa신이 정말로 아르주나Arjuna의 전차 마부였는지를 확인하는 역사학자들과 고고학자들의 작업은, 반역사적 혹은 비역사적인 힌두의 어떤 신화적 문화에는 부적절하거나 완전히 의미 없는 일일 것이다.

이것〔엘리아데가 어떤 신화 전통이 역사에 관심이 없다고 설명하는 것〕은 그런 신화적 문화들 내의 시간적이고 역사적인 관계들의 복잡성을 부정하는 것이 아니다. 비신화적 시간과 역사의 의미와 실재를 평가절하하거나 부인하는 것으로 보이는 신화적인 문화 내에도, 신화적 사건이 드러나는 것과, "보통의" 세속적인 시간 및 역사 사이의 역동적이고 변화하며 문맥에 따르는 관계가 종종 존재한다. 그 관계들은 다른 종교적, 신화적 문화들 사이에 차이가 있을 뿐 아니라, 같은 신화적 문화 내에서도 변화하는 역사적, 경제적, 사회적 그리고 다른 조건들에 반응하여 확연하게 변할 수도 있다.

예를 들면 엘리아데 등의 해석자들이 빈번히 제시하는 힌두 신화와 종교에 대한 일반적인 학문적 접근은, 유대인, 기독교인 그리고 이슬람교인과는 달리 힌두교인들은 그들의 성스러운 이야기에서 표상되는 신화가 드러낸 이야기들의 "사실적" 근거에 관한 경험적, 역사적, 과학적 질문들에는 거의 혹은 전혀 관심이 없었다는 전제를 포함한다. 라마Rāma, 크리슈나 혹은 시바가 신화에 기술된 "역사적" 시간에 그리고 지형적 위치에서 "실제로" 태어나서 활동에 연루되었는지에 대한 질문과 같은 것은 대개 힌두의 신화적 영성과는 관계가 없는 것으로 간주된다. 그러나 1992년 12월에 아요디아Ayodhya에 있는 모스크 사원을 파괴한 사건에서 명백해진 것처럼, 수백만의 현대 힌두 "근본주의자들"은 그들 신화의 라마가, 훗날 모스크가 건축된 바로 그 자리 위에 있는, 현재 우타르 프라데시Uttar Pradesh 주에 위치한 특정한 장소에서 태어났다는 역사적인 주장을 놓고 기꺼이 남을 죽이거나 자신이 죽을 수도 있다.[21]

---

[21] 이와 유사하게, 나는 1985~1986년에 스리랑카에서 마주쳤던 주요한 신화적 반응에 놀라지 않을 수 없었다. 붓다가 정복자로서 스리랑카에 왔다는 이야기와 같은 싱할라Sinhala 불교 신화와 스리랑카 연대기에 나오는 신화적 사건들이 역사적 사실로 제시되었고, 내전 당시 타밀Tamil 힌두교도들을 죽이는 것을 정당화하기 위해 사용되었다. 이 신화들은 내가 붓다의 기본 가르침이라고 항상 생각해왔던 것에 종종 모순되는 것으로 보였다. 싱할라의 불교 신화 해석은 언어와 인종과 국적과 종교를 동일시하여 역사적 주장을 하지만 현대 학자들이 제시한 역사적, 고고학적, 과학적 반증으로부터는 분리되어 있었다. *Religion and Political Conflict in South Asia*에서 나는 싱할라 불교 신화 해석의 속성, 의

엘리아데가 종종 강조한 서구 종교 내의 역사에 무관심한, 시원적인, 우주적 구조가 아니라, 대개 좀 더 역사적인 것으로 해석되는 지배적인 서구 종교 전통들을 검토해보면, 연대기순으로 되어 순서를 바꿀 수 없는 역사는 성스러운 이야기 내에서 신성화되고 심각하게 받아들여진다. 정통파 유대교인들이 모세가 역사적이지 않은 신화적 창조물이라고 배운다 하더라도, 혹은 과학적 증거에 따르면 모세가 『구약성서』에 나오는 것처럼 역사적 사건들의 전개 속의 어떤 정확한 시간에 시내산에서 신으로부터 직접 십계명을 받았다는 주장은 신빙성이 매우 희박하다고 배운다고 해도 그들의 신앙에 부적절하지는 않을 것이다. 마찬가지로 『신약성서』와 『쿠란』의 성스러운 이야기에 묘사된 사건들의 역사적 진실성에 대한 심각한 의심이 생길 때, 전통적인 기독교인과 이슬람교인은 그러한 질문들을 자신들의 신앙과 완전히 무관한 것으로 무시하거나 물리치지 않았다. 사실 이는 수세기에 걸쳐 종교적 권위자들이 반체제주의자나 이단자로 여긴 사람들에게 반대하여 취한 많은 조치들을 보면 분명하다. 이러한 일은 아요톨라 호메이니Ayotollah Khomeini가 『악마의 시The Satanic Verses』를 출판한 살만 루시디Salman Rushdie에게 내린 사형선고나, 바티칸과 보수적 개신교단이 자유주의적 성직자와 신학자들에게 침묵하도록 한 조치 등과 같은 최근의 경우에도 계속 분명하게 드러난다. 성스러운

미, 함의와, 이 신화와 역사 사이의 복잡하고 모순되는 관계를 분석했다. Douglas Allen, "Religious-Political Conflict in Sri-Lanka: Philosophical Considerations", in *Religion and Political Conflict in South Asia: India, Pakistan, and Sri Lanka*, ed. Douglas Allen(Westport, Conn.: Greenwood Publishers, 1992; New Delhi: Oxford University Press, 1993), pp. 181~203을 보라. 신화와 역사의 복잡한 관계에 대한 뛰어난 연구로는 Gananath Obeyesekere, "Duṭṭhagāmaṇī and the Buddhist Conscience", in *Religion and Political Conflict in South Asia*, pp. 135~60을 보라.

이야기에서 표현되고 기념되는 기독교와 이슬람교의 역사적 설명의 일부 사실적인 근거에 대해 의문을 제기한 수백만의 사람들이 박해를 받았고, 출교를 당했으며, 심지어 죽음을 당하기도 했다.

그럼에도 불구하고 역사적이지 않은 신화적 문화와 좀 더 역사적인 신화적 문화 모두에서 종교적 문화들이 시간과 역사를 얼마나 다양하게 생각하고 평가하는지와 상관없이, 모든 신화적 표현은 영원하고 초역사적이며 성스러운 진실과 실재를 가리킨다는 것과, 신화는 성스러움을 드러내는 신화적 창조물과 사건들을 상징하고, 표상하고, 기념한다는 것을 인정하기란 어렵지 않다.

엘리아데의 해석이 더 충격적이고 논란이 되는 것은 그가 이러한 접근이 세계 내의 신화적 존재 양태와 신화적 경험과 신화적인 시간관 및 역사관을 실제로 이해하는 데 이르지 못한다는 획기적인 주장을 종종 한다는 점이다. 반복해서 엘리아데는 신화가 본원적인 시간과 성스러운 역사를 "표상하거나" 단순히 "기념하는" 것이 아니라고 강조한다. 살아 있는 신화에서 신화적 인간은 범속한 시간, 공간, 역사의 한계를 돌파하고 제거한다. 신화의 "반복"과 "재현"을 통해, 초인간적이고 모범적인 신화적 본보기에 근거한 의례 등의 중요한 행위에 참여하는 것을 통해 신화의 신봉자들은 실제로 초자연적 존재, 조상, 그리고 신화에 기술된 성스러운 사건들과 실제로 같은 시기에 존재하게 된다. "관계된 것은 신화적 사건의 기념이 아니라 그것의 반복이다." 신화의 행위자는 "현재화되고, 사람들은 그것[*신화적 사건]과 동시대에 있게 된다. 이것 역시 인간이 더 이상 연대기적 시간이 아니라 원초적인 시간, 사건이 처음 일어났던 시간에 살고 있다는 것을 의미한다." 이것은 신화의 "강력한 시간"이며, "새롭고 강력하고 중요한 어떤 것이 현현되는" 성스러운 시간이다. "그 시간을 다시 경험하는 것, 그것을 가능한 한 자주 재현하는 것, 신의 작업 광경을 다시 목격하는 것, 초자연적 존재를 만나서 그들의 창조의 교훈을 다시 배우는 것은, 모든 신화의 의례적 반복에 본형本形처럼 고루 퍼져 있는 욕구이다."[22]

우주 창조 신화를 암송하면서, 폴리네시아인, 아메리칸 인디언 혹은 남동 유럽의 농민은 "기원으로 돌아가며", 창조의 순간 혹은 창조 이전의 원초적인 전前 우주적 시간에 존재하고, "시초의 완벽함"에 의해 새롭게 된다. 약초가 질병을 치료하는 주술-종교적 효용성을 지니게 되는 것은, 그것을 사용하는 사람이 초자연적 존재가 그 성스러운 식물을 처음 창조했던 신화적 시간을 알고 있고 그 시간에 참여하기 때문이다. 힌두 농민이 『라마야나Rāmāyaṇa』 서사시에서 서술되는 성스러운 역사에 참여할 때, 라마 신이 랑카섬에서 악마 라바나Rāvaṇa로부터 시타Sītā를 극적으로 구조하는 것을 묘사하는 신화의 사건을 다시 살게 되고 그 신화와 동시대에 있게 된다. 유대인은 이집트로부터 탈출한 것을 단순하게 상징하거나 기념하는 것이 아니다. 유대인은 노예 상태에서 벗어나 자유를 얻은 성스러운 역사를 재현하고 거기에 참여함으로써 영적으로 새롭게 되는 것이다. 주기적인 반복은 "신화적 시간이 **현재화되고** 무한히 사용된다"는 것을 의미한다. 신화적 사건의 시간은 의례를 통해 재현되어, "**현재화되고**, 소위 '표상된다'. 평범한 계산으로 보면 그 시간이 아무리 멀리 있다고 하더라도 말이다. 그리스도의 수난, 죽음 그리고 부활이 성 수난주간 예배 시간에 단순하게 기억되는 것이 아니라, **그때** 신자들의 눈 앞에 실제로 일어나는 것이다. 확신에 찬 기독교인이라면 자신이 이러한 초역사적인 사건과 **동시대**에 있다고 느껴야만 한다. 신현의 시간은 재현되는 것에 의해 실제가 되기 때문이다."[23]

22) *Myth and Reality*, p. 19.

신화에 관한 엘리아데의 저술 전반에 걸쳐 나타나는 이러한 설명들은 기본적인 문제 하나를 제기한다. 즉 엘리아데가 어느 정도로 신화를 믿는 사람의 견해를 제시하며 어느 정도로 자기 자신의 가치판단을 부여하는가라는 질문이다. 방금 인용한 부분에서, 그는 "확신에 찬 기독교인"에게 신화적 시간이 현재화되고 신화적 사건이 다시 살아난다는 것을 분명하게 지적하고 있다. 대부분은 아니더라도 많은 현대 기독교인은 실제로 그리스도의 죽음에 참여한다는 해석보다는 그들이 이 사건을 회상하거나 기념하고 있다는 해석을 더 쉽게 받아들일 것이라는 명확한 반대는 차치하더라도, 엘리아데의 많은 해석이 "신화적인 사람의 관점으로부터" 분명히 인정받은 것은 아니다. 그러므로 엘리아데가 신화적 인간이 "실제로" 초창기의 완벽함으로 회귀하고 원초적 창조 행위의 자리에 있다거나, 초자연적인 존재를 "실제로" 만나며 본원적 신화의 사건에 참여한다고 종종 주장할 때, 정확히 무엇을 의도하고 있는지 항상 분명하지는 않은 것이다.

자서전이나 일기, 자전적 문학작품, 학문 저작에 나타난 개인적인 진술 등을 보면, 엘리아데 자신이 실존의 "평범한" 시간적이고 역사적인 차원을 초월하는 것의 가능성뿐 아니라 그 필요성까지 믿고 있었다는 것이 분명해진다. 그 사실로 인해 이 문제는 더 복잡해진다. 인간은 초역사적이고 비시간적이며 질적으로 다른, 신화, 상징 그리고 성스러움의 우주에서 사는 것에 대한 욕구, 거기서 살아야 할 필요, 거기서 살 수 있는 능력을 가지고 있다. 시간적이고 역사적인 것에 완전히 공감하며 초월성의 신화적이고 모범적인 본보기를 부정하려는 현대의 시도를 엘리아데는 종종 부정적으로 평가한다. 그러한

---

23) *Patterns*, pp. 392~93. "신화의 위대한 순간과의 동시대성同時代性은 모든 형태의 주술-종교적인 효과에 필수 불가결한 조건이다."(p. 393)

존재 양태는 비인간적일 뿐 아니라 반인간적이며, 소외된 것이고, 무의미하며, 자기 파괴적이라고 평가된다.

그럼에도 불구하고 적어도 첫 단계의 이해를 위해서는 엘리아데의 신화 해석을 기술적記述的이고 현상학적인 수준에서 검토하는 것이 가장 좋겠다고 생각된다. 엘리아데의 해석은 이런 것들이 시원적인 문화를 비롯한 신화적인 문화들의 기본적 전제, 신앙, 의례, 의미 있는 행위, 형이상학, 존재론이라고 주장한다고 이해해야 좋다는 말이다. 이것이 신화의 구조에 대한 이론에서 엘리아데가 실제의, 특별한, 역사적인, 종교적인, 신화적인 인간의 관점을 멀리 넘어가기를 반복하는 해석을 제시한다는 것을 부인하겠다는 뜻은 아니다.

우주 창조 신화

엘리아데는 "창조", "기원" 그리고 "시초의 완벽함"을 매우 중요시했다. 배타적일 정도는 아니지만 무엇보다 먼저 시원적 신화와 종교에 초점을 맞추어, 엘리아데는 신화 문서가 우주 창조 신화에 주된 존재론적 지위와 구조적이고 기능적인 중요한 역할을 부여하는 계층적인 가치척도를 드러낸다고 주장한다. 신화를 선정하고 배열하고 기술하고 해석하는 엘리아데의 작업은, 우주 창조 신화를 최고로 중요시하며 이외의 다른 창조 및 기원 신화들 또한 매우 중요시하는 그의 시각을 기반으로 한다. 그는 대개 창조 및 기원 신화들을 우주 창조론을 연장하고, 완성하며, 종종 모방하는 것으로 해석한다. 엘리아데에 따르면 부족사회의 "여전히 살아 있는 전통에 접근하는 모든 경우에" 신화 체계가 "성스러운 역사"를 구성할 뿐 아니라 "그것이 다루는 일련의 엄청난 사건 속에서 위계질서를 드러낸다"는 사실도 우리는 떠올릴 수 있다. "일반적으로 모든 신화는 세계, 인간, 동물 종 또는 사회제도 등과 같은 것들이 어떻게 생겨났는지 말해준다고 할 수 있을 것이다. 그러나 세계의 창조가 다른 모든 것에 선행한다는 바로 그 사실에 의해, 우주 창조는 특별한 지위를 갖는다. 사실 …… 우주 창조의 신화는 모든 기원 신화에 본보기를 제공한다. 동물, 식물 혹은 인간의 창조는 세계의 존재를 전제로 한다."[24] 엘리아데가 설명하는 내용을 살펴보자.

엄청나게 다양한 우주 창조 신화가 존재하지만, 이들은 다음과 같이 분류될 수 있을 것이다. 1. **무無로부터의 창조**(지고至高의 존재는 생각으로써, 말로써 혹은 증기가 나오는 오두막에서 스스로를 가열함으로써 창조한다). 2. 흙 잠수부의 모티프(어떤 신이 수생水生 조류나 양서류 동물을 보내거나 자신이 본원적인 대양의 바닥에 잠수하여 소량의 흙을 가지고 오며, 여기서 전 세계가 자라난다). 3. 본원적 단일체를 둘로 나누는 것에 의한 창조(세 가지 변형을 구별할 수 있다. a. 하늘과 땅의 분리, 즉 세계의 부모들의 분리. b. 최초의 무정형의 덩어리인 "혼돈Chaos"의 분리. c. 우주 창조론의 알이 둘로 나뉘는 것). 4. 자발적인 신인 동형적 희생 제물(스칸디나비아 신화 체계의 이미르Ymir, 인도 베다의 푸루샤Purusha, 중국의 반고P'an-ku)이거나 엄청난 전투 후에 정복되는 수생水生 괴물(바빌로니아의 티아마트Tiamat)인 본원적 존재의 절단을 통한 창조.[25]

---

24) *Quest*, p. 75.
25) Mircea Eliade, *From Primitives to Zen: A Thematic Sourcebook of the History of Religions*(New York: Harper and Row, 1967), p. 83. (한 권으로 된 페이퍼백 판은 *From Primitives to Zen*이라는 제목으로 1977년에 출판되었고, 나중에는 *Essential Sacred Writings From Around the World*로 출판되었다.)

자신이 쓴 몇몇 책에서 엘리아데는 마오리족의 폴리네시아 우주 창조 신화의 사례를 이용한다. "이 신화에 따르면 태초에는 단지 큰 바다와 어둠만이 있었다. 지고신至高神 이오Io는 그의 말과 생각의 힘에 의해 큰 바다를 분리했고 하늘과 땅을 창조했다. 그는 말했다. '바다가 나뉘며, 하늘이 형성되고, 땅이 있게 하라!' 이오의 이러한 우주 창조의 말들로 인해 세계가 존재하게 되었다. 이 말들은 성스러운 힘으로 충만한 창조의 말이다. 따라서 인간은 **해야 할, 창조할** 어떤 것이 있을 때마다 이 말들을 입에서 발하는 것이다." 이오는 우주 창조의 말에 의해 세계를 창조하고 어둠으로부터 빛을 가져왔다. 폴리네시아인들은 어둠으로부터 빛을 창조할 것을 요구하는 모든 종류의 의례와 행위를 하는 중에 이 말을 반복한다. 이런 행위의 예로는 불임의 자궁에 아기를 착상시키기, 신체적, 정신적 질병을 치료하기, 그리고 죽음이나 전쟁의 경우에 절망을 극복하기 등을 들 수 있다.[26]

엘리아데는 이것이 "전통 사회 내의 우주 창조 신화의 기능에 관한 직접적이고 논박의 여지가 없는 증언을 제시한다"고 여긴다. 이 우주 창조 신화는 모든 종류의 창조에 대한 본보기의 역할을 한다. 다가적인 속성이 있어서, 중심적 신화는 여러 준거 지평에서 적용될 수 있으며, 다양하고 단편화된 절망의 경험을 의미 있고 유망하며 창조적이고 통합된 신화적 존재 양태로 변형시킬 능력이 있다. "성공하지

---

26) *Myth and Reality*, pp. 30~31. 폴리네시아의 우주 창조에 대해 설명하기 위해 엘리아데는 E. S. C. Handy, *Polynesian Religion*(Honolulu: Bernice P. Bishop Museum Bulletin 34, 1927), pp. 10~11을 인용한다. 이오Io와 마오리족 우주 창조론에 관한 보다 철저한 설명은 *From Primitives to Zen*, pp. 86~87에 나온다. 여기서 엘리아데는 Hare Hongi, "A Maori Cosmogony", *Journal of the Polynesian Society* 16 (1907): 113~14를 사용한다. *From Primitives to Zen*, pp. 14~15, *Eternal Return*, pp. 82~83, *Sacred and Profane*, p. 82, 그리고 *Patterns*, p. 410도 보라.

못한 전쟁은 질병, 어둡고 낙담한 마음, 임신하지 못하는 여인, 영감이 부족한 시인 등 인간이 절망에 빠진 모든 위험한 실존적 상황과 동질화될 수 있다. 또한 이 모든 부정적이고 절망적이며, 명백히 돌이킬 수 없는 상황이 우주 창조의 신화를 암송하는 것에 의해, 특히 우주를 만들어내고 어둠 속에서 빛이 생겨나게 한 이오의 말들에 의해 뒤집힌다. 달리 말하면 우주 창조론은 모든 창조의 상황에 대한 모범적 본보기이다. 인간이 하는 모든 것은 어떤 면에서 탁월한 '위업', 창조신의 원형적 동작, 세계 창조의 반복이다." 엘리아데는 폴리네시아의 우주 창조가 모든 종류의 "행위"에 대한 모범적 본보기인 것은 그것이 모든 창조의 이상적인 본보기이기 때문일 뿐 아니라, "우주는 신의 작품이며 따라서 그 구조상으로도 신성화되기 때문"이라고 덧붙인다. "여기서 더 확장시켜서, 완벽하고 '충만'하며 조화롭고 비옥한 모든 것은 — 간단히 말해 '우주화되는' 모든 것, 우주를 닮은 모든 것은 — 성스럽다."[27]

엘리아데는 자신이 1966년 제네바에서 열린 철학자 대회에서 했던 강의에 대해 쓰고 있다. 거기서 그는 인도네시아 우주 창조 신화와 오스트레일리아 우주 창조 신화에 대해 발표했다. 그는 "우주 창조 신화의 모범적 본보기의 역할"이 이해되었기를 기대하고 있다. 비록 그는 "시원적 우주 창조 신화의 교훈"을 철학자의 언어로 번역하는 것을 피하였지만, "우주 창조론은 생성되는 존재를 의미하기 때문에, 그것은 당연히 존재의 드러남ontophany의 문제이다"라고 진술한다. "세계의 출생, 창조는 무엇보다도 존재의 출현, 존재의 드러남이다. 이것이 우주 창조 신화가, 마을이나 가옥의 건축에서부터 결혼 축하와 임신에 이르기까지, 모든 유형의 창조의 모범적 본보기인 이유이

---

27) *Myth and Reality*, pp. 31~33.

다. 그것은 항상 세계의 새로운 창조의 문제, 즉 존재의 새로운 현현의 문제이다." 엘리아데는 이것이 "말하자면 모든 형태의 실재에 대한 모범적 본보기로서 세계를 드러내기 때문에, 명백하게 '원시적' 존재론의 문제, 초보적 형이상학의 문제이다"라고 결론짓는다.[28]

우주 창조 신화는 폴리네시아 신화처럼 상대적으로 단순하고 명확하게 제시되는 것에서부터 매우 복잡하고 모호한 다른 신화들까지 엄청나게 다양하다. 게다가 신화적인 민족들은 그들 자신의 우주 창조 신화와 그들 자신의 성스러운 역사의 속성과 의미를 철저하게 다른 방식으로 평가한다. 엘리아데의 「악마와 신: 루마니아 민속 우주 창조론에 대한 선사학The Devil and God: Prehistory of the Romanian Folk Cosmogony」이라는 긴 연구에서 우주 창조 신화의 복잡성과 모호성에 대한 훌륭한 사례를 찾을 수 있다.[29] 엘리아데는 루마니아 판version에서 시작하여, 남동 유럽의 유일한 "민속" 우주 창조론을 구성하는 우주 창조의 잠수 신화에 대한 수많은 변형을 검토한다. 해석자는 땅을 창조하기로 결정한 신이 그의 대적자인 사탄을 본원적 대양 바다에 보내 땅의 씨앗을 약간 가져오게 하는 이원론적 설명을 이해하려고 노력해야 한다. 우주 창조의 잠수부로서 사탄은 신의 지시 사항을 어기고 자신의 손톱 밑에 약간의 진흙을 가지고 떠올라서 심지어 신을 물에 빠뜨리려고까지 한다. 이 모든 사건은 땅을 창조하고 이어서 세계와 인간 조건의 속성을 창조하는 데 필수적이다.

보르네오의 은가유 다약족Ngaju Dayak을 비롯한 신화적 민족들이 세계 창조 이전에 존재했던 본원적 총체성과의 재통합에 대하여 그들 내면 깊숙이 자리한 향수를 어떻게 표현하고 있는지를 살펴보면, 우

---

28) *No Souvenirs*, pp. 290~91.
29) *Zalmoxis: The Vanishing God*, pp. 76~130을 보라.

주 창조 신화의 속성과 의미에 대한 상이한 평가를 알 수 있다. 그들의 우주 창조 신화는 태고의 완전성과 통일성을 해체하는 데, 그리고 이 세계의 삶에 의미를 부여하는 모범적인 성스러운 역사를 수립하는 데 필수적이다. 그러나 그들은 근본적인 완벽함, 전前 우주적인 비역사적 본원성과 재통합되기를 갈망한다.[30] 엘리아데가 좋아하는 많은 신화와 상징체계는―역의 일치, 심플레가데스, 어떤 모순되고 극도로 역설적인 통과의례와 입문식, 특정한 신비주의의 형태들에서 표현되는 것처럼―이원론과 같은 창조의 현현을 폐지하고 초월하며, 전 우주적이거나 무無우주적인 실재와 통합되거나 혹은 하나가 되려는 목적을 가지고 있다.

엘리아데는 세계 창조에 대한 모든 신화가 폴리네시아의 사례, 비슈누 등 힌두의 창조 신화, 아카드의(메소포타미아의) 『에누마 엘리쉬』, 그리고 창세기에 나오는 히브리의 이야기 등에서 찾을 수 있는 우주 창조 신화와 같아 보이는 것은 아니라고 인정한다. 그러나 엘리아데는 그러한 우주 창조 신화가 없는 전통들에서조차도 시초를 다루는 본원적 역사를 기술하는 중심적 신화가 항상 존재하고, 어떻게 그리고 왜 세계가 시작되었고 오늘날의 세계가 되었는지 설명하는 신화적 사건이 항상 있다고 주장한다.

우주 창조 신화는 다른 창조물들이 생기게 된 것에 대한 신화적인 묘사들에 비해 상대적으로 그 수가 적다. 인간, 다른 동물 종들, 식물

---

30) *Quest*, pp. 77~81을 보라. 엘리아데가 인용한 출처는 Hans Schärer, *Ngaju Religion: The Conception of God among a South Borneo People*, trans. Rodney Needham(The Hague: M. Nijhoff, 1963)이다. *From Primitives to Zen*, pp. 155~58, 165~70, 170~73에 나오는 은가유 다약족의 종교에 관해 발췌한 부분을 보라. 그중에서도 본원적 총체성과의 재통합 요구에 관해 엘리아데가 강조하는 것을 보기 위해서는 특히 pp. 169~70, 170~73을 보라.

과 나무와 산, 사냥과 농경, 탄생과 죽음, 사회적 관계와 제도, 종교 전문인들의 위상, 입문의례 그리고 모든 종류의 다른 중요한 행위들 같은, 다른 것들의 기원 신화의 수는 엄청나게 많은 것이다. 엘리아데는 종종 그러한 기원 신화들이 성스러운 역사를 구성할뿐더러 신화 신봉자들의 삶의 세계에 중요하고 의미 있는 것으로 간주되는 모든 것에 전형적 본보기를 제공한다고 말한다. 일반적으로 엘리아데는 하나의 위계적 구조의 방법으로 기원 신화의 수가 많은 것과 우주 창조 신화의 최고 우월성을 연관시킨다.

어떤 것의 **기원**에 관한 모든 신화적 설명은 우주 창조를 전제로 하고 그 연속선상에 있다. 구조적인 관점에서 보면, 기원 신화는 우주 창조 신화와 동질화될 수 있다. 세계의 창조가 창조의 가장 탁월한 경우이기 때문에, 우주 창조론은 모든 종류의 "창조"에 대한 모범적 본보기가 된다. 이는 기원 신화가 우주 창조 본보기를 모방하거나 베낀다는 것을 뜻하지 않는다. 일치되고 체계화된 닮은 점이 수반되지 않기 때문이다. 그러나 동물, 식물, 제도 등 모든 새로운 출현은 세계의 존재를 함축적으로 의미한다. 사물의 다른 상태로부터 출발하여 어떻게 현재의 상황에 이르렀는지를 설명하는 문제일 때에도(예를 들면 어떻게 하늘이 땅으로부터 분리되었는지, 어떻게 인간이 죽을 운명을 갖게 되었는지), "세계"는 이미 있었다. 그 구조가 다르고 **우리의** 세계는 아직 아니었을지라도 말이다. 모든 기원 신화는 (**세계의 태초부터** 존재하지 않았다는 의미에서) "새로운 상황"을 이야기하고 정당화한다. 기원 신화는 우주 창조 신화를 이어가고 완성한다. 어떻게 세계가 바뀌고 더 풍요로워지고 혹은 더 가난해지는지를 이야기해준다.[31]

엘리아데는 치병 의례healing rituals에 사용된 다양한 기원 신화들을 인용하여 자신의 해석을 실증하려고 한다. 인도의 빌Bhil 부족의 치병 의례에서, 종교 전문인 혹은 "주술사"는 환자의 머리맡에서 대개 축소된 우주와 모든 신을 표상하는 세계의 형상을 의미하는 만다라mandala를 그린다. 만다라의 구성은 주술적인 세계의 재창조에 해당한다. 이 의례 수행의 치료상의 가치는 환자가 세계 창조와 동시대에 있게 되고 "삶의 본원적 충만함에 잠기게 되는" 사실에서 발생한다. "[*태초의] 그 시간에 창조를 가능하게 한 거대한 힘이 그를 관통한다." 엘리아데는 나바호족Navaho, 티베트의 나키족Nakhi, 아시리아인과 같은 신화적 인간들의 우주 창조 신화, 질병과 그 치료법의 기원에 관한 신화, 치병 의례들 중에서 밀접하게 관련된 다른 사례들을 제공한다. "모든 '창조', 우주 창조 신화에 대한 모범적 본보기는 환자가 자신의 삶을 '새롭게 시작'하도록 한다. 기원으로의 회귀는 재생의 소망을 준다. 우리가 검토한 모든 치료 의례medical rituals는 기원으로의 회귀를 목표로 한다. 시원적 사회에서는 삶이 정정될 수 없고 단지 근원으로 돌아가는 것에 의해 재창조될 수밖에 없다는 인상을 받는다. 그리고 '근원들의 근원'은 세계의 창조 때에 생겨났던 에너지, 삶, 비옥함을 막대하게 쏟아 붓는 것이다."32)

엘리아데는 우주 창조 신화와 기원 신화 사이의 관계를 다음과 같이 요약한다. "무엇보다 가장 중요한 것은 기원 신화가 빈번히 우주 창조의 개괄로 시작한다는 사실이다. 즉 기원 신화는 세계 창조의 본질적인 순간들을 간략하게 요약하고 난 후에, 왕족의 계보나 부족의 역사 혹은 질병과 치료의 기원에 관한 역사 등을 이야기하는 것이다.

---

31) *Myth and Reality*, p. 21.
32) Ibid., pp. 24~30.

이 모든 경우에서 기원 신화는 우주 창조 신화를 이어가고 완성하는 것이다." 기원 신화는 우주 창조 신화에 의지한다. 절대적인 "시작"이 세계의 창조인 "시작들"과 관련되기 때문이다. "'기원'을 알기만 하는 것은 충분하지 않다. 이러이러한 사물이 창조되었던 순간을 다시 만드는 것이 반드시 필요하다. 최초의 강력하고 성스러운 시간이 회복될 때까지, 이것은 '돌아가는 것'으로 표현된다." 또한 "본원적 시간을 회복하는 것만이 우주, 생명, 사회의 완전한 갱신을 보장할 수 있다. '절대적인 시작', 즉 세계 창조를 다시 수립함으로써 이 본원적 시간의 회복이 이루어진다." 간단히 말해 우주 창조론은 "모든 종류의 '창조'의 본보기 역할을 하는 것이다."33)

기원 신화

기원 신화와 우주 창조 신화의 관계는 대개 지금까지 제시된 것처럼 그렇게 단순하지 않다. 엘리아데는 많은 신화적 문화가, 그중에서 명백히 우주 창조 신화가 있는 문화마저도 우주 창조론에 별 관심을 나타내지 않는다는 것을 인정한다. 이러한 사실은 조물주 신이 물러나 수동적으로 되고 나아가 신화 신봉자들이 이 신을 평가절하고 잊어버리기까지 하는 물러난 신이라는 현상에 대한 그의 수많은 연구를 보면 분명해진다. 예를 들면 중앙 오스트레일리아의 아란다족을 비롯한 여러 신화적 민족의 관심을 끄는 것은 "최초의" 창조 이후의 신화적 시간과 역사에 발생했던 것이다. 신화적 조상들, 영웅들 같은 초자연적 존재들에 의한 나중의 창조물들이 실존적 본원성과 적절성을 더 많이 가진 성스러운 역사를 구성한다. 그러한 성스러운 역사는

---

33) Ibid., pp. 36~38.

종교적 인간의 살아 있는 세계의 욕구, 필요, 위기, 제의, 행위와 직접 연관되는 전형적인 본보기를 제공한다. 신화적 조상들이 한 것은 우주 창조론을 구성한 것이다. 비록 이 우주 창조론이 엄밀한 의미에서 최초의 세계 창조에 대해 정식으로 이야기하지는 않아도 말이다. 대신에 그것은 신화 신봉자들이 살고 있는 세계와 더 유사해 보이는 세계를 생성한 나중의 신화적 창조물들의 관념을 보인다. 그런 경우 신자들은 창조 후의 성스러운 역사에서 발생했던 것의 모범적 본보기와 그것의 주기적 재현을 통한 회복에 관심이 있다.[34]

원초적인 우주 창조 신화는 평가절하되거나 잊혀지고 실존적으로 더 중요한 신화가 세계 창조 이후에 발생한 것에 초점을 맞추는 구조와 같은, 이렇게 똑같은 일반적인 신화의 구조가 인간의 기원을 설명하는 성스러운 역사에도 적용된다. 엘리아데는 인간의 창조와 관련된 대부분의 원시 신화를 연구한 내용을 다음과 같이 요약한다. "모든 곳에서 신화는 어느 정도 완벽한 (즉 처음에는 불사의 존재인) 본원적 인간의 창조를(또는 지하계地下界나 하늘 등에서 출현하는 것을) 제시한다. 그러나 인간의 기원은 인류의 현 상황을 설명하지 않는다. 인간은 신화적 시대에 발생했던 하나의 사건이나 일련의 사건 이후에, 죽을 운명이 되고, 성별을 갖게 되고, 동물의 세계와 갈등하게 되며, 노동하도록 저주를 받게 된다. 이것은 원시인들에게, 유대-

---

34) *Quest*, pp. 82~87. 아란다족에 대한 이러한 해석을 제시하면서, 엘리아데는 주로 T. G. H. Strehlow의 저술들, 그중에서도 "Personal Monototemism in a Polytotemic Community", *Festschrift für Ad. E. Jensen*, Vol. 2. ed. Eike Haberland(Munich: K. Renner, 1964), pp. 723~54와 *Aranda Traditions*(Melbourne: Melbourne University Press, 1947)를 주로 이용한다. 엘리아데의 *Australian Religions: An Introduction*은 나중에 신화적 창조를 묘사하는 성스러운 역사들에 주된 초점을 맞춘 수많은 사례를 포함하고 있다. 아란다족의 설명에 초점을 맞춘 주요 부분으로는 *Australian Religions*, pp. 29~34, 39~41, 44~53, 57~59가 있다.

기독교 전통에서와 마찬가지로, 현재 모습의 인간은 신의 작품일 뿐 아니라 (물론 '신화적' 역사이지만 여전히 역사인) 역사를 구성하는 특정한 사건들의 결과라는 것을 의미한다."35)

이런 점에서 엘리아데는 "원시인들이 (종종 **물러난 신**으로 바뀌는) 지고의 존재에 의해 지배되는 **본원적 시대**와 신화적 조상이나 좀 더 열등한 다른 존재들이 나타나고 창조되는 본원의 시대라는 두 종류의 **본원성**을 구별한다는 것"을 강조한다. "시원적인 사람은 특히 두 번째의 **본원적 시대**에 특히 관심이 있었다. 그 당시에 일어난 일은 그에게 깊이 각인되었다. 그는 이 신화적 시기에 일어난 일의 결과인 것이다." 이미 시원적인 신화적 문화에서 신화 신봉자는 "신화적 역사와 연결된 것으로" 느끼며, "존재의 드러남, 즉 존재를 드러낸 지고 신의 창조적 현현을 잊거나 무시하는 경향이 있다."36)

엘리아데가 덩이줄기 식물의 초기 재배민初期栽培民 신화의 특징적인 장르인 "살해된 신"이라는 신화를 다룬 내용에서, 우리는 우주 창조 후에 일어난 것에 주로 초점을 맞춘 가장 재미있는 몇몇 신화의 사례를 접할 수 있다. 엘리아데는 하이누벨레Hainuwele와 데마 형태의 신들이 나오는 유명한 뉴기니의 신화에 대한 엔젠A. E. Jensen*의 해

---

35) *No Souvenirs*, p. 207.
36) Ibid., pp. 287~88. 엘리아데의 말을 정리해보자. " '원시인들'이 자신들을 신의 창조의 결과가 아니라 최초의 영웅들(신화의 조상들이나 문화영웅들)의 행위의 결과라고 생각했던 것처럼" 그리스 문화의 신화적인 사람들은 자신들이 "태초의 신화적인 시간에 테세우스, 오이디푸스, 크레온 등의 영웅들에게 일어났던 것"에 의존하는 것으로 생각했다.(pp. 284~85)
* 독일의 민족학자(Adolf Ellegard Jensen, 1899~1965). 문화형태학파의 리더로, 동부 인도네시아에서 수집한 하이누벨레, 즉 코코넛 가지 소녀에 대한 신화를 근거로 초기 재배민初期栽培民 문화를 설명한다. 이 신화는 뉴기니 남부 신화에서 조상들에 의해 살해되는 신적 존재인 데마에 관한 가장 유명한 사례이기도 하다.

석에서 가장 자세한 사례를 사용한다. 우리는 살해된 신들에 대한 특정한 신화를 기술하지 않고 단순히 그 주요한 특질 몇 가지를 언급할 수 있을 것이다. 조물주 신이 물러난 신(dei otiosi)이 되어 사라지면서 다른 신화적 인물들이 채우게 되는 공백을 남긴 것과는 달리, 신화적 조상들의 손에 이 신들이 난폭하게 죽음을 당하는 것은 다음과 같은 창조의 힘이 있다. "〔*신화적 시간의〕 그 시간에 살해된 신은 살해가 주기적으로 재현되는 제의에 살아 있다. 또 다른 경우에는 주로 인간의 몸에서 튀어나오는 (동물이나 식물 등) 살아 있는 형태로 살아남아 있다." 이 신들의 살해는 우주 창조적이지 않다. 그들은 세계의 창조 후에 이 세상에 나타났기 때문이다. 그후 이 신들은 신화적 시간에 매우 제한된 존재로 있다가 살해되며, 그들의 잔인하고 비극적인 죽음은 창조력을 갖게 되었고, 인간 세계와 인간 조건을 구성하는 데 필수적이었다.[37]

이러한 기원 신화들은 인간 조건, 식물과 동물, 죽음, 사춘기의 통과의례, 피의 희생 제의 등과 같은 신화적 문화의 중요한 측면들을 설명한다. "본질적인" 것은 우주 창조론에서가 아니라 그보다 나중의 시기에 성스러운 역사에서 고정된다. "신화적 시간이 여전히 관련된다. 그러나 더 이상 소위 '우주 창조적' 시간이라고 할 수 있는 '처음의' 시간이 아니다. '본질적인' 것은 **존재론**(세계—실재—가 어떻게 존재하게 되었는가)과는 더 이상 관련이 없고, 역사와 밀접한 관련을 맺게 된다. 이것은 신의 역사이면서 동시에 인간의 역사이다. 인간의 조상들에 의해, 그리고 전능한 불멸의 조물주 신과는 형태상 다른 초

---

[37] *Myth and Reality*, pp. 99~107. Mircea Eliade and Ioan P. Couliano, *The Eliade Guide to World Religions*(San Francisco: HarperCollins Publishers, 1991), pp. 53~54, 189~90.

자연적인 존재들에 의해 수행된 드라마의 결과이기 때문이다." 이 신들은 "죽는다". 그러나 이들은 자신들이 창조한 것들 속에 살아남는다. 그들이 "신화적 조상들의 손에 죽음을 당하는 것은 그들의 존재 양태뿐 아니라 인류의 존재 양태도 변화시킨다. 본원적 살해의 때로부터 데마 형태의 신적인 존재와 인간 사이에는 확고 불변의 관계가 생기는 것이다."[38)

이들이 "최초의 감상적이고 비극적인 신화"이며 나중에 고대 근동의 감상적이고 난폭한 다른 신화들이 뒤따라 생긴다고 말하면서, 엘리아데는 놀라운 주장을 한다. "천상의 지고한 존재와 조물주는 단지 특정한 유목 문화들(특히 투르크인과 몽골인들 사이)에서, 모세의 유일신교에서, 조로아스터의 개혁에서 그리고 이슬람에서 종교적 행위를 회복한다." "최초의 역사 문명에 상응하는 유럽과 아시아의 다신교에서 나온 위대한 신화 체계들은 땅의 창조 이후에, 심지어 인간의 창조 (혹은 출현) 이후에 발생했던 것과 더욱더 관련이 있다는 것을 강조해야 한다. 강조점은 더 이상 신들이 무엇을 **창조했는가**에 있지 않고 그들에게 무슨 일이 **일어났는지**에 있다."[39)

지금까지 우리는 세계 창조의 우월성이 아니라 기원에 주된 초점을 맞춘 신화를 강조하는 엘리아데의 수많은 글 중 몇 구절을 살펴보았다. 여기에 대해 아마 다른 신화 이론가들은 엘리아데가 모든 중요한 행위와 창조의 모범적 본보기로서 우주 창조 신화의 가장 중요한 역할을 지나치게 강조하고 있다는 비판을 제기할 것이다. 엘리아데는 우주 창조 신화에 신화적 자료의 총체성으로 정당화될 수 없는 존재론적 지위와 구조와 기능을 부여했다는 것이다. 예를 들면 팔리어

---

38) *Myth and Reality*, p. 108.
39) Ibid., pp. 108~11.

경전에 나오는 고타마 싯다르타, 즉 부처의 근본적이고 자명한 가르침들이 우주 창조에 별 관심을 보이지 않는 것을 지적할 수 있다. 사실 붓다는 세계의 기원에 대한 그러한 형이상학적이고 신학적인 추론은 시간 낭비라고 지적하고, 이러한 추론이 "수양을 지향하지 않는다"는 것을 경고한다. 또한 인도와 영지주의의 종말론이나 다음 부분에서 다루게 될 히브리의 종말론이 우주 창조론을 미래로 "이동시키는" 것으로 해석될 수 있는지에 대해서도 의문을 품을 수 있다.

종말론적 신화

우주 창조론이 최우선적이며 모범적인 신화적 중요성을 가졌다고 주장하며 그 밖의 다른 기원 신화도 주목하는 엘리아데의 설명은 명확한 반대에 부딪혔다. 많은 종교가 창조 신화가 아니라 종말론적 신화를 강조하는 것으로 보인다는 점이 그 반대의 근거가 되었다. 우주 창조 신화로부터 세계 창조 이후의 신화적 시간에 발생한 것을 드러내는 다른 기원 신화들로 이동하기만 하는 것이 아니다. 과거에 일어났던 일보다는 미래에 일어날 일에, 세계의 창조보다는 세계의 종말에 주된 신화적 강조점을 두는 종교 문화들이 있는 것이다. 엘리아데는 우주 창조론의 구조적, 기능적 우월성을 말하는 자신의 이론을 주장하기 위해서 세계의 종말 신화를 해석하고 우주론적 신화와 종말론적 신화의 관계를 세우는 데 상당한 시간을 쏟았다.

다소 지나치게 단순화한 견지에서 엘리아데의 입장을 말한다면, 우주 창조론과 기원에 대한 신화적 초점은, "시초의 완벽함"이라는 개념과 더불어 "움직일 수 있게" 되고 본원적 과거로부터 특정한 시간에 한정되지 않는 미래로 이동한다고 할 수 있다. 엘리아데는 완전히 새로운 어떤 것이 발생했다는 것을 부정하지 않으면서도, 똑같은 본질적인 신화적 직관과 성스러운 우주 창조의 상징적 담화의 재현에서 보이는 모범적이며 유의미한 세계의 구성은 물론, 본원적 성스러움의 회복을 통한 갱신이 종말론적 신화에서도 추적될 수 있을 것이라고 주장한다. 종말론은 그 본질적 구조상 미래의 우주 창조론으로 이해될 수 있다.

신년新年 신화-의례를 비롯한 우주 창조와 기원에 관한 신화-의례의 대본에는 오직 예전의 낡고 쇠퇴하고 부패한 세계의 파괴나 종말을 통해서만 성스러운 "시초"를 회복할 수 있다는 개념이 있다.

> 우주의 주기가 길어지는 것에 비례하여, 시초의 완벽함이라는 개념은, 어떤 것이 완전히 새롭게 시작하기 위해서는 옛 주기의 흔적과 유적은 완전히 파괴되어야 한다는 보완적인 개념을 암시하는 경향이 있다. 달리 말하면 절대적인 시작을 하려면 세계의 종말이 완전해야 한다는 것이다. 종말론은 다가올 우주 창조론의 예시이다. 그러나 모든 종말론은 이 세계가 완전히 제거되고 나서야 비로소 새로운 창조가 일어날 수 있다는 사실을 주장한다. 쇠퇴한 것을 재생시키는 것은 의심의 여지가 없다. 전체로서 다시 창조되기 위해서는 옛 세계를 파괴하지 않으면 안 된다. 시초의 지복에 집착하는 것은 세계의 태초부터 존재했던 것, 따라서 쇠퇴한 모든 것을 파괴하라고 요구한다. 초기의 완벽함을 복구하는 다른 방법은 존재하지 않는다.[40]

엘리아데는 세계의 종말에 대한 여러 신화를 해석함으로써 이 논지를 예증하려고 한다. 종말은 신화적 과거에 발생했거나 신화적 미

---

40) Ibid., p. 52.

래에 일어날 것이다.[41] 시원적인 신화에 대한 그의 일반적 해석에는 신화적 시초 다음에 종말이 이어지고, 그후에 새로운 시초가 재개되는 반복적이고 주기적인 구조가 있다. 이것은 대개 "자연적인 것", 우주적인 계절의 주기, 달의 주기 그리고 식물과 동질화되고 통합되는 것으로 여겨진다. 게다가 시원적인 문화에는 세계의 종말에 관한 신화가 있다. 그것도 세계의 "자연적인 종말"이 아니라 신적인 존재가 유발한 재난에 의한 종말의 신화이다. 그러한 재난은 홍수 신화에 가장 뚜렷이 나타나지만, 세계와 거의 모든 인류를 파괴하는 우주의 격변을 묘사하는 다른 시원적인 신화들도 많이 있다. 시원적인 문화에서는 과거에 일어난 세계의 종말을 묘사하는 신화들이 미래의 종말을 묘사하는 것들보다 훨씬 더 널리 퍼져 있다. 모든 경우에 옛날의 쇠퇴한 세계의 종말, 어떤 본원적인 혼돈으로의 복귀는 새로운 세계의 재창조로 이어진다. 간단히 말해 새로운 우주 창조론은 시초의 완벽함을 회복하는 것이다.

인도를 비롯한 여러 신화적인 문화에서 발췌한 세계 종말 신화의 혁신적인 면들을 고찰한 후, 엘리아데는 유대교와 기독교의 종말론적 환상vision에 나타나는 묵시록적인 이미지라는 분명한 문제로 관심을 돌린다. 그는 시원적인 신화적 세계와는 철저하게 다른 것이 많이 있다는 것을 기꺼이 인정한다. 우주 창조가 단지 한 번 일어났듯이 세계의 종말도 역시 그럴 것이다. 더 이상 영원한 회귀의 주기적인 시간 속에 있지 않게 되어, 성스러운 시간은 직선적이고 되돌릴 수 없는 속성을 지니게 되었고, 종말론이 성스러운 역사의 최종적인 승리를 표상할 것이다. 낙원의 복구와 더불어 신의 최후의 심판이 있을 것이며, 성스러운 역사에 계속 충실했던 사람들을 위한 영원한 지

---

41) *Myth and Reality*, pp. 54~74, 4장 「종말론과 우주 창조론」을 보라.

복이 있을 것이다. 그러나 이러한 모든 철저하게 혁신적인 면들에 대해서도, 엘리아데는 똑같은 일반적인 구조를 재확인한다. 즉 "재난 후에 다시 나타날 우주는 신이 시간의 시초에 창조했던 것과 똑같으면서도, 정화되고, 재생되고, 최초의 영광을 회복한 우주일 것이다." 가장 본질적인 것은 세계의 종말이 아니라 새로운 시작의 신화적 확실성이다. 따라서 모범적인 우주 창조론과 신화의 주요한 관계는 그대로 유지된다.[42]

많은 학자가 엘리아데가 여러 곳에서 신화, 시간, 역사에 관한 히브리 전통 견해의 급진적 변화와 중요성을 부분적으로는 인정하지만 심하게 과소평가한다고 공격했다. 이 비평가들은 유대교와 기독교의 세계 종말을 예언하는 묵시록적인 환상에 대한 엘리아데의 해석이 시원적인 신화적 지향성을 우선시하고 일반화하는 또 다른 사례라고 종종 간주한다.

신화적인 갱신

갱신更新은* 신화의 본질적 구조와 기능에 대한 엘리아데의 이론에서 중심적이다.[43] 그는 "세계의 주기적 갱신은 인류의 종교사에서 가장 자주 등장하는 신화-의례적인 대본이었다"고 주장한다.[44] 엘리

---

42) Ibid., p. 64~67.
* 글의 일관성을 위해 원문의 renewal을 거의 모두 "갱신"으로 번역했으나, 문맥에 따라 "재생"이나 "쇄신", "새롭게 하기" 등의 우리말로 이해하면 더 자연스러운 경우도 많이 있다.
43) *Mephistopheles and the Androgyne*, pp. 125~59, 3장 「우주적이고 종말론적인 갱신」을 보라.
44) *Mephistopheles and the Androgyne*, p. 158. 이 갱신이라는 주제는 신화에 관한 엘리아데의 모든 저술에 등장한다. *Myth and Reality*, pp. 39~53, 3장 「갱신의 신

아데는 무의미하고 범속한 시간의 폐지와 성스러운 시간의 총체적인 재건을 통해 어떤 식으로 신화적 인간이 영적인 갱신을 갈망하는지 강조한다.[45] 우주 창조의 신화는 성스러운 시초의 절대적 완벽성을 회복함으로써 전체적으로 새롭게 하는 것을 가능하게 하기 때문에, 존재론적이고 구조적인 우선성을 가지고 있다. 이를테면 약초의 기원 신화는 특정한 신화적 문화에서 특별한 지위를 지닌다. 성스러운 식물이 창조된 강력한 시간으로의 복귀는 질병을 치료하고 삶을 갱신하는 데 효과가 있기 때문이다. 세계 종말 신화는, 인류의 영적인 갱신을 포함하는 새로운 우주적 창조의 전체적인 갱신에 완벽한 파괴가 필수적이기 때문에, 각 종말론에서 특별한 위상을 지닌다.

갱신이라는 주제는 현대성에 대한 엘리아데의 비판에서도 중심적 위치를 차지한다. 11장에서 보게 되겠지만 그는 서구의 세속적인 삶은 신화적인 것과 성스러움을 의식적으로 부정하여 깊은 위기 상태에 빠졌으며, 무의미, 불안, 죽음, 그리고 "역사의 공포"를 경험할 때 [이 경험에] 대응할 수 없게 되었다고 주장한다. 동시에 현대의 인류는, 만약 의미 있고, 중요하며 정합적인 삶의 세계를 구성하도록 하는 성스러움의 본질적인 상징과 신화에 마음을 열고 이것들의 가치를 다시 설정한다면, 실존적 위기에 대처하고 문화적 갱신을 경험할 수 있는 가능성을 가지고 있다.

성현과 성스러움의 변증법, 종교적 상징체계의 구조, 신화의 구조와 기능, 신화적 갱신의 주제를 분석하면서, 엘리아데는 역사에 대한 신화적 견해와 관련하여 어떤 강경한 가치판단을 제시한다. 엘리아

화와 의례」를 보라.
[45] *Sacred and Profane*, pp. 68~113, 2장「성스러운 시간과 신화」와 *Patterns*, pp. 388~409, 9장「성스러운 시간과 영원한 갱신의 신화」를 보라.

데의 해석에 따르면 신화적 인간은 동질적이고 돌이킬 수 없는 평범하고 범속한 시간과 역사를 중요한 의미가 없는 것으로 간주한다. 대조적으로 신화와 종교의 성스러운 시간과 역사는 중요하고 의미가 있다. 보통은 범속한 시간과 역사의 일부인 것이, 오직 초인간적인, 모범적인, 초월적인, 신화적인, 성스러운 구조를 통해서 경험될 때에만 정합적이고 중요하며 유의미한 세계의 부분이 될 수 있다.

그러한 강경한 판단은 논쟁의 여지가 있는 것으로 판명되었다. 다음 장에서는 엘리아데가 신화의 역사적 차원을 다룬 내용에 대한 비판들과 더불어, 특히 엘리아데의 신화 이론과 관련하여 그의 시간과 역사에 대한 태도와 해석을 자세히 다룰 것이다.

8장
엘리아데의 반역사적 태도

　엘리아데의 역사 해석은 그의 신화 해석에서도 매우 중요하다. 신화적 역사는 성스러운 역사이며, 범속하고 덧없으며 되돌릴 수 없는 역사와는 구별된다. "신화와 역사"를 다루는 8장과 9장에는 "신화, 시간 그리고 역사"라는 표제를 아주 쉽게 붙일 수 있을 것이다. 엘리아데는 "역사", "시간", "역사성" 그리고 "시간성"을 종종 바꿔가며 사용한다. 성스럽고 신화적인 입장에서 범속한 역사를 어떻게 보는지에 대해 해석하면서, 엘리아데는 인간을 제한되고 조건에 묶여 있고 일시적인 존재로 보는 견해에 대한 신화적인 입장의 반응을 강조한다.[1]

　우리는 이미 신화, 시간 그리고 역사에 대한 엘리아데의 해석을 많이 설명했다. 예를 들면 엘리아데는 성-속의 관계와 성스러움의 변

---

[1] 이번 장과 다음 장에서는 Allen, "Eliade and History"에서 사용했던 자료에 근거하여 논의를 전개한다.

증법이 보편적인 구조를 드러낸다고 분석했다. 그는 이 구조에 의해서 자연적인, 시간적인, 역사적인 현상이 초자연적이고 영원하며 초역사적인 실재의 지평을 드러내도록 변형되고 개방된다고 말한다. 또한 엘리아데는 신화의 구조와 기능, 우주 창조 신화의 우선적 중요성, 그리고 기원의 중요성을, 신화적인 종족들이 범속한 시간과 역사의 조건들을 제한하는 것을 폐지함으로써 그들의 삶과 세계를 새롭게 하는 방식들로 분석한다.

8장과 9장은 신화, 시간, 역사에 대한 엘리아데의 연구 방법의 다른 측면들을 제시한다. 이번 장에서 나는 역사와 역사적 시간에 대한 엘리아데의 태도를 두 부분으로 나누어 검토하고자 한다. 첫째, 엘리아데의 자서전적인 성찰을 제시할 것이다. 자신의 삶에 대한 반역사적 표현이나, 신화와 역사 그리고 역사적 시간을 지향하는 경험, 두려움, 목표, 태도 등을 주로 검토한다. 둘째, 신화, 시간, 역사에 대한 신화적 인간의 반역사적 태도에 대한 해석을 중심으로, 엘리아데 개인의 학문적 해석을 살피겠다. 마지막으로, 엘리아데가 신화와 역사를 다루는 연구 방법에 대한 다른 학자들의 해석을 검토하겠다. 대부분의 비평가와 몇몇 지지자는 엘리아데가 신화와 종교를 연구하는 방법의 반역사적 기반을 강조해왔다. 다음 장에서, 종교와 신화에 대한 엘리아데의 역사적이고 현상학적인 연구에서 비역사적 구조와 의미가 차지하는 최우선적 중요성에 대한 자료를 좀 더 체계적이고 더 깊이 있게 제시하고 이를 분석하도록 하겠다.

시간과 역사에 대한 엘리아데의 개인적 태도

4장의 결론 부분인 "엘리아데의 개인적인 신앙과 그의 학문"에 비추어보면, 지금 이 부분에서 엘리아데의 "개인적 태도"에 집중한다는 것이 의외라고 생각될 수도 있을 것이다. 나는 융통성이 있는 해석을 강조하면서도, 개인적인 것과 학문적인 것 사이의 구별 같은 중요한 구별을 무시하는 해석은 하지 말아야 한다고 경고했다. 예를 들면 엘리아데의 학문에 접근하는 단서를 주로 숨겨진, 개인적인 기독교 신앙의 견지에서 이해하는 학문적 해석을 비판했다. 동시에 나는 개인적인 엘리아데와, 신화와 종교의 해석자로서의 엘리아데를 분명히 구별하는 입장을 지지하려는 의도에서 그런 경고를 했던 것이 아니라는 점도 언급했다. 사실 엘리아데의 전제, 신념 그리고 우선순위 등이 신화와 종교에 대한 그의 학문적 해석의 본질적인 부분이라는 것을 반복해서 강조했다. 10장과 11장에서는 종교사와 종교현상학의 학문적 한계를 빈번히 넘어서는 엘리아데의 개인적 전제와 규범적 판단을 강조할 것이다.

엘리아데에게는 학문적 저술에서는 수용하기를 거부했던 입장이 있었다고 비난하는 그의 숨겨진 신앙에 관한 추측과는 달리, 엘리아데는 사실 역사와 역사적 시간에 대한 자신의 개인적 태도를 표현하는 데 거리낌이 없었다. **종교적 인간**에 대한 평가의 수준을 분명히 넘어 자신의 규범적 판단을 제시하는 학문적 성과물에, 그의 문학적인 특징을 통해, 그리고 가장 분명하게는 자서전과 일기에, 이러한 그의 입장이 명백하게 표현되고 있다.

엘리아데가 개인적인 것과 학문적인 것이 구별되어야 함을 자각하고 있었다고 해서, 신화와 역사에 관한 그의 포괄적이고 개인적인 성찰이 신화와 역사에 대한 통찰력 있는 학문적 해석을 내리는 데 별 도움을 주지 못했다는 뜻은 결코 아니다. 사실 엘리아데가 역사에 대한 신화적 견해를 학문적으로 다룬 것과 역사에 대하여 개인적으로 성찰한 것 사이에는 상당히 겹치는 부분이 많다. 자서전에서 시간과 역사에 대한 그 자신의 두려움, 저항, 희망 그리고 경험을 언급하는 구절을 읽으면, 엘리아데가 자기 자신을 신화적으로 보고 있다는 특이한 인상을 받게 된다. 모범적이고 초역사적인 신화적 본보기들을 재현하고 재평가하고 자신을 더 의미 있는 신화적 시간과 역사에 열어놓음으로써 임의적이고 무의미하며 범속한 역사적 시간의 위협에 대처하려고 시도하는 것 역시 나타난다.

그리 오래되지 않은 과거에, 합리성과 객관성의 전통적 기준이 더 폭넓게 받아들여지던 당시에는, 어떤 학자의 개인적인 태도와 다른 맥락적인 성찰에 관한 설명들이 일화적인 것으로 여겨지며, 단지 전기적이고 심리학적인 연구와 사상사를 위해서만 관심을 끈다고 간주되었을지도 모른다. 다양한 학문적 이론의 속성과 진실 주장을 분석하게 되었을 때, 그러한 "개인적" 연구 방법은 부적절하거나 오류가 있는 것으로 흔히 치부되었다. 그러나 과학철학 분야의 쿤Kuhn과 파이어아벤트, 데리다와 푸코Foucault, 로티Rorty와 실용주의의 부흥, 그리고 페미니스트들과 포스트모더니스트 학자들의 공헌으로, 전통적인 이론 구성에 대한 비판이 생겨났다. 왜 이론이 특정 방식으로 생성되었으며 왜 어떤 이론이 주도권을 가지게 되었는지를 이해하는 데 개인의 종교적, 정치적, 문화적 그리고 기타 요소가 매우 중요하다고 주장하는 맥락적인 접근은 상당히 주목할 만한 점을 지니고 있다. 엘리아데의 학문적 성과물들을 그의 개인적인 가치와, 더 크게는 그가 살았던 사회의 경제적, 정치적, 종교적 문화적 구조에 위치시키는 것을 통하여, 그의 저술들의 기원, 속성, 의미, 함의 등을 더 잘 이해할 수 있게 될 것이다.[2]

---

2) 내가 *Journal of the American Academy of Religion* 59(Winter 1991): 874~77에 이반 스트렌스키의 *Four Theories of Myth in Twentieth Century History*에 대해 쓴 서평 내용을 보라.

그럼에도 불구하고 신화와 역사에 대한 엘리아데의 기록과 관련하여 "개인적인 것"의 두 가지 의미를 구별하는 것이 중요하다. 첫째, 엘리아데가 자신의 개인적인 삶을 분명히 반영하며 신화와 역사에 대한 개인적인 경험, 두려움, 목표, 태도 등을 드러내는 구절들이 있다. 둘째, 신화적인 민족들의 종교 자료에 대한 학문적인 해석이 있다. 그의 해석이 개인적 전제, 우선순위, 특정 현상의 특별한 취급 등을 반영하여 매우 개인적일 수도 있지만, 엘리아데는 자신의 해석이야말로, 말하자면 폴리네시아, 힌두, 루마니아의 우주 창조론적 신화가 드러내는 것이라고 주장한다. 달리 말하면 그의 의도는 **종교적 인간**에게 신화가 갖는 종교적 의미를 기술하고 해석하는 것이다. 이러한 구별은, 자서전적 기록과 학문적 분석이 종종 분명히 겹치며, 시간과 역사에 관한 개인적, 자서전적 성찰이 종종 이면에 있는 동기들과 엘리아데의 학문의 특징을 파악하는 데 도움을 준다는 것을 부인하려고 하는 것은 아니다.

이 구별이 정당하다고 주장하면서 강조되어야 할 점은, 이런 두 가지 의미의 개인적인 면에 중요한 차이점이 있다는 것이다. 이것은 엘리아데의 신화와 역사에 대한 주장의 검증이나 반증을 다루는 연구 방법들에 분명히 나타난다. 엘리아데 개인의 자서전적 성찰이라는 첫 번째 의미에서 역사학적이거나 전기적 연구를 하는 학자라면 모순되는 점들이 있을 수 있다고 생각하여 엘리아데의 다른 저술들을 검토할지도 모른다. 예를 들면 루마니아의 동시대인들이나 다른 사람들이 엘리아데와 그가 기술한 사건들에 대해 쓴 글이나, 엘리아데가 자신의 견해를 말한 전체적인 역사적, 문화적 맥락에 대해 다른 사람들이 한 학문적 연구를 살필 것이다. 그러고는 엘리아데가 정말로 동기들을 가지고 있었는지 그리고 자신이 했다고 하는 것들을 정말로 했는지 여부와, 그가 묘사하는 사건들이 정확히 그려지고 있는지를 확인하려 할 것이다. 예를 들면 루마니아 파시즘에 초점을 맞춘 여러 비평가들은, 엘리아데가 자신의 글에서 비정치적이고 비역사적이며 영적으로 그려졌지만, 이는 현실 속의 엘리아데의 역사적 동기와 행위와 참여가 고의적으로 삭제되고 침묵되고 허위로 진술되며 왜곡된 채로 반영된 것이라고 주장해왔다. 두 번째 의미에서 역사에 대한 오스트레일리아 원주민이나 에스키모 샤먼들의 신화적 견해를 다룬 엘리아데의 개인적인 **학문적** 연구의 가치를 결정하는 데 관심 있는 학자라면, 다른 검증 방법들을 사용할 것이다. 엘리아데가 모든 관련된 자료를 포함하고 있는지, 방법론적인 엄밀성을 지키며 자료를 다루는지, 자료 속에서 모든 종류의 심오한 신화적 의미를 읽어내는지, 그리고 무비판적이고 주관적인 일반화를 하는 잘못을 저지르고 있는지 검토할 것이다.

다시 한 번 말하지만 이것은 절대적이고 분명한 이분법을 의도하는 것이 아니다. 자신에 대한 엘리아데의 매우 개인적인 견해들이 종종 신화와 역사에 대한 그의 학문적 해석으로 이어지기 때문이다. 그럼에도 불구하고 엘리아데의 지극히 개인적인 의견으로 제시되는 역사에 대한 견해와, 학문적인 주장을 이루는 세속적, 신화적 역사에 대한 해석은 확연히 나누어지기는 어렵지만 당연히 구별되어야 한다. 간단히 말해서 엘리아데의 개인적 두려움과 욕구와 태도를 통해, 이면에 있는 동기를 이해하게 되며 신화, 시간, 역사에 대하여 그의 학문이 취하는 특정한 지향성을 더 잘 이해하게 될 때조차도, 그의 학문적 해석이 적절하게 이루어지는지를 결정하는 문제가 여전히 남아 있는 것이다.

개인적인 자서전적 의견

역사와 역사적 시간에 대한 엘리아데의 개인적 태도는 『자서전』과

『일기』에 빈번히 나타난다. 그가 사용하는 강한 언어는 그의 두려움, 욕구, 그리고 희망을 드러낸다. 그는 자신과 우리가 역사 속에 살도록 "선고"받았으며 우리 자신을 역사로부터 "보호"해야 하며, 역사로부터 "탈출하는" 것을 배워야 한다고 자주 주장한다. 엘리아데는 전형적으로 다음과 같이 말한다. "역사로부터 벗어나는 수단, 내 자신을 상징, 신화, 의례, 원형을 통해 구원하는 수단이 내가 본질적으로 열중하고 있는 문제이다."[3)]

엘리아데의 『자서전』에 나오는 많은 사건은 그가 시간과 역사로부터 벗어나야 하는 필요성과 그럴 수 있는 능력을 다룬다. 세 살 혹은 네 살 때, 눈부신 빛이 비치는 녹색 요정의 나라를 경험한 것에 대한 가장 오래된 회상을 묘사한 후, 그는 여러 해 동안 자신이 "현현의 순간을 잡는 연습"을 해왔으며 항상 "똑같은 충만함"을 발견했고 "지속되지 않는 시간의 단편" 속으로 들어갔다고 말한다. 아홉 살 때, 그는 자신의 비밀 군대라는 상상 속의 세계에 살았다. 몇 년 뒤에는 "다른 공간"에 존재하면서 "시간 지속의 느낌 없이" "영감을 받아" 글을 쓰는 법을 발견했다. 열여덟 살 때, 백 번째 글을 발표한 뒤, 막 학사 학위 시험을 치르려고 할 즈음에, 자신을 내적으로 강화하고 손상되지 않는 존재로 만들었다고 이야기하는 "영적인 훈련"을 했다. 침대에 누워 눈을 감고 자신이 매혹적인 세계들 중 하나에 있는 것으로 상상하곤 했다. 그는 "외계의 혹은 상실된 세계들 중 하나에 완전하게 존재

---

3) Mircea Eliade, "Fragmente de Jurnal", *Caete de Dor* 8(1954): 27. 이것을 비롯한 엘리아데의 개인적인 진술들은 Virgil Ierunca, "The Literary Work of Mircea Eliade", in *Myths and Symbols: Studies in Honor of Mircea Eliade*, ed. Joseph M. Kitagawa and Charles H. Long(Chicago: University of Chicago Press, 1969), pp. 343~63에 인용되고 있다.

하게 되었다"고 느끼곤 했다. "그러고는 나는 거기에 살기 시작했고, 나에게는 완전히 실재하는 것으로 보이는 경관 속으로 이동하여, 진정으로 재미있는 문제들에 대해 흥분하는 비범한 존재들을 만났다."[4]

서구 역사와 문화를 벗어나고 초월하려고 시도하면서, 엘리아데는 인도에서의 두 가지 "실패"에 대해 기술한다. 첫째, 캘커타에서 자신의 스승 수렌드라나트 다스굽타Surendranath Dasgupta의 집에 살면서 그의 딸 마이트레야Maitreya와 성관계를 맺은 후에, 그에게는 "역사적" 인도와 접하는 것이 "금지"되었다.[5] 그후에 히말라야에 있는 스와미 쉬바난다Swami Shivananda*의 수행자 처소에서 사는 동안, 남아프리카에서 온 제니Jenny와 밀교密敎적인 의례를 시도한 뒤에, 그는 "영원하고 초역사적인 인도"를 접할 기회를 잃게 된다. 엘리아데는 그가 말하는 역사적이고 초역사적인 인도의 존재는 서구 문화와 역사를 조급하게 부정하려는 시도를 의미한다고 결론짓는다. "내가 스물세 살에 '절대적인 존재'를 위해 역사와 문화를 희생할 수 있을 것이라고 믿었던 것은 내가 인도를 이해하지 못했다는 더 확실한 증거이다. 나

---

4) *Autobiography 1*, pp. 6~7, 27~30, 48~49, 97을 보라.
5) 여기에 대해, 엘리아데가 루마니아에서 주요한 문학계의 인물로 인식되는 계기가 된 Mircea Eliade, *Maitreyi*(Bucharest: Cultura Nationala, 1933)와 Maitreyi Devi, *It Does Not Die: A Romance*, trans. from the 1974 Bengali *Na Hanyate*(Calcutta: Writers Workshop, P. Lal, 1976 and Connecticut: Inter-Culture Associates, 1976)에 각각 완전히 다른 설명이 제시된다. 최근에 나온 영어판은 Mircea Eliade, *Bengal Nights*(from the 1950 French trans. of *Maitreyi* entitled *La nuit Bengali*; Chicago: University of Chicago Press, 1994)와 Maitreyi Devi, *It Does Not Die: A Romance*(Chicago: University of Chicago Press, 1994)이다.
* 엘리아데는 그의 자서전에서 아마도 시바난다Sivananda를 쉬바난다Shivananda로 잘못 쓰고 있는 것으로 보인다. 당시 이 지역에서 요가를 수행했던 사람은 남인도 출신의 스와미 시바난다Swami Sivananda(1887~1963)로, 라마크리슈나의 제자 스와미 쉬바난다Swami Shivananda(1854~1934)와는 다른 인물이다.

는 성인聖人이 되기보다는 문화와 관계된 일에 소질이 있었다."6)

작가들은 엘리아데의 "잠을 없애려는" 결심에서 보이는 것과 같이 자기 규율을 극단적으로 시도하는 것에 대해 언급해왔다. "시간이 지나간다"는 것과 "제한 시간"이 있다는 강박관념에 쫓겨, 엘리아데는 여러 해 동안 책을 읽고 글을 쓰는 데 더 많은 시간을 확보하기 위해 잠을 최소한으로 줄이려 했다. 나중에 엘리아데는 "그러한 자기 규율이 절대적 자유로 가는 통로라고 믿었다"라고 언급하고, 때로는 이것이 자신의 "파우스트적 야망"이라고 묘사하였다. "잠과의 투쟁은 일반적인 행동 방식에 맞선 투쟁과 마찬가지로 나에게는 인간의 조건을 초월하려는 영웅적인 시도를 의미했다." "'일반적인 것'과는 반대로 행함으로써 내가 얻을 수 있을 것이라고 생각했던 자유는 내 역사적, 사회적, 문화적 조건들을 뛰어넘는 것을 의미했다"는 것을 그는 나중에야 비로소 깨달았다.7)

일생을 통해 엘리아데는 "우울증의 엄습"을 경험했다. 종종 이 우울증은 역사적이며 돌이킬 수 없는 "시간이 지나간다는 것과, 시간이 지나면서 우리 안에 있는 본질적인 어떤 것이 회복될 수 없을 정도로 상실된다"는 깨달음에서 야기된다. 1950년 9월 8일의 일기에서, 그는 자신이 인도에서 부오나이우티Buonaiuti에게 보냈던 편지를 회상한다. 이 편지에서 엘리아데는 "그 당시, 그때는 1929년 여름이었는데, '시간이 어떻게 지나가는지'를 경험하며 느끼고 있을 때 (……나는 그 경험의 중요성을 훨씬 나중에야 이해했다) 겪었던 공포에 대해 이야기했다."『일기 1, 1945~1955』에는 시간이 지나간다는 이 짓누르는 듯한 공포스러운 느낌에 대해 여러 차례 언급하는 내용이 포함

---

6) *Autobiography 1*, pp. 189, 199~200.
7) Ibid., pp. 63~64, 110~111.

되어 있다. 충분한 시간이란 결코 없다. 엘리아데는 종종 극도로 흥분하여, 남들에게는 그가 믿을 수 없을 정도로 매우 많은 책을 쓰고 있다고 여겨질 때조차도 자신의 시간이 너무도 많이 낭비되어왔다고 한탄했다. 1946년에는 낙담한 기분으로, 루마니아 작가로서 자신의 소원해진 느낌을 숙고하면서, 지난 "6년을 되돌릴 수 없이 상실했다"고 말한다. 그리고 자신은 "되돌릴 수 없는 것에 대한 공포"를 느끼고 있으며, "내 인생에서 처음으로 내 자신이 실패자라는 것을 알게 되고 받아들일 수 있었……"고 기록한다. 사실 엘리아데는 『일기 4, 1979~1985』에서도 자신의 "우울함"에 대해 자주 언급한다. 이 우울함은 시간이 지나간다는 숨막힐 듯한 느낌 때문에, 그리고 그가 시간을 낭비해왔으며, 좋지 않은 건강, 특히 자신을 고통스럽고 쇠약하게 하는 관절염으로 인해 학문적 작업을 완수할 시간이 없을 것이라는 극도로 자기비판적인 태도 때문에 생겨났다고 쓰고 있다.[8]

엘리아데의 『자서전』에 나오는 어떤 장의 제목은 "우리는 서둘러야 한다……"이다. 그의 글에는, 어떻게 그와 그의 세대가 역사적인 순간의 비난을 받았는지, 되돌릴 수 없는 역사적인 시간이 그와 그의 세대에게 얼마나 적대적인지에 대해 언급하는 내용이 많이 등장한다. 그는 "우리에게 시간이 없을 것이라는…… 예감"을 가지고 있었다. 역사가 그의 세대에게 허락한 자유가 제한되어 있다는 것을 알았기 때문에, 그는 "서둘러서 글을 썼고", "매우 많이, 매우 빨리 출판했다." 그는 "역사로 인하여 내가 성장하지 못하고 내 자신이 되지 못하

---

[8] *Autobiography 1*, pp. 72~75; *Journal 1*, pp. 33, 116; *Journal 4*, pp. 10, 26. 내가 엘리아데를 처음 만났을 무렵, 그는 자신이 당시에 집필을 끝냈던 *From Primitives to Zen*에 "너무 많은 시간을 낭비했다"는 사실을 한탄했다. 또한 자신의 건강 상태와 얼마 남지 않은 시간 때문에 자신의 중요한 학문적 계획들을 끝마치지 못할 것을 두려워한다고 했다.

는 어떤 날이 도래할 것"을 알았다. "나는 여기서, 10년간의 자유…… 그리고 다시 역사적인 순간에 의해 '조건 지어지는' 우리 세대의 운명을 보았다." 그는 자신의 세대가 그 "사명"을 완수할 충분한 시간이 없을 것이라는 두려움에 사로잡혀 있었다. "나는 이제 시간이 제한되었을 뿐 아니라, 공포스러운 시간('역사의 공포'의 시간)이 곧 오리라는 것을 느낀다."9)

엘리아데는 일기를 쓰는 것이 자신의 적敵인 역사적 시간에 대한 방어라고 생각한다. 개인적인 일기의 "특별한 기능"은 "시간을 아끼고 지키는" 가능성이다. 그는 **구체적인 시간의 단편들을** "결빙시켜" "아낀다". "나는 나중에 내 자신을 찾기 위해, 헛되이 잃어버린 시간을 내 자신에게 상기시키기 위해 일기를 쓴다. (우리가 아무리 시간을 절약하기 위해 노력한다고 해도, 모든 '시간'은 복구될 수 없도록 판결을 받았다.)"10)

엘리아데의 일기는 가능한 주제를 선택하고 배제할 때에 시간과 역사를 대하는 그의 태도를 보여준다. 예를 들면 그는 1960년대와 1970년대에 시카고대학의 학생들에 대한 개인적인 의견을 많이 제시한다. 그러나 그의 일기장을 봐서는, 당시 베트남이나 인도차이나의 전쟁에 반대하는 적극적 활동이 시카고대학과 미국 전역에서 많은 학생의 삶을 지배하고 있었다는 것을 결코 추측할 수 없을 것이다. 학생들의 반전운동에 대한 엘리아데의 몇 안 되는 언급은 매우

---

9) *Autobiography 1*, pp. 135~36, 292, 298~99, 269~305; *Autobiography 2*, pp. 13~14.
10) *No Souvenirs*, p. viii; *Journal 1*, pp. 42, 184. *Journal 1*의 "역자 서문"에서 리켓은 다음과 같이 말한다. "일기는 엘리아데가 자신의 위대한 적인 시간에 대항하는 최전선이자 시간의 파괴적 힘에 저항하는 가장 효율적인 무기이다. 혹은 달리 말하자면 일기는 그의 성스러운 역사이자 개인적인 신화로, 다시 읽혀야 하며 다시 경험되어야 하는 것이다."(p. x)

비판적인 경향을 지니고 있다. 그러나 이것은 전쟁을 열광적으로 지지하고, 현상 유지를 승인하며, 모든 반체제적 성향의 학생들을 비난하는 보수적인 교수의 입장이 아니다. 그는 히피들을 비롯하여 현상 유지를 거부하고 반체제적이기까지 한 반문화적 학생들에게 마음이 끌렸다. 자신도 젊은 시절에 그랬던 것처럼 그들의 대안 문화적인 영적 실험, 의례적인 알몸 노출 등과 같은 행위의 형식이 매우 매력적이고 고무적이며, 예전에 무너졌던 낙원이나 자연과 조화로운 관계로 돌아가고자 하는 욕망과 같은, 역사에 무관심하고 비시간적인 신화의 해석에 열려 있다고 생각했다. 예를 들면 1974년 2월 27일에 쓴 일기에서 엘리아데는 "공공연한 성행위의 패러디"를 비난하지 않는다. 그는 이를 "대중이 수치와 집단적인 분개심을 느끼도록 자극하려는 고의적인 의도"이며 반체제적인 "기성 사회 타도"의 태도라고 여긴다. 그는 이것이 "훨씬 더 크거나 그렇지 않으면 중요한 현상, 즉 히피들뿐 아니라 특정한 젊은이들이 우주적 종교성을 재발견한 것"의 일부로 해석한다. "의례적 알몸 노출이나 자유롭고 자발적인 성적 결합은 사람들이 잃어버린 낙원, 원죄 이전, 즉 선과 악의 구별 이전 상태로 회귀하는 것에 대한 갈망을 생각하는 행동 양식에 속한다."[11]

여러 구절에서 엘리아데는 반역사적, 반시간적인 지향성과 지나치게 단순화하여 동일시하는 것 때문에 그의 개인적인 견해가 잘못 전달된다는 것을 드러내는 태도를 나타낸다. 예를 들면 1930년대에 자신의 삶과 "소명"을 영원하고 초역사적인 인도와 동일시할 수 없다는 것을 깨달은 후에, 그리고 루마니아에서 여러 번의 개인적인 "시련"을 겪은 후에 그는 자신의 "운명"을 이해하기 시작했다. "그것은 내가 내 자신과 나의 세대와 정반대로, '역설적으로' 살 것을 요구했다. 내

---

11) *Journal 3*, p. 148.

운명은 내가 '역사' 속에 있는 동시에 역사를 넘어서 존재하라고 명령했다. 살아서 현재의 사건에 관계하는 동시에 물러서서 명백하게 시대에 뒤쳐지고 역사의 범위를 벗어난 문제들과 주제들에 전념하라고, 세계 내에서 루마니아의 존재 양태를 취하는 동시에 동떨어지고 아득한 이국적인 우주들 속에 살라고, '진정한 부쿠레슈티 사람'인 동시에 '보편적인 사람'이 되라고 명령했다."[12] 나아가 엘리아데는 그러한 "세계 속에서의 종교적 존재 양태"를 자신이 가장 좋아하는 신화적, 상징적 구조들 중의 하나인 역의 일치라고 말한다. 자신의 "운명"에 대한 엘리아데의 서술은, 신화와 역사에 대한 그의 해석에서 보이는 역사적인 것과 비역사적인 것의 역동적이고 복잡한 관계를 예증하기 위하여 다시 살피도록 하겠다.

개인적인 학문적 해석

1952년 9월 26일의 일기에 엘리아데는 "역사"의 의미와 씨름하고 있던 때인 지난 5~6년 동안, 다시금 헤겔에 대해 연구했다고 쓰고 있다. 그는 헤겔에 대한 성찰을 통해 지식인으로서 자신의 "고유한 소명"을 지적하고 자신의 철학적 "방법"을 확인하고자 했다.

> 나는 (1800년 9월 14일에) 헤겔이 자신의 시대와 화해하겠다고, 또한 내부 존재의 "절대적 유한성"과 외부적 세계의 객관성이 가진 "절대적 무한성" 사이의 분열을 초월하겠다고 결심한 것을 알았다. 이러한 "시간(=역사)과의 힘찬 통일"이, 내 세대가 자신을 역사적 순간에 통합시키고 "추상적인 것"으로부터 자신을 보호하며 비실재 속으로 물러나는 것을 피하기 위해서 "정치"에 집착

---

12) *Autobiography 1*, pp. 256~57.

하기로 한 결정과 밀접하게 닮았다는 것도 알았다. 지식인들이 공산주의에 집착하는 것을 이해하는 데에도 똑같은 설명이 유효한 것으로 보인다. 헤겔이 휠덜린Hölderlin과 일반 낭만주의자들의 운명에 대해 내린 해석, 즉 "세계 속에서 당신 자신의 집에 살지 않는다는 것은 단지 개인적인 불행만이 아니다. 이는 '비진실'이다"라는 해석과 "가장 끔찍한 운명은 운명을 갖고 있지 않다는 데에 있다"는 해석은 1935년부터 1938년 사이에, [*자신의 신조를] "고집"하지 않았던 지식인들을 비판한 "역사주의자들"의 논박을 상기시킨다. 나는 똑같은 입장이 프랑스 공산주의자들과 실존주의자들의 논쟁에서 다시 진술되고 있으며 그런 입장은 아마도 어디서나 나타나리라는 것을 안다.13)

이어서 엘리아데는 이러한 헤겔의 견해가 "누구라도 저항하기 어려운 신의 위대한 유혹"을 반영하는 것이라며 거부한다. "당신은 당신 자신을 구하기 위해, 계속 '삶'과 '역사'에 머물기 위해 '고집하는 것이다.'" 엘리아데의 개인적 견해는 다음과 같이 정반대이다. 나는 내 자신을 시간과 역사로부터 자유롭게 하고 이들을 초월함으로써 "나 자신을 구원할" 수 있다. "나는 헤겔이 인정하고 미화한 이러한 심각한 오류를 언젠가는 분석해야만 한다. 이 오류 때문에 지식인들이 자신의 고유한 소명을 부정하게 된다. '역사적 순간'이 수용될 수 있는 한계들을 보여라."14)

---

13) *Journal 1*, pp. 174~75.
14) Ibid., p. 175. *Journal 3*에 엘리아데는 다음과 같이 쓰고 있다. "지질의 주기, 생물적 주기(종들의 생명), 역사적 주기(문화의 지속), 개인적 주기(인간 개인) 등의 시간적 주기들은 점점 더 짧아진다. 그러나 인간만이 이 주기들의 진정한 '함의'를 알고 있고, 인간만이 자신을 시간으로부터 해방시킬 수 있다."(p. 301)

엘리아데는 헤겔에 대한 성찰을 계속하여, 자신은 헤겔이 자신의 철학적인 문제를 정면으로 끌어들여서 시작하지 않았다는 것을 알게 되어 "기쁘게도 놀랐다"고 주장한다. 대신에 헤겔은 여러 해 동안 "종교와 역사를 직접 그 출전 자료로부터" 역사적으로 연구하는 데에 몰두함으로써 그의 후기의 현상학과 철학적 시각을 준비했다. "그의 최우선 관심사는 **역사적으로 구체적인 것**, 민족들의 삶, 그 생활에서 자신을 직접 드러내는 '정신'이었다." 엘리아데는 다음과 같이 결론 짓는다. "이것이 내 자신의 철학적 '방법'을 유효하게 하기 때문에 나는 기쁘다. 나는 내 인생의 거의 30년을 문헌학, 역사, 민속, 종교 등과 같은 '구체적'인 연구에 바쳐왔다. 그러나 항상 내 최종적인 목적은 내가 연구하고 있는 자료의 영적인 의미를 이해하는 것이다."[15]

반역사적이고 비역사적인 견해를 반영하는 시간과 역사에 대한 엘리아데의 개인적인 태도가 그가 신화를 선택하고 해석하는 데 어느 정도로 영향을 끼쳤는지에 대해서는 틀림없이 논쟁의 여지가 있다. 엘리아데의 학문적인 신화 해석에서 인용되는 종교현상들은 대부분 시원적 종교들에서 채택한 것이다. 그는 대개 기저에 깔린 반역사적인 "시원적 존재론"에 초점을 맞춘다. 성스러우며 모범적이고 초역사적인 신화적 본보기들의 반복을 통하여 어떤 대상이나 행위가 실재가 되며 범속한 시간과 역사는 폐지되는 것이다. 이러한 신화적 행위는, 시원적 인류가 역사적 시간에서 벗어나서 성스럽고 신화적인 비역사적 존재 양태를 의미 있고 실재적인 것으로 경험하고자 하는 욕구를 드러낸다. 엘리아데의 분석에서 그러한 반역사적인 신화적 지

---

[15] *Journal 1*, pp. 175~76. 비평가들과 대부분의 지지자는 엘리아데의 역사적 연구가 얼마나 "역사적으로 구체적인지" 의심할지도 모른다. 본질적이고 비역사적인, "물질들의 영적인 의미"에 대한 엘리아데의 전제와 이해는 항상 그의 "역사적" 연구의 기저에 있었다.

향성이 "원시적" 사회들에만 국한되는 것은 아니다. 이미 언급했던 것처럼 인도의 신비주의와 같은 동양 영성의 형태들에서 그는 자연과 우주의 주기와 반역사적이고 시원적으로 통합되는 것조차도 넘어서는 가장 급진적인 시도를 발견한다. 또한 제한되고 유한하며 시간적이고 역사적인 모든 것을 초월하려는 시도와, 시간에나 역사에나 우주에도 존재하지 않는 무조건적인 자유의 영적인 인식을 실현하려는 시도도 찾아낸다.

엘리아데가 종교현상을 선택하고 분석하는 내용에서 그러한 반역사적인 시원적 지향성과 인도의 지향성을 개인적으로 더 선호한다는 것을 보여주는 증거가 꽤 많이 있다. 이는 신화에 대한 엘리아데의 학문적 연구 전체에 나타나며, 특히 신화의 일반적 구조와 기능에 대한 분석에서 찾을 수 있다.

이와 같은 사실은, 4장에서 살펴본 것처럼, 기독교와 같은 서구의 "역사적인" 종교현상에 대한 엘리아데의 해석에도 나타난다. 엘리아데가 개인적으로 가장 공감하며 그의 학문적 해석에서 가장 강조되는 기독교와 서구 전통의 신화는, 반역사적인 시원적 종교나 힌두교와 같은 동양 종교현상들과 구조적으로 가장 유사한 것들이다. 엘리아데의 『자서전』이나 『일기』는 물론 학문적인 연구들에도 역사적 기독교와 같은 서구 종교의 지배적인 정신으로부터 극도로 소외되었음을 표현하는 개인적인 성찰과 판단이 가득 차 있다. 엘리아데의 가장 큰 관심을 끄는 것은 신비주의, 연금술, 그리고 동유럽 농민들의 "우주적 종교"에서 찾을 수 있는 것과 같은 서구의 신화-종교 현현들, 즉 주류적인 서구 역사적 종교들 외부에 있는 신화-종교현상이다. 간단히 말해 소위 역사적 종교들의 역사적 차원을 평가절하하거나 완전히 무시하는 종교적인 현현이다.

우주적 종교성을 비난하며 성스러움의 속성을 없애버리는 유대-

기독교 전통에 엘리아데는 대체로 매우 비판적이다. 그는 역사적 발전의 견지에서 많은 현대의 위기의 뿌리를 본다. 그는 역사적 종교의 지배적 특징과 구조가 위험할 정도로 시대에 뒤떨어졌고 화석화되었다고 거부한다. 또한 기독교와 현대 서구가 실재의 이러한 우주적 차원을 회복하여 스스로를 새롭게 할 수 있다는 소망을 종종 표현한다. 이런 점에서 엘리아데는 루마니아와 유럽의 다른 지역에서 볼 수 있는 농민적인 "우주적 기독교"에 개인적으로 큰 매력을 느낀다. 이미 살펴본 것처럼 이런 자연 지향적이며 반역사적인 기독교는 시원적 존재론을 수용하고 지배적인 역사적 기독교의 많은 부분을 거부한다. 그러한 우주적 기독교는 역사적인 것이 아니라, 우주적이고 자연 지향적인 상징과 신화에 매력을 느낀다. 그리스도는 역사적 기독교의 역사적 현현이 아니라 우주적 상징에 스며들어 있다. 그리스도를 경험하는 것은, 타락해버린 낙원에 대한 갈망이나 역사의 공포에 맞서는 우주적이고 자연에 근거한 저항에 대한 갈망과 같은, 반역사적이고 시원적이며 보편적인 자연 지향적 신화들을 통해 이루어진다.

다시 강조하지만 엘리아데가 역사적 종교로부터 거리감을 느끼는 반면, 일반적으로는 우주적 종교, 특히 우주적 기독교에 매력을 느끼는 것에서 알 수 있듯이, 그의 개인적인 반역사적 태도는 자신의 학문에도 지대한 영향을 끼쳤다. 이러한 점은 그가 반역사적인 신화 자료에 초점을 맞추고, 소위 역사적 종교들의 종교현상들을 무시하거나 배제하며, 신화-종교현상들의 본질적인 비역사적 의미를 해석하는 것에 분명히 드러난다.

자신의 초점과 해석에서 개인적인 선호도가 나타난다는 것을 인정하면서도, 엘리아데는 때때로 신화적 자료에 대한 반역사적 접근을 설명함으로써 비판들로부터 자신을 옹호한다. 다른 학자들이 그 깊은 의미를 평가절하하고 무시하기 때문에 엘리아데 자신이 시원적 종교현상들에 주목한다는 설명은 4장에서 이미 다루었다. 7장에서는 동유럽 농민들의 우주적 종교와 같이, 신화가 여전히 "살아 있고", 신화적 민족들이 실제로 의식적으로 "신화를 경험하고 있는" 그런 문화에서 신화를 연구하는 것이 가장 좋다는 그의 충고를 살펴보았다. 대조적으로 엘리아데는 현대의 역사적인 서구 종교들과 신화들은 탈신화화되어왔고, 기껏해야 무의식의 수준에서 살아남았다고 주장한다.

그럼에도 불구하고 시간과 역사에 대한 엘리아데의 개인적 태도가 그의 역사적 작업 대부분에서 자료를 선택하고 해석하는 데에도 영향을 끼쳤음은 분명해 보인다. 이에 대한 가장 좋은 실례는 세 권으로 된 그의 야심작 『세계종교사상사』이다. 이 책에서 엘리아데는 인류의 전 역사, 가장 이른 시기의 선사시대에서부터 현재에 이르기까지 인류의 전 역사에서 신화-종교적 자료를 종합하는 대단히 어려운 역사적 작업을 시도한다.[16] 그러나 엘리아데의 주 저작들 중 가장 역사적인 이 책조차도 종교적 기록의 선택, 다양한 자료의 통합과 해석, 엘리아데의 비역사적 전제, 종합, 공감을 반영하는 구조적 비교와 대담한 종합이 나타나는 매우 개인적인 역사적 연구라 할 수 있다. 제3권 『무함마드에서부터 종교개혁의 시대까지 From Muhammad to

---

[16] *Traité d'histoire des religions*(영어 번역본은 *Patterns in Comparative Religion*)에서 엘리아데는 앞으로 출판하게 될, 더 역사적인 "자매편 책"에 대해서 언급한다. 엘리아데의 역사적인 프로젝트는 세 권으로 나온 *A History of Religious Ideas*로 전개되었다. 그는 "석기시대부터······ 동시대의 무신론적 신학까지" 종교의 역사를 쓰겠다는 계획을 내놓는다. 엘리아데의 좋지 않은 건강 때문에, 제3권의 출판이 미루어졌고 결국 4세기부터 17세기 사이의 종교현상을 포함하는 것으로 단축되었다. 미완성의 제4권은 현대 세속적 사회의 종교적 창조성에서 절정을 이루게 되는 17세기부터 현대까지 종교의 전개뿐 아니라, 힌두교의 확장, 중세 중국, 일본 종교에 대한 장들과 아메리카, 아프리카, 오세아니아 등지의 시원적이고 전통적인 종교까지 포함할 예정이었다.

the Age of Reforms』에 실린 아홉 장 중 일곱 장이 유대교, 기독교, 이슬람교라는 "역사적 종교"에 대한 것이지만, 이 종교들의 역사적 성격과 신학에 대한 엘리아데의 설명은 최소화되었고 해석도 결코 참신하지 않다. 엘리아데는 다음과 같이 쓰고 있다. "나는 친숙한 서구 사상(예를 들면 스콜라주의나 종교개혁)의 산물보다는, 대개 기억에서 잊혀지거나 입문서에서 최소로만 다루어지는 현상들, 즉 주술이나 연금술이나 비교秘敎와 같은 비정통, 이단, 신화 체계, 대중적 신앙행위에 초점을 맞추었다."[17] 우리는 [이를 통해] 엘리아데가, 지배적인 기독교나 서구의 다른 역사적인 종교현상들에는 특별히 정통하지는 않았다는 느낌을 받는다.[18]

마르실리오 피치노Marsilio Ficino, 피코 델라 미란돌라, 조르다노 브루노 그리고 신비적 연금술에 대해 논의하면서, 엘리아데는 "스콜라주의와 중세의 인간과 우주의 개념이 남겨놓은 깊은 불만족"에 대해 쓰고 있다. "이는 보편적이고 초역사적이고 '원초적인' 종교에 대한 갈망에 더하여, '편협한' 기독교라고 할 수 있는 것, 즉 완전히 **서구적인 것에 대한 반발**에서 비롯된 것이었다."[19] 엘리아데는 자기 자신에 대해 기술하는 중이었을지도 모른다. 앞으로 보게 되겠지만 소위 역사적인 종교를 존중하면서도 엘리아데는 역사적인 혁신은 부정하지 않는 반면 "역사적인" 신화-종교현상을 본질적으로 비역사적이고 심

---

17) *History 3*, p. xi.
18) 예를 들면 4장에서 본 것처럼 엘리아데는 대개 성 토마스 아퀴나스와 아퀴나스 전통의 유력한 신학을 무시한다. 이와 대조적으로 동유럽 농민들의 민속과 대중적이며 우주적 종교의 심오한 신화적이고 종교적인 의미에 대한 세부적인 묘사와 해석을 제시한다. 그는 종종 어떻게 이러한 농민의 "기독교" 신화들이 기독교 이전의 비역사적이고 반역사적인 구조와 "유물들"을 드러내는지에 초점을 맞춘다.
19) *History 3*, p. 253. 엘리아데는 1928년 이탈리아에서 마르실리오 피치노부터 조르다노 브루노까지 이탈리아 르네상스 철학에 대한 그의 석사 논문을 썼다.

지어 반역사적으로 해석한다.

시간과 역사에 대한 엘리아데의 개인적인 태도는 비종교적인 역사적 접근들에 일반적으로 동조하지 않는 그의 설명에도 크게 영향을 끼쳤다. 리켓이 바르게 지적하듯이, 엘리아데는 비종교적인 역사적 접근들을 "그 차이를 무시한 채 하나로 묶는" 경향이 있으며, 모호하게 "실증주의, 역사주의, 실존주의, 유물주의"로 부른다.[20] 종교적 인간이 이해하지 못하는 심오한 영적 의미들도 해석할 정도로 시원적 종교현상들에 대하여 보이는 신중하고 관대한 태도와, 비종교적 입장에 대하여 보이는 지나치게 단순화되고 냉담한 태도가 분명히 대조되고 있다는 것을 독자들은 쉽게 알아챌 수 있다.

사람들은 엘리아데가 비종교적인 "역사적" 접근들에 강력히 반발하는 것을 분명히 이해할 수 있다. 그는 이런 접근들이 편협하고 신화와 종교에 대해 비관용적이라고 여기며, 심지어 비인간적이며 반인간적이고, "공허하고", "신경증적이고", 인류를 대량의 자살이나 학살로 이끈다고 기술한다. 학문적인 근거에서 보면, 그런 강력한 개인적인 반발 자체는, 다양한 입장을 무비판적으로 똑같이 취급하는 것이나 일방적인 부정적 설명과 관련된 매우 개인적인 해석을 정당화하지 않는다. 엘리아데가 자주 드는 사례들 중 하나를 이용해보자. 그는 "통속적인" 혹은 "기계론적인" 유물론자, 편협한 역사주의자, 그리고 실증주의자와 같은 "환원주의자들"을 비판하는 것을 정당화한다. 왜냐하면 환원주의자들은 『보바리 부인』과 같은 문학적 창작물의 전체적인 의미와 함의를 저자의 역사적, 경제적 그리고 기타 특정한 조건들을 근거로 설명해야 한다고 주장하기 때문이다. 그런 학자

---

20) Mac Linscott Ricketts, "In Defense of Eliade: Toward Bridging the Communications Gap between Anthropology and the History of Religions", *Religion* 3(1973): 28.

들이 있다는 것은 분명한 사실이다. 이는 조악한 기계론적인 견지에서 자신들의 신화와 의례의 의미와 함의를 설명하고, 비종교적 현상들을 부정적으로 체계화하고 설명하는 종교적인 사람들이 있는 것과 마찬가지이다. 그러나 자신들의 자료를 비종교적으로 해석하고 설명하는 섬세하고 정교한 학자들을 지적하는 것은 어렵지 않다. "의미를 해석"하려 시도하고 이것이 단지 역사적이고 경제적인 조건들을 풀어내는 것 이상으로 구성되었음을 알고 있는 "유물론자들", 심지어 "사적史的 유물론자들"의 예를 들 수 있다. 이들은 복잡하고 상호 작용하는 다수의 결정 요소를 인지하고, 엘리아데가 그들을 탓하는 이유인 조악하고 편협한 인과적 환원주의를 피한다. 비종교적이며 역사적인 (그리고 비종교적이며 비역사적인) 연구 방법들에서는, 시간과 역사에 대한 엘리아데의 태도가 의미와 함의에 대한 그의 비역사적이고 반역사적인 해석을 구성한다.

『세계종교사상사』의 제2권에서 엘리아데는 시간과 역사에 대한 『바가바드기타』의 접근을 약간 제시한다.

> 인간의 역사성을 강조한다는 사실을 통해 『기타』가 제공하는 해결책은 확실히 가장 포괄적이고, 현대 인도에 가장 적합하며, 이미 "역사의 순환"에 통합되었다고 덧붙이는 것이 중요하다. 서구인들에게 친숙한 용어로 번역하면, 『기타』에 나오는 다음과 같은 문제 때문일 것이다. 인간이, 한편으로는 그가 시간 속에 있다는 것, **역사적으로 살도록 운명 지어졌다**는 것을 알고, 다른 한편으로는 그가 덧없음으로 인해 그리고 그 자신의 역사성으로 인해 소진된다면 "저주받게" 될 것이며 따라서 어떻게 해서든지 세계 속에서 초역사적이고 무시간적인 차원으로 이끌어줄 길을 찾아야만 한다는 것을 안다는 이중의 사실에서 비롯된 역설적 상황을

어떻게 해결할 수 있을 것인가?[21]

시간과 역사를 향한 이러한 복잡하고 역동적인 『기타』의 태도는 사람들의 특정하고 조건화된 역사적 상황과 이에 상응하는 역사적이고 시간적인 책무를 인지한다. 그러나 인간의 역사적 상황을 궁극적이고 비시간적이며 초역사적인 가치의 견지에서 본다는 점이 중요하다. 우리는 역사적으로 행동할 수밖에 없지만, 궁극적으로 초역사적이고 무시간적인 실재를 자각하기 위해 노력하면서 우리의 조건화되고 제한된 세속적 행위의 결과들에 애착을 갖지 않는 태도를 지녀야 한다.

『신화, 꿈, 신비』에서 엘리아데는 "세상에 남아서 역사에 참여하지만 역사에 절대적인 가치를 부여하지 않으려고 주의를 기울이는" 『기타』에 나타나는 태도에 대해 언급한다. "『바가바드기타』는 역사를 부정하라고 권유한다기보다는 역사를 맹신하는 것에 대하여 우리에게 경고하고자 한다. 인도의 모든 사상은 무지와 환영의 상태는 역사 속에서 사는 상태가 아니라, 그 존재론적 실재를 믿는 상태라는 것, 바로 이 점을 주장하고 있다." 세상은 환상을 일으킬 수도 있으나, 신의 창조와 신의 작용으로서 성스러운 것이다. "사멸될 수 있으며 환상을 일으키는 세상이 궁극적인 실재를 표상한다는 불합리한 믿음에 의해 무지와 이에 따른 불안과 고통은 영속하게 된다." "시간과 역사 속에 살기 때문이 아니라, 시간과 역사가 실재라고 여기고 따라서 영원성을 잊거나 경시하기 때문에, 시간과 역사에 사로잡히는 것이다."[22]

엘리아데는 시간과 역사에 대한 그러한 연구가 개인적으로 매력

---

[21] *History 2*, pp. 242~43. Matei Calinescu, "Creation as Duty", *Journal of Religion* 65(1985): 253도 보라.
[22] *Myths, Dreams and Mysteries*, pp. 241~42.

있다고 여겼으며, 이런 개인적인 태도가 그의 종교사와 종교 연구 방법론에 반영된다고 할 수 있을 것이다. 역사적인 것과 비역사적인 것의 복잡한 관계에 대한 그의 분석에서 볼 수 있는 것처럼, 시간과 역사에 대한 그런 개인적인 태도가 엘리아데의 학문을 형성했다는 사실은 다음 부분에서 명확해질 것이다.

엘리아데가 반역사적이라고 주장하는 학자들

1장에서 본 것처럼 엘리아데는 20세기의 학자들이 자신들의 연구 방법을 뮐러, 프레이저, 타일러 등 앞서간 신화와 종교 연구자들과 대조시키면서, 자신들의 문헌의 환원할 수 없는 역사적인 속성을 강조한다고 말한다. 신화-종교적인 자료는 역사적인 자료이다. 엘리아데는 이것을 종종 확인하면서, "완전히 종교적인 현상"이란 없으며 학자는 자료의 특정한 역사적 조건들을 공정히 평가해야 한다고 주장한다.

그럼에도 불구하고 엘리아데가 방법론적으로 무비판적이라는 가장 흔한 비판 중 하나는 그가 반역사적이며 신화-종교 자료의 역사적 속성을 공정히 평가하지 않는다는 것이다. 엘리아데의 연구에 나타나는 반역사적 속성을 강조해온 사람들은 대부분 비판적인 학자로, 역사적인 성향의 종교학자, 보편적 구조나 광범위한 일반화에 비판적인 다양한 분야의 전문가, 몇몇 기독교 신학자, 그리고 월래스Wallace, 래글런Raglan, 레사Lessa, 리치, 살리바와 같은 여러 인류학자를 포함한다.[23]

---

23) 엘리아데가 자료의 역사적 차원을 무시한다는 비판들을 요약한 연구들 중 몇몇에 대해서는 1장의 주석 2를 보라. 인류학자들의 엘리아데 비판과, 비판적 학자들에 대한 대응은 다음 자료를 보라. Brown, "Eliade on Archaic Religions";

엘리아데는 시원적 신화와 종교를 강조한다. 역사적 성향의 경험주의자 로버트 베어드Robert D. Baird에 따르면 엘리아데는 모든 종교 경험에 대하여 이 역사에 무관심한 시원적인 본보기를 전제로 한다. 방법상으로 구조를 추구하는 것과 더불어, 그의 방법은 역사적으로 반증할 수 없으며, "정통적인 종교의 역사적 이해에 장애"가 된다. 엘리아데의 현상학은 "역사적으로 추론할 수도, 기술記述적으로 입증할 수도 없는 가정된 존재론을 근거로 하고 있기 때문에 신학만큼이나 규범적이다."[24]

몇몇 학자는 시원적 존재론에서 볼 수 있는 것처럼 엘리아데의 연구 방법이 신학적이며, 반역사적인 신학에 특권을 주고 있다고 간주해왔다. 케네스 해밀턴 같은 신학자들은 엘리아데의 신학이 비역사적인 시원적 신화와 종교의 상당 부분을 제대로 평가할지는 몰라도 기독교나 다른 "역사적인 종교들"을 이해하는 데에는 적합하지 않다고 비판한다.[25] 토머스 알타이저에 따르면 엘리아데의 방법은 "신비

Ricketts, "In Defense of Eliade"; Ioan P. Culianu, "Mircea Eliade at the Crossroads of Anthropology", *Neue Zeitschrift für systematische Theologie und Religionsphilosophie* 27, no. 2(1985): 123~31; Allen, "Eliade and History"; Rennie, *Reconstructing Eliade*. Allen and Doeing, *Mircea Eliade: An Annotated Bibliography*, pp. 95~157. 2부 "Works about Mircea Eliade"를 보라.

24) Baird, *Category Formation and the History of Religions*, 특히 pp. 86~87, 152~53. 베어드의 경험적이고 역사적인 "입증"이라는 개념이 너무 편협하고 심지어 시대에 뒤진다고 반박할 수 있을 것이다.

25) Hamilton, "Homo Religiosus and Historical Faith", pp. 213~22를 보라. 로버트 시걸은 "Eliade's Theory of Millenarianism", *Religious Studies* 14(1978):159~73에서 엘리아데는 "인간으로서 인간이 역사에서 발견하는 무의미와 본원적인 시간에서 발견하는 의미를 고려하면, 인간은 본능적으로 역사를 폐지하고 본원적 시간으로 돌아가기를 추구한다"는 일반 이론을 가지고 있다고 말한다. 그러한 "타고난" 혹은 "자연적인" 갈망의 이론에 근거하여 엘리아데가 특정한, "역사의 이스라엘적인 의미"를 부정하고 유대교 종말론을 잘못 이해한다는 것이다.

적"이며 "낭만적"이지 "합리적"이며 "과학적"이지는 않다. 시원적 종교에 대한 그의 해석은 큰 장점이 있을지는 몰라도, 그의 현상학은 "고등 종교"와 현대 서구 세계의 종교현상들을 이해하기에는 불충분하다. 알타이저는 역사적 기독교와는 관계가 없는 엘리아데의 연구 방법이 어떤 시원적 존재 양태로 돌아가는 것을 선호하며 따라서 "기독교적 배경"과 모순된다고 진술한다.[26]

이와 마찬가지로 일반적으로는 엘리아데의 해석에 공감하며 그의 비판자들에게 비판적인 칼 올슨 역시 엘리아데의 방법이 반역사적인 신학적 지향성에 근거하고 있다고 주장한다. 올슨의 해석에 의하면 엘리아데의 개인적 신학은 그의 학문적 연구 방법의 기저에 있으며 기독교 신학의 수용에 근거를 두고 있다. 그러나 이는 반역사적이며 전근대적인 루마니아 농민의 우주적 기독교의 신학이다. 엘리아데의 반역사적인 신학은 신화 속에 구체화된 본원적인 성스러운 역사로 영원히 돌아가는 것을 통해 시간과 역사를 폐지할 것을 주장한다. 올슨은 이 점이 역사적 발전의 긍정적인 면을 거부하며 역사와 자연을 통합할 필요성을 보지 못한다고 비판한다.[27]

이반 스트렌스키에 따르면 "종교학은 그 결론이 역사적 사실에 기초하는 귀납적인 연구라는 인상을 주는" 엘리아데의 수많은 진술은 "효력이 없다". 엘리아데의 종교학은 **선천적** 진실들에 근거하고 있으

---

26) Altizer, *Mircea Eliade and the Dialectic of the Sacred*, 특히 pp. 17, 30, 41, 59~80을 보라. Altizer의 해석을 비판하는 글로는 다음을 보라. Eliade, "Notes for a Dialogue", pp. 234~41; Mac Linscott Ricketts, "Eliade and Altizer: Very Different Outlooks", *Christian Advocate*(Oct. 1967): 11~12; Ricketts, "Mircea Eliade and the Death of God", pp. 40-52; Allen, *Structure and Creativity in Religion*, pp. 126, 133; Rennie, *Reconstructing Eliade*, pp. 27~31.
27) Olson, *The Theology and Philosophy of Eliade*, pp. 55~59, 153, 156, 167~70을 보라.

며, 이들은 논리적으로 그리고 연대순으로 역사적인 자료와 **선천적** 관계를 맺고 있다. 이러한 "진실들"은 때때로 "역사적 자료들 속에서" 확인될 수도 있지만 "이 자료들에서 나온 반증은 배제되는 것으로 보인다."[28] 스트렌스키는 엘리아데가 먼저 역사를 그릇되고 제한되고 빈약한 "역사"의 의미로 환원한다고 주장한다. 공격하기 쉽고 취약한 표적을 명확히 한 다음, 엘리아데는 연구자들이 그러한 성스러움의 "역사"를 넘어설 필요가 있다고 주장할 수 있다는 것이다.[29]

스트렌스키는 엘리아데가 역사를 세 가지 의미로 사용하고 비판한다고 주장한다. 첫째, "연대기"와 별다를 바 없는 역사로, 역사가의 임무는 단지 사건들이나 일련의 사건을 조합하는 것과 마찬가지이다. 둘째, "실증주의 역사"가 있다. 이는 인간의 의도나 내적인 의미를 무시한다. 따라서 엘리아데는 역사적 설명과 의미의 해석을 대립시키는 그릇된 이분법적 구분을 하게 된다. 셋째, 가장 재미있는 것으로, "전면적 역사"가 있다. 이것은 설명적이고 의미를 부여한다는 뜻의 역사이지만, 특정한 문화 내에서 이해되고 경험되어, 우리가 성스러움의 개별적인 역사적 의미만을 파악하도록 하기 때문에 그 가치는 제한되어 있다. 그러한 전면적 역사는 종교학자가 성스러움의 주요한 "초역사적" 의미를 해독하게끔 내버려두지 않기 때문에 충분하지 않다. 이것은 "더 하위의 혹은 역사적인 의미들을 조건 짓는" 선사先史의 초월적인 의미에는 미치지 못한다.

엘리아데의 반역사적 입장을 공격하면서, 스트렌스키는 엘리아데가 독자들에게 "잘못된 딜레마"를 강요한 다음에 그것으로부터 벗어

---

28) Ivan Strenski, "Mircea Eliade: Some Theoretical Problems", in *The Theory of Myth: Six Studies*, ed. Adrian Cunningham(London: Sheed and Ward, 1973), pp. 51~52.
29) 위에서 언급한 스트렌스키의 책에서 "Eliade and the Study of Religion: Against History", pp. 43~52 부분을 보라.

나기 위한 "잘못된 해결책"을 제시한다고 주장한다. "실증주의 역사나 연대기가 종교현상을 설명하기에 충분하지 않다고 해도, 어떤 분야에서(특히 엘리아데가 전공한 분야에서) 역사적인 증거가 단편적이기 때문에 포괄적인 교차 문화적 일반화를 할 수 없다고 해도, 이것이 반드시 적합한 역사적 견해의 거부를 수반하는 것은 아니다. 우리가 역사적 문제를 다룰 충분한 수단을 **사실상** 갖고 있지 않다고 해서 종교현상, 신화 그리고 상징 각각의 의미를 설명하고 결정하는 문제의 속성이 역사적인 것에서 비역사적인 것으로 바뀌는 것은 아니다."30) 우리가 공통의 역사적 혹은 지형적인 기원을 참조해도 다양한 신화 사이의 특정한 교차 문화적 유사점을 설명할 수 없는 것은 사실이다. 그러나 이 "딜레마" 때문에 기원과 설명을 "역사 외부", 즉 역사적으로 설명할 수 없는 유사성들의 존재론적으로 초월적인 조건(비역사적 원형)에 위치시키는 것을 옳다고 인정할 수는 없다. 엘리아데가 역사적으로 입증할 수 없고 반증할 수 없는 비역사적 구조의 "스스로 증명하는" 직관이라는 반역사적인 규범적 입장을 취한 것은 정당화되지 않는다.31)

    비평가들만이 엘리아데의 연구 방법에서 보이는 반역사적 속성을 지적한 것이 아니라, 엘리아데를 칭송하는 학자들도 그가 반역사적이라는 것을 인정했다. 이 학자들 중 일부는 역사적이고 경험적인 종교현상에 접근하는 것을 비판해온 사람들이었다. 다수는 엘리아데가 쓴 문학작품들의 신화적이고 환상적인 점에 관심이 있지만 경험의 역사적 차원에는 별 관심이 없는 사람들, 특히 문학가들이었다. 그리고 몇몇은 엘리아데가 반역사적이거나 혹은 초역사적이라고 간주하

---

30) Ibid., pp. 58~59.
31) Ibid., pp. 53~54, 58~59, 60~61을 보라. 스트렌스키의 해석에 대한 비판은 Allen, *Mircea Eliade et le phénomène religieux*, pp. 198, 244~45에 제시되었다.

려는 사람들이었다.[32]

길포드 더들리의 해석은, 엘리아데의 종교 연구가 반역사적인 규범적 입장에 근거하고 있다는 결론을 내리면서, 그러한 "반역사"를 공감적으로 바라봐야 한다고 제안하는 몇 안 되는 "과학적" 연구들 중 하나라는 점에서 특이하다. 사실 더들리는 현대의 종교학이 심각한 위기와 혼란의 상태에 처해 있다고 분석하며, 종교학 분야의 통합과 장래 발전이라는 가치를 부여할 주도적인 후보로서 엘리아데의 반역사적 종교 이론을 제안한다.

자신이 경험적이고 역사적인 방법을 사용한다는 엘리아데의 빈번한 주장을 언급한 다음, 더들리는 경험주의자들이 엘리아데를 계속 비판하고 배제했다는 것을 보여준다. 그는 엘리아데가 경험적인 입증이나 반증의 기준과 같은 "과학적" 연구 방법을 위한 최소한의 경험주의적, 역사적, 귀납적 기준을 충족시키지 못한다는 비평가들의 말에 동의한다.[33] 나아가 더들리는 엘리아데의 종교학이 반역사적인 "시원적 존재론"에 부여된 특권화된 존재론적 지위에 의지하고 있어서 매우 규범적이라고 주장한다. 엘리아데의 논쟁은, 인도 종교에, 더 상세히 말하면 파탄잘리Patanjali*의 요가에 가장 분명하고 발달된

---

32) 마테이 칼리네스쿠, 아드리아나 버거Adriana Berger(그녀의 초기 출판물에서), 리켓 그리고 레니 등과 같은, 엘리아데의 종교학에 동조하는 대부분의 학자는 그가 반역사적이라고 생각하지 않거나, 더 많은 경우에는 이 문제에 초점을 맞추지 않는다. "Mircea Eliade and the Death of God", *Cross Currents* 29(1979): 257~68에서 Thomas Altizer는 엘리아데가 무신론적 기독교 신학자라고 격찬한다. 엘리아데의 변증법과 신학이 현대의 신 존재를 믿지 않는 역사를 이해하는 것과, (신의 죽음에 해당하는) 그리스도의 성육신 이후에는 철저히 통속적인 역사를 통해서만 완전히 제시되고 실재가 될 수 있는 위장된 초월성을 파악하는 데에 적합하다고 말한다.
33) Dudley의 *Religion on Trial* 1장을 보라.
* 기원전 2세기에 인도 육파철학 중 요가학파의 창시자로, 이 학파의 근본 경전인

뿌리를 두고 있으며, 그가 모든 종교의 기본을 구성한다고 본 이러한 시원적 존재론을 선호한다.[34]

『시험받고 있는 종교Religion on Trial』의 마지막 장에서 더들리는 경험주의적 방법이 "합리적"이거나 "과학적"이기에 적합한 본보기를 제공하지 못한다고 주장한다. 정교한 사상가들이 그 방법론적 기준들의 권위를 완전히 약화시켜놓았기 때문이다. 임레 러커토시Imre Lakatos의 용어와 체계화를 이용하여, 더들리는 엘리아데와 그 지지자들이 이제는 엘리아데의 종합적인 이론 체계를 명확히 밝혀, 실행 가능한 "연구 프로그램"으로서의 가능성을 점검하도록 해야 한다고 말한다. 더들리는 엘리아데가 푸코와 뒤메질Dumézil 같은 학자와 많은 유사성을 지녔으며, 연역적이고 공시적이며 체계적인 접근을 하는 프랑스 전통 내에서 평가되어야 하는, 정말로 "반역사적" 종교학자"anti-historian" of religions라고 결론짓는다. 엘리아데는 자신의 저작에서 자신이 경험적이고 역사적인 방법을 사용한다고 주장함으로써 발생하는 "양가성", 혼동 그리고 모순을 피해야 한다.

이렇게 "공감적이고" 단순하게 엘리아데의 방법을 "반역사적인" 것으로 동일시하는 것은 문제가 있다. 엘리아데의 체계적 방법에서 구조적 분석과 공시성이 중심적이라는 데에는 의심의 여지가 없다. 그러나 더들리의 해석을 받아들이려면, 엘리아데가 그의 저술 전체에서 자신의 방법이 어떤 의미에서는 "경험적"이고 "역사적"이라고 말하는 중요한 주장을 버려야만 할 것이다. 더 중요한 것은, 앞으로 보게 되겠지만 엘리아데는 더들리가 제거하고자 하는 "양가성"이야말

『요가수트라Yoga Sutra』의 저자이기도 하다.
[34] *Religion on Trial*의 3장에서 Dudley는 이러한 반역사적인 "시원적 존재론"이 엘리아데 종교 이론의 규범적 기반 역할을 한다는 것을 입증하려 시도하고, 4장에서는 이 존재론에 "인도의Indian 뿌리들"이 있다고 주장한다.

로 신화와 종교의 적절한 해석에 필수적이라고 종종 주장한다는 점이다. 엘리아데에 따르면 역사적 접근과 현상학적 접근의 갈등하는 방법론적 주장에서, 그리고 역사적인 것-비역사적인 것 사이의 역동적인 상호 작용에서 나타나는 "긴장"은, 사실 적절한 종합적인 해석학을 위한 "창조적"이며 필수적인 긴장이다.[35]

엘리아데의 저작을 다루는 학자들 중에는 엘리아데를 반역사적이라고 보는 해석에 극단적으로 예외적인 인물이 한 명 있다. 데이비드 케이브는 엘리아데의 기초가 되는, 통합적인 "새로운 인간주의의 개념"의 형태론적 구조를 입증하려고 시도한다. 케이브의 형태론적 접근에서 우리는, 엘리아데가 기독교를 선호하며 기독교가 가장 역사적인 종교이기 때문에 그 우월성을 수용한다는 놀라운 결론을 이미 다루었다. 케이브의 형태론적이고 구조적인 접근이, 엘리아데가 역사적 변화를 낮게 평가한다는 전형적인 해석을 유발할 것이라고 예상할 수도 있으나, 사실은 그 반대가 맞다. 비평가들과 지지자들은 엘리아데가 역사에 무관심하거나 비역사적인 것을 강조한다고 잘못 해석해왔다. 엘리아데는 역사에 집착했다. 그의 "방법에서는 역사가 가장 중요한 요소를 이룬다." 그의 형태론은 "역사라는 그 지배적인 전형에 제한된다."[36] 케이브는 "그러므로 사실 역사는—실존적, 연대기적, 성스러운 그리고 세속적인—엘리아데에게 긍정적 방식으로

---

35) 엘리아데를 반역사적으로 보는 그러한 해석에는 다른 어려움이 있다. 예를 들면 Dudley가 경험주의자-귀납적인-역사적인 등의 개념과 합리주의자-연역적인-반역사적인 등의 개념을 대립시키는, 확연한 인식론적 이분법을 너무 쉽게 수용하지 않았는지 의심할 수 있을 것이다. 최근의 철학은 전통적인 경험주의를 비판할 뿐 아니라 그러한 확연한 이분법의 기초를 흔드는 방향으로 많이 전개되었다.

36) Cave, *Mircea Eliade's Vision for a New Humanism*, p. 40. 이외에도 pp. 53, 131, 169, 191의 주석 3을 주목하라.

든 부정적 방식으로든 매우 중요한데, 그가 역사에 관심이 없다든가, 그가 반역사적이라고 말하는 것은 근시안적이다." 엘리아데의 새로운 인간주의는 그것이 너무 역사적이기 때문에 제한되는지도 모른다. "어떤 의미에서, 새로운 인간주의가 더 보편적이기 위해서는, 더 역사적인 것이 아니라 덜 역사적인 것이 요구된다."[37]

엘리아데가 역사적 방법과 역사적 전형을 매우 강조했다는 해석을 설득력 있게 제시하는 것은 거의 불가능한 일로 보인다. 엘리아데가 개인적인 삶과 학문에서 "역사의 문제"에 집착하고 있었다는 케브의 주장은 옳은 말이다. 그러나 이 집착은 역사의 조건들과 공포를 극복하거나 여기서 벗어나고자 하는 엘리아데의 욕구와 필요의 형태를 띤다. 엘리아데가 실제 종교경험에서 성스러움은 역사에서 현현되며 성스러운 구조는 상대적으로 불완전한 형태로 구체화되며 역사적 조건들에 의해 제한된다고 주장한다는 케브의 말도 맞다. 그러나 이것을 근거로 엘리아데가 그의 비역사적이고 비시간적인 성스러운 구조와 의미에 방법론적, 현상학적, 존재론적으로 높은 지위를 부여하는 것을 결코 부정할 수는 없다.

마지막으로 브라이언 레니의 대담한 해석을 간략하게 살피도록 하자. 학자들은 엘리아데가 "역사"에 대하여 개인적으로 특별한 의미를 가지고, 이를 개인적 경험, 개인적 사건, 실제로 이루어진 경험 등과 동일시했다는 것을 제대로 평가하지 못해왔다. 엘리아데 역시 "역사"를 과거 사건들의 기록, 지나간 사건들의 역사를 가리키기 위해 사용하며, 이 일반적인 용법을 개인적으로 경험된 실재라는, 자신 특유의 역사의 의미와 구별하지 않는다. 학자들은 엘리아데의 연구 방법이 반역사적이라고 잘못 해석해왔다. 엘리아데는 반역사주의자이

---

37) Ibid., p. 195.

지만, 반역사적이지는 않다. 그가 반대하는 것은 성스러움, 이상적인 것, 규범적인 것, 상상, 꿈 등의 전체적인 의미와 함의를 좁게 정의된 역사적-시간적-공간적 실재 속에 있는 물질적 요소들로 환원하는, 편협하고 근대적이고 환원주의적이고 역사주의적인 설명이다.[38]

엘리아데는 때때로 "역사"라는 용어를 개인적이며 실제로 겪은 경험을 가리키는 데 사용하지만, 지금까지 본 것처럼 그리고 다음 장에서 강조될 것처럼, 그는 대개 그러한 개인적 경험의 비역사적 차원에 초점을 맞춘다. 개인적인, 실제로 겪은 경험은 역사로부터 자신을 방어하며 역사로부터 탈출하려는 방식으로 종종 해석된다. 엘리아데는 전통적인 신화-역사적 자료에 대한 자신의 해석에서, 자신에 대한 성찰에서, 그리고 현대인들의 문화적이고 영적인 갱신에 대한 자신의 소망에서 그렇게 반역사적인 점들을 강조한다. 또한 엘리아데가 매우 좁은 환원주의적 견지에서 특징짓는 역사주의가 그의 주요한 표적들 중 하나라는 것은 틀림없는 사실이다. 그러나 엘리아데의 신화-종교 이론과 방법론적 접근은 그런 역사주의에 대한 비판보다 훨씬 더 폭넓고 더 철저히 반역사적인 지향성을 보여준다. 많은 학자가 극단적인 역사주의적 설명에 비판적이지만, 그들은 엘리아데가 평가절하하고 종종 배제하는 현대의 다양한 역사적인 해석과 설명의 가치를 인정한다. 엘리아데는 역사, 시간, 인간 조건 그리고 실재에 대하여 역사주의를 비판하는 수준을 훨씬 넘어서, 논란의 소지가 가장 많은 반역사적인 존재론적 주장과 규범적인 판단을 제시하는 것이다.

---

38) Rennie, *Reconstructing Eliade*, 특히 pp. 89~108, 110~11.

9장
비역사적인 구조의 최우선적 지위

지금까지 우리는 시간과 역사에 대한 엘리아데의 태도와 학자들이 이를 어떻게 평가하는지에 대해 검토해왔다. 개인적인 자서전적 감상과 학문적인 해석 모두에서 엘리아데는 기본적으로 반역사적인 지향성을 표출한다. 많은 학자는—주로 비판하는 사람이 많으나 일부 지지자도—엘리아데의 신화와 종교 연구에서 반역사적인 것이 강조된다는 점에 초점을 맞춘다.

이 장에서 나는 엘리아데의 종교사와 종교현상학에서 비역사적인 것이 최우선적 지위를 차지하고 있음을 입증하고 이를 분석하고자 한다. 첫째, 엘리아데가 신화와 종교 일반을 기본적으로 반역사적이고 비시간적 본질을 드러내는 것으로 해석한다는 것을 설명하겠다. 시원적이고 동양적인 현상들이 본질적으로 반역사적인 것으로 해석될 뿐 아니라, 엘리아데는 심지어 서구의 "역사적 종교"도 기본적으로 반역사적이라고 해석한다. 다음으로 신화-종교적 자료의 역사적 속성에 대한 엘리아데의 분석을 간략하게 다룬 후에, 그의 전체적인 접근은 비역사적인 신화-종교적 구조에 부여한 탁월성을 근거로 한다는 것을 설명하겠다. 셋째, 엘리아데가 기본적으로 종교-신화적인 구조와 의미를 해석하는 작업과 역사적 조건들을 밝히고 역사적 설명을 제공하는 작업을 이분법적으로 구분하는 것을 고찰하겠다. 엘리아데는 전자에 초점을 맞추는 반면 후자의 의미는 중요시하지 않는다. 넷째, 엘리아데의 대담하고 규범적이며 반역사적인 판단을 간략히 살피는 작업을 통해, 신화와 종교에 대한 그의 연구 방법에서 분석의 상이한 수준을 구별할 필요성을 예증하겠다. 신화와 종교 일반의 반역사적인 보편 구조에 대한 엘리아데의 해석이나 인간 조건 자체의 반역사적인 본질적 속성에 대한 그의 판단과, 개별적인 폴리네시아 우주 창조 신화나 루마니아 농민 의례의 반역사적 의미에 대한 그의 해석 사이에는 연속성도 있지만 중요한 차이 역시 존재한다. 엘리아데의 규범적이고 반역사적인 판단을 보면, 그가 종종 존재론적 관점으로 방향을 전환하며 종교사와 종교현상학적 관점의 경계를 훨씬 넘어서기도 하는 것을 알 수 있다. 마지막으로, 엘리아데의 연구 방법을 반역사적이거나 비역사적인 것과 단순하게 동일시하는 것은 종교사와 종교현상학의 복잡성을 왜곡하는 일이라는 것을 설명하겠다. 신화와 종교에 대한 엘리아데의 해석을 이해하기 위해서는 개별적인 역사적 조건들과 일반적인 비역사적 구조들의 복잡하고 역동적인 상호 작용을 제대로 평가해야만 한다.

신화와 종교의 반역사적이고 비시간적인 본질

엘리아데에 따르면 "시원적인 사회의 사람들과 현대인 사이의 가장 큰 차이점"은 현대인에게는 "사건들을 되돌릴 수 없다는 것이 역사의 독특한 특징인" 반면 시원적 인간들은 이것을 사실로 받아들이지 않는다는 것이다.[1] "역사적 인간의 의미"는 무엇인가? 첫째, "우리는 더 이상 원래로 되돌릴 수 없는 사건들의 결과"라는 것을 의미한다. 과거에 일어났던 것 때문에 우리는 현재의 우리 모습으로 존재한다.

> 그러나 소위 역사에 무관심한 사람 ("원시인", 전통 사회의 인간) 역시 자신이, 〔*태초의〕 그 시간에, 자신보다 훨씬 먼저 일어났던 어떤 결정적 사건들의 결과라고 생각한다. 그러한 사건들은 씨족의 신화적 역사를 구성한다. 그럼에도 불구하고 이 사건들은 두 개의 다른 존재 방식을 구성한다. 원시인은 신화가 오늘날의 자신을 형성한 모범적인 사건들을 보여주는 것이라고 생각한다. 모범적인 사건들이란 세계와 인간의 창조, (초월적 존재들의) 문명의 제도나 종교 제도의 창조 등을 말한다. 원시인은 자신을 **문화적** 역사의 결과로 여긴다고도 말할 수 있을 것이다. 신화는 그에게 어떻게 제도가 제정되었는지 보여준다. 문화적인 역사이자 그 자체로 전형적인 역사를 드러내는 것이다.[2]

따라서 시원적인 인간과 현대인 모두 자신이 "역사"에 의해 구성된다고 여기지만, 현대 역사적 의식의 관점에서 보면, 시원적이고 문화적이고 전형적이고 성스럽고 신화적인 역사는 본질적으로 비역사적이다.

엘리아데는 시원적인 동양의 신화와 종교가 본질적인 반역사적 기능, 구조, 의미 그리고 함의를 드러낸다고 해석했다는 것을 이미 살

---

1) *Myth and Reality*, p. 13.
2) *No Souvenirs*, p. 89.

펴보았다. 신화의 세계에서는 비역사적인 본질이 역사적인 본질에 우선한다. 초역사적이고 무궁한 신화적 본질은 역사적이고 시간적인 보통의 존재보다 우선하며 이 존재에 모범적 본보기를 제공하는 것으로서 경험된다. 신화를 직접 경험함으로써 종교적 인간은 초자연적 사건들의 신화적 역사를 묘사하는 초역사적 구조에 참여한다. 성스러운 이야기의 반복과 성스러운 의례의 반복을 통한 그 이야기들의 재현을 통해서 시원적 인간들은 역사적 사건들의 되돌릴 수 없는 속성을 제거하고 비역사적이며 영원한 성스러운 실재를 경험한다.

『영원회귀의 신화』등의 연구에서 엘리아데는, 역사적인 인물이 신화화되는 경우에서 볼 수 있는 것과 같은, 역사적인 것이 비역사적이고 신화적인 것으로 변형하는 과정을 분석한다. 엘리아데에 따르면 대중의 집단적인 기억은 역사에 관심이 없을뿐더러 특정한 역사적인 개인들과 사건들을 모범적이고 초역사적인 범주와 의미로 변형시킨다. 특정한 역사적 인물들과 사건들은 괴물과 싸우는 신화적 영웅의 전형적인 신화적 서술과 같은 신화적 본보기들에 동화된다. 제한되고 유한한 역사적 현상들을 더 심오하고 모범적이며 초역사적인 의미의 실현을 추구하는 변증법적 운동에서 볼 수 있는 것처럼, 이러한 신화화의 과정은 성과 속의 변증법의 구조를 드러낸다.[3]

---

3) *Eternal Return*, pp. 37~44. 비록 엘리아데가 대개 시원적 우주적 종교에서 그러한 신화적인 사례들을 선정하여 제공하지만, 그는 자주 이러한 역사적 개인과 사건의 신화적 변형을 이집트, 그리스, 유대교, 기독교 등의 종교 전통들을 통해 예증한다. 그는 또한 이러한 신화적이며 역사에 무관심한 변형이, 현대의 세속적이고 역사적인 의식 속에 존재하며 종종 무의식의 수준에서 그리고 환상, 꿈, 문학적·예술적 창조성 등을 통해 간접적으로 표현된다고 해석한다. 때로는 구체적이고 개별적이고 역사적인 현상이 역사에 무관심하고 모범적이고 신화적인 심층의 구조와 의미로 변형되는 이 과정이 인간 본성과 인간 조건에 대한 본질적인 무언가를 드러낸다고 주장하기도 한다.

어떤 경우에는 재구성된 신화적 역사가 신화적 영웅들과 신화적 규범들의 모범적인 이미지들과 일치하더라도, 신화적 사람들이 역사적인 사람들과 역사적 사건들로 여기는 것이 실상은 역사적으로 잘못이거나 심지어 불가능한 것임을 학자들이 입증할 수도 있다. 예를 들면 엘리아데는 동시대에 실제로 역사적 사건이 신화로 변형된 것에 대하여 루마니아 민속학자 콘스탄틴 브라일로이우Constantin Brailoiu가 조사한 내용을 인용한다. 마을 사람들은 산의 요정이 어떤 젊은 구혼자求婚者에게 마법을 거는 비극적인 사랑의 이야기를 했다. 그 젊은이가 결혼하기 며칠 전에 질투심 많은 요정이 그를 절벽에서 던져버렸다.

슬픔에 잠긴 그의 약혼녀는 신화적인 암시들로 가득한 장례 의례 비가悲歌를 쏟아냈다. 신화의 여주인공이 여전히 살아 있다는 것을 알게 된 민속학자는 실제로 일어났던 일이 비극보다 훨씬 더 평범하다는 것을 입증할 수 있었다. 그녀는 자신의 연인이 사실은 절벽에서 미끄러져 떨어졌고, 죽었을 때 마을로 운반되었다고 말해주었다.

엘리아데에게는 그 역사적 사건과 동시대에 살았던 마을 사람들은 결혼식 전날에 일어난 이 젊은이의 비극적 죽음이 단순 사고사였다는 역사적 사실에 만족하지 못했다는 것이 가장 중요하다. 며칠 뒤에 이 역사적 사건이 완전히 신화화되었다. 비극은 신화라는 초역사적 범주를 통해서만 드러날 수 있는 더 심오한 의미를 갖게 된다. 그 민속학자는 마을 사람들이 진짜 역사적 이야기에 주목하도록 했지만, 그들은 그 늙은 여자가 너무 슬퍼서 진짜 이야기를 잊어버렸다고 대답했다. 엘리아데는 다음과 같이 결론을 내린다. "사실을 이야기한 것은 신화이다. 이미 실제 이야기는 변조되었다. 더군다나 신화는 실제로 일어난 이야기가 더 심오하고 풍부한 의미를 산출하도록 만들며 비극적 운명을 드러낸다는 사실 때문에 더욱 실제적이지 않은가?"[4)]

간략히 설명하는 어떤 부분에서 엘리아데는 "공통된 관점, 즉 시원적인 사회들이 시간을 폐지함으로써 주기적으로 자신을 재생시킬 필요성"을 지적한다. "재생 의례는 그 구조와 의미에 대개 우주 창조적 행위인 원형적인 행위의 반복을 통한 재생이라는 요소를 항상 포함한다."

이러한 시원적 체계들에서 우리에게 가장 중요한 것은 구체적인 시간의 폐지이며 그로 인하여 발생하는 그 체계들의 반역사적인 의도이다. 이와 같이 과거에 대한 기억, 심지어 방금 일어난 과거에 대한 기억을 보존하기를 거부하는 것은 특별한 인류학을 나타내는 듯하다. 우리는 시원적인 인간이 자신을 역사적인 존재로 받아들이기를 거절하는 것, 기억에 가치를 부여하기를 거부하고 따라서 사실상 구체적인 지속 시간을 구성하는 이례적인 사건들 (즉 원형적 본보기가 없는 사건들)에 가치를 두지 않는 것에 대해 이야기하고 있다. …… 기본적으로 적절한 관점에서 본다면 시원적인 인간의 삶(원형적 행위의 반복, 즉 개별 사건들이 아닌 범주들, 똑같은 원초적 신화들의 끊임없는 열거로 환원되는 삶)은, 그것이 시간 속에서 발생한다고 해도, 시간의 부담을 견디지 못하며 시간의 비가역성非可逆性을 나타내지 않는다. 달리 말하면 특히 시간을 자각하는 데 특징적이고 결정적인 것을 완전히 무시한다. 신비주의자들은 물론 보통의 종교적인 사람들처럼 원시인은 끊임없는 현재에 산다. (그리고 바로 이런 의미에서 종교적인 사람이 "원시적"이라고 할 수 있는 것이다. 그는 다른 누군가의 행위를 반복하며, 이 반복을 통해 항상 시간과 관계없는 현

---

4) *Eternal Return*, pp. 44~46.

재 속에서 산다.)⁵⁾

이 인용된 부분에서는, 시간과 역사를 향한 시원적 태도에 대한 엘리아데의 전형적인 설명이 아니라 오히려 그가 그러한 반역사적이며 시간과 상관없는 지향성을 "종교적인 사람 일반"의 속성으로도 여기고 있다는 사실이 특별히 흥미를 끈다. 엘리아데는 종종 "전통적인" 문화에서 발견되는 "역사를 향한 부정적인 태도"에 대해 이야기한다. 때로는 "시원적인"과 "전통적인"이 같은 의미로 사용된다. 그러나 엘리아데는 "전통적인"을 "현대의" 헤겔 이후의 역사 개념까지 확장한다.⁶⁾ 반역사적이며 시간과 관계없는 지향성은 현대 서구의 세속적이고 역사주의적이고 대안적인 세계 속의 존재 양태에 이르기까지 신화-종교적 삶을 규정한다. 그것은 신화와 종교 일반을 포함한다.

프라 안젤리코Fra Angelico*의 〈최후의 심판The Last Judgment〉에서 구원받은 모든 사람은 똑같이 어린아이 같은 얼굴을 가지고 있다는 것에 주목하여, 엘리아데는 다음과 같이 주장한다. "모든 다른 존재 양태와는 달리, 영적인 삶은 생성의 법칙과는 상관이 없다. 그것은 시간 속에서 발전하지 않기 때문이다." 안젤리코는 "신생아"에 대한 자신의 모범적인 상징체계에서, 본질적인 아이는 "영원히 아이로 남아 있을 것"이라고 밝힌다. "그는 역사의 흐름이 아니라 신의 시간과 상관없는 지복에 참여하기 때문이다. 두 번째의 삶, 통과의례를 거친 입문자의 삶은 첫 번째의, 인간의, 역사적 삶을 반복하지 않는다. 그 존재 양태는 질으로 다르다." 이와 유사하게 다른 일기에서 엘리아

---

5) Ibid., pp. 85~86.
6) 예를 들면 *Eternal Return*, pp. 141~42를 보라.
* 초기 르네상스 시대에 활동한 이탈리아의 화가이자 가톨릭 수도사(1387?~1455).

데는 만약 종교경험이 "참되고 심오하다면, 종교는 기본적인 것, 근본적인 것, 본원적인 것, 한마디로 '역사에 무관심한 것'을 재발견한다"고 말한다.[7]

시간과 관계없는, 반역사적 지향성이 단순히 시원적인 동양의 현상들뿐 아니라 신화와 종교 일반을 규정한다면, 엘리아데는 소위 역사적인 종교들의 본질적인 반역사적 속성을 보이고자 노력하는 셈이다. 엘리아데는 히브리 종교들이 혁신적이고 역사에 새로운 가치를 두었다는 사실을 결코 부인하지 않으나, 이들이 여전히 기본적으로 반역사적이라고 주장한다.

처음에는 혁신적인 유대교의 성스러움의 역사화에 대한 엘리아데의 묘사가 히브리 전통의 본질적인 역사적 차원을 강조하는 일반적인 태도와 일치하는 것처럼 보인다. "따라서 처음으로 예언자들이 역사에 가치를 부여했고, 순환(모든 사물이 영원히 반복된다고 확언하는 개념)이라는 전통적인 시각을 초월하는 데 성공했으며, 일방적인 시간을 발견했다." 역사는 이제 신현으로 간주되었다. "처음으로 우리는 역사적 사건이 신의 뜻에 의해 확정되기만 하면 그 자체로 가치가 있다는 생각이 확인되고 점점 더 수용되는 것을 발견한다. 유대민족의 이러한 신은 더 이상 원형적 행위를 창조한 동양의 신이 아니라, 역사에 끊임없이 개입하고 사건(침략, 포위, 전투 등)을 통해 자신의 뜻을 드러내는 인격체이다." "히브리 사람들은 역사의 의미가 신의 현현임을 처음으로 발견했으며, 이 개념은 우리가 예상하듯이 기독교에 의해 수용되고 확장되었다."[8]

---

7) *No Souvenirs*, pp. 23, 167.
8) *Eternal Return*, p. 104. *Myth and Reality*, pp. 168~70과 *History 1*, pp. 355~56도 보라.

계시의 개념은 모든 신화와 종교에서 찾을 수 있다. 그러나 시원적 신화와 종교에서는 성스러운 계시가 비역사적인 신화적 시간에 발생한다. "그 상황은 일신교의 계시의 경우에는 완전히 다르다. 일신교의 계시는 시간 속에서, 역사적인 지속 기간에 일어난다." 모세는 어떤 특정한 역사적 순간에 시나이 산Mt. Sinai에서 십계명을 받는다. 이 계시의 순간은 "분명히 역사 속에 위치한다. 이것은 또한 신현을 표상하기 때문에 새로운 차원을 획득한다. 즉 이것이 더 이상 뒤집을 수 없는 성격을 지닌 역사적인 사건인 한, 본질적으로 가치를 가지게 되는 것이다." "'역사의 억압' 아래에서, 그리고 예언자적이고 메시아적인 경험의 도움으로, 이스라엘의 자손들 사이에서 역사적 사건에 대한 새로운 해석이 싹트기 시작한다. 원형과 반복이라는 전통적인 개념을 최종적으로 거부하지 않고도, 이스라엘은 역사적 사건들을 야훼Yahweh의 능동적인 실재로 간주함으로써 이 사건들을 '구원'하려고 시도한다." 역사는 더 이상 무한히 그 자체를 반복하는 전통적인 신화적 주기로 나타나지 않는다. 역사는 이제 일련의 신현들로 나타나며, 그 각각은 "야훼의 인격적인 개입이라는 되돌릴 수 없는 성질의 공동 작인作因을 획득한다."9)

만약 유대인의 혁신과 나중의 히브리의 발전이 그렇게도 역사적이며 성스러운 계시로서 역사적 사건의 독특함과 비가역성을 주장했다면, 어떻게 엘리아데는 신화와 종교 일반이 본질적으로 반역사적이고 시간과 관계없다는 자신의 해석을 내세울 수 있는가? 그는 역사적 종교들이 본질적으로는 반역사적이라는 의미를 적어도 두 가지로 주장함으로써 그렇게 할 수 있다. 첫째, 그는 예언자적이고 메시아적인 개념들이 종교적 엘리트의 독점적인 창작물이라고 말한다. 유대

---

9) *Eternal Return*, pp. 104~107.

인들과 기독교인들의 대중적인 종교는 시간과 역사에 대한 전통적인 태도를 계속 유지한다. 인격적인 초월적 신이 역사에 개입한다는 것에 근거한 독특한 신앙과 더불어, 신현으로서의 역사라는 혁신적인 개념이 유대교에서도 기독교에서도 "전통적 개념들의 근본적인 수정"을 유발하지 않았다. "대다수의 소위 기독교인은 부정적이거나 긍정적인 신현의 의미를 역사에 부여하기보다는 역사를 무시하고 역사를 견뎌냄으로써 오늘날까지도 계속해서 역사로부터 자신들을 보호한다."

둘째, 심지어 "유대인 엘리트들이 역사를 수용하고 신성화한 것조차도 전통적인 태도를 …… 초월했다는 것을 의미하지는 않는다. 세계 자체가 마지막에는 재생된다고 믿는 메시아적 신앙도 반역사적 태도를 나타낸다." 사실 엘리아데는 히브리의 태도가 역사적 사건과 시간의 비가역성을 견디는 반면, 근본적인 면에서 전통적, 시원적, 신화적, 종교적 지향성보다도 더 반역사적이라고 주장한다. 반역사적인 시원적 사람들에게 역사는 비역사적인 신화적 구조의 주기적 반복을 통해 무시되거나 폐지되는 반면, 히브리 사람들에게 되돌릴 수 없는 역사는 그것이 마침내 끝나기 때문에 참을 수 있는 것이다.

> 메시아적 개념에서 역사는 종말론적 기능을 가지고 있기 때문에, 역사를 인내해야 한다. 그러나 역사가 언젠가는 끝날 것이라는 사실을 알고 있기 때문에 참을 수 있는 것이다. 따라서 역사는 영원한 현재(원형의 계시라는, 시간에 구애되지 않는 순간과 일치)를 사는 의식을 통해서나, 주기적으로 반복되는 의례(예를 들면 신년 의례)에 의해서 폐지되지 않는다. 역사는 미래에 폐지되는 것이다. 창조의 주기적인 재생은 다가오는 그 시간에 발생할 한 번의 재생으로 대치된다. 그러나 역사를 최종적이고 결정적으로 끝내려는 의지는 다른 전통적인 개념들과 똑같이 여전히 반역사

적 태도이다.10)

신화와 종교에 대한 엘리아데의 일반 이론에 반역사적이고 시간과 관계없는 본질이 있다고 결론지을 수 있을 것이다. 그의 **종교적 인간**이라는 개념에는 본질적으로 반역사적인 무언가가 있다. 이것은 틀림없이 반역사적인 시원적 존재론을 가진 시원적 신화와 종교에 해당된다. 초역사적인 모범적 구조의 반복적인 재현, 성스러운 신화적 시간과 역사의 재생을 통한 범속한 시간과 역사의 주기적인 폐지 등이 그 증거이다. 이것은 또한 시간과 역사의 시원적인 주기적 형태를 유지하는 반면, 더 철저하게 반역사적인 동양의 문화들의 경우에도 명확히 들어맞는다. 주기적인 자연과 우주의 리듬을 재생하는 데 더 이상 만족하지 못하면, 반역사적이며 시간과 상관없는 영적 목표는 시원적인 신화와 종교의 주기로부터 자신을 완전히 해방시키고 이 주기를 절대적으로 초월하고자 하는 욕구가 되는 것이다.

서구의 역사적인 종교들—단지 엘리아데가 좋아하는 반역사적이고 자연 지향적인 우주적 기독교뿐 아니라—에 대해서 엘리아데는 다시금 **종교적 인간**의 반역사적이고 시간과 상관없는 본질을 강조한다. 많은 연구에서 엘리아데는 유대교, 이슬람교 그리고 특히 기독교가 혁신적인 역사의 개념과 성스러움의 역사화를 통합하면서도 히브리 이전의 주기적이고 반역사적인 신화와 의례의 형태를 주장하고 재평가한다고 강조한다. 방금 본 것처럼 엘리아데는 서양의 종교에서 대다수의 종교적인 사람은 역사적 존재와 자신을 동일시하기보다는 역사로부터 자신을 보호하려 시도해왔다고 주장한다. 서양의 종교적인 사람들은 역사가 마침내는 영원히 폐지될 것이라는 믿음을

---

10) Ibid., pp. 107~12.

가지고 있었기 때문에 역사를 견뎌낼 수 있었고 한시적이면서 되돌릴 수 없는 가치를 역사에 부여할 수 있었다.

비역사적인 구조

종교학자들은 경험적 방법으로 신화-종교현상들에 접근해야 하며 역사적 자료만을 가지고 작업해야 한다는 다른 학자들의 주장에 엘리아데도 때로는 동의를 표한다. 반복해서 엘리아데는 그의 출발점이 역사적 자료이며 자신도 그 자료의 환원할 수 없는 역사적인 속성을 인정한다고 말한다. 종교적-역사적 사실들에 대한 관심에서 종교학자들은 "종교현상의 의미와 역사 둘 다에 매력을 느낀다. 따라서 양자 모두 공정히 평가하며 그중 하나를 희생시키지 않도록 노력한다." "종교학자들은 더 엄밀한 의미에서 역사적으로 구체적인 것을 결코 무시할 수 없다."[11]

엘리아데가 모든 신화-종교적인 현상이 역사적이라고 확언하는 것은, 무엇보다도 모든 종교적 자료가 조건으로 제한된다고 인정하는 것이다. "종교학자에게 '역사'는 주로 모든 종교현상들이 조건으로 제한된다는 것을 의미한다. 순전히 종교적인 현상은 존재하지 않는다." 성스러움은 항상 역사 속에서 드러난다. 특별한 시간적, 공간적, 문화적 요소들은 항상 종교적으로 드러나는 것을 조건으로 한다. 종교현상은 "또한 항상 사회적, 경제적, 심리적 현상이며, 당연히 역사적 현상이다. 역사적 시간에 발생하며 이전에 일어났던 모든 것에

---

11) "Methodological Remarks", p. 88; "The Quest for the 'Origins' of Religion", p. 169(이 글은 *Quest*의 3장으로 다시 출간된다). *Eternal Return*, pp. 5~6과 *Patterns*, pp. xiv~xvi, 2~3도 보라.

의해 조건으로 제한되기 때문이다."[12] "종교현상은 그 '역사' 외부에서, 즉 그 문화적이고 사회경제적인 맥락 외부에서 이해될 수 없다. 역사 외부에 '순수하게' 종교적인 자료와 같은 것은 없다. 인간의 자료이면서 동시에 역사적 자료가 아닌 그런 것은 없기 때문이다. 모든 종교경험은 특별한 역사적 맥락에서 표현되고 전달된다."[13] 따라서 예를 들면 역사적 조건들을 고려하지 않는다면 엘리아데는 성스러움의 변증법에 나타나는 역설적 관계를 분석할 수 없다. 즉 유한하고 역사적인 것은 자연적인 조건 아래 있으면서도 초자연적이고 무한하고 초역사적인 무언가를 드러낸다는 역설적 관계나, 초월적이고 초역사적인 것은 자신을 유한하고 조건으로 제한되며 역사적인 것으로 드러냄으로써 자신을 제한하고 역사화한다는 역설적 관계는, 역사적 조건들을 고려하지 않는다면 다룰 수 없는 것이다.[14]

그럼에도 불구하고 대부분의 학자는 엘리아데가 자료의 특별한 역사적 조건들에 그다지 신경을 쓰지 않는다고 생각해왔다. 비평가들은 엘리아데가 신화-종교현상들의 역사와 의미 둘 다를 공정하게 평가하지 않는다고 공격하고, 지지자들도 때로는 이것을 인정한다. 그는 종종 역사적 조건들과 역사적으로 구체적인 것을 무시하고 희생시킨다. 엘리아데가 비시간적이고 비역사적인, 보편적인 신화-종교적 구조를 방법론적인 면에서 강조하고 높이 평가하는 것은 그의 연

---

12) *Quest*, p. 52. *Quest*, p. 7과 *Images and Symbols*, pp. 30~32도 보라.
13) "Comparative Religion: Its Past and Future", p. 250. 이어서 엘리아데는 "그러나 종교경험의 역사성을 인정하는 것이 행위의 비종교적 형태로 환원된다는 것을 의미하지는 않는다"고 덧붙인다. *Patterns*, p. xiii과 Eliade, "History of Religions and a New Humanism", *History of Religions* 1(1961): 6(*Quest*의 1장(p.7)에 나온다).
14) 여기에 대해서는 3장에서 자세히 논의하였다. *Patterns*, pp. 26, 29~30과 *Images and Symbols*, pp. 84, 178을 보라.

구 방법에 두드러지게 나타난다.

　엘리아데를 반역사적이라고 공격하는 비판은 『종교형태론』에 반응하여 맨 처음 등장했다. 이 공시적인 형태론 연구는 역사적이지 않았다. 종교적이고 신화적인 구조들은 역사적, 문화적 맥락들로부터 분리되었다. 『종교형태론』에서 엘리아데는 더 "역사적인 자매편"이 나올 것이라고 했다. 30년이 넘도록 그는 때때로 이 "역사적인 자매편"에 대해 언급했고, 이 책이 자신의 경력에서 최고의 것이자 자신의 대표작이라고 묘사하기도 했다.

　세 권으로 이루어진 『세계종교사상사』는 분명히 엘리아데가 쓴 것 가운데 가장 역사적인 저술이다. 이 책은 이전의 구조적이고 형태론적인 연구에 덧붙여, 역사적 변화와 발전 그리고 무한히 새로운 종교적 표현과, 종교적 형태의 환원할 수 없는 차이를 강조한다. 계속 변화하는 역동적이고 창조적이며 영적인 역사의 부분으로서, 진행 중에 있는 구조들의 더 큰 의미가 나타난다. 비록 엘리아데가 역사적 차이와 변화의 더 큰 의미를 제시하지만, 그는 분명히 다방면의 지식을 지닌 비교종교학자이자 종합적인 학자라는 점은 변함이 없었다. 그는 여전히 유사성, 일반적 구조나 형태, 그리고 "역사의 통일성과 인간 정신과 영혼의 통일성"[15] 에 대한 자신의 신념을 강조한다. 성스러움의 변증법에 대한 해석학적 틀이나 상징과 신화의 구조적 체계를 고려해보면, 사실 엘리아데는 비역사적 전제와 원리 없이는 종교들의 역사를 그렇게 기술할 수 없었을 것으로 보인다. 간단히 말하면 인류 전체의 역사에서 실존적 위기와 종교적 창조성을 연구하는

---

15) *Ordeal by Labyrinth*, p. 137. Adriana Berger, "Cultural Hermeneutics: The Concept of Imagination in the Phenomenological Approaches of Henry Corbin and Mircea Eliade", *Journal of Religion* 66(1986): 141~56도 보라.

것은 본질적인 비역사적 신화-종교의 구조에 대한 엘리아데의 형태론적 분석에 의해 좌우되고 있는 것이다.

엘리아데의 반역사적 연구 방법에 대해 철저한 비역사적 일반화와 자료의 특정하고 구체적인 역사적 차원에 대한 민감성의 결여를 공격해온 문화사학자나 인류학자 같은 비평가들은 『세계종교사상사』에서 제시된 이런 "역사"에 만족하지 않을 것이다. 이러한 비평가들의 대부분은 자신들의 방법론적 지향성의 견지에서 이 세 권짜리 역사책의 많은 부분이 비역사적인 역사 혹은 위장된 역사라고 여길 것이다.

엘리아데는 분명히 역사적 연구가 필수적이라고 인정하기는 하지만, 그것이 주로 초역사적 의미를 드러내고 해독하는 수단으로서 요구된다고 말한다. 예를 들자면 『탄생과 재탄생Birth and Rebirth』 같은 연구서에서 엘리아데는 **자궁으로의 복귀** 혹은 태아 상태로의 회귀를 암시하는 입문入門에 대한 신화와 의례의 상징체계를 상당히 자세히 기술한다.[16] 그러나 대체로 엘리아데의 주된 관심이 역사적인 상세한 설명이 아니라는 것은 분명하다. 그의 주요한 과제는 시간을 극복하기 위해 "돌아가는 것"에 대한 특정한 신화들과 기술技術들이 드러내는 더 심원하고 초역사적이며 시간을 초월한 구조와 의미를 해석하는 일이었다.

---

16) 1956년 시카고대학에서 열린 하스켈Haskell 강연에서 자신이 했던 "입문의례의 형태"라는 강의 내용에 기초하여 엘리아데가 쓴 *Birth and Rebirth: The Religious Meaning of Initiation in Human Culture*, trans. Willard R. Trask(New York: Harper and Brothers, 1958)는 Mircea Eliade, *Rites and Symbols of Initiation: The Mysteries of Birth and Rebirth*, trans. Willard R. Trask(New York: Harper Torchbooks, 1965)로 재출간되었다. 모태 속으로 돌아가는 입문의례 상징에 대한 오스트레일리아 쿠나피피Kunapipi 등의 사례들(pp. 47~53), 인도 입문의례에 나타나는 이러한 상징체계(pp. 53~57), 태아기 상태로 돌아가는 상징적 주제를 지닌 입문의례와 이에 대한 신화의 다양한 의미들(pp. 57~60) 등에 대해 엘리아데가 언급하는 내용을 보려면 *Birth and Rebirth*나 *Rites and Symbols of Initiation*을 보라.

자궁으로의 복귀라는 입문 신화와 의례는, "기원으로의 회귀"가 새로운 탄생을 준비하지만 새로운 탄생은 처음의 신체적 탄생의 반복이 아니라는 사실을 드러낸다. 적절하게 말하자면 속성상 영적인 신비한 재탄생―달리 말하면 새로운 존재 양태로의 접근인 것이다(성(性)적인 성숙함 그리고 성스러움과 문화에의 참여를 수반하며, 간단히 말해 신에게 "열리게" 되는 것이다). 기본적인 개념은 더 높은 존재 양태에 도달하려면 잉태와 탄생이 반복되어야 하지만 의례적이고 상징적으로 되풀이된다는 것이다. 달리 말하면 우리는 여기서 정신생리학적 활동의 영역에서 나온 행위가 아니라 신의 가치를 지향하는 행위를 하는 것이다.[17]

엘리아데는 **자궁으로의 복귀**의 신화와 제의를 포함하여, 기원으로 돌아가는 신화와 제의에서 본질적인 "상징체계는 똑같다"고 주장하는 한편, "맥락들은 다르며 각 경우에 우리에게 진정한 의미를 주는 것은 맥락이 보여주는 의도"라는 것을 인식하고 있다. 엘리아데가 우주 창조 신화의 구조를 입문적인 재탄생의 신화와 의례에서 발견되는 구조와 동일시하는 것은 사실이다. 그러나 "신화적 조상의 탄생, 각 개인들의 탄생, 그리고 입문적인 재탄생의 경우에는 명백히 이 우주 창조의 상징체계가 새로운 가치들로 내용이 풍부해진다."[18] 이러한 "기원으로의 회귀"라는 같은 상징체계가 어떻게 다른 차원에서 기능하는지를 보이기 위해 엘리아데는 힌두교, 불교, 도교의 맥락들을 시원적 신화와 종교에 대하여 그가 이전에 설명했던 내용과 대조한다.

"시간의 작용을 스스로 치유하는 것"을 해석하면서 엘리아데는 요

---

17) *Myth and Reality*, pp. 79~81.
18) Ibid., p. 82.

가와 불교가 어느 정도 알려지지 않은 어딘가로 "돌아가는" 정신생리학적 방법들을 발전시켰다고 주장한다. 환자를 본원적인 성스러운 시간에 완전히 다시 투입하여 신화적이고 의례적으로 시간과 역사를 제거함으로써 삶의 치료나 회춘回春을 달성하는 시원적 치료법은 더 이상 목표가 아니다. 요가와 불교는 이것과 다른 차원에 있다. "그들의 최종적인 목표는 건강이나 회춘이 아니라 영적인 숙련과 해방이다. 요가와 불교는 구원론이자 신비한 기술이고 철학이며—그래서 당연히 주술적 치료가 아닌 다른 목적들을 추구한다."[19] 인도철학과 신비한 기술은 시간 속에 존재하는 인간의 고통을 치료하는 것을 목표로 추구한다는 점에서 시원적 치료법과 구조적인 유사성을 지닌다고 말한 후, 엘리아데는 인도 맥락의 차이점들을 강조한다. 요가나 불교 그리고 여러 밀교 학파에는 시간의 시작을 달성하고, "시간에 한정되지 않는 상태—즉 인간 실존으로의 '타락'에 의해 시작된 시간의 경험보다 앞서는 영원한 현재"에 들어가기 위한 목표와 특정한 기술들이 있다. 시간적인 역사적 경험의 어느 순간에서 시작한다고 해도, "그 과정을 근원으로 되돌림으로써 지속 기간을 다 소진시킬 수 있고, 따라서 시간에 한정되지 않는 상태, 즉 영원으로 들어갈 수 있다. 그러나 이는 인간의 조건을 초월하는 것이고, 시간과 실존의 순환으로 타락해 들어가기 이전의 상태, 즉 조건으로 제한되지 않는 상태를 회복하는 것이다."[20]

엘리아데는 다음과 같이 결론을 내린다.

---

[19] Ibid., p. 85.
[20] *Myths, Dreams and Mysteries*, p. 50. 이 책의 pp. 49~51도 보라. *Yoga*에서 엘리아데는 요가나 밀교, 그리고 힌두교와 불교의 다른 형태들에서 뽑은 인도의 목표와 기술技術들에 대한 많은 사례들을 제공한다. 예를 들면 *Yoga*, pp. 270~73을 보라.

반복해서 하는 말이지만, 우리는 인도와 중국의 신비한 기술과 원시 치료법을 같은 차원에 놓을 의사는 없다. 이들은 다른 문화 현상이다. 그러나 시대를 거슬러서 다양한 문화들에 시간과 관련된 인간 행위의 어떤 연속성이 있다는 것을 관찰하는 것은 재미있는 일이다. 이러한 행위는 시간의 작용을 치유하기 위해서는 "돌아가서" "세계의 시작"을 발견하는 것이 필수적이라는 말로 규정될 수 있을 것이다. 우리는 지금까지 이러한 "기원으로의 회귀"가 다양하게 평가된 것을 살펴보았다. 시원적인 문화와 고대 동양의 문화에서 우주적 신화의 반복은 과거의 시간을 폐지하고 모든 손상되지 않은 생명력을 지닌 새로운 삶을 시작하는 것을 목표로 했다. 중국과 힌두교의 "신비주의자"에게 목표는 이 세상에서, 지상에서 새로운 삶을 다시 시작하는 것이 아니라 "되돌아가는 것"과 본원적인 위대한 것을 재구성하는 것이 되었다. 그러나 이러한 예에서도, 지금까지 제시한 모든 다른 예에서처럼, 특징적이고 결정적인 요소는 항상 "기원으로 돌아가는 것"이었다.[21]

내가 이런 설명을 하는 것은, 엘리아데가 『요가: 불멸성과 자유』 등의 저술에서 그러한 현상들에 대해 상세한 사례들을 제시하면서 종종 특정한 역사적이고 문화적인 변화들에 크게 매력을 느낀 점을 부인하려는 것이 결코 아니다. 그러나 문화적 차이들을 강조할 때조차도 엘리아데는 특정한 역사적 조건들보다는 비역사적 구조와 의미에 있는 "더 심오한" 변화들에 주된 관심을 갖는다. 그리고 심지어 그러한 구조적 변화들을 강조할 때조차도, 그는 대개 "되돌아가는 것"과 "기원으로 돌아가는 것"에 의해 "시간의 작용을 치유하는 것"과 같

21) *Myth and Reality*, pp. 87~88.

은 더 심오한 초역사적 유사성, 동질성, 구조 그리고 의미를 드러내려고 한다.

초역사적이며 시간에 제한을 받지 않는 구조와 의미를 드러내고 해석하는 엘리아데의 주된 목표에 대한 사례를 하나 더 살펴보자. 엘리아데는 인간의 남녀 양성 소유에 대한 신화에는 역사적이고 문화적인 변형들이 많다고 지적한다.22) 그는 자웅동체의 신과 양성을 지닌 조상이나 첫 번째 인간에 대한 신화와 같은 많은 신화를 검토한다. 그는 인간의 남녀 양성 소유에 대한 이러한 신화의 더 깊은 의미에 대해 다음과 같이 설명한다. "인간은 태고의 '전체화'로 돌아가기 위해서 분화되고 한정된 조건을 주기적으로 없애려는 욕구를 느낀다. 이는 모든 형태가 용해되어 창조 이전에 있었던 '단일성'을 회복하는 것으로 끝나는 주기적인 비밀 주신제酒神祭를 하도록 고무하는 욕구와 똑같은 것이다. 여기서 다시 우리는 과거를 파괴하며 '역사'를 말소하고 새로운 창조 속에서 새로운 삶을 시작하고자 하는 욕구를 만나게 된다." 인간의 남녀 양성 소유의 신화를 재현할 때 보이는 가장 이상한 변형들도 "〔*신화를 재현하는 의례의〕 참여자들이 '태고의 인간'과 낙원의 조건을 다시금 공유하도록 하는 그들의 본질적인 의미를 없애는 데 결코 성공하지 못한다. 그리고 이러한 모든 의례는 신의 양성구유에 대한 신화를 그 모범적 본보기로 한다."23)

---

22) 남녀 양성 소유 신화에 대한 엘리아데의 가장 광범위한 연구는 *Mephistopheles and the Androgyne*, pp. 78~124의 "Mephistopheles and the Androgyne or the Mystery of the Whole"이다. 남녀 양성 소유의 신화적이고 상징적인 구조의 가장 깊은 의미를 이해하기 위해서 엘리아데는 대개 남녀 양성 소유를 "역의 일치"라는 한층 더 보편적인 상징체계의 구조적인 변형 혹은 재평가로 해석한다.

23) *Patterns*, pp. 423~25. 엘리아데는 p. 425에서 그의 연구서 전체에서 찾을 수 있는 중요한 점을 지적한다. 신화의 전형으로서의 기능은 의례의 전형 역할을 하는 데에 제한되어서는 안 된다. 의례들을 통해 재현되는 초역사적 본보기를 제공

그의 저술 전체에 걸쳐 엘리아데는 신화와 종교의 근본적인 구조는 비역사적이라고 주장한다.[24] 우리는 본질적인 신화의 구조들이 특정한 사회에 의해 혹은 특정한 역사적 순간에 창조된다는 것을 증명할 수 없다. 단지 독특한 역사적 조건들이 특정한 비시간적, 비역사적, 신화적 구조가 명백히 드러나거나 우월성을 얻도록 기회를 제공한다는 것을 입증할 수 있을 뿐이다. 역사는 기본적으로 본질적, 모범적, 신화적 상징체계 구조를 수정하지 않는다. 역사는 새로운 의미들을 덧붙인다. 특별한 역사적 상황들은 새로운 가치 설정을 유발한다. 그러나 새로운 가치 설정은 신화를 통해 표현되는 상징체계의 본질적인 초역사적 구조를 조건으로 한다.[25]

엘리아데의 주된 과업은 초역사적 의미를 해석하는 것이다. 하지만 그는 또한 "종교적 생활이 역사와 무관함"을 주장하기도 한다. 그는 본질적, 비역사적, 신화적 그리고 상징적 구조와 의미가 매우 다양한 역사적, 문화적 맥락에서 발생한다는 사실에 주목한다. 그는 그러한 초역사적이며 시간에 구속을 받지 않는 구조들의 반복을 환원론적인 역사적 설명을 피하는 종교적 입장의 자발성과 가역성可逆性으로 해석한다. 어떤 정합적인 신비한 경험은 "모든 수준의 문명과

하는 것 외에도, 신화는 다른 종교적이고 형이상학적인 경험에 대한 전형도 드러낸다. 이들은 종종 어떤 종교적인 사람이 공동체의 의례적이고 의식적인 생활 외부에서 재현하려고 시도하는 모범적인 구조를 드러낸다.

24) 예를 들면 *Myths, Dreams, and Mysteries*, pp. 107~8, 110, 178; *Sacred and Profane*, p. 137; *Images and Symbols*, pp. 159~61; Mircea Eliade, "Mythologie et histoire des religions", *Diogène* 9(1955): 99~116 등을 보라.
25) *Structure and Creativity in Religion*과 *Mircea Eliade et le phénomène religieux*에서 나는 이러한 본질적이고 초역사적이고 상징적인 구조들이 성스러움의 변증법의 보편적이고 초역사적인 구조와 통합될 때 엘리아데의 해석학적 틀을 주로 구성하며 그의 현상학적 연구 방법의 기초 역할을 하고 있다고 주장한다.

어떠한 종교적 상황에서든지 가능하다. 이것은 위기에 처한 특정한 종교적인 의식意識에는, 〔*역사적인 도약이 아니면〕 다른 방법으로는 접근할 수 없는, 영적인 지위에 도달하도록 하는 역사적인 도약의 가능성이 항상 있다고 말하는 것과 같다."26)

앞으로 보게 되겠지만 엘리아데는 초역사적인 신화-종교의 의미를 비역사적인 구조에 근거한 해석학을 사용하여 해석할 뿐 아니라, 무아경이나 신비한 상승과 같은 본원적인 종교경험이 비역사적이라고 주장한다. 사실 종교사와 종교현상학 분야의 범위를 훨씬 넘어서는 규범적 판단의 가장 보편적 수준에서 엘리아데는 세계 내에서의 우리의 기본적인 인간존재 양태와 우리의 본질적인 인간 속성이 본질적으로 비역사적이라고 주장한다.

시모어 카인Seymour Cain이 엘리아데가 강조했던 "역사적인 실상과 종교현상의 현존하는 맥락"은 "상징, 제의, 신화 등과 같은 성스러움의 특정한 현현의 '초역사적' 지향성을 제외하고는 진부할 정도로 무의미하며 단지 무가치하게 여겨져 폐기되는 것으로 보인다"고 쓴 것은 놀랄 만한 일이 아니다. 방법론적으로—형이상학적으로는 아니더라도—말하자면 엘리아데에게 "체계적인 것은 역사적인 것에 우선하며 구조는 역사보다 앞서 발생하는 것"으로 보인다.27)

구조와 의미 대 조건 형성과 설명

방법론적으로 중요한 『샤머니즘』의 서문에서, 그리고 『신화, 꿈,

---

26) *Shamanism*, pp. xvi~xix, 특히 p. xix.
27) Seymour Cain, "Mircea Eliade: Attitudes Toward History", *Religious Studies Review* 6(1980): 14, 15.

신비』와 『이미지와 상징』 등 여러 저술에서 엘리아데는 자신이 하고 있는 일을 역사적인(심리학적인, 인과적인) "설명"과 단호히 구분한다. 특정한 신화의 기원이나 확산을 역사적, 문화적 그리고 시간적 조건 형성의 견지에서 설명할 수도 있을 것이다. 그러나 엘리아데는 종교학자의 과제는 그러한 역사적 연구에 의해 완성되는 것이 아니며 신화-종교적 자료의 의미를 해석해야 한다고 계속해서 주장한다. "따라서 어떤 지점에서 종교학자는 종교현상학자가 되어야만 한다. 의미를 찾아내려고 노력하기 때문이다. 해석학이 없다면 종교사는 단순한 사실이나 특정한 분류 등을 다루는 단지 또 하나의 역사학이 되고 말 것이다."28)

엘리아데는 신화-종교의 구조를 드러내며 이 구조의 환원할 수 없는 종교적 의미를 해석하는 일과 특별한 역사적 또는 다른 조건들을 드러내 역사적인 설명을 제공하는 일 사이를 반복해서 분명하게 방법론적으로 구별한다. 그는 그러한 방법론적 이분법을 강조할 뿐만 아니라 대개는 의미를 해석하는 작업이 우선적이라고 확인하기도 한다. 어떤 구절에서 그는 역사적, 심리학적, 사회학적, 경제학적인 설명을 제공하는 일을 단순히 다른 학자들에게 맡긴다. 다른 구절에서 그는 역사적인 설명을 예비적이고 부차적이라고 평가절하하거나, 심지어 이런 설명이 신화와 종교의 지향성, 의미 그리고 중요성을 왜곡하는 비종교적인 환원론적 설명이라고 공격하기도 한다.

"시간의 재생산"에 초점을 맞춘 신화와 의례를 제시한 후, 종종 그랬던 것처럼 엘리아데는 역사적으로 설명하는 일을 단순히 다른 학

---

28) Mircea Eliade, "The Sacred in the Secular World", *Cultural Hermeneutics* 1(1973): 101, 103, 106~7. *Cultural Hermeneutics*라는 제목은 나중에 *Philosophy and Social Criticism*으로 바뀌었다.

자들에게 맡겨버린다. "우리의 유일한 목적은 이러한 주기적인 정화 의례들(악마, 질병, 죄의 축출)과 연말과 연초의 의식들에 대한 요약적인 현상학적 분석이었다." 엘리아데는 유사성과 일반적인 구조와 의미에 대한 현상학적 분석 이외에 특별한 변화와 차이들 그리고 기원과 유포에 대한 역사적 질문과 관련된 심층적 연구를 요구하는 문제들이 있다는 것을 시인한다. "바로 이런 이유에서 우리는 모든 종류의 사회학적 혹은 민족지학적 해석을 피해왔으며, 이런 모든 의식 儀式에서 발생하는 일반적 의미에 대한 단순한 설명에 국한된 작업을 해왔다. 간단히 말해 우리가 바라는 것은 그러한 의식의 의미를 이해하는 것이며 그러한 의식이 우리에게 보여주는 것을 보려고 노력하는 것이다. 각각 분리된 신화-의례 체제를 (발생론적 혹은 역사적으로) 자세히 검토하는 작업은 적당한 미래의 연구에 남겨두고 말이다."[29]

『샤머니즘』에 나오는 엘리아데의 표현은 더 전형적이다. "샤머니즘을 구성하는 한두 요소의 '역사'를 확립하려는" 노력에 역사적 민족지학이 기여했다고 말하는 등 엘리아데는 먼저 심리학자, 사회학자, 민족지학자의 공헌을 인정한다. 다음으로 그는 종교학을 규정하는 특정한 방법과 관점, 즉 "이 모든 종교현상의 더 깊은 의미를 드러내고 상징체계를 밝히며 이 현상들을 종교의 일반적인 역사 내에 위치시키는 것"에 초점을 맞춘다.[30] 엘리아데는 전형적으로 "(인간의 모든 자료는 결국 역사적 자료이므로) 역사적 조건들은 종교현상에서 대단히 중요하며", "종교학자는 역사적이고 종교적인 사실들을 고려하는 한편, 역사적 관점에서 그의 문헌들을 체계화하기 위해 최선을 다한다. 문헌의 구체성은 역사적 관점만이 보증한다."[31] 그러나

---

29) *Eternal Return*, pp. 73~74.
30) *Shamanism*, pp. xi~iii.

가장 중요한 것은 종교학자들이 "모든 것이 이야기되고 행해질 때 종교현상들의 깊은 의미를 해독하는 주요한 일이 정당하게도 종교학자의 것이 된다는 사실을 결코 잊어서는 안 된다"는 것이다. "종교학자는 종교현상이 무엇을 '말해야만 하는지'를 발견하기 위해 그러한 현상의 **역사적** 발현을 이용한다. 한편으로는 역사적으로 구체적인 것에 집착하면서도, 다른 한편으로는 종교적 자료가 역사를 통해 드러내는 어떠한 초역사적 내용이든지 해독하려고 시도하는 것이다." 그리고 신화-종교현상들이 "말해야만 하는" 것은 비역사적이고 시간과 관련 없는 성스러운 구조와 의미에 의해 주로 해독된다.

한편으로 엘리아데는 "드러난 종교적 사실은 항상 전체가 역사로 환원될 수 없으며, 모든 것이 어떤 면에서 역사라는 조건 아래 있다고 하더라도, [종교적 사실이] 드러나는 특정한 차원은 항상 **역사적, 구체적, 실존적**"이라는 것을 인정하기도 한다. 그는 다음과 같이 말한다. "그러나 가장 초라한 성현에게도 '영원한 새로운 시작', 시간에 구애받지 않는 순간으로의 영원한 회귀, 역사를 소멸하고 과거를 지워버리며 세계를 재창조하고자 하는 욕구가 있다. 이 모든 것은 종교적 사실들에 '나타난다'. 종교학자들이 만들어낸 이야기가 아닌 것이다. 분명히 단지 역사학자이기만 하려는 역사학자는 종교적 사실의 특정한 초역사적인 의미들을 무시할 권리가 있으며, 민족학자, 사회학자, 심리학자도 마찬가지이다. 종교학자는 이 의미들을 무시할 수 없는 것이다."[32] 엘리아데는 자신의 주된 과제가 신화-종교적 자료

---

31) Ibid., pp. xiv~xv. 지금까지 내용 중에서도 종종 나타났으며 이 장의 뒷부분과 10장에서 더 분명해지겠지만 엘리아데는 "모든 인간의 자료는 결국 역사적 자료이다" 혹은 "자료들을 역사적 관점에서 체계화하기 위해 최선을 다한다"는 자기 자신의 표현에 실제로는 동의하지 않는다.

32) Ibid., pp. xv~xvii.

들의 특정한 초역사적 의미를 해석할 수 있는 "창조적 해석학"을 체계화하는 것이라고 보았다.[33]

역사적 설명을 제공하는 것과 의미의 해석을 구별할 때, 그리고 "궁극적으로 우리가 알고자 하는 것은 다양한 역사적 변형들의 의미"라는 것을 반복해서 확언할 때,[34] 엘리아데는 최소한도로 역사적인 혹은 인과적인 설명을 하는 것은 자료의 의미를 소진시키지 않는다는, 철학적 현상학에 종종 나타나는 주장을 하고 있는 것이다. 현상학은 "설명"하는 것이 아니라 "의미"를 찾는 일과 관련이 있다. "철학적 현상학의 주된 목표는 직접적 경험에 나타나는 현상들을 연구하여 직접 아는 것이며, 그렇게 하여 현상학자들이 이러한 현상들의 본질적 구조를 기술記述할 수 있도록 하는 것이다. 그렇게 할 때 현상학은 검증되지 않은 전제들로부터 벗어나며, 인과적인 설명과 다른 설명들을 피하며, 나타나는 것을 기술하고 본질적인 의미를 직관하거나 해독하게 하는 방법을 이용하려고 시도한다."[35] 신화적이고 종교적인 의미를 해석하는 것은 역사적 조건들을 드러내고 역사적 설

---

33) 예를 들어 종교학자들이 신화와 상징 등의 종교현상들에 대한 관심에서 "자신의 일이 그 행위의 역사적인 발현들의 기록으로 환원되어서는 안 되며, 그는 그 의미들과 명확한 표현에 대한 더 깊은 통찰력을 얻기 위해 노력해야 한다"고 단언해야 한다는 엘리아데의 주장이 *Images and Symbols*, pp. 33~34에 나온다. 이어서 엘리아데는 민족지적 그리고 다른 역사적 연구는 종교적 의미와 함의의 문제는 탐구하지 않기 때문에 종교학자들이 여기에 만족하지는 못할 것이라고 말한다.

34) Mircea Eliade, "On Understanding Primitive Religions", in *Glaube, Geist, Geschichte: Festschrift für Ernst Benz*, ed. Gerhard Müller and Winfried Zeller(Leiden: E. J. Brill, 1967), p. 501. 엘리아데는 나중에 *Quest*에 실리게 되는 두 논문 "History of Religions and a New Humanism"과 "Crisis and Renewal in History of Religions"에, 그리고 책들에 수록된 방법론에 관한 부분들에서 이와 유사한 방법론적 주장들을 한다.

35) Allen, "Phenomenology of Religion", p. 274.

명을 제공하는 것과 같지 않다.

　이런 면에서 많은 철학적 현상학자 및 종교현상학자와 더불어 엘리아데는 종종 두 개의 명확한 이분법적 구분을 수용한다.36) 첫째, 종교 "사학자"와 종교현상학자는 경험적인, 역사적인, 객관적인, 해석되지 않은, 사실적인, 신화적인 그리고 종교적인 자료를 수집하고 기술하는 초기의 작업과, 이어서 그러한 자료의 의미를 해석하는 일 사이의 분명한 구별을 받아들인다. 그러나 최근 수십 년간 여러 철학자를 비롯한 많은 학자가 이 절대적인 이분법적 구분에 이의를 제기해왔다.37) 둘째, 종교사와 종교현상학의 주요한 과제인 의미의 해석은 역사적인 설명과 같은 인과적 설명과 분명히 구별된다. 하나의 사례만 덧붙이겠다. "종교의 '기원'에 대한 탐구"의 "역사성과 역사주의"에 대한 결론적인 비평에서 엘리아데는 종교를 연구하는 학자에게 "역사"는 주로 모든 종교현상은 조건으로 제한되고 역사적 시간에 발생한다는 것을 의미한다고 주장한다. 그러나 다음으로 그는 "조건을 부여하는 다수의 체계가 종교현상에 대한 충분한 설명인가?"라고 질문한다. 현대 학자들은 역사의 중요성의 발견에 과도하게 감명을 받아, 역사적 준거 지평에 근거하여 그리고 역사적 조건 형성에 의해 모든 것을 설명하는 경향에 휩쓸려왔다는 것이다.

---

36) Ibid., pp. 282~83.
37) Ibid., p. 282. "객관적이고 과학적이라고 여겨지는 것들은 역사적, 문화적 그리고 사회적으로 입장을 취하며, 전제들을 근거로 하고, 함축적이거나 명시적인 가치판단에 의해 구성된다. 예를 들어 연구를 어떻게 시작하는가? 어떤 사실들이 종교적 사실로 수집되는가? 사람들이 가지고 있는 선택성의 원리는 결코 완전히 공평할 수는 없다. 사실 철학적 현상학자들은 이러한 뚜렷한 이분법적 구분은 절대 수용하지 않았다. 전체 현상학적 연구 과제가 의미를 기술하는 가능성 위에 세워지기 때문이다. 종교현상학이 대면해야 하는 과제는, 객관성의 감각을 지니고 본질적인 구조와 의미를 기술記述하는 것이 가능한 현상학적 방법과 해석의 틀을 체계화하는 것이다."

그러나 인간 실존이 그 실제 존재이게 하는 역사적 상황과, 인간 실존이라는 것이 있다는 사실을 혼동해서는 안 된다. 종교학자에게 신화나 의례가 항상 역사적인 조건으로 제한된다는 사실이 신화나 의례라는 것이 존재한다는 것을 변명해주지 않는다. 달리 말해서 종교경험의 역사성은 종교경험이 궁극적으로 무엇인지 우리에게 이야기해주지 않는다. 우리는 항상 역사적인 조건으로 제한되는 현현을 통해서만 성스러움을 파악할 수 있다는 것을 안다. 그러나 이러한 역사적인 조건 아래 있는 표현들의 연구는 무엇이 성스러움인지, 종교경험이 실제로 무엇을 의미하는지와 같은 질문에는 답을 해주지 않는다.[38]

이미 살펴봤던 것처럼 비평가들은 그러한 독특한 해석학적 방법과 목표에 대한 주장에 이의를 제기할 뿐 아니라, (비역사적) 의미의 현상학적 이해와 비현상학적이고 역사적인 설명이 그렇게 완전히 분리될 수 있는가 하는 문제에도 의문을 던진다.[39] 엘리아데의 설명에서도 해석 대 설명이라는 절대적인 이분법은 분명하지 않다. 비록 엘리아데가 대개 (초역사적) 의미에 대한 해석과 (역사적) 설명 제공 사이의 대조를 명확히 드러내지만, 때로는 신화와 종교가 어떤 기능을 수행하는 것으로, 필요와 욕구와 향수에 반응하여 더 진정하게 인간적이며 인간의 속성과 더 일치하는 것으로 "설명한다". 때때로 엘리아데는 자신의 환원할 수 없는 종교적인 설명이, 표면적이고 비종교적인 역사적 조건에 근거한 설명보다 더 심오하다고 주장한다. 그러

---

38) *Quest*, pp. 52~53.
39) 예를 들어 2장의 주석 23번을 보라. 여기서 해석 대 설명이라는 이분법적 구분은 종종 혼동을 유발하고 지나치게 단순화하며 그릇된 방법론적 틀을 강요한다는 시갈의 주장이 옳다고 지적했다.

한 모든 경우에 구조와 의미에 대한 엘리아데의 해석과 신화-종교적 현상에 대한 그의 설명은 불가분의 관계가 있다.[40]

비록 의미의 해석 대 역사적 설명이라는 현상학적 이분법은 논쟁의 여지가 있지만, 엘리아데는 종종 역사적 설명을 넘어서는 주장 속에서 논쟁의 여지가 훨씬 더 큰 어떤 것을 의도한다. 앞의 설명에서 분명히 드러났겠지만, 엘리아데는 때로는 실재, 인간 본성, 세계 내 인간존재 양태 그리고 인간의 조건 자체에 대해 명확히 비역사적이고 반역사적인 존재론적 주장을 한다.[41] 역사적 설명을 비롯한 인과적 설명을 제공하는 학자들은 신화적, 종교적 의미를 해석하는 것과는 다른 어떤 것을 하고 있을 뿐 아니라, 그들의 연구 방법은 신화적, 종교적 경험의 가장 깊은 존재론적 차원을 제대로 이해하는 데 부적합하다는 것이다.

크리스토퍼 메이휴Christopher Mayhew가 「시간 밖으로의 소풍An Excursion out of Time」에서 환각제를 사용한 경험에 대해 묘사한 것을 엘리아데는 호의적으로 언급한다. 엘리아데는 수많은 학문적 연구와 단편소설에서 자신도 "시간을 폐지할 가능성과 시간을 초월한 조건으로 들어가는 것에 대해 말해"왔기 때문에 "기쁨으로 떨렸다". 메이휴의 경험은 "시간이 뒤에 남겨지는" 몰아 경험을 이해하도록 도와준

---

[40] 이와 마찬가지로 맑스와 프로이트 등의 "환원주의자들"이 역사적, 경제적, 심리적인 인과관계의 설명을 제공하는 데에만 관심이 있으며 자료의 의미를 해석하려고 하지 않았다고 말하는 것도 옳지 않다. 맑스와 프로이트의 의미 해석은 현상에 대한 그들의 설명과 긴요한 관련이 있다. 의미의 해석 대 역사적 설명의 절대적인 이분법적 구별에 이의를 제기하지만, 나는 이것이 우리가 학문적 전제, 방법, 목표의 차이를 이해하도록 하는 데 유용한 방법론적 구분이 될 수 있다는 것을 부정하고자 하는 것은 아니다.

[41] 그러한 비역사적이고 반역사적인 존재론적 주장과 규범적 판단의 여러 사례들로는 내가 쓴 *Structure and Creativity in Religion*을 보라.

다. 이것은 "종교사와 다양한 신비적 교리 전반과 심지어 대중적인 문학이나 민담에도 매우 한결같이 나타나는" 주제이다. 엘리아데는 "유사한 몰아 경험의 모든 개념은 시간의 폐지에 근거하고 있다"고 믿는다. "이 경험들은 일상적인 인간에게는 관심이 없는 비정상적이거나 주변적인 경험이 아니다. 이와 반대로 나는 우리 각자의 영혼에 이런 종류의 황홀경에 대한 비밀스런 갈망이 존재한다고 말하고 싶다. 꿈, 환상, 문학을 통해 사람들은 할 수 있을 만큼 그 갈망을 충족시킨다. 이런 **상상 속의** 만족이 무아경은 세계 내의 우리의 존재 양태의 필수적인 부분이 아니라는 것을 의미하지 않는다(내가 『신화, 꿈, 신비』에서 '상승의 상징체계'에 대해 쓴 것을 참조라하)."[42]

역사적이고 문화적인 개별 조건의 형성은 본원적인 실존적 경험, 인간 조건 자체를 구성하는 본원적인 신화-종교적 경험을 설명할 수 없다. "하나의 **경험**으로서 황홀경은 비역사적 현상이다. 그것은 인간 본성과 동일한 공간에 걸쳐 있다는 의미에서 본원적 현상이다. 황홀경과 그것을 준비하거나 용이하게 하도록 기획된 기술techniques에 부여된 종교적 **해석**만이 역사적인 자료이다." 엘리아데는 종종 "모든 인간의 비역사적 부분"과 어떻게 "본원적" 현상이 "메타 문화적이고* 초역사적인" 차원들을 보여주는지에 대해 논의한다. 황홀경 같은 본원적 현상은 천상으로의 상승이라는 본질적 구조를 드러내며, "역사적 존재로서 인간이 아니라 인간 그 자체에 속한 것이다. 역사적인

---

42) *No Souvenirs*, p. 157. 크리스토퍼 메이휴Christopher Mayhew가 쓴 "An Excursion out of Time"은 *Observer*(28 October 1956)에 실렸다. 엘리아데는 이 논문이 *The Drug Experience*, ed. David Evin(New York, 1961), pp. 294~300에 수록된 것을 읽었다. 지금까지 나는 이 책을 어떤 도서관에서도 찾을 수가 없었다.

* metaculture는 대개 메타 문화라는 용어로 번역된다. 문화의 초문화적transcultural 기반이며, 각 문화의 주체가 인간이라는 공통점 때문에 의미가 부여되는 보편적인 문화 요소로 이해할 수 있다.

혹은 다른 '조건들'과는 별도로 세계 모든 곳에서 발견되는 상승의 꿈, 환상, 이미지가 그 증거가 된다."[43] 엘리아데는 자신이 특별한 역사적 조건들을 고려해야만 한다는 것을 인정하지만, 모든 신화-종교적 경험이 역사적으로 결정되는 것은 아니다. 때때로 인간은 자신의 특정한 역사적 맥락을 초월하며, 단지 인간존재 양태의 힘으로 어떤 비역사적인 본원적 경험을 한다.

요약하자면 역사적 조건의 형성을 드러내고 역사적 설명을 제공하는 학자들과 자신의 구조와 의미에 대한 해석을 대조하면서, 엘리아데는 **종교적** 인간이 신화-종교적 현상을 초역사적이며 시간에 구애되지 않는 의미로 경험한다는, 논쟁의 여지가 없는 주장 이상의 무언가를 주장하고 있다. 그는 종교들의 "역사"에 대한 신화-종교적 의미를 현상학적, 해석학적으로 해석하는 작업의 우위를 주장하고 있는 것이다. 그는, 역사적 조건들의 중요성을 인정하는 한편, 의미의 해석은 역사적 설명을 제공하는 것과는 완전히 다르며 신화와 종교의 더 심오한 수준에 도달한다는, 논쟁의 소지가 있는 주장을 하고 있다. 마지막으로 가장 크게 쟁점이 되는 주장에서, 역사적 설명을 넘어서려는 그의 시도는 때로는 함축적이며 때로는 명백한 존재론적 관점으로 관심을 이동하기도 한다. 본원적이며, 시간에 구애받지 않는, 비역사적인 신화-종교적 구조와 의미를 근거로, 엘리아데는 실재, 시간과 역사, 그리고 세계 내의 진정한 인간존재 양태와 인간 조건 자체에 대하여 의미심장한 존재론적 주장을 하고 있는 것이다.

---

43) Mircea Eliade, "Recent Works on Shamanism: A Review Article", *History of Religions* 1(1962): 154; *Shamanism*, p. xiv. 여기에 덧붙여 *Images and Symbols*의 서문, *Myths, Dreams and Mysteries*, p. 106, *Rites and symbols of Initiation*, pp. 130~31 그리고 "The Quest for the 'Origins' of Religion", p. 160 등도 보라.

규범적인 반역사적 판단

시간과 역사에 대한 자서전적인 감상과 사적인 학문적 태도에서 그리고 방금 언급한 존재론적 움직임에서, 엘리아데는 인간이 자신을 완전히 시간적이고 역사적인 존재의 차원과 동일시하는 것보다 초월적인 모범적 신화와 종교적 본보기의 견지에서 삶을 사는 것이 더 진정으로 인간적이라는 주장을 하고자 한다. "종교적 해결책"을 거부하는 역사적 인간은 자신의 가장 근본적인 실존적 위기를 해결할 수 없다. 우리 인간의 본성과 인간 조건 자체의 기본적으로 신화적이고 성스러운 기반을 부정하는 현대의 역사주의와 유물론 등과 같은 접근법에는 근본적으로 비인간적이고, 심지어 반인간적인 어떤 것이 있다. 다음의 내용은 엘리아데의 저술 전체에서 발견되는 대표적인 진술이다. "나는 [종교적이지 않다고 주장하는 현대인의] 우주를, 그가 거주하는 척하는 완전히 자의식적이며 합리적인 우주로 제한할 수 없다. 그 우주는 인간적이지 않기 때문이다."[44]

1장에서 본 것처럼 엘리아데는 실증주의자, 역사주의자, 실존주의자, 맑스주의자, 유물론자 그리고 환원주의자 등으로 불리며 종종 한 부류로 묶이는 현대의 접근에 극도로 비판적이다. 대부분의 맥락에서 그는 신화와 종교에 대한 그들의 해석과 설명을 공격했으나, 그들의 일반적인 전제, 역사를 다루는 방법, 인간존재 양태와 실재의 속성에 대한 판단에도 매우 비판적이었다. 엘리아데는 성스러움을 의식의 영구적인 구조이며 초월의 초역사적 구조를 표현하는 것으로

---

44) "The Sacred in the Secular World", p. 104. 리켓이 "Mircea Eliade and the Death of God", p. 43에서 말한 대로, "엘리아데는 역사주의 대신 초역사적인 것 혹은 종교적 존재 양태를 더 진정으로 인간적인 것이라고 선택했다."

분석한다. 그는 **종교적 인간**에 대한 연구를 "총체적 인간"에 대한 연구로 생각한다. 즉 무의식적인 면과 의식적인 면 그리고 초의식적인 면, 합리적인 것은 물론 전 반성적이고 비합리적인 것, 시간적이고 역사적인 것은 물론 비시간적이고 비역사적인 것을 아우른다고 여긴다. 따라서 엘리아데는 진정으로 인간적인 것을 시간적이고 역사적인 존재의 차원과 동일시하는 실존주의자, 역사주의자, 유물론자 등의 해석과 설명을 초월성의 의식의 본질적 구조를 부정하는 것으로, 총체적 인간을 부정하는 것으로, 따라서 완전히 진정으로 인간적인 것을 부정하는 것으로 평가한다.[45]

나는 황홀경, 상승 등 본원적인 신화-종교적 현상들의 사례를 제시하거나 엘리아데의 저술 전반에 보이는 다른 규범적인 주장들을 인용하지 않고, 단순히 『영원회귀의 신화』에 나오는 "역사의 공포"에 대한 분석의 몇몇 반역사적 판단들에 초점을 맞추도록 하겠다. "역사적 인간의 자유와 창조적 실제성에 대하여 무엇이 진실이든지 간에, 역사주의 철학 중 어느 것도 역사의 공포로부터 인간을 지켜줄 수 없다는 것은 분명하다." 현대인이 실존적 위기와 역사적 비극을 경험할 때, 그가 역사적 조건들을 완전히 극복하지 못한다면 "역사의 공포"는 틀림없이 "허무주의나 절망"이라는 결과를 낳게 된다. "원형과 반

---

[45] 3장에서 봤던 것처럼 엘리아데는 초월성의 이러한 보편적 구조가 성스러움의 불변하는 구조라고 주장한다. 그러한 초월성의 구조를 부정한다고 엘리아데가 공격하는 많은 "현대" 학자들이 사실 초월성의 보편적인 구조를 지지한다. 헤겔, 맑스, 사르트르 그리고 시몬 드 보부아르Simone de Beauvoir 등의 철학에서 자기-초월의 보편적 구조는 자유와 인간 의식 및 진정한 인간 관계의 발전에 대한 그들의 분석에 필수적이다. 그러나 엘리아데의 관점에서 본다면, 초월성에 대한 그러한 현대적 설명은 시간적이고 역사적인 조건들의 지평 내에서 구성되며, 보편적이고 환원할 수 없는 성스러움의 종교적 초월적 구조를 부인하는 것이다.

복의 지평을 떠난 사람은 신의 개념을 통하지 않고서는 더 이상 자신을 공포로부터 지킬 수 없다." "신에게는 모든 것이 가능하다는" 유대-기독교적 신앙의 범주에 기초한 "단지 그러한 자유"만이 역사의 공포로부터 현대인을 지킬 수 있다. "현대의 다른 모든 자유는 ······ 역사를 정당화할 힘이 없다."[46]

우리에게 중요한 것은 엘리아데의 특별한 해석의 적절성이 아니라 그가 더 이상 자신의 분석을 단순히 **종교적 인간**의 일반적인 관점의 견지에서 옹호하지 않는다는 사실이다. 다시 말하면 엘리아데는 반역사적, 신화적, 종교적 관점에서 어떤 역사주의적 "해결책"도 우리를 "역사의 공포"로부터 지켜줄 수 없다고 주장하지 않는다. 그는 비종교적인 역사적 관점에서—이는 환원할 수 없는 종교적 해석을 제공하는 종교학자로서 나의 관심사가 아닌데—역사를 "정당화할" 수 있고 허무주의 및 절망을 극복할 수 있는 "해결책"이 있을지도 모른다고 주장하는 것이다. 엘리아데는 세계 내 인간존재 양태와 인간존재 자체에 대하여 일반적이고 규범적인 반역사적 판단을 하고 있다. 그러한 반역사적 판단을 근거로, 그는 헤겔, 맑스, 딜타이 등의 "역사적 철학"이 현대의 인류를 역사의 공포로부터 지키지 못한다고 주장한다.

그러한 절차는 규범적이고 반역사적인 판단과 더불어 존재론적 입장을 분명히 수반하고 있다.[47] 엘리아데는 신화-종교적 경험의 비역

---

46) *Eternal Return*, pp. 141, 150, 159~62. *Myths, Dreams and Mysteries*, pp. 231~45에 수록된 "Religious Symbolism and the Modern Man's Anxiety"에서 엘리아데가 유사한 수준의 분석을 제시하는 것과 비교하라. 또한 *Ordeal by Labyrinth*, pp. 126~28에서 엘리아데가 "역사의 공포"에 대해 언급하는 내용도 보라.

47) 엘리아데의 방법론적 접근을 밝히고 분석하고 평가하는 것이 주 관심사였던 *Structure and Creativity in Religion*에서, 나는 그러한 존재론적 움직임과 규범적 판단의 속성, 그리고 이들이 엘리아데의 현상학적, 해석학적 해석이라는 좀 더 기술적인 차원과 어떻게 연결되는지를 자세히 분석한다.

사적 구조는, 사람들이 실존의 역사적이고 시간적인 차원과 자신을 완전히 동일시하기를 거부하는 것에서 볼 수 있듯이, 일반적으로 인간존재 양태의 근본적인 본질적 구조를 드러낸다고 가정한다. 엘리아데에 따르면 존재론적 분석의 그러한 차원은, 현대인들이 성스러움의 본질적, 비역사적, 상징적 그리고 신화적 구조를 경험함으로써만 그들이 가진 "역사의 공포"와 실존적 불안을 극복하고 진정으로 의미 있고 참된 인간 실존을 영위할 수 있다는 것을 드러낸다.

역사적인 것과 비역사적인 것의 상호 작용

엘리아데의 신화와 종교에 대한 해석의 반역사적 기반을 근거로, 수많은 다른 학자가 해온 것처럼 단순하게 그의 연구 방법이 비경험적이고 비시간적이며 비역사적이라고 규정하기 쉽다. 그러나 이는 그의 종교사와 종교현상학의 복잡성을 지나치게 단순화하고 잘못 반영한 것이다. 그러한 단순한 평가는 엘리아데가 특별한 역사적 자료를 대할 때 가지는 진지함을 인식하지 못한다. 『샤머니즘』, 『요가』 등의 학문적 저술에 나타나듯이, 엘리아데는 더 일반적인, 하부에 놓인 구조와 의미의 특유한 역사적, 문화적 변형들에 큰 매력을 느낀다. 엘리아데가 온갖 종류의 **선천적** 전제들과 본질적인 비역사적 신화와 상징의 구조에 대하여 미리 전제된 해석학적 틀을 가지고 "역사적" 연구에 접근하는 것처럼 보이는 것은 사실이다. 그렇게 전제된 방법론적 틀은 엘리아데가 어떤 신화-종교적 자료를 선택하는지 그리고 어떻게 그가 그 자료의 구조, 의미, 함의를 해석하는지를 이해하는 데 필수적이다. 그럼에도 불구하고 얼마나 진지하게 엘리아데가 더 깊은 구조들의 새롭고 역사적이며 특별한 변형들과 재평가들에 매력을 느끼고 이것들과 씨름했는지를 완전히 간과하면 안 된다.

비록 엘리아데가 **종교적 인간**이 존재의 역사적이고 시간적인 차원을 단호하게 평가절하하고 폐지한다고 해석한 것은 틀림없으나, 수많은 학자가 힌두교, 불교 그리고 다른 비서구의 종교들을 해석해온 방식인 반역사적, 시간 초월적 내세 지향성과 엘리아데의 접근을 동일시하는 오해를 피해야만 한다. 엘리아데가 신화와 종교에 매력을 느낀 것은 그것들이 실존적 가치를 지녔기 때문이다. 초역사적이고 시간에 구애받지 않는 신화적인 그리고 다른 성스러운 구조들은 가장 절박하며, 직접적이고, 실존적인 관심사를 신성하게 하고, 우주화하고, 의미 있게 만들기 위한 것이다. 따라서 인도에서 엘리아데는 삶의 포기가 아니라 삶의 열망을 표현하는 종교적이고 신화적인 접근들에 가장 끌렸다. 그는 현세의 존재의 순환을 단지 환영illusion으로 평가절하하는 것으로 흔히 분석되는 철학들을 포함하여, 아드바이타 베단타Advaita Vedānta 등의 인도철학에 나타나는 추상적인 분석에는 거의 관심이 없었다. 대신에 그는 특정한 형태의 요가와 탄트리즘에서 발견되는 것과 같은 영적인 변형의 구체적 기술技術과, 인도 농민의 구체적이고 삶을 긍정하는 종교적이고 신화적인 세계에 마음이 끌렸다. 마찬가지로 루마니아와 서구에서 엘리아데는 토미즘을 비롯한 신학에 나타나는 다소 추상적 형태의 주장에는 매력을 느끼지 않았다. 대신에 그는 매우 구체적인 열정, 실존적 관심, 그리고 우주적 기독교 등과 같은 농민의 우주 종교의 형태에서 보이는 시간적이고 역사적인 사건의 신화-종교적 변형들에 가장 큰 관심을 가졌다.

사실 엘리아데가 신화적 현상들에 가장 큰 관심을 가지게 된 것은 어떤 추상적, 객관적, 비역사적, 신화적 설명이 아니라, 비역사적, 시간 초월적, 모범적, 신화적 그리고 상징적 구조가 신화적 인간이 구체적이고 실존적으로 "신화를 살도록" 한다는 그의 믿음 때문이었다. 이렇게 말하는 것은 이러한 구체적, 실존적, 종교적 그리고 신화적 지향성에 대한 엘리아데의 해석에서, 범속한 것으로서의 범속한 것, 시간적인 것으로서의 시간적인 것, 역사적인 것으로서의 역사적인 것이 의미와 가치가 별로 없다거나 아예 없다는 것을 부정하고자 하는 것은 아니다. 그것들은 초역사적, 시간 초월적, 신화적인 성스러운 구조에 의해 경험될 때만 가치와 중요한 의미를 획득한다.

역사적인 것과 비역사적인 것의 복잡하고 역동적인 상호 작용의 의미는 역사적인 것과 현상학적인 것 사이의 "긴장"이 "종교학"(종교학 Religionswissenschaft)을 규정한다는 라파엘 페타초니의 체계적인 설명을 수용하는 엘리아데의 몇몇 저술에 분명히 드러난다.[48] 역사적 접근과 현상학적 접근 사이의 이러한 긴장은 반드시 필요한 것이며 창조적인 것이다. 엘리아데는 이렇게 불가결한 역사와 현상학의 긴장과, 역사적인 특수 구조와 비역사적인 보편 구조 모두를 공정히 평가할 필요성을 확언한다. 그러나 지금까지 입증했듯이 그의 연구 방법은 비역사적, 시간 초월적 구조들의 우위를 강조하며, 그는 초역사적인 신화와 종교의 의미를 해석하는 것이 자신의 가장 주요한 과제라고 여긴다.

3장에서 우리는 엘리아데가 성과 속의 변증법을 설명하면서 영구적인 보편 구조를 강조하는 것을 살펴보았다. 그가 신화-종교적 현상을 비종교적 현상과 구별할 수 있는 것은 신성화의 본질적 구조를

---

[48] 예를 들어 Mircea Eliade, "Historical Events and Structural Meaning in Tension", *Criterion* 6(1967): 29~31; "History of Religions and a New Humanism", pp. 7~8; "Methodological Remarks", p. 88을 보라. 또한 Raffaele Pettazzoni, "The Supreme Being: Phenomenological Structure and Historical Development", in *The History of Religion: Essays in Methodology*, ed. Mircea Eliade and Joseph M. Kitagawa(Chicago: University of Chicago Press, 1959), pp. 59~66; Raffaele Pettazzoni, "History and Phenomenology in the Science of Religion", in his *Essays on the History of Religions*, trans. H. J. Rose(Leiden: E. J. Brill, 1954), pp. 215~19도 보라.

통해서이다. 그러나 자료의 특별한 역사적 속성과, 역사적 조건 및 현상학적 구조의 상호 작용을 고려하지 않고서는, 역동적인 복잡성을 지닌 이 변증법을 완전히 파악하는 것이 불가능하다. 우리는 성스러움의 변증법에 의해 드러난 역설적 공존의 본질적인 보편 구조를 점검했다. 어떤 보통의 역사적인 사물은 돌이나 사람이나 다른 자연물로 남아 있으면서 초역사적이고 초자연적인 어떤 것을 드러내며, 초역사적이고 시간 초월적이고 초월적인 어떤 것은 역사적이고 시간적이고 유한하고 상대적인 것 속에서 자신을 드러냄으로써 자신을 제한한다. 성현의 속성을 파악하기 위해서는 특정한 역사적이고 시간적이고 자연적인 매개물의 진가를 파악해야 한다. 성스러움은 이 매개물을 통해 드러난다.

두 번째 사례를 들자면 성과 속의 이러한 역설적 관계는 역동적 긴장과 변증법적 움직임으로 자신을 표현한다는 것이다. 변증법적인 긴장과 움직임의 본질적인 보편 구조는 두 개의 반대되면서도 마찬가지로 필수적인, 상호 작용하는 과정들을 통해 표현된다. 한편으로는 본질적이며 비역사적인 성스러운 구조로부터 특유하고 역사적이고 시간적이고 조건으로 제한되는 것을 향하는 움직임이 있다. 성스러움은 특유하고 시간적이고 역사적인 대상으로 표현되고 구체화된다. 다른 한편으로는 동시에 "역의" 움직임이 있다. 이 움직임에서 특별한 성스러운 현현은 그것의 초역사적인 성스러운 구조나 모범적인 형태를 가능한 한 완전히 실현하기 위해서 제한적이고 유한하고 시간적이며 역사적인 조건들로부터 자신을 자유롭게 하려는 경향이 있다. 자료의 역사적 차원을 인식하지 않으면 이러한 변증법적 움직임을 제대로 파악하기 어렵다. 반대되면서도 상호 작용하는 변증법적인 움직임들 사이에 존재하는 구조적으로 반드시 변증법적인 긴장을 거의 이해할 수 없는 것이다. 간단히 말해 역사적인 것과 비역사적인 것 사이의 역동적인 상호 작용이 없으면 종교경험의 우주적 구조와 같은 신성화의 과정도 없을 것이다.

우리는 역사적인 것과 비역사적인 것의 관계를 강조하지 않으면 위장과 은폐와 같은 성스러움의 변증법의 다른 구조들을 제대로 이해하기가 불가능하다는 것도 설명할 수 있다. 초월적이며 초역사적인 성스러움은 자신을 드러내는 동시에 역사 속에—평범한, 자연의, 시간적인, 역사적인 현상들 속에—자신을 숨기고 위장한다. 실존의 역사적이고 시간적인 차원, 그리고 역사적인 것과 비역사적인 것의 복잡한 관계를 주의 깊게 분석하지 않으면, 종교현상의 초역사적인 의미를 해석할 수 없음은 물론 인식조차 할 수 없다.

비역사적이고 보편적이고 상징적인 구조, 즉 엘리아데의 현상학적 연구 방법에서 특별한 존재론적 지위를 누리는 상징적이고 신화적인 구조들에 관해서도, 실존의 역사적 차원을 진지하게 고려하지 않으면 엘리아데의 종교적 상징체계를 완전하게 이해하는 것이 불가능하다는 것을 입증할 수 있을 것이다. 비시간적이며 비역사적인 신화-종교적 구조들 자체만으로는 종교경험을 구성할 수 없다. 실제 신화적이고 종교적인 경험은 인간이 이러한 상징적 구조들을 가지고 하는 것들만으로 구성된다. 이러한 보편적인 비역사적 구조는 의미의 무진장한 원천으로 기능하며 역사적인 실현을 위해 사실상 무한정한 가능성들을 제공한다. 종교적 상징체계의 실제적 가치 재설정은 특별한 역사적, 문화적 세계에 위치한 신화-종교적인 사람이 자신의 세계를 구성하고 이해할 때에 상징체계와 연결시키는 특유한 방식이다. 종교적인 사람들이 이러한 비역사적 구조들을 가지고 무엇을 하는지는 그들의 구체적, 특정적, 역사적 조건들에 의해 드러나는 것이 분명하다. 우리가 어떤 초역사적 구조들을 인식하는지, 어떻게 우리는 우리가 발견한 것에 반응하는지, 그 구조들이 우리에게 어떤 의미를 갖고 있는지, 그리고 우리는 우리의 세계를 구성하기 위해 그것들을 어떻게 사용하는지는 대개 역사적, 문화적 및 다른 특별한 조건들에 달려 있다. 다시 말하지만 엘리아데에게 있어서 실제 신화-종교적 경험과 창조성은 항상 역사적인 특별한 구조와 비역사적인 보편적 구조 사이의 역동적인 상호 관계를 수반한다.

종교적 인간이 범속한 시간과 역사를 폐지하려고 분투하는 시원적 종교에 대해서도, 엘리아데는 여러 의미에 대한—이 의미에서 시원적인 반역사적 사회가 역사적인—많은 해석을 제시한다. 『오스트레일리아 종교』 등의 저술에서 그는 시원적 인간이 역사 속에 살았고 역사적인 것에 영향을 받았다는 점을 강조한다. 그는 때로는 시원적 사회가 "역사적으로 살고" 심지어 "역사를 만드는" 것을 가능하게 한 것이 바로, 초역사적 구조와 역사적 사건들의 상호 작용과 더불어, 초역사적이고 신화적이며 성스러운 역사에 호소한 것임을 보여준다.[49]

엘리아데의 연구 방법은 반역사적이고 규범적인 근거를 가지고 있는 것이 사실이다. 그는 다음과 같이 초역사적인 신화와 종교의 의미를 해석하는 데 주된 관심을 가지고 있을 뿐 아니라, 그의 해석학과 관련된 본질적으로 비역사적인 어떤 것도 가지고 있다. 성스러움의 변증법의 영속적이고 본질적이며 보편적인 구조, 그의 해석의 기저에 있는 본질적인 상징적, 신화적 구조의 체계, 그리고 모든 종류의 반역

---

49) 예를 들어 Mircea Eliade, "The Dragon and the Shaman: Notes on a South American Mythology", in *Man and His Salvation: Studies in Memory of S. G. F. Brandon*, ed. E. J. Sharpe and J. R. Hinnells(Manchester: Manchester University Press, 1973), pp. 99~105를 보라. "History of Religions and 'Popular' Cultures", *History of Religions*, pp. 1~26에서 엘리아데는 시원적이고 대개 비역사적인 시골의 유럽 농민들이 어떻게 역사를 "만들어"왔고 역사가들이 이 농민들의 역사적 공헌을 일반적으로 어떻게 간과해왔는지에 대한 사례들을 제공한다.

사적인 규범적 판단을 수반하는 역사적인 것 이상의 존재론적 관점으로 방향을 전환하는 것 등에서 보이는 것과 같이, 비역사적이고 비시간적인 보편적 구조에 방법론적 우월성을 부여한다는 것이다.

이 장을 마무리하면서 나는 엘리아데의 신화와 종교 연구에서 반역사적인 기반과 강조점을 부정하지 않은 채, 엘리아데의 접근이 단순히 반역사적이라고 분류하는 해석자들은 그의 해석에서 역사적인 것과 비역사적인 것이 얼마나 복잡하게 상호 작용 하는지를 제대로 평가하지 못하고 있다는 것을 설명하고자 했다. 엘리아데가 **종교적 인간의 존재론**을 본질적으로 반역사적인 것으로 해석한다는 것 혹은 엘리아데 자신의 규범적 입장이 반역사적인 경향이 있다는 것을 입증하는 일은, 그의 현상학적 접근과 해석학이 역사적인 특정한 요소들을 중요하지 않다거나 신화와 종교의 의미를 해석하는 데 부적절하다고 여겨 단순히 제쳐놓는 것을 의미하지 않는다. 동시에 역사적인 특정 요소들을 놓고 엘리아데가 해석학적으로 씨름한 것, 그가 비역사적 구조들의 역사적 변형에 큰 매력을 느낀 것, 그리고 그의 현상학적 방법에서 역사적인 요소와 비역사적인 요소가 복잡하게 상호 작용을 하고 있다는 것을 인정하지만, 나는 대부분의 현대 종교학자들에 비해 엘리아데는 실제로 비역사적인 것을 강조하고 있다는 사실을 부정할 의도가 전혀 없다.

10장
현대의 범속함 속에 위장한 성스러움

엘리아데는 시원적인, "전통적인", 신화적인, 종교적인 인간을 "현대적"인, 비신화적인, 비종교적인 인간과 구별했다. 그가 동시대의 모든 서구인들이 "현대적인" 인간이라고 주장한 것은 아니다. 그는 두 개의 일반적인 지향성 혹은 세계 내 인간존재 양태, 즉 인간 속성, 인간 조건, 그리고 어떻게 인류가 실존적으로, 시간적으로, 또 역사적으로 실재와 연관되는지에 대하여 두 개의 극도로 다른 이해 방식을 언급한다. 이 두 개의 본질적인 유형을 제시하면서, 엘리아데는 전통과 현대를 분명히 대조하고 이분법적으로 구별한다. 성스러움의 실재를 긍정하는 전통적 시각과 이를 거부하는 현대적 시각을 구별하며, 신화적인 것과 살아 있는 신화를 긍정하는 전통적 관점과 탈신화화된 실재에 공감하는 현대적 관점을 대조한다. 또한 시간과 역사를 평가절하하거나 폐지하고 시간 초월적, 비역사적, 모범적, 신화적 그리고 종교적 본보기를 옹호하는 전통적 입장은 이들을 실존의 시간적이고 역사적인 차원과 동일시하는 현대적 입장과 명확히 구별된다.

전통과 현대를 대조하는 내용을 포함하는 대부분의 기술記述이나 해석에서, 엘리아데의 주된 관심은 환원할 수 없는 종교적인 신화적 지향성의 속성과 의미와 중요성을 전달하는 것이다. 어떤 글에서는 전통적 관점과 현대적 관점 사이의 마주침, 대립, 대화의 상황을 설정하고, 신화-종교적 문화가 현대 세속적 삶의 실존적 위기와 불안, 시간적이고 역사적인 정체성 확인을 어떻게 분석하고 비판하는지를 보여준다. 전통적인 것과 현대적인 것의 만남에 대해 표현한 부분들을 보면, 엘리아데가 어느 쪽에 개인적으로 공감하고 학문적으로 참여하는지가 분명히 나타난다.

어떤 구절에서 엘리아데는 전근대의 전통 사회의 환원할 수 없는 종교적, 신화적 관점을 넘어서기도 한다. 그는 매우 규범적인 판단을 통해, 성스러운 실재를 거부하며 시간적인 것과 역사적인 것에 공감하는 현대적 태도가, 실재의 본질적인 신화적, 상징적 구조를 거부할 뿐더러 비인간적이거나 반인간적이기까지 하다고 비난한다. 또한 신화적, 종교적 지향성이 근대성의 주요한 특징들을 거부할 뿐 아니라 인간 본성 및 실재의 초역사적 속성과 접촉하는 것이라고 확언함으로써 존재론적 관점으로 방향을 전환한다. 앞의 장들에서는 엘리아데의 그러한 주장과 판단의 산발적인 예들을 살펴보았다. 이제 이 책을 결론짓는 10장과 11장에서는 여기에 초점을 맞출 것이다.

이 장에서는 현대적 인간, 현대 세계의 특징, 실재의 속성에 대한 해석과 규범적 판단을 제시하기 위해 자신의 일반적인 신화와 종교 이론을 사용하려는 엘리아데의 시도에 초점을 맞출 것이다. 여기서 우리는 전문화된 경험적, 역사적 연구의 뚜렷한 방법론적 특징을 존중하지 않는 엘리아데의 분석 차원, 상상력이 풍부한 구성, 광범위한 일반화, 개인적인 주장 등을 살핀다. 엘리아데는 민족지학과 기타 사회과학 전문가들의 기준을 훨씬 넘었을 뿐 아니라 거의 모든 종교사학자나 종교현상학자들이 자진해서 설정하는 학문 분야의 경계도 상당히 벗어난다. 이 점에서 엘리아데는 논쟁의 여지가 가장 크다. 이러한 엘리아데의 설명 체계는 많은 지지자들을 기쁘게 하고 영감을 고취시켰지만, 비평가들의 입장에서는 극심한 공격의 근거가 되기도 했다.

대부분의 경우, 내 평가를 개입시키지 않고 엘리아데의 해석과 주장을 제시할 것이다. 엘리아데의 입장이 논쟁을 불러일으킬 만한 성격을 지녔다는 것은 거의 분명하다. 지금은 쟁점이 되는 엘리아데의 해석과 판단을 다루기에 앞서, 이에 대한 나의 일반적인 입장과 평가를 대체적으로 설명하겠다. 한편으로는 엘리아데의 신화-종교 자료에 대한 해석에서 볼 수 있듯이 신화와 종교 이론에 근거하면서도 이것을 많이 넘어서는 근대성, 현대 세계, 그리고 현실에 대한 그의 해석과 판단은 매력적이고 통찰력이 있다. 또한 더 깊은 성찰과 창조성을 확보하는 데 도움을 주며, 우리가 스스로 부여한 한계와 지역적 편견을 어느 정도 "터뜨려 열어주는" 촉매의 기능을 하기도 한다. 이는 다음에 나올 사실에서 분명해진다. 다른 한편으로는 엘리아데가 기꺼이 위험을 무릅쓰고자 하며 상당한 상상력을 지녔다고 해서 그의 해석과 주장이 엄정한 학문적 분석의 요구로부터 자유로울 수는 없다. 몇몇 지지자가 해온 것처럼 엘리아데가 신비주의자나 샤먼이라고 주장하거나 자기 저술의 모순되는 부분이나 다른 학문적 기준들에 신경을 쓰지 않는 문학적 인물이라고 주장하는 것은, 학문적인 해석과 판단에 대한 엘리아데 자신의 주장을 가지고 학자인 엘리아데를 평가하는 것이 부적절하다는 것을 뜻하지 않는다.

이런 점에서 이 장에 수록된 설명이 종교사와 종교현상학의 학문적 영역을 벗어난다는 것을 재확인해야 할 것이다. 그러므로 이러한 해석과 판단은 자신들의 분야의 검증 방법이나 다른 학문적 기준들에 자신을 제한시키는 많은 종교사학자와 종교현상학자라면 부정적으로 판단할 것이다. 신화와 종교에 대한 사회과학이나 다른 매우 전문화된 연구 방법을 지지하는 학자들은 훨씬 더 비판적일 것이다. 엘리아데의 분석이 종종 형이상학, 존재론 그리고 철학적 인류학의 수준에서 기능한다는 사실에도 불구하고, 그의 해석과 판단이 그런 규범적 분야나 연구 방법의 학문적 요구 사항을 포함하는 학문의 기준으로부터 자유로울 수는 없다. 종종 엘리아데의 형이상학적, 존재론적 판단은 놀랄 만한 수준이며 많은 것을 함축하여 더 깊은 성찰의 원천이 된다. 그러나 해석과 판단의 이런 차원에서도 그는 대개 엄격하고 완전한 분석은 전개하지 않았다. 그가 때때로 말하듯이 이것은 다른 사람들이 맡아야 하는 일인지도 모른다.

게다가 내 견해로는 현대 세계와 인류의 미래에 대한 엘리아데의 논쟁의 여지가 있는 해석과 판단은 때때로 철저히 반동적이다. 이러한 해석과 판단이 다양한 전통적, 계급적, 학문적 지향성에 호소할 수 있을지 모르나, 엘리아데 자신이 공언하는 이상과 목표의 견지에서 보면 턱없이 모자란다. 엘리아데는 분석의 차원과 실재의 차원의 분리 및 환원할 수 없는 종교적인 틀 구조의 우선성을 강조한다. 그러나 그는 경제적, 정치적, 사회적, 역사적 준거 지평에 대한 개인적이고 학문적인 판단을 내리는 일을 주저하지 않는다. 종교적이고 신화적인 문화들, 실재의 환원할 수 없는 종교적인 본질 그리고 주로 세계 내의 비역사적이고 반역사적인 존재 양태의 진실성에 주목하면서, 엘리아데는 이치에 어긋나지 않는 사회적, 정치적, 역사적 가치와 투쟁들을 무시하고 경시하고 심지어 공격하기까지 한다. 표현된 그대로 본다면, 그의 많은 설명은 자주적 권한 부여나 해방을 유도하는 것이 아니라 지배계급제도 구조를 재생산하고 대부분의 인간을 무기력, 가난, 계급 착취 그리고 성적이고 인종적인 압제의 구조 속

에 가두어버릴 것이다.[1]

엘리아데는 현대성의 현실적 위험 요소들을 비판하는 많은 귀중한 도전, 통찰력, 해석, 판단 등을 제공한다. 예를 들면 그는 현대에 나타나는 서구의 편협한 지역주의와 서구의 "타자" 지배 및 "타자"의 현실 부정, 편협한 과학주의, 기술, 도구적 이성 그리고 합리주의의 횡포 및 주도권 장악, 자연의 지배와 착취, 의미 있는 관계의 단편화, 소외 및 부족, 세계 내의 의미 있고 중요한 존재 양태를 구성하는 심오한 상징적, 신화적 구조의 인식 부족, 총체적 인간과 다양한 실재의 억압 및 부정, 과도한 전문화 및 창조적 종합의 부족 등을 지적한다. 그러나 심지어 이러한 가치 있는 공헌도 대개 신화, 종교, 현대 세계 그리고 현실에 대한 비엘리아데적인 연구 방법들로 다시 체계화되고, 비엘리아데적인 연구 방법들과 통합되고 종합될 필요가 있다.

엘리아데의 연구 방법은 현대의 세속적 생활의 숨겨진 신화적, 상징적 차원을 상당히 많이 드러낼 수 있다. 이런 점에서 예를 들면 정의가 있는 평화를 위해 투쟁하는 사람들은 자신들의 분석, 방법, 목표를 좁은 경제적 혹은 정치적 관점으로 제한하지 않는 것이 반드시 필요하다. 신화와 상징의 구조에 대한 더 큰 인식은 그들의 의식을 확장하며, 더 적절한 분석을 제공하고, 현 상태의 폭력적이고 불공정한 현실을 바꾸려는 투쟁에도 매우 유용할 것이다. 그렇다고 해서 비엘리아데적인 연구 방법이 기여한 것을 제쳐두거나 낮게 평가해서는

---

[1] "원시인"이나 "원주민"을 낭만화하고 이상화하며, 여기에 상실된 현대 이전의 세계 내 존재 양태에 대한 향수를 덧붙여온 유럽 지성인들의 전통이 있다. 그러나 그러한 지성인들은—고의로 그렇게 하지 않았다고 하더라도—지배 구조를 강화하는 경향을 지녀왔으며, 어떤 경우라도 이러한 "더 정통의", "더 인간적인", "운 좋은" 압제당한 민족들의 더 큰 권한이나 자치를 위해서는 거의 아무것도 하지 않았다.

안 된다. 엘리아데의 연구 방법은 현대의 삶의 큰 부분을 규정하는 계급 지배, 독점자본주의, 제국주의, 상업화 등 역동적이며 경제적인 특정한 구조와 관계에 대해 아무것도 말해주지 않을 것이다. 어떤 경우에는 엘리아데의 처방은 분명 반동적이며 거부되어야 한다. 평화와 정의에 주목하고, 성차별주의, 인종주의, 환경 파괴를 극복하는 데 관심이 있는 사람들에게 요청되는 것은 그들 자신의 연구 방법에서 유용한 것을 부정하는 일이 아니다. 대신 엘리아데의 귀중한 해석과 판단을 자신들의 확장되고 다시 체계화되고 역동적인 지향성 속에 통합시켜야 하는 것이다.

그러한 개괄적인 설명 체계는 현대 세계와 현실에 대한 엘리아데의 해석과 판단이 지닌 복잡성과 종종 〔엘리아데의 해석 내에 나타나는〕 상반되는 속성을 지나치게 단순화하는 것은 분명하다. 예를 들면 좌파의 정치적, 경제적 성향을 지닌 학자들이나 운동가들은 (아프리카, 아시아, 라틴아메리카의) 제3세계 민족, 원주 민족, 노동자, 여성, 가난한 사람, 압제받는 사람들의 억압되고 침묵당한 목소리를 되찾아야만 한다고 흔히 요구한다. 이것은 더 진정하고, 더 평등주의적인 인간관계를 위해, 그리고 "역사를 구성한" 강력한 세력들에 의해 소외당한 사람들의 자기 권한 부여를 위해 반드시 필요하다. 앞으로 보게 되겠지만 국가와 문화에 의해서뿐만 아니라 학문 연구에 의해서도 이루어진 서구의 지배 및 편협한 지역주의를 공격하면서 엘리아데는 비서구의 "타자"의 목소리가 지닌 없어서는 안 될 가치도 주장한다. 그는 지배적인 서구의 종교적, 정치적, 경제적, 문화적 입장을 지지하지 않는다. 이 입장은 스스로가 우월하다고 강변하며 다른 이들의 위에서 특권을 누리고 지배권을 갖는 것을 정당화한다는 것이다. 또한 캘커타의 유랑 농민들이나 남부 브롱크스에 사는 가난한 푸에르토리코 출신 사람들의 곤궁함에 대해 염려한다고 주장하는 학자들이나 운동가들이 이 사람들의 삶의 중심에 있는 영적이고 신화적인 실재를 무시하거나 단순히 제쳐놓을 수 없다고 하는 엘리아데의 말은 분명히 옳다. 그러나 내 견해로는, 엘리아데 역시 그러한 현대의 신화적, 종교적 타자들에 대한 자신의 해석과 판단에서, 그들의 삶을 결정하고 구조화하는 경제적, 정치적, 역사적 요소들의 중요성을 무시하거나 단순히 제쳐놓아서는 안 된다. 그가 타자의 현상의 의미와 중요성을 해석할 때 그러한 "비종교적인" "현대적" 요소들이 부차적이거나 부적절하다고 제쳐놓는다면, 그의 해석은 때로는 최소한 제한적이며 최악의 경우에는 반동적이다.

엘리아데의 저술 대부분이 탈신화화된 현대 세계와 그것이 실재와 맺는 부적당한 관계에 대한 수많은 성찰을 포함하고 있기 때문에, 지금 이 장에서 다루는 주제만으로도 책 한 권을 쓰는 것이 가능할 것이다.[2] 그러므로 신화, 현실 그리고 현대 세계에 대한 엘리아데의 분석에서 주요한 주제들의 일부에 초점을 맞출 때는 반드시 선택을 해야 한다. 이 장에서는 현대의 세속 세계는 눈에 보이는 그대로가 아니라는 엘리아데의 주장을 다룰 것이다. 신화적이고 상징적인 성스러움은 현대의 범속한 현상들 속에 위장된 채 인식되지 않는다. 성스러움은 우리의 꿈, 열망, 예술적 창조물 그리고 생활 속의 진부한 것들 속에 숨어 있다. 그것은 또한 현대의 무의식의 차원에서 숨겨지고

---

[2] *Sacred and Profane*에서 엘리아데는 "현대인의 신화에 대해서, 즉 현대인이 즐기는 연극이나 읽는 책 속에 위장된 신화 체계에 대해서 책 한 권은 족히 쓸 수 있을 것이다"라고 말한다(p. 205). 엘리아데는 이어서 "엄밀히 말해서 비종교적인 사람들 중 절대 다수는 종교적 행위로부터, 신학과 신화 체계로부터 자유롭지 못하다"라고 주장하고, 이를 입증하기 위해 영화의 신화적 모티프, 독서의 신화 체계적 기능, 정치적 이데올로기와 정신분석의 신화 체계적 기능 등의 사례를 제시한다(pp. 205~6).

위장된 형태들 속에서도 드러난다. 위장되고 신화적이고 상징적인 성스러움의 인식 불가능성과 현대의 인간들이 이러한 성스러운 실재를 의식적으로 부정하는 것으로 인해, 우리의 무지하고 위험한 서구 지역주의가 더 커졌다. 다음으로 11장에서는, 현대의 인간들은 성스러움의 신화적, 상징적 구조와 역동적 관계를 인식하고 수립함으로써 문화적, 정신적, 철학적인 갱신의 기회를 갖게 될 것이라는 엘리아데의 좀 더 긍정적인 시각을 검토할 것이다.

현대의 범속함 내에서의 성스러움의 위장

엘리아데의 학문적인 글과 개인적인 일기는, 현대의 탈신화화되고 탈신성화된 시간적이고 역사적인 실재는 보이는 그대로가 아니라는 주장들로 가득 차 있다. 꿈, 환상, 향수 등 상상력의 산물, 무의식적인 것, 문학적이고 예술적인 창작물, 일상생활의 평범함 등과 같은 현대 세속 현상 속에 숨어 있거나 위장된 신화적, 상징적 구조는 대개 인식되지 않고 때로는 의식적으로 부정된다. 현대의 세속적, 시간적, 역사적, 자연적, 문화적 현상들 속에 그리고 일상적 존재의 사소함과 평범함 속에 있는 성스러움은, 처음에는 인식되지 않다가 점차로 드러나는 성질을 지녔다는 것이 엘리아데의 문학작품에서 가장 자주 등장하는 주제이다.

성스러움의 변증법 속에서 우리는 『종교형태론』에 전개된 "근본적인 개념"을 볼 수 있다. "성현, 즉 성스러움이 우주의 실재들(범속한 세계에 속한 사물이나 과정) 속에서 드러남은 신성성을 보여주는 동시에 위장하기 때문에 역설적인 구조를 지닌다"는 것이다. 엘리아데는 이어서, "그 궁극적인 결과까지 성현의 이러한 변증법을 따라감으로써" 우리는 "현대의 '문화적' 실천, 제도, 창작물에 있는 새로운 위장을 식별할 수" 있을 것이라고 말한다. 중요한 생물학적 기능, 예술, 직업과 교역, 그리고 기술과 과학의 기원으로 거슬러 올라가보면 주술적이고 종교적인 기능이 있었다는 것은 잘 알려진 사실이라고 주장한 후, 엘리아데는 "서구 문화는 철저히 탈신성화된 형태 뒤에 몇몇 시인이나 예술가 외에는 우리 동시대인들이 의심하지 않는 주술-종교적인 의미를 위장시켜놓았다는 것을 보여주고자 한다"고 결론짓는다.3)

엘리아데는 어떤 것이라도 잠재적으로 성스러움을 드러낼 수 있다고 주장한다. 따라서 그가 성스러움의 변증법이 위장된 것을 거의 어느 곳에서나 발견한다는 사실은 놀라운 일이 아니다. 종종 그는 다른 사람들이 완전히 세속적이라고 여기는 현대의 삶의 흔한 양상들이 심오하며 신화적이고 상징적인 성스러운 구조와 의미를 드러내는 것이라고 확인하고 해석한다. 예를 들어 「여름 휴가 노트Notebook of a Summer Vacation」(1937)에서 엘리아데는 자신과 함께 여행하는 사람들이 첫 경계의 통과와, 여행의 처음 몇 시간 동안에 겪었던, 심지어 가장 대수롭지 않은 사건들의 강렬함을 어떻게 경험하는지를 진술한다. 그는 이 "광경"이 매우 고무적이라고 여긴다. "환상적인 것에 대한, 공상에 잠기는 것에 대한, 모험에 대한 갈망은 현대인의 영혼에도 여전히 가시지 않은 채로 남아 있다." "각자가 꿈꾸는 모험, 어떤 이에게는 경계를 넘는 것으로 시작된 모험은 어떤 경우에든 초월성을 향한 욕구, 의미 있는 실재, 즉 어떤 '존재론적 중심'에 자리하는 것을 향한 욕구이다. 사람들은 어떤 대가를 치르더라도 의미 없는 중립적 지대地帶에서 나오기를 원한다. 내가 용감하게도 내 생각의 논리적 결론을 내린다면, 사람들은 언제나 그랬듯이 오늘날에도 '범속

---

3) *Autobiography 2*, pp. 84~85.

한' 것, 즉 중립적인 지대에서 나와 '성스러운' 것, 즉 궁극적 실재에 이르기를 갈망한다고 하겠다."4) 엘리아데는 그러한 인간의 욕구에 대하여 어떠한 사회적인 "극도로 단순화한 설명"이건 만족스럽게 여기지 않는다. 그리고 그는 실재에 대한 그의 매우 규범적인 판단들 중 하나를 제공한다. "구체적인 것, 성스러운 것을 향한 인간의 일반적인 지향성에—한마디로 인간의 존재론적 본능에—실존의 의미 바로 그 자체가 드러난다고 보인다. 즉 창조에 의해 (소우주와 대우주) 둘로 나뉜 우주의 **통합화**(전체화)이다. 단지 통합된 전체만이 성스럽고 실제적일 수 있다."5)

비록 엘리아데가 탈신성화된 현대의 현상 어디에나 숨어 있는 성스럽고 신화적인 구조들을 식별하기는 하지만, 그는 그 위장된 것을 추적하기가 어렵다는 사실을 강조한다. "우리 시대에 종교적 경험은 그 역逆, 즉 유물론이나 반종교 등에 위장되어 있어서 인식할 수 없게 되었다."6) 성스러움은 탈신성화된 역사의 외견 속에 그리고 역사적 순간에 숨어 있다. 엘리아데는 다음과 같이 주장한다. "역의 일치는 오늘날에도 오펜하이머Oppenheimer의 상보성 원리와 같은 원자핵 물리학의 어떤 원리들 안에서 볼 수 있으나, 우리가 사는 역사적 순간 전체에 계속해서 점점 더 많이 나타난다. 예를 들어보자. 조건으로 제한되는 우주에서 어떻게 자유가 가능한가? 우리는 어떻게 초역사적 실재를 드러내지 않고, 부정하지 않고, 그럼에도 불구하고 거기에 참여하면서 역사 속에서 살아갈 수 있는가? 근본적으로는 어떻게 **겉으로 보이는 것** 속에 위장된 **실재**를 인식할 것인가 하는 문제이다."7)

4) Ibid., p. 17.
5) Ibid., pp. 17~18.
6) *Journal 3*, p. 149.
7) *Autobiography 2*, p. 198. *Journal 3*, pp. 152~53도 보라.

성스러움이 현대의 범속함 속에 위장되어 있는 것을 드러낼 때, "탈신화화를 역으로 적용하는 것이 반드시 필요하다. 프로이트와 맑스는 '성스러움' 속에 있는 '범속함'을 찾으라고 가르쳤다." 엘리아데는 설화 소설, 평범한 등장인물, 흔한 모험담의 범속함 속에서 암시적으로 나타나며 위장되어 있는 성스러움을 찾아낸다. "그리고 그것이 현대인의 상황에서 의미 있는 것이다. 현대인은 문학과 예술이라는 상상의 우주를 통해 (의식적인 수준에서) 비실재적인 종교 생활을 충족시킨다. 그리고 그것은 범속한 작품들에서 종교적 중요성을 밝혀내는 문학평론가들에게 있어서도 의미가 있다."[8]

성스럽고 신화적인 것은 일상적인 현대 생활의 평범함 속에 위장되어 있다. 엘리아데는 이것을 일본의 다도 의식茶道儀式과 비교한다. "그림, 시, 화예花藝, 서예, 궁술 등 다른 모든 '길(do〔道〕)'처럼, 다도 역시 그것을 실행하는 사람을 일상생활 속에서 '열반의' 상태에 있도록 한다." 일본 불교의 맥락을 소개하고 어떻게 "가장 자연스럽고 평범한 몸짓이 구원론적 행동이 되는지"를 간략히 언급한 후, 엘리아데는 그러한 개념과 기술의 현대적 특징을 언급하면서 글을 마무리한다. "실존의 깊은 곳에 숨어 있는 초역사적인 의미와 중요성을 드러내는 일이 내재적이고 불명료한 평범함 속에서만 **배타적으로** 행해지게 된 것은 그 어느 때보다도 오늘날 가장 본질적이다. 그것의 영적이고 종교적인 의미, 즉 모든 경험의 '구원론적' 메시지는 범속함 속에, 일상적인 행위들의 흐름 속에 위장되어 있다. 그 속에서 초역사

---

[8] *No Souvenirs*, pp. 229~30. *No Souvenirs*에서 엘리아데는 "맑스나 프로이트의 '설명들'이 상상의 우주로 간주된다면 맞는 것"이라고 말한다. "이러한 모든 세계적이고 체계적인 해석은 실제로 신화적 창작물을 구성하며, 세계를 이해하는 데 매우 유용하다. 그러나 그것은 저자들이 생각하는 것과는 달리 '과학적 설명'은 아니다."(p. 291)

적 의미를 발견하는 것은 그것들의 의미를 읽어내고 감추어진 메시지를 해독해내는 일일 것이다." 성스러움은 항상 범속함의 "가면" 뒤에 숨어 있으나, 오늘날에는 특히 이러한 성스러움의 변증법을 인식하는 것이 어렵다. 오늘날 "현대의 종교적 추세의 대부분은 우리가 찾아내는 형태의 자연과 사람과 역사를 반드시 수용해야 하며, 따라서 **지금 이 세계에서** 우리 자신의 성취―혹은 우리의 구원, 해방, 지복―를 찾는 것이 반드시 필요하다고 주장한다. 이것이 다도 의식이나 다른 일본 '예술'에 주어진 바로 그 역할이다."[9]

자신이 현대의 범속함에 숨어 있는 위장된 성스러운 현현을 식별하고 해독할 수 있다는 엘리아데의 주장에서 핵심이 되는 것 중 하나는, 그가 신화적이고 상징적인 입문의례의 구조에 부여한 보편적인 속성, 의미, 중요성이다. 입문과 연관된 신화와 의례의 구조는 엘리아데가 모든 전통 사회를 해석하는 데 중심이 된다. 그는 또한 입문의례가 세계 내에서 전통적 인간은 물론 현대적 인간의 존재 양태를 구성하기 때문에, 신화적이고 상징적인 입문의 구조가 현대인의 삶에도 나타난다고 주장한다. 급격한 탈세속화가 이루어지는 우리 시대에는 "입문의 시나리오가 단지 꿈과 관련된 영역이나 예술적인 영역에만 살아남은" 것처럼 보인다. 그러나 엘리아데는 입문의 시나리오가 정말로 단지 꿈이나 예술에만 남아 있다고 믿지 않는다. "내가 '범속함 내에서의 성스러움의 위장의 변증법'이라고 부르는 것에 동의하는 사람은 또 다른 가능성도 받아들여야만 한다. 즉 입문의 현상은 우리 시대에, 우리의 눈앞에, 그러나 다른 형태로 영속화될 수 있으며, 우리가 그 자체로는 인식할 수 없을 '범속함' 안에 위장될 수 있다는 것이다."[10]

9) *Journal 3*, pp. 133~36.

엘리아데는 "입문의례는 인간 실존의 존재 양태와 너무나 밀접하게 연결되어 있어서, 현대인의 상당히 많은 행동과 몸짓들은 입문의 시나리오를 계속해서 반복한다"고 말한다. "모든 인간 실존은 일련의 시련에 의해, 반복되는 '죽음'과 '부활'의 경험에 의해 형성되기 때문이다. 그리고 이것이 종교적 관점에서 실존이 입문에 의해 수립되는 이유이다. 인간 실존이 완수되는 한, 그 자체가 입문이다." 다음으로 엘리아데는 논쟁의 여지가 있는 주장들 중 하나로 논의를 이어간다. "간단히 말해 '종교 없는' 대부분의 인간은 여전히 유사 종교들이나 타락한 신화들을 고집한다. 이것은 놀랄 만한 일이 아니다. 우리가 봤던 것처럼 범속한 인간은 종교적 인간의 후예이며 자신의 역사, 즉 오늘날의 그를 형성한 종교적인 조상들의 행위를 완전히 없앨 수 없기 때문이다."[11]

여러 사례들 중 하나만 제시하자면, 엘리아데는 꾸며낸 이야기가 상상의 차원에서 비신화적 수단에 의해 "모범적인 입문 시나리오"를 반복하는 것으로 해석한다. 이야기가 "즐거움이나 도피를 나타낸다면, 오직 평범해진 의식意識에게만, 특히 현대인의 의식에게만 그렇다. 정신의 깊은 곳에는 입문의 시나리오가 진지함을 보존하고 있고

---

10) Ibid., pp. 227~28.
11) *Sacred and Profane*, pp. 208~9. *Journal 1*에서 엘리아데는 "입문은 철학과 같다"고 말한다. 입문은 범속한 경험에 "죽음"을 설명하며 형이상학적 지식에 대한 접근을 나타낸다. 출산과 관련된 상징체계는 입문의례와 소크라테스의 산파술 양자 모두에서 찾을 수 있다. 후설의 현상학에서 "자연적 태도"는 입문 이전의 범속한 상태이며, 실재로의 접근을 허용하는 현상학적 환원은 입문의 수단과 비교될 수 있다. 입문을 통해 "성스러운 차원으로 들어갈 수 있다. 즉 영혼이 절대적인 것(=실재)에 접근할 수 있는 것이다."(p. 203) *Quest*, p. 125에 나오는 "Initiation and the Modern World"를 보고, *Rites and Symbols of Initiation*, p. 114 도 보라.

계속해서 메시지를 전달하며 변화를 유발한다." "오늘날 우리는—현대 언어가 본원적으로 종교적인 경험을 표현하기 위해 사용하는 용어가 무엇이건 간에—소위 '입문'이라는 것이 인간 조건과 공존하고 있다는 것을, 모든 존재는 '시련', '죽음' 및 '부활'이라는 견고한 연속으로 구성되어 있다는 것을 깨닫기 시작하고 있다."[12]

엘리아데의 저술에는 현대의 범속함 내에서의 신화-종교현상들의 잔존과 위장에 대한 수많은 해석이 있다.[13] 많은 현대 민족주의 관점의 사서史書들과 다른 정치적 이데올로기들은 종말론적이고 천년왕국적인 구조뿐 아니라, 장엄한 기원의 위상과 기원 회귀의 신화적 구조를 지지한다. 대중매체는 연재만화나 탐정 소설의 신화적 주제, 공적 인물들의 신화화, 성공에 관한 현대의 문화적 이미지 같은 신화적 주제에서 신화적 구조들을 영속화한다. 예술가와 작가들의 신화나 예술적이고 문학적인 창작물의 신화에서 볼 수 있는 것처럼, 많은 "엘리트의 신화"도 존재한다.

---

12) *Myth and Reality*, pp. 201~2. *Ordeal by Labyrinth*와 다른 저술들에서 엘리아데는 "미로"의 신화적이고 상징적인 이미지를 그의 개인적 삶, 학문적 연구 그리고 인간존재 양태 일반을 묘사하는 본보기로 사용한다. 인간 실존은 "하나의 미로에서의 방황"을, 실제로는 여러 미로에서의 방황을 겪게 되어 있다. 많은 시련을 통과할 필요에 의해, 종종 입문의 신화적, 상징적 구조들에 의해 두드러지게 드러나는 여행이다. 예를 들어 *Ordeal by Labyrinth*, pp. 185~89를 특별히 주의하여 보고, *Journal 1*, pp. 22~23, 59; *No Souvenirs*, pp. 74~75, 97; *Journal 3*, p. 34도 보라. 또한 David Carrasco, "Prologue: Promise and the Labyrinth", in *Waiting for the Dawn: Mircea Eliade in Perspective*, ed. David Carrasco and Jane Marie Law(Boulder, Colo.: University of Colorado Press, 1991), pp. xv~xx도 보라.

13) 예를 들어 "Survivals and Camouflages of Myths", in *Myth and Reality*, pp. 162~93; "The Myths of the Modern World", in *Myths, Dreams and Mysteries*, pp. 23~38을 보라. 엘리아데의 저술 전반에 걸쳐 발견되는 전형적인 주장은 다음과 같다. "우주적 리듬은 '현대적'이고자 하는 사람들이 무시하고 하찮게 여기기는 하지만 결국 상상에 의해 다시 나타난다."(*Journal 3*, p. 204)

이미 언급한 것처럼, 자서전적 성찰, 문학작품 그리고 학문적 해석에서 엘리아데는 시간적이고 역사적인 실존으로부터 자유롭게 될 필요라는 신화적 주제에 집착하고 있다. 지금까지 남아 있는 신화적 요소들을 해석할 때, "특히 독서에 의해—가장 효율적으로는 소설의 독서에 의해—유발되는 '시간으로부터의 탈출'이 문학의 기능과 신화 체계의 기능을 연결한다." 소설을 읽을 때 현대인이 "살고 있는" 시간은 "신화를 살아가는" 전통적인 종교적인 사람이 재현하는 신화적 시간과 똑같지는 않다. "그러나 두 경우 모두에서 사람은 역사적이고 개인적인 시간으로부터 '탈출하며', 가공의 초역사적인 시간에 묻혀 있다." 비록 "소설가들이 겉으로 보기에는 역사적인 시간을 사용하지만", 엘리아데는 "문학작품에서 우리는 역사적 시간에 저항하는 반감, 우리가 살고 일하도록 운명 지어진 것과는 다른 시간적 리듬에 이르고자 하는 욕구를 다른 예술에서보다 더 강력하게 느낀다"고 주장한다. 개인적인 역사적 시간을 초월하려는 이런 욕구 안에 현대인은 "'신화적 행위'의 어떤 잔여물을 적어도 약간은 보존하고 있다."14)

엘리아데의 몇몇 저술에 나오는 성스러움과 현대 예술가의 사례를 간략히 살펴보면서, 현대의 범속함 내에서의 성스러움의 위장에 대한 부분을 마무리하자.15) 현대 세계에 살면서, 예술가들은 전통적인

---

14) *Myth and Reality*, p. 192.
15) 예를 들어 다음과 같은 자료들을 보라. Mircea Eliade, "The Sacred and the Modern Artist", *Criterion* 4(1965): 22~24; *Myth and Reality*, pp. 72~74, 187~93; *No Souvenirs*, pp. 15, 218~19; "Brancusi and Mythology", in *Ordeal by Labyrinth*, pp. 193~201; "Crisis and Renewal in History of Religions", *History of Religions* 5(1965): 11~12(*Quest*, pp. 65~66에 실렸다); "Cultural Fashions and History of Religions", in *Occultism, Witchcraft, and Cultural Fashions*, pp. 1~3. 이것은 *The History of Religions: Essays on the Problem of Understanding*, ed. Joseph Kitagawa (Chicago: University of Chicago Press, 1967)에 포함되어 다시 출판되었다; *Quest*, pp.

예술적, 종교적 언어를 통해 그들의 경험을 표현하는 것이 불가능하다는 것을 알게 되었다. "이것은 '성스러움'이 현대 예술에서 완전히 사라졌다고 말하려는 것이 아니다. 그러나 그것은 인지할 수 없게 되었으며, 명백히 '범속한' 형태, 목적, 의미 속에 위장되어 있다."[16)]

엘리아데는 현대 예술의 어떤 특징들에는 숨겨진 신화적, 상징적 구조들을 근거로 하는 종교적인 해석을 부여하는 것이 가능하다는 것을 알게 된다. "예술의 언어 파괴"와 모든 형태와 구조를 파괴하는 것의 의미를 현대 세계의 혼돈, 소외, 무의미함의 표현으로 단순하게 해석할 필요는 없다. 세속적인 현대의 삶의 허무주의적 표현 정도로만 보일 수도 있는 심오한 신화적, 상징적 구조와 의미와 중요성을 숨기고 있을 수도 있다. 많은 현대 예술에는 단순한 파괴 이상의 것, 즉 혼돈으로의 전환이 있다. 예술가는 그 혼돈 속에서 아직까지 표현되지 않았던 새로운 무언가를 찾으려고 하는 것처럼 보인다. 많은 현대 예술가들의 태도를 시원적, 신화적 종교와 비교하면서, 엘리아데는 예술적 언어의 이러한 파괴가 새로운 우주를 재창조하는 복잡한 과정의 첫 단계일 수도 있다고 감지한다. 죽음은 재탄생을 위한 선결 조건이다. 옛 세계의 파괴는 새롭고 좀 더 유의미한 세계를 창조하기 위해서 반드시 필요하다. 이런 점에서, 현대 예술가들의 어떤 창작물들은 철저히 새로운 문화적 창작물을 앞질러 논하고 있다고 할 수 있다.[17)]

추상화가인 브란쿠시Brancusi*와 샤갈Chagall 등 현대 예술가들에

123~25. 위의 논문들 중 몇몇과 다른 관련된 발췌문들은 Eliade, *Symbolism, the Sacred, and the Arts*에 실렸다.
16) "The Sacred and the Modern Artist", p. 22.
17) *Myth and Reality*, pp. 72~74를 보라.
* 루마니아 태생의 프랑스 조각가이자 화가(1876~1957). 철저한 단순화와 유기적 형태를 특징으로 하는 추상 조각에 큰 업적을 남겼다.

게 초점을 맞추면서, 엘리아데는 예술적 언어와 형식의 파괴가 본원적 풍성함으로 돌아가려는 욕구, 현상적인 외견들 아래에 깔린 더 깊은 구조를 다시금 발견하고 경험하려는 욕구를 드러내는 것으로 해석한다. 이러한 작업을 하면서 그는 현대 예술과 시원적, 우주적 종교 사이의 유사성을 본다. 입문의 구조를 비롯한 신화적, 상징적 구조를 사용하여, 엘리아데는 현대 예술에서 "세계의 종말"이 최종적인 허무주의적 단계가 아니라 재탄생, 갱신 그리고 새로운 창조성에 필수적인 첫 번째 단계라고 해석한다. 엘리아데는 현대 예술가들의 "세계의 파괴"(전통적인 예술적 세계)를 우주의 주기적인 파괴와 재생의 필요성에 대한 "원시의" 그리고 고대 동양의 의례적 시나리오에 견준다. "오래된, 지친, 진짜가 아닌 ('현혹시키는', '맹목적인') 형태를 폐지할 종교적 필요성. 이 모든 것은 어떤 의미에서 니체가 선언한 신의 죽음에 해당한다. 그러나 그 이상이 있다. 모세 이전의 우주적 종교성과 닮은 것에 대한 연모가 바로 그것이다. ('신이 죽었다는') 유대-기독교 전통을 더 이상 믿을 수 없게 된 현대 예술가는 자신도 모른 채 '이교 정신paganism'으로, 성스러움을 구체화하고 드러내는 실체인 우주적 성현으로 되돌아가고 있다."[18]

현대의 무의식

엘리아데는 종종 "우주적 신성성과 현대인의 유일한 실제 접촉은, 꿈과 상상적인 삶 속에서든지 무의식에서 발생한 창작물(시, 게임, 구경거리 등)에서든지, 무의식에 의해 영향을 받는다"고 주장한다. "오늘날 종교적 행위와 성스러움의 구조는—신성한 형상, 모범적 행

---

18) *No Souvenirs*, pp. 218~19.

위 등—정신의 가장 심층적 층위에서, '무의식'에서, 꿈과 상상의 차원에서 다시금 발견된다."19)

또한 그는 종교적 인간의 근본적인 존재 양태를 파악하기 위해서뿐만 아니라 현대 인간의 존재 양태를 이해하기 위한 필수적 구조로서 "타락"이라는 신화적 주제를 빈번히 사용한다. 현대의 인간 조건은 때때로 "두 번째" 타락이라고 묘사된다. 종교적인 신화적 생활세계life-world, 즉 종교적 인간의 생활세계Lebenswelt를 기술할 때, 타락이란 인간존재와 우리가 아는 세계 및 실재와의 관계를 본질적으로 구성하는 신화적 역사 내의 결정적 사건을 가리킨다. 성스러운, 신화적 역사란 타락하기 이전의 본원적 조건으로서 세계 내에서 우리 인간 조건이나 우리 인간존재 양태와는 닮지 않았다. 즉 그것은 하나의 유기적 총체이자 자연 및 우주와 조화를 이룬 상태이며, 무지, 죄악, 비행, 소외를 경험한 적이 없고, 최초의 풍성함과 지극히 행복한 낙원의 신화적 의미인 것이다. 타락은 본원적 풍성함을 파괴하고 단편화하며, 타락 이전의 낙원을 상실하게 되는 신화적 사건을 묘사한다. 타락 이후에 존재들은 우리가 아는 대로 인류를 형성했다. 즉 제한적이고 유한하고 무지하고 고통스럽고 소외되고 시간적이고 역사적인 존재들이 된 것이다. "종교"는 사실 타락과 더불어 시작된다. 신화와 의례를 통해서 종교는 타락 이전의 낙원에 대한 욕구와 향수를, 그리고 우리의 인간 조건을 극복하고 성스러움과 재결합하는 수단을 표현한다.

엘리아데가 현대의 삶을 두 번째 타락으로 묘사할 때, 그는 대개

---

19) Ibid., p. 77 n. 1, p. 201. 엘리아데의 학문적인 책들은 전통 사회와 현대사회 모두의 무의식적인 것에서 발견되는 성스러움의 신화적, 상징적 구조에 대한 많은 연구를 포함하므로, 여기서는 증거가 되는 문헌을 제시하는 작업은 줄이고 요약적인 설명을 제시하겠다.

무의식적인 것과 그 무의식적인 것이 꿈, 향수, 환상, 문학적이고 예술적인 창조성, 그 밖에 다른 상상의 표현들을 통해 기능하는 것을 가리킨다. 최초의 타락이라는 신화적 의식意識의 견지에서 보면, 전통 사회의 **종교적 인간**은 본원적 풍성함으로부터, 성스러운 실재에 대한 타락 이전의 경험으로부터 분리된 인간의 비극적인 조건을 의식적으로 경험한다. 그리고 전통적으로 종교적인 사람들은 그들의 제한되고, 유한하고, 역사적인 인간존재 양태를 극복하기 위해 의식적으로 이 세계 내에서 초역사적, 모범적, 신화적 본보기 등의 종교적 수단을 사용하려 한다. 세계 내의 세속적 존재 양태를 구성한 두 번째 타락 이후, 현대인은 그러한 성스러움에 대한 의식을 상실했다. 그들은 의식意識적인 수준에서 자신들을 단순하게 제한적이고 유한하고 시간적이고 역사적이고 소외되고 고통스러운 인간존재로 정의하며, 초역사적이고, 시간 초월적이고, 성스러운 구조와 의미에 의지할 수 없다고 여긴다. 엘리아데의 존재론적인 관점으로의 이동이나 그의 규범적인 판단의 견지에서 보면, 의식의 영속적인 구조로서의 본질적인 신화적, 상징적 구조들은 사라지지 않는다. 왜냐하면 그것들이 인간 조건 그 자체를 구성하기 때문이다. 그러나 이 구조들은 무의식의 수준으로 "타락"했다. 그들은 의식적으로는 경험되지 않기 때문에, 꿈과 환상을 통해, "유사 종교적이고" "자칭自稱 종교적인" 창작물을 통해, 그리고 현대의 범속함 속에 위장된 온갖 종류의 상상의 현상을 통해 간접적으로 나타난다. 현대의 세계 내 존재 양태 안에 성스러움은 숨어 있지만 무의식의 차원에서 여전히 기능하고 있다.

　이는 성스러움이 현대 세계에서 대부분 드러나지 않고 숨어 있다는 것을 뜻한다. 다시 말해 실재의 신화적이고 종교적인 드러남은 대부분 위장되어 있는 것이다. 엘리아데의 일반적인 해석에 따르면 이것은 전통적인 인간과 현대의 인간에게서 성스러움이 나타나는 차원을 대조해보면 분명해진다. 신성화의 보편적인 과정에서 성스러움은 항상 위장된다. 자신을 보여주는 동시에 자신을 감춘다. 이것이 심지어 전근대의 신화적이고 종교적인 존재들도 성스러운 실재에 대해 항상 제한된 의식을 가지고 있는 이유이다. 최초의 타락 이후에, 인간은 더 이상 성스러움에 쉽게 접근할 수 없게 되었다. 바로 이 때문에 전통적 문화에 속한 사람들이, 성스러운 실재와 유의미한 관계를 수립하기 위해 종교를 필요로 한 것이다. 예컨대 신화적 역사와 다른 초역사적인 모범적 본보기를 통해 전달된 궁극적 실재에 관한 사실, 신화적 사실과 같은 성스러운 실재들을 재현하는 의례와 기타 수단, 성스러움을 더 많이 의식하며 더 잘 접근하는 종교 전문인 등이 확립되었다. 요컨대 종교는 타락한 인간들이 제한되고 조건 지어진 방식으로 범속함 내에서의 성스러움의 위장을 드러내고 성스러운 실재에 접근하도록 해준다.

두 번째 타락과 더불어, 본질적인 신화적, 상징적 구조를 통해 표현되는 성스러운 실재는 무의식의 차원에 "묻히게" 된다. 현대인들은 더 이상 본원적인 성과 속의 단절을 인지할 수 없다. 이들은 더 이상 평범하고 자연적이고 시간적이고 역사적인 사물들로 위장된 초월적이고 성스러운 구조들과의 유의미한 관계를 인식하거나 다시 수립할 필요를 의식意識적으로 표현하지 않는다. 오히려 정반대이다. 그들은 초월적인 성스러움을 의식적으로 부정함으로써 자신들의 인간성 및 실재와의 관계를 확인한다. 현대의 세속적 삶에서 인간은 의식적으로 자신들을 존재의 성스럽지 않고 신화적이지 않고 시간적이고 역사적인 차원과 동일시하지만, 성스러움의 위장과 은폐가 가장 완벽해지고 가장 철저하며 가장 완전한 것도 현대의 세속적 삶 속에서인 것이다. 여전히 무의식의 차원에서 기능하는 성스럽고 신화적이고 상징적인 구조는 자연적이고 시간적이고 역사적인 현상들로 환원되고 이 현상들과 동일시된다. 의식적인 종교적 관점에서는 범속한 존재 양태와 똑같은 것으로 환원되는 것이다.

엘리아데는 성스러움이 현대의 무의식적인 것의 차원에서 드러나며 무의식적인 것의 내용과 구조가 신화적인 것과 놀랍게도 유사하다고 주장하지만, 신화적인 것이 무의식적인 것의 "산물"이라고 주장하는 것은 아니다. 이것은 환원론적이며 인과적인 설명이다. 신화적인 것은 인식의 독자적인 양태, 세계 내의 독자적인 존재 양태이다. 그것은 환원할 수 없는 신화적 구조와 의미에 따라 존재의 무의식적인 차원 및 다른 차원에서 자신을 드러낸다.

> 그러나 무의식적인 것의 내용과 구조는 태고의 존재의 상황, 특히 위기 상황의 결과이며, 이것이 무의식적인 것에 종교적인 기운이 있는 이유이다. 모든 실존적 위기는 다시금 세계의 실재와 세계 내 인간의 현존을 의심하도록 한다. 이는 실존적 위기는 결국 "종교적"이라는 말이다. 문화의 시원적인 차원에서는 **존재와 성스러움**이 하나이기 때문이다. 우리가 봤던 것처럼 세계를 구성하는 것은 성스러움의 경험이며, 가장 기본적인 종교조차도 무엇보다 하나의 존재론이다. 달리 말하면 무의식이 수없이 많은 실존적 경험의 결과인 한, 그것은 다양한 종교적 우주와 닮을 수밖에 없다는 것이다. 종교는 모든 실존적 위기에 대한 전형적인 해결책이기 때문이다. 종교는 무한히 반복될 수 있을 뿐만 아니라 그 기원이 초월적이라고 믿어지고 따라서 **다른 세계**, 초인간적 세계로부터 받은 계시로 평가되기 때문에 전형적인 해결책인 것이다.[20]

---

20) *Sacred and Profane*, p. 210.

엘리아데의 저술 전체에서 볼 수 있는 이 전형적인 구절에서 독자들은 상당한 혼란과 분명한 존재론적인 관점을 향한 전환을 찾을 수 있을 것이다. 엘리아데는 자신의 설명을 "문화의 시원적인 차원에서"로 한정하지만, 더 나아가 모든 실존적 위기, 성스러움, 무의식적인 것 그 자체를 철저하게 일반화하고 이에 대해 규범적 판단을 내린다. 비종교적이며 비신화적인 사람들에게 종교는 "모든 실존적 위기에 대한 전형적인 해결책"이 분명히 아니다. 현대의 비종교적인 사람들이 초자연적인 기원과 초인간적인 계시를 믿는 종교적 신앙이 있어서 종교를 전형적인 해결책으로서 받아들이는 것은 아니다. 만약 그들이 이를 받아들인다면 종교적이라고 해야 할 것이다. 여기뿐 아니라 다른 곳에서도 엘리아데는 시원적, 신화적, 일반적인 종교적 존재 양태가 무의식 자체의 본질적 구조에 관한 본질적 사실들, 모든 근본적인 실존적 위기에 대한 해결책, 그리고 실재의 본성을 드러낸다는 자신의 전제에 근거하여 보편적인 판단을 내리고 존재론적 관점으로 방향을 전환한다. 그러한 학문적 지향성에 근거하여 그는 신화, 상징, 성스러움의 이미지에 대한 자신의 연구가 현대의 무의식의 구조와 기능을 밝혀낼 것이라고 생각하며, 겉으로 보기에는 탈신성화된 현대의 무의식의 연구는 숨겨지고 위장된 신화적이고 성스러운 구조와 의미를 드러낼 것이라고 여긴다.[21]

숨겨진 성스러움의 구조를 지닌 현대의 무의식이 신화적이고 종교적인 경험과 같지는 않다. 꿈, 환상 그리고 상상을 통해 표현되는 현대의 "사적인 신화 체계"는 "**총체적 인간이 경험하는 것이 아니고 따**

---

21) 예를 들면 엘리아데는 *Journal 1*(p. 24)에서 다음과 같이 말한다. "내가 상징을 해독하고 이러한 [전통적, 종교적, 신화적] 사회들의 양태를 명확히 설명하기를 이토록 원하는 이유는, 내가 현대인에게서 찾은 축소되고 '내면화된' 모든 향수와 열정을 그것들 속에서 재발견하기 때문이다."

라서 특정한 상황을 전형적인 상황으로 변형시키지 않기 때문에 결코 신화의 존재론적 지위에 이르지 못한다." 현대인의 무의식은 깊고 의미 있는 상징들을 드러낸다. 그러나 전통 사회의 **종교적 인간**은 실존의 다양한 차원들의 동질화를 가능하게 하며 개별적 현상들을 통일적이고 정합적이고 유의미하고 종교적인 관점들로 변형시키고 통합시키는 방식으로 그러한 상징들을 경험한다. "전근대사회의 인간은 상징을 이해하여 **보편적인 것을 경험할 수 있기** 때문에 가장 고상한 영성에 도달할 수 있다." 엘리아데에게 이것은 "현대사회의 비종교적 인간이 어떤 방식으로 여전히 자기 무의식의 활동에 의해 강화되고 도움을 받으면서도, 적절한 종교경험을 하거나 세계를 통찰하지는 못하는지를 보여주기에 충분하다."[22]

엘리아데는 "우주목"의 상징체계를 이용하여, 심리학적 해석 및 "종교적 오라"를 지니기도 하는 무의식의 우주와, 환원될 수 없는 종교적 해석 및 신화적, 종교적 현상들의 우주를 구별한다. 심리학자는 꿈에서 표현되는 나무의 이미지를 밝혀낼 수 있고, 이것은 인간이 어떻게 깊은 심리적 위기에 대처하는지를 드러낼 수도 있다. 그러나 이것만으로 종교경험을 구성할 수는 없다. 종교경험에는 주기적이고 끝없는 갱신, 재생, 불멸이라는 나무-상징체계의 보편적 구조가 드러난다. "그러나 그 상징적 의미에 수용되지 못하였기 때문에 [꿈의] 나무의 이미지는 보편적인 것을 드러내지 못하였고 따라서 인간을 영적인 수준에까지 이르도록 고양시키지 못했다. 종교가 인간을, 아무리 초보적인 수준이라도, 영적 차원에 항상 이르도록 하는 것과는 대조가 된다."[23] 꿈에서 나무의 이미지는 완전히 종교적이지는 않다. 이

---

22) *Sacred and Profane*, pp. 211~13.
23) *Myths, Dreams and Mysteries*, pp. 18~20.

것은 단지 무의식의 차원에서만 드러나기 때문이다. 우주목의 상징체계는 실재의 모든 차원에서 명확히 드러나며, 초의식the transconscious을 포함하기 때문에 종교적이라고 평가되었다. 초의식이란 종교적 인간이 다양한 차원의 현현들을 통일할 수 있도록 한다. 따라서 그것은 "전체성"을 경험하고 "보편적인 것을 실천하게" 하는 더 높은 수준의 의식이다.24)

성스러움이 현대의 범속함 내에 위장되어 있으며 대부분의 경우에 인지될 수 없다면, 그리고 성스러움이 현대의 무의식 수준에서 변장된 형태로 드러난다면, 이러한 숨겨진 신화적이고 상징적인 구조들의 의미와 중요성을 식별하고 해독하고 해석하는 일은 무시 못할 작업이다. 여기서 엘리아데는 종교사와 종교현상학의 특별한 역할을 강조한다. 그 역할은 창조적 해석학을 체계화하고, 신화적인 것과 성스러움이 그다지 숨겨지거나 은폐되지 않은 비서구 타자들과의 만남 및 대화의 필요성을 설명하는 일이다. 다음 장에서는 신화적, 종교적 타자들과의 역동적인 만남과 대화의 필요성을 포함하여, 창조적 해석학을 통해 현대인을 갱신할 필요성에 대해 주로 초점을 맞출 것이다.

현대 서구의 편협한 지역주의

엘리아데의 일기와 학문적 저술은 현대 서구인의 오만하고 무지하며 위험한 "편협한 지역주의"에 대한 수많은 비판을 포함하고 있다. 이것은 전근대적 "타자"가 철저히 편협한 지역성을 지녔다고, 다시 말해 세련되지 못한 데다가 유한하고 무지하며 후진적이라고, 또한 현대 세계의 세련된 요구들에 대처할 수 없다고 전제하는, 전형적인

---

24) Allen, *Structure and Creativity in Religion*, p. 219.

서구의 짐짓 겸손한 태도와는 반대되는 것이다.

종종 이러한 서구의 지향성은, 오직 세련되고 계몽된 서구의 전형, 설명, 가치, 관심들만이 비서구의 사회, 문화, 경제가 20세기와 21세기에 진입할 수 있도록 하고 현대 세계를 형성하는 데 참여할 수 있도록 한다는 전제를 정당화하기 위해 사용된다. 이러한 "원시적인", 후진적인 민족들이 자신들의 그릇되고 시대에 뒤처진 부적절한 신화를 믿지 않게 된다면 그들은 현대의 현실과 부합할 수 있을 것이다. [그러나] 이렇게 염려를 하거나 이데올로기적 자선과 같은 것을 유도할 필요성은 거의 느껴지지 않는다. 지배와 착취의 경제적, 정치적, 문화적인 비대칭적 관계를 정당화하기 위해서 현대의 지향성이 사용되기 때문이다. 국가 내부적으로나 전 지구적으로나 엄청난 불평등은 현대의 세련된 서구와 비근대적 타자인 지역 중심적 비서구 간의 관계의 "자연적이고" 합리적이며 객관적이고 과학적이며 기술技術적인 현실을 반영하는 것이다.

엘리아데는 이 모든 것을 뒤집는다. 현대 서구는 시간성, 역사성, 경제적인 면, 정치적인 면, 과학과 합리주의의 우상들, 그리고 탈신화화된 세속주의의 좁은 지평 내부에 자신을 한정하고 가둬왔다. 엘리아데는 대개 현대 문화를 부정적으로 평가하며 "피폐해진"이나 "퇴화된" 등의 용어를 사용하여 현대의 현상들을 묘사한다. 현대의 현실에 대처하기 위해서, 실존적이고 역사적인 위기를 다루기 위해서, 그리고 가장 심층적인 초역사적, 보편적, 인간적 현실을 경험하기 위해서 우리는 현대 서구의 문화적인 편협한 지역주의를 초월해야만 한다.[25]

---

[25] 엘리아데가 현대 서구의 편협한 지역주의와, 문화적 갱신을 통해 이 지역주의를 극복할 필요성을 강조하는 전형적인 표현들로는 *Autobiography 2*, pp. 108,

서구의 편협한 지역주의와 이로부터 벗어나게 하는 문화적 갱신의 필요성은 학문적 설명에서뿐 아니라, 엘리아데의 문학작품들에서 가장 흔히 보이는 주제들 중 하나이다. 그는 시간적으로, 역사적으로 규정되는, 겉보기에 세련된 관료들과 같은 현대 서구의 인물들에 대한 글을 썼다. 이들은 더 깊고 포괄적인 신화, 상징 그리고 성스러움의 우주를 인지하고 이해하지 못하기 때문에, 편협하고 세련되지 못하며 지역적 한계를 지녔다는 것이 점차 드러나게 된다. 대조적으로 현대적 가치의 견지에서 처음에는 단순하고 투박하며 낯설고 지역적 편협함을 지닌 것으로 보이는 인물들이 더 깊이 있고 더 의미 있는 신화적, 영적 실재의 불가해성, 모순, 징후와 더 많이 접촉하고 있는 것으로 판명된다. 이들은 피폐해지고 편협한 지역주의를 지닌 현대의 준거 지평이 지배하는, 압제적이고 비신화적이며 탈신성화된 구조들을 종종 피하거나 극복해낸다.[26]

비록 엘리아데가 종교학이 창조적 해석학을 통해서 그러한 서구의 편협한 지역주의를 극복하고 문화적 갱신을 실현할 최고의 가능성을 제공한다고 반복해서 주장하지만, 그의 글 중 많은 부분은 이것의 성취 여부에 대해 냉정하고 비판적인 태도들을 표하고 있다. 다시 말하

166을 보라. *Quest*의 몇몇 장에서도 이러한 표현이 두드러지게 나타난다. *No Souvenirs*와 다른 일기 기록에서도 엘리아데는 이와 같이 주장한다. 이것들은 엘리아데의 *Myths, Dreams and Mysteries*와 *Mephistopheles and the Androgyne* 그리고 *Images and Symbols*의 서문과 머리말, 그리고 *Eternal Return* 등의 학문적 저작들에서의 여러 장의 중심 주제이기도 하다.

26) 다음 두 저작을 예로 들 수 있을 것이다. Mircea Eliade, *The Old Man and the Bureaucrats*, trans. Mary Park Stevenson(Chicago: University of Chicago Press, 1988); Mircea Eliade, "The Cape" and "Nineteen Roses", in *Youth Without Youth and Other Novellas*. ed. Matei Calinescu and trans. Mac Linscott Ricketts(Columbus, Ohio: Ohio State University Press, 1988).

지만 엘리아데는 신화적인 우주적 종교의 즐거운 낙관주의에 무비판적으로 공감하는 전근대적 낭만주의자가 아니다. 그는 복합적인 성격을 지녔고, 엄청난 기분의 변화를 겪으며, 종종 자신의 견해를 "우울함"이나 "절망"과 같은 용어로 묘사한다.

엘리아데는 1960년에 다음과 같이 썼다. "기나긴 신화적 시대, 그리고 짧은 역사적 시대 후에, 우리는 생물학적(경제적) 시대에 들어서고 있다. 인간은 흰개미나 개미의 조건으로 환원될 것이다. 나는 이 국면이 계속될 것이라고 믿을 수 없다. 그러나 여러 세대 동안, 혹은 아마도 수천 년 동안 인간은 개미들처럼 살 것이다."[27] 4년 뒤 그는 어떻게 "자신이 갑자기 슬프고 우울한지"에 대해 기록한다. "나는 어떤 방식으로 용기를 찾아야 할지 모르겠다. 어떤 일이 일어나건 우리는 길을 잃었다. 우리 세계는, 나의 세계는 치료할 수 없는 운명에 처해 있다." 중국의 인구가 급속히 성장하는 것을 주목한 뒤, 엘리아데는 이어서 말한다. "기원전 7세기경에 그리스에서 생겼던 것과 똑같이 창조적이고 흥미를 끄는 다른 세계가 탄생할 것이다. 그러나 근동이나 그리스 세계가 사라졌던 것보다 아마도 훨씬 더 비극적인 방식으로 우리의 세계가 사라질 것이라는 말은 여전히 사실이다." "아시아나 아프리카 출신의 주민들이 거주하는 유럽을 상상할 수 있다. 오래된 도시들이나 그 유적들 사이를 걸어가며, 거기에는 눈길도 주지 않고,

---

[27] *No Souvenirs*, p. 89. 엘리아데는 최근 서구에서 이집트, 탄트라, 도교, 이란 등의 비전秘傳 텍스트를 발견하고 번역하고 여기에 매력을 느끼는 것의 의미를 매우 부정적인 방식으로 해석하기도 한다. *Journal 3*에서 이러한 "비전秘傳 전통과 입문 전통을 '탈신비화'하는 과정"에 대해 언급하면서, 그는 전통적으로 "비전 텍스트는 엄청난 역사적 격변의 전야에, '세계의 종말', 물론 우리 세계의 종말이 가까울 때 모든 대중에게 밝혀지고 모든 대중이 접근할 수 있게 된다"(p. 154)고 말한다.

이해도 하지 못한 채 (경멸이나 증오 때문에도 눈길 한 번 주지 않고 매일 힌두 사원을 지나치는 캘커타의 영국계 인도인들처럼) 지나치는 지적이고 교양 있는 사람들 말이다."[28]

여기뿐 아니라 다른 책에서도 엘리아데는 서구의 문화와 문명에 공감하는 것으로 보이며, 미래가 비서구 출신의 민족들에게 속하는 공포스럽고 끔찍한 이미지 때문에 낙담한다. 이러한 구절들에 초점을 맞추면 엘리아데가 비록 서구적 지향성의 많은 부분에 동의하지 않는다고 해도 내심으로는 그도 유럽 중심적이다. 이는, 서구 문화의 편협한 지역성을 지적하고 비서구의 신화적이고 영적인 의미의 세계를 수용하여 그것을 극복할 필요성을 설명하는, 더 빈번히 등장하는 구절들과 대조된다.[29]

8장에서 다루었던 역사에 대한 엘리아데의 개인적이며 학문적인 태도를 반영하는 매우 논쟁의 여지가 있는 구절에서, 엘리아데는 다음과 같이 말한다.

> 오늘 나는 이 세부적인 것에 대해 다음과 같이 숙고하고 있다. 여기서도, 다시 말해 이렇게 인간성이 궁극적이고 비극적으로 소멸된 상황에서, 유대인들은 선구자들이었다는 것이다. 나치의 수용

---

28) *No Souvenirs*, p. 222.
29) 오리엔탈리즘을 비판하는 에드워드 사이드나 다른 학자들이 포괄적이고 보편적인 접근처럼 보이는 것이 종종 본질적으로 서구의 의도를 숨기고 있으며, 숨겨진 논제들을 지니고 서구의 우월성과 지배를 강화하려는 방식으로 타자를 "포괄하며" 재정의하는 작업을 수반한다고 주장하는 이유를 이해할 수 있을 것이다. 타자의 실재와 정말로 연관시킬 필요가 없는 방식으로 타자를 낭만화하고 높여주는 오랜 지적, 문화적 전통이 있는 것도 사실이다. 내 자신의 견해는, 엘리아데의 태도가 종종 복잡하고 모순되지만 그는 대개 시원적이고 비서구적인 타자에 대한 긍정적 태도를 지니고 있었다는 것이다.

소에서 살해당하거나 불태워진 수백만의 유대인들은 "역사"의 의지에 의해 재로 만들어지기를 기다리고 있는 인류의 선봉에 선 사람들이다. 홍수, 지진, 화재 등의 우주적 격변은 다른 종교들에도 알려져 있다. **역사적 존재로서** 인간이 유발한 격변은 우리 문명의 공헌이다. 이러한 파괴는 분명 오로지 서구 과학의 범상치 않은 발전에 의해서만 일어날 수 있을 것이다. 그러나 그 격변의 **원인 혹은 구실**은 "역사를 만들겠다"는 인간의 결정에서 발견된다. 이제 우리는 "역사"가 유대-기독교 전통의 창조물이라는 것을 기억해야 한다.[30]

엘리아데가 서구의 편협한 지역주의를 극복하고 문화적 갱신을 달성하는 것의 전망에 관해 가장 절망스럽게 느낄 때, 그의 태도는 루마니아 등 동유럽 농민들의 비극적 역사에 대한 일기의 기록이나 학문적 해석에서 보이는 태도와 유사하다. 루마니아의 농민들은 신화적, 우주적 종교를 가졌지만, 여전히 "역사에 의해", 자신들 스스로가 만들지 않은 역사에 의해 "운명이 결정된다". 그들은 자신들이 더 강력한 정치적, 군사적 세력들에 둘러싸여 있다는 것을 알게 된다. 그들은 자신들의 신화, 상징, 의례를 사용하여 "역사의 공포"에 대항하여 자신들을 보호할 수 있었으나, 이것이 외부인들에게 침략받고 정복당하는 것을 피하도록 해주지는 않았다. 기껏해야 그들은 역사적 조건의 무력함, 고통, 비극에 신화적이고 영적인 의미를 부여할 수 있었을 뿐이다.

---

30) *No Souvenirs*, pp. 145~46. 이러한 미래에 대한 비관적 시각을 더욱 논쟁의 여지가 있도록 만드는 것은 나치의 유대인 대학살을 이용하는 것뿐 아니라, 반유대주의가 적어도 유대인 자신들의 파괴와 미래의 인류의 파멸의 전제 조건을 조성했다고 진술하거나 암시하는 것으로 해석될 수 있는 설명이다.

이와 유사하게 엘리아데는 시원적이고 비서구적인 타자들이 창조적인 대화, 문화적 갱신, 실존적이고 역사적인 위기에 대처하는 적절한 방식들 그리고 더 위대한 실재에게 열리는 것 등에 대한 가능성을 현대 서구에 제공한다고 믿는다. 그는 비서구적인 타자들의 신화, 상징, 영적 의미의 세계들을 통해 이러한 공헌이 가능하다고 한다. 그러나 엘리아데는 시원적이고 비서구적인 타자들이, 역사적, 정치적, 경제적, 군사적, 과학적 서구 근대에 의해, 반복해서 비극적으로 침략당하고, 정복되고, 식민화되고, 착취당해왔다는 것을 알고 있다. 편협한 서구를 변화시키는 것이 아니라 타자의 신화-종교적 문화를 파괴하는 비대칭적인 세력 관계가 현재 우리가 사는 세계를 규정한다. 현대인이 너무 늦기 전에 시원적인 비서구의 목소리에 귀를 기울이고 배울 것인가? 엘리아데는 이에 대한 희망을 버리지 않지만, 서구와 인류의 미래에 관해 염려하는 비관주의가 감지된다.

엘리아데는 그렇게 비관적이지는 않다. 종종 그는 현재 상황이 극도로 긴박하다는 것을 보이고 세계 내의 현대적 존재 양태에 대한 자신의 부정적 평가를 축소하지 않으면서 문화적 갱신에 대한 엄청난 가능성을 제시하는 정도에 머문다. 창조적인 만남과 문화적 갱신에 대한 전망이 실현될 수 있음을 때때로 암시하기도 하지만, 이는 현대인들이 자신들의 비신화적인 탈신성화된 접근이 잘못되고 위험하다는 것을 갑자기 인지하게 되어서가 아니라 선택의 여지가 없기 때문이다. 좋든 싫든 간에 역사적 발전으로 인하여 서구인들은 더 진실하게 아시아와 다른 비서구 문화들과 연관을 맺으며 세계적 존재로서 자신들을 재정의하지 않을 수 없을 것이다.[31]

---

31) 예를 들어 *Myths, Dreams and Mysteries*에서 엘리아데는 다음과 같이 주장한다. "서구 문화가 다른 문화들과의 대화를 경시하거나 게을리 한다면 황폐하게 만

또한 몇 안 되는 구절에서는, 엘리아데가 매우 낙관적인 관점을 가졌으며 정신적 창조성과 문화적 갱신의 찬란한 미래를 상상하는 것으로 보인다. 신화-종교적 인간은 영적으로 중심이 될 것이며, 이들은 세속적 현대성의 편협한 지역주의와 시대에 뒤진 종교적 형태들 모두를 초월할 것이다. 초역사적, 시간 초월적, 보편적, 모범적 본보기, 구조 그리고 가치의 견지에서, 자신들의 특별한 역사적이고 문화적인 실존적 위기들에 대처할 것이다. 또한 엘리아데가 상상하는 미래의 신화-종교적 인간은 자신들을 전 세계적 존재로, 우주적인 정신사의 일부로 그리고 새로운 인간주의의 창조자로 여길 것이다. 인간 속성과 실재의 가장 심오한 구조를 경험하며 신성의 보편적 가치에 더 친숙해질 것이다. 신화적, 정신적 독창성과 문화적 갱신의 가능성에 대해서는 마지막 장에서 점검하도록 하겠다.

드는 편협한 지역주의로 쇠락해버리는 위험에 처할 것이다. 해석학은 우리 시대의 역사의 요청에 대한, 서양이 '타자들'의 문화적 가치와 만나고 대면해야 한다는 (그렇게 하도록 운명 지어졌다고도 말할 수 있을) 사실에 대한 응답, 가능한 유일한 지적인 응답이다."(p. 8)

11장
문화적이고 정신적인 갱신*

　신화적이고 상징적인 성스러움은 현대의 범속함 내에 위장되어 있으며 잘 드러나지 않는다. 현대 문화가 성스러움을 이렇게 인지하지 못하고 의식적으로 거부함으로써 서구의 편협한 지역주의라는 황폐화되고 위험한 형태가 발생했다. 서구는 갱신을 절박하게 필요로 하고 있다. 엘리아데는 현대인들이 창조적 해석학을 통해―상징적이고 신화적인 본질적 구조들을 재발견함으로써―그리고 신화적인 성스러운 타자와의 창조적인 만남과 대화를 통해 이러한 문화적, 정신적, 철학적 갱신을 성취할 수 있다고 제안한다.

---

* 원문의 "spiritual"은 문맥에 따라 "영적인" 혹은 "정신적인"의 두 용어로 번역하였다. 종교적인 의미가 강할 경우 전자를, 좀 더 일반적인 의미로 사용되는 경우 후자를 택했다.

현대 인류의 갱신

엘리아데는 현대 서구의 역사적 혹은 다른 환원론적 연구 방법이 환원될 수 없는 신화적 종교적 자료의 지향성, 더 심오한 의미, 궁극적 중요성을 파악하는 데 부적절하다고 주장할 뿐 아니라, 현대 인류와 그들의 서구 문화가 가장 심각한 위기를 맞고 있다는 것도 강력하게 주장한다. 이 두 주장은 서로 연관되어 있다. 전반적인 현대의 탈신성화된 지향성을 반영하는 것으로서, 심오한 신화적, 상징적, 종교적 구조와 의미를 해독하기에 부적합한 학문적 연구 방법들은, 현대인들이 자신들의 인간성을 억압하고 부정해온 방법, 그들의 기본적인 실존적, 역사적 위기를 해결할 수 없는 방법들과 똑같은 특징들을 보인다. 일반적으로는 현대의 인류, 구체적으로는 현대의 학문적 연구 방법 모두 철저한 갱신이 필요하다.

창조적 해석학

엘리아데는 종교학이 서구의 편협한 지역주의에 도전하고 문화적 갱신의 필수적인 수단으로 기능을 하는 특별한 역할을 지니고 있다고, 심지어 가장 중요한 역할을 맡고 있다고 주장한다. 엘리아데의 전형적인 설명을 다음 인용 구절에서 볼 수 있다.

> 나는 종교학을 전체적 학문 분야라고 간주한다. 한편으로는 심층 심리학 덕분에 용이해진 우리 내부에 있는 외국의, 이국적인, 시원적인 것과의 만남이, 다른 한편으로는 아시아의 출현 및 역사상의 이국적인 혹은 "원시적인" 집단과의 만남이 종교학의 관점에서 볼 때만 궁극적 의미를 찾을 수 있는 문화적 순간이라는 것을 나는 이제 이해한다. 신화, 제의, 상징 등에 숨어 있는 의미와

메시지를 드러내는 데 필수적인 해석학적 요소는 우리가 심층심리학을 이해하는 데 도움을 주고, 우리가 시작하고 있고 "외국인들", 즉 비서양인들이 둘러쌀 뿐 아니라 지배하게 될 역사적 시대를 이해하는 데에도 도움을 줄 것이다. 종교학의 해석학을 통해 "비서양의 세계"뿐 아니라 "무의식"을 해독하는 것도 가능하다.[1]

이와 유사하게 엘리아데는 『메피스토펠레스와 양성인』의 서문에서 다음과 같이 말한다. "해석의 학문이라고 할 수 있는 해석학은 우리 시대 역사의 요청에 대한, 서양이 '타자들'의 문화적 가치를 대면해야 한다는 (그렇게 하도록 '운명 지어졌다'고 말하고 싶을 수도 있는) 사실에 대한 서구인의 대답, 유일한 지적인 대답이다. 이러한 현재의 상황에서 해석학은 종교학에서 가장 소중한 자기편을 찾게 될 것이다." 종교학이 적합한 해석학적 역할을 맡을 때, 우리가 두 "타자"의 "낯선 세계"의 심오한 구조와 의미를 인식하고 해석하도록 해줄 것이다. 이 두 타자란 현대의 의식 속에 위장된 신화적이고 성스러운 현현의 차원과, 시원적인 성격의 아시아 등 비서구 문화들의 신화적, 상징적, 성스러운 현상들의 세계를 말한다.[2]

종교사와 종교현상학의 진정하고 필수 불가결한 연구 방법은 "창조적 해석학"이다. 환원론에 대한 강한 비판과 역사적 설명을 의미의

---

[1] *No Souvenirs*, pp. 69~70. *Myths, Dreams and Mysteries*, pp. 7~12도 보라.
[2] *Mephistopheles and the Androgyne*, pp. 9~15. *Journal 3*에서 엘리아데는 다음과 같이 말한다. "나는 또한 우리가 역사의 강요로 인해 아시아, 아프리카, 오세아니아에서 발견되는 것과 같은, 유럽 외부의 창조적인 천재의 여러 표현과 친숙해져야만 할 것이라고 확신한다. 지난 30년간 반복해서 강조해왔듯이, 오직 종교학만이 전통적인 문명뿐 아니라 '원시적인' 그리고 동양의 문명의 의미도 밝혀줄 수 있는 학문 분야를 제공한다. 한마디로 적어도 내가 생각하고 실행하는 종교학은 '전 세계를 아우르는' 문화에 결정적으로 공헌할 것이다."(p. 226)

해석과 구별하는 것에서 살펴보았듯이, 엘리아데는 가장 중요한 반환원론적인 해석학적 작업을 종교학에서 수행해야 한다고 주장한다. 창조적 해석학은 "결국 종교학의 왕도王道로 인정될 것이다". 요구되는 것은 "전체적인 해석학"이다. 종교학자는 종교학이 타자의 심오한 신화적인 상징적 의미의 해석에서 모범적이어야 할 바로 그 순간에 "소심"했다. 종교학자만이 "자신의 자료의 복잡성을 이해하고 알아볼 준비가 되어 있기 때문에" 해석학적 작업을 할 수 있다. 그러한 해석학적 작업을 통해 창조적인 종합에 이를 수 있다.[3]

「종교학의 위기와 갱신Crisis and Renewal in the History of Religions」과 몇몇 다른 저작에서 엘리아데는 현대의 위기, 편협한 지역주의, 그리고 자신의 분야에서 갱신의 필요성에 초점을 맞춘다. 그의 학문 분야의 위기와 서구 및 현대 세계의 위기 사이에는 관련성이 있다. 종교학자들이 소심했으며, 신화와 종교에 대한 현대의 "과학적", 역사주의적, 환원주의적 접근법의 전제, 전형, 관점, 설명을 수용하거나 이것들에 도전하지 않았기 때문에, 종교학자들은 가장 중요하고 필수불가결한 역할을 포기했다. 그들은 환원할 수 없는 종교적 해석을 제공하지 않았으며, 대담한 해석과 창조적 종합을 회피했으며, 의식을 변형하고 확장하고 문화적 갱신을 자극하는 그들의 적절한 역할을 수행하지 않았다.

엘리아데가 종교학이 "타자"의 의미를 해석하는 해석학적 작업을 위해 가장 잘 준비되었다는—또는 심지어 유일하게 준비되었다는—주장을 정당화하는 근거는 충분히 예상 가능하다. 즉 숨겨진, 위장된 그리고 "이질적인" 타자는 신화적, 상징적, 영적인 창조물이며 환원할 수 없는 종교적 관점에서만 이해될 수 있다는 것이다. 서구인들은

---

3) "Crisis and Renewal in the History of Religions", pp. 5, 6, 9.

아시아와 시원적 세계의 영성을 이해하려 할 때, "경험주의적이고 실용적인 언어에 제한될 수 없는" 참되고 유익한 대화에 참여해야 한다. "진정한 대화는 참여자의 문화에서 중심적인 가치를 다루어야만 한다. 지금 이러한 가치를 제대로 이해하기 위해서는 그들의 종교적 근원을 아는 것이 반드시 필요하다. 우리가 알고 있듯이 비유럽 문화, 동양 문화와 원시 문화 모두, 여전히 풍부한 종교적 토양에서 자양분을 얻는다. 이것이 종교학이 우리 동시대의 문화적 삶에서 중요한 역할을 할 운명이라고 믿는 이유이다." 이 역사적 순간에 우리는 어떻게 "아프리카, 오세아니아, 동남아시아가 우리에게 열어준 정신적인 우주를 **문화적으로** 흡수할 것인가? 이 모든 정신적인 우주는 종교적 기원과 구조를 가지고 있다. 우리가 종교학의 관점에서 접근하지 않으면 그것들은 정신적인 우주로서는 소멸될 것이다." 그것들은 "정신적인 창조물로 파악되지 않을 것이며, 서구 문화와 세계 문화를 풍요롭게 하지 않을 것이다."[4)]

이러한 해석학적 작업은 타자의 신화적, 상징적 구조와 의미에 대한 어떤 정적靜的이고, 일방적인 해석이 아니다. 현대의 인류와 그들의 문화, 그리고 해석자 자신들도 창조적 해석학에 의해 완전히 변화될 것이다. 창조적 해석학은 "문화의 살아 있는 근원들 가운데 있다. 간단히 말해 모든 문화는 그 문화의 '신화' 혹은 특정한 이데올로기

---

4) "History of Religions and a New Humanism", p. 2와 "Crisis and Renewal in the History of Religions", p. 16. 앞에서 언급한 것처럼, 이 두 논문 모두 *Quest*에 실려 다시 출판된다. 엘리아데는 "의식적이건 무의식적이건 '전적인 타자'와의 만남은 종교적 속성을 경험하도록 한다"고 주장한다. "무의식과 그 행위들의 매력, 신화와 상징에 대한 관심, 이국적인 것, 원시적인 것, 시원적인 것 그리고 '타자들'과 만나는 것의 매혹은 그들이 함축하는 상반되는 감정들과 더불어 언젠가 새로운 형태의 종교경험으로 나타날지도 모른다."(*Mephistopheles and the Androgyne*, pp. 11~12)

에 대한 일련의 해석과 재평가에 의해 구성되기 때문이다. 본원적인 비전visions을 재평가하고 어떤 문화의 근본적 개념을 재해석하는 사람은 엄밀한 의미의 창조자일 뿐 아니라 '해석자들'이다." 해석학은 새로운 문화적 가치의 창조를 유발한다. "창조적 해석학은 이전에는 사람들이 파악하지 못했던 의미들을 드러내거나, 이러한 새로운 해석을 흡수한 뒤에는 의식이 이전과 같지 않을 정도로 강력하게 그 의미들을 두드러지게 한다." "결국 창조적 해석학은 사람을 **변화시킨다**. 그것은 교훈 이상의 것이다. 존재 자체의 특질을 수정할 수 있는 정신적 기술이기도 하다. 이는 무엇보다도 역사-종교적 해석학에 해당하는 말이다."[5] 타자의 신화적, 종교적 문헌들에 표현된 실존적 상황을 이해하려는 이러한 해석학적 작업에서 "종교학자는 반드시 인간에 대한 더 깊은 지식을 얻게 될 것이며, 그러한 지식을 기반으로 새로운 인간주의가 전 세계적 차원에서 발전할 수 있을 것이다."[6]

문화적 갱신이라는 이러한 해석학적 작업은 동일한 전체적인 창조적 해석학의 상호 연관된 두 부분으로 나누어진다. 첫째, 창조적 해석학은 현대의 인류가 오래도록 "잊었던" 정신적 역사와 현대의 세속적 인간들의 무의식에 이미 "묻혀 있는" 신화적이고 상징적인 구조를 드러내고 이해하도록 할 것이다. 둘째, 창조적 해석학은 현대인이 신화적, 종교적, 비서구적 "타자"와 대면하고 만나며 대화하도록 할 것이다.

---

5) "Crisis and Renewal", pp. 7~8.
6) "History of Religions and a New Humanism", p. 3. *No Souvenirs*에서 엘리아데는 "당신이 신화, 의례, 상징, 신상神像 등의 종교적 사실을 이해하는 정도만큼 당신은 변화하고 바뀌며―이 변화는 자기해방의 과정에서 한 걸음 나간 것에 해당한다"(p. 310)고 주장한다. *No Souvenirs*, p. 233도 보라.

상징적이며 신화적인 구조들을 재발견하기

이 책 전체는 신화적인 그리고 다른 종교적인 현상들의 속성, 의미, 함의, 중요성*을 식별하고 드러내고 해석하려는 엘리아데의 많은 시도에 초점을 맞춰왔다. 여기서는 현대의 세속적 인간이 그들의 영적인 역사 속에 그리고 현재는 무의식 속에 이미 "거기에" 있었던 신화적, 상징적 구조를 "잊었거나" 인식할 수 없다는 그의 몇몇 해석학적 주장을 덧붙이도록 하겠다. 현대인들은 그러한 과거의 영적인 역사―"한계상황"과 심원한 실존적 위기를 다루기 위한 초역사적이고 본질적인 신화적 상징적 구조라는 인간 문화의 역사―의 결과이며, 그들의 무의식의 신화적, 상징적 구조들이 기능한 결과이다. 그러나 현대의 존재 양태의 제한된 역사적, 시간적 지평에 갇혀서, 현대인들은 이러한 사실을 알지 못한다. 창조적 해석학을 통해, 현대의 의식은 그 "기억상실증"을 극복하도록, 잊혀졌지만 구성된 의식과 존재의 기반에 남아 있는 것을 깨닫도록, 그리고 문화적 갱신의 수단을 제공하며 진정한 인간의 본성과 실재의 속성을 더 깊이 이해하도록 자극을 받을 수 있다.[7]

엘리아데는 "작업하는 자료의 속성이 주어지면 종교학자는 자신의 주석이 결국 상기想起라는 기이한 과정을 통해 인간의 정신이 할 수 있는 것이 무엇인지 알기를 열렬히 소망하는 모든 사람의 창조적 능력을 자극할 수 있다는 것을 깨닫는다"고 주장한다.[8] 3장에서 마테이

---

* "함의"와 "중요성"은 원문의 significance를 번역한 것이다. 저자는 significance에 포함된 implication과 importance의 두 의미를 모두 포함하는 한국어가 없을 경우 두 단어를 병기해달라고 요청했다.
7) 신화적이고 상징적인 구조와 의미를 재발견하고 인식하는 이 주제가 너무나 광범위하고 앞의 여러 장에서 다루었기 때문에, 여기서는 엘리아데가 "상기"의 기술과 방법의 견지에서 논의하는 몇몇 저술들에만 초점을 맞추도록 하겠다.
8) *Journal 3*, p. 262. *Journal 4*, p. 54도 보라.

칼리네스쿠가 더 회의적이고 불가지론적인 "알 수 없는"의 개념을 엘리아데의 "인식될 수 없는"의 개념과 구별한 것을 살펴보았다. 엘리아데의 개념은 플라톤의 상기의 변형으로, 여기서 지식은 원칙적으로 그것을 인식할 수 있거나 "기억할" 수 있는 사람들이 접근할 수 있는 것이다. 엘리아데의 「열아홉 송이 장미Nineteen Roses」를 분석하면서, 칼리네스쿠는 해석학의 중심적 질문이 신화적 진실에 이르는 길인 기억이라는 폭넓은 질문과 연결되어 있다고 말한다. 그는 「열아홉 송이 장미」에서 엘리아데가 초월의 의미를 전달하고 우리 현대인의 의식을 확장할 수 있는 기호와 상징적 이미지를 읽는 프로그램과 방법론을 서술의 방식으로 제시하는 데 가장 근접했다고 주장한다. "그 프로그램은 상기라는 한마디로 묘사될 수 있다. 문자적으로 회상 혹은 기억하기를 의미하는 상기는(영혼이 이데아의 세계를 회상하는 것을 가리키기 위해 플라톤이 사용했던 것을 떠올리면 된다) '어떤 이의 삶의 사건들에 의미를 부여하는 방식'이라는 특징들 중 하나로 정의된다." 신화적 인지 불가능성의 변증법을 구체적이고 상황적인 대칭과 대립으로 변형하려는 노력과 같은, 엘리아데의 상기라는 문학적 기술을 기술한 뒤, 칼리네스쿠는 엘리아데가 쓴 해석의 판타스틱 fantastic*이 신뢰와 낙관의 해석학이라고 결론짓는다. "엘리아데가 쓴 해석의 판타스틱은 독자가 이미지, 상징, 은유, 이야기 또는 허구가 현현 혹은 기억을 담을 수 있다고 보도록 설득한다. 이러한 장치들에 의해 상상은, 현대성이 상상을 가두어두고 있었던 기억상실증

---

* 현실과 초자연적인 현상에 대해 모호하게 그리는 문학작품의 속성을 표현하거나, 그러한 장르 자체를 가리키는 용어이다. 본문에서는 엘리아데가 루마니아어로 쓴 환상소설을 의미하는 것으로 보인다. 엘리아데의 환상소설의 내용과 이에 대한 분석을 보려면 박정오, 『엘리아데, 이오네스쿠, 치오란: 루마니아 출신의 세계적인 작가 연구』(서울: 한국외국어대학교 출판부, 2007), pp. 52~70을 참조할 것.

으로부터 탈출해 나와 상실된 의미를 기억하고 되살린다. 엘리아데의 판타스틱 산문이 주는 더 큰 메시지는, 간단히 말해 해석이 신화적 진실의 상기를 위한 최상의 희망이라는 것이다."[9]

「'중심'의 상징체계Symbolism of the 'Centre'」라는 연구에서 엘리아데는 종교학이 어떻게 현대인의 각성, 의식의 재생, 시원적인 그리고 다른 본질적인 상징적 구조들의 재생—종교 전통 내에 여전히 살아 있건 화석화되었건—으로 귀결될 것인가를 논의한다. 필요한 것은 더 정신적인 현상학적 기술技術이다. "마찬가지로 이것을 새로운 산파술maieutics이라고 부를 수도 있을 것이다. 『테아이테토스Theaetetus』에 나온 대로(149 a, 161 e), 소크라테스가 산파술의 방식으로 정신에 영향을 끼쳐 그 정신이 포함하고 있는지 몰랐던 사고thoughts를 발생하도록 한 것처럼, 종교학도 더 참되고 더 완전한 새로운 인간을 낳을 수 있다. 종교 전통들의 연구를 통해, 현대인들은 일종의 시원적 행위를 재발견할 뿐 아니라, 그러한 행위가 함축하는 정신적 풍요로움을 의식하게 될 것이기 때문이다."[10]

이어서 엘리아데는 "종교적 상징체계의 영향을 받은 이 산파술은 현대인을 문화적 지역주의로부터, 무엇보다도 역사적이고 실존주의적인 상대주의로부터 구출하는 데에도 도움이 될 것이다"라고 주장한다. 비역사적 상징의 구조는 현대인에게 이미 존재한다. "단지 이 구조를 다시 활성화시켜 의식의 수준으로 가져오기만 하면 된다. 시원적 상징체계의 한 종류일 뿐인, 자기 자신의 인간 우주적anthropocosmic

---

[9] Matei Calinescu, "Introduction: The Fantastic and Its Interpretation in Mircea Eliade's Later Novellas", in *Youth without Youth and Other Novellas*, ed. Matei Calinescu and trans. Mac Linscott Ricketts(Columbus, Ohio: Ohio State University Press, 1988), pp. xxx~xxxvii.
[10] *Images and Symbols*, p. 35.

상징체계에 대한 인식을 회복함으로써 현대인은 현대의 실존주의와 역사주의에는 전혀 알려지지 않은 새로운 실존적 차원을 획득할 것이다. 이것은 참되고 주요한 존재 양태로, 인간을 역사 밖으로 끄집어내지 않고서도 허무주의와 역사적 상대주의로부터 인간을 보호한다. 언젠가는 역사 자체가 찬란하고 절대적인 인간 조건의 현현이라는 그 참된 의미를 찾게 될 것이기 때문이다."[11]

논쟁의 대상이 되고 있는 "기억과 망각의 상징체계"에 관한 연구의 결론 부분에서, 엘리아데는 상기와 현대인이 역사 문헌에 열광하는 것에 주목한다. 그는 현대의 세속적 현상의 더 심층적인 의미와 중요성을 드러내기 위하여, 기억과 망각을 전통적, 신화적으로 다루는 것에 대한 자신의 해석을 이용한다. 엘리아데는 역사의 의미에 대한 조사보다는 역사 문헌 자체에 관심을 둔다. 역사 문헌을 "동시대 사건의 기억을 보존하려는 노력, 그리고 가능한 한 정확히 인류의 과거를 알고자 하는 욕구"라고 부르는 것이다. 역사 문헌은 19세기부터 계속 너무도 두드러진 역할을 해서 "마치 서구 문화가 역사 문헌적 상기라

---

[11] Ibid., pp. 35~36. 분명히, 여기 인용된 부분과 앞의 많은 인용문은 때때로 매우 규범적인 철학적 수준에서 존재론적 관점으로 방향과 관심을 전환하고 개인적인 판단을 내리는 것을 보여준다. 대부분의 경우 엘리아데는 철저한 비판을 하고 극적인 제안을 하면서도 자신의 입장을 정당화하기 위한 주의 깊은 철학적 분석을 제시하는 데는 관심이 없다. 이 인용구에 초점을 맞추어 많은 현대 철학은, 특히 비엘리아데적 반정초주의antifoundationalism 입장에서는 역사적이고 실존적인 상대주의의 문제에 대하여 엘리아데에게 동의할지도 모른다. 그러나 그러한 상대주의를 심각한 문제로 여기는 철학자들에게, 비역사적인 신화적, 상징적 구조를 재활성화하고 상기하는 것이 상대주의와 허무주의를 극복하는 방법이라는 엘리아데의 주장이 적합한 철학적 대답으로 보이기는 어려울 것이다. 가장 관대한 대응은 엘리아데가 엄밀한 철학적 분석을 제공하지 않고 그러한 철학적인 주장을 제기하고 판단을 내릴 때조차도 더 발전된 철학적 반성을 위한 방향을 제시하고 있다는 입장일 것이다.

는 경이적인 노력을 기울이고 있는 것처럼 보인다." 역사적 지평의 그러한 확장과 더불어, 현대의 "목표는 바로 인류의 **전체 과거**를 되살리는 것이다."[12]

엘리아데는 이렇게 역사 문헌을 강조하는 현대의 경향에서 고무적인 면을 많이 찾아낸다. 이는 서구의 문화적인 편협한 지역주의를 약화시킬 뿐 아니라, "인간은 이러한 역사 문헌적 **상기**를 통해 자신 속으로 깊이 들어가기"까지도 한다. 만약 우리가 동시대의 오스트레일리아 사람이나 그에 상응하는 사람, 즉 구석기시대의 사냥꾼을 이해하는 데 성공한다면, 우리는 우리의 존재 깊은 곳에 있는 실존적 상황과 그 결과로서 생기는 선사시대 인류의 행위를 '자각하는 데' 성공한 것이다." 그러한 역사 문헌적 상기는 "이들 사라져버린 혹은 주변적인 민족들과 우리의 연대감을 찾는 모습으로", 또한 과거를 완전히 회복하는 모습으로 나타난다. 우리에게 다른 관점들을 열어주는 역사 문헌적인 상기는 현대인들이 무의식적으로 동시대 역사의 억압으로부터 스스로를 방어하는 방식이라고 볼 수 있다. 그러나 "현대인의 경우 그 이상의 무언가가 더 있다. 그의 역사 문헌의 지평은 그것이 확장되어온 만큼 폭넓기 때문에, 그는 문화들이 '역사를 파괴했지만' 엄청나게 창조적이라는 것을 **상기**를 통해 발견할 수 있다."[13]

현대 서구 세계의 이러한 역사 문헌을 통한 상기는 단지 시작에 불과하다. 종교적인 신화나 실천에 호소하지 않는 세속적인 차원이지만, 이 역사 문헌을 통한 상기는 기억과 망각이라는, 본질적으로 종

---

12) *Myth and Reality*, pp. 134~36. *Myths, Dreams and Mysteries*에서(pp. 233~35) 엘리아데는 이러한 "역사 문헌에 대한 현대인의 열광"을 현대인이 역사를 직면하는 것을 인식하고 이를 불안히 여기는 것의 일부로, 역사성을 전통적 종교의 관점에서 죽음에 대한 시원적인 상징체계를 드러내는 것으로 해석한다.
13) *Myth and Reality*, pp. 136~37.

교적인 평가를 계속한다. "과거에 대한 정확하고 전체적인 회상의 중요성"이라는 공통 요소가 있다. 즉 "전통 사회에서는 신화적 사건들을 회상하고 현대 서구에서는 역사적 시간에 일어났던 모든 것을 회상한다. 차이는 말할 필요도 없을 정도로 분명하다. 그러나 두 유형의 상기 모두 인간을 '역사적 순간' 밖으로 투사한다. 진정한 역사 문헌을 통한 상기도 역시 본원적 시간, 인간이 문화적 행위 유형을 성립시킨 시간으로 통한다. 비록 이 유형이 초자연적인 존재에 의해 그들에게 드러났다고 생각하기는 해도 말이다."14)

  엘리아데의 창조적 해석학이, 문화적 갱신을 위한 근거의 역할을 하는 신화적이고 상징적인 성스러운 구조들을 재발견하는 것으로 구성되어 있다는 이러한 해석은 교훈적이지만 한편으로는 오해를 일으킬 가능성도 내포하고 있다. 엘리아데의 학문적 저술에는 성스러움이 존재하지만 우리의 영적인 역사 속에 그리고 우리의 무의식 속에 묻혀 있고 인식되지 않는다는 판단이 분명히 들어 있다. 해석학은 우리가 기억상실증을 극복하도록 해준다. 종교학은 우리의 상상력을 자극하고 의식을 확장하며 위장된 성스러움을 회상하고 인식하도록 해준다. 그다음에는 드러난 성스러움이 현대 서구와 전 세계의 갱신을 위해 필수 불가결한 토대 역할을 한다. 엘리아데의 신화와 종교 이론은, 그의 신화적인 종교적 구조와 의미를 해석하기 위한 해석학적 틀은, 그리고 종교적 인간의 특정한 지향성에 대한 그의 이해는 영적인 성장뿐 아니라 학문적 이해도 이미 거기에 존재하지만 잊혀졌던 것을 기억하고 인지하는 데 있다는 느낌을 준다. 범속함의 조건들에 갇혀서 인간들은 그들의 시간적인 역사적 실존 이전부터 있었던 신화적이고 성스러운 본질을 잊는다. 현대인은 의식의 영구적이고

---

14) Ibid., p. 138.

본질적인 구조인 비시간적이고 비역사적인 구조에 대한 인지를 상실했다. 성스러움과 그것의 보편적인 구조들이 인간 조건 자체를 구성한다 하더라도, 현대 서구 문화는 이것을 잊어버렸고, 그들의 실존적이고 역사적인 심원한 위기를 역사적 시간성의 비신화적이며 신성하지 않은 지평 속에서 해결하려고 하지만 실패한다.

그러한 해석이 오해를 유발할 수 있는 이유는, 그것이 구성적 주체의 측면에서 강력하며 철학적으로 수용할 수 없는 수동성의 의미를 지니기 때문이다. 성스러움의 변증법에 대한 설명에서 그리고 상징 체계와 신화에 대한 이론에서, 엘리아데는 성스러운 기호, 이미지, 상징, 신화가, 드러나고 위장이 벗겨지며 정확하게 기억되기를 기다리면서, 단지 "거기에" 있다는, 수용될 수 없는 인상을 주는 데 일조한다. 비역사적이고 시간 초월적인 "소여所與"로서 성스러움은 우리에 의해 창조되거나 구성되는 것이 아니라 인지될 필요가 있다. 성스러움은 "그 자신을 보여준다". 현대 인류는 이것을 잊었으며, 범속함 내에서의 성스러움의 위장에 속아서 그들의 무의식과 동시대의 현상들 속에 존재하는 성스러움을 인지하지 못한다.

그럼에도 불구하고 위에서 본 것처럼 상기의 기술技術과 방법에 대한 분석과 같은, 신화적이고 상징적인 구조의 재발견에 대한 좀 더 적절한 해석은 성스러움을 어떤 수동적인 소여로서가 아니라 **역동적이고** [*인간에 의해] **구성되는 소여로서** 강조한다. 엘리아데의 저술에도 이러한 해석을 뒷받침하는 증거가 많이 있다. 예를 들면『오스트레일리아 종교Australian Religions』에서, 구조주의 방법이 종교의 연구에 끼친, 특히 시간과 역사의 흐름에 나타나는 종교적 창조성의 현현을 이해하는 데 끼친 공헌을 평가하기에는 너무 이르다고 말한 뒤, 엘리아데는 다음과 같이 결론을 내린다. "이것은 무엇보다도 중요하다. 종교학자의 궁극적인 목적은 종교 행위의 유형이나 형태가, [*종교의]

특정한 상징체계와 신학과 더불어, 몇 개나 존재하는지를 지적하는 것이 아니라 그들의 의미를 이해하는 것이다. 그리고 그러한 의미는 단번에 주어지는 것이 아니라,* 관계없는 종교적 형태들에서 '석화石化되는' 것이 아니라, '열려 있다'. 그들은 역사의 과정 속에서 (비록 '역사'의 의미가 유대-기독교적이거나 현대 서구의 의미로 이해되지 않더라도) 창조적인 방식으로 변하고, 성장하고, 자신을 풍요롭게 하기 때문이다. 결국 종교학자는 해석학을 부정할 수 없다."[15]

여기서 우리는 숨겨진 상징적이고 신화적인 구조를 역동적으로 드러내며 성스러운 의미와 중요성을 구성하는 인류의 상상력과 창조성을 다루는 엘리아데의 저술 전반에 걸친 강조점을 볼 수 있다. 성스러움은 "자신을 보여줄지도" 모르나, 종교적 인간은 수동적인 수용자가 아니다. 성스러움의 변증법은 변형과 변화의 역동적이고 복잡한 과정이다. 신화적이고 상징적인 구조는 종결되지 않고 "열려 있는" 것으로서 "주어진다". 우리가 구성적 주체로서 능동적으로 참여할 것을 요청하는 방식으로 주어지는 것이다. 주어진 구조는 현실 속에 살아 있는 인간들에 의해 창조적으로 재평가되고 재구성된다. 상징적이고 신화적이고 성스러운 소여〔*주어짐〕에 대해 기억되고 인지되는 것은 적어도 부분적으로는 특정한 역사적이고 문화적인 조건들에 의해서 결정되며, 성스러운 의미로 구성되는 것은 적어도 부분적으로는 직접적이고 구체적이며 실존적인 사건들에 의해 결정된다. 그러므로 신화적이고 상징적인 구조를 재발견하는 일반적인 방법에서, 심지어는 잊혀진 성스러움과 상기라는 기술의 불가결성을 특정하게

---

* 위에서 사용한 용어로 번역하면, "단번에 소여所與가 되는 것이 아니라." 원문의 given이 명사로 사용된 경우 보통 "소여所與"로 번역되나, 동사나 형용사의 자리에 있는 경우 "주어지다"로 번역했다.

15) *Australian Religions*, p. 200.

강조하면서도, 우리는 주어진, 불변의, 성스러운 본질에 대한 어떤 수동적인 기억을 인정할 필요는 없다. 대신 상기와 인지가 성스러운 구조와 의미를 드러내고 재구성하는 역동적 과정의 부분이라고 해석할 수 있을 것이다.

물론 그러한 해석 하나로만 복잡한 철학적 쟁점을 밝혀내거나 대담한 인식론적이고 형이상학적인 주장을 정당화할 수 있는 것은 아니다. 예를 들어 철학자들은 플라톤이 "상기"라고 말할 때 무엇을 의도했는지에 대해, 그리고 어떻게 이것이 그의 실재 이론과 관계되는지에 대해 계속해서 재해석하고 논쟁한다. 형상形相 혹은 이데아의 "회상"이 정확히 무엇을 의미하는가? 기억되는 실재의 형이상학적 지위는 무엇인가? 망각된 궁극적 실재와 현상의 세계 사이의 관계는 무엇인가? 상기라고 말할 때 플라톤은 어떤 대담한 형이상학적 원칙을 지지하고 있거나―아마도 환생에 대한 믿음을 수반하기까지도― 혹은 더 신중한 인식론적 주장을 하고 있는가?

간단히 말해 숨겨진 비시간적, 비역사적, 신화적 그리고 상징적 구조들과 현대인이 위장되고 망각된 성스러움을 기억할 필요성에 대하여 주장하면, 엘리아데는 종종 대담한 철학적 판단을 내리고 실재에 관한 매우 규범적인 주장을 한다. 그러나 그는 자신의 철학적 입장을 정당화하기 위한 명확한 설명, 분석, 주장 등을 제시하지는 않는다. 다시 말하지만 그러한 저술들이 절망적일 정도로 비판력이 없다는 것이 하나의 가능한 판단이 될 수도 있다. 가장 관대한 판단은 그러한 저술들이 종교사, 사회과학, 종교현상학 등의 학문적 영역을 넘어 새로운, 좀 더 종합적이고 좀 더 창조적인 철학적 반성reflection을 위한 촉매의 역할을 할 수 있다는 것이다.

만남, 대면, 그리고 대화

창조적 해석학에 대한 엘리아데의 가장 대담한 시도들 중 하나는 현대 서구 문화와 전통적인 비서구 문화 간의 만남을 상상하여 정리한 것이다. 그러한 만남은 현대 문화의 창조적인 갱신을 위해서 반드시 필요하다. 엘리아데는 "20세기의 주요한 현상"이 "비유럽인과 그의 영적인 우주의 발견"이었다고 주장한다. 오늘날 "우리는 비유럽 문명의 고상함과 영적인 독자성을 인식하기 시작하는 중이다. 그들과의 대화는 프롤레타리아계급의 급진적인 해방이 가져올 수 있는 것보다 유럽 영성의 미래를 위해 더 중요한 것으로 보인다."16) 엘리아데는 현대의 서구 사상가들과 대화를 나누는 일에는 관심이 없었다. "개인적으로 나는 이러한 [현대 서구의] 문화적 지평이 편협하다고 생각한다. 프로이트, 니체, 맑스 등에게 위기와 문제가 되었던 쟁점들은 잊혀졌거나 해결되었다. 나로 말하자면 서구인들을 위해 다른 세계들로 통하는—비록 이 다른 세계들 중 어떤 것은 수만 년 전에 세워졌다고 하더라도—창문을 열기 위해 노력하고 있다. 나의 대화는 프로이트나 제임스 조이스James Joyce와는 다른 상대자를 대상으로 한다. 나는 구석기를 사용하는 사냥꾼, 요가 수행자나 샤먼, 인도네시아의 농민, 아프리카인 등을 이해하기 위해 그리고 이들 각자와 의사소통하기 위해 노력하고 있다."17)

1930년대에 엘리아데는 비서구의 영성을 이해하는 일이 긴급히 요청된다고 느꼈다. 단지 20세기의 역사적 발전 때문뿐만이 아니라, 그가 보기에 "우리 루마니아 사람들은 서구, 아시아, 시원적인 민속 유형의 문화들 중 두세 개의 세계 사이에서 앞으로 일어날 대화에서 명

---

16) *Journal 1*, p. 163.
17) *No Souvenirs*, p. 179.

확한 역할을 수행할 수 있을 것"이기 때문이기도 하다. 대개 농민들이 "편협하게 지역적"이라고 비판받는 것을 뒤집어, 엘리아데는 다음과 같이 주장한다. "우리로 하여금 민족주의와 문화적 지역주의를 넘어 '보편주의'를 추구하도록 강요하는 것은 바로 우리 루마니아 문화의 대부분을 차지하고 있는 농민적인 뿌리이다. 인도, 발칸 지역, 지중해의 민속 문화의 공통적 요소들은, 바로 여기에 유기적인 보편주의가 존재하며, 이는 추상적인 구성물이 아니라 공통적 역사의(농민 문화의 역사의) 결과라는 것을 나에게 입증해준다. 우리 동유럽 사람들은 서양과 아시아 사이를 잇는 다리 역할을 할 수 있을 것이다."[18]

좀 더 일반적인 견지에서, 엘리아데는 종교현상학과 종교학이 현대 서구와 전통적인 비서구 문화들 사이의 곧 다가올 만남과 대화를 위해 필수적이라고 종종 주장한다. 아직 리스본에 있던 1944년에 엘리아데는 전 세계가 바뀌고 있고, 인도가 곧 독립을 회복할 것이며, 아시아가 역사로 재진입하고 있다는 것을 알게 되었다. 그러나 그에게 그러한 사건들은 정치적 중요성보다 훨씬 더 큰 의미를 지녔다.

> 곧 동양의 영성과 서양의 영성 사이에—평등을 기반으로 하는—새로운 대면이 가능해질 것이다. 그러나 대화는 오직 **진정한** 동양의 영성—즉 그 종교적 모체—이 서양에서 바르게 알려지고 이해될 때에만 가능하다. 내가 하고 있는 종교현상학과 종교사는 이렇게 곧 다가올 대화를 준비하는 데 가장 적합한 것으로 보인다. 다른 한편으로는 시원적 세계—즉 인류학자들이 한 세기 동

---

[18] *Autobiography 1*, p. 204. 물론 이 당시에 "루마니아주의"와 루마니아 파시즘의 발생과 더불어 어느 정도로 루마니아 문화가 실제로 "민족주의와 문화적 지역주의를 했는지"에 대해서는 의심해볼 만하다.

안 연구해온 '원시인들'의 세계—는 그 식민지의 모습으로 그다지 오래 머물러 있지 않을 것이다. 그러나 서양인들에게 시원적 영성을 이해하는 것은 더 어려운 일이다. 이는 신화적 사고에 대한 최소한의 이해를 전제로 하기 때문이다.[19]

현대 서구와 전통적인 아시아와 시원적인 비서구 사이의, 엘리아데가 말하는 "만남"—종종 "대면"이라고도 기술되는—과 "대화"는 대부분의 경우 완전히 상호적인 만남과 대화가 아니다. 현대 서구는 대개 귀중한 비서구의 비판과 대안을 제기하는 것이 돋보이도록 하는 것 이상의 역할을 거의 하지 않는다. 때때로 엘리아데는 현대 서구가 어떻게 반응할 것인지를 암시하기도 하지만, 그는 대개 전근대인들이 "원시적", 후진적, 주관적, 비합리적, 비역사적인 데다가 현대 세계의 도전에 준비가 되지 않았다는 서구의 비난을 설명하는 데 시간을 할애하지 않으며 그럴 인내력도 없다. 대신 그는 종종 현대 서구의 실존적, 역사적, 문화적 위기를 중심으로 하는 만남, 대면, 대화에 대해 설명한다. 만남은 시원적인 비서구의 관점에 목소리를 부여하고, 현대 서구의 관점의 한계를 비판하고 드러내며, 서구의 갱신 가능성을 제시한다. 현대인들이 비서구의, 신화적, 종교적 "타자들"에게 귀를 기울이고 이들로부터 배운다면 말이다. 이러한 해석학적 만남은 현대인의 불안과 "역사의 공포"에 대한 현대인의 반응이라는 두 사례에서 잘 볼 수 있다.

『신화, 꿈, 신비』의 제3부이자 마지막 부는 "만남: 선례가 되는 사

---

19) *Autobiography 2*, p. 107. *Journal 4*, pp. 10~11도 보라. 서구와 전 세계의 문화적 갱신을 위한 종교학의 핵심적이고 본질적이고 독특하고 필수 불가결한 역할을 주창하는 이러한 주장은, 앞에서 인용했던 "Crisis and Renewal in History of Religions" 등의 저술에서 볼 수 있다.

건"이라는 제목이 붙었으며 "종교적 상징체계와 현대인의 불안"이라는 한 장으로 구성되어 있다.[20] 엘리아데는 현대의 세속적인 삶의 많은 부분을 규정하는 극단적인 불안의 속성, 의미, 함의, 중요성을 "외부의" 관점, 시원적 관점 그리고 인도의 관점, 신화적이고 종교적인 관점에서 보이는 것으로 해석한다. 그는 어떻게 이러한 비서구의 문화들이 그들의 기본적인 종교적 구조를 가지고 우리 현대 서구의 문화를 이해하고 판단하는지를 탐구한다. 거의 전적으로 일방적인 대면이라고 할 수 있는 이러한 만남에서 시원적인 사람들과 인도인들은 현대인의 불안에 놀라지 않는다. 그들도 시간적이고 역사적인 존재의 인식이 죽음과 무無를 대면할 때 고뇌와 불안을 만들어낸다고 분석한다. 그들을 경악하게 하는 것은 현대인이 시간성과 역사성의 이러한 경험적 단계와 그 결과 발생하는 불안을 인정하고 머물러 있다는 것이다. 즉 이것을 입문의례의 상징체계와 관련시키며 다른 존재 양태로 이동하는 불가결한 통과의례로 보지 않는다는 것이다. 신화적이고 시원적인 관점에서 보면, 이러한 불안은 결말로서가 아니라 입문의 첫 번째 전이적 단계로서의 의미와 가치를 획득한다.[21] 죽음의 고뇌는 입문의 고뇌이며, 입문의 시련이 주는 위험하고 무서운 경험이다. 그러나 입문적인 죽음의 고통스러운 경험은 부활과 새로운 존재 양태의 획득을 위해 반드시 필요하다. "사람들은 다른 존재 양태를 얻기 위해서 하나의 존재 양태에 대해 죽는다[*하나의 존재 양

---

20) *Myths, Dreams and Mysteries*, pp. 231~45.
21) 엘리아데가 고통의 입문적인 중요성, 입문적인 죽음의 상징체계, 그리고 신화, 의례 및 입문의 상징체계의 다른 측면들에 대하여 해석한 내용은, *Myths, Dreams and Mysteries*의 pp. 190~228에 수록된 "Mysteries and Spiritual Regeneration"과 *Rites and Symbols of Initiation*이나 *Shamanism* 등의 학문적 저술에서 자세히 다루고 있는 내용을 보라.

태를 버린다].* 죽음은 존재론적 차원의 급격한 변화를 구성하는 동시에 탄생과 똑같이 하나의 통과의례 혹은 입문을 구성한다."22)

더 발전된 "만남"에서 엘리아데는 시간성과 역사성에 대한 현대인의 강조와 조건으로 제한되는 인간 실존의 "곤경"에 관하여 형이상학적이고 존재론적인 인도의 관점을 마야Mâya** 혹은 우주적 환영의 변증법의 발견의 일부로서 제시한다. 절대적인 존재의 척도로 판단하면, 한정적이고 조건으로 제한되며 시간적이고 역사적인 존재의 이 세계는 궁극적인 존재론적 실재가 없다는 의미에서 "환영적"이다. 절대적 존재에 편향된 인도철학은 역사가 생성에 의해 창조되는 비존재Non-being의 한 형태라고 판단했다. 인도의 형이상학과 영적인 기술技術에는 역사성에 대한 매우 세련된 분석이 포함되어 있다. 현재 서양철학은 그것을 "세계 내 존재"나 "상황 속의 존재"라고 부른다. 하이데거보다 훨씬 전에 인도 사상은 시간성에서 모든 인간 실존의 "운명이 정해진" 차원을 확인했다. 인간 실존을 환영에 "묶인 것"으로 분석할 때, 인도인들은 "모든 실존은 반드시 그 자신을 절대적 존재로부터 단절되고 분리된 것으로 구성한다"는 뜻으로 말한 것이었다. 실존을 고통으로 분석할 때, 인도인들은 "모든 인간 실존의 시간성은 반드시 불안과 고통을 낳는다"는 뜻으로 말한 것이었다.23)

* "하나의 존재 양태에 대해 죽는다"는 것은 "하나의 존재 양태를 버린다"는 의미이다. 신약성서 등에서 "~에 대해 죽는다"는 표현이 사용되므로 여기서도 "죽는다"는 표현을 살렸다.
22) *Myths, Dreams and Mysteries*, pp. 236~38.
** 리그베다에 등장하는 용어로 인도철학에서 환영, 신의 창조력 등 다양한 의미를 지닌다. 우파니샤드에서는 우주적 환영의 의미로 사용되었고, 불이일원론을 전개한 상카라Shankara는 마야를 단순히 환영이나 환상의 의미로 사용한 반면, 그의 후계자들은 이를 우주의 질료인質料因으로 보고 유有로도 비유非有로도 정의할 수 없는 것으로 여겼다.
23) Ibid., pp. 238~39.

인도의 철학자들이 당황스럽게 여기는 것은 일부 현대 철학자들이 역사성의 발견과 세계 내 특정한 인간의 존재 양태로부터 도출하는 결론이다. 인도인들은 자신들을 마야의 변증법의 환영으로부터 자유롭게 하기 위해 노력하지만, 이 서구인들은 "그 발견에 만족하며 세계에 대한 허무주의적이며 염세적 시각을 참는 것으로 보인다." 인도인들에게는 우주적 환영의 발견 뒤에 절대적 존재에 대한 추구가 이어지지 않는다면 이 발견은 아무런 의미, 가치, 중요성이 없다. 우리 현대인의 불안은 우리를 죽어야 할 운명의, 시간적, 역사적, 죽어가는 존재로서 인식하는 것으로 이해될 수 있다. "그리고 나서 인도인은 우리 실존의 무無를 대하는 고통이 죽음을 대하는 고통과 동질적이라는 것을 인정하기 때문에 우리에게 동의할 것이다. 그러나 즉시 그는 당신을 고통으로 채우는 이 죽음은 당신의 환영과 무지의 죽음일 뿐이라고 덧붙일 것이다. 그 뒤에는 부활이 뒤따른다고 말할 것이다. 당신의 참된 정체성의 실현, 진짜 존재 양태의 실현, 즉 조건에 구애되지 않고 자유로운 존재의 실현이 뒤따를 것이라고 말이다." 인도인들은 우리에게 다음과 같이 말할 것이다. "역사성에 대한 당신 자신의 의식이 당신을 불안하게 만든다. 이는 놀랄 일이 아니다. 먼저 역사에 대해 죽어야만 진정한 존재를 발견하고 진정한 존재로 살아갈 수 있기 때문이다."[24]

---

24) Ibid., pp. 239~41. 다시 강조하지만 엘리아데가 제시한 형이상학적이고 존재론적인 대목들은 철학적 반성을 자극하는 데는 도움이 될지도 모르나, 그 자체로 적절한 철학적 입장을 구성하지는 않는다. 현대 철학자들이 시원적인 그리고 인도의 형이상학적이고 존재론적인 절대적인 것을 마음대로 거부하면서, 상대주의, 역사주의, 불안, 고통은 무지하게, 심지어 기꺼이 수용하는 것은 경우에 맞지 않다. 그들은 주장과 분석을 제시한다. 명백히 시원적인 그리고 다른 비서구의 관점들과 만남을 통해 새롭게 된 모든 서구의 입장은 철학적인 적절성을 위한 엄밀한 기준을 충족시켜야 한다.

시원적 문화나 인도의 영성의 관점에서 우리 시대의 사회와 현대인의 불안을 바라본다면, "불안은 죽음의 상징체계 아래에서 나타난다. 이는, 우리의 불안을 타자들이, 비유럽인들이 관찰하고 평가한다면, 우리 유럽인들이 이미 그 속에서 찾았던 것과 똑같은 함의, 즉 우리의 불안이 죽음의 절박한 위험을 드러낸다는 것을 의미한다. 그러나 우리 자신의 관점과 타자들의 관점이 더 이상 일치하지는 않는다. 비유럽인들에게 죽음은 결정적이지도 않고 불합리하지도 않기 때문이다. 오히려 죽음의 절박한 위험에 의해 유발된 불안은 이미 부활에 대한 약속이며, 죽음을 초월하는 다른 존재 양태로 다시 태어나는 것의 표현이다." 시원적인 사람들과 인도인들 모두에게 "이 불안은 인간이 머무를 수 있는 상태가 아니며, 이는 입문의 경험 혹은 통과의례로 인해 불가결성을 지니게 된다." 오직 현대 문화 내에서만 우리는 불안 경험을 유발하는 위기를 해결하지 않은 상태로 통과의례를 수행하는 중간에 멈춘다.[25]

"역사의 공포"에 대한 엘리아데의 두 번째 사례는 그의 학문적 저술, 일기 그리고 문학작품들에서 흔하게 등장하는 주제이다.[26] 그는 종종 매우 개인적인 방식으로 이 주제에 대해 성찰한다. 그는, 20세기에 작은 나라들은 자신들의 운명을 형성할 수 없었을 것이고 따라

---

25) *Myths, Dreams and Mysteries*, pp. 242~43. 엘리아데는 시원적인 그리고 인도의 관점에서 우리 자신을 봄으로써 우리는 "입문의례의 의미와 불안의 영적인 가치, 즉 몇몇 유럽의 신비적 전통과 형이상학적 전통에 잘 알려진 의미와 가치를 재발견할" 수 있었다고 말한다. "그러나 이것은 **진정한** 아시아, 아프리카 혹은 오세아니아 세계와의 대화를 통해, 보편적으로 타당하다고 간주할 때 정당화되는 영적인 입장을 우리가 재발견할 수 있게 된다고 말하는 것과 마찬가지이다." (p. 244)
26) 가장 발전된 설명은 *The Myth of the Eternal Return*의 pp. 139~62에 실린 "The Terror of History"라는 제목이 붙은 장에서 제시된다.

서 "주된 문제는 어떻게 우리가 다가오는 역사적 격변 속에서 민족적으로나 정신적으로 살아남을 수 있을까 하는 것이었다"고 믿었다. 엘리아데는 "루마니아 민족이 과거에 '역사의 공포'에 성공적으로 저항하는 데 사용했던 기술"에 자신의 모든 희망을 걸었다.[27] 루마니아와 다른 동유럽의 사람들은 침략과 역사적 재난에 반응하여 "역사의 공포"를 경험했다. 즉 그들은 자신들의 모든 노력에도 불구하고 역사적 상황 때문에 "역사에 의해 운명이 정해진다"는 사실에 대한 의식에 눈뜨게 된 것이다. 침략의 기로岐路에 위치하였고 더 강대한 공격적인 이웃나라들과 접경하였던 이들에게는, 약소 민족으로서 역사의 공포에 대항하는 효율적인 군사적 혹은 정치적 방어 수단이 없었다. 절망과 허무주의에 대한 유일한 반응은, "역사의 공포를 종교적으로 해석하는 일"이었다. 이러한 해석 속에서 역사 속의 비극적인 사건들은 모범적, 초역사적, 신화적, 상징적 구조와 의미에 의해 미화된다.[28]

우리는 "역사의 공포"를 우주적 기독교에 대한 엘리아데의 해석(4장), 그의 개인적인 그리고 학문적인 반역사적 태도(8장), 그의 규범적인 반역사적 판단(9장) 등과 같은 주제 아래 검토했다. 엘리아데가 "시원적 존재론", 전통적인 비역사적 종교의 상징적이고 신화적인 측면들, 그리고 **종교적 인간**의 관점에 의해 역사의 공포를 해석할 때, 그

---

27) *Autobiography 2*, p. 81. 엘리아데는 자신이 "역사에서 우리 루마니아인들은 불운한 민족이다"라는 것을 확신했다고 말한다. 그는 "역사"가 민족의 통일과 정치적 독립을 허락했던 20년의 세월(1918~1938)을 견디고 살아남을 유일한 루마니아의 창조물들은 "영적인 질서의 창조물들이라는" 것을 확신했다(p. 82).
28) *Zalmoxis*, pp. 254~55. 여기서 엘리아데는 말한다. "본질적인 요소는 이전에는 의심되지 않던 [초역사적, 종교적] 가치를 비극적인 사건의 명백히 돌이킬 수 없는 결과에 부여함으로써 이 결과를 폐지할 수 있는 능력에 있다."(p. 255) 루마니아의 대중적 민요인 "미오리차Mioritza"에 대한 엘리아데의 연구(*Zalmoxis*, pp. 226~56) 중 마지막 부분의 제목은 "'역사의 공포'와 목자牧者의 대답"이다(pp. 253~56).

의 분석은 종교사와 종교현상학에 대한 자신의 개념의 범위에 가장 명확히 들어맞는다. 다른 편의 극단에서, 엘리아데가 세계 내에서 우리의 보편적인 존재 양태, 인간의 조건과 실재 자체, 현대인이 역사의 공포로부터 자신을 방어하지 못하는 이유 등에 관하여 광범위한 판단을 내리기 위해 역사의 공포를 사용할 때, 그는 매우 규범적이고 존재론적이며 형이상학적인 차원으로 이동한다. 여기서는 역사의 공포라는 이 주제와 관련하여, 전통적인 비서구 문화와 현대 서구 문화의 만남과 대면과 대화를 간략하게만 언급할 것이다.

『영원회귀의 신화』에서 엘리아데는 반역사적인 시원적 존재론을 설명하고 이 존재론적 개념이 전통적인 인간에 대하여 무엇을 드러내는지를, 예를 들어 의미 없는 범속한 시간과 역사에 압도되는 존재에 대한 그들의 두려움 같은 것을 분석한다. "역사의 공포"라는 제목이 붙은 마지막 장에서 엘리아데는 시원적, 반역사적, 신화적, 종교적 개념과 역사적인 것을 추구하는 헤겔 이후의 현대적 개념 사이의 대립과 "갈등"에 대해 설명한다. 더 특정하게 말하면 엘리아데는 이 대면을 "문제"의 한 측면, 즉 "현대인이 동시대 역사의 점점 더 강력해지는 압박을 견디도록 하기 위해 역사주의적 관점에서 제시된 해결책들"로 제한한다. "어떻게 '역사의 공포'가 역사주의의 관점에서 묵인될 수 있을까?"[29]

"역사주의의 난점들"과 어떻게 "역사의 공포가 여러 역사주의 철학의 관점에서 봤을 때 점점 더 참을 수 없는 것이 되는지"에 대해 논의한 후, 엘리아데는 전통적인 반역사적 종교가 역사적 실존의 고통과 비극을 견디고 여기에 가치를 부여할 수 있었던 몇몇 방식을 제시한다. 엘리아데는 시원적인 반역사적, 신화적 지향성에 대한 현대의 비

---

29) *Eternal Return*, pp. 141~42, 147~50.

판 하나를 다음과 같이 간략하게 소개한다. "앞의 분석에서는 역사를 수용하거나 수용한다고 주장하는 현대인은, 시원적 인간이 원형과 반복의 신화적 지평 안에 갇혀서 창조적 능력을 상실했다고 비난하거나, 혹은 이와 유사하게 시원적 인간은 모든 창조적 행위에 수반되는 위험을 수용할 능력이 없다고 질책할 수도 있다." 현대인은 역사적 존재로서만 창조적일 수 있으며, "자기 자신을 만듦으로써 역사를 만드는 자유를 제외하고는 모든 것이 받아들여지지 않는다."[30] 이어서 엘리아데는 전통적인 시원적 인간의 역비판과 자기 변호를 다음과 같이 제시한다. 먼저 현대인이 역사의 공포를 방어하지 않고도 자유롭고 창조적으로 역사를 만들어낼 수 있을지가 분명하지 않다는 것과, 우주 창조나 다른 초역사적인 모범적 행위에 참여하는 시원적 인간은 창조성의 개념을 실존의 역사적 차원으로 한정시키는 현대인보다 자신을 더 창조적이라고 여길 권리가 있다는 것이다.[31]

여기서 엘리아데는 "우리의 문제"로 돌아가 다음과 같은 결론에 도달한다. "역사적 인간의 자유와 창조적 잠재성에 관한 진실이 무엇이건, 역사주의 철학들 중 어떤 것도 그를 역사의 공포로부터 지켜줄 수 없다는 것은 확실하다." 여기서 우리는 9장에서 제시되었던 반역사적인 규범적 판단을 보게 된다. 역사를 통해 자신을 구축하며 초역사적이고 신화적이고 성스러운 본보기를 거부하거나 유대-기독교적 "신앙의 범주"에 기초한 자유를 거부하는 인간은 역사의 공포로부터 자신을 방어할 수 없으며 그들의 허무주의나 절망을 극복할 수 없다.[32] 9장의 "규범적인 반역사적 판단"에서 나는 역사의 공포에 대한

---

30) Ibid., pp. 147~56.
31) Ibid., pp. 156~59.
32) Ibid., pp. 159~62.

그러한 판단은 종교사와 종교현상학의 일반적인 관점의 경계선을 훨씬 넘어서는 존재론적 입장과 철학적 주장을 수반한다고 강조했다. 엘리아데는 그러한 해석과 판단을 그저 시원적 관점에서 혹은 일반적이고 반역사적이고 신화적인 관점에서 나온 것으로 제시하는 수준을 넘어선다. 그는 현대 세계, 인간 속성과 실재에 관하여 철저하고 무조건적이고 보편적이고 반역사적인 판단을 내리고 있다. 이 판단에 의하면 헤겔, 맑스, 딜타이 등의 근대 역사주의 철학은 역사의 공포로부터 우리를 결코 지켜줄 수 없고 앞으로도 결코 그럴 수 없을 것이다.

전통과 현대의 "만남"이라는 견지에서, 엘리아데는 역사의 공포에 대한 시원적 시각을 제시하는 것으로부터 인간존재 양태, 인간의 조건, 역사, 현대 세계, 실재에 관한 철저한 규범적 판단으로 아주 빨리, 아마 구별도 잘 되지 않게 옮겨 간다. 엘리아데는 시원적인 반역사적 개념에 대해 그리고 이 개념이 역사의 공포에 대처하려는 현대의 시도를 거부하는 것에 대해 해석하고 소개할 뿐 아니라, 이를 승인하기까지 한다. 게다가 그것을 역사의 공포를 견디고 극복하는 특정한 시원적 혹은 전통적 접근으로서가 아니라 인간 조건, 역사적 실존 그리고 실재 자체에 관한 본질적 사실들을 드러내는 것으로서 인정한다.

역사의 공포를 둘러싼 대면과 대화를 통해 자신의 창조적 해석학을 설명할 때, 엘리아데가 단순히 시원적인 혹은 전근대적인 개념으로 돌아가자고 주장하는 것은 아니다. 여기서 "회귀"는 숨겨지고 잊혀진 신화적, 상징적 구조와 의미의 재발견이라는 의미가 있다. 그러나 엘리아데는 현대 인류의 갱신은 예기치 않은 "돌파구"와 새로운 영적인 창조를 필요로 할 것이라고 본다. 시원적이고 비서구적인 타자와 창조적이고 해석학적인 만남을 통해, 현대 문화는 역사의 공포와 다른 실존적 관심사에 주목하며, 역사적 실존의 주요한 특질들을 거부함으로써, 그리고 새롭고 창조적인 방식으로 보편적 인간 정신의 측면들을 드러내는 본질적인 신화적이고 종교적인 개념을 합병함으로써 새롭게 될 것이다.

때때로 엘리아데는 역사의 공포에 대처하려는 현대의 역사적인 시도에 대한 "부정적인" 혹은 절망적인 경험조차도 문화적이고 정신적인 갱신의 과정의 일부로 볼 수 있을 것이라고 말한다. 심지어 가장 역사적이고 시간적인 세속적 현상들도 성스러운 구조와 의미를 드러낼 수 있다. 전통적인 신화-종교적인 타자와의 만남, 대면, 대화를 통해서 현대의 의식은 자극을 받고 확장될지도 모른다. 그래서 무의식 속에 묻혀 있던, 우리의 영적인 역사 속에 숨겨진, 그리고 역사의 공포를 해결하려는 역사적 시도처럼 겉으로 보기에 세속적인 경험 속에 위장된 성스러움을 인식하게 된다. 엘리아데가 탈신성화의 현대적 과정은 되돌릴 수 없다는 것과, 우리의 과학 기술적 진보와 정치적 형태가 역사의 공포로 돌아가는 것을 불가피하게 만든다는 것을 인정할 때조차도, 그는 "매우 중요한 새로운 종교적 창조물들이 바로 이 공포에서 태어나리라는 것은 의심할 필요도 없다"고 주장한다. 요점은 역사의 공포에 맞서 자신을 지킬 유일한 방식으로 엘리아데가 찾아낸 입문에 의해 이 공포를 해석하는 것이다. "만약 우리가 역사 속의 공포, 절망, 억압, 명백한 의미의 부재 등을 경험하고 이것들을 책임지며 여기에 가치를 부여할 수 있다면, 이 모든 위기와 고통은 의미를 지니게 되고 가치를 획득하게 될 것이며, 우리는 포로수용소 같은 우주의 절망을 면하게 될 것이다. 우리는 **탈출구**를 찾을 것이다. 이렇게 하여 우리는 가장 참된 방식으로 역사를 초월할 것이다(그러므로 역사적 순간의 모든 책임을 우리 자신이 지게 될 것이다)."[33]

정치적인 면과 영적인 면

　엘리아데는 때때로 전통 문화와 현대 문화 사이의 이러한 만남을 정신적인 지향성과 세계 내의 세속적인, 역사적인, 비신화적인, 정치적인 존재 양태 간의 대면으로 공식화한다. 앞에서 살펴본 것처럼 성스러움의 환원 불가능성과 실재의 종교적 차원의 독자성에 대한 가설에서 엘리아데는 "정치적인 면" 혹은 정신적인 면의 우위를 인정하지 않는 비종교적인 정치적 인간에게 적의를 나타낸다. 신화적, 상징적 구조와 의미의 우위를 지지하며 엘리아데는 정치적인 면들의 중요성을 깎아내리고, 영적인 실재에 토대를 두지 않는 현대의 정치적인 주장을 경멸한다.

　신화, 실재 그리고 현대 세계에 대한 분석에서, 엘리아데는 정치적, 경제적, 역사적, 시간적, 유물론적, 역사주의적, 실증주의적 등 현대 존재 양태의 측면들을 가리키는 용어들을 종종 하나로 묶어서 다루며 서로 교환이 가능한 것으로 사용한다. 그러므로 우리가 살펴본 현대의 역사적 존재를 겨냥한 비판들이 현대의 정치적 존재에도 적용된다. 자신을 정치적 존재로 정의하는 세속적인 인간은 모범적이고 초역사적이고 신화적이며 성스러운 본보기들에 의지하지 않고서는 동시대의 정치적 삶의 공포와 위기에 대처할 수 없을 것이다. 성과 속, 초역사적인 것과 역사적인 것에 대한 엘리아데의 해석을 분

---

33) *Journal 3*, pp. 129~30; *No Souvenirs*, p. 86. *Journal 1*에서 엘리아데는 다음과 같이 주장한다. "현대사회의 인간이 시원적 인간 우주적 상징체계에서 자신을 재발견하는 만큼 그는 새로운 실존적 차원을 획득한다. 따라서 그는 '역사'로부터 그를 제거하지 않고도 역사적 허무주의로부터 그를 방어해주는 주요하고 참된 존재 양태를 회복한다. 역사가 그 진정한 의미를 '영광스러운' 인간 조건의 현현으로 드러내는 것조차도 가능하다."(p. 108)

석하면서 살펴본 많은 것은 영적인 면과 정치적인 면의 관계에 대한 엘리아데의 분석에도 적용된다.

이 절은 정치적인 면과 영적인 면을 포함한 최근의 논쟁들에 간략히 초점을 맞추도록 하겠다.[34] 최근 몇 년 동안에는 엘리아데가 신화와 종교를 다룬 학문적 연구에 대한 관심은 줄어들었고 대신 그의 정치적인 삶과 견해에 대한 공격과 역공들에 더 큰 관심이 쏠려왔다. 예전에 마르틴 하이데거가 나치에게 공감하고 동조한 것이 공론화되며 드러났던 것과 더 최근에는 폴 드 망Paul de Man 등에 대하여 폭로된 것에서와 마찬가지로, 엘리아데를 둘러싼 논쟁도 그가 루마니아의 파시즘에 연루되었던 것에 초점이 맞춰지는 경향이 있다.

엘리아데의 옹호자들은 대개 그를 매우 비정치적인 인물로 묘사하며, "영적인 면의 우월성"을 주장하는 그의 학문도 비역사적이며 반정치적이라고 여긴다. 물론 비판자들은 매우 다르게 본다. 그들은 전형적으로 엘리아데가 인종 혐오적이며 메시아적 민족주의를 지지했고 루마니아 파시즘에 공감했으며, 반유대주의적이고 파시스트적인 대천사 미카엘 군단Legion of the Archangel Michael과 철위단을* 위한 지적知的 탄약을 제공했다고 공격한다.[35] 나는 여기서 그들이 엘리아

---

34) 이 부분의 많은 내용은 Allen, "Recent Defenders of Eliade", pp. 342~46 중 "Eliade's Scholarship as Political/Non-political"에서 다루었던 것이다.
* "대천사 미카엘 군단"은 1927년 C. G. 코드레아누를 중심으로 결성한 루마니아의 파시스트 단체이며, 이들이 전투조직으로 1930년 만든 것이 "철위단"이다. 지도자 숭배와 반유대주의 등 일반적인 파시스트들과 공통된 특징과 더불어 농민적, 신비주의적, 종교적 특색을 지닌 것으로 알려졌다. 1944년 루마니아 파시즘이 붕괴되면서 해체되었다.
35) 다음과 같은 자료를 보라. Adriana Berger, "Fascism and Religion in Romania", *Annals of Scholarship* 6(1989): 455~65; "Anti-Judaism and Anti-Historicism in Eliade's Writings", *HADOAR-The Jewish Histadrut of America* 6(1991): 14~17; "Mircea Eliade's Vision for a New Humanism", *Society*(July/August 1993): 84~87;

데의 개인적 삶과 연결하여 전개하는 논쟁들을 다루려고 하는 것은 아니다. 엘리아데가 파시스트적인 정치적 지향성과 완전히 연결되는 보수적인 종교적 입장을 개인적으로 수용했는지, 그가 반유대적이고 파시스트적 경향을 보이는 매우 민족주의적인 루마니아주의에 공감했는지, 혹은 그의 자서전적 저술이 그의 반동적인 정치적-종교적 견해들에 대해 난처한 침묵, 회피, 은폐를 드러내는지 여부와 같은 주제들을 다른 사람들이 논하는 것은 학문적 연구의 정당한 영역이다.

엘리아데의 신화와 종교 이론에 대한 이 연구에서 영적인 면과 정치적인 면의 논쟁에 관련된 더 중요한 논점은, 엘리아데의 정치적인 (혹은 비정치적인) 연루와 견해가 어떻게 그의 여러 학문적 저술을 구성하는 요소가 되는지(혹은 되지 않는지)이다. 신화와 종교 연구에서 엘리아데의 중요성은 그의 저술들에 대한 학문적 평가에 의해 결정된다. 그러한 학문적 논점은 엘리아데의 정치적 지향성이 그의

---

and "Mircea Eliade: Romanian Fascism and the History of Religions in the United States", in *Tainted Greatness: Antisemitism and Cultural Heroes*, ed. Nancy Harrowitz(Philadelphia: Temple University Press, 1994), pp. 51~74; Seymour Cain, "Mircea Eliade, the Iron Guard, and Romanian Anti-Semitism", *Midstream* 25(1989): 27~31; Daniel Dubuisson, "Metaphysique et politique: l'ontologie anti-Sémite de Mircea Eliade", *Faut-il Avoir Peur de la Democratie?* 26(Autumn 1992/Winter 1993): 103~18, and Daniel Dubuisson, *Mythologies du XXe Siècle,: Dumézil, Lévi-Strauss, Eliade*(Lille: Presses Universitaires de Lille, 1993); Norman Manea, "Happy Guilt: Mircea Eliade, Fascism, and the Unhappy Fate of Romania", *The New Republic*(August 5, 1991): 27~36; Russell T. McCutcheon, "The Myth of the Apolitical Scholar: The Life and Works of Mircea Eliade", *Queen's Quarterly* 100 (1993): 642~63; Bryan S. Rennie, "The Diplomatic Career of Mircea Eliade: A Response to Adriana Berger", *Religion* 22(1992): 375~92, Rennie, *Reconstructing Eliade*, pp. 143~77; Strenski, *Four Theories of Myth*, pp. 76~79, 88~103; Leon Volovici, *Nationalist Ideology and Antisemitism: The Case of Romanian Intellectuals in the 30s*(New York: Pergamon Press, 1991).

방법론, 특정 자료의 선택 및 우선성 부여, 해석의 범주, 전제, 결론을 어느 정도로 형성했는가와 같은 질문들을 다룬다. 여기서는 엘리아데를 비판하며 중요한 학문적 문제들을 제기하는 아드리아나 버거 Adriana Berger와 러셀 맥커천Russell McCutcheon 두 학자를, 그들의 주장을 평가하지는 않고, 간략히 인용하겠다.

루마니아 출신인 아드리아나 버거는 한때 엘리아데의 보조 연구원이었고 그에게 공감하는 연구서들을 저술하기도 했으나, 그의 가장 단호한 비평가로 등장했다. 그녀의 「미르체아 엘리아데: 루마니아 파시즘과 미국의 종교학Mircea Eliade: Romanian Fascism and the History of Religions in the United States」은 다음과 같은 공격으로 시작한다.

> 작가이자 세계적으로 유명한 종교학자 미르체아 엘리아데가 나치즘의 지지자이자 루마니아 파시즘의 이론가였음을 드러내는 작업은 고통스럽고 걱정스럽다. 미국 "종교학의 아버지"가 전쟁으로 찢긴 루마니아에서 부도덕하게도 반유대주의를 선동하는 글을 썼다는 것과 루마니아 민족의 인종차별적이고 이교화된 기독교의 기원에 대한 이론을 전개했다는 사실을 발견하는 것은 충격적이다. 또한 그가 루마니아 파시스트 운동의 인정받는 회원이었고 나치를 위해 일한다고 영국 정보부(MI 5, 해군정보부, 외무부 등)가 보고했었다는 것, 1941년부터 1945년까지 포르투갈에서 친나치 루마니아 정부의 언론 및 선전을 담당하는 공사관으로 일했다는 것 역시 놀랍다. …… 게다가 엘리아데의 지적인 이데올로기는 분명히 그의 정치적 성향을 반영한다. 나중에 발표된, 그의 사상의 핵심적 내용을 포함하는 종교의 "역사"의 속성에 대한 유명한 이론들은 루마니아 파시즘 시기에 기원을 둔 예전의 이론들을 위장하여 다시 진술한 것이다.[36]

여기 언급된 것 중 우리 연구에는 [초기의 정치적 활동이 아니라] 나중의 학문적 문제가 가장 중요하다. 엘리아데의 신화와 종교 이론, 영적인 면의 우위에 대한 주장, 현대성에 대한 비판은 그의 정치적 견해와 행위를 반영하는 예전 이론들을 "위장하여 다시 진술한 것"인가?

러셀 맥커천은 엘리아데가 자기 자신과 그의 옹호자들이 묘사하듯이 비정치적인 학자가 결코 아니라고 비판한다. 그는 젊은 시절부터 루마니아의 정치적 쟁점들에 깊이 연루되었고, 이오네스쿠와 미카엘 군단과 철위단의 철학적이고 정치적인 활동 범위에 마음이 끌렸다. 동시대의 역사와 정치에 접근하면서 그는 과거의 황금기에 호소하는 방법을 통한 이해의 특정 방식을 정당화했고, 이는 그가 가장 좋아하는 범주인 "시원적인 것"이 실제로 "그의 보수적인 세계관을 위한 완곡한 표현"이라는 것을 밝혀준다. 맥커천은 "파시스트에 대한 엘리아데의 공감이 그의 후기 텍스트에 스며들었다"는 것과, 엘리아데의 정치적 보수주의와 보수적인 철학적 이상주의가 어떻게 종교학 분야의 상당 부분을 규정하고 있는지를 여러 방식으로 서술한다. 이런 점에서 "본질화, 보편화, 탈역사주의화 같은 이데올로기적 전략은 그의 친루마니아적 저술과 종교에 관한 후기의 학문적 연구 모두에서 주된 역할을 한다."37)

---

36) Berger, "Mircea Eliade: Romanian Fascism and the History of Religions in the United States", pp. 51~52. 이와 유사하게, 케이브의 책에 대하여 그녀가 Society에 기고한 비판적 리뷰에서, 버거는 새로운 인간주의에 대한 엘리아데의 특정한 정신적인 비전은 오직 그의 영향력 있는 이데올로기적 입장과 루마니아의 파시즘에 정치적으로 연루된 점에 근거한 것으로 봐야만 완전히 이해될 수 있다고 주장한다.

37) McCutcheon, "The Myth of the Apolitical Scholar", pp. 657, 658~59, 661~62. 버거와 마찬가지로 맥커천의 공격 중 일부는 훨씬 더 많은 증거와 보강을 필요로 한다. 그럼에도 불구하고 그는 엘리아데의 삶과 특히 그의 학문에 대하여뿐

브라이언 레니는 특정하게는 버거의 해석에 대하여 일반적으로는 엘리아데의 정치적 입장을 근거로 하는 비판에 대하여 가장 강력한 공격을 제시한다고 볼 수 있다.[38] 그는 리켓이 제시한 엘리아데의 정치와 관련된 역사에 대한 정보를 근거로, 스트렌스키, 버거, 볼로비치Volovici, 뒤비송Dubuisson의 해석을 비판한다. 그는 비평가들의 오해와 잘못된 해석에 반대하고 엘리아데를 옹호할 뿐 아니라, 그들의 무가치한 개인적인 동기와 숨겨진 의제를 비난한다. 엘리아데의 정치적 연루와 관련하여 더 많은 연구가 이루어져야 한다는 것을 인정하면서도, 레니는 다음과 같은 결론을 내린다. "그러나 결론적으로, 실제로 회원이었다거나, 활동적인 공헌을 했다거나, 파시스트적인 혹은 전체주의적인 운동이나 이상에 실제로 연루되었다는 어떤 증거도 현재까지 없다는 사실을 언급해야 한다. 또한 민족주의적 분리주의의 이상이 본질적으로 폭력적인 속성을 지녔음이 드러난 뒤에도 계속해서 이를 지지했다는 증거도 전혀 없고, 그러한 이상이 엘리아데의 학문에 끼친 영향에 대한 증거도 없다. 반면 엘리아데에 대한 의심을 공표한 학자들이 문헌 자료가 제대로 되었는지에 대해 별 신경을 쓰지 않고 자기 자신의 논제만을 추구했다는 확실한 증거가 있다."[39]

만 아니라 엘리아데가 동시대의 종교학에 끼친 정치적으로, 종교적으로 보수적인 영향에 관하여 소란스러운 공격과 죄를 씌우는 식의 증거를 제시한다.
38) Rennie, *Reconstructing Eliade*, pp. 143~77. 레니가 버거를 다루는 내용의 대부분은 *Annals of Scholarship*에 실린 그녀의 논문 중 영국 외무부 문헌을 해석한 부분을 비판하는 것으로 구성되어 있다. Rennie, *Reconstructing Eliade*, pp. 152~58을 보라. 여기서 레니는 "The Diplomatic Career of Mircea Eliade"에서 했던 공격들을 반복한다.
39) Rennie, *Reconstructing Eliade*, p. 177. 레니는 엘리아데를 이렇게 강력히 옹호함으로써 정치적-영적 논쟁에 귀중한 기여를 했으나, 이중적 기준을 사용했다는 문제가 있다. 한편으로는 엘리아데를 옹호하면서 너무 변명조였고 무비판적이

어떤 학자의 저술을 정치적인 면과 영적인 면에 대한 그 학자 개인의 견해와 삶의 견지에서 분석하고 평가하려는 버거나 맥커천 등의 시도가 일반적으로 수용되는 합리성과 객관성의 기준을 침해한다고 여겨지게 된 것은 그다지 오래된 일이 아니다. 어떤 학자의 삶과 가치에 초점을 맞추는 일은 일화적逸話的이고 전기적傳記的인 관심을 끌고 사상사思想史에 공헌할지도 모르나, 그 학자의 이론의 속성과 진위 주장을 분석해보면 부적절하거나 심지어 오류가 있기도 하다. 데이비드 흄David Hume이 도덕적인 인간이었는지 아니면 부도덕한 인간이었는지는 그의 윤리적 이론이 참인지 거짓인지와는 전혀 관계가 없다. 흄의 이론을 흄이라는 인간과 혼동한다면 편견에 근거하여 오류를 저지르는 셈이다. 그러므로 엘리아데의 신화와 종교 이론은 영적인 면의 환원 불가능성과 우위라는 그의 전제와 더불어, 그의 개인적인 정치적 혹은 비정치적 지향성과는 관계없이 분석되고 평가되어야 한다.

이렇게 뚜렷한 두 갈래로 구분하는 것에 한 가지 문제점이 있다. 리켓, 올슨, 케이브 등의 옹호자들은 엘리아데의 개인적인 삶과 문학적, 학문적 기여가 모두 동질적이며, 그의 개인적인 삶, 두려움, 야심, 현실 참여를 이해하지 못한다면 학문도 이해할 수 없다고 주장해 왔다. 따라서 그들은 다른 사람들이 영적인 면의 실재에 관한 엘리아

었다. 엘리아데의 정치와 관련된 표현들이 단지 종교 신자들, 종교적 인간의 태도와 신앙을 가리키며 그 자신의 입장을 반영하지 않는다고 주장함으로써 항상 엘리아데를 옹호할 수 있는 것은 아니다. 레니는 잠재적으로 불리한 어구들을 간과하고 엘리아데의 무고함을 단언하며 자료를 친엘리아데적으로 다르게 해석했다는 점에서 너무나 무비판적이다. 다른 한편으로는 많은 비평가가 비판받아야 마땅한 것은 사실이지만, 레니가 동기와 숨겨진 목표를 너무도 의심스럽게 여겨 그들이 제기하는 모든 반대와 해석을 쉽게 폐기한다는 점도 지적해야 한다.

데의 학문적 연구의 정치적 차원을 밝히기 위해 그의 삶의 정치적인 측면에 주목할 기회를 주었고, 원칙적으로 여기에 반대할 수도 없는 것이다.

나는 개인적인 면을 학문적인 면과 뚜렷이 구별하는 것에 동의하지 않는다. 그러나 정치적인 것과 같은 개인적인 정보를 드러내는 작업이 자동적으로 학문적 공헌의 속성과 가치를 결정하지는 않는다는 것을 기억하는 일은 중요하다. 어떤 사람은 파시스트이자 반유대주의자, 인종주의자, 성차별주의자, 경제적 착취의 옹호자, 독재의 지지자이면서도, 여전히 중요한 음악을 작곡하고, 훌륭한 소설을 쓰고, 과학적 이론화의 선두에 서며, 샤머니즘이나 농민의 신화와 의례에 대한 통찰력 있는 분석을 제시할 수도 있다. 이것은 누군가의 개인적 가치가 그의 미학적이고 학문적인 작품들의 기원, 속성, 중요성과 무관하다는 뜻은 아니다. 단지, 주의 깊은 자료 조사와 논증을 통해 어떤 실제적 연결이 수립되어야 한다는 것이다.

개인적인 면과 학문적인 면에 주목한 비평가들과 옹호자들은, 이것을 종교적이고 정치적인 것으로 해석하든지 비정치적이고 영적인 것으로 해석하든지, 종종 대조되는 두 개의 고려 사항을 기억해야만 한다. 한편으로는 특정한 텍스트를 더 큰 역사적, 문화적, 정치적, 학문적 맥락 속에 위치시키면 더 잘 이해할 수 있다. 여러 과학철학자, 데리다, 푸코, 로티, 페미니스트와 포스트모더니스트는 왜 텍스트와 이론이 특정한 방식으로 구성되었으며 왜 어떤 것이 주도권을 얻었는지를 이해하는 데 종교적, 정치적 요소가 매우 관련이 있다는 것을 보여주었다. 엘리아데의 학문적 저술들을 그의 개인적 가치들과 그가 속한 사회의 더 큰 경제적, 정치적, 종교적, 문화적 구조들의 맥락 속에 위치시킴으로써 우리는 그의 저작들의 기원, 속성, 의미, 함의, 중요성뿐만 아니라 그의 텍스트에서 볼 수 있는 누락과 침묵이 의미로 충만할 수 있는 이유를 이해하는 데 도움을 얻게 된다. 또한 텍스트를 읽는 모든 일이 어느 정도로는 하나의 재해석이라면, 우리의 학문적 작업의 핵심적인 부분은 두 개의 맥락 모두를 인식하게 되는 것이다. 첫째는 엘리아데가 자신의 텍스트를 구성한 정치적이고 종교적인 맥락이며, 둘째는 우리가 엘리아데의 학문적 공헌을 여과하고 해석하고 평가하고 전유專有하거나 제쳐놓는 우리 자신의 특정한 맥락이다.

다른 한편으로는 그의 개인적인 정치적, 종교적 태도와 참여를 통해, 그리고 더 큰 정치적, 종교적, 문화적 맥락을 통해 엘리아데의 학문을 이해하는 연구 방법은 위험성을 지니고 있다. 20세기 전반에 많은 철학자는 "발생론적 오류"에 관하여 논하였다. 철학적 현상학자들은, 기원을 밝히고 심리적, 역사적 그리고 다른 인과관계적 요소와 조건을 밝히는 것은 현상의 의미를 해석하는 것과는 다르며, 인과관계적 요소와 조건을 통해 그런 현상을 설명한 뒤에는 구조를 해독하고 의미와 중요성을 해석하는 작업이 남아 있다고 주장함으로써 이러한 반환원론적 분석을 확장시켰다. 그러므로 엘리아데의 삶과 학문적 저술을 형성했을지도 모르는 파시스트적인 요소와 그 밖의 정치적이고 종교적인 요소를 드러냄으로써 그가 신화와 종교에 대하여 학문적으로 기여한 것의 지향성, 의미, 함의, 중요성을 완전히 이해했다고 주장한다면 "심리주의", "역사주의" 및 다른 환원주의 형태들의 잘못을 범하는 것이다. 이것이 앞서 엘리아데의 개인적, 정치적, 종교적 맥락을 인식하는 것이 그의 학문의 속성, 의미, 함의, 중요성을 조명하는 데 도움을 준다는 점에서 매우 가치 있다고 했던 주장을 부정하지 않는다는 것을 덧붙이고 싶다.

철학의 갱신

엘리아데는 신화와 종교를 이해함으로써 전통적인 종교현상의, 시원적, 아시아의, 비서구의 지향점을 이해할 수 있을 뿐 아니라, 무의식, 상상, 꿈, 환상, 이데올로기, 미학적 창조성 등 현대의 삶의 세속적 측면으로 보이는 것의 속성을 더 잘 이해할 수 있다고 주장한다. 게다가 신화적, 종교적 "타자"와 창조적인 만남과 대화를 하도록, 우리 자신의 제한적이고 자기기만적이고 자기 파괴적이며 위험한 문화적 지역주의를 대면하도록, 반드시 필요한 서구와 전 세계의 문화적 갱신에 참여하도록 도와줄 수 있는 것도 신화와 종교의 이해라고 한다.

이 책 전체에 걸쳐 그리고 특히 이 장에서 살펴본, 현대인의 세계 내 존재 양태에 관한 포괄적인 일반화와 부정적 판단을 검토하면, 엘리아데를 반현대적인 전근대주의자로 분류하고 싶어진다. 대부분의 비평가와 몇몇 지지자는, 그의 학문적 연구 방법이 시원적인 존재론을 우선시하며, 전근대적, 반역사적, 신화적, 상징적, 우주적, 종교적 존재 양태가 실재와 더 많이 접촉하는 것을 인정한다고 해석해왔다.

그러나 근대성에 대한 엘리아데의 부정적 판단이 반현대적인 포스트모더니스트적 연구 방법과 많은 특징을 공유한다고 해석하는 것 또한 가능하다. "포스트모더니즘"이라는 용어는 비록 모호한 감이 있기는 하지만 많은 현대의 철학자, 문학 이론가 및 다른 학자들 사이에서 크게 유행하고 있다. 포스트모더니스트 자신들이 포스트모더니즘이란 무엇인가라는 질문을 탐구하는 논문을 쓰고 교과목을 가르친다. 포스트모더니즘은 모든 종류의 단편화되고 모순되는 입장들을 아우른다. 포스트모더니즘은 종종 차이의 불가침성을 지지하고, 정합성의 추구는 지적이고 문화적인 주도권의 억압적 형태라고 간주하기 때문에 어떤 종류의 정의나 정합적인 공식적 설명도 거부하는 경

향이 있다.40)

그럼에도 불구하고 포스트모더니즘 입장을 지닌 많은 학자가 전형적으로 제기하는 다음과 같은 주장은 엘리아데의 신화와 종교 연구의 특성을 묘사하는 것 같다. 우리는 과학, 합리주의 그리고 "객관성"이라는 근대주의자의 우상들의 압제와 지배에 저항해야만 한다. 계몽주의는 우리에게 합리주의적이고 과학적인 주도권의 편협하고 억압적이고 계급적이고 환원주의적인 프로젝트를 부여했다. 그러나 합리적이고 과학적인 담론은 인간이 실재에 관하여 "이야기"를 꾸며낸 많은 가능한 방법들 중 하나일 뿐이다. 과학적 서술이 진리에 이르는 배타적이고 특권적인 접근 방식은 아니다. 신화적 서술은 진리, 역사, 인간 조건, 실재를 구성하는 또 하나의 독자적 방식으로서, 과학적, 합리적, 역사적, 기타 비신화적 담론으로 환원되어서는 안 된다. 신화적인 것은 진리와 실재에 관한 환원될 수 없고 같은 기준으로 비교될 수 없는 수많은 이야기의 많은 적법한 표현 중 하나로 존중되어야 한다. 각각의 이야기는 그 자체의 속성, 구조, 기능, 함의, 중요성을 지니고, 진리와 실재에 관하여 다른 주장을 하고, 다른 사람들을 위한 다른 정서적, 상상적, 개념적, 미학적 필요를 충족시키며, 다른 역사적, 문화적 맥락에서 다르게 기능한다.41)

---

40) 내가 많은 포스트모더니즘 계열의 저자들이 제기하는 귀중한 통찰력과 근대성에 대한 정당한 비판을 높이 평가하기는 하지만, 나는 포스트모더니즘이 모호하고 무비판적으로 절충적이며 엄밀한 분석이 결여된 주장으로 현대성을 종종 쉽게 부정하는 것 같아서 포스트모더니즘의 상당한 부분에 비판적이다. 나는 전근대적인 통찰력은 물론 특정한 포스트모더니즘적 통찰력들을 통합하여 철저히 새로운 방식으로 특정한 근대주의적 과제들을 다시 체계화하는 것을 선호한다.
41) 몇몇 포스트모더니스트들의 경우에 보이듯이 이것을 극단적 상대주의로 끌고 간다는 점에서, 포스트모더니즘은 Michael Albert가 "Science, Post Modernism, and the Left", *Z Magazine* 9(July/August 1996)에서 제시하는 다음과 같은 전형적

엘리아데가 환원주의의 현대적 형태들에 반대하는 주장을 제기할 때면 때때로 이러한 포스트모더니즘과 비슷하게 들리지만, 많은 근본적인 면에서 그는 포스트모더니즘의 지향점을 분명히 거부한다. 예를 들어 엘리아데는 "개별적인 준거 지평들"을 존중하는 것의 필요성을 주장하지만, 종종 이 원칙을 어긴다. 특히 존재론적 관점으로 방향을 전환하고 규범적으로 판단하면서, 그는 현대의 세속적 현상들을 종교적 해석과 설명으로 환원한다. 그는 많은 현대의 세속적 행위는 신화적, 종교적 준거 지평에 의해서만 이해될 수 있을 것이라고 주장한다. 게다가 엘리아데는, 현대성에 대한 비판을 할 때, 대안적인 이야기를 하기 위해서 개별적이고 신화적이고 성스러운 공간을 주장하는 것도 아니며, 실재에 관한 다수의 환원할 수 없는 독자적인 이야기들의 정당성을 인정함으로써 포스트모더니즘적인 상대주의를 수용하는 것도 아니다. 그는 인간의 속성, 인간 조건, 궁극적 실재에 관하여 매우 규범적이고 보편적이고 절대적인 판단을 한다. 엘리아데가 "척도가 현상을 만든다"고 말할지는 모르나, 모든 "척도"가 똑같이 정당하다고 믿지는 않는다. 그는 근대성의 척도들이 거짓되고, 편협하며, 그 자신의 실존적이고 역사적인 위기들을 해결할 수 없고, 인간과 우주의 실재를 부정한다고 판단한다. 그는 신화적인 종교적 척도가 인간 조건 자체와 실재 자체의 가장 심오한 구조와 의미에 접

인 비판을 받을 수 있다. "진실은 없고 단지 이야기들뿐이라고 누군가가 말한다면, 객관성 확보를 위해 노력할 필요도 없고, 사실들 때문에 염려할 이유도 없고, 논리적으로 일관될 이유도 없고, 단지 우리가 그 방식을 좋아하거나 그 함의를 선호한다는 것 때문에 지난날의 일을 지어내지 말아야 할 이유도 없다. 더구나 어떤 주장에 대한 유일한 찬성의 근거는 옹호하는 수사법의 언어적인 혹은 감정적 특질, 또는 그 지지자의 수준, 또는 우리가 그 함의를 좋아하는지 여부가 될 것이다……"(p. 67)

근하는 방법을 제공하는 것으로 보고 특별히 대우한다. 그러므로 위에서 언급한 전형적인 포스트모더니즘의 관점에서 보면, 엘리아데는 보편화하고 전체화하고 본질을 추구하는, 또 하나의 주도권을 장악한 프로젝트를 공식화한다고 비판받을 수 있을 것이다.

엘리아데의 규범적 판단이 **철학적인 "준거 지평"**에 근거하여 기능하는 존재론적이고 형이상학적인 주장들을 분명히 수반한다는 것은 이미 다루었다. 이런 점에서 우리는 **종교적 인간**이 본질적 인간 속성을 구성한다고 규범적인 판단을 내리는 데서 드러나는 엘리아데의 철학적 주장을 살펴보았다. 예를 들면 현대의 존재 양태의 무의미함과 비실재성에 대한 주장이나, 성스럽고 초월적이고 상징적이고 신화적인 실재의 구조에 대한 주장이 있겠다. 본원적이고 비역사적이고 신화적이고 종교적인 구조와 의미를 근거로 엘리아데는 시간과 역사, 진정한 인간의 존재 양태와 궁극적 실재에 대하여 대담한 철학적 주장을 제기한다. 무아경의 경험에서 발견되는, 하늘의 비행과 상승에 관한 상징적 표현의 심오한 보편적 구조는 샤머니즘에서 그리고 수많은 다른 신화적이고 종교적인 현상에서 드러나지만, 현대인의 꿈과 환상에도 나타난다. 이 구조는 존재론적 초월성의 본질적 의미, 자유, 인간 조건의 존재론적인 폐기를 나타낸다. 엘리아데는 이것이 인간 속성과 공존하는 인간 조건의 본원적이고 비역사적이고 보편적인 차원을 드러낸다고 보았다.

철학적 전제와 판단의 다른 예는 엘리아데의 다음 주장에서 볼 수 있다. "현대인이 철저히 세속화되어 자신이 무신론적, 무종교적, 혹은 적어도 종교에 무관심한 것으로 믿거나 그렇게 자칭한다. 그러나 그 현대인의 생각은 틀렸다. 그는 자신 속에 있는 **종교적 인간**을 없애는 데 아직 성공하지 못했다. 그는 단지 (예전에 자신이 신자였다면) **기독교적 요소**를 폐기했을 뿐이다. 이는 그가 자신도 모르게 '이교도'

로 남겨진 것을 의미한다. 이것은 또 다른 의미를 가지고 있다. 즉 무종교적 사회는 아직 존재하지 않는다는 것이다(개인적으로, 나는 그런 사회가 **존재할 수 없**으며, 만약 그런 사회가 생겨난다면 그 사회는 몇 세대 뒤에는 권태로 인하여, 신경쇠약으로 인하여, 혹은 집단 자살에 의해 소멸할 것이라고 믿는다……)."[42]

모든 인간은 "다른 모든 것으로부터 자유로워질 수 있다고 해도, 그가 처음 우주에서 자신의 위치를 인식했던 그 순간에 형성된 자신의 원형적 직관에 영원히 갇혀 있다"는 엘리아데의 대담한 형이상학적 주장을 이미 다루었다. 엘리아데는 이어서 다음과 같이 말한다. "낙원을 갈망하는 것은 현대인의 가장 진부한 행위들에서도 찾을 수 있다. **절대에 대한 인간의 개념은 절대 완전히 소멸될 수 없으며, 오직 가치가 떨어질 수 있을 뿐이다. 원시적 영성은 그 자신의 방식으로 존속한다.** 행위 속에서가 아니라, 인간이 효율적으로 달성할 수 있는 사물로서가 아니라, 그 자체로서 가치가 될 수 있는 것들, 즉 예술, 과학, 사회 이론, 그리고 인간이 자기 자신의 전체를 부여할 수 있는 다른 모든 것들을 창조하는 **향수**鄕愁로서 계속 존재한다."[43]

이와 유사하게 4장의 "자연과 우주" 부분에서 "어떤 본원적인 드러남은 결코 사라지지 않는다"는 엘리아데의 철학적 주장을 다루었다. 우리가 우주의 리듬의 일부분인 한, "나는 인간이 변할 수 있을 것이라고 보지 않는다." 엘리아데는 우리가 경제적이고 사회적인 구조라는 조건에 좌우되며, 우리의 특정한 종교적 표현들이 조건으로 제한된다는 것을 인정한다. "그럼에도 불구하고 우리는 여전히 인간의 조건을 여기서, 그 리듬과 주기가 불가항력적으로 주어지는 여기 이 우

---

42) *No Souvenirs*, pp. 164~65.
43) *Patterns*, pp. 433~34.

주에서 취한다. 따라서 우리는 근본적인 실존적 조건을 근거로 우리의 인간 조건을 취하게 되는 것이다. 그리고 그 '기본적인' 인간존재를, 그 겉모습이 어떻든 간에, '종교적'이라고 불러도 좋을 것이다. 우리는 삶의 의미에 대해서 이야기하고 있기 때문이다."[44]

분명히 철학자들을 비롯한 여러 학자는 다음과 같이 질문할 것이다. 왜 인간존재가 세계 내의 자신의 존재 양태를 인식하게 되는 것이 반드시 종교경험을 구성하는가? 왜 세속적 존재 양태를 확언하는 사람이 자신의 불변적인 종교적 속성을 버리지 못하는가? 왜 "삶의 의미에 대한" 관심은 비종교적 견지에서 표현될 때에도 자동적으로 어떤 입장을 "종교적"으로 만드는가? 지금까지 우리가 살펴본 것처럼 엘리아데는 오로지 인간 조건, 인간 속성 그리고 궁극적 실재의 종교적이고 신화적 속성에 관한 자신의 전제와 규범적 판단 때문에 그런 철학적 주장들을 제기할 수 있는 것이다.

어떤 저술에서 엘리아데는 그러한 철학적 주장을 할 뿐 아니라 종교사와 종교현상학 자체가 엄청난 철학적 중요성을 지닌다고 진술한다. 이 학문 분야는 새롭고 창조적이고 철학적인 반성을 위해 필수적인 수단을 제공하리라는 것이다. 서구 문화의 갱신을 위한 필수 요소로서, 서구 철학의 갱신을 위한 수단을 제공하며 새로운 철학적 인류학의 형성에 기여하리라는 것이다.

1976년 엘리아데는 철학적 반성으로 가득한 자신의 "비밀 일기" 기록이 학문적 작업을 향한 자신의 열망을 드러낼지도 모른다고 말

---

[44] *Ordeal by Labyrinth*, pp. 116~17. 이러한 기본적인 "인간 조건"에 관하여, 엘리아데는 "인간 조건은 입문과 연관된 일련의 시련들, 다시 말하면 죽음과 부활로 가장 잘 표현되며 가장 정확하게 정의된다"고 주장한다(p. 89). 그는 미로迷路의 상징체계는 "모든 실존의 본보기이며, 그 중심을 향하여 여행하기 위해 많은 시련을 겪는다……"고 말한다(p. 185).

한다. "나는 범속함 내에서의 성스러움의 위장에서 영감을 받은 반성 reflections을 더 발전시키기 위해 열정을 가지고 개정 작업을 한다. 이 열정은 더 깊은 의미가 있음에 틀림없다. 나는 지금 막 그것을 알아채기 시작했다. 이러한 위장의 변증법은 무한하게 더 광대하며, 내가 지금까지 이야기할 수 있었던 모든 것보다 훨씬 더 멀리 확장된다. '가면의 신비'는 곧 인간 조건의 신비 자체라는 점에서 전체의 형이상학에 필수적이다. 이 문제에 내가 너무 많이 사로잡혀 있다면, 그것은 아마도 내가 이 문제를 더 깊이 파고들지 않고 체계적으로 제시하지 않기로, 그 자체의 고유한 관점인 철학적 반성의 시각에서 연구하지 않기로 결정했기 때문일 것이다."[45]

『영원회귀의 신화』 "서문"에서 엘리아데는 자신이 어떤 시원적인 "인간 실존의 형이상학적 '가치화'"를 검토할 것이라고 말한다. 그는 나아가 "서구의 철학은 위험하게도 자신을 '편협하게 지역화하는 것'에 가깝다는 예전의 확신"을 다시 한 번 확인한다. 엘리아데에 따르면 서구 철학이 편협하게 지역화하는 것은 자신을 그 자신의 전통으로부터 격리함으로써, 시원적인 사고와 동양적 사고의 문제와 해결책을 무시함으로써, 그리고 현대의 역사적 인간 실존의 상황을 제외하고는 어떤 "상황들"도 인정하기를 거부함으로써 이루어진다. "우리는 철학적 인류학이 소크라테스 이전의 인간이 (달리 말하면 전통적 인간이) 우주 내의 자신의 상황에 부여한 가치 설정으로부터 무언가를 배울 것이 있을 것이라고 주장한다. 그보다도, 형이상학의 주요한 문제들은 시원적 존재론에 대한 지식을 통해 갱신될 수 있을 것이

---

[45] *Journal 3*, p. 221. 엘리아데는 "따라서 이러한 성찰들은, 그 친숙한 성격 때문에, 비록 간접적이지만, 철학자로서 사명을 저버릴 때의 내 가책을 더 잘 상세히 설명할 수 있다……"고 결론 내린다.

라고 주장한다." 그러한 갱신은, "비록 어떤 영적인 입장들이 전 세계의 여러 지역에서 더 이상 수용되지 않지만, 인간에 대한 우리의 지식을 위해 그리고 인간 역사 자체를 위해 도움이 되는 그런 입장들"에 대해 배우는 것으로부터 생겨날 수 있다.[46]

다시 말하지만 엘리아데는 현대 철학자들이 전근대 철학을 재건할 수 있도록 서구 철학이 소크라테스 이전의 시원적 존재론으로 "돌아가야" 한다고 주장하는 것이 아니라는 사실에 반드시 주의해야 한다. 그가 말하는 몇몇 상상의 "향수"는 그렇게 제안하는 것 같지만, 엘리아데는 그러한 불가능한 일을 거부한다. 오히려 그는 철학자들이—우리의 영적인 역사의 일부로서 시원적인 것과 우리 안에 있는 시원적인 것을 포함하여—시원적 타자에게 "돌아갈 것"을 주창한다. 초역사적인 신화적, 상징적 구조와 인간 조건에 대한 시원적인 본원적, 형이상학적 통찰력을 새로운 철학적 반성과 창조성의 부분으로 재평가하고 재구성하기 위해서는 시원적 타자에게 돌아가야 한다는 것이다.

엘리아데는 「종교학과 새로운 인본주의History of Religions and a New Humanism」에서 "종교학은 인간성을 연구하는 다른 어떤 분야들보다 (예를 들어 심리학, 인류학, 사회학 등) 철학적 인류학으로 가는 통로를 더 많이 열 수 있다"고 주장한다. 이는 "성스러움은 보편적인 차

---

46) *Eternal Return*, pp. ix~xi. 하이데거 등의 현대철학자들은 철학적 갱신을 위해 소크라테스 이전으로 돌아가려는 시도를 해왔다. 그리스의 신화와 철학으로 돌아가려는 시도를 보려면 Lawrence J. Hatab, *Myth and Philosophy: A Contest of Truths*(La Salle, Illinois: Open Court, 1990)를 보라. 니체와 하이데거에게 강력한 영향을 받은 하탑Hatab은 그리스철학에 의한 신화의 거부를 검토하고, 실존적 의미의 이해와 드러냄의 적합한 형태로서 신화의 진실에 대한 다원적 개념을 주창하며, 철학 자체가 신화적 특징을 보유해야 한다고 주장하고, 철학이 신화를 향한 적대성을 재고함으로써 갱신될 수 있다고 제안한다. 나는 하탑이 엘리아데보다 훨씬 더 좁은 의미로 "신화"를 정의한다는 것만 덧붙일 수 있을 것 같다.

원이며" 문화의 시작은 종교에 뿌리를 두고 있기 때문이다. 게다가 현대의 철저히 세속화된 문화적 창조와 가치를 이해하려면 "그 기원인 종교적 모체"를 알아야만 한다. "따라서 종교학자는 인간의 특정한 실존적인 '세계 내 존재'의 상황으로 불려온 것의 영구성을 파악할 수 있는 위치에 있다. 성스러움의 경험이 그것과 상호 관계가 있기 때문이다. 사실 인간이 자신의 존재 양태를 인식하게 되는 것과 세계 내에서 그의 존재를 취하게 되는 것은 '종교적인' 경험을 함께 구성한다."[47]

「종교학의 위기와 갱신」에서 엘리아데는 종교학은 서양철학에 새로운 관점을 열어주는 데 독특하고 필수적인 역할을 해야만 한다고 주장한다. 서양철학은 자체적인 전통 내에 머무르기 위해서 반드시 지역적 편협성을 지니는 위험을 감수하게 되어 있다는 판단을 반복한 후, 엘리아데는 "종교학은 종교학이 아니면 접근할 수 없는 매우 많은 '중요한 상황들'과 세계 내에 존재하는 양태들을 조사하고 밝혀낼 수 있다"라고 재차 단언한다. 철학자들은 이렇게 접근할 수 없는 자료들의 의미와 중요성을 해석할 수 없으며, 종교학자는 철학자들에게 그 자료들을 단순히 전달만 할 수는 없다. "해석학의 작업은 종교학자 자신이 수행해야만 한다. 단지 종교학자만이 자기 자료의 의미론적 복잡성을 이해하고 인정할 수 있기 때문이다." 종교학자들은 자신들의 자료의 철학적 중요성을 분명히 하기를 원한다면 동시대의 철학자들의 언어와 유형에 따라 자료를 제시해서는 안 된다. 대신에 우리는 종교학자가 "난해한 행위와 상황을 해독하고 밝혀낼 것으로, 간단히 말해 잊혀지거나 불신되거나 폐기된 의미들을 회복하고 재정립함으로써 인간에 대한 이해를 증진시킬 것으로" 기대한다. "그러한

---

[47] *Quest*, p. 9.

기여의 독창성과 중요성은 바로 종교학자들이 가라앉아 있거나 매우 어렵게만 접근할 수 있는 영적인 우주를 탐구하고 조명한다는 사실에 있다. 시원적이고 낯선 상징, 신화, 개념을 동시대 철학자들에게 이미 낯익은 형태로 위장하는 것은 부적합할 뿐 아니라 효과가 없는 일일 것이다."

그러한 "역사적-종교적인 창조적 해석학은 철학적 사고를 자극하고 강화하고 갱신할 수 있을 것이다. 어떤 관점에서 보면 종교학이 우리에게 보여줄 수 있는 모든 것을 고려함으로써 새로운 『정신현상학Phenomenology of the Mind』의 퇴고를 기다린다고 말할 수 있을 것이다. 종교학자가 마음대로 다룰 수 있는 자료들을 바탕으로 세계 내 실존의 양태에 대하여 혹은 시간, 죽음, 꿈에 대하여 쓸 중요한 책들이 있을 것이다."[48]

엘리아데가 문화적이고 철학적인 창조성과 갱신에 대한 견해를 인정한다는 사실은 분명하다고 할 것이다. 엘리아데는 이러한 창조성과 갱신에서 우리가 본질적인 상징적, 신화적 구조와 만날 수 있고, 이 만남을 통해 스스로 부과한 문화적 경계를 허물어 열고 새로운 지식, 관계, 존재의 방식들을 경험하는 데 도움을 얻을 것이라고 보았다. 『종교의 구조와 창조성』의 마지막 장에서 나는 엘리아데의 연구 방법에서 볼 수 있는 새로운 철학적 인류학을 위한 철학적 전제, 규범적 판단, 형이상학적 주장, 지침 내용 등을 검토하였다.

가장 포괄적인 일반론의 수준에서, 엘리아데가 존재론적 관점으로 관심과 방향을 전환하고 규범적 판단—예를 들면 일반적인 인간의 존재 양태에 관한 것, 인간의 조건 자체에 관한 것 그리고 실재 자체에 관한 것—을 내리는 것은 형이상학과 철학적 인류학의 분석 수준

---

48) Ibid., pp. 63~64.

에 대한 철학적 반성을 수반한다. 여기에는 일반적인 학문 분야로서 종교학의 경계를 넘는 규범적인 철학적 "비약"이 있다. 엘리아데의 철학적 반성과 판단은, 신화적 서술 같은 종교현상을 통해 재평가되고 재현되기 때문에, 본질적이고 비역사적이고 보편적인 상징체계의 특별한 존재론적 지위에 의존한다. 이러한 상징체계와 그것의 신화적인 그리고 다른 상징적인 표현들은 세계 내의 우리의 존재 양태의 가장 깊은 구조와 의미를 드러낸다. 이들은 실재의 암호로서 기능하며, 존재의 수수께끼와 모호성 그리고 철학적 반성을 위한 무한한 가능성을 표현한다.

엘리아데는 자신의 존재론적 관점을 향한 움직임, 규범적 판단, 철학적 주장이, 신화적 그리고 다른 성스러움의 여러 현상들에서 나타나듯이 본질적인 상징적 구조의 기본적 지향성에 의해 알려지고 이 지향성과 부합하기 때문에, 주관적이거나 자의적이지 않다고 주장할 것이다. 철학적 반성은 계속해서 그 존재론적 토대로 돌아가야만 한다. 이것은 의식을 풍요롭고 새롭게 하기 위해서뿐 아니라 철학적 분석이 가장 포괄적인 일반론의 수준에서 철학적 토대를 구성하는 성스러움의 기본적 지향성을 왜곡하지 않았는지 점검하기 위해서도 반드시 필요하다.

엘리아데가 그러한 존재론적 움직임과 철학적 판단을 어떻게 입증할 것인지 생각할 때, 폴 리쾨르의 철학적 현상학에 나오는 "확신 wager"*의 개념을 고려할 수 있을 것이다.[49] 철학적 분석의 수준에서

---

* 리쾨르의 『악의 상징』 결론 부분에 나오는 말로, "내기" 혹은 "보증"을 뜻하는 단어이나, 지금까지 번역된 관례대로 "확신"으로 이해하는 것이 더 자연스럽다. 리쾨르는 "이해하기 위해서 믿어야 하는", 즉 상징들 속에 머무르는 해석학적 순환을 극복하기 위해서는 순환을 확신으로 바꾸어야 한다고 주장한다. 언어에서 출발하는 철학은 전제를 지닐 수밖에 없으며, 이 전제를 분명히 하고 이를 자신의

엘리아데는 다음과 같이 주장하고 있다. 환원할 수 없는 종교적 관점의 전제를 근거로, 특히 성스러움의 근본적인 상징적, 신화적 구조에 대한 반성에 의해서, 나는 일반적인 실존적 개념을 구성할 수 있다. 나는 이러한 근본적인 상징적, 신화적 구조가 성스러움의 본질적 구조를 드러낼 때 인간존재 양태의 가장 심오한 구조를 보여주고 가장 심오한 기능을 수행한다고 믿는다. 본질적인 상징들과 그 신화적 표현들은 정합적이고 초역사적이고 보편적인 상징체계에 대한 특별한 가치 재평가로 이해될 때 "보편적인 것"의 가장 심오한 구조를 드러낸다. 이들은 실재의 가장 일반적인 구조를 향해 "열리는" 것이다.

이제 종교적 관점에서 형성된 그러한 존재론적 개념이 어떤 비종교적 관점에서 형성된 실존적 개념보다 인간존재와 실재의 속성을 더 잘 보여준다고 "확신"해보자. 우리는 종교적 경험의 주요한 상징적 구조들이 인간의 의식과 **일반적인** 존재 양태의, 인간 조건 **자체**의, 근본적인 구조를 조명할 힘을 지니고 있다는 것을 보여줌으로써 그러한 확신을 **입증**할 것이다. 사실 그러한 존재론적 분석의 차원은, 성스러움의 상징적 구조를 경험하는 것에 의해서만, 종교적 상징체계의 새로운 재평가를 통해서 우리를 갱신하는 것에 의해서만 현대 서구인들이 그들의 "역사의 공포"와 실존적 불안을 극복하고 진정으로 의미 있는 인간 실존을 살 수 있음을 보여줄 것이다.[50]

믿음으로 제시하고 이 믿음을 확신으로 정립하는 과정이 필요하다는 것이다. 자세한 서지 사항은 저자의 주석을 참조하라.
49) Ricoeur, *The Symbolism of Evil*, pp. 355~57; Allen, *Structure and Creativity in Religion*, pp. 236~43을 보라.
50) Allen, *Structure and Creativity in Religion*, pp. 242~43.

엘리아데의 철학적 반성은 우리의 현대적 관점의 피폐함과 지역적 편견에 대한, 그리고 창조적 "열림"의 절박한 필요성에 대한 규범적인 판단을 수반한다. 이러한 창조적 "돌파구"를 통하여 우리는 유한한 조건들을 "열어 젖히고" 우리에게 중요한 의미가 있는 새로운 우주를 열 수 있을 것이다. 현대의 "자아"는 전통적인, 신화적인, 시원적인 그리고 비서구적인 "타자"와 역동적 관계를 수립해야만 한다. 또한 우리의 영적인 역사와 현대의 무의식 속에 있는 잊혀진 "타자"를 재발견하여 우리 자신의 "타자"와도 역동적 관계를 수립해야만 한다. 그러한 자아와 타자의 관계를 통해 우리는 유한한 구조와 조건들을 활짝 열 수 있으며 새로운 창조적 가능성을 인식하고 새로운 철학적 인류학을 구성할 수 있을 것이다.

나는 엘리아데의 철학적 반성, 존재론적 관점으로의 움직임, 규범적 판단이 비록 포괄적 일반화와 본질화하는 주장 그리고 보편적인 철학적 판단을 지닌 매우 대담한 것이기는 하지만 또한 어떤 기본적인 점에서는 너무나도 좁고 제한적이라고 말하며 결론을 내리려고 한다. 종교학의 창조적 해석학이 새로운 "정신현상학"의 창조로 이어지는 철학적 사고를 자극하고 새롭게 할 수 있을 것이라는 엘리아데의 주장을 조금 전에 인용했다. 왜 엘리아데의 철학적 서술이 확장되어야 하는지를 설명하기 위해서 『정신현상학』에 나오는 헤겔의 일반 구조적 분석을 이용해도 좋을 것이다.

다른 문화에 의해서 창조된 그리고 심지어 다른 역사적 기간에 창조된 자아의 다른 개념들(인간 속성에 대한 다른 관점들 등)에 공감하고 관계하는 것이 자기 생성self-constitution 및 자기 발전self-development이라는 우리 자신의 창조적 과정에 촉매 역할을 할 수 있다는 엘리아데의 말은 옳다. 자아에 대한 나의 상관적相關的 견해는 자기 발전과 자기소외self-alienation의 변증법적 과정에 대한 헤겔의 일반 구조적 분석과 관련이 있다.51) 헤겔에 따르면 더 민감하고 의식 있고 윤리적인 자아가 되기 위해서는 자아가 주체로서 그 독자성을 유지하면서 자기 자신을 "타자"와 관련시켜 "객관화"하고 "외면화"해야만 한다. 자기소외는 자아가 자신을 내부적으로 정의하고 외부화하기를 거절하며 외부의 타자와 진정으로 관계를 맺지 않을 때, 혹은 자아가 자신을 객관화한 후 독자적 주체로서 그 능력을 포기하고 따라서 자신이 내재적이고 비초월적인 타자로 정의되도록 할 때에 발생할 수 있다. 이 역동적인 자기-외부화의 과정을 통해 타자와의 관계는 자기 초월의 변증법적 운동을 위한, 새롭고 더 의식 있고 더 완성된 자아를 재구성하기 위한 필수적인 근거를 제공한다.

오늘날 "타자"는 역사와 관계없는 보편적인 객관성에 대한 모든 현대 서구의 자기주장을 넘어서, 자아의 다른 개념들과 더불어 그 개념들의 다른 의미의 세계를 포함하는 데까지 확장되어야 한다. 그러한 창조적이며 비억압적인 타자와의 관계는 자기 생성, 자유, 발전이라는 우리 자신의 역동적 과정을 위해 필수적인 조건이다. 엘리아데가 말하듯이, 자아의 다른 개념들과 복잡하고 비억압적인 만남을 갖는 것은 현대의 과학 기술과 산업이 발달된 서구에 사는 우리에게 새로운 의미의 세계들을 드러낼 수 있다. 그 만남은 우리의 상상력을 자유롭게 하고 우리의 정서와 더 많이 접하도록 하는 방식들, 자연과 우주를 경험하며, 죽음과 시간과 역사와 관계를 맺는 방식들, 우리에게 이미 종종 영향을 끼치고 있는 신화와 상징을 이해하는 다른 방식들을 보여준다. 간단히 말해 우리 자신의 자아와 우리가 타자와 맺는

---

51) 이 분석은 Douglas Allen, "Social Constructions of Self: Some Asian, Marxist, and Feminist Critiques of Dominant Western Views of Self", in *Culture and Self: Philosophical and Religious Perspectives, East and West*, ed. Douglas Allen(Boulder, Colo.: Westview Press, 1997), pp. 3~26에서 전개했던 것이다.

관계를 이해하고 창조하고 재창조하는 다양한 방식들을 드러내는 것이다. 현대 서구가 "타자"의 많은 목소리를 억누르고 억압하고 침묵시켰으며, 우리가 이러한 타자들의 "메시지들"과 대화를 성립시키고 이로부터 배우는 일이 긴급히 요청된다는 엘리아데의 말은 맞다.

그럼에도 불구하고 엘리아데의 접근은 적어도 세 가지 이유 때문에 확장되어야 한다. 첫째, 그는 근대성이 성취한 것들을 무시하거나 평가절하한다. 둘째, 그는 현대 서구에 억눌린 많은 "타자들"의 목소리를 배제하고 있다. 셋째, 그는 어떻게 "타자들"이 전통적인 종교 문화에서 억눌려왔고 여전히 억눌리고 있는지를 언급하지 않는다. 예를 들어 다수의 계급과 성gender의 목소리는 전통적 문화와 현대 문화 둘 다에서 억눌려왔다.

엘리아데는 그의 특정한 종교적, 신화적 전제, 존재론적 관점으로의 관심과 방향 전환, 규범적 판단, 그리고 세속적 존재 양태에 대한 반응에서, 현대의 구성된 "자아"에 있는 그리고 "타자"의 다양한 경험에 있는 귀중한 것을 너무도 많이 평가절하하거나 무시했다. 전근대적이고 신화적인 측면의 많은 부분을 낭만화하고 이상화하는 경향에서, 근대적인 것을 일괄적으로 비난하고 무시하는 것과는 대조적으로, 엘리아데는 근대성의 긍정적인 요소는 무시하는 반면 부정적인 면에 초점을 맞춘다. 또한 그는 전근대적 문화의 부정적인 면은 무시하는 반면 긍정적인 면에 초점을 맞춘다. 예를 들어 엘리아데에 대한 많은 비난에 공감하는 일부 사람들처럼, 나는 과학이나 합리성이 억압하고 착취하고 비인간화하는 고유의 성질을 지녔다고 생각하지 않는다. 우리가 현대 과학과 합리성의 발전을 지배 세력으로 이해하게 되는 것은 그것들의 사회적, 역사적 형태 때문이다. 과학과 합리성을 도구적 이성이라는 편협한 본보기의 견지에서 정의하고 다시 공식화하며, 지배 세력 관계의 도구로 제도화하고 상업화하는 것으로 인해 그런 성질을 지니게 된 것이다. 비종교적 과학이나 합리성을 정당하지 못하며 범속한 환원주의로 평가절하하거나 무시하는 것보다는, 거기에서 이데올로기적 합리화라는 신비적 요소를 벗겨내고 자아실현, 인간 발전, 더 큰 자유와 해방을 위한 비억압적 잠재력을 드러내고 재구성하는 작업이 요청된다.

마찬가지로 엘리아데는 너무나 쉽게 현대의 세속적 민주주의를 포기하고 반민주적 신권정치神權政治의 위험성을 최소화한다. 나는 민주주의의 현대적 형태 아래에서 생기는 자기소외와 무의미성에 대한 그의 비판들 중 많은 것에 동의한다. 그러나 더 복잡한 변증법적 분석을 해보면, 민주주의의 현대적 형태들은 부정적 특질들만 지닌 것이 아니라 다른 면에서는 역사적 발전을 나타내고 있음을 알 수 있다. 나는 민주주의의 현대적 형태와 그 형식적인 권리와 자유의 문제점은 그것들이 충분히 민주적이지 않은 점에 있다고 말하고 싶다. 경제적, 정치적, 역사적 요소들 때문에 민주주의의 현재적 형태는 실질적인 경제적, 정치적 민주주의를 포함하지 못하고 고의적으로 배제한다. 형식적인 자유를 지녔으나 별 힘이 없고 극단적 빈곤의 상황 아래 사는 자아는 사실 그다지 자유롭지 못하다. 민주주의의 현대적 형태에서 가장 모자란 점은 전근대적, 계급적, 반민주적, 신화적 및 종교적, 경제적, 사회적, 정치적 구조들의 우월성이 아니라, 민주적 권한 부여의 실제의 본질적인 문제들을 다루지 않는다는 것이다.

다른 사례를 하나 들자면 나는 현대 "개인들"의 피폐화와 비인간화에 대한 엘리아데의 비판에 동의한다. 과장된 추상적인 개인주의에 대한 현대의 세속적인 이데올로기를 탈신비화하는 그의 작업은 올바른 것이다. 그러나 다시 한 번 말하지만 현대적인 것들을 부정하면서 엘리아데는 역사적, 사회적 진보의 결과물들을 너무도 쉽게 거부한다. 나는 현대 개인주의에 결여된 것은 개인적인 면 대 사회(혹은 개인적인 면 대 다른 개인들, 개인적인 면 대 자연)라는 이분법에 잘 나타난다고 말하고 싶다. 새로운 철학적 인류학은 독자적인 개별적 자아라는 현대의 개념에서 가치 있는 것을 병합할 필요가 있는 반면, 소외된—자연으로부터, 공동체의 유의미한 관념으로부터, 자기 자신의 인간성 중 많은 부분으로부터 소외된—개인적 자아를 구성하는 현대의 관계에서 부정적인 면들은 거부해야 한다. 단순히 현대의 개인적인 면을 거부할 것을 요구하는 것이 아니다. 보편적인 것과 관련을 맺는 특정한 방식을 표현하며 사회적 실재, 자연, 우주와 조화롭고 유기적인 관계를 형성하는 개인, 즉 사회적 개인이라는 의미에서 진정으로 개인적인 것이라는 우리의 개념을 재구성하고 확장해야 하는 것이다.

또한 엘리아데의 "타자"에 대한 설명 역시 너무 제한적이다. 이 말이 이상하게 들릴 수도 있다. 엘리아데는 "타자"의 의미를 확장시켜 신화적, 종교적, 시원적, 비서구적 타자와, 서구의 영적인 역사에 그리고 현대 무의식에 묻혀 있는 신화적인 종교적 타자를 포함하도록 했기 때문이다. 그러나 이러한 자기 생성의 과정은 타자의 의미의 세계들과 창조적으로 만나기 위하여 문화적으로 다양한 맥락을 제시하는 데 의존하고 있다는 점에서 확장되어야만 한다. 이것은 엘리아데가 적어도 경제적, 역사적, 사회적 형태로는 거의 언급하지 않는 타자들도 포함해야 한다. 예를 들면 힘이 없고 가난한 사람들, 억압받고 착취당하는 사람들, "주변부"의 사람들, 노동자, 여성, 게이와 레즈비언, 유색인종 등이다. 그리고 이는 서구에만 적용되지 않는다. "시원적인" 힌두교, 불교 등의 비서구 문헌들은 계급, 카스트, 성gender, 인종과 같은 권력관계로부터 자유롭지 못하게 작성되었다. 바로 이것이, 예를 들면 많은 현대 학자가 인도에서 "하위 신분인" 여성, 농민, 부족 그리고 "달리트들dalits"("억압받는 자들" 혹은 "탄압받는" 불가촉천민들)의 문화적으로 정의되는 자기 정체성에 초점을 맞추고 있는 이유일 것이다.

현대와 그 이전의 지배적 전통—서양의, 시원적인, 동양의—에서 대개 배제되거나 인식되지 않은 문화적 창조와 자아 개념들을 포함하는 "타자"와 창조적 만남을 수립함으로써 우리는 우리의 감수성과 인식을 증대시키고, 우리의 편협한 지역주의를 극복하며, 가치 있고 의미 있고 가능한 것에 역사적으로 그리고 문화적으로 부여된 우리의 한계들을 "열어 젖히며", 자아와 실재에 관한 새로운 철학적 견해를 재구성하는 가능성을 만들어낸다. 바로 이런 면에서, 우리 중 많은 사람이 신화와 종교에 대한 미르체아 엘리아데의 저술에서 많은 것을 배웠으면서도, 한편으로는 그의 전제들, 방법론적 원칙들, 해석들, 판단들 중 일부를 거부하거나 새롭게 공식화하는, 매우 선택적인 작업을 수행하는 것이다.

참고 문헌

　엘리아데의 많은 출판물들은, 똑같은 형태로든 약간 개정한 형태로든, 나중에 나온 저서에 다시 등장한다. 학술지에 실린 논문은 종종 책의 장章으로 들어갔다. 내가 데니스 도잉Dennis Doeing과 함께 『미르체아 엘리아데: 주석이 달린 참고 문헌 목록Mircea Eliade: An Annotated Bibliography』을 쓴 목적 중의 하나는, 포괄적인 상호 참조를 제공하여 독자들이 어떤 출판물을 찾다가 이미 그것을 다른 언어로나 어떤 책에 포함된 글로 읽었다는 것을 알게 되어 실망하는 일을 방지하기 위해서였다. 나는 이 책을 쓰면서 이용한 엘리아데의 논문을 목록으로 작성했고, 때로는 논문들이 재출간된 주요한 저술들에 관한 정보를 덧붙였다. 엘리아데가 쓴 책들처럼 나중에 나온 출판물들을 이용한 경우에는 최초로 출판되었던 논문들을 제시하지 않았다.

1차 자료: 엘리아데의 저서 및 논문

〈저서〉

Eliade, Mircea, *Australian Religions: An Introduction*, Ithaca: Cornell University Press, 1973.

Eliade, Mircea, *Autobiography, Volume I: 1907~1937, Journey East, Journey West*, Translated by Mac Linscott Ricketts, San Francisco: Harper & Row, 1981.

Eliade, Mircea, *Autobiography, Volume II: 1937~1960, Exile's Odyssey*, Translated by Mac Linscott Ricketts, Chicago: University of Chicago Press, 1988.

Eliade, Mircea, *Bengal Nights*, Translated by Catherine Spencer(from the 1950 French Translation of *Maitreyi* entitled *La nuit bengali*), Chicago: University of Chicago Press, 1994.[『벵갈의 밤』, 이재룡 옮김, 세계사, 1990]

Eliade, Mircea, *Comentarii la legenda Meşterului Manole*("Commentaries on the Legend of Master Manole"), Bucharest: Publicom, 1943.

Eliade, Mircea, *Cosmos and History: The Myth of the Eternal Return*, Translated by Willard R. Trask, New York: Harper & Row, Torchbooks, 1959.[『우주와 역사: 영원회귀의 신화』, 정진홍 옮김, 현대사상사, 1976]

Eliade, Mircea, *The Forbidden Forest*, Translated by Mac Linscott Ricketts and Mary Park Stevenson, Notre Dame: University of Notre Dame Press, 1978.

Eliade, Mircea, *From Primitives to Zen: A Thematic Sourcebook of the History of Religions*, New York: Harper and Row, 1967.(A paperback edition was published in 1977 as *From Primitives to Zen* and later as *Essential Sacred Writings From Around the World*.)

Eliade, Mircea, *The Forge and the Crucible*, Translated by Stephen Corrin, New York: Harper & Brothers, 1962.[『대장장이와 연금술사』, 이재실 옮김, 문학동네, 1999]

Eliade, Mircea, *Fragmentarium*("Essays"), Bucharest: Vremea, 1939.

Eliade, Mircea, *A History of Religious Ideas*, Vol. 1: *From the Stone Age to the Eleusinian Mysteries*, Translated by Willard R. Trask, Chicago: University of Chicago Press, 1978.[『세계종교사상사 1: 석기시대에서부터 엘레우시스의 비의까지』,

이용주 옮김, 이학사, 2005]

Eliade, Mircea, *A History of Religious Ideas*, Vol. 2: *From Gautama Buddha to the Triumph of Christianity*, Translated by Willard R. Trask, Chicago: University of Chicago Press, 1982.[『세계종교사상사 2: 고타마 붓다에서부터 기독교의 승리까지』, 최종성·김재현 옮김, 이학사, 2005]

Eliade, Mircea, *A History of Religious Ideas*, Vol. 3: *From Muhammad to the Age of Reforms*, Translated by Alf Hiltebeitel and Diane Apostolos-Cappadona, Chicago: University of Chicago Press, 1985.[『세계종교사상사 3: 무함마드 에서부터 종교개혁의 시대까지』, 박규태 옮김, 이학사, 2005]

Eliade, Mircea, *Images and Symbols: Studies in Religious Symbolism*, Translated by Philip Mairet, New York: Sheed and Ward, 1961.[『이미지와 상징: 주술적·종교적 상징체계에 관한 시론』, 이재실 옮김, 까치글방, 1998]

Eliade, Mircea, *Journal I, 1945~1955*, Translated by Mac Linscott Ricketts, Chicago: University of Chicago Press, 1990.

Eliade, Mircea, *Journal II, 1957~1969*, See Eliade, *No Souvenirs*.

Eliade, Mircea, *Journal III, 1970~1978*, Translated by Teresa Lavender Fagan, Chicago: University of Chicago Press, 1989.

Eliade, Mircea, *Journal IV, 1979~1985*, Translated by Mac Linscott Ricketts, Chicago: University of Chicago Press, 1990.

Eliade, Mircea, *Mademoiselle Christina*, Paris: L'Herne, 1978.[「크리스티나」, 『도끼: 소련·동구 현대문학전집 28』, 김성기 옮김, 중앙일보사, 1990]

Eliade, Mircea, *Maitreyi*, Bucharest: Cultura Nationala, 1933.

Eliade, Mircea, *Mephistopheles and the Androgyne: Studies in Religious Myth and Symbol*, Translated by J. M. Cohen. New York: Sheed and Ward, 1965, This book was also published under the title *The Two and the One*.[『메피스토펠레스와 양성인』, 최건원 옮김, 문학동네, 2006]

Eliade, Mircea, *Mitul Reintegrării*("The Myth of Reintegration"), Bucharest: Vremea, 1942.

Eliade, Mircea, *Myth and Reality*, Translated by Willard R. Trask, New York: Harper & Row, 1963.[『신화와 현실』, 이은봉 옮김, 성균관대학교 출판부, 1985]

Eliade, Mircea, *The Myth of the Eternal Return*, Translated by Willard R. Trask,

New York: Pantheon Books, 1954.[『영원회귀의 신화: 원형과 반복』, 심재중 옮김, 이학사, 2003]

Eliade, Mircea, *Myths, Dreams and Mysteries*, Translated by Philip Mairet, New York: Harper & Row, Torchbooks, 1967.[『신화, 꿈, 신비』, 강응섭 옮김, 숲, 2006]

Eliade, Mircea, *No Souvenirs: Journal, 1957~1969*, Translated by Fred H. Johnson, Jr., New York: Harper & Row, 1977, Also published as Mircea Eliade, *Journal II, 1957~1969*, Translated by Fred H. Johnson, Jr., Chicago: University of Chicago Press, 1989.

Eliade, Mircea, *Occultism, Witchcraft, and Cultural Fashions: Essays in Comparative Religions*, Chicago: University of Chicago Press, 1976.

Eliade, Mircea, *The Old Man and the Bureaucrats*, Translated by Mary Park Stevenson, Chicago: University of Chicago Press, 1988.

Eliade, Mircea, *Ordeal by Labyrinth: Conversations with Claude-Henri Rocquet*, Translated by Derek Coltman, Chicago: University of Chicago Press, 1982.[『미로의 시련』, 김종서 옮김, 출간 예정]

Eliade, Mircea, *Patterns in Comparative Religion*, Translated by Rosemary Sheed, New York: World Publishing Co., Meridian Books, 1963.[『종교형태론』, 이은봉 옮김, 형설출판사, 1979(한길사, 1996); 『종교사 개론』, 이재실 옮김, 까치글방, 1993]

Eliade, Mircea, *The Quest: History and Meaning in Religion*, Chicago: University of Chicago Press, 1969.[『종교의 의미: 물음과 답변』, 박규태 옮김, 서광사, 1990]

Eliade, Mircea, *Rites and Symbols of Initiation: The Mysteries of Birth and Rebirth*, Translated by Willard R. Trask, New York: Harper Torchbooks, 1965, Reprinted from *Birth and Rebirth: The Religious Meaning of Initiation in Human Culture*, Translated by Willard R. Trask, New York: Harper and Brothers, 1958.

Eliade, Mircea, *The Sacred and the Profane: The Nature of Religion*, Translated by Willard R. Trask, New York: Harper & Row, Torchbooks, 1961.[『성과 속: 종교의 본질』, 이동하 옮김, 학민사, 1983; 『성과 속』, 이은봉 옮김, 한길사, 1998]

Eliade, Mircea, *Şarpele*("The Snake"), Bucharest: Naţională Ciornei, 1937.

Eliade, Mircea, *Shamanism: Archaic Techniques of Ecstasy*, Translated by Willard

R. Trask, New York: Pantheon Books, 1964.[『샤아머니즘: 인간성과 행위』, 문상희 옮김, 삼성출판사, 1978;『샤마니즘: 고대적 접신술』, 이윤기 옮김, 까치글방, 1992]

Eliade, Mircea, *Symbolism, the Sacred, and the Arts*, Edited by Diane Apostolos-Cappadona, New York: Crossroad, 1986.[『상징, 신성, 예술』, 박규태 옮김, 서광사, 1991]

Eliade, Mircea, *Two Tales of the Occult*, Translated by William Ames Coates, New York: Herder and Herder, 1970, Republished as *Two Strange Tales*, Boston: Shambala, 1986, Includes Eliade's "Nights at Serampore" and "The Secret of Dr. Honigberger".

Eliade, Mircea, *Traité d'histoire des religions*, Paris: Payot, 1949, Translated as *Patterns in Comparative Religion*.[『종교사 개론』, 이재실 옮김, 까치글방, 1993]

Eliade, Mircea, *Yoga: Immortality and Freedom*, Translated by Willard R. Trask, New York: Pantheon Books, 1958.

Eliade, Mircea, *Youth Without Youth and Other Novellas*, Edited by Matei Calinescu and translated by Mac Linscott Ricketts. Columbus, Ohio: Ohio State University Press, 1988, Includes Eliade's "The Cape", "Youth Without Youth", and "Nineteen Roses".[『열아홉 송이의 장미』, 김경수 옮김, 천지서관, 1993]

Eliade, Mircea, *Zalmoxis, The Vanishing God: Comparative Studies in the Religions and Folklore of Dacia and Eastern Europe*, Translated by Willard R. Trask, Chicago: University of Chicago Press, 1972.

Eliade, Mircea, editor in chief, *The Encyclopedia of Religion*, 16 vols, New York: Macmillan, 1987.

Eliade, Mircea and Ioan P. Couliano [Culianu], *The Eliade Guide to World Religions*, San Francisco: HarperCollins Publishers, 1991.

Eliade, Mircea and Mihai Niculescu, *Fantastic Tales*, Translated and edited by Eric Tappe, London and Boston: Forest Books, 1990, First published by Dillons, London, 1969, Includes Eliade's "Twelve Thousand Head of Cattle" and "A Great Man".[『거인』,『숲 속의 동화 外: 세계문학총서 5. 루마니아 편』, 김성기 옮김, 한국외국어대학교 출판부, 1995]

〈논문〉

Eliade, Mircea. "Afterword", In Nae Ionescu, *Roza vânturilor*, Bucharest: Ed. Cultura Nationala, 1937.

Eliade, Mircea, "Archaic Myth and Historical Man", *McCormick Quarterly* 18(1965): 23~36.

Eliade, Mircea, "București, 1937", in *Ființa Românească* 5(1967): 47~66.

Eliade, Mircea, "The Cape", In *Youth Without Youth and Other Novellas*, edited by Matei Calinescu and translated by Mac Linscott Ricketts, 3~47, Columbus, Ohio: Ohio State University Press, 1988.

Eliade, Mircea, "Comparative Religion: Its Past and Future", In *Knowledge and the Future of Man*, edited by Walter J. Ong, S.J., 245~54, New York: Holt, Rinehart and Winston, 1968.

Eliade, Mircea, "Cosmical Homology and Yoga", *Journal of the Indian Society of Oriental Art* 5(1937): 188~203.

Eliade, Mircea, "Cosmogonic Myth and 'Sacred History'", *Religious Studies* 2(1967): 171~83, Reprinted in Eliade, *The Quest: History and Meaning in Religion*.

Eliade, Mircea, "Crisis and Renewal in History of Religions", *History of Religions* 5(1965): 1~17. Reprinted as "Crisis and Renewal" in Eliade, *The Quest: History and Meaning in Religion*.

Eliade, Mircea, "Cultural Fashions and History of Religions", In *Occultism, Witchcraft, and Cultural Fashions: Essays in Comparative Religions*, 1~17, Chicago: University of Chicago Press, 1976, Reprinted from *The History of Religions: Essays on the Problem of Understanding*, edited by Joseph M. Kitagawa, 21~38, Chicago: University of Chicago Press, 1967.

Eliade, Mircea, "The Dragon and the Shaman: Notes on a South American Mythology", In *Man and His Salvation: Studies in Memory of S. G. F. Brandon*, edited by E. J. Sharpe and J. R. Hinnells, 99~105, Manchester: Manchester University Press, 1973.

Eliade, Mircea, "Foreword", In Douglas Allen, *Structure and Creativity in Religion*, The Hague: Mouton Publishers, 1978.

Eliade, Mircea, "Fragment autobiographic", *Caete de Dor* 7(1953): 1~13.
Eliade, Mircea, "Fragmente de Jurnal", *Caete de Dor* 8(1954): 16~29.
Eliade, Mircea, "Historical Events and Structural Meaning in Tension", *Criterion* 6, no. 1(1967): 29~31.
Eliade, Mircea, "History of Religions and a New Humanism", *History of Religions* 1(1961): 1~8, This appears as "A New Humanism" in Eliade, *The Quest: History and Meaning in Religion*.
Eliade, Mircea, "History of Religions and 'Popular' Cultures", *History of Religions* 20(1980): 1~26.
Eliade, Mircea, "Homo Faber and Homo Religiosus", In *The History of Religions: Retrospect and Prospect*, edited by Joseph M. Kitagawa, 1~12, New York: Macmillan, 1985.
Eliade, Mircea, "Itinerariu spiritual"("Spiritual Itinerary"), *Cuvântul* 3, nos. 857, 860, 862, 867, 874, 885, 889, 903, 911, 915, 924, 928(Sept.~Nov. 1927).
Eliade, Mircea, "Literary Imagination and Religious Structure", *Criterion* 17, no. 2(1978): 30~34.
Eliade, Mircea, "Litterature orale", In *Histoire des literatures, Vol. 1: Littératures anciennes orientales et orales*, edited by R. Queneau, 3~26, Paris: Gallimard, 1956.
Eliade, Mircea, "Les livres populaires dans la littérature roumaine", *Zalmoxis* 2(1939): 63~78.
Eliade, Mircea, "Masks: Mythical and Ritual Origins", In *Encyclopedia of World Art*, Vol. 9, col. 524, London and New York: McGraw-Hill, 1964, Reprinted in Eliade, *Symbolism, the Sacred, and the Arts*, edited by Diane Apostolos-Cappadona, 64~71, New York: Crossroad, 1986.
Eliade, Mircea, "Methodological Remarks on the Study of Religious Symbolism", In *The History of Religions: Essays in Methodology*, edited by Mircea Eliade and Joseph M. Kitagawa, 86~107, Chicago: University of Chicago Press, 1959, Reprinted as "Observations on Religious Symbolism", in Eliade, *Mephistopheles and the Androgyne: Studies in Religious Myth and Symbol*.

Eliade, Mircea, "Mircea Eliade"(interview of Eliade by Delia O'Hara), *Chicago* 35, no. 6(June 1986): 147~51, 177~80.

Eliade, Mircea, "The Myth of Alchemy", *Parabola* 3, no. 3(1978): 7~23.

Eliade, Mircea, "Mythologie et histoire des religions", *Diogène* 9(1955): 99~116.

Eliade, Mircea, "Myths-and-Symbols Tracer Has a View to Conjure With"(interview of Eliade by Leslie Maitland), *New York Times*(February 4, 1979): 44.

Eliade, Mircea, "Nineteen Roses", In *Youth Without Youth and Other Novellas*, edited by Matei Calinescu and translated by Mac Linscott Ricketts, 153~285, Columbus, Ohio: Ohio State University Press, 1988.[『열아홉 송이의 장미』, 김경수 옮김, 천지서관, 1993]

Eliade, Mircea, "Notes for a Dialogue", In *The Theology of Altizer: Critique and Response*, edited by J. B. Cobb, 234~41, Philadelphia: Westminster Press, 1970.

Eliade, Mircea, "Notes on the Symbolism of the Arrow", In *Religion in Antiquity: Essays in Memory of Erwin Ramsdell Goodenough*, edited by Jacob Neusner, 463~75. Leiden: E. J. Brill, 1968.

Eliade, Mircea, "On Understanding Primitive Religions", In *Glaube, Geist, Geschichte: Festschrift für Ernst Benz*, edited by Gerhard Muller and Winfried Zeller, 498~505, Leiden: E. J. Brill, 1967.

Eliade, Mircea, "Preface", In Thomas N. Munson, *Reflective Theology: Philosophical Orientations in Religion*, New Haven: Yale University Press, 1968.

Eliade, Mircea, "Profanii", Vremea(December 11, 1936), reprinted in Mircea Eliade, *Fragmentarium*, Bucharest: Vremea, 1939, pp. 86~89.

Eliade, Mircea, "The Quest for the 'Origins' of Religion", *History of Religions* 4 (1964): 154~69. This appears in Eliade, *The Quest: History and Meaning in Religion*.

Eliade, Mircea, "Recent Works on Shamanism: A Review Article", *History of Religions* 1, no. 1(1961): 152~86.

Eliade, Mircea, "Religia în viaţa spiritulu", *Est-Vest* 1, no. 1(January 1927): 28.

Eliade, Mircea, "The Sacred and the Modern Artist", *Criterion* 4, no. 2(1965): 22~24.

Eliade, Mircea, "The Sacred in the Secular World", *Cultural Hermeneutics* 1(1973): 101~13, The title of this journal was changed to Philosophy and Social Criticism in 1978.

Eliade, Mircea, "Sacred Tradition and Modern Man: A Conversation with Mircea Eliade", *Parabola* 1, no. 3(1976): 74~80.

Eliade, Mircea, "Structures and Changes in the History of Religions", Translated by Kathryn K. Atwater, In *City Invincible*, edited by Carl H. Kraeling and Robert M. Adams, 351~66, Chicago: University of Chicago Press, 1960.

Eliade, Mircea, "Survivals and Camouflages of Myths", *Diogenes* 41(1963): 1~25, Reprinted in Eliade, *Myth and Reality*.

Eliade, Mircea, "Le symbolisme des ténèbres dans les religions archaïques", In *Polarités du symbole*, Études Carmélitaines 39(1960): 15~28, Translated as "The Symbolism of Shadows in Archaic Religions" in Eliade, *Symbolism, the Sacred, and the Arts*, edited by Diane Apostolos-Cappadona, 3~16, New York: Crossroad, 1986.

Eliade, Mircea, "The Yearning for Paradise in Primitive Tradition", *Daedalus* 88 (1959): 255~67, Reprinted as "Nostalgia for Paradise in the Primitive Traditions", in *Myths, Dreams and Mysteries*.

Eliade, Mircea and Lawrence E. Sullivan, "Hierophany", In *The Encyclopedia of Religion*, vol. 6, 313~17, New York: Macmillan, 1987.

2차 자료: 관련 연구서

〈저서〉

Allen, Douglas, *Mircea Eliade et le phénomène religieux*, Paris: Payot, 1982.

Allen, Douglas, *Structure and Creativity in Religion: Hermeneutics in Mircea Eliade's Phenomenology and New Directions*, The Hague: Mouton Publishers, 1978.

Allen, Douglas, ed. *Culture and Self: Philosophical and Religious Perspectives, East and West*, Boulder, Colo.: Westview Press, 1997.

Allen, Douglas and Dennis Doeing, *Mircea Eliade: An Annotated Bibliography*, New York: Garland, 1980.

Altizer, Thomas J. J., *Mircea Eliade and the Dialectic of the Sacred*, Philadelphia: Westminster Press, 1963.

Baird, Robert D., *Category Formation and the History of Religions*, The Hague: Mouton, 1971.

Barbosa da Silva, Antonio, *The Phenomenology of Religion as a Philosophical Problem*, Uppsala: CWK Gleerup, 1982.

Bonevac, Daniel, *Reduction in the Abstract Sciences*, Cambridge: Hackett, 1982.

Caillois, Roger, *Man and the Sacred*, Translated by Meyer Barash, Glencoe, Ill.: Free Press, 1959.〔『인간과 聖』, 권은미 옮김, 문학동네, 1996〕

Cave, David, *Mircea Eliade's Vision for a New Humanism*, New York: Oxford University Press, 1993.

Dawson, Lorne, *Reason, Freedom and Religion: Closing the Gap Between the Humanistic and the Scientific Study of Religion*, New York: Peter Lang, 1988.

Descartes, René, *Discourse on Method*, New York: Library of Liberal Arts, 1956. 〔『방법서설』, 김붕구 옮김, 박영사, 1974: 김형효 옮김, 삼성출판사, 1977: 권오석 옮김, 홍신문화사, 1991: 이현복 옮김, 문예출판사, 1997: 김진욱 옮김, 범우사, 2002: 권오석 옮김, 홍신문화사, 2007: 소두영 옮김, 동서문화사, 2007 등〕

Devi, Maitreyi. *It Does Not Die: A Romance*, Translated from the 1974 Bengali *Na Hanyate*, Calcutta: Writers Workshop, P. Lal, 1976 and Connecticut: Inter-Culture Associates, 1976, A more recent edition is Maitreyi Devi, *It Does Not Die: A Romance*, Chicago: University of Chicago Press, 1994.

Dubuisson, Daniel, *Mythologies du XXe Siècle: Dumézil, Lévi-Strauss, Eliade*, Lille: Presses Universitaires de Lille, 1993.

Dudley III, Guilford, *Religion on Trial: Mircea Eliade and His Critics*, Philadelphia: Temple University Press, 1977.

Duerr, Hans Peter, ed., *Die Mitte der Welt*, Frankfurt: Suhrkamp, 1984.

Freud, Sigmund, *The Future of an Illusion*, Translated by W. D. Robson-Scott, New York: Liveright Co., 1961.〔「환상의 미래」, 『문명 속의 불만: 프로이트

전집 12』, 김석희 옮김, 열린책들, 1997]

Girardot, Norman J. and Mac Linscott Ricketts, eds., *Imagination and Meaning: The Scholarly and Literary Works of Mircea Eliade*, New York: Seabury Press, 1982.

Handy, E. S. C., *Polynesian Religion*, Honolulu: Bernice P. Bishop Museum Bulletin 34, 1927.

Hatab, Lawrence J., *Myth and Philosophy: A Contest of Truth*, La Salle, Ill.: Open Court, 1990.

Hegel, G. W. F., *The Phenomenology of Mind*, Translated by J. B. Baillie, New York: Harper and Row, 1967.[『정신현상학』, 임석진 옮김, 분도출판사, 1982(지식산업사, 1989; 한길사, 2005) 등]

Heidegger, Martin, *Being and Time*, Translated by John Macquarrie and Edward Robinson, New York: Harper, 1962.[『존재와 시간』, 전양범 옮김, 시간과 공간사, 1992; 소광희 옮김, 경문사, 1995; 이기상 옮김, 까치, 1998 등]

Hempel, Carl, *Philosophy of Natural Science*, Englewood Cliffs, N.J.: Prentice-Hall, Inc., 1966.

Idinopulos, Thomas A. and Edward A. Yonan, eds., *Religion and Reductionism: Essays on Eliade, Segal, and the Challenge of the Social Sciences for the Study of Religion*, Leiden: E. J. Brill, 1994.

Ionescu, Nae, *Roza vănturilor*, Bucharest: Ed. Cultura Nationala, 1937.

Kirk, G. S., Myth: *Its Meaning and Function*, Cambridge: Cambridge University Press, 1970.

Kitagawa, Joseph M., ed., *The History of Religions: Essays on the Problem of Understanding*, Chicago: University of Chicago Press, 1967.[『종교학입문』, 이은봉 옮김, 성균관대학교 출판부, 1982]

Kitagawa, Joseph M. and Charles H. Long, eds., *Myths and Symbols: Studies in Honor of Mircea Eliade*, Chicago: University of Chicago Press, 1969.

Kraemer, Hendrik, *The Christian Message in a Non-Christian World*, London: James Clarke & Co., 1956.[『기독교 선교와 타종교』, 최정만 옮김, 기독교문서선교회, 1993]

Kraemer, Hendrik, *Religion and the Christian Faith*, Philadelphia: Westminster

Press, 1956.

Kristensen, W. Brede, *The Meaning of Religion*, Translated by John B. Carman, The Hague: Martinus Nijhoff, 1960.

Levinas, Emmanuel, *Otherwise Than Being or Beyond Essence*, Translated by Alphonso Lingis, The Hague: Martinus Nijhoff, 1981.

Levinas, Emmanuel, *Totality and Infinity*, Translated by Alphonso Lingis, Pittsburgh: Duquesne University Press, 1969.

Long, Charles H., *Alpha: The Myths of Creation*, New York: George Braziller, 1963.

Marino, Adrian, *L'Herméneutique de Mircea Eliade*, Translated by Jean Gouillard, Paris: Gallimard, 1981.

Merleau-Ponty, Maurice, *Signs*, Translated by Richard C. McCleary, Evanston: Northwestern University Press, 1964.

Mill, John Stuart, *Collected Works of John Stuart Mill*, Edited by J. M. Robson, Vol. 21, Toronto: University of Toronto Press, 1984.

Mill, John Stuart, *The Philosophy of John Stuart Mill*, Edited by Marshall Cohen, New York: Random House, 1961.

Nagel, Ernest, *The Structure of Science*, New York: Harcourt, Brace and World, 1961.[『과학의 구조』, 전영삼 옮김, 아카넷, 2001]

Okin, Susan Moller, *Justice, Gender, and the Family*, New York: Basic Books, 1989.

Olson, Carl, *The Theology and Philosophy of Eliade: A Search for the Centre*, New York: St. Martin's Press, 1992.

Otto, Rudolf, *The Idea of the Holy*, Translated by John W. Harvey, New York: Oxford University Press, A Galaxy Book, 1958.[『성스러움의 의미』, 길희성 옮김, 분도출판사, 1987]

Pals, Daniel L., *Seven Theories of Religion*, New York: Oxford University Press, 1996.

Peacocke, Arthur, ed., *Reductionism in Academic Disciplines*, Worcester, England: Billing & Sons Ltd., 1985.

Penner, Hans H., *Impasse and Resolution*, New York: Peter Lang, 1989.

Pettazzoni, Raffaele, *Essays on the History of Religions*, Translated by H. J. Rose, Leiden: E. J. Brill, 1954.

Plato, *The Collected Dialogues of Plato*, Edited by Edith Hamilton and Huntington

Cairns, New York: Pantheon Books, Bollingen Series LXXI, 1963.[『플라톤의 대화』, 최명관 옮김, 훈복문화사, 2005(창, 2008) 등]

Plato, *The Republic of Plato*, Translated by Francis MacDonald Cornford, New York and London: Oxford University Press, 1945.[『플라톤의 국가』, 김영두 옮김, 경지사, 1958; 장병길 옮김, 경지사, 1967; 이은봉 옮김, 한국자유교육협회, 1973; 이병길 옮김, 박영사, 1975; 박종현 옮김, 예문출판사, 1978(서광사, 1997); 최현 옮김, 집문당, 1982; 조우현 옮김, 삼성출판사, 1990 등]

Preus, J. Samuel, *Explaining Religion*, New Haven: Yale University Press, 1987.

Rennie, Bryan S., *Reconstructing Eliade: Making Sense of Religion*, Albany: State University of New York Press, 1996.

Ricketts, Mac Linscott, *Mircea Eliade: The Romanian Roots, 1907~1945*, 2 vols, Boulder, Colo.: East European Monographs, No. 248, 1988.

Ricoeur, Paul, *The Symbolism of Evil*, Translated by Emerson Buchanan, New York: Harper & Row, 1967.[『악의 상징』, 양명수 옮김, 문학과 지성사, 1994]

Said, Edward W., *Orientalism*, New York: Vintage Books, 1979.[『오리엔탈리즘』, 박홍규 옮김, 교보문고, 1993]

Saliba, John A., *"Homo Religiosus" in Mircea Eliade: An Anthropological Evaluation*, Leiden: Brill, 1976.

Sartre, Jean-Paul, *Being and Nothingness: An Essay in Phenomenological Ontology*, Translated by Hazel E. Barnes, New York: Philosophical Library, 1956. [『존재와 무』, 양원달 옮김, 을유문화사, 1990; 손우성 옮김, 삼성출판사, 1997 등]

Sartre, Jean-Paul, *Existentialism*, Translated by Bernard Frechtman, New York: The Philosophical Library, 1947.[『실존주의는 휴머니즘이다』, 방곤 옮김, 신양사, 1958(문예출판사, 1973); 박정태 옮김, 이학사, 2008 등]

Schärer, Hans, *Ngaju Religion: The Conception of God among a South Borneo People*, Translated by Rodney Needham, The Hague: M. Nijhoff, 1963.

Segal, Robert A., *Explaining and Interpreting Religion: Essays on the Issue*, New York: Peter Lang, 1992.

Segal, Robert A., *Religion and the Social Sciences: Essays on the Confrontation*, Atlanta: Scholars Press, 1989.

Smith, John E., *Reason and God*, New Haven: Yale University Press, 1967.

Smith, Jonathan Z., *Map Is Not Territory*, Leiden: E. J. Brill, 1978.
Smith, Wilfred Cantwell, *Faith and Belief*, Princeton: Princeton University Press, 1979.
Smith, Wilfred Cantwell, *The Faith of Other Men*, New York: Mentor Books, 1963.[『지구촌의 신앙: 타인의 신앙을 어떻게 이해할 것인가』, 김승혜·이기중 옮김, 분도출판사, 1993]
Smith, Wilfred Cantwell, *The Meaning and End of Religion*, New York: Macmillan, 1963.[『종교의 의미와 목적』, 길희성 옮김, 분도출판사, 1991]
Strasser, Stephen, *The Soul in Metaphysical and Empirical Psychology*, Pittsburgh: Duquesne University Press, 1962.
Strehlow, T. G. H., *Aranda Traditions*, Melbourne: Melbourne University Press, 1947.
Strenski, Ivan, *Four Theories of Myth in Twentieth-Century History: Cassirer, Eliade, Lévi-Strauss and Malinowski*, Iowa City: University of Iowa Press, 1987. [『20세기 신화 이론: 카시러, 말리노프스키, 엘리아데, 레비스트로스』, 이용주 옮김, 이학사, 2008]
Tacou, Constantin, ed., *Mircea Eliade*, Cahiers de l'Herne, no. 33, Paris: Editions de l'Herne, 1978.
Volovici, Leon, *Nationalist Ideology and Antisemitism: The Case of Romanian Intellectuals in the 30s*, New York: Pergamon Press, 1991.
Wach, Joachim, *The Comparative Study of Religions*, Edited by Joseph M. Kitagawa, New York: Columbia University Press, 1961.[『비교종교학』, 김종서 옮김, 민음사, 1988]
Webster's Ninth New Collegiate Dictionary, Springfield, Mass.: Merriam-Webster, 1987.
Webster's Third New International Dictionary of the English Language, Springfield, Mass.: Merriam-Webster, 1959.
Zimmer, Heinrich, *Myths and Symbols in Indian Art and Civilization*, Edited by Joseph Campbell, New York: Harper Torchbooks, 1962.[『인도의 신화와 예술』, 이숙종 옮김, 대원사, 1995]

⟨논문⟩

Albert, Michael, "Science, Post Modernism, and the Left", *Z Magazine* 9(July/August 1996): 64~69.

Allen, Douglas, "Eliade and History", *Journal of Religion* 68(1988): 545~65.

Allen, Douglas, "Phenomenology of Religion", In *The Encyclopedia of Religion*, vol. 11, 272~85, New York: Macmillan, 1987.

Allen, Douglas, "Recent Defenders of Eliade: A Critical Evaluation", *Religion* 24(1994): 333~51.

Allen, Douglas, "Religious-Political Conflict in Sri Lanka: Philosophical Considerations", In *Religion and Political Conflict in South Asia: India Pakistan, and Sri Lanka*, edited by Douglas Allen, 181~203, Westport, Conn.: Greenwood Publishers, 1992; New Delhi: Oxford University Press, 1993.

Allen, Douglas, Review of *Four Theories of Myth in Twentieth-Century History* by Ivan Strenski, *Journal of the American Academy of Religion* 59(Winter 1991): 874~77.

Allen, Douglas, Review of *Mircea Eliade: The Romanian Roots, 1907~1945* by Mac Linscott Ricketts, *Journal of the American Academy of Religion* 60 (Spring 1992): 174~77.

Allen, Douglas, "Social Constructions of Self: Some Asian, Marxist, and Feminist Critiques of Dominant Western Views of Self", In *Culture and Self: Philosophical and Religious Perspectives, East and West*, edited by Douglas Allen, 3~26, Boulder, Colo.: Westview Press, 1997.

Alles, Gregory D., "*Homo Religiosus*", In *The Encyclopedia of Religion*, vol. 6, 442~45, New York: Macmillan, 1987.

Altizer, Thomas J. J., "Mircea Eliade and the Death of God", *Cross Currents* 29, no. 3(1979): 257~68.

Altizer, Thomas J. J., "Mircea Eliade and the Recovery of the Sacred", *The Christian Scholar* 45, no. 4(1962): 267~89.

Bascom, William, "The Forms of Folklore: Prose Narratives", In *Sacred Narrative: Readings in the Theory of Myth*, edited by Alan Dundes, 5~29, Berkeley:

University of California Press, 1984.

Berger, Adriana, "Anti-Judaism and Anti-Historicism in Eliade's Writings", *HADOAR- The Jewish Histadrut of America* 6(1991): 14~17.

Berger, Adriana, "Cultural Hermeneutics: The Concept of Imagination in the Phenomenological Approaches of Henry Corbin and Mircea Eliade", *Journal of Religion* 66(April 1986): 141~56.

Berger, Adriana, "Fascism and Religion in Romania", *Annals of Scholarship* 6 (1989): 455~65.

Berger, Adriana, "Mircea Eliade: Romanian Fascism and the History of Religions in the United States", In *Tainted Greatness: Antisemitism and Cultural Heroes*, edited by Nancy Harrowitz, 51~74, Philadelphia: Temple University Press, 1994.

Berger, Adriana, "Mircea Eliade's Vision for a New Humanism", *Society*(July/August 1993): 84~87.

Breu, Giovanna, "Teacher: Shamans? Hippies? They're All Creative to the World's Leading Historian of Religions", *People Weekly* 9, no. 12(March 27, 1978): 43, 49.

Brown, R. F., "Eliade on Archaic Religions: Some Old and New Criticisms", *Sciences Religieuses* 10, no. 4(1981): 429~49.

Cain, Seymour, "Mircea Eliade", In *International Encyclopaedia of the Social Sciences Biographical Supplement*, vol. 18, 166~72, New York: Macmillan, Free Press, 1979.

Cain, Seymour, "Mircea Eliade: Attitudes Toward History", *Religious Studies Review* 6(January 1980): 13~16.

Cain, Seymour, "Mircea Eliade, the Iron Guard, and Romanian Anti-Semitism", *Midstream* 25(November 1989): 27~31.

Calinescu, Matei, "Creation as Duty", *Journal of Religion* 65(April 1985): 250~57.

Calinescu, Matei, "Imagination and Meaning: Aesthetic Attitudes and Ideas in Mircea Eliade's Thought", *Journal of Religion* 57(Jan. 1977): 1~15.

Calinescu, Matei, "Introduction: The Fantastic and Its Interpretation in Mircea Eliade's Later Novellas", In Eliade, *Youth Without Youth and Other*

Novellas, edited by Matei Calinescu and translated by Mac Linscott Ricketts, xiii~xxxix, Columbus, Ohio: Ohio State University Press, 1988.

Carrasco, David, "Prologue: Promise and the Labyrinth", In *Waiting for the Dawn: Mircea Eliade in Perspective*, edited by David Carrasco and Jane Marie Law, xv~xx. Boulder, Colo.: University Of Colorado Press, 1991.

Christ, Carol, "Mircea Eliade and the Feminist Paradigm Shift", *Journal of Feminist Studies* 7(1991): 75~94.

Culianu, Ioan P., "Mircea Eliade at the Crossroads of Anthropology", *Neue Zeitschrift für systematische Theologie und Religionsphilosophie* 27, no. 2(1985): 123~31.

Dawson, Lorne, "Human Reflexivity and the Nonreductive Explanation of Religious Action", In *Religion and Reductionism: Essays on Eliade, Segal, and the Challenge of the Social Sciences for the Study of Religion*, edited by Thomas A. Idinopulos and Edward A. Yonan, 143~61, Leiden: E. J. Brill, 1994.

Dubuisson, Daniel, "Metaphysique et politique: l'ontologie antisémite de Mircea Eliade", *Faut-il Avoir Peur de fa Democratie?* 26(autumn 1992/winter 1993): 103~18.

Edwards, Tony, "Religion, Explanation, and the Askesis of Inquiry", In *Religion and Reductionism: Essays on Eliade, Segal, and the Challenge of the Social Sciences for the Study of Religion*, edited by Thomas A. Idinopulos and Edward A. Yonan, 162~82, Leiden: E. J. Brill, 1994.

Elzey, Wayne, "Mircea Eliade and the Battle Against Reductionism", In *Religion and Reductionism: Essays on Eliade, Segal, and the Challenge of the Social Sciences for the Study of Religion*, edited by Thomas A. Idinopulos and Edward A. Yonan, 82~94, Leiden: E. J. Brill, 1994.

Fenton, John Y., "Reductionism in the Study of Religions", *Soundings* 53(1970): 61~76.

Feyerabend, Paul, "Explanation, Reduction, and Empiricism", *Minnesota Studies in the Philosophy of Science*, vol. 3, edited by Herbert Feigl and Grover Maxwell, 28~97, Minneapolis: University of Minnesota Press, 1962.

Frye, Northrop, "World Enough Without Time", *The Hudson Review* 12(1959):

423~31.

Hamilton, Kenneth, "*Homo Religiosus* and Historical Faith", *Journal of Bible and Religion* 33, no. 3(1965): 213~22.

Heisig, James W., "Symbolism", In *The Encyclopedia of Religion*, vol. 14, 198~208, New York: Macmillan, 1987.

Honko, Lauri, "The Problem of Defining Myth", In *Sacred Narrative: Readings in the Theory of Myth*, edited by Alan Dundes, 41~52, Berkeley: University of California Press, 1984.

Hudson, Wilson M., "Eliade's Contribution to the Study of Myth", In *Tire Shrinker to Dragster*, edited by Wilson M. Hudson, 219~41, Austin: The Encino Press, 1968.

Idinopulos, Thomas A., "Must Professors of Religion be Religious? Comments on Eliade's Method of Inquiry and Segal's Defense of Reductionism", In *Religion and Reductionism: Essays on Eliade, Segal, and the Challenge of the Social Sciences for the Study of Religion*, edited by Thomas A. Idinopulos and Edward A. Yonan, 65~81, Leiden: E. J. Brill, 1994.

Ierunca, Virgil, "The Literary Work of Mircea Eliade." In *Myths and Symbols: Studies in Honor of Mircea Eliade*, edited by Joseph M. Kitagawa and Charles H. Long, 343~63, Chicago: University of Chicago Press, 1969.

Kirk, G. S., "On Defining Myth", In *Sacred Narrative: Readings in the Theory of Myth*, edited by Alan Dundes, 53~61, Berkeley: University of California Press, 1984.

Leach, Edmund, "Sermons by a Man on a Ladder", *New York Review of Books* 7, no. 6(October 20, 1966): 28~31.

Long, Charles H., "The Meaning of Religion in the Contemporary Study of Religions", *Criterion* 2(1963): 23~26.

Luyster, Robert, "The Study of Myth: Two Approaches", *Journal of Bible and Religion* 34(1966): 235~43.

Manea, Norman, "Happy Guilt: Mircea Eliade, Fascism, and the Unhappy Fate of Romania", *The New Republic*(August 5, 1991): 27~36.

Marx, Karl, "Contribution to the Critique of Hegel's Philosophy of Right: Introduction", In *The Marx-Engels Reader*, edited by Robert C. Tucker, 11~23, New York: W. W. Norton & Co., 1972.

Marx, Karl, "Theses on Feuerbach", In *The Marx-Engels Reader*, edited by Robert C. Tucker, 107~109, New York: W. W. Norton & Co., 1972.

McCutcheon, Russell T., "The Myth of the Apolitical Scholar: The Life and Works of Mircea Eliade", *Queen's Quarterly* 100(1993): 642~63.

Mill, John Stuart, "Nature" from Three Essays on Religion, In *The Philosophy of John Stuart Mill*, edited by Marshall Cohen, New York: Random House, 1961.

Mill, John Stuart, "The Subjection of Women", In *Collected Works of John Stuart Mill*, edited by J. M. Robson, Vol. 21, Toronto: University of Toronto Press, 1984.

Mills, C. Wright, "Situated Actions and Vocabularies of Motive", *American Sociologist Review* 5(1940): 904~13.

Obeyesekere, Gananath, "Duṭṭhagāmaṇī? and the Buddhist Conscience", In *Religion and Political Conflict in South Asia: India Pakistan, and Sri Lanka*, edited by Douglas Allen, 135~60, Westport, Conn.: Greenwood Publishers, 1992; New Delhi: Oxford University Press, 1993, Oxtoby, Willard G., "*Religionswissenschaft* Revisited", In *Religions in Antiquity: Essays in Memory of Erwin Ramsdell Goodenough*, edited by Jacob Neusner, 560~608, Leiden: E. J. Brill, 1968.

Paden, William E., "Before 'The Sacred' Became Theological: Rereading the Durkheimian Legacy", In *Religion and Reductionism: Essays on Eliade, Segal, and the Challenge of the Social Sciences for the Study of Religion*, edited by Thomas A. Idinopulos and Edward A. Yonan, 198~210, Leiden: E. J. Brill, 1994.

Pals, Daniel L., "Explaining, Endorsing, and Reducing Religion", In *Religion and Reductionism: Essays on Eliade, Segal, and the Challenge of the Social Sciences for the Study of Religion*, edited by Thomas A. Idinopulos and Edward A. Yonan, 183~197, Leiden: E. J. Brill, 1994.

Pals, Daniel L., "Is Religion a *Sui Generis* Phenomenon?", *Journal of the American Academy of Religion* 55, no. 2(Summer 1987): 259~82.

Pals, Daniel L., "Reductionism and Belief: An Appraisal of Recent Attacks on the Doctrine of Irreducible Religion", *Journal of Religion* 66, no. 1(January 1986): 18~36.

Penner, Hans H. and Edward A. Yonan, "Is a Science of Religion Possible?", *Journal of Religion* 52, no. 2(April 1972): 107~33.

Pettazzoni, Raffaele, "The Supreme Being: Phenomenological Structure and Historical Development", In *The History of Religion: Essays in Methodology*, edited by Mircea Eliade and Joseph M. Kitagawa, 59~66, Chicago: University of Chicago Press, 1959.

Progoff, Ira, "Culture and Being: Mircea Eliade's Studies in Religion", *International Journal of Parapsychology* 2(1960): 47~60.

Progoff, Ira, "The Man Who Transforms Consciousness", In *Eranos-Jahrbuch* 1966, Band 35(1967): 99~144.

Rasmussen, David, "Mircea Eliade: Structural Hermeneutics and Philosophy", *Philosophy Today* 12(1968): 138~46.

Rennie, Bryan S., "The Diplomatic Career of Mircea Eliade: A Response to Adriana Berger", *Religion* 22(October 1992): 375~92.

Reno, Stephen J., "Eliade's Progressional View of Hierophanies", *Religious Studies* 8(1972): 153~60.

Ricketts, Mac Linscott, "Eliade and Altizer: Very Different Outlooks", *Christian Advocate*(Oct. 1967): 11~12.

Ricketts, Mac Linscott, "In Defense of Eliade: Bridging the Gap between Anthropology and the History of Religions", *Religion* 1, no. 3(1973): 13~34.

Ricketts, Mac Linscott, "Mircea Eliade and the Death of God", *Religion in Life* (Spring 1967): 40~52.

Ricketts, Mac Linscott, "The Nature and Extent of Eliade's 'Jungianism'", *Union Seminary Quarterly Review* 25(Winter 1970): 211~34.

Ryba, Thomas, "Are Religious Theories Susceptible to Reduction?", In *Religion and Reductionism: Essays on Eliade, Segal, and the Challenge of the Social Sciences for the Study of Religion*, edited by Thomas A. Idinopulos and Edward A. Yonan, 15~42, Leiden: E. J. Brill, 1994.

Saiving, Valerie, "Androcentrism in Religious Studies", *Journal of Religion* 56 (1976): 177~97.

Sarkar, Sahotra, "Models of Reduction and Categories of Reductionism", *Synthese* 91, no. 3(June 1992): 167~94.

Schimmel, Annamarie, "Summary of the Discussion", *Numen* 7, no. 2~3(1960): 235~39.

"Scientist of Symbols", *Time* 87, no. 6(February 11, 1966): 68, 70.

Segal, Robert A., "Are Historians of Religions Necessarily Believers?", *Religious Traditions* 10(July 1983): 71~76, Reprinted in Segal, *Religion and the Social Sciences: Essays on the Confrontation.*

Segal, Robert A., "Eliade's Theory of Millenarianism", *Religious Studies* 14(1978): 159~73, Reprinted in Segal, *Religion and the Social Sciences: Essays on the Confrontation.*

Segal, Robert A., "How Historical Is the History of Religions?", *Method and Theory in the Study of Religion* 1(Spring 1989): 2~19, Reprinted in Segal, *Explaining and Interpreting Religion.*

Segal, Robert A., "Reductionism in the Study of Religion", In *Religion and Reductionism: Essays on Eliade, Segal, and the Challenge of the Social Sciences for the Study of Religion*, edited by Thomas A. Idinopulos and Edward A. Yonan, 4~14, Leiden: E. J. Brill, 1994, Revision of Segal, "In Defense of Reductionism", *Journal of the American Academy of Religion* 51(March 1983): 97~124.

Segal, Robert A. and Donald Wiebe, "Axioms and Dogmas in the Study of Religion", *Journal of the American Academy of Religion* 57(Fall 1989): 591~605, Reprinted in Segal, *Explaining and Interpreting Religion.*

Sharma, Arvind, "What Is Reductionism?", In *Religion and Reductionism: Essays on Eliade, Segal, and the Challenge of the Social Sciences for the Study of Religion*, edited by Thomas A. Idinopulos and Edward A. Yonan, 127~42, Leiden: E. J. Brill, 1994.

Shaw, Rosalind, "Feminist Anthropology and the Gendering of Religious Studies", In *Religion and Gender*, edited by Ursula King, 65~76. Oxford: Blackwell, 1995.

Smart, Ninian, "Beyond Eliade: The Future of Theory in Religion", *Numen* 25 (1978): 171~83.
Smith, John E., "The Structure of Religion", *Religious Studies* 1, no. 1 (1965): 63~73.
Smith, Wilfred Cantwell, "Comparative Religion: Whither—and Why?", In *The History of Religions: Essays in Methodology*, edited by Mircea Eliade and Joseph M. Kitagawa, 31~58, Chicago: University of Chicago Press, 1959.
Strehlow, T. G. H., "Personal Monototemism in a Polytotemic Community", In *Festschrift für Ad. E. Jensen*, Vol. 2, edited by Eike Haberland, 723~54, Munich: K. Renner, 1964.
Strenski, Ivan, "Mircea Eliade: Some Theoretical Problems", In *The Theory of Myth: Six Studies*, edited by Adrian Cunningham, 40~78, London: Sheed and Ward, 1973.
Strenski, Ivan, "Reduction without Tears", In *Religion and Reductionism: Essays on Eliade, Segal, and the Challenge of the Social Sciences for the Study of Religion*, edited by Thomas A. Idinopulos and Edward A. Yonan, 95~107, Leiden: E. J. Brill, 1994.
Tillich, Paul, "The Meaning and Justification of Religious Symbols", In *Religious Experience and Truth*, edited by Sidney Hook, New York: New York University Press, 1961.
Tillich, Paul, "The Religious Symbol", In *Religious Experience and Truth*, edited by Sidney Hook, New York: New York University Press, 1961.
Tillich, Paul, "Theology and Symbolism", In *Religious Symbolism*, edited by F. Ernest Johnson. New York: Harper & Brothers, 1955.
Welbon, G. Richard, "Some Remarks on the Work of Mircea Eliade", *Acta Philosophica et Theologica* 2(1964): 465~92.
Wiebe, Donald, "Beyond the Sceptic and the Devotee: Reductionism in the Scientific Study of Religion", In *Religion and Reductionism: Essays on Eliade, Segal, and the Challenge of the Social Sciences for the Study of Religion*, edited by Thomas A. Idinopulos and Edward A. Yonan, 108~16, Leiden: E. J. Brill, 1994.

Wiebe, Donald, "Postscript: On Method. Metaphysics and Reductionism", In *Religion and Reductionism: Essays on Eliade, Segal, and the Challenge of the Social Sciences for the Study of Religion*, edited by Thomas A. Idinopulos and Edward A. Yonan, 117~26, Leiden: E. J. Brill, 1994.

Wiebe, Donald, "Theory in the Study of Religion", *Religion* 13(1983): 283~309.

Yonan, Edward A., "Clarifying the Strengths and Limits of Reductionism in the Discipline of Religion", In *Religion and Reductionism: Essays on Eliade, Segal, and the Challenge of the Social Sciences for the Study of Religion*, edited by Thomas A. Idinopulos and Edward A. Yonan, 43~48, Leiden: E. J. Brill, 1994.

옮긴이의 말

　내가 미국에서 유학 생활을 시작할 때, 많은 학자가 엘리아데의 종교 이론은 더 이상 유효하지 않다는 식으로 평가하는 것을 보고 크게 놀라지 않을 수 없었다. 자신이 엘리아데에게 직접 수학한 종교현상학자라고 소개하면서, 엘리아데에게 영향을 받은 자신의 종교현상학적 시각이 너무 많은 비판을 받아서 다른 학자들 앞에서 말하기조차 힘들다고 털어놓는 학자도 있었다. 소위 입증할 수 있는 것을 학문의 대상으로 하는 실증주의적 사회과학 방법에 근거한 학문이 주류를 이루면서 엘리아데의 이론은 비학문적인 것으로 매도되었고, 종교 혹은 성스러움의 보편성을 바탕으로 하는 엘리아데의 연구가 서구의 우월주의에 근거한 것이라는 포스트모더니즘 계열의 혹평은 그를 더욱 시대에 뒤떨어진 사람으로 보이게 만들었다. 어떤 이들은 엘리아데의 개인적인 시각이 윤리적으로 그릇되었기 때문에 학문적 저서들도 그릇될 수밖에 없다고 비판하기도 했다.[1] 엘리아데가 "'학자'이지도 않고, 비록 그렇다 할지라도 '낡은 학자'가 되어버린" 현실은,[2] 그의 학문이 여전히 가치 있고 중요하다고 믿는 나에게는 절망스럽기까지 했다.

그러나 알렌 교수가 한국어판 서문에서 언급했듯이, 엘리아데를 비판하는 학자들이 생각하는 것처럼 단순하게 엘리아데를 거부할 수는 없다고 주장하는 의견도 점차로 힘을 얻고 있다. 엘리아데의 책을 꼼꼼히 읽고 엘리아데의 시각을 학생들에게 가르치는 일이 여전히 유의미하다는 생각을 포기할 필요가 없어진 것이다. 오히려 엘리아데에 대한 광풍과 같은 수많은 비판이 수그러들면서, 많은 학자가 엘리아데의 학문적 성과가 종교학의 발전에 큰 영향을 끼쳤음을 인정하며, 성스러움을 지향하는 인간의 종교성을 이해하려는 엘리아데의 목표와 시각을 중요하게 여기는 학자들도 점차 목소리를 더 크게 내고 있다. 예를 들어 엘리아데를 비판하는 사람들이 가장 존경하는 종교학자인 조나단 스미스Jonathan Z. Smith는 엘리아데와 자신의 견해가 다르다는 것을 계속 밝히면서도, 엘리아데의 학문적 가치를 인정한다. 스미스는 엘리아데가 그토록 싫어한 "환원"이 실은 이론화와 설명에 필수적이라고 주장하고, 엘리아데가 역사적 요소를 무시했고, 존재론적이고 신학적인 관점과 엄격한 사회과학적 관점을 절충하려 했다고 비판한다. 엘리아데에 대한 그의 비판은 많은 학자 사이에서 정설처럼 받아들여진다. 그러나 스미스조차 엘리아데의 학문적

---

1) 이 책의 본문에서 엘리아데를 비판하는 학자들의 주장을 자세히 다루고 있어서 내가 굳이 여기서 반복할 필요는 없을 것이다. 나는 "The Hidden Intentions If Eliade?: Re-reading Critiques of Eliade from the Perspective of Eliade's Expectation of the History of Religions", 『종교와 문화』 11(2005), pp. 223~244에서 엘리아데를 비판하는 학자들에 대한 나름대로의 반론을 제기했다.
2) 정진홍, 『M. 엘리아데: 종교와 신화』(서울: 살림, 2003), p. 87.

중요성은 분명히 인정한다. 일찍이 엘리아데의 학문적 영향을 언급하며 자신은 "엘리아데라는 거인의 어깨에 앉은 난장이"라고 표현했던 스미스는, 그후로 20여 년이 지난 뒤 쓴 글에서도 엘리아데의 『종교형태론』이 종교학에 영향력 있는 연구 방법을 형성한 저서로, 종교학도들은 이에 찬성하거나 반대 입장을 취할 수는 있으나 회피하거나 돌아갈 수는 없다고 말한다. 엘리아데를 잘 몰랐던 사람들은 그가 젊은 시절에 가졌던 반유대주의적 태도가 훗날의 학문에도 그대로 남아 있다고 주장하지만, 스미스는 유대인인 자신이 엘리아데와 매우 깊은 교제를 나누었으며 그를 얼마나 그리워하는지를 분명히 말함으로써 엘리아데라는 사람의 깊은 곳에 나치적 요소가 들어 있다는 식의 비난이 줄어들도록 하는 데에도 공헌했다.[3)]

엘리아데의 이론은 시대적 상황의 영향을 받아 형성되었고 그 자체로 완결된 것이 아니지만, 이 점은 적대적인 비판자들이 주장하는 것처럼 엘리아데를 거부할 만한 이유가 되지 못한다. 성스러움의 변증법이나 우주 창조 신화를 중심으로 전개된 엘리아데의 이론이 종교와 관련된 인간의 사상, 행위, 지향성을 효과적으로 설명할 수 있다면, 그 가치를 분명히 인정해야 한다. 비교종교학자로서 나 자신도 종교현상을 연구하고 설명하려고 시도하면서, 엘리아데의 시각이 여전히 훌륭한 설명의 도구로 사용될 수 있다는 것을 계속 확인하고 있다. 사회적 조건과 역사적 맥락을 근거로 하는 소위 엄격한 실증적 학문의 방법으로는 그다지 효과적으로 설명할 수 없는 반면, 인간의 상상력과 공통적 속성을 통해 더 설득력 있는 설명을 확보할 수 있는

---

3) Jonathan Z. Smith, *Map is Not Territory: Studies in the History of Religions*(Leiden: E. J. Brill, 1978), pp. 90~103, 258 등과 *Relating Religion: Essays in the Study of Religion* (Chicago: University of Chicago Press, 2004), pp. 13, 26, 61, 99, 103을 보라.

부분이 분명히 있다. 예를 들어 도니거Wendy Doniger가 지적한 대로, 엘리아데에게 역사적 시각이 결여되어 있다고 비판하는 사회과학적 관점의 학자는 신화적이고 상상적인 의식의 영향력에 대한 연구나 교차 문화적 신화 연구를 발전시키기 어려울 것이다.[4] 물론 엘리아데의 방법론적인 문제점들을 극복하려는 노력은 계속 진행되어야 하겠으나, 엘리아데의 관점과 이론 자체를 부정하려는 자세는 옳지 못하다. 엘리아데를 전체적으로 이해하지 못하면서 엘리아데의 저술 중 일부만을 근거로 전체를 비판하고 부정하는 오류를 범하면 안 된다고 알렌이 이 책에서 지적한 것을 반드시 기억해야 한다.

그러나 엘리아데의 학문 세계를 전체적으로 이해하는 것은 결코 쉬운 일이 아니다. 그가 이용하는 언어는 중의적이고 함축적이며, 그의 책에 매우 자주 등장하는 몇몇 용어의 경우에는 그 의미와 속성이 불분명하게 느껴지기도 한다. 엘리아데가 종교를 중심으로 재구성해 보여주는 세계의 모습은 단순한 듯하지만 여러 학자는 그가 보여주는 이 세계를 각자 나름대로의 다양한 방식으로 이해한다. 그의 학문에 가장 큰 영향을 끼친 요소를 그의 삶에서 찾아보려는 시도가 종종 이루어졌으나, 이 역시 어려운 일이다. 그가 살았던 인생의 길 역시 자신이 "미로"라고 표현했듯이 복잡하기 그지없기 때문이다. 유럽의 한 구석에 위치하여 서양의 요소와 고풍적이고 동양적인 요소를 동시에 지닌 루마니아 출신이었고, 유럽 철학 및 종교학을 공부했지만 인도에서의 경험을 통해 자신의 학문적 특징을 성립시켰고, 자국을 대표하는 젊은 지성인이었지만 30대 이후의 대부분의 삶을 고국을 그리워하면서도 타향을 떠돌며 지냈으며, 미국에서 종교학 분야의

---

[4] Wendy Doniger, *The Implied Spider: Politics and Theology in Myth*(New York: Columbia University Press, 1998), p. 52.

최고의 대학에서 오랜 세월 교수 직을 맡았으면서도 학문적인 글은 프랑스어로 개인적인 글은 자국어인 루마니아어로 썼다. 그가 영향을 받은 철학 사조를 찾는 작업도 쉽지 않다. 양차 세계대전을 겪은 많은 동시대인들처럼 엘리아데는 실존주의의 영향을 받았으나 구조와 체계를 통해 종교를 이해하려 노력하였으며, 존재론적 용어를 사용하는 것을 주저하지 않았으나 그의 학문적 작업은 종종 구체적 현상인 사물에서 비롯된 경험에 주목하는 것에서 시작했다.

  이 책은 이와 같이 이해하기 어려운 엘리아데의 종교 이론에 대한 종합적이고 체계적인 설명으로 구성되어 있다. 저자 더글라스 알렌 교수는 엘리아데 연구에 있어서 가장 권위적인 학자 중 하나이다. 그는 예일Yale대학교에서 철학 학사 학위를, 밴더빌트Vanderbilt대학교에서 철학 석사 및 철학 박사 학위를 받은 철학자이지만 일반적인 철학자들과는 다른 연구 방향을 추구한다.[5] 그의 박사 학위 논문 제목이 「종교학과 엘리아데의 현상학The History of Religions and Eliade's Phenomenology」이라는 점에서 알 수 있듯이, 그는 오래전부터 엘리아데의 학문 세계를 연구 대상으로 삼아왔다. 유럽 철학을 공부하면서도 인도를 동경하고 인도에서의 체험이 자신에게 큰 영향을 끼쳤다고 했던 엘리아데처럼, 알렌 교수도 서양 철학을 연구하면서도 인도의 종교와 사상에 관심을 가지고 인도의 바라나시대학교Baranas Hindu University에서 수학하기도 했다. 그의 저술 중 『종교의 구조와 창조성 Structure and Creativity in Religion』(1978)이라는 책은 엘리아데가 직접 서문을 쓴 것으로도 유명하다. 알렌의 깊은 철학적 통찰력, 동양 전통에 대한 이해, 엘리아데와의 개인적 친분 등은 그가 엘리아데의 학

---

5) 그는 현재 1974년부터 재직해온 메인대학교University of Maine에서 종교학개론, 철학개론, 종교현상학, 종교철학, 인도의 철학 및 종교에 대해 가르치고 있다.

문 세계를 종합적으로 설명하는 데 큰 도움이 되었다고 본다.

물론 엘리아데의 종교 이론을 연구하는 종교학도는 엘리아데의 저서를 직접 읽고 이해하는 과정을 거쳐야만 한다. 알렌의 주장과 분석이 엘리아데를 이해하는 데 있어서 정답을 제시하는 것은 분명 아니다. 그러나 이 책이 엘리아데의 종교 및 신화 이론을 이해하는 데 큰 도움이 되리라는 것은 분명히 확신한다. 지은이가 엘리아데의 논문과 저서를 철저히 분석하고 이를 바탕으로 공정한 연구를 수행하려고 노력하기 때문이다. 이 책에 반영된 지은이의 성실함, 철학적 깊이, 통찰력 덕분에 엘리아데의 종교 이론에 대한 과장되고 왜곡된 설명과 비판이 상당 부분 바로잡힐 수 있었다고 생각한다. 무엇보다도 나는 이 책을 통해 엘리아데 이론 및 방법론에 대한 비판과 한계를 인식하면서 이를 극복하고, 나아가 그 가치를 이어갈 수 있다는 자신감을 얻었다. 이 점에 대해 특히 알렌 교수에게 감사한다.

번역을 하는 중 알렌 교수와 종종 이메일로 서신을 주고받았다. 그는 이 책의 난해한 부분에 대해 여쭐 때마다 꼼꼼한 보충 설명을 보내주었을 뿐 아니라, 자신보다 한 세대 젊은 한국 학자와 개인적인 대화를 나누는 것 자체를 무척 즐거워했다. 알렌 교수의 세심하고 친절한 답변들에 대해서도 감사하고 싶다. 그의 도움에도 불구하고 여전히 남아 있을 부족한 부분은 역자의 책임이다. 독자들의 지적을 달게 받고 고쳐가도록 하겠다.

엘리아데의 수많은 저서들이 우리말로 번역되었으나, 엘리아데에 관한 학문적 연구서가 아직까지 번역되지 않았다는 점은 계속 지적되어왔다. 정진홍 선생님이 꾸준히 엘리아데를 소개하고 분석하는 연구를 해왔으나, 나를 비롯한 후학들은 엘리아데를 주제로 한 연구서를 내는 수준으로 발전시키지 못한 누를 범했다. 종교 이론을 공부하는 학자로서, 전공 수업뿐 아니라 교양 수업에서 엘리아데를 배우며 세계를 보는 새로운 시각을 갖게 되었다고 감탄하는 학생들을 많이 만나는 종교학 선생으로서, 이 책을 번역하여 조금이나마 그 죄책감을 덜고자 한다. 엘리아데와 치열하게 부딪히도록 해주신 정진홍 선생님, 엘리아데를 역사적 맥락에서 이해하도록 도와주신 윤이흠 선생님, 그리고 엘리아데를 통해 얻을 수 있는 지적 지평의 광활함을 보여주신 김종서 선생님께 감사드린다. 도저히 이윤이 생길 수 없는 책을 출판하겠다고 흔쾌히 나서주신 이학사 강동권 사장님께 감사드린다. 엉성한 원고를 꼼꼼히 손봐주신 이학사 관계자들이 아니었다면 이 책은 출판될 수 없었을 것이다. 교정 작업을 도와준 서울대 종교학과 대학원의 김주실, 김창현에게도 고마움을 전한다. 이들을 비롯하여, 제자이면서 동시에 학문적 동지인 종교학과의 후배들이 이루어낼 성과들은 생각만으로도 가슴이 벅차온다. 엘리아데가 말한 대로, 종교학이야말로 현대인에게 가장 필요한 학문이 아니던가!

2008년 7월

유요한

찾아보기

[ㄱ]

가면, 종교적 의미의 masks, religious meaning of 118

가치의 재설정/재평가 revalorization 61, 153

객관성 objectivity 22, 39, 49, 183, 227, 304, 313, 358, 438, 442~443, 454

갱신 renewal 28~29, 61, 184, 290, 296, 298~299, 332, 380, 389, 395, 397~398, 401~403, 405~406, 408, 410~411, 416, 420, 422, 430~431, 441, 446, 448, 450

거석 문화의 민족 megalithic peoples 271

검증, 방법 verification, method of 69, 193, 305, 375

게농 R. Guénon 109~110

경제학 economics 41

경험주의, 고전적 empiricism, classical 95

계급 class 68, 71, 104, 166, 205, 376, 378, 455, 457

계몽, 서구 Enlightenment, Western 34, 108, 205, 442 '서구 문화'도 참조

계시/드러남의 변증법 revelation, dialectic of 133, 155

공간, 성스러운 space, sacred 201, 251, 275, 443

공산주의자, 프랑스Communists, French 314
과학science 44, 57, 60, 92, 107, 109, 134, 155, 205, 209, 250, 381, 401, 431, 442, 445, 454~456
  탈신성화에 의존dependence on desacralization 134
  현대 서구 문화에서의 역할role in modern Western culture 397, 401, 442, 455
  환원의 조건법적 유형counterfactual models of reduction in 107
과학적 설명scientific explanations 84, 89, 383
과학주의scientism 110, 377
과학철학philosophy of science 41, 63~64, 89~91, 105~107, 111, 304
광기madness 51, 53
괴물monsters 283, 336
괴테, 요한 볼프강 폰Johann Wolfgang von Goethe 109, 249
구석기인Paleanthropians 217
구원론soteriology 176, 209, 349
구조structures
  대 조건과 설명vs. conditionings and explanations 353~362
  비역사적인nonhistorical 333~372
  종교적religious 211~212, 331
구조주의structuralism 211, 214, 417

『국가The Republic』(플라톤) 204
규범적인 반역사적 판단normative antihistorical judgements 363, 365, 427, 429
귀납법, 현상학적induction, phenomenological 23, 248
그 시간에/태초에in illo tempore 52, 114, 191, 243, 289, 293, 335, 342
그리스 문화Greek culture 264, 292
그림painting 106, 198, 383 '예술'도 참조
근본주의fundamentalism, religious 155~156, 277
금gold 51, 54~56
금욕주의asceticism 100
『금지된 숲The Forbidden Forest』(엘리아데) 150~151, 262
기독교Christianity 43, 86~87, 109, 114, 116, 134, 155, 160, 167~168, 175~188, 191~194, 205, 252, 279, 292, 297~298, 303, 316~317, 319, 323~325, 328, 330, 336, 340, 342~343, 367, 427, 435
기둥, 상징체계columns, symbolism of 252~253
기둥, 중심의Pillar, central 252~253, 255
기술, 영향technology, influence of 55, 109, 205, 377, 397, 454

기어오르는 사람, 신화creepers, myths about 255
기억상실증, 영적amnesia, spiritual 411~412, 416
기원으로의 회귀return to the origin 289, 348, 350
꾸며낸 이야기fairy tales 262, 385
꿈dreams 132, 223, 248, 262, 332, 336, 361~362, 379~381, 384, 389~391, 394~395, 441, 444, 450
끈, 신화에 대한cords, myths about 255

[ㄴ]

나겔, 어네스트Ernest Nagel 96, 100~101, 105~106
나무, 상징체계trees, symbolism of 252~256, 288, 395~396
나바호 의례Navaho rituals 289
나키, 의례Nakhi, rituals of 289
낙원paradise 52, 145, 147~148, 177, 216, 247, 252, 297, 312, 317, 351, 390, 445
남녀 양성 소유(자)hermaphrodites 153, 351
남녀 양성 소유(자), 신화androgyny, myth of 235, 351
낭만주의romanticism 109, 205
"내적인 빛inner light" 118
노래, 의례songs, ritual 178

농민 문화peasant culture 173, 421
농업/농경agriculture 163, 172, 176, 271, 288
뉴기니New Guinea 276, 292
니버Niebuhr, Reinhold 207
니체, 프리드리히Friedrich Nietzsche 37, 389, 420, 448

[ㄷ]

다도tea ceremony 383~384
『다리Podul』(엘리아데) 151
다스굽타, 수렌드라나트Surendranath Dasgupta 308
다신교polytheism 294
달, 신화와 상징moon, myths and symbols of 100~101, 164, 212, 215, 222, 228~229, 231~233, 236, 238~239 '달의 주기'도 참조
달의 주기lunar cycles 100~101, 164, 228~229, 231~232, 236, 297 '달, 신화와 상징'도 참조
『대장장이와 연금술사The Forge and the Crucible』(엘리아데) 55, 171, 209
대중매체mass media 19, 386
더들리, 길포드Guilford Dudley 144, 179, 328~329
데리다, 자크Jacques Derrida 213, 304, 439
데카르트, 르네René Descartes 26, 124

도교Taoism 348, 399
도구를 만드는 인간homo faber 55, 217
도르스d'Ors, Euhenio 197, 242
독수리eagles 234~235
동굴 모티프cave motif 204, 230
동물, 신화에서animals, in myths 137, 160, 266, 282~283, 287~288, 291, 293 특정 동물도 참조
동방정교회Eastern Orthodoxy 109, 168, 182~184, 186, 194
뒤메질, 조르주Georges Dumézil 329
드 보부아르, 시몬Simone de Beauvoir 364
드 소쉬르, 페르디낭Ferdinand de Saussure 214
디오니소스Dionysus 53~54, 119
딜타이, 빌헬름Wilhelm Dilthey 37, 84, 365, 430

[ㄹ]
라마Rāma 277, 280
라마슈Lamashu 263
라바나Rāvaṇa 280
라스무센, 데이비드David Rasmussen 213~214
래글런, 로드Lord Raglan 323
러커토시, 임레Lakatos, Imre 329
레니, 브리이언Bryan Rennie 25, 122~ 123, 129~130, 328, 331, 437~ 438
레비나스, 임마누엘Emmanuel Levinas 124
레사W. A. Lessa 323
로마 문명Roman civilization 252
로케, 클로드-앙리Claude-Henry Rocquet 189
로티, 리처드Richard Rorty 22, 304, 439
롱, 찰스Charles Long 143
루마니아 문화Romanian culture
  농민 민속 문화peasant folk culture of 172~179, 286, 325, 334, 401, 420~421
  엘리아데에게 끼친 영향influence on Eliade 42~47, 145~148, 171~ 173, 182~194, 433~437
루시디, 살만Salman Rushdie 278
루이스터, 로버트Robert Luyster 233
리노, 스티븐Stephen Reno 179~181, 224
리바, 토머스Thomas Ryba 89, 91, 105
리치, 에드먼드Edmund Leach 216, 323
리켓, 맥 린스콧Mac Linscott Ricketts 42~43, 56, 60, 147, 149, 182, 186~187, 190, 192~193, 241, 245, 247, 311, 320, 328, 363, 437~438
리쾨르, 폴Paul Ricoeur 111, 131, 202, 225, 451

[ㅁ]

마르부르크 선언Marburg platform 36
마오리Maori 284
마이트레야Dasgupta, Maitreya 308
『마이트레이Maitreyi』(엘리아데) 261
마치오로V. Macchioro 109~110
마티노, 제임스James Martineau 206~207
만다라mandalas 289
맑스, 칼Karl Marx 37, 54, 80, 97~99, 103, 119~120, 360, 364~365, 383, 420, 430
맑스주의Marxism 120
맥커천, 러셀Russell McCutcheon 435~436, 438
메를로퐁티, 모리스Maurice Merleau-Ponty 131
메이휴, 크리스토퍼Christopher Mayhew 361
『메피스토펠레스와 양성인Mephistopheles and the Androgyne』(엘리아데) 224, 236, 407
『명인 마놀레 전설에 대한 언급Comentarii la legenda Meşterului Manole』(엘리아데) 247
모범적 구조exemplary structures 141~143, 157~158, 166, 172~175, 237~238, 240~244, 248~250, 262~263, 273~295, 334~335, 343, 351~352 '원형'도 참조

모세Moses 278, 341, 389
몸짓/동작, 원형적gestures, archetypal 242, 247, 285
무로부터의 창조creation ex nihilo 283
무아경, 종교적ecstasy, religious 53~54, 119, 158, 253~254, 353, 361, 444
무의식the unconscious 79, 120, 127, 155, 207, 242, 318, 336, 379, 389~396, 407, 409~411, 416~417, 431, 441, 453, 457
  집단collective 242
묵시, 유대교와 기독교apocalypse, Jewish and Christian 297 '세계 종말 모티프'도 참조
문학literature 20, 22, 46, 150, 186, 262, 361, 383, 387, 441
문화적 갱신cultural renewal 299, 397~398, 401~403, 406, 408, 410~411, 416, 422, 441
물 상징체계aquatic symbolism 162, 165, 210~211, 215, 222
『물과 꿈Water and Dreams』(바슐라르) 222
물러난 신dues otiosus phenomenon 177, 290, 292~293
뮈스P. Mus 109~110
뮐러, 막스Max Müller 36, 206, 323
『미국종교학회지Journal of the American Academy of Religion』 72

찾아보기 495

미란돌라, 피코 델라Pico della Mirandola 168, 189

미로, 상징labyrinth, symbol of 386, 446

『미로의 시련Ordeal by Labyrinth』(엘리아데) 169, 319

『미르체아 엘리아데: 루마니아의 뿌리, 1907~1945Mircea Eliade: The Romanian Roots, 1907~1945』(리켓) 182

『미르체아 엘리아데와 종교현상Mircea Eliade et le phénomène religieux』(알렌) 24, 29

민속folklore 114, 141, 168, 170, 172~173, 177, 184, 286, 315, 319, 420~421

민주주의democracy 456

밀, 존 스튜어트John Stuart Mill 161

밀스, 라이트C. Wright Mills 101

[ㅂ]

『바가바드기타Bhagavad Gītā』 276, 321~322

바빌로니아 문명Babylonian civilization 252

바슐라르, 가스통Gaston Bachelard 222

『바쿠스의 시녀들Bacchae』(유리피데스) 119

바흐, 요아힘Joachim Wach 42, 206

반고P'an-ku 283

반문화, 신화적 해석counterculture, mythic interpretations of 312

반유대주의anti-Semitism 183, 401, 433, 435, 439

반환원주의antireductionism 24, 27, 32, 34, 41, 43~44, 47, 50, 58, 63~65, 67, 69, 76~77, 79, 81, 83, 87, 89, 93, 95~96, 99, 102, 109~111, 115, 259

발레리, 폴Paul Valéry 197

발자크, 오노레 드Honoré de Balzac 109

발칸 농민 민속 문화Balkan peasant folk culture 172~173, 421

배스컴, 윌리엄William Bascom 266

뱀snakes 218, 227~229, 231~232, 238~239 '큰 뱀serpents'도 참조

버거, 아드리아나Adriana Berger 328, 435~438

범속한profane → '성과 속의 변증법' 참조

베르블로브스키, 츠비R. J. Zwi Werblowsky 36

베어드, 로버트Robert D. Baird 324

베트남/인도차이나 전쟁Vietnam/Indochina war 311

보네박, 다니엘Daniel Bonevac 105

보르네오Borneo 286

『보바리 부인Madame Bovary』 58, 320

보아스, 프란츠Franz Boas 213

본원성primordiality 287, 290, 292
부오나이우티E.Buonaiuti 109~110, 309
부활resurrection 164, 177~178, 210, 222, 228, 253, 280, 385~386, 423, 425~426, 446
북, 샤먼drums, shamanic 254~256
불가지론agnosticism 151
불교Buddhism 170, 277, 348~349, 367, 383, 457
불로장생의 영약Elixir Vitae 55, 209
불트만, 루돌프Rudolf Bultmann 264
브라이트만, 에드거Edgar Brightman 206
브라일로이우, 콘스탄틴Constantin Brailouiu 337
브란쿠시, 콘스탄틴Constantin Brancusi 388
브루노, 조르다노Giordano Bruno 168, 319
블라가, 루치안Lucian Blaga 109~110, 212
비서구 문화non-Western cultures 402, 407, 420~421, 428 특정 문화도 참조
비슈누viṣṇu 287
비신자nonbelievers 46, 78, 83~88 '신자/신봉자'도 참조
비역사적 구조nonhistorical structures 302, 327, 334, 350, 365~366, 370, 372
비환원주의nonreductionism 32, 71, 76, 79, 84
빈곤/가난poverty 68, 205, 376, 456
빌Bhils(인도) 289

[ㅅ]
사냥 신화hunting myths 288
사다리 신화ladder myths 219, 253, 255
사르카, 사호트라Sahotra Sarkar 105
사르트르, 장 폴Jean-Paul Sartre 123, 269~270, 364
사이드, 에드워드Edward Said 400
산mountains 218, 252~253, 288
산탈족 토착민Santal aborigines 172
산파술, 소크라테스maieutics, Socratic 385, 413
살리바, 존John Saliba 116, 179, 323
"살해된 신murdered divinity" 292~293
삼매samādhi 248
상기anamnesis 151, 243~244, 411~419
상대주의relativism 191, 213, 413~414, 425, 442~443
상승 신화ascension myths 158, 211, 216~218, 255~256, 353, 361~362, 364, 444
상업화commodification 378

찾아보기 497

상징symbols 19, 24, 27, 38~39, 50,
    56, 69, 79, 82, 88, 102, 113,
    127, 136, 138, 142, 154, 164~
    165, 171, 177, 184, 195~200,
    202~203, 207~209, 211~212,
    214~219, 221~229, 231~234,
    236~241, 247~250, 252~256,
    260, 271~272, 281, 299, 307,
    317, 327, 346, 353, 366, 377,
    394~395, 398, 401~402, 406,
    412~413, 417, 450, 454
논리logic of 138, 221, 223~227,
    232, 271~273
변증법적 움직임dialectical movement
    of 239~240
보편성universality of 227~228
원형적archetypal 240, 247~250
의미meanings of 201~202
이야기 형태narrative form of 272~
    273
이중적 지향성double intentionality of
    202
상징의 다가성multivalence of symbols
    224, 227~230, 271~272
상징적 인간homo symbolicus 175,
    196, 199~201, 207, 219, 232
상키야Sāmkhya 169
『새로운 인간주의를 위한 미르체아
    엘리아데의 비전Mircea Eliade's
    Vision for a New Humanism』(케이
    브) 192, 249
생활세계Lebenswelt(life-world) 390
샤갈Chagall, Marc 388
샤머니즘shamanism 53, 57, 61, 158,
    171, 216, 253, 355, 439, 444
『샤머니즘Shamanism』(엘리아데)
    171, 182, 353, 355, 366
샤프너, 케네스Schaffner Kenneth 105
서구 문화Western culture 32, 308,
    381, 400, 406, 409, 414, 417,
    420, 428, 446
성스러움의 위장camouflage of the
    sacred in 153~154, 373~403,
    405~408
역사적이고 시간적인 속성historical
    and temporal nature of 373~375,
    380, 386~392, 398~402, 411,
    416~417, 423~432
위기crisis of 406, 408, 426
서구의 편협한 지역주의provincialism,
    Western 377, 396~398, 401,
    405~406
선택성, 엘리아데의 원리selectivity,
    Eliade's principles of 80, 318, 358,
    435
설리반, 로렌스Lawrence Sullivan 20
성gender 71, 104, 166, 205, 376,
    455, 457
『성과 속The Sacred and the Profane』(엘
    리아데) 120, 129~130, 180

성과 속의 변증법dialectic of the sacred and profane 23~24, 39~40, 69, 100, 114, 128, 137, 143, 148, 156, 159, 166, 176, 208, 211, 239, 247, 260, 336, 368

　보편적 구조universal structure of 33, 57, 69, 81~82, 87, 159, 166, 211, 260, 368~369, 371

　상징의 역할role of symbols in 223, 231, 237~240

　역설적 속성paradoxical nature of 137, 143, 199, 203, 345, 369, 380~384

　은폐와 위장concealment and camouflage in 148~157

성스러운 실재sacred reality 45, 74, 103, 129, 155, 166, 195, 275, 336, 374, 380, 391~392

『성스러운 이야기: 신화 이론 읽기 Sacred Narrative: Reading in the Theory of Myth』 266

성스러움the sacred

　변증법dialectic of 24, 27, 29, 33, 57, 128, 134~136, 138, 143, 145~147, 149, 156~159, 162, 166~167, 179, 182, 199, 202, 208~209, 211, 217~218, 223, 231, 237, 240, 260, 299, 301~302, 345~346, 369~371, 380~381, 384, 417~418

　위장camouflage of 380, 384, 387, 392, 417, 447

　성스러움의 가려짐 혹은 은폐concealment of the sacred → '성스러움' 참조

『성스러움의 의미The Idea of the Holy』(오토) 46

　성스러움의 지향성intentionality of the sacred 47~51, 57, 61, 68, 125, 135, 146, 201~205, 353~354, 406, 451

　성스러움의 환원 불가능성irreducibility of the sacred 24, 32, 34, 39~41, 47, 49, 51, 54, 57~60, 63~69, 71~74, 79, 85~88, 92, 110, 259, 263, 432

성적 특질/성적인 것sexuality 153, 164

성차별주의sexism 378

성현hierophanies 128~129, 132~145, 149, 156~160, 166, 171, 179~182, 192~193, 199, 201, 208~209, 215, 238, 251, 256, 260, 273, 299, 356, 369, 380, 389

　보편성universality of 134, 152, 156, 166, 381

　상징체계symbolism in 208, 215, 238

성화상icons 171, 182

세계 종말 모티프end-of-the-world

찾아보기　499

motifs 296~300, 389
세계목World Tree 158, 252~253, 256
세계의 부모World-Parents 283
세계의 중심축axis mundi 219, 252
세계의 형상imago mundi 289
『세계종교사상사A History of Religious Ideas』(엘리아데) 20, 145, 154, 178, 201, 318, 321, 346~347
세례식baptism 222
세속적인 현상, 신화적 의미secular phenomena, mythic meanings in 223, 377
세습 계급/카스트가 형성한 종교현상 caste, religious phenomena constituted by 71, 457
셸링, 프리드리히Friedrich Schelling 264
소설novels → '문학' 참조
소외alienation 98, 155, 377, 388, 390
쇼, 로살린드Rosalind Shaw 70
슈타이너R.Steiner 109~110
슐라이어마허, 프리드리히Friedrich Schleiemacher 206
스리랑카Sri Lanka 277
스마트, 니니안Ninian Smart 116
스미스, 조나단Jonathan Z. Smith 81
스미스, 윌프레드 캔트웰Wilfred Cantwell Smith 78
『스코틀랜드 종교 연구 저널Scottish Journal of Religious Studies』 72
스콜라주의scholasticism 319
스키너, 퀸튼Quinton Skinner 77
스트렌스키, 이반Ivan Strenski 34, 75, 106, 304, 325~327, 437
스트렐로우T. G. H. Strehlow 291
시poetry 264, 383, 389
시간time 27~28, 55, 113~114, 116, 119, 127, 139, 153~154, 163~164, 173~174, 191, 210, 213, 215, 242~243, 248, 258, 267~270, 272, 275~281, 290, 292~293, 295, 297~307, 309~311, 314~316, 318, 321~325, 332~333, 338~344, 347, 349~352, 356, 360~363, 367~369, 371, 373, 387, 391, 403, 416~417, 428, 444, 450, 454
시원적 태도archaic attitude toward 338~340
범속한profane 173~174, 242, 279, 299~300, 302, 315, 343
본원적인/원론적인primordial 267, 270, 279, 324, 349, 416
신화적mythic 113, 275, 279~281, 290, 293, 295, 304, 341, 343
유대-기독교적 관점Judeo-Christian views of 341~343
초월transcendence of 314
시간성temporality → '시간' 참조

시간의 비가역성irreversibility of time 338, 342
시갈, 로버트Robert A. Segal　30, 32, 69, 72~74, 76~77, 82~86, 97, 105
시바Śiva　277
시타Sītā　280
『시험받고 있는 종교Religion on Trial』(더들리)　329
식물plants　158, 162, 164, 215, 222, 228, 249, 253, 256, 263, 266~267, 280, 283, 287~288, 292~293, 297, 299
신년 의례New Year rituals　342
신비주의mysticism
신비주의/신비적 연금술Hermeticism
신석기 문명Neolithic civilization　172
신성화, 과정sacralization, process of 114, 129, 132, 138, 268, 370, 392 '성스러움', '신화화'도 참조
신약성서New Testament　278, 424
신자/신봉자believers　45, 47, 67, 69~71, 73~87, 97, 125, 134, 185, 265, 268, 272, 275~276, 279~280, 288, 290~292, 438, 444
신학theology　35, 39, 65, 86, 137, 145, 179~180, 205~206, 256, 262, 272, 319, 324~325, 328, 367, 379, 418

신학주의theologism　64, 66
신화Myths
　구조structure of　82, 259~300
　반역사적 속성antihistorical nature of 37, 167, 279, 315~316, 333~344, 351~352
　우주 창조적cosmogonic　82, 114, 244, 263~264, 280, 282~290, 294~298, 302, 305
　우주론적cosmological　295
　원형적archetypal　244, 247~249
　창조creation　114, 244, 267, 284~294
『신화, 꿈, 신비Myths, Dreams and Mysteries』(엘리아데)　154, 322, 353~354, 361, 422
『신화와 현실Myth and Reality』(엘리아데)　154, 267
신화의 언어language of myth　24, 82, 158, 168, 171, 195~196, 201, 260, 270 '상징'도 참조
"신화의 위대함과 타락Greatness and Decadence of Myths"(엘리아데) 269
신화화mythicization　202, 208, 273, 336, 386 '신성화, 과정'도 참조
실용주의pragmatism　304
실재reality　43~48, 74, 84~85, 92, 103, 117, 120~123, 125, 127, 129, 132, 144, 149~151, 155~

156, 158, 166, 169~170, 195,
197, 199, 202~204, 206~208,
222, 226~229, 231~234, 236~
239, 242~244, 246~249, 251,
255~257, 260, 267~273, 275~
276, 279, 286~287, 293, 302,
315, 317, 322, 328, 331~332,
336, 341, 360, 362~363, 373~
374, 376~377, 379~382, 385,
390~394, 396, 398, 400, 402~
403, 411, 419, 424, 428, 430,
432, 438, 441~444, 446, 450~
452, 457~458
실존주의existentialism 205, 320, 414
실증주의positivism 47, 103, 107, 320,
326~327
심리주의psychologism 110, 440
심리학psychology 41, 48, 61, 448
심플레가데스symplegades 218, 234,
287
십자가, 가치 설정Cross, valorization of
the 216

[ㅇ]
아담Adam 145, 235
아드바이타 베단타Advaita Vedānta
367
아란다족Aranda 243, 290~291
아르주나Arjuna 276
아리스토텔레스Aristotle 122, 146,
204
아리안 이전의 문화pre-Aryan culture
169, 172
아메리칸 인디언American Indians 280
아시리아Assyria 289
아우구스티누스, 성St. Augustine 165,
205
아카드Akkadia 287
아프로디테Aphrodite 152
악, 문제evil, problem of
악마demons 182, 217, 263, 280, 355
「악마와 신The Devil and God」(엘리아
데) 286
『악마의 시The Satanic Verses』(루시디)
278
안젤리코, 프라Fra Angelico 339
알레스, 그레고리Gregory Alles 125~
126
알몸 노출, 의례적nudity, ritual 312
알타이저, 토머스Thomas Altizer 135,
179, 324~325
약초herbs, medicinal 114, 280, 299
어머니, 이미지Mother, Image of the
229~230
어원학etymology 107
언어학linguistics 41
『에누마 엘리쉬Enuma Elish』 263,
287
에라노스 학회Eranos Conference 109~
110

에볼라J. Evola 109~110
엘리아데, 미르체아Mircea Eliade
　개인적 믿음personal beliefs of 21,
　　49, 59, 108, 146~148, 178,
　　183~194
　객관성objectivity of 82, 89, 107~
　　108, 185, 375~376
　낭만적 접근romantic approach of 34,
　　146, 165, 192, 205, 325, 399,
　　455
　독단주의dogmatism of 74~75, 82
　루마니아의 뿌리Romanian roots of
　　42~47, 147, 171~173, 182~
　　194, 433~437
　문학적 인물로서as literary figure
　　20, 261, 308, 375
　시간과 역사의 공포terror of time and
　　history 309~311, 426~431
　신학적 견해theological views of 59,
　　147, 167, 193, 258, 324~325,
　　328
　정치적 견해political views of 190,
　　306, 376~379, 432~435
　청년기youth of 42~43, 45, 63,
　　107, 147, 182~183, 186, 190,
　　212, 312, 436
　파시즘and fascism 190, 306, 433~
　　440
『엘리아데의 신학과 철학The Theology
　　and Philosophy of Eliade』(올슨)
　　191
「여름 휴가 노트Notebook of a Summer
　　Vacation」(1937, 엘리아데) 381
역사 문헌historiography 414~416
역사의 공포terror of history 177, 191,
　　257, 299, 311, 317, 364~366,
　　401, 422, 426~431, 452
역사적 연구historical research 315,
　　318, 347, 354, 357, 374
역사적 종교historical religions 116,
　　175, 316~317, 319, 333, 341
역사적인 것the "historical" 28, 137,
　　166, 185, 278, 281, 313, 317,
　　323, 327, 330~331, 336, 345,
　　353, 364, 366, 368~372, 374,
　　428, 432
역사주의historicism 107, 263, 320,
　　332, 358, 363, 414, 425, 428~
　　430, 440
역의 일치coincidentia oppositorum
　　138, 156, 219, 234, 287, 313,
　　351, 382
연금술alchemy 109, 170~171, 182,
　　209~211, 316, 319
연재만화comic strips 386
열광, 종교적mania, religious 51~54
영성spirituality 152, 167~168, 170,
　　172, 174, 184~185, 192, 197,
　　231, 235, 243, 245, 249, 277,
　　316, 395, 409, 420~422, 426,

445

영웅, 신화적heroes, mythic 252, 336~337

영원한 회귀eternal return 191, 297, 356

『영원회귀의 신화The Myth of the Eternal Return』(엘리아데) 20, 173, 241~242, 247, 336, 364, 428, 447

"영적인 여정" 시리즈"Spiritual Itinerary" series 42

영지주의Gnosticism 235, 295

영화movies 379

예수 그리스도Jesus Christ 127, 180, 192

예술art 41, 46, 152, 154~155, 205, 275, 381, 383~384, 387~389, 445

예언자, 성경의prophets, Biblical 53~54

옌젠A. E. Jensen 292

오스트레일리아Australia 51, 54, 189, 243, 285, 290, 306, 347, 415

『오스트레일리아 종교Australian Religions』(엘리아데) 371, 417

오이디푸스Oedipus 292

오토, 루돌프Rudolf Otto 42, 46, 56, 206

올슨, 칼Carl Olson 186, 188, 191~193, 256~258, 325, 438

요가yoga 57, 153, 169~170, 182, 184, 189, 235, 247~248, 308, 328, 348~349, 367, 420

『요가: 불멸성과 자유Yoga: Immortality and Freedom』(엘리아데) 170, 350, 366

『요가: 인도 신비주의 기원에 대한 논문Yoga: Essai sur les origines de la mystique indienne』(엘리아데) 169

요난, 에드워드Edward Yonan 94, 97, 105

우주the cosmos 159~194

우주 창조 신화cosmogonic myths 28, 82, 244, 263~264, 280, 282~291, 294~295, 302, 344, 348

우주목Cosmic Tree 216, 219, 252~256, 395~396

우주적 기독교cosmic Christianity 43, 160, 168, 175~177, 179, 187, 191~192, 194, 317, 325, 343, 367, 427

우타르 프라데시Uttar Pradesh 277

우파니샤드Upanishads 169, 424

우화fables 265~266

원시 문화primitive cultures 409

『원시에서 젠까지From primitives to Zen』(엘리아데) 283~284, 287, 310

원주민aborigines 51, 189, 307, 377

원형archetypes 27, 114, 139~140,

504

142, 175, 196, 200, 240~245, 247~250, 307, 327, 341~342, 364, 429 '모범적 구조'도 참조
원형 식물Urpflanze 249
월경menstruation 229
위기, 실존적crises, existential 28, 116, 141, 143~144, 192, 299, 346, 363~364, 374, 393~394, 397, 402~403, 406, 411, 422, 443
위브, 도날드Donald Wiebe 85, 90
유대-기독교 전통Judeo-Christian tradition → '기독교', '유대교' 참조
유대교Judaism 116, 134, 167, 178, 185, 297~298, 319, 324, 336, 340, 342~343
유대인 대학살Holocaust 401
유리피데스Euripides 119
유물론materialism 107, 198, 363, 382
유희의 인간homo ludens 217
육화/구체화/성육신incarnation 129, 136~142, 148~150, 177~181, 193, 328
융C. G. Jung 56, 110, 241~242
은가유 다약족Ngaju Dayak 286~287
음악music 205, 439
의례rituals 39, 54, 98, 104, 140, 158, 162, 168, 170, 178, 209, 217~218, 229~230, 244, 246, 255, 265, 274~275, 279~280, 282,

284, 289, 307~308, 321, 334, 336~338, 342~343, 347~348, 351, 354~355, 359, 384, 390, 392, 401, 410, 423, 439
이론-관찰의 이분법theory-observation dichotomy 101~102
이론 간 환원의 파생적 유형derivational model of intertheoretic reduction 96, 105, 107
이미르Ymir 283
『이미지와 상징Images and Symbols』(엘리아데) 154, 171, 241, 354
이방 종교/이교 정신/이교도paganism/pagan 172, 181, 389, 444
이성의 간계List der Vernunft 207
이슬람Islam 87, 116, 155, 178, 294
이슬람 근본주의Muslim fundamentalism 87
이야기narrative 24, 132, 150, 166, 195, 201, 260~263, 265~266, 268, 272~273, 277~279, 287, 336~337, 356, 385, 412, 442~443
이에룬카, 비르질Virgil Ierunca 149
이오Io 276, 284~285
이오네스쿠, 나에Nae Ionescu 42~43, 109~110, 182, 187, 212, 248, 412, 436
이해 방법Verstehen 84
『인간과 성스러움Man and the Sacred』

(카유아) 115
인간의 타락 이전의 상태prefallen state of man 145~148, 312, 317, 390~391
인간주의, 새로운humanism, new 249~250, 330~331
인도 문명Indian civilization 27, 42, 168~172, 174, 184, 187, 235, 252, 283, 289, 295, 297, 308~309, 312, 316, 321~322, 328, 349~350, 367, 421, 423~426, 457
인도네시아 우주 창조 신화Indonesian cosmogonic myth 285
인류학Anthropology 22, 227, 248, 338, 376, 446~448, 450, 453, 457
인식론, 존재론과 연관성epistemology, relationship to ontology 124, 146
인종race 71, 166, 205, 277, 433, 457
인종주의racism 378
『일기 Journal』(엘리아데) 119, 182~183, 188, 198, 260, 262, 271, 307, 309~310, 316
『일기2No Souvenirs』(엘리아데) 39, 49
『일리아드Iliad』(호머) 234
『일반언어학 강의Course in General Linguistics』(드 소쉬르) 214
입문initiation 53, 250, 347~348,
384~386, 389, 399, 423~424, 426, 431, 446
구조적 체계structural systems 256
상징체계symbolism of 255, 347, 386, 423
우주 창조 신화와의 관련relation to cosmogonic myths 348

[ㅈ]
자궁으로의 복귀regressus ad uterum 210, 347~348
『자본론Capital』(맑스) 54
『자서전Autobiography』(엘리아데) 43, 149~150, 182~184, 197, 260, 306~307, 310, 316
자아the self 103, 124, 453~458
자연nature 159~194
『자이곤Zygon』 72
『잘목시스: 사라져가는 신Zalmoxis: The Vanishing God』(엘리아데) 172
잠수, 우주 창조적dive, cosmogonic 283, 286
『재통합의 신화Mitul Reitegrării』(엘리아데) 245
『전체성과 무한Totality and Infinity』(레비나스) 124
전형paradigms → '원형', '모범적 구조' 참조
정신분석, 신화 체계적 구조psycho-analysis, mythological structures of

379
정치politics   313, 437~438
정화 의례purification rites   355
제1질료material prima   209~210, 271
제국주의imperialism   378
조로아스터Zarathustra   294
조물주 신Creator Gods   290, 293
존재론ontology
　시원적archaic   167, 173~175, 179, 185, 315, 317, 324, 328~329, 343, 427~428, 447~448
　원시적primitive   242, 244, 247
존재에 앞서는 본질essence preceding existence   102, 131
『존재와 무Being and Nothingness』(사르트르)   123
『존재와 시간Being and Time』(하이데거)   123~124, 131
존재의 드러남ontophany   285, 292
종교religion
　그 자체의 속성sui generis nature of   15, 51, 64~65, 70~71, 73
　비역사성ahistoricity of   352~353
　시원적archaic   27, 117, 160, 167~168, 171~176, 179, 191, 315~318, 320, 325, 371
　우주적cosmic   134, 155, 160, 168, 172~175, 177~178, 184, 191~192, 316~319, 367, 399   '우주적 기독교'도 참조

"통로"/"여는 것"으로서 as an "opening"
『종교Religions』(저널)   72
『종교 연구Religious Studies』(저널)   72
『종교 연구의 방법론과 이론Method and Theory in the Study of Religion』(저널)   72
종교 자료religious data   73, 93, 101, 113, 125, 143, 148, 166, 305
『종교 전통들Religious Traditions』(저널)   72
『종교와 환원주의Religion and Reductionism』(저널)   105
『종교의 구조와 창조성Structure and Creativity in Religion』(알렌)   21, 24, 29, 103, 167, 218, 248, 450
『종교의 학문적 연구를 위한 저널 Journal for the Scientific Study of Religion』   72
종교적 상징체계religious symbolism → '상징' 참조
종교적 인간homo religious   37, 45, 51, 54~55, 68, 74, 77, 79~82, 96, 101, 103, 125~127, 130, 132, 134, 138, 142~144, 146, 148, 156, 174~176, 179, 196, 199, 202~203, 206~207, 217, 231~232, 234, 237, 244, 247, 269~270, 291, 303, 305, 320, 336, 343, 362, 364~365, 367, 371~372, 385, 390~391, 395~396,

403, 416, 418, 427, 438, 444
종교적 편견religious bias 166~185
"종교주의자religionists" 72~74, 84, 88~90, 94
종교철학philosophy of religion 35, 150, 248
종교학history of religions
　방법methods of 35~38, 344~345, 353~354
　비역사적 접근nonhistorical approach to 115, 327~328, 344~347, 362, 367~368
종교학/종교의 과학적 연구Religionswissenschaft 31~32, 35, 63, 67, 99, 204, 368 '종교학history of religions'도 참조
"종교학"/"종교의 과학적 연구"science of religion 93, 368 [1장의 역주도 참조(p. 31)]
『종교학The History of Religions』(엘리아데) 224
종교현상의 사회적 조건social conditioning of religious phenomena 34, 41, 47~48, 58, 63, 66~75, 88, 163, 211, 277, 344~345, 354~355
『종교형태론Patterns in Comparative Religion』(엘리아데) 20, 49, 149, 160, 181, 241, 346, 380
종말론eschatology 176, 295~297, 299, 324
죄sin 145, 165, 177~178, 181~182, 355
주술사medicine men 51~52, 54, 132~133, 218, 289
죽음death 101, 153, 164, 178, 209~210, 212, 222, 228, 262, 268, 272, 279~281, 284, 288, 293~294, 299, 328, 337, 385~386, 388~389, 415, 423~426, 446, 450, 454
중국China 154, 252, 283, 318, 350, 399
"중심", 상징체계"center", symbolism of 133, 158, 211, 216, 226, 249, 251~258
지각, 단순한perception, simple 100~101
지옥/저승Hell 216, 230, 252~254
지평planes 33, 43~45, 47~48, 52, 66~68, 77, 79, 168, 222, 261, 269, 284, 302, 358, 364~365, 376, 397~398, 411, 415, 417, 420, 429, 443~444
직관, 원형intuitions, archetypal 175, 244~245, 445
진흙, 제1질료로서clay, as material prima 271
질병, 치료diseases, treatment of 56, 289, 299, 355 '치병 의례'도 참

[조]
짐머, 하인리히Heinrich Zimmer 235
『집시여인의 집에서La Țigănci』(엘리아데) 151

[ㅊ]
착취exploitation 98, 205, 376~377, 397, 439
창세기, 이야기Genesis, story of 235, 287
창조 신화creation myths 287, 295 '신화' 도 참조
창조성creativity
  문학literary 79, 197, 261~262, 336, 388~389
  문화적cultural 93, 197, 261, 450
  예술적artistic 79, 336, 388~389
  "정신병적psychopathic" 223
  종교경험of religious experience 156~157, 233, 346, 371, 402~403, 417, 429
창조적 해석학creative hermeneutics → '해석학' 참조
척도, 종교적scale, religious 50~53
철위단Iron Guard 190, 433, 436
초월transcendence 36, 115, 117, 191~121, 124~125, 153, 174, 275, 363, 412, 454
초의식적transconscious 56~57, 120, 202, 204, 207, 273, 364 '초월'

도 참조
초인간 본보기transhuman models 118
초자연적 존재supernatural beings 118, 267~268, 270~271, 273~274, 276, 279~280, 290
"총체적 인간total person" 79, 202, 207, 273, 364, 377, 394 '종교적 인간' 도 참조
〈최후의 심판The Last Judgment〉(안젤리코) 339
출생/탄생, 신화 속에서birth, in myth 101, 164, 210, 222, 255, 285, 288, 348, 424
치병 의례healing rituals 289 '질병, 치료' 도 참조
치료 의례medical rituals → '치병 의례' 참조
치오란E. M. Cioran 109~110

[ㅋ]
카뮈, 알베르Albert Camus 153
카시러, 에른스트Ernst Cassirer 22
카유아, 로저Roger Caillois 115
카인, 시모어Seymour Cain 353
카타르시스적 춤dances, cathartic 178
칸트, 임마누엘Immanuel Kant 103, 122
칼리네스쿠, 마테이Matei Calinescu 149, 151, 155, 328, 412
캄파넬라T. Campanella 168

커크G. S. Kirk 266
케이브, 데이비드David Cave 186, 188, 192~193, 241, 249~250, 330~331, 436, 438
『코란Koran』 278
코르뱅, 앙리Henry Corbin 109~110
쿠나피피 의례Kunapipi ritual 347
쿠마라스와미Coomaraswamy, A. 109~110
『쿠반툴Cuvântual』 43
쿤, 토머스Thomas Kuhn 304
크래머, 헨드릭Hendrik Kraemer 86
크로체, 베네데토Benedetto Croce 37
크리스텐센, 브레데W. Brede Kristensen 77
큰 뱀serpents 228, 234~235
『큰 뱀Şarpele』 150

[ㅌ]
타락, 신화적fall, mythic 52, 145~148, 245, 269, 349, 390~392 '인간의 타락 이전의 상태'도 참조
타일러E. B. Tylor 35, 37, 206, 214, 323
『탄생과 재탄생Birth and Rebirth 』(엘리아데) 347
탄트리즘/밀교Tantrism 170, 349, 367
『탐구The Quest』(엘리아데) 61
탐정 소설detective novels 386
태아기(초기) 상태embryonic state → '입문' 참조
태양/해sun 138, 162, 215, 236
테세우스Theseus 292
테야르 드 샤르댕, 피에르Pierre Teilhard de Chardin 200
토마스 아퀴나스Thomas Aquinas 178, 205, 319
토미즘 신학Thomistic theology 178
통과의례rites of passage 287, 293, 339, 423~424, 426
통일, 기능unification, function of 231~233, 271
투르크-몽골 문화Turco-Mongol culture 294
투치G. Tucci 109~110
트래스크, 윌러드Willard Trask 130
티아마트Tiamat 283
틸리히, 폴Paul Tillich 202, 233

[ㅍ]
파시즘, 루마니아의fascism, Romanian 190, 306, 433~440
파이어아벤트, 파울Paul Feyerabend 106, 108, 304
파피니Papini G. 109~110
판 데어 레이우, 헤라르뒤스Gerardus van der Leeuw 42, 126
팔리어 경전Pali Canon 294~295

팰스, 대니엘Daniel Pals 72, 85, 92, 97
페너, 한스Hans Penner 94, 97
페미니스트 연구feminist scholarship 70, 205, 304
페타초니, 라파엘Raffaele Pettazzoni 110, 368
펜턴, 존John Fenton 64~66, 92
포스트모더니즘postmodernism 22, 205, 441~444
폴리네시아 우주 창조론Polynesian cosmogony 263, 276, 280, 284~287, 305, 334
퐁트넬, 베르나르Bernard Fontenelle 264
푸앵카레, 앙리Henri Poincaré 50
푸코, 미셸Michel Foucault 304, 329, 439
프레이저, 제임스James Frazer 35, 37~38, 206, 323
프로이트, 지그문트Sigmund Freud 50, 80, 93, 97~99, 119~120, 165, 229, 360, 383, 420
플라톤Plato 152, 198~199, 204, 243, 264, 412, 419
피의 희생 제의blood sacrifices 293
피치노, 마르실리오Marsilio Ficino 319
피콕, 아서Arthur Peacocke 105
피히테, 요한Johann Fichte 206

[ㅎ]
하늘heaven 132, 142, 158, 165, 201, 215, 217, 219, 234~235, 252, 254, 257, 283~284, 288, 291, 444
하레, 롬Rom Harré 108
하스데우B. P. Hasdeu 109~110
하이누벨레, 신화Hainuwele, myth of 292
하이데거, 마르틴Martin Heidegger 110~111, 123~124, 131, 424, 433, 448
합리성rationality 22, 204~206, 228, 304, 438, 455~456
  기준standards of
향수nostalgia 74, 148, 177, 191, 230, 247, 269, 286, 359, 377~380, 390~391, 394, 445, 448
해밀턴, 케네스Kenneth Hamilton 179, 324
해석, 설명과 비교interpretation, compared with explanation
해석학hermeneutics 29, 31, 38, 61, 79, 155, 198, 208, 214, 216~218, 227, 331, 353~354, 357, 371~372, 396, 398, 403, 405~412, 416, 418, 420, 430, 449~450, 453
해체주의deconstructionism 205
헤겔G. W. F. Hegel 206~207, 313~

315, 339, 364~365, 428, 430, 453~454
헴펠, 칼Carl Hempel 100~101
현대 서구 문화modern Western culture
  → '서구 문화' 참조
현대의 범속함 속에 위장한 성스러움 camouflage of sacred in modern profane → '성스러움' 참조
현대인homo modernus 126
현상phenomena
현상학phenomenology 67, 78, 110~111, 124, 225, 315, 324~325, 357, 368, 385
현자의 돌Philosopher's Stone 55, 509
호머Homer 234
호메이니, 아요톨라Ayotollah Khomeini 278
호세아Hosea 53
혼코, 로리Lauri Honko 266
홉스, 토머스Thomas Hobbes 165
화살, 상징체계arrow, symbolism of 217~219
화이트헤드, 앨프리드 노스Alfred North Whitehead 206
환각제mescaline 360
환상, 역할fantasies, role of
『환상의 미래The Future of an Illusion』(프로이트) 97
환원주의reductionism 24, 27, 31~33, 40~41, 43, 48~49, 57~58, 63~64, 66, 68, 71~73, 86~87, 89~91, 93~94, 96, 99, 105~111, 213, 228~229, 259, 321, 440, 443, 456
  방법론적methodological 72, 105~108
  엘리아데의 비판Eliade's criticism of 31~61, 63, 72, 94, 213, 228~229, 259, 332, 363
  엘리아데의 이론of Eliade's theories 41, 66
  옹호defenses of 64~66
  이론적 논쟁theoretical debates on 33, 72
「환원주의에 대한 변호In Defense of Reductionism」(시갈) 76
휠덜린, 프리드리히Friedrich Hölderlin 314
후설, 에드문트Edmund Husserl 110, 124, 385
흄, 데이비드David Hume 95, 438
흙 잠수부의 모티프Earth Diver motif 283
힌두교Hinduism 170, 174, 184~185, 192, 246, 316, 318, 348~350, 367, 457